쓰기 이론

: 인지주의 관점과 텍스트 관점

지은이 정희모

연세대학교 국어국문학과에서 박사학위를 받았고, 현재 연세대학교 국문과 교수로 재직 중이다. 주로 글쓰기 이론과 글쓰기 교육을 연구했으며 글쓰기에 관한 학술적, 대중적 저술 작업을 해왔다. 오랜 기간 학생들에게 글쓰기를 꾸준히 가르쳐 왔고, 글쓰기 이론에 관한 세미나를 지속하고 있다. 관심을 가진 분야는 쓰기 과정에 관한 인지적 연구를 쓰기 학습에 적용하는 것이며, 아울러 이에 관한 구체적인 교수방법을 개발하는 것이다. 한국작문학회, 대학작문학회, 한국리터러시학회 회장과 연세대학교 교육대학원장을 역임했다.

주요 저서로 『글쓰기 교육과 협력학습』, 『글쓰기 교육의 이론적 탐색』, 『창의적 생각의 발견』, 『문장의 비결』, 『글쓰기의 전략』(공저), 『대학 글쓰기와 텍스트 해석』(공저), 『글쓰기 교육과 교수 방법』(공저) 등이 있으며, 공저로 쓴 글쓰기 교재로 『글쓰기』, 『모든 사람을 위한 과학 글쓰기』가 있다. 공역서로 『비판적 사고와 과학 글쓰기』, 『장르: 역사·이론·연구·교육』, 『쓰기 평가』가 있다.

쓰기 이론
: 인지주의 관점과 텍스트 관점

© 정희모, 2024

1판 1쇄 인쇄_2024년 12월 20일
1판 1쇄 발행_2024년 12월 30일

지은이_정희모
펴낸이_양정섭

펴낸곳_경진출판
     등록_제2010-000004호
     이메일_mykyungjin@daum.net
     스마트스토어_https://smartstore.naver.com/kyungjinpub
     사업장주소_서울특별시 금천구 시흥대로 57길 17(시흥동) 영광빌딩 203호
     전화_070-7550-7776 **팩스**_02-806-7282

값 38,000원
ISBN 979-11-93985-40-3 93710

※ 이 저서는 2018년 정부(교육부)의 재원으로 한국연구재단의 지원을 받아 수행된 연구임(NRF-2018S1A6A4A01039641).

쓰기 이론

: 인지주의 관점과 텍스트 관점

정희모 지음

오래된 영어교육 학술지로 『*English Journal*』이라는 잡지가 있다. 1912년 창간호의 첫 논문이 쓰기 교육에 관한 것이다. 논문의 제목은 '현재의 상황에서 좋은 쓰기교육을 할 수 있을까요?(Can Good Composition Teaching Be Done under Present Conditions?)'인데, 1900년대 초 열악한 작문 교실 현장을 고발하고, 교육적 지원책을 요청하는 내용이다. 이 논문을 읽다가 문득 오늘의 상황을 생각했다. 100년이 훌쩍 지난 지금 상황에서도 과연 좋은 쓰기 교육을 할 수 있을까?

지금은 AI 글쓰기에 관한 관심이 뜨겁고, 읽기 교육과 쓰기 교육은 여러 대학에서 축소되거나 폐지되고 있다. 읽고 생각하고 쓰는 인간의 지적 사고는 차츰 AI와 같은 컴퓨터 기반 사고로 옮겨가고 있다. 출판 매체와 쓰기 과정 자체가 위태로운 이 시기에 쓰기 이론에 관한 책을 쓴다는 것이 아이러니하기도 하고, 무슨 의미가 있을까 생각하기도 한다.

이 책을 구상한 지는 오래되었다. 처음에는 쓰기 이론에 관한 총괄적인 책을 쓰려고 구상했으나 원하는 대로 되지 않았다. 쓰기와 관련된 이론적 논의가 방대해서 사실 한 권의 책으로 쓸 수 있는 내용은 아니었다. 그래서 쓰기 이론에도 도움이 되고 쓰기 교육에도 도움이 되는 이론적 논의들을 중심으로 책을 쓰기로 했다. 인지주의와 사회적 관점에 관한 다양한 논문들은 이미 연구하였던 이론들이고, 응집성과 화제구조분석은 수업 시간에 다루었던 이론들이다. 쓰기 교육에서 유용하게 적용할 수 있을 것으로 생각한다.

아쉬운 점은 자료들을 모아 두었음에도 불구하고 최근의 컴퓨터 기반 인지적 실험 논문들을 많이 반영하지 못했다는 점이다. 평소 게으름과 건강상의 이유로 모아둔 자료를 정리할 시간을 얻지 못했다. 게다가 학교 보직을 맡았고 코로나 시기를 거치면서 모든 것이 정지된 시간을 한동안 가지기도 했다. 다시 공부할 시간이 있다면 이런 논의들을 모두 모아 전체적인 정리를 해보고 싶은 마음이 간절하다. 그러나 다시 그런 시간을 얻지는 못할 것 같다.

이 책의 1부는 쓰기 이론이 태동할 무렵의 논의들과 이후 전개된 인지적 논의들을 다루었다. 초기 논의는 1970년 이전 자료들이 생각보다 많지 않아 Emig과 Flower의 논의를 중점적으로 다루었고, 인지적 실험 논문에 관해서는 Galbrath 논의까지만 다루었다. 2부에서 사회적 관점의 이론들과 독자 및 담화공동체 이론을 다루었다. 3부는 결속성과 응집성의 문제를 다루고 있다. 최근 결속성과 응집성에 관한 이론들을 공부하면서 쓰기 전공자들은 반드시 검토해야 할 분야라고 생각했다. 마지막은 화제구조분석에 관한 것이다. 화제구조분석은 쓰기 교육에 유용한 이론이라고 생각하였다. 앞으로 이에 관한 교수학습방법이 많이 나오길 기대한다.

이 책을 흔쾌히 맡아 출판을 해준 경진문화 양정섭 사장님께 감사하다는 말씀을 전해드리고 싶다. 경진문화에서 여러 권의 책을 출간했지만 이론서로는 마지막이 될지 모르는 이 책까지 기꺼이 맡아주어 감사한 마음을 어떻게 표현해야 할지 모르겠다. 이 책에 포함된 표를 그려주고 원고를 검토해준 이원지 박사와 마지막 교정을 도와준 명재권 선생, 이우리, 제은주, 김현경 양에게 감사하다는 말을 전한다.

연말이지만 춥고 어수선한 분위기이다. 그래도 조만간 봄은 올 것이다. 새 봄에는 또 어떤 일이 있을지 희망을 품고 기다린다.

2024년 12월 20일
신촌에서 정희모 드림

차례

제3부 결속성과 응집성의 쟁점

제4부 화제 구조 분석의 의미

제1부 과정 중심 이론의 등장과 쓰기 이론

제1장 과정 중심 이론 등장과 배경

1. 쓰기 교육의 변화와 Janet Emig의 등장

미국에서 글쓰기 교육과 이론에 관한 학술 연구가 하나의 흐름이나 유파로 전개된 것은 1960~1970년대에서 출발한 과정 중심 이론이 처음이다. 이전에도 글쓰기에 관한 학술 논문들이 발표되고 있었지만, 하나의 뚜렷한 학술적 경향으로 논의가 전개된 것은 인지주의 기반의 과정 중심 이론이 처음이라고 말할 수 있다. 물론 그 이전에도 글쓰기에 관한 다양한 논문들이 나왔지만 대체로 쓰기 교육의 한 일환으로 교육 환경과 교수 방법에 관한 논문들이 많았다. 예를 들어 영어교사 대상의 전문학술지인 『*English Journal*』의 창간호(1912년)에 실린 첫 작문 논문은 열악한 작문교육 현장을 비판하고 교육에 투자할 것을 권고하는 내용으로 되어 있다[1]. 초기 글쓰기 센터에 관한 Peter Carino(1995)의 논문을 보면 1920~1930년대 학생들에게 개별지

도와 첨삭을 위한 글쓰기 랩들이 많았고, 이에 관한 연구들도 여럿 있다고 한다[2].

1950년대 이전까지 글쓰기 교육은 19세기로부터 이어져 온 수사학의 영향에 있었고, 쓰기 교육도 문장과 어법 같은 기계적이고 형식적인 면에 치우쳐 있었다. 글쓰기 교육의 중심에는 교사보다 교과서가 있었는데, 이는 쓰기 교사 교육이 일반적이 아니었고, 아직 준비가 덜 되어 있기 때문이기도 했다. Kitzhaber(1953)나 Connor(1981)는 당시의 쓰기 교과서가 19세기 말 수사학의 교과서가 그랬던 것처럼 여전히 '기계적 정확성(mechanical correctness)'의 지배를 받았다고 언급했다. 대체로 작문 교과서는 단락과 담화 방식(설명, 묘사, 서사, 논증) 중심으로 전개되고, 스타일에 바탕을 둔 일관성과 정확성을 강조했다(Robin Varnum, 1992: 44). 20세기 들어서도 큰 변화가 없이 전개된 이런

---

1) 『*English Journal*』은 1912년에 창간된 영어교육에 관한 학술잡지이다. 주로 영어와 관련된 교육적 이슈를 다루는데, 1939년 대학 분야가 분리되어 지금은 초, 중등 영어 교사 대상의 학술지로 활동 중이다. 1912년 이 학술지 창간호의 첫 논문(Hopkins, 1912)이 작문에 관한 것이었다. '현재의 상황에서 좋은 작문교육이 가능할까요?(Can Good Composition Teaching Be Done under Present Conditions?)'란 논문인데 내용은 1900년대 초 열악한 작문 교실 현장을 고발하고, 교육적인 지원책을 강구하는 내용으로 되어 있다. 논문에서 작문 교실의 적절한 학생 수로 중등 50명, 대학 30명이라고 규정하고, 당시 작문 교사들은 적정 학생 수보다 2.5배에서 3배 정도가 많은 교실을 담당한다고 비판한다. 논문의 주된 내용은 이와 유사한 여러 사례를 들면서 영어 교육에 관한 투자를 늘려 달라는 내용으로 되어 있다.

2) Peter Carino(1995)의 논문을 보면 1930년대 많은 대학에서 글쓰기 랩과 같은 운영 시스템이 만들어지고 있었다고 말한다. 학생들은 글쓰기 랩을 통해 수업 시간에 부족한 부분을 방과 후에 랩에서 다시 학습할 기회를 얻을 수 있었고, 첨삭이나 개인 학습 같은 것을 수행할 수 있었다. 이 논문에 따르면 그 후 1934년에 미네소타 대학과 아이오와 주립대학에서 글쓰기 랩 지도를 위해 최초로 분리된 교수진을 만들었다고 한다. 이 외에도 '작문 센터에 관한 개념(The Idea of a Writing Center)'라는 논문을 쓴 Stephen M. North(1984)도 아이오와 대학에서 1930년대부터 작문실습실이 있었고, 거기에 여러 작가들이 근무한 적이 있다고 말했다. Peter Carino(1995), "Early Writing Centers: Toward a History", *The Writing Center Journal*, 15(2) 참고.

교육 방식 때문에 여러 학자들이 과정 중심 이론의 등장 이전의 작문 시기를 암흑기로 묘사하기도 했다. Donald Stewart(1985)는 당시의 현대적 전통적 수사학을 '학문의 석기 시대'라고 비웃었고, Connor(1986)는 20세기 초의 기기를 작문의 '암흑시대'라고 지칭하기도 했다. 심지어 North(1987)는 이전의 시기는 아무 것도 없었다는 듯이 작문 분야의 탄생을 1963년으로 지칭하기도 했다(Robin Varnum, 1992: 39).

이런 점은 이후에 설명하겠지만 왜 쓰기 과정을 집중적으로 연구한 논문이 나오고, 인지심리학에 바탕을 둔 인지 과정 이론이 등장하면서 글쓰기 연구를 '패러다임의 전환'으로 인식하는지 알 수 있게 해준다. 1970년대와 1980년대 들어 Young(1978)과 Hairstone(1982)이 과정 중심 이론의 등장을 '패러다임의 전환'이라고 말하면서 전 시대와의 단절을 언급했던 것이다. 그런 점에서 과정 중심 이론이 왜 중요한 의미를 띠는지 알 수가 있다. Hairstone(1982)이 언급하듯이 새로운 패러다임은 언어학과 심리학에 기반을 두고, 쓰기 과정에 관한 세부 연구에 근거를 두고 쓰기 교육을 중시한다.

일반적으로 과정 중심 이론은 Janet Emig의 이론으로부터 영향을 받았다고 알려져 있다. 그녀가 1971년 하버드대 박사논문으로 제출한 12학년 학생의 작문 과정에 관한 연구 논문에서 쓰기 과정에 관한 인식이 드러나고 있기 때문이다.[3) Janet Emig의 논문은 연구의 방법과 결과의 측면에서 이전의 작문 교육과 작문 연구와 많이 달랐는데, 특히 쓰기 과정에 관한 새로운 관점과 시각이 그러했다[4). 이 때문인지

---

3) Janet Emig은 1961년 하버드대학 영어교육프로그램 박사 과정에 입학했다. 1969년에 「12학년 학생들의 작문 과정」으로 박사학위를 받았으며, 이 논문은 1971년 미국교사협의회(NCTE)에서 151쪽의 책으로 출간되어 학계의 관심을 받았다. 이 책에서는 주로 1971년 NCTE 판을 참고로 했다.

4) Janet Emig의 학문적 업적을 역사적 관점에서 재해석한 Gerald Nelms(1994)은 Janet Emig

쓰기 이론의 전개 과정을 정리한 Freedman et. al.(1987)의 논문이나, 쓰기 이론을 총괄적으로 정리한 Nystrand et. al.(1993)의 논문에서 Emig(1971)의 연구가 과정 중심 연구에서 얼마나 중요한지 강조해서 설명하고 있다. Emig은 자신의 학위 논문과 더불어 1970년대에 여러 편의 논문을 통해 글쓰기를 쓰기 과정의 관점에서 봐야 하며, 학생들의 쓰기 활동이 단순하지 않고 계획하기와 집필하기, 수정하기의 과정의 끝없는 반복을 통해 진행된다는 점을 밝혔다. 다시 말해 학생들은 계획하기-집필하기-수정하기의 순차적 순서로 글을 쓰는 것이 아니라, 쓰면서 계획하고, 수정하면서 쓰는 등 다양하고 복합적인 회귀활동을 한다고 본 것이다. 그리고 이런 점은 이전의 형식주의 쓰기 이론5)처럼 쓰기를 단순히 계획하고 집필하며 교정하는 선조적인 과정으로 보았던 것과 차이가 있다.6)

의 업적을 두 가지로 보았다. 하나는 쓰기 교육에서 '과정'에 관한 인식을 새롭게 했고, '과정'에 관한 개념을 다원화시켰다는 점이다. 다른 하나는 작문 연구 방법론에서 사례 연구 방법을 소개해서 그 방법을 일반화시켰고, 또 프로토콜(protocol, 구술연구방법)을 사용한 연구 방법을 제안했다는 점이다. 이런 두 가지 업적은 이후 인지주의 연구 방법에 큰 영향을 끼쳤다.

5) 형식주의 쓰기이론은 1950년대와 1960년대까지 쓰기에 관한 지배적인 이론적 관점이었다. 이 관점의 기본 철학은 객관주의 철학이며, 신비평의 형식주의 문학이론, 구조주의 언어학에 바탕을 두었다. 쓰기에서 필자나 독자보다 텍스트 자체에 관심을 쏟았으며, 텍스트를 의미의 자율적 구현체로 인식했다. 쓰기 교육에서 규범적 문법이나 어법, 수사학적 원리를 강조했다. 또한 모범적인 글을 찾아 분석하고 모방하는 교육을 중시했다. 그래서 형식주의 교육에서는 문장교육이나 교정 교육에 주력했다. Emig(1971)은 형식주의에 기반한 작문교육의 전형을 다음과 같이 말한 바 있다. 첫째 교사는 학생들에게 표준적인 어법을 익히도록 하고 이를 통해 좋은 단어를 선택하고 결합하여 정확한 문장을 쓰도록 교육한다. 둘째 문장을 결합하여 통일성이고 체계적인 단락을 만들도록 한다. 이를 통해 문장 중심 교육, 단락 중심 교육을 강조했고, 주로 다섯 단락 글쓰기 교육을 많이 시행했다(이재승, 2002; 권순희 외, 2018).

6) 형식주의 쓰기 이론에서 작문 과정은 단계 과정 모형이다. 단계 과정 모형은 작문 과정을 일련의 선형적인 단계로 묘사하는데, 이런 단계는 쓰기 결과물의 전개에 따라 시간대별로 분리되어 있다. 단계 모델의 가장 대표적인 예는 Gordon Rohman이 정리하였던 '쓰기 전 단계-글쓰기 단계-고쳐 쓰기 단계(Pre-write-Write-Re-write)'와 Britton 등이 정리

Janet Emig이 글쓰기에서 과정적 특성을 강조한 것은 '쓰기'[7]라는 양식 자체가 과정 학습에 유용한 특징이 있기 때문이라고 보았다. 그녀가 쓴 논문 「학습 양식으로서의 글쓰기(Writing as a Mode of Learning)」(1977)를 보면 쓰기가 다른 학습 양식과 어떤 차이가 있는지, 쓰기가 왜 과정 학습에 유용한지를 상세하고 자세히 다루고 있다. 그녀는 쓰기를 매우 특수한 학습 양식이라고 규정하는데, 그것은 쓰기가 과정-결과(process-and-product)라는 특유한 방식으로 학습을 돕기 때문이라는 것이다. 쓰기는 다른 어떤 학습 전략보다 구성(composing)에 용이하면서 다른 학습과 달리 과정을 드러낸다. 예컨대 다른 형식의 구성 작업들, 예를 들어 그림, 교향악, 무용, 영화, 건축이나 시각적 상징체계의 구성 형식들, 즉 수학 방정식이나 과학 공식과 같은 것들보다 훨씬 간략하고 접근 용이하면서도 작업의 과정을 처음으로 돌아가 확인하고 수정할 수 있도록 도와주는 작업이다. 또 어떤 학습 도구보다 쉽게 접근 가능하고 여러 방식으로 이용이 가능하다. 그래서 학습을 하는 데 가장 유용한 도구가 될 수 있다.

Emig의 쓰기에 관한 학습 도구로서의 특수성은 말하기와 글쓰기를 구분하면서 구체화된다. 그녀는 말과 글이 같은 언어 기능을 사용하

한 '계획-숙고-생산(Conception-Incubation-Production) 단계가 있다(Flower & Hayes, 1981: 366).

7) 일반적으로 국내 논문에서는 '쓰기'와 '작문'이라는 말을 같이 혼용해서 쓰고 있다. 신헌재·이재승(1997)은 '작문'은 쓰기의 구성적 측면을 강조한 용어로, '쓰기'는 글쓰기의 전사(傳寫)적 측면과 구성적 측면을 모두 포괄한 용어로 보는 것이 타당하다고 본다. 통상 쓰기라는 말에 비해 작문이라는 말을 좀 더 어렵고, 인위적인 것으로 보며, 문학적인 것과 관련되어 있다고 생각한다고 한다. 신헌재·이재승(1997)은 가급적 교육과 관련된 논의를 할 때는 '쓰기'라는 용어를 쓰는 것이 더 정확할 것으로 보았다. 쓰기가 전사와 구성의 개념을 모두 가지고 있기 때문이라는 것이다. 통상 학계에서는 쓰기는 writing, 작문을 composition 으로 표기한다. 다만 이 책에서는 쓰기와 작문을 구분하지 않고 사용하기로 한다. 신헌재·이재승(1997), 「쓰기 교육에서 과정 중심 접근의 의미」, 『한국초등교육』 13, 한국초등국어교육학회, 208쪽.

지만 실제 그 원천은 다르며, 상이한 언어기능을 수행한다고 말한다. Vygotsky가 말했듯이 말과 글은 구조나 기능양식에서 다른 작용을 한다. 예를 들면 말은 자연적이지만 글은 학습해야 한다. 말은 유기적이고 자연적이지만 글은 인위적이고 기술적인 장치이다. 말하기는 환경과 맥락에 의존적이지만 글쓰기는 독자를 볼 수 없어 글 자체의 맥락에 의존한다. 그녀가 이런 여러 가지 말과 글의 차이를 설명하면서 가장 강조해서 말하는 것은 글쓰기가 세계를 재현하면서 과정과 결과를 모두 구체화하기 때문에 학습 양식으로서 말하기보다 더 적합하다는 사실이다.

통상 교육학에서는 성공적인 학습의 특징으로 강화와 피드백의 중요성을 이야기한다. 모든 학습은 자신의 경험을 언어적 상징으로 강화하거나 피드백을 통해 학습 경험을 축적함으로써 이루어진다. 글쓰기는 강화뿐만 아니라 피드백 측면에서 특유한 특징을 가지고 있는데 Emig이 보기에 글쓰기는 결과뿐만 아니라 과정(process)의 정보도 시각적으로 직접 확인할 수 있어 학습 전략에 도움이 된다. 글쓰기에서 이런 과정 정보는 의미를 매우 심사숙고하여 구조화할 수 있도록 해준다. 다시 말해 글쓰기의 과정 정보는 지식의 재형성과 재해석에 매우 적합하며 다른 지식과 연결도 쉽게 되며 유기적으로 통합시킬 수가 있는 것이다[8]. 이런 여러 내용들을 볼 때 글쓰기 학습이 과정

---

8) 작문(글쓰기)의 지식 형성과 구성적 능력이 다른 교과교육에서 중요한 학습 도구가 된다는 점은 Applebee의 국가적 단위 연구 조사를 통해서도 알 수가 있다. Applebee는 미국 전역의 9학년(중3)과 11학년(고2) 교실에서 여섯 개 과목(영어, 과학, 사회, 외국어, 실업, 수학)의 수업을 관찰하고, 교사 754명으로부터 설문지 답안과 글쓰기 샘플을 수집했다. Applebee의 연구에 따르면 학생들은 여러 수업에서 다양한 방식의 글을 사용하고 있었다. 학생들은 모든 수업에서 받아쓰기, 빈칸 채우기, 단답형의 글, 노트 필기, 요약이나 분석 보고서, 정보 전달의 글, 개인적 글, 서사적인 글까지 다양한 글쓰기를 수행하고 있었다. 전체 수업 시간의 약 40% 이상의 활동에서 글쓰기가 포함되었고, 과학 수업의 경우에도

학습에 적합하며, 또한 과정 학습의 특성을 가지고 있다고 보았다.

Janet Emig은 이런 쓰기의 구성적 특수성을 바탕으로 쓰기 과정의 회귀성을 지적하며 쓰기 교육의 방향을 제시한다. 그녀는 「구성 과정: 문헌 검토(The Composing Process: Review of the Literature)」(1971)라는 논문에서 쓰기 과정의 회귀성을 다루고 있다. 논문의 전반부에 그녀는 작문을 포함한 창작 과정에 선형적 사고가 어떻게 자리 잡고 있는지를 설명한다. 작문 이론이 태동되는 초창기에는 대체로 창작의 과정을 선조적인 것으로 판단하고 있기 때문이다. 예를 들어 Graham Wallas(1926)는 창안 과정을 첫째 준비(Preparation) 단계, 둘째 숙고(Incubation) 단계, 셋째 깨달음(Illumination)의 단계이며, 넷째 증명(verification)의 단계라고 판단했다. 이는 생각이 선형적으로 생각이 익어가고 농축되는 과정을 의미한다. 또 Malcolm Cowley(1961)는 소설가들의 작문 과정을 이야기의 싹이 나고, 의식적인 묵상을 한 뒤, 초고가 만들어지고, 마지막으로 수정을 하게 되는 선형적 과정으로 묘사했다.

그녀는 이런 선형적 과정에 의문을 표시했다. 학생들은 과연 이렇게 순차적으로 글을 쓰고 있을까? 이런 의문을 제기하게 된 것은 쓰기 과정에 관한 학생 필자의 실험에서 상반된 결과가 종종 나오기 때문

수업 시간의 48%가 적어도 단어 묶음 혹은 문장 수준의 언어 기술을 요구하는 활동이었다. 전체 교사들의 절반 이상은 빈번하게 짧은 답이나 빈칸 채우기 활동을 하고 있었으며, 전체 교사의 1/3 이상은 한 단락 이상의 쓰기를 학생들에게 요구했다. 교과학습에서 쓰기가 사용되는 기능도 다양했다. 교사들은 학생의 학습 결과를 평가하기 위해, 학생들의 이해도를 확인하기 위해, 중요한 내용을 암기하기 위해, 학습에 대한 스스로의 생각을 유도하기 위해 글쓰기를 이용했다. 교과 학습에서 쓰기 과제는 학습에 도움을 줄 뿐만 아니라 재구성과 발견의 과정을 포함한다. 그래서 Applebee는 "쓰기 과제가 끝났을 때 우리는 비로소 필자(학생)가 무언가를 배웠다고 말할 수 있다"고 언급했다(Applebee, 1982; 정희모, 2015a: 57~58).

이다. 1960~1970년 당시만 하더라도 작문 과정에 관한 연구 데이터가 거의 없었다. 작가와 관련된 간단한 비평이나 인터뷰, 동료 작가의 분석, 교과서에 나오는 간략한 내용 등이 대부분이었다. 이런 단편적인 자료들 속에서 그녀는 작문 과정의 연구 데이터를 찾아서 설명했지만 대부분 창작 과정보다 결과물이나 생산물에 초점을 맞춘 것이었다. 예를 들어 『Research in Written Composition』에 게재된 1963년 이전의 504개 참고문헌 목록 중 오직 2개만이, 그것도 간접적으로 청소년들의 작문 과정에 대해 다루고 있었다.

이 두 편의 논문은 Tovatt & Miller(1967)의 「The Sound of Writing」과 Rohman & Wiecke(1964)의 「Pre-Writing: The Construction and Application of Models for Concept Formation in Writing」이다. 그녀가 관심을 가진 것은 Rohman & Wiecke(1964)의 논문이었는데, 작문을 '쓰기 전-쓰기 -쓰기 후'로 나눈 연구였다. 특히 이들은 '쓰기 전' 단계에 초점을 맞추었다. '쓰기 전' 단계는 필자가 주제와 글감을 생성하는 발견의 단계로, 작문을 성공적으로 이끄는 데 결정적인 것이라고 보았다. 대체로 이들의 연구는 작문 단계를 고정적으로 보는 입장을 취했다.

그런데 이 중에서 Janet Emig이 관심을 표한 것은 Rohman & Wiecke (1964)의 연구 중에 나온 하나의 실험이었다. 당시에는 Warriner의 작문 교과서가 언급했듯이 모든 작가는 글의 종류와 상관없이 언제나 쓰기 전에 개요를 짠다는 것을 명백한 사실로 인정하고 있었다. 이에 반해 Rohman & Wiecke(1964)은 실험 연구를 통해 이런 것이 사실이 아님을 확인했다. 이들은 개요 작성에 관해 전문 필자들의 자료를 수집했다. 16명의 전문 필자의 자료를 수집하고, 질문지를 사용해 이들의 견해를 들었다. 연구의 결과는 필자들이 자신들이 작성하는 모든 형식의 글에서 개요를 작성한다고 말한 교과서의 언급은 사실이 아닌 것으로 밝혀졌다. 수집된 자료가 보여준 결과는 개요 작성이 개인마다 매우 다양하다는 것이다. 조사 대상 중 6명은 완벽한 개요를 습관적으로 작성했지만 나머지 대부분은 자신의 작업 스타일과 작문 양식에 맞춘 약식 개요를 만들었다. 약식 개요를 작성한 필자는 쓰기를 위해 미리 구상을 하는 것에 반대하는 것처럼 보였다. 개요 작성이나 완벽한 계획하기를 반대하는 이유는 사전 개요가 단지 생각들의 영역을 그린 지도에 불과하기에 정확할 수가 없다는 점을 들었다. 이들의 생각은 글쓰기가 새로운 세계의 발견에 해당하는데, 특히 쓰는 과정에서 그런 발견을 하게 된다는 것이다9). 이들과 더불어 여러 명의 필자들은 아예 상세한 개요는 작성하지 않는다고 언급했다.

이들의 실험 조사에서 나온 내용은 작문 과정의 단계가 작문 교과서에서 지적한 만큼 일관적이거나 선형적인 것은 아니라는 것이다. 어떤 필자의 경우 계획을 세우거나 개요를 짜는 것을 수정의 한 부분으로 사용했다. 또 쓰는 과정 중에 새로운 것이 생각나기도 했다. 이런 것들은 작문 연구자들이 말하듯 각 '단계'가 움직일 수 없는 순서로 고정되어 있는 것은 아니라는 점을 보여준다. 작문 교과서들이 작문 과정을 비유적으로 일직선에 있는 것처럼 묘사하는 것과 다르다는 것을 암시한다. 작문을 당시 여러 학자들이 말했듯 '쓰기 전-쓰기-쓰기 후'의 일직선으로 규정할 수 있는 것은 아니다.

이 외에도 Janet Emig은 1964년에 행해진 실험 연구에서 학생들의

---

9) 이런 점은 David Galbraith(1999)의 쓰기 모형의 생각과 동일하다. Galbraith는 1999년 지식 구성 모형을 제창하고, 글쓰기 과정에서 새로운 발견은 수사적 발견을 통해서 이루어지는 것이 아니라 집필 과정, 즉 문장을 쓰는 과정에서 생성되는 것이라고 주장했다. 글에서 새로운 발견은 글을 쓰는 과정에서 이루어지며, 이를 그는 성향적 글쓰기라고 말했다. Galbraith의 주장은 수사적 목적 하에 글을 계획하고, 글을 쓰면서 수사적 상황의 변화에 의해 수정이 이루어진다고 본 Flower & Hayes의 관점과는 차이가 있다.

개요 짜기에 관한 다양한 형태에 주목했다. 우선 학생들이 실제 전통적인 방식으로 개요 짜기를 얼마나 하고 있는지에 주목했다. 8주 동안 실시된 쓰기 작문 과정에서 학생 원고 109편을 뽑아 살펴보니, 실제 작문교과서에서 말한 대로 전통적인 개념과 부합하는 개요를 사용한 학생은 9편, 즉 8.3%에 불과했다. 나머지 91.7%가 작문교과서가 말한 것에 부합하지 않는 개요였다. 학생들의 작문 과정을 조사해 본 결과 특정한, 혹은 전통적인 방식에 맞는 개요를 작성하는 학생보다 그렇지 않은 학생이 훨씬 많았던 것이다. 다음으로 전통적인 방식으로 개요를 짠 학생의 글이 더 우수한지를 검사했다. 3명의 평가자가 평가한 결과를 살펴보니 좋은 점수를 받은 것과 개요를 사용한 것 사이에는 관련성이 발견되지 않았다. 이를 유추해 보면 실제 학생들이 교과서 말하듯 계획하기-쓰기-수정하기의 방식대로 글을 쓰고 있지는 않으며, 점수도 이와 상관이 없어 보인다고 할 수 있다. 이런 연구는 쓰기 과정을 선조적인 것으로 보았던 이전의 방식이 항상 옳은 것만은 아니라는 것을 알 수가 있다.

Janet Emig의 연구에서 가장 초점의 대상이 되었던 것은 무엇보다 교육에 관한 관점이다. Emig이 과정 중심에 관심을 가졌던 것은 과정 학습 방법이 실제 교육에 도움이 될 것으로 보았기 때문이며, 또 효과가 있다고 보았기 때문이다. 그가 과정 중심의 선조성보다 회귀성을 강조하는 것은 실제 학생들이 글을 쓰는 과정이 그렇다고 보았기 때문이며 그것이 쓰기 교육에도 도움이 된다고 판단했기 때문이다. 이렇게 쓰기 교육에 초점으로 두고 강조하는 점은 이후 나올 이론적 관점의 인지주의 학자들과 조금은 다른 점이다. 예컨대 Flower & Hayes, Bereiter & Scardamalia 같은 인지주의 학자들은 쓰기 과정을 인지적 연구의 관점에서 바라보았지 학생의 입장과 교육의 관점에 초점을 둔 입장은 아니었다. Janet Emig이 1980년대 이후 인지주의 연구에만 몰두하지 않았던 것도 이처럼 중요성을 어디에 두는가에 관한 시각의 차이 때문이기도 하다.

Emig이 1982년에 쓴 논문 「패러다임과 쓰기의 탐구(Inquiry Paradigms and Writing)」를 보면 그녀가 교육에 중점을 두고 인지주의 연구와 일정한 거리를 두고자 하는 시각들이 드러난다. 이 논문에서 그녀는 실증주의가 지닌 여러 단점들을 지적하는데, 그것은 사회적 관점의 학자들이 인지주의를 비판하는 내용과 흡사하다. 예컨대 실증주의자들이 현상에 관해 진술한 것을 일반성, 보편성이라고 주장한다고 비판한다. 하나의 사례를 마치 전체인 것처럼 증명하고자 하는 것을 비판한 것이다. 맥락이나 상황을 벗어난 실험실의 환경도 문제가 된다. 실험 디자인이나 측정, 통계적 분석의 주요한 방법들이 실험자가 속해 있는 자연적인 환경으로부터 벗어나 고립된 상황 속에서 행해진다. 다시 말해 관찰자의 위치가 관찰되는 현상의 바깥에 위치하고 있으며 독립되어 있게 된다.[10] 이런 점은 학생들에게 주는 과제에도 나타난다. 실증주의자들의 과제는 학생들이 자유롭게 글을 쓰도록 하는 것이 아니다. 실증주의에서는 일반적으로 불연속적이고 맥락에서 벗어난 과제를 교사가 제시한다. 교사는 자신이 가지고 있는 수사학적 텍스트나 수사학적 이론에 근거하여 과제를 제시하게 된다.

---

10) 이에 관해 Emig은 Mishler의 "맥락 벗기기(context-stripping)"라는 용어를 빌어 설명하고 있다. 맥락 벗기기(context stripping)란 실험적 디자인, 측정, 그리고 통계적 분석에서 맥락을 삭제하고 객관적 실험 방식만을 강조한다는 뜻의 용어이다. 이는 이론의 일반성을 테스트해보기 위해서, 실험자들이 속해 있는 자연적인 사회적 배경으로부터 분리하는 것이다. 실증주의자들은 보편성을 주장하며, 그들이 현상에 대하여 진술한 것의 일반성을 주장하려는 야심을 갖고 있기 때문에 이런 현상이 가능하다. 그는 Mishler의 말을 빌어 다음과 같이 말하고 있다. "실험자들은 그들이 가지고 있는 정상적인 역할과 사회적인 연계는 우리의 실험실을 들어올 때 뒤에 남겨 두고 왔다."(Emig, 1982: 66)

이렇게 자연적인 환경과 맥락에 벗어난 과제 제시와 더불어 Emig이 주로 비판하는 것은 단일 글쓰기 과제의 문제점이다. 단일 글쓰기 과제의 문제점은 하나의 양식으로 작성된 글쓰기 표본 한 작품(a single writing sample)이 다른 상황에서, 어떤 양식의 글이라도 쓸 수 있다는 가정을 반영한다. 이것은 어떠한 한 상황에서 생산된 글이 다른 상황에서도 다른 종류의 글을 쓸 수 있다는 능력을 반영한다. 그런 점에서 본다면 쓰기 능력은 고정되고 그 고정된 능력이 다른 상황에서도 같은 능력을 발휘할 수 있다는 가정에 바탕을 두고 있는 것이다. 그래서 하나의 글쓰기 작품을 통한 판단은 '일반적인 쓰기 능력', '신입생 작문을 통과할 수 있는 능력', '대학에서 글을 쓸 수 있는 능력'을 표시하는 지표가 되기도 한다11). 아울러 이런 단일 표본은 대학에서 강력한

---

11) Janet Emig(1982) 이후 신입생 작문 교육에 관한 비판은 여러 학자들을 통해 유사한 내용으로 논의되었다. 대표적인 학자는 Russell(1995)과 Wardle(2009)로 이들은 주로 대학 신입생 작문 교육의 문제점을 비판하고 대안적 교육을 제안한 바 있다. Russell(1995)은 모든 장르와 학술적 내용을 포괄하는 보편적 글쓰기는 존재할 수 없다면서 대학 신입생 글쓰기 교육을 비판했다. 대학에서 생산되는 학술 담화는 개별적인 학문 활동을 목적과 내용에 따라 규정하여 형성된 것이기 때문에 이를 포괄하는 일반 담화가 만들어질 수 없으며, 이를 교육할 수도 없다고 본 것이다. Wardle(2009)은 글쓰기에서 학술 담화는 다양한 맥락에서 만들어진 장르를 기반하고 있는데, 이런 장르는 특정한 수사학적 상황에 기반하고 있기 때문에 다른 상황에 쉽게 전이될 수 없다고 보았다. 말하자면 신입생들이 보편적이고 일반적인 글쓰기 교육을 받아도 그것이 전공 학습의 글쓰기로 전이되기가 힘들다고 보았던 것이다. Wardle(2009)은 이런 사례로 작문 교육을 받은 생물학과 Karen의 예를 들고 있다. 조사해 본 바에 따르면 Karen이 속한 생물학과의 글쓰기는 짧은 서론, 빠른 논평 리뷰, 실험과 조사, 토의 등으로 이루어졌다. 그렇지만 신입생 작문 교육에서는 이런 것을 배울 수 없었다. 신입생 작문 수업에서는 생물학과 전공수업처럼 실제적인 실험 조사나 특정한 맥락의 연구가 주어지지 않았다. 그냥 일반적인 화제, 즉 환경의 문제나 생물학의 일반적인 문제에 관한 과제를 수행할 뿐이었다. 이런 점을 보면 실제 전공 수업의 맥락과 신입생 작문 수업의 맥락은 같지가 않다. 수사적 문제가 이렇게 다른 상황에서 전이 학습이 일어나지 않는다. Wardle(2009)이 신입생 글쓰기교육이 효과가 없다고 보는 것이 이런 점 때문이다. 대학 신입생 교육과 관련된 이런 문제는 국내에서도 여러 논문을 통해 개진된 바 있다. 이와 관련하여 아래 논문을 참고할 수 있다. Russell, D. R.(1995), "Activity theory and its implications for writing instruction", In Petraglia(ed.), *Reconceiving writing, rethinking writing instruction*, Lawrence Erlbaum Associates, Inc.; Wardle, E.

힘을 발휘한다. 대학에서 교수, 학과, 학장, 입학관리처, 행정기관들이 내리는 결정은 하나의 글쓰기 표본을 통해서 한다. 그래서 이렇게 내리는 하나의 글쓰기 표본이 대학 입학, 과목 성적, 졸업, 직업, 미래까지 영향을 줄 수 있다고 Emig은 비판한다. 이렇게 단일한 쓰기 표본이 지닌 여러 규정들이 실증주의적 가설을 통해 작동하고 있다는 것이다.

Emig이 논문에서 강조한 이런 관점은 실증주의와 인지주의를 함께 비판한 것으로 보인다. 그녀의 이런 관점은 이론적인 관점보다 교육적인 관점에 치중했기 때문이다. Flower & Hayes도 교육을 중시했지만, 어디까지나 관심은 쓰기 과정에 관한 인지적 탐구였다. 그런 점에서 Flower & Hayes의 인지주의적 관점과 Emig의 논의 사이에 차이가 있다. 12학년의 글쓰기 과정을 추적한 Emig의 박사논문(1969)도 실제 쓰기 과정의 인지적 양상을 살펴보기 위한 것이 아니라 학생들의 쓰기 과정과 이에 따른 교육적 양상과 효과를 살펴보기 위한 것이었다[12]. 그런 점에서 논문의 결과 부분은 주로 학생들이 참여하는 쓰기 교육 현장의 실태와 문제점, 그 반성을 다루었다.

Janet Emig(1969)이 박사논문을 통해 주로 밝히고자 한 것은 중등학교 학생들의 쓰기 교육 현장에서 나타난 학교 주도 글쓰기 교육의

(2009), "'Mutt Genres' and Goal of FYC: Can We Help Students Write the Genres of the University?", *CCC*, 60(4); 정희모(2013a, 2015a), 이윤빈(2014, 2015), 이원지(2020) 참고.

12) 작문 연구에서 많은 관심을 받았던 Janet Emig(1969)의 박사논문은 사례 연구 방식으로 시카고 지역의 6개 학교 8명을 학생을 선발하여 실험을 한 것이다. 전체가 7장으로 되어 있고, 본문의 주된 내용은 학생들의 작문 과정을 관찰하고 인터뷰해서 얻은 내용을 분석한 것이다. 이후 Emig의 박사논문은 1971년 NCTE에서 151쪽의 짧은 연구보고서로 출간되었다. 여러 학자들이 Emig(1969)의 박사논문이 갖는 성과를 분석하고 업적을 논의했다. 그 중에서 대표적인 업적으로 꼽는 것은 과정 중심 방법을 도입과 사례연구와 프로토콜와 같은 과학적 방법론의 도입이다.

문제점이었다. Emig은 학교 주도 글쓰기가 광범위한 분야의 쓰기 (extensive writing) 형태로 주로 다섯 단락 글쓰기 형식을 통해 다루어지고 있다고 말했다. 쓰기 주제는 주로 사회적이거나 시사적인 것으로, 산문에 가까운 형식이 많다13). 이에 반해 자기 주도 글쓰기는 주로 반성적인 글쓰기(reflexive writing)로 시와 같은 문학 형식이나 자기 탐색 글쓰기와 가깝다. 학교 주도의 글쓰기는 교사를 대상으로 하지만 자기 주도 글쓰기는 주로 자신과 동료를 대상으로 한다. Emig은 학교 주도의 글쓰기를 다분히 타율적이고 강제적인 것으로, 자기 주도 글쓰기를 자율적이고 창의적인 것으로 보았다. 그리고 그녀는 글쓰기 교육에서는 전자보다 후자가 효과가 큰 것으로 판단했다.

Emig이 관찰 연구를 통해 밝혀낸 것은 학교 주도의 글쓰기 형식이 쓰기 교육을 위해 바람직하지 않다는 사실이다. 우선 자기 주도 글쓰기는 많은 탐색의 시간을 통해 사전 계획과 사전 글쓰기 단계를 거칠 수 있다. 반면에 학교 주도 글쓰기는 사전 글쓰기를 위한 시간을 많이 제공해 주지 않았다. 교사의 지시에 따라 주로 철자법이나 구두점, 문법과 형식에 치우진 교육을 많이 받았고 이에 반해 주제 탐색이나 수사적 정교함, 쓰기 목적이나 의도와 같은 담론의 본질에 해당하는 교육은 거의 없었다. 학생들에게 텍스트를 재구성하거나 내용을 재개념화를 할 시간이 주어지지 않았기 때문에 수정 과정이 거의 삭제되고 없었다. 학생들이 글을 쓰면서 숙고의 과정이나 창의적 과정을 거치기 힘들었는데 그 이유는 학교 주도 글쓰기가 단지 교사의 평가만을 대상

---

13) 이런 점은 extensive writing과 반대인 intensive writing을 비교해 보면 분명히 드러난다. extensive writing은 다양한 주제의 읽기와 쓰기를 동반한 글쓰기로, 어떤 주제이든 어떤 글쓰기 스타일이든 될 수 있는 비공식적인 글쓰기 스타일이다. 반면에 intensive writing은 공식적으로 규격에 맞춰 쓰는 글에 가깝다. 이런 글쓰기에서는 장르와 형식에 맞게 써야 하고, 문법 오류가 있는지 잘 검토해야 한다.

으로 진행되었기 때문이다. 12학년의 쓰기 교육은 본질적으로 타율적이고, 획일적이며 교사의 평가에 초점이 맞춰진 교육이었다.

흥미로운 점은 Emig이 이렇게 중등 쓰기 교육의 폐단을 쓰기 교사의 문제로 돌리고 있다는 사실이다. Emig은 중등교육의 쓰기 교육이 학교 주도의 형식적인 교육이 되고 있는 것은 교사의 문제가 가장 큰 원인이라고 보았다. 교사 스스로가 글을 잘 쓰지 못하고, 글쓰기에 관한 경험이 없다는 사실이 중등학교의 쓰기 교육이 부실하게 된 가장 큰 요인이라고 판단했다. 그래서 중등학교에서 쓰기 교육을 정상화시키는 것은 교사들의 쓰기 기회를 늘리고 열심히 쓰도록 해야 하는 것이라고 보았다. NCTE의 강령에도 있듯이 쓰기 교사는 자신이 글을 잘 쓸 줄 알아야 한다. 교사가 글을 많이 써보지 않았고 잘 쓸 수 없다면 학생들에게 글쓰기의 여러 과정을 교육할 수가 없다. 교사는 글을 쓰는 다양한 경험이 없기 때문에 철자나 문법과 같은 형식만 교육할 수밖에 없는 것이다[14].

미국 고등학교에서 작문을 가르치는 것은 본질적으로 노이로제 같은 것이다. 예를 들어, 학생의 글에서 오류를 반복해서 지적하는 학습이 이러한 오류를 제거하는 것으로 이어진다는 증거는 거의 없다. 그렇지만 교사

---

14) Emig의 교사에 관한 비평은 이후 Emig의 박사 논문에 관한 평가 논문을 썼던 Voss(1983)에 의해 크게 비판을 받았다. Voss(1983)는 Emig이 많은 작문 교사들이 스스로 글을 쓰지 않으며, 작문 과정을 단순화하고, 신경증적인 활동을 하고 있다고 비난하고 있으며, 고작 8명의 학생들 대상으로 한 연구에서 이런 주장을 하는 것은 무리가 있다고 비판한다. Emig이 교사들 상당수가 의도적으로 교육적, 정치적으로 시대착오적인 사고에 빠져 있다고 말하는 것은 지나친 비난이라고 말한다. 물론 당시의 작문 교사 상당수가 글쓰기를 가르치기 위해 실제 교육을 거의 받지 않았다는 것은 사실이다. Voss(1983)는 그럼에도 많은 교사들이 차츰 과정 접근법과 같은 것을 배우고 있으며, 여러 교육적, 이론적 발전의 과정 속에서 발전하고 있다고 옹호하고 있다.

들은 이 쓸모없고 보람 없는 학습에 많은 에너지를 소비한다. 또 다른 노이로제는 실수와 본질에 대한 체계적 혼란이다. 이 혼란이야말로 미국 고등학교 교육의 일반적인 특징을 나타낸다고 본다. 개인 주도 글쓰기를 해서 다소 건강한 글쓰기 습관을 가진 학생도 철자, 구두법, 길이와 같은 부수적인 요소에 대한 걱정으로 마침내 무기력해지고 만다. (Janet Emig, 1971)

이처럼 Janet Emig은 올바른 학교 주도 쓰기 학습을 위해 교사 스스로 반성적 글쓰기(reflexive writing)에 관한 경험을 가져야 하고, 이를 교육에 반영할 수 있어야 한다고 했다. 아울러 Emig은 쓰기 교육의 정상화를 위해서 평가의 주체를 교사로만 한정하지 말고 동료에게 돌려야 한다고 본다. 당시 쓰기 교육의 제도 하에서 교사들이 가지고 있는 지배권을 나누어야 하고 동료 중심의 자기 주도의 반성적 쓰기 과정을 늘려야 한다고 생각한다15).

---

15) Gerald Nelms(1994)는 Janet Emig에 관한 업적으로 '과정' 개념을 도입하고 다원화시킨 것, 그리고 사례연구와 프로토콜(글 쓰며 말하기) 방법을 도입했다는 점을 들고 있다. '작문 과정'은 맥락, 성격, 인지 발달과 같은 여러 요소의 영향을 받은 다양한 하위 과정으로 분화되는데 이런 것이 작문 이론의 핵심 개념으로 남아 있다. 아울러 Emig(1969)의 박사논문이 불완전하고, 부실하며, 지나친 일반화나 무례함으로 비판을 받고 있다는 점을 거론하면서 이런 비판들은 작문 연구의 초기 상황을 고려하지 않은 것이었다고 Emig을 옹호한다. 이런 것들은 당시 상황으로 필요했거나 새로운 연구방법을 도입할 때 받아들여질 수 있는 정도였다는 것이다.

2. 초기 작문 교육의 문제점: Newkirk, Hairston, Murray

Emig이 고등학교 학생 8명을 데리고 관찰 연구를 한 이후 쓰기 과정이 회귀적이고 순환적으로 되어 있다는 사실을 밝혔지만, 그것보다 그녀가 더 많은 관심을 쏟은 것은 교육의 문제였다. 교육에 쓰기 과정의 여러 요소들을 반영할 필요성이 있었던 것이다. 이미 Gordon Roman의 '쓰기 전(pre-write) 단계, 쓰기(write) 단계, 고쳐 쓰기(re-write) 단계'나 Britton의 '계획(conception), 숙고(incubation), 생산(production)'과 같이 전통적인 쓰기 과정이 소개되어 있었고, 쓰기 과정을 교육에 반영하고 적용해야 한다는 논의도 많이 발표되고 있었다.

Emig이 박사 논문을 발표할 당시 이미 대학 작문 교육의 문제점이 다양한 논문을 통해 발표되고 있었다. 그 중 하나는 Thomas R. Newkirk(1976)와 그의 동료들이 발표한 「조니는 무엇을 쓰지 못하는가?(What Johnny Can't Write: A university View of Freshman Writing Ability)」라는 보고서 겸 논문이다. 이 보고서는 1975년 『뉴스위크(Newsweek)』지에 발표된 "왜 조니는 글을 쓸 수 없는가"[16]라는 제목의 기사가 나오고 난 후, 대학의 문식성 교육에 관해 우려를 표명한 글이다. 1976년 텍사스 대학에서 발표된 이후, 『The English Journal』에도 그 내용이 발표되었다.

이 보고서의 내용은 Emig이 1969년도 발표한 박사논문과 매우 흡사

---

16) 1975년 뉴스위크(Newsweek)에 발표된 이 글은 이전 세대에 비해 미국 학생들이 왜 글을 잘 쓰지 못하는지에 관해 원인과 이유를 분석한 기사이다. 13~17세 학생들을 대상으로 한 1969년 평가를 보면 학생들은 빈번한 철자 오류, 전치사 오용, 논리적 모순, 문장의 연속성 부족 등으로 글을 잘 작성하지 못하고 있다는 사실이 밝혀졌다. 신문에서 이러한 문식성 부족이 교육 방법의 변화와 글쓰기 교육의 부족, 독서 시간의 단축과 밀접한 관련이 있다고 지적했다. 당시 이와 유사하게 학생들의 문식성 부족을 지적하는 글과 논문이 많았다.

하다. 대학이 질적, 양적으로 팽창하던 1960~70년대 당시 미국대학의 영어작문이 어떤 상황에 있는지 잘 보고하고 있다. 미국은 전후 경제적 호황과 산업 발전을 계기로 대학에 입학하는 학생이 급격히 늘어났다. 인권 의식의 발전과 함께 1960년대부터 시행된 대학의 적극적 우대 조치(Affirmative action)도 신입생을 늘리는데 한몫을 했다[17]. 1960년에 300만에 달했던 대학생은 1965년에 500만, 1970년에 800만이 될 정도로 급격히 늘어났다(안효상, 2007). 당연히 대학에서는 학생들의 기초 학력을 문제 삼기 시작했고 특히 문식성의 문제가 가장 심각했다.

Emig의 논문에서도 학생들의 작문 교육의 문제점을 심각하게 지적했다. Emig은 주로 중등교육에서의 작문 교육 상황을 비판했는데 대학의 경우도 마찬가지였다. Newkirk과 동료들이 발표한 논문(1976)을 보면 당시 쓰기에서 학생들의 문제점을 "빈약한 구성, 문장연결의 부자연성, 교정 결여, 문어체 문장 부족, 독자에게 맞는 쓰기 능력"으로 꼽고, 학생들이 교사 대상으로만 작문을 해왔으며, 스스로 관심 있는 주제에 대해 글을 써본 적이 없었다는 점을 지적했다. 아울러 다섯 단락 글쓰기 방식을 너무 고집하여 글쓴이의 개성, 목적, 독자의 중요성을 간과하는 경향이 있다고 비판했다. 이런 점은 Emig의 논문에서도 이미 지적된 바가 있다. Emig도 고등학교 작문 교육의 문제점을 비판했지만 이 논문은 더 신랄하게 그 문제점을 지적한다. 고등학

---

17) 1961년 케네디 대통령의 서명으로 시작된 적극적 우대조치(Affirmative action)는 인종을 비롯한 사회적, 정치적 약자들을 보호하기 위해 시작된 법이다. 사회적 약자에 관한 차별을 금지하고 적극적인 평등을 실현하도록 하는 조항들을 담고 있다. 대학도 이에 따라 소수의 유색인종에 속하는 일정수의 학생들을 의무적으로 받아들이는 입학 제도가 여러 곳에서 실시되었는데 이에 따라 다양한 인종의 많은 학생들이 대학에 입학할 수 있게 되었다.

생은 충분한 글쓰기 경험이 없이 대학에 입학하고, 대학은 질적, 양적으로 팽창하던 당시 고등교육에 적합하지 않는 학생을 "걸러내기" 위해 작문 교육을 사용했다고 비판했다. 문법적인 실수가 있으면 F를 주는 교수들이 많았고, 이런 일이 고등학교 작문교실에서 문법이나 형식에 집중하게 된 계기가 되기도 했다는 것이다.

1972년에 발표된 Donald M. Murray의 논문, 「결과가 아니라 과정으로 작문을 가르치기(Teach Writing as a Process not Product)」도 이와 유사한 비판을 하고 있다. 이 논문에서 Murray는 결과 중심의 글쓰기가 그동안 얼마나 잘못된 교육을 해 왔는지, 그리고 왜 과정 중심으로 교육 방향을 바꾸어야 하는지를 구체적으로 설명한다. 학생이 작성한 텍스트를 마치 연구 논문처럼 분석한다고 해서 학생들의 글이 살아있는 글쓰기(live writing)가 되지는 않을 것이고, 결과물도 나아질 수 없을 것이다. 그래서 Murray가 강조하는 것은 쓰기 과정 속으로 교사가 들어가야 한다는 것이다. 완성된 글을 가르치기보다 활동 상태의 글 속에 들어가 미완의 글쓰기가 담긴 아름다움을 학생들에게 가르칠 수 있어야 한다. 또 이런 과정 학습을 통해서만이 언어를 통한 발견의 과정, 즉 진정한 탐구의 쓰기가 가능해진다.

Murray(1972)가 과정 단계에서 계획하기에 초점을 많이 두는 것도 결과중심주의와 다른 부분이다. Murray는 쓰기 단계를 쓰기 이전 단계(prewriting), 쓰기 단계(writing), 다시쓰기 단계(rewriting)로 나누었는데 중요한 것은 쓰기 이전의 단계에 전체 85%의 역량을 집중해야 한다고 말한다. 이 단계는 주제에 초점을 두고 독자를 인식한 후, 독자에게 주제를 전달할 수 있는 적절한 형식을 선택하는 과정을 진행한다. 예컨대 연구나 공상(daydreaming), 메모, 개요 작성, 제목 정하기, 서두 써보기 등을 진행한다. 이밖에 Murray가 강조하는 것은 다시쓰기 단계이다. 주제, 형식, 독자를 고려해 잘못된 부분을 다시 생각하고, 다시 고쳐 쓰는 과정인데, 초안 작성보다 몇 배 이상의 시간이 소요된다고 보았다.

마지막으로 Murray(1972)는 쓰기 과정 교육을 위해 10가지 방법을 제안하는데[18] 그 중 주요한 내용을 보면 다음과 같다. 먼저 결과물의 학습보다 쓰기 과정 교육을 중시하되 어디까지나 학생 스스로 자기 언어를 통해 주제와 내용을 발견할 수 있도록 해주어야 한다. 이 과정에 교사의 역할은 학생을 지원하는 보조자의 역할에 머물러야 한다. 또 Murray가 제시하는 방법에서 흥미로운 것은 학생들이 스스로 발견 학습에 이를 수 있도록 여러 버전의 초고를 작성할 필요가 있다고 말한 것이다. 학생들이 생각을 많이 하면서 스스로 글을 작성하고 의미를 발견하고 교정해 가기를 권유하고 있다. 이런 점은 그동안 결과 중심의 교육이 교사 위주로 진행되어 학생 주도의 수업이 되지 못했던 점을 지적한 것으로, 결과 중심에서 과정 중심으로 교육이 전환되어야 한다는 필요성을 강조한 것으로 보인다. 마지막으로 그녀의 제안 중 관심이 가는 것은 결과 중심의 교육에서 강조했던 기술(mechanics)과 규칙, 형식과 법칙을 배격하고자 한 점이다. 그가 볼 때 중요한 것은 내용의 발견과 독자에게 전달하고자 하는 의미이지 기술(mechanics)이 아니다. 발견적 학습을 방해하는 오래된 형식적 장치들

---

18) Murray(1972: 5~6)가 주장한 10가지 방법을 정리하면 다음과 같다. 1. 학생 글의 변화 과정을 관찰해야 한다. 글쓰기란 단어 선택의 문제이다. 2. 학생 스스로 주제를 찾도록 해야 한다. 3. 학생들이 자신만의 언어를 사용하도록 한다. 4. 학생들은 주제 내용을 발견하기 위해 각 과정에 따라 초고(draft)를 써야 한다. 5. 학생들은 말하고자 하는 바를 찾기 위해 다양한 형태의 글을 써야 한다. 6. 전달하고자 하는 의미를 방해하는 기술적 장치는 피해야 한다. 7. 글을 쓰고 끝마칠 수 있는 시간 제한이 주어져야 한다. 8. 글쓰기 과정의 마지막에 만든 결과물로 평가한다. 9. 학생은 수업의 마감 기한 내에 자신의 방식과 속도로 쓰기 과정을 학습한다. 10. 절대적인 규칙이나 법칙은 없다. 대안이 있을 뿐이다.

은 더 이상 교육에 필요가 없는 것으로 보았다.

1960~70년 당시 작문 교육의 문제점과 과정 중심으로서의 방황 전환의 필요성을 가장 잘 설명해 주고 있는 논문이 Maxine Hairston의 「변화의 바람: 토마스 쿤과 쓰기 교육의 혁명(The Winds of Change: Thomas Kuhn and the Revolution in the Teaching of Writing)」이다. CCC에 1982년에 발표되었지만 1970년 당시의 쓰기교육 현황을 잘 설명하고, 과정 중심으로 쓰기교육이 방향 전환을 할 수밖에 없는 이유를 상세히 다루고 있다.

제목을 봐도 알겠지만 Hairston은 과정 중심 교육 방법의 전환을 토마스 쿤(Thomas Kuhn)의 패러다임의 전환에 빗대어 설명한다. 1970년대의 작문 교육 상황을 보면 필연적으로 과정 중심으로 작문 교육과 연구가 옮겨갈 수밖에 없다고 생각한 것이다[19]. 토마스 쿤의 과학 혁명에서는 과학에서의 방향 전환이 오랜 기간 학자들의 체계적인 탐구를 통해 점진적으로 이루어진 것이 아니라고 말한다. 과학 혁명은 학계에서 풀지 못할 광범위한 문제가 위험 수위까지 도달하고 학계의 주요 인사들이 그 문제를 근원부터 되돌아보면서 시작된다. 새로운 패러다임은 기존의 패러다임이 풀지 못하는 문제를 새로운 패러다임이 풀 수 있다는 사실이 증명되면서 등장한다. 그러면서 다른 문제까지 새로운 패러다임에 적용되기 시작하면서 학계의 주류 이론

---

19) 이재승(2002: 29)은 쓰기교육과 관련된 패러다임의 변화가 인접 학문의 영향과 밀접하게 관련되어 있다고 말한다. 철학적인 면에서 객관주의 세계관에서 내재주의적 세계관으로 무게 중심이 이동하면서 쓰기 이론에서 의미의 문제를 다루게 되었고, 언어학에서는 구조주의 언어학이 쇠퇴하고 생성 언어학과 사회언어학이 등장하면서 쓰기에 관한 사회적 관점이 대두하게 되었다. 문학 부분에서는 신비평이 퇴조하면서 독자반응이론이나 수용 이론이 나타났고, 행동주의 심리학이 쇠퇴하고 인지주의 심리학의 등장, 구성주의 철학의 등장으로 쓰기교육이나 쓰기이론에서 필자보다 독자 중심, 결과보다 과정, 기능보다 전략을 강조하게 되었다고 말한다.

도 변화하게 된다.

작문 교육의 입장에서 보자면 기존의 패러다임은 어떤 것을 말하는 것일까? Hairston은 '패러다임의 전환'이라는 말을 처음 사용한 언어학자 Richard Young(1978: 31)의 말을 빌어 설명한다. "작문 과정보다 최종 결과물에 대한 강조, 묘사, 설화, 해설 형식의 강조, 용례에 대한 높은 관심… 그리고 문체, 약식 에세이와 리서치 페이퍼 등에 대한 집착 등"을 말한다고 했다. 앞에서도 말했지만 쓰기 과정보다 쓰기 결과물에 더 치중했던 기존 방식을 말하는 것이었다. 중요한 것은 당시 작문 교육이 주로 문학의 영역 아래 있었기 때문에 작문은 범주화되거나 분석될 수 없는 신비한 창조적 활동이라고 생각한 것, 또 이런 작문을 교육을 통해 성장시킬 방법이 없다고 본 것이 문제였다.

Hairston(1982)은 여러 학자들의 견해를 살펴보면서 자신의 관점에서 본 기존 패러다임의 3가지 문제점을 정리했다. 하나는 글을 쓰기 전 필자는 자신이 말하고자 하는 것을 알고 있다고 생각하고 오로지 내용을 담을 형식에 치중했다는 점이다. 형식주의 작문 교육에서 기술(mechanics)과 규범을 강조한 것도 이 때문이다. 다른 하나는 쓰기 과정을 일직선으로 되어 있다고 믿은 점이다. 쓰기는 "미리쓰기(prewriting), 쓰기(writing), 다시쓰기(rewriting)"로 되어 있어 연속적으로 이어진다고 본 것이다. 마지막으로 작문 교육을 쓰기 후 교정 작업으로 본다는 점이다. 이런 점은 기존 패러다임에 속하는 작문 교과서 대부분이 문체, 문법, 용례 등에 초점을 두고 결과물인 텍스트에 치중하게 만든 이유가 된다.

이런 기존 패러다임이 교육현장에 긍정적 기여를 하지 못했다는 점은 앞에서 이야기를 했다. 특히 엄청나게 늘어난 대학 신입생들의 기초 문식성은 심각한 결함이 있었고 그런 경향이 교육의 방향 전환을 요구하는 것은 당연한 결과였다. Hairston은 이런 문식성의 위기에 대응하는 학계의 다양한 반응을 설명했다. 1966년 여름 다트머스 대학에서 열린 '영어 교수법'에 관한 세미나(Anglo-American Seminar)[20]가 열렸다. 영국에서 미국까지 뛰어난 학자들이 모인 이 세미나에서 참석자들은 문법과 사례 교수법을 강조하지 않고 학생들이 비규범적 환경에서 직접 작문 과정에 참여하는 것을 강조하였다.

기존 패러다임에서 학생들의 작문 교육에 어떤 문제가 있는지 광범위한 연구를 했던 Mina Shaughnessy의 연구도 Hairston은 언급한다. Shaughnessy는 대학에 입학한 학생의 글 4000편을 분석하면서 5년 넘게 작문 교육의 문제점을 연구했다[21]. 학생들은 초보 필자이고 시행착오를 통해 학습한다. 교사는 텍스트 결과만 보고 교정하라고 지시한다. 교육이 없는 이런 학습이 학생의 발전을 가로막고 있다고 본 것이다. Shaughnessy는 교사는 학생들이 쓴 것만 가지고 학생들에게 작문을 가르칠 수 없다고 보았다. 글이 만들어지는 과정이나 방법

---

20) 미국 Dartmouth에서 열린 영어교육에 관한 세미나는 1966년 8월 20일에 시작하여 3주간 진행되었다. 회의의 원래 이름은 "English-American Conference on the Teaching and Learning of English"였지만, 흔히 "다트머스 세미나"로 알려져 있다. 회의의 목적은 영어 교육의 방식을 전체적으로 재검토하고 영어 수업의 목적과 방법을 결정하기 위한 것이었다. 회의에는 미국, 영국, 캐나다의 교사들과 교수들이 참가했다. 이런 회의가 열린 이유는 미국 학교에서 학생들의 읽고, 쓰는 능력이 약화되고 있었기 때문이다. 회의의 주된 내용은 학교 커리큘럼의 문제, 학교 교육으로 영어 과목의 정의, 영어 교사 훈련, '표준 영어'의 기준, 말하기와 쓰기 간의 상호 작용, 쓰기 과정에 대한 관심 등이었다. 이 회의는 이후 미국 영어 교육에 큰 영향을 끼쳤다. 현재까지 이 회의에 관한 여러 보고서와 논문이 작성되었다.

21) Mina Shaughnessy는 대학에서 기초 작문(Basic Writing) 강사와 책임자로 근무한 경험을 살려 대학 신입생 4000명이 쓴 텍스트를 검토하고 분석하여 책으로 출간했다. 그녀가 관찰한 내용은 학생들의 작문에서 오류에 패턴이 있다는 점이다. 그녀는 책에서 이런 오류들의 원인과 대안을 제시했다. 이와 관련된 내용은 다음 저술을 참고할 것. Mina Shaughnessy(1977), *Error and Expectations*, New York and London: Oxford University Press.

을 알아야 하고, 왜 그런 형태가 되었는지 이해해야 한다. 교사는 마땅히 작문의 내적 행동에 어떤 일이 일어나는지 이해하려고 노력해야한다. 그래서 결과물(텍스트)에 영향을 주고 싶으면 글쓰기 과정에 참여하고 간섭해야 하는 것이다. 그래서 작문 교육은 유형의 결과물을 평가하는 쉬운 일을 할 것이 아니라 무형의 쓰기 과정을 검토하는어려운 일을 해야 한다고 주장했다.

이 외에도 Hairston(1982)이 언급하는 것은 Donald Murray의 일련의연구들이다. Murray가 출간한 책 『*A Writer Teaches Writing*』(1968)에서는 학생들에게 작문을 가르치고 싶으면 규칙을 가르치지 말고 학생필자가 직접 겪는 쓰기의 과정 속으로 데리고 가야 한다고 주장한다.필자는 실제 자신이 쓰고 싶은 주제를 글쓰기를 통해서만 발견할 수있다. 앞에서 말한 대로 이와 유사한 주장은 Murray가 쓴 1972년의논문 「결과가 아니라 과정으로서 작문 가르치기(Teach Writing as Process, Not Product)」에서도 이미 제안한 바 있다.

이밖에 Hairston은 새로운 패러다임의 전환은 쓰기 과정을 중심으로 연구하는 학자들이 차츰 늘어나고 있다는 현상에서 확인할 수 있다고 말한다. 이런 학자로는 Sondra Perl이나 Linda Flower와 John Hayes의 실험연구, Sharon Pianko의 집단 연구, Nancy Sommers, Lester Faigley와 Stephen Witte의 수정에 관한 연구 등을 꼽을 수 있다. 이중에 가장 중심적인 것은 Linda Flower와 John Hayes의 연구들이다.Flower와 Hayes는 프로토콜 분석(protocol analysis)과 인터뷰 및 설문조사를 통해 학생들의 쓰기 과정을 분석했다. 이들은 필자의 아이디어가 글을 쓰면서 발전한다는 사실과 작문 과정이 일직선으로 되어 있지 않고 뒤섞여 되풀이 된다는 과정을 밝혔다. 전문 필자와 같은 경우작문 과정 내내 쓰고 계획하고 교정하고 예상하고 고쳐 쓰는 과정을 반복한다는 것이다(다음 장에서 이들의 연구를 자세히 검토할 예정이다).

특히 Flower와 Hayes의 연구에서 Hairston이 눈여겨본 것은 우수한 필자와 미숙한 필자의 쓰기 경험과 쓰기 과정에 관한 차이이다. 이런 차이는 이후 쓰기 과정의 인지적 양상들을 발견하는 데 중요한 기여를 한다. 특히 Hairston이 관심을 가진 것은 이들 차이가 보여주는 데이터였다. 작문에 들이는 시간, 작문에 앞서 준비하는 시간, 초안의 양, 독자에 대한 관심, 교정한 횟수, 교정이 이뤄진 단계, 휴식의 횟수와 길이, 반복해서 읽고 재구성하는 데 들인 시간, 필자가 인식하는 장애물의 종류와 개수 등과 같은 데이터는 앞으로 쓰기 과정을 분석하는데 중요한 정보를 제공해 줄 수 있을 것으로 보았다. Hairston이 과정 연구에 관해 관심을 가진 것은 이 데이터가 쓰기 과정에 관한 작은 부분을 설명해 줄 수 있지만 그것으로부터 표면 밑에서 일어나는 일의 상당 부분을 유추할 수 있다고 보았기 때문이다. Hairston은 이런 단서들이 모여 쓰기 과정의 상당 부분을 밝혀낼 수 있을 것으로 기대했다.

Hairston(1982: 86)은 새로운 패러다임으로 등장하고 있는 과정 중심 교육과 연구의 특징을 다음과 같이 제시하고 있다.

1. 작문 과정에 초점을 둔다. 교사는 작문 과정 중에 학생의 글에 간섭한다.
2. 창작과 발견을 위한 전략을 가르친다. 교사는 학생을 도와 내용을 만들고 목적을 발견하도록 한다.
3. 수사학에 바탕을 둔다. 독자, 목적, 경우가 작문 과제 할당에 뚜렷하게 나타난다.
4. 교사는 필자의 의도의 충족 여부, 독자의 필요 충족 여부에 따라 글을 평가한다.

5. 작문을 수직으로 보지 않고 나선형으로 본다. 미리쓰기(pre-writing), 쓰기(writing), 다시쓰기(revision)는 중첩되고 얽힌다.

6. 전체적이다. 작문을 이성적이면서 동시에 직관과 비이성적인 활동으로 본다.

7. 작문은 학습과 발달 방법이면서 소통 수단이라고 강조한다.

8. 다양한 작문법, 표현, 해설을 포함한다.

9. 다른 학문 특히 심리학, 언어학의 영향을 받는다.

10. 작문을 분석하고 설명할 수 있는 훈련된 창조적 활동으로 본다. 작문은 배울 수 있다고 믿는다.

11. 언어적 연구와 작문 과정 연구에 바탕을 둔다.

12. 작문 교사는 직접 글을 써야 한다는 원칙을 강조한다.

제2장 과정 중심 이론과 인지주의

앞 장에서 1960~70년대 사회적 환경과 교육적 조건이 과정 중심주의가 등장할 수밖에 없는 배경을 만들었다는 점을 설명했다. 전후 경제적 호황과 산업자본주의의 성장으로 말미암아 경제적 상황이 좋아졌고, 이에 따라 대학에 입학하는 학생들의 숫자도 많아졌다. 특히 1960년대부터 시행된 대학의 적극적 우대조치(Affirmative action)가 대학 입학생의 숫자를 늘리는 데 큰 역할을 했다. 1960년대를 거쳐 1970년대에 이르는 10년 동안 약 두 배 반 정도의 대학 입학생이 늘어났는데 이런 사회적 환경이 쓰기 교육의 변화를 촉구했다.

이런 사회적 배경 속에서 늘어난 학생들의 기초 문식성에 관한 비판이 여러 곳에서 있었다는 점은 앞에서 설명을 했다. 이런 비판은 결국 쓰기 교육이 체계적이고 효과적으로 이루어지고 있지 않다는 교육적 관점에서 비롯되었다. 앞서 Murray나 Hairston의 비판이 그런 시각에서 이루어졌다. 이전의 쓰기 교육은 이론적 논의나 연구가 없어 인상적이고 결과주의적인 교육에 치우쳐 쓰기 시작 전이나 쓰기 과정에 관한 교육이 없이 교정 교육에만 치중한다는 비판을 받았다. 이런 점은 쓰기 교육에 관한 이론적 연구가 없어 교육적 방법을 바꿀 만한 학술적 원리들이 만들 수 없는 탓이기도 했다. Hairston(1982)이 1970년대 쓰기 과정 연구에 관한 세미나나 실험 연구들을 높이 평가한 것도 이런 사회적 상황과 무관하지 않다.

쓰기 과정 연구는 1970년대 Emig의 연구 이후 인지적 연구에 맞물려 획기적으로 발전한다. 특히 1970~80년대 인지적 연구를 쓰기 과정 연구를 주도한 John R. Hayes와 Linda Flower의 연구가 등장하면서 쓰기 과정 연구는 본격화되었다. Emig의 연구가 쓰기 과정 연구를 촉발시켰다면 Linda와 Flower의 연구는 심리학의 인지 연구와 결합하여 보다 실험적이고 과학적으로 전개된다는 점이 달랐다. Linda와 Flower의 연구는 Skinner의 행동주의를 비판하고 새롭게 등장한 인지 과학의 연구 방법을 도입함으로써 쓰기 과정 연구를 인지적 연구의 한 분야로 옮겨 놓았다. Linda와 Flower의 연구 이후 쓰기 과정이 쓰기 교육의 중요 연구 분야가 되었을 뿐만 아니라 심리학의 한 연구 분야가 되었다.

1. 쓰기 과정의 구조화 이론: Hayes & Flower(1980)

1.1. 프로토콜 방식과 연산자 방식

Linda Flower & John R. Hayes의 연구로 알려진 것은 1981년도의 논문 「글쓰기 인지 과정 이론(A Cognitive Process Theory of Writing)」이다.

여기서 나온 쓰기 과정 모델 표가 쓰기 연구에 많이 알려져 있고, 과정 이론의 원리도 이 논문에서 비롯되었다. 그러나 이 논문보다 1년 앞서 출간된 「쓰기 과정 구조 확정하기(Identifying the Organization of Writing Processes)」는 「글쓰기 인지 과정 이론」을 쓰기 위한 기초적 실험의 과정을 소개하고 있을 뿐만 아니라 내용도 구체적이고 자세해서 Flower와 Hayes가 어떻게 인지주의의 관점에서 쓰기 과정 이론을 정립시켰는지 상세한 내용을 알 수가 있다. 1981년의 논문이 쓰기 과정 이론의 기본 개념과 원리를 설명하고 있다면 1980년의 논문은 이런 기본 개념과 원리를 도출하기 위한 실험적 과정을 소개하고 거기에서 비롯된 원리들을 소개하고 있다. 어떻게 보면 과정 중심 이론의 기본 원칙을 소개한 1981년 논문보다 1980년 논문이 더 중요한 의미가 있다고 볼 수가 있다.

1980년 논문을 설명하기 전에 먼저 검토할 내용이 있다. Hayes & Flower의 연구에서 과정 중심 이론이 가능했던 것은 앞서 말한 대로 1950~60년대 심리학에서 인지과학이 발전하면서 그 이론들을 쓰기 이론에 차용할 수 있었기 때문이다. 특히 정보처리이론이 1960년대부터 본격화되면서 이를 쓰기 과정에 사용할 수 있었다. 정보처리이론은 1950년대 이후 컴퓨터가 발전하면서 인간의 사고 과정을 컴퓨터의 운용체계와 유사한 방식으로 설명하고자 하는 이론이다. 인간의 사고를 투입과 산출의 조작 단위로 구성하여 문제 해결이나 논리적 추론과 같은 지적 사고 과정을 추론할 수 있다고 생각한 것이다.

정보처리이론 중에서도 1968년에 나온 Atkinson & Shiffrin의 기억 모형(Matlin, 민윤기 옮김, 2007; Reed, 박권생 옮김, 2007)은 Hayes & Flower의 인지주의 연구의 바탕이 된 것으로 보인다. Atkinson & Shiffrin의 기억 모형은 외부 자극이 감각기능으로 들어와 단기 기억으로 옮겨가 짧은 시간 동안 머무르고 장기 기억으로 전이된다. '감각 → 단기 기억(작업 기억) → 장기 기억'으로 이어지는 기억 모형은 쓰기 과정 연구의 기본 바탕이 된다. 정보가 감각기관을 통해 들어와 잠깐 작업 공간에 머물다가 적은 양의 기억만이 장기 기억에 보존된다. 또 역으로 장기 기억의 정보들이 단기 기억의 작업 공간을 통해 활동 으로 산출된다는 이 가설은 이후 대부분의 쓰기 과정 연구에서 인지 모형의 기본 구조가 된다. Hayes & Flower가 제시한 1980년과 1981년 의 모형 모두가 이런 기억 모형에 근거하여 구성되었다.

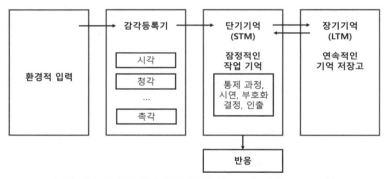

〈그림 1〉 기억 체제 내의 정보 흐름(Atkinson & Shiffrin, 1971)[1]

1980년의 이 논문(「Identifying the Organization of Writing Processes」)은 2년 동안 학생들이 설명적 글쓰기를 하면서 기술한 프로토콜(protocol) 의 자료를 기본 바탕으로 했다. 논문은 2년 동안 학생들의 프로토콜을 분석하면서 쓰기 과정이 어떤 구성으로 되어있는지를 모형을 통해 밝히고 그 쓰기 모형이 타당한지 검증해 보는 절차로 이루어져 있다.

---

22) 이 그림은 Read, 박권생 옮김(2007), 『인지 심리학』, 시그마프레스, 99쪽에서 인용하였다.

다시 말해 프로토콜을 통한 연구의 결과로 쓰기 모형을 제시하고, 다시 프로토콜의 내용을 통해 그 모형을 검증하는 방식으로 이루어졌다. 그래서 이 논문은 새로운 방법으로 프로토콜이라는 방법에 관해 앞에서 길게 설명하고 있다.

프로토콜의 방식은 인지 심리학자들이 발전시킨 연구방법이다. 일종의 실험 기록 분석(protocol analysis)으로 주로 문제 해결 과정을 확인하는 데 사용되었다. Hayes & Flower는 심리학에서 사용하는 이 방법을 쓰기 과정 연구에 적용했다. 주지하다시피 소리 내어 말하기 프로토콜(thinking aloud, protocol)은 피실험자들이 과제를 수행할 때 그들이 생각하는 모든 것과 실험 과정에서 일어나는 모든 것을 소리 내어 말을 하고 이를 기록하는 방법을 말한다[23]. Hayes & Flower는 논문의 서두에 프로토콜 분석에 관해 여러 페이지에 걸쳐 자세한 설명을 하고 있다. 이 방법이 당시로서는 새로운 방법이었고, 또 논문의 실제 자료

---

[23] 당시 작문연구의 새로운 과학적 방법으로 도입된 프로토콜에 대해 옹호적인 의견도 있지만 부정적인 의견도 많았다. Emig에 관한 평가논문을 썼던 Voss(1983)는 프로토콜 방식에 관해 굉장히 부정적이었다. 작문 연구에 과학적 방식으로 도입했던 프로토콜(protocol, think aloud) 방식에 대해 자연스럽지 않고 인위적이라는 측면에서 부정적인 견해를 피력했다. 조사자의 질문을 통해 얻게 된 설명을 녹음하거나 글을 쓰는 과정에 참여한 모든 과정을 녹음해야 하는 방식은 실제 글을 쓰는 자연적인 맥락을 놓치고 있다고 보았다. 실제 글을 쓸 때 녹음기를 사용하는 필자나 학생은 없을 것이기 때문이다. 이런 측면들이 어쨌든 실제 작문 과정의 구체적 상황을 왜곡하고 있다는 것이다. 그는 이런 인위적인 연구가 교육현장의 복잡한 상황을 설명하지 못하기 때문에, '자연주의적 연구'나 '맥락 의존적 연구'가 훨씬 교실 상황을 더 정확하게 설명해준다고 보았다. 과학주의 방법론에 관한 이런 비판은 인지주의에 비판적인 이론가들이 가지는 보편적 생각이었다. Flower & Hayes(1981)의 연구를 비판했던 Bizzell(1982)도 프로토콜 방식에 대해 부정적이었다. 그녀는 프로토콜 분석이 관찰되는 존재에 영향을 끼치는 경향이 있기 때문에 인지 심리학 내에서조차 논쟁의 여지가 있는 분석 방법이라고 비판한다. 프로토콜 분석은 관찰자의 생각에서 나온 어떤 단어들을 연구자들이 이론적 틈새를 메울 자기 판단으로 이끌 가능성이 있어 '자기 충족적인 예언'에 가깝다고 비난한다. 이런 방식은 쓰기 과정에 관한 보편성과 확실성을 보장받기 위해 과학적인 권위를 확보하기 위한 장치라고 그녀는 생각한다. 이와 같이 당시 사회적 관점에서는 많은 학자들은 프로토콜 분석과 같은 과학적 방법론이 작문에서 사회적 맥락을 도외시하는 실증주의 방법이라고 비판했다.

들이 모두 이 방법(학생의 프로토콜)으로부터 만들어졌기 때문이다.

Hayes & Flower는 프로토콜 분석 방식을 통해 찾고자 한 것이 무엇인지 논문의 앞부분에서 프로토콜의 분석 방법과 함께 실제 사례를 섞어 상세히 설명한다. 예를 들면 물병에 특정한 양의 물을 담아야 하는 과제를 피실험자들이 어떻게 수행하는지 프로토콜 분석을 통해 보여준다. 피실험자들은 목표에 이르는 다양한 수단을 찾아 최선의 방법을 도출한다. 시행착오는 있지만 여러 수단을 찾아 문제를 하나씩 해결하면서 최종 목표를 향해 나아가는 것이다. 이들은 이런 방식이 심리학에서 제안한 '수단-목표 분석'과 흡사하며, 글쓰기 과정과도 유사하다고 보았다. '수단-목표 분석(means-ends analysis)'은 알려진 목표와 매 단계에 존재하는 상태와의 차이점을 인식하고 이 차이점을 줄여가는 방법을 찾는 것이다[24]. 사람들은 주어진 문제 공간에서 목표 위치와 현재 위치의 차이를 확인하고 차이를 줄이기 위한 수단을 찾아 조작 수행을 하게 된다[25].

---

24) Hayes & Flower(1980)는 '수단-목표 분석(means-ends analysis)'이라고 불렀지만, 심리학 교재에서는 이를 '수단-목표 어림법(means-ends heuristic)'이라고 부르기도 한다. 이에 관한 내용을 소개하면 다음과 같다. '수단-목표 어림법'은 원하는 목표를 확인하고, 그 목표에 도달하기 위해 사용할 수 있는 '수단'을 찾아 수행하는 것을 말한다. 이 과정은 다음과 같다. 첫째, 문제를 여러 하위 문제 혹은 더 작은 문제로 분할한다. 둘째, 각 하위 문제에 대해 초기상태와 목표상태 간의 차이를 줄이는 방법을 찾는다. 이런 방식을 통해 현재 위치와 목표 위치 간의 차이를 줄여 나가는 것이다(Matlin, 민윤기 옮김, 2007: 437~438쪽).

25) 글쓰기를 '문제 해결 과정'으로 보고, 그 방법으로 '수단-목표 분석'을 제시하고 있는 것은 1977년 Flower & Hayes가 쓴 논문 '문제 해결과 작문 과정(Problem-Soving Strategies and the Writing Process)'에도 그대로 나타난다. 이 논문에서 이들은 당시 인지심리학의 새로운 분야인 '문제 해결 과정(problem solving process)'에 관한 연구를 소개하고, 그 방법의 하나로서 '수단-목표 분석'을 설명하고 있다. 이 논문에서 이들이 제시하는 방법은 1. 목표를 정할 것(공유 목표, 자신만의 구체적 목표), 2. 장애물을 제거할 것(글쓰기의 목표에 장애가 되는 것을 찾고 대처할 것), 3. 방법을 개발할 것(수사적 전략을 개발하고 테스트할 것) 등이 있다. Flower & Hayes(1977), 'Problem-Soving Strategies and the Writing Process', *College English*, 39(4) 참고.

Hayes & Flower가 '수단—목표 분석' 과정을 쓰기 과정 연구에 적용한 것은 앞서 말했듯이 학생들의 생각을 탐색할 수 있는 프로토콜 분석이라는 도구가 있기 때문에 가능했다[26]. 이들은 프로토콜을 분석을 통해 글쓰기를 단계마다 목표가 있고, 이를 해결할 수단을 찾는 과정으로 인식했다. 그래서 논문의 주요 목표도 학생들이 단계마다 문제를 해결해 가는 과정을 프로토콜을 통해 분석해 보고 이를 통해 쓰기 과정의 전체 모습을 구성해 보는 것이 되었다. 1981년 연구에 나타나지만 Hayes & Flower가 쓰기 과정을 '문제 해결 방식'이라고 규정한 것도 이와 같이 '과정—수단 분석'의 프로토콜 방식에 의존한 것이었다. 그렇기 때문에 Hayes & Flower가 1980년 논문에서 길게 포로토콜의 실제 사용 방법을 설명한 것이다. 그 사례도 쓰기와 상관 없는 수학적 문제, 즉 세 개의 물병을 이용해 특정한 양의 물을 측정하는 문제였다[27]. 그들이 이 사례를 통해 보여준 것은 문제를 해결하는

---

26) Newell & Simon(1972)은 '수단—목표 분석' 방법에 근거하여 문제 해결을 위한 컴퓨터 프로그램을 개발한 바 있다. 인간이 문제를 해결하는 방식을 모방해 컴퓨터를 이용해 문제 해결 방식을 제시하는 프로그램을 만든 것이다. 이들은 인간들의 문제 해결 방식을 알아보기 위해 Newell & Simon(1972)은 구두 프로토콜(verbal protocol)을 사용했다. 사람들이 문제를 해결할 때 어떤 방식과 방법을 사용하는지 프로토콜을 통해 분석하여 자료를 얻고 이를 연산자 방식으로 전환해 컴퓨터 프로그램을 만들었다. 이들이 만든 프로그램은 일반 문제 해결자(GPS; General Problem Solver)로 어떤 문제를 인간처럼 목표와 수단을 분석해 해결한다. 이들의 문제 해결 방식과 컴퓨터 프로그램은 이후 인간의 정보처리 및 문제 해결 과정에 관한 심리학자들의 사고에 큰 영향을 미쳤다. Hayes가 심리학자인 것을 감안하면 당시 이런 심리학의 성과들이 이들 논문에 영향을 미쳤음은 분명해 보인다. 이런 컴퓨터 프로그램의 특징은 기억이나 전략 같은 것이 컴퓨터 용어의 연산자 방식으로 명시한다는 점이다. 쓰기 과정에 관한 Hayes & Flower(1980)의 연산자 방식은 이런 심리학의 연구 동향에서 영향을 받았음이 분명해 보인다(Reed, 박권생 옮김, 『인지심리학』, 2007: 433~435쪽; Matlin, 민윤기 옮김, 『인지심리학』, 2007: 439~440쪽).

27) Hayes & Flower(1980: 4)가 프로토콜 분석에 관한 설명을 하기 위해 사용한 사례는 쓰기 과정에 관한 것은 아니었다. 이들이 설명에 사용한 사례는 "주어진 물병 A는 9쿼트를 담을 수 있고, 물병 B는 42쿼트를 담으며, 물병 C는 6쿼트를 담을 수 있다. 정확하게 21쿼트를 측정하라."라는 문제였다. 학생들은 이 문제를 풀기 위해 여러 방법을 강구하는

피실험자의 대응 방식과 양상이었다. 대체로 '문제─수단─해결'을 반복적으로 수행하고 최종의 결과까지 이 방식을 진행했다. 쓰기 과정을 문제 해결 방식으로 본 Hayes & Flower의 인식을 엿볼 수 있는 측면이다.

프로토콜의 방식과 더불어 이들이 채택한 또 다른 방식은 수학이나 물리학, 컴퓨터 공학에서 사용하는 수식을 가지고 쓰기 과정의 내적, 외적 움직임을 표현하고자 한 연산자 방식이다. 이때 연산자는 심리나 행위 수행의 과정을 수식을 통해 표현하는 것을 말한다. 앞서 말한 대로 Hayes & Flower는 심리학의 정보처리이론을 이용해 인간의 인지적 수행 과정을 보여주고자 했는데 이때 연산자 방식을 함께 사용한 것이다. 이들은 주된 연산자 방식으로 참과 거짓, 혹은 성공과 실패를 판단하는 논리 연산자(AND, OR, NOT)를 사용했다. 예를 들어 쓰기 과정에서 어떤 부분의 내용 생성이 필요할 때 장기 기억에서 관련 내용을 꺼내 성공하면 앞으로 진행하고, 실패하면 다시 처음으로 돌아가 다시 내용을 탐색하는 과정을 이어가게 된다. 이들은 자신들의 프로토콜 연구 진행이 단순한 것에서 복잡한 것으로 이어지고, 이는 곧 "단일한 연산자에서부터 복잡한 조합의 연산자로 진행"하는 것을 뜻한다고 말한다. 사실 이런 방식은 이전 텍스트 중심의 결과주의 연구자들에게는 굉장히 새로운 방식이었을 것이다. 또 문학적 성격이 강했던 당시 쓰기 연구 분야의 학자들에게 실험적이고 과학적인 탐구 방식을 새롭게 선보인 과정이기도 했다. 아울러 이런 방식은 이후에 많은 사회적 관점의 학자들로부터 과학주의, 실증주의로 비판받는

데 이런 과정이 모두 구두 프로토콜을 통해 기록된다. Hayes & Flower(1980)는 이런 프로토콜의 사례 분석을 통해 '수당─목표 분석'을 설명했다.

계기가 된다.

1.2. 쓰기 모형의 제안

Hayes & Flower는 2년 동안 수많은 학생들의 글쓰기 프로토콜을 분석한 결과 1980년 쓰기 과정에 관한 잠정적인 모형을 제안했다. 쓰기 모형은 단순히 평면적인 쓰기 과정을 나열한 것이 아니라 거시 구조와 더불어 세부 구조의 모습, 그리고 그 내부의 요소까지 구체적으로 설명한 것이다. 이런 쓰기 모형은 쓰기 과정의 세부 항목을 처음 지정한 것이어서, 이후 쓰기 과정에 관한 과학적 연구가 가능할 수 있도록 만들어 준 계기가 되었다. Hayes & Flower는 쓰기 과정에 있어 필자의 영역을 크게 세 가지로 나누었다. 그것은 '과제 환경'과 '장기 기억', '글쓰기 과정'이다. 이런 인지적 기능 분류는 앞에서도 이야기 하였지만 Atkinson & Shiffrin의 '기억 모형'에 힘입은 바가 크다. 장기 기억과 단기 기억의 영역을 쓰기 과정 모형에 그대로 반영했기 때문 이다.

1980년의 논문에서는 '작문의 과제 환경'과 '필자의 장기 기억'에 관해서는 자세한 설명을 하지 않았다. 그 대신 '쓰기 과정'에 관해 대체로 많은 설명을 하고 있다. 이들이 외부 환경보다 필자가 쓰기 과정에 어떻게 반응하는지에 관해 더 관심이 있었다. 학생들이 쓰기 과정을 구두로 프로토콜해둔 자료들이 많았기 때문에 가능하기도 했다. 1980년의 논문은 인지심리학자인 Hayes의 견해를 중심으로 작성되었고(그래서 저자의 인명 표기에도 1981년 논문과 다르게 Hayes가 먼저 등장한다), 프로토콜을 통해 필자 내부의 의식을 탐구하는 것을 목표로 삼았다.

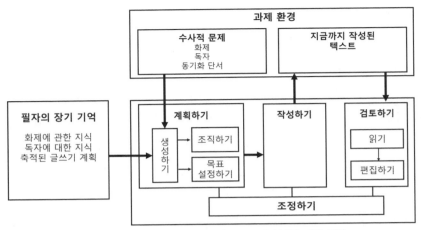

〈그림 2〉 Hayes & Flower(1980)의 작문의 인지적 과정 모형

〈그림 2〉는 Hayes & Flower에 의해 처음 제안된 모형이다. 이후 이 모형은 조금의 변화를 겪지만 전체 형태는 크게 바뀌지 않는다. 일단 앞서 말한 대로 크게 사각형으로 되어 있는 세 부분이 나온다. '작문의 과제 환경'과 '필자의 장기 기억', '쓰기 과정'이 그것이다. '작문의 과제 환경'은 필자의 과제 수행에 영향을 끼치는 것으로 "필자의 피부 바깥에 있는 모든 것"을 의미한다. 예컨대 수사론적인 문제로서 독자가 어떤 부류인지, 이와 관련된 주제가 무엇인지, 쓰기 동기와 단서들이 포함되고 이어서 지금까지 작성된 텍스트 부분이 있다.

'필자의 장기 기억'은 필자가 경험을 통해 다양한 주제 지식을 장기기억에 저장하고 있을 것이란 사실을 전제로 한다. 필자는 쓰기를 계획할 때 장기 기억에 저장되어 있는 주제 지식을 이용한다. 아울러 일반적인 독자에 관한 지식도 저장되어 있기에 어떤 독자가 어떤 성향일 것이란 점을 판별해 텍스트 작성에 반영할 수 있다. 다음으로 쓰기 계획에 관한 일반적인 지식도 장기 기억에 저장되어 있을 것으로 추정한다. 일반적인 쓰기 계획, 즉 "누가, 무엇을, 어디서, 언제, 왜"와 같은 정형화된 형식들을 장기 기억에 보관하고 있을 것이다.

'쓰기 과정'에서 핵심적인 것은 〈그림 2〉의 중앙을 차지하고 있는 '글쓰기 과정'이다. 쓰기 과정은 세 가지 과정, 즉 계획하기(planning), 작성하기(translating), 그리고 검토하기(reviewing)로 구성된다. 먼저 계획하기를 설명하면 다음과 같다.

우선 계획하기의 하위 구성은 아래와 같다.

1.3. 쓰기 과정: 계획하기, 번역하기, 검토하기

'계획하기(planning)'는 과제 환경과 장기 기억으로부터 정보를 취해 텍스트를 쓰기 위하여 글쓰기 계획을 수립하는 것이다. 그 하위 조직으로 '생성하기(generating)'는 글쓰기 과제와 관련된 정보를 장기 기억으로부터 불러오는 것(retrieve; 검색하는 것)이다. 프로토콜로부터 살펴본 생성하기의 기능은 먼저 장기 기억으로부터 독자에 관한 정보를 불러와 이에 관한 항목을 설정하는 것이었다. 이런 항목은 하나의 기억 탐색기(new memory probe)로 작용하여 이와 관련된 연쇄 기억들을 끄집어낸다. 만약 유용하지 않은 항목들이 있다면 기억 복구 사슬(retrieval chain)에서 삭제된다. 그리고 새로운 탐색이 이루어진다.

조직하기(Organizing)는 생성하기에서 불러낸 정보 가운데 유용한 정보를 선택하여 글쓰기 계획에 맞게 조직하는 과정을 말한다. Hayes & Flower는 조직하기를 주로 연산 기호를 통해 표시했다. 쓰기 목표에 따라 생성된 내용을 읽고, 주제에 유용한 내용을 분류하는 것이다. 내용은 상위와 하위 조직으로 편성되고 범주화된다.

생성하기
(GENERATING)

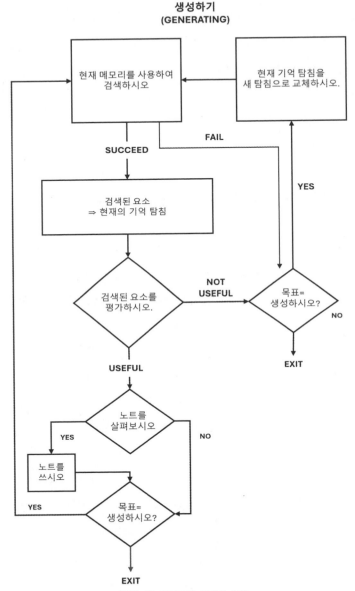

〈그림 3〉 생성하기 과정의 구조

목표 설정(goal-setting)은 글을 진행하면서 사용하게 될 텍스트에 대한 판단 기준을 말한다. 특히 이들은 편집하기(Editing) 과정에서 사용하게 될 텍스트의 판단 기준들과 관련된다. 프로토콜에서는 생성하기 과정에 "단순하게 보는 게 낫겠다."나 "여기서 전환하는 글을 써야 겠다"라는 언급을 하는 것을 보게 되는데 이렇게 글을 판별할 기준을 목표 설정이라 말할 수 있다. Hayes & Flower가 언급한 목표 설정은

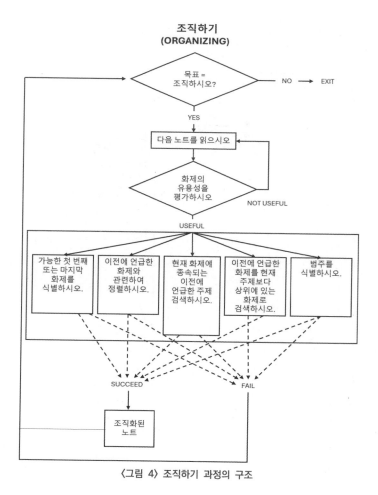

〈그림 4〉 조직하기 과정의 구조

텍스트의 전체 목표와는 차이가 있다. 그렇지만 이 논문에서는 이에 대해 더 이상의 자세한 언급을 하지 않고 있다. 여기서의 목표 설정은 전체 목표가 아니라 세부 목표에 가까워 보인다.

다음은 쓰기 과정에서 번역하기(Translating)의 과정이다. 번역하기는 쓰기 계획을 바탕으로 장기 기억으로부터 자료를 인출하여 영어 문장으로 옮기는 과정이다. Hayes & Flower는 기억 속의 자료가 정확

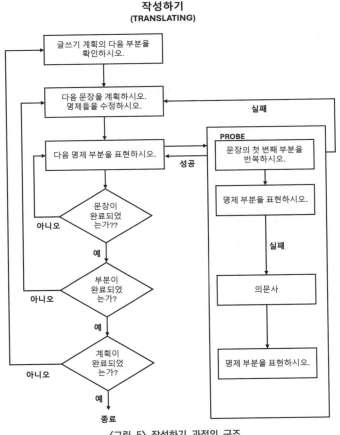

〈그림 5〉 작성하기 과정의 구조

한 언어로 저장되어 있지 않기 때문에 이를 명료한 영어 문장으로 옮기는 과정이 필요하다고 보았다. 특히 기억 속에는 이런 자료들이 명제(proposition)의 형태이거나, 개념, 네트워크, 이미지의 구조와 같이 여러 형태로 되어 있어 텍스트 작성을 위해 정확한 언어의 선택이 필요하다고 본 것이다. 이런 언어의 선택 과정은 Hayes & Flower가 제안한 연산자 형식(algorithm)을 통해 이루어진다.

〈그림 5〉의 연산자를 보면 쓰기 계획에 따라 명제 문장을 선택하고 성공하면 다음 문장으로 진입한다. 이런 과정을 반복하면서 문장 작성이 앞으로 진행된다. Hayes & Flower는 번역의 과정에 나타나는 쓰기의 두 가지 특징을 다음과 같이 말한다. 첫째, 번역 과정에서 작성된 글은 계획하기 등에서와 다르게 완벽한 문장 형태를 가지고 있다. 둘째, 번역 과정에 사용되는 프로토콜 부분은 종종 의문형으로 제기되어 나타난다. 예를 들어 학생들은 "주인공은 다음에 무엇을 했나?", "내가 이것을 어떻게 쓰지?"라는 질문을 통해 문장을 선택해 간다. 위의 연산자 표식(알고리즘)에도 우측에 의문형의 질문이 있다는 사실이 표기되어 있다.

검토하기(Reviewing)는 자신이 쓴 글의 질을 향상시키기 위해 평가하고 수정하는 과정을 말한다. 하위 과정으로 읽기(Reading)와 교정하기(Editing) 과정이 있다. 교정 과정은 지금 쓰는 글이나 이미 쓴 글을 읽고 잘못된 부분과 더 나은 부분을 찾아 고치는 것을 말한다. 이런 과정은 쓰기 목표와 관련하여 검토하고 평가하는 과정이 있기 때문에 가능하다. 이렇게 평가하는 과정은 "이 주장은 설득력이 있는가?" 혹은 "이것이 글쓰기 계획의 한 부분을 포함하고 있는가?"와 같은 질문을 제기하는 가운데 일어난다. 교정 기능은 언어관습, 의미, 독자의 이해 가능성 등의 모든 부분에서 일어날 수 있다.

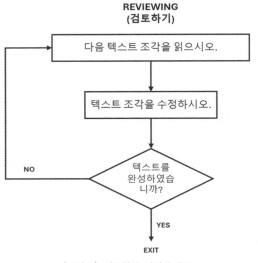

**REVIEWING
(검토하기)**

다음 텍스트 조각을 읽으시오.

텍스트 조각을 수정하시오.

텍스트를
완성하였습
니까?

NO

YES

EXIT

〈그림 6〉 검토하기 과정의 구조

교정하기(Editing) 과정은 문장이 생성되는 현상과 연관이 있다. 이와 관련하여 필자는 장르에 맞는 문체를 파악해야 하고, 문장 내에 있는 오류들을 분별할 수 있어야 한다. 예를 들어 공식 문서에서는 격식적인 문장을 써야 하고, 편지와 같은 사적인 장르에서는 일상적 문체를 사용한다. 이외에도 필자는 교정에서 여러 제약되는 문제들을 탐색해야 한다. 다음으로 문장의 오류를 찾는 것이다. 문법적인 오류, 잘못 사용된 어휘, 첨가할 부분이나 뺄 부분과 같은 것을 찾아서 교정하는 것이다.

한 가지 주의해야 할 것은 Hayes & Flower가 검토하기(Reviewing)와 교정하기(Editing)를 구분하고 있다는 점이다. 교정하기가 분명히 검토하기의 하위 과정에 있음에도 불구하고 사용되는 방식에서 이 둘을 구분해 설명한다. 일반적으로 교정은 쓰는 과정 중에 자동적으로 일어나고, 다른 과정에 끼어들어 간결한 작업의 형태를 띨 수 있다. 반면에 검토하기는 순간적으로 발생하는 활동이 아니며, 텍스트를 개선하기 위하여 체계적으로 일정한 시간을 정해서 행해지는 과정이다. 검토하기는 다른 과정 사이에 끼어드는 것이 아니라, 번역하기(Translating)가 끝난 후 쓰기 과정의 끝에 일반적으로 발생한다.

쓰기 과정의 마지막 부분으로 점검(Monitor) 기능이 있다. 1980년 논문에서 Hayes & Flower의 점검 기능은 굳이 상위 인지라는 말을 쓰지 않고 단지 작문 과정 요소의 관찰을 위해 설정되었다고 말하고 있다. 이 점은 1981년 논문과 달라지는 지점이어서 이후에 차이점을 확인해 볼 필요가 있다. 이 논문에서는 관찰을 통해 몇 가지 사실을 밝히고 있는데 인지주의에 관한 초기의 논문으로서 매우 흥미로운 내용이라 할 수 있다. 예컨대 점검 기능과 관련하여 Hayes & Flower가 중요하게 강조하는 것은 교정하기와 생성하기 기능이 쓰기 과정의 다른 기능에 개입할 수 있다고 본 점이다.

교정하기(Editing)와 생성하기(Generating)는 목표 설정이나 조직하기, 심지어 같은 생성하기까지 개입할 수가 있다. 교정하기와 생성하기가 쓰기 과정에서 목표 설정을 뛰어넘는 우선권을 가지고 있다고 본 것이다. 우리는 내용을 조직하다가 갑자기 내용이 이상하다는 생각이 들면 하던 행동을 멈추고 새로운 내용을 생성하기도 한다. 또 글을 쓰다가 갑자기 문장의 표현이 이상하다고 느끼면 그 문장을 고치는 교정 작업을 하기도 한다. Hayes & Flower는 교정하기와 생성하기가 쓰기 과정을 다른 과정에 개입할 수 있는데, 이런 활동이 전체적인 글쓰기 과정이 목표에 의해 통제되고 있다는 사실을 보여준다고 말한다.

1.4. 글쓰기 프로토콜과 쓰기 모형

앞서 이 논문이 2년간의 학생들의 프로토콜을 분석해서 나온 것이 란 말을 한 적이 있다. 이 논문은 프로토콜 분석의 결과로 쓰기 모형을 제시했고, 논문의 말미에 프로토콜의 내용과 쓰기 과정이 일치하는지 검증하는 내용이 나온다. 그 내용은 개별적인 쓰기 과정의 요소들이 다른 과정의 요소에 어떻게 개입하는지를 검토하는 것이다. 앞장에서 도 나왔지만 교정하기와 생성하기 기능은 쓰기 과정 어느 부분에도 들어갈 수 있다. 이 논문에서는 프로토콜 스크립트(transcript)를 통해 각각의 쓰기 과정 요소에 다른 과정 요소들이 어떻게 개입하는지를 확인해 보고 있다. 이들은 구두 스크립트의 사본 처음 458개 부분을 분석했다. Hayes & Flower는 여기에 세 가지의 일반적인 타입이 있다 고 보고, 이를 분류하고 있다.

먼저 메타코멘트(Metacomment)가 있다. 메타코멘트는 필자가 쓰기 과정 자체에 대해 하는 언급들이 포함된다. 예를 들면 "나는 문장을 바꾸어야 할 것 같다" "나는 이제 초고를 쓸 것이다" "다시 돌아가서 읽어 보는 것이 낫겠다"와 같은 것이 여기에 해당한다. 자기를 점검하 는 또 다른 나의 통제된 언급을 찾아내는 것이다. 이 부분은 교육학에 서 흔히 말하는 일종의 상위인지에 해당한다. 둘째, 과제 중심적 진술 문이나 내용 진술문들이 있다. 이들은 쓰기 과정에서 현재 상태를 반영하고 있는 진술들을 말한다. 예를 들어 "문장이 잘못되었어, 고쳐 야 해"는 교정 과정을 보여주는 말이고, "이 문장은 서두에 써야 해"는 조직 과정을 보여주는 말이다. 내용 진술문은 쓰기 과정 중에서 내용 에 관해 진술하는 언급에 해당한다. "여기서 환경오염이 심해지고 있다고 쓰자", "폭우가 많아지는 것이 기후변화에 해당할 것 같아"와 같은 것들이다. 마지막으로 감탄사가 있다. "잘했어", "자, 다시 써보자", "좋았어", "음~"과 같은 언급들이다.

Hayes & Flower가 선정한 프로토콜에서 분석 단위마다 사용된 코멘트를 분석해 보면 세 가지 영역으로 나누어진다. 첫 번째 영역은 부분 1에서 116까지 포함하는데, 여기는 글의 자료를 생성하는 부분에 해당한다. 두 번째 영역은 117부터 270까지인데, 여기에는 글을 조직하는 내용들이 들어있다. 세 번째는 271부터 458까지인데, 여기에는 번역하기의 내용들이 담겨 있다. 프로토콜 전체 458개의 부분들 가운데서 170개가 내용 진술문이었고, 대략 130개는 감탄사, 그리고 나머지 것들은 '읽기' 혹은 메타코멘트에 해당하는 것들이었다. Hayes & Flower가 분석한 프로토콜 내용은 다음과 같다.

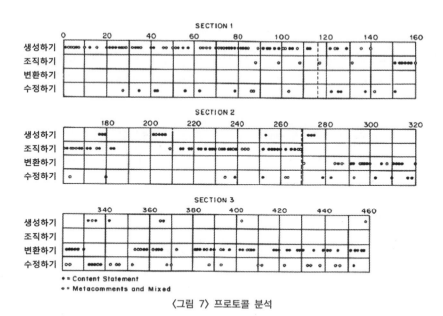

〈그림 7〉 프로토콜 분석

〈그림 7〉에서 프로토콜 섹션 1의 내용을 보면 대부분은 생성하기 (Generating) 과정에 해당한다는 것을 알 수 있다. 섹션 2의 내용은 대체로 조직하기(Organizing)에 해당하고, 섹션 3의 내용은 번역하기(Translating)에 해당한다[28]. 그런데 위의 표를 보면 알 수 있듯이 각 섹션에는 다른 과정 요소들이 드문드문 포함되어 있다. 그 과정 요소는 앞에서 설명했듯이 주로 생성하기와 교정하기 요소들이다. Hayes & Flower (1980)는 각 섹션에 대략 10~15% 정도로 교정하기가 들어간다고 보았으며, 섹션 2와 3의 대략 10~15% 정도가 생성하기에 해당한다고 보았다.

위의 도표를 보면 주로 생성하기가 지배적인 섹션 1에서 드문드문 조직하기와 교정하기가 간섭했다는 것을 알 수 있다. 학생 필자들은 글의 내용을 생성하면서 조직하기와 교정하기에 간섭을 받았고, 또 자신도 모르게 이를 드문드문 수행했기 때문이다. 섹션 2는 조직하기가 지배적인 구간임에도 불구하고 생성하기와 번역하기, 교정하기의 간섭을 받았다. 섹션 3은 번역하기가 지배적인 섹션인데 조직하기와 교정하기의 간섭을 받았다. 여기서는 특히 교정하기가 더 많이 작용했다.

이 논문의 장점은 이처럼 프로토콜을 통해 내용을 분석한 결과 쓰기 과정이 '계획하기 → 번역하기 → 검토하기' 과정으로 진행되고 있다는 것을 확인할 수 있다는 점이다. 위의 표에서 보듯이 프로토콜의 스크립트를 분석해 보면 내용 생성과 조직하기, 작성하기의 과정은

---

28) 프로토콜을 분석해 보면 각 섹션에 들어가는 자료 형태도 차이가 있다고 한다. 각 섹션이 쓰기 과정의 요소들을 반영하기 때문에 그에 알맞은 자료 형태가 나오는 것이다. 첫 번째 섹션에는 글의 생성 과정에서 나올 수 있는 단어들, 분리된 구절들, 그리고 불완전한 문장들이 많이 보인다. 두 번째 섹션에서는 조직 과정에 해당하기 때문에 알파벳 순서로 정렬을 하거나, 글머리 번호를 붙여 정리해 놓은 자료들이 많이 나온다. 세 번째 섹션에서는 작성하기 과정이기 때문에 문장을 작성하고 삭제한 것, 그리고 이어진 문장을 만들어 가기 위해 의문형으로 제시된 자료 형태를 많이 볼 수 있다(Hayes & Flower, 1980: 22).

변함이 없어 보인다. 그리고 이보다 더 중요한 점은 쓰기 과정에는 지배적인 활동이 있음에도 불구하고 서로 결합하고 간섭하는 과정이 있다는 사실이다. 앞서 보았듯이 생성하기, 교정하기가 여러 과정 요소에 포함되는 것만 보아도 그러한 점을 알 수 있다. 위의 표를 보면 내용을 생성하는 과정에도 조직하기와 교정하기는 결합되어 활동을 한다. 번역하기 과정에 생성하기와 교정하기가 역시 포함된다. 우리는 글을 쓰다가 내용이 부족하면 다른 내용을 채워 넣고, 틀린 부분이 있으면 그 자리에서 교정하기도 한다. 그렇기 때문에 쓰기 과정이 단순히 선형적으로 이어지는 것이 아니라 상호 결합되어 반복되면서 회귀적으로 작동하는 것이다. 프로토콜을 통한 이런 실험 결과를 보면 쓰기 과정이 직선형의 과정이 아니라 서로가 서로를 간섭하는 매우 역동적인 과정이라는 점을 확인할 수가 있다[29].

　Hayes & Flower(1980)의 이 논문은 과정 중심 교육 방법을 인지적으로 분석해서 그 교육의 타당성을 증명해 주고 있다. 아울러 프로토콜 방식을 통해 쓰기 과정이 어떻게 구성되었는지, 다양한 요소들이 어떻게 역동적으로 작용하여 전체적 과정을 이끄는지를 보여주었다. 이런 점은 Flower & Hayes(1981)의 논문보다 더 나은 점이 있다.

---

29) Rijlaarsdam & van den Bergh(2006)의 논문을 보면 쓰기 과정의 여러 요소(인지 활동)들이 다른 요소들과 함께 작용하고 있으며 서로에게 영향을 주고 있다는 사실을 알 수 있다. 예를 들어 쓰기 과정에서 '과제 읽기'와 '내용 생성'은 서로 상반된 패턴을 보인다고 말했다. '과제 읽기'는 주로 쓰기 과정의 앞부분에 나오며 시간이 흘러 글이 완성되어 감에 따라 '과제 읽기'가 일어날 가능성은 점점 줄어든다. 이에 반해 '내용 생성'은 처음에 일어날 가능성이 낮다가 차츰 증가하여 글의 작성 초중반부에 최고조에 이르고 다시 낮은 수준으로 떨어졌다. 이는 '내용 생성'이 주로 초중반부에 집중되어 있다는 사실을 보여준다. 그러나 그렇다고 하여 다른 쓰기 과정의 활동에서 '내용 생성'이 아예 일어나지 않는다는 뜻은 아니다. 이 논문은 쓰기 과정에서 여러 과정 요소들이 역동적으로 상호 작용하는 과정을 그래프로 보여주며, 또 이런 것들이 쓰기 질의 판단과 어떤 관계가 있는지를 잘 설명해 주고 있다(MacArthur et. al., 2006; 여기서는 박영민 외 옮김, 2015, 83~103쪽 참고).

Flower & Hayes(1981)의 논문이 쓰기 교육과 관련하여 쓰기 과정을 해명하는 데 초점이 주어졌다면, 이 논문은 프로토콜을 통해 쓰기 과정의 요소들을 찾아내고, 그 요소들이 상호 간섭 관계에 있다는 사실을 확인해 주었다. 쓰기 과정의 요소들이 상호 간섭을 하고 이것이 쓰기 질과 밀접한 관련을 가진다는 점은 한참 이후 Rijlaarsdam & van den Bergh(2006)[30], Breetvelt, van den Bergh & Rijlaarsdam(1994)의 논문이 나오면서 이를 자세히 규명한 바 있다. 어쨌든 이 논문은 인지주의 관점에서 쓰기 과정의 세부 요소와 그것의 실제 작용 과정을 실증적으로 확인해 주고 있다는 점에서 획기적인 의미를 가지고 있다.

2. 글쓰기 인지 과정 이론: Flower & Hayes(1981)

2.1. 쓰기의 4가지 원칙

Flower & Hayes의 1981년 논문(글쓰기 인지 과정 이론, A Cognitive Process Theory of Writing)은 작문 연구사에서 가장 중요한 논문이다.

---

30) Breetvelt, van den Bergh & Rijlaarsdam(1994)의 논문에서 쓰기 과정에서 한 요소가 하나의 과정에만 작용하는 것이 아니라 여러 요소에 작용하고 있다는 사실을 확인하고 그런 양상들이 쓰기 질의 판단과도 관련이 있다는 점을 밝혔다. 이들은 쓰기 과정을 시간적 순서로 전반, 중반, 후반으로 나누고, 이런 시간적 경과에 따라 쓰기 과정의 각 요소가 어떻게 작용하는지를 분석했다. 이들은 쓰기 과정을 11가지 요소로 나누었다(과제 읽기, 자기-지도, 목표 설정, 내용 생성, 조직하기, 메타 논평, 멈춤, 글의 작성, 글 다시 읽기, 글 평가하기, 글 수정하기). 쓰기 과정의 이런 요소들은 시간적 상황에 따라 긍정적, 혹은 부정적으로 작용하고 있었고, 그것이 쓰기 질의 판단과 관련이 있었다. 예를 들어 과제 읽기는 쓰기 과정의 전반부에는 쓰기 질의 판단에 긍정적이었지만 그 이후에는 부정적이었다.

이 논문은 과정 중심의 인지주의 이론을 다룰 때 가장 많이 인용되는 논문이다. 특히 과정 중심 이론의 쓰기 모형은 모두 이 논문에 근거하고 있다. 그러나 앞장에서 이야기했지만 이미 1980년 이들은 논문 「쓰기 과정 구조 확정하기(Identifying the Organization of Writing Processes)」에서 이미 쓰기 과정의 과정 요소에 관해 자세히 규명한 바가 있다. 1981년 논문에서 쓰기 과정을 다시 설명하고 있지만 약간의 변화 외에는 대부분 앞의 논문에 근거하고 있기 때문에 크게 달라진 것은 없다. Bizzell(1982)은 이 논문에 대해 이미 1978년부터 보고서를 통해 발표되었다고 언급하고 있다. 앞선 Hayes & Flower의 논문이 1980년에 발간되었는데 아마 비슷한 연구의 또 다른 버전인 것으로 보인다. 다만 차이가 있는 부분은 쓰기 과정의 세부 요소들이 연구마다 조금씩 바뀌어져 있다는 것뿐이다.

1981년 논문(글쓰기 인지 과정 이론)의 관심은 쓰기라는 학습 행위가 구체적으로 어떤 요인에 의해 전개되며 그 행위의 추동 요인이 무엇인지에 관한 원론적 질문이다. 쓰기는 어떤 행위이며 어떤 목적에 의해 전개되는가? 이 질문은 "쓰기 과정은 어떻게 구성되어 있는가?"라는 질문과는 근본적으로 다르다. 1980년 논문의 프로토콜 분석을 통해 쓰기 과정에 관해 어느 정도 규명이 되었다고 보고, 이 논문을 통해 쓰기 행위에 관해 보다 근원적인 질문을 던지고 있는 것이다. 그래서 이 논문은 쓰기 과정에 관한 실험과 관찰을 보고하는 논문이 아니라 쓰기에 관한 수사학적 질문에 답하는 논문이 되었다. 1980년 논문의 저자가 'Hayes & Flower'인 데 반해 1981년 이 논문은 저자가 'Flower & Hayes'로 되어 있는 것을 보아도 양 논문의 성격을 이해할 수 있다. 1981년 논문의 저자는 심리학자인 Hayes가 아니라 영문학자인 Flower로 되어 있어 1980년 논문과는 성격이 다르다는 점을 암시한다. 논문의 기본적인 내용 전개는 다음과 같다.

논문은 쓰기 과정에서 필자의 어떤 지적 요소가 쓰기 형성에 기여하는지를 질문하는 것으로부터 시작한다. 이 부분은 형식주의 쓰기 이론을 비판하기 위한 것이기도 하지만 쓰기의 작동 원리를 파악하기 위해서이기도 하다. 이런 관점은 나중에 수사학적 결정 이론으로 이끌기도 한다. 이 논문의 앞에서 이들은 쓰기를 "연속적인 선택과 결정의 과정"으로 본다고 규정한다. 쓰기는 어떤 요인에 의해 매번 어떤 선택을 하고 결정을 하면서 완결을 향해 가는 과정이라고 규정한 것이다. 그렇다면 이런 선택과 결정을 하는 것은 무엇인가? 이들이 던지는 질문은 형식주의 관점을 비판하면서 인지주의 이론에서 쓰기 행위가 인지적이면서도 수사적인 점을 이끌어내기 위해 고안된 것이다.

논문의 서두는 쓰기를 "연속적인 선택과 결정의 과정"으로 볼 때 학자들이 어떤 대답을 했는지에 관해 서술한다. 예를 들어 Kinneavy는 "어법, 통사, 조직적 패턴들과 내용"들이 작문 과정을 선택한다고 보았고, Moffet과 Gibson은 주제와 독자에 관한 필자의 감각이, 그리고 Loyd Bitzer는 어떤 문제에 관한 긴박한 요구에 관한 응답, 즉 '수사적 상황(rhetorical situation)'에 관한 응답이 그런 선택을 만든다고 말했다. 이처럼 Flower & Hayes가 쓰기 과정의 "선택과 결정"을 강조한 것은 앞의 논문에서 그들이 '수단-목표 발견법(means-ends heuristic)'을 언급하면서 말했듯이, 쓰기 과정을 '문제 해결 과정'으로 이끌기 위한 하나의 장치로 보인다. '수단-목표 발견법'이 문제를 여러 하위 문제로 나누고 그 하위 문제를 하나씩 해결해 가면서 전체 목표를 달성하는 방법이다. 그리고 이를 추동하는 것이 바로 '선택과 결정'이다.

이들이 선택과 결정을 강조하고 이런 질문에 관한 답을 이끌어낸 의도는 쓰기 행위가 특정 문제를 해결하기 위한 수사적 행위라는 것을 말하기 위해서이다. 그래서 논문에 있듯이 쓰기에 관한 세부 요인들이 어떻게 상호 작용하여 쓰기를 유도하는지를 수사적으로 규명해야 한다고 말하고 있다. 그리고 〈글쓰기 인지 과정 이론〉에서 중요한 점은 글을 잘 쓰는 사람과 못 쓰는 사람 간의 쓰기 과정에 관한 선택의 차이를 수사학적으로 분석해 내는 것이라고 말하고 있다.

1980년의 논문에서 학생들의 프로토콜을 분석해서 쓰기 과정의 세부 사항을 이미 규명한 바 있다. 1981년의 논문에서는 여기에 덧붙여 쓰기 과정을 기본 원리로 하여 쓰기의 기본 원칙을 제안한다. 이는 차후 과정 중심 이론에 관한 쓰기 연구와 쓰기 교육을 견인하는 주요 원칙이 된다. 이 논문에서 Flower & Hayes(1981: 366)는 3년 간 학생들의 프로토콜을 조사하여 네 가지 작문 과정의 원칙을 설명했다. 그리고 논문은 네 가지 원칙을 자세히 규명하는 방식으로 진행된다. 인지주의를 대표하는 네 가지 원칙은 다음과 같다.

1. 쓰기 과정은 글 쓰는 이가 편성하고 조직하는 특징적인 한 세트의 사고 과정이다.
2. 글쓰기 과정은 계층적(위계적)으로 조직되며, 한 구성요소는 다른 구성요소들에 의해 포함되어질 수 있다.
3. 글쓰기는 목표 지향적인 사고 과정이다. 필자는 작문을 통해 계층적인 목표 네트워크를 짜고 역으로 이 목표는 글쓰기 과정을 이끈다.
4. 필자가 목표를 생성하는 방법은 두 가지 방법이 있다. 첫 번째 방법은 높은 수준의 목표를 만들고 그 목표를 뒷받침하는 하위 목표를 만드는 방법이며, 두 번째 방법은 글쓰기 과정을 통해 얻게 된 새로운 정보를 통해, 상위 목표를 변화시키거나 아예 새롭게 목표를 설정하는 방법이다.

이 네 가지의 원칙은 이후 많은 연구에서 과정 중심의 인지주의 작문 이론의 기본 원칙과 원리로 작용한다[31]. 그리고 이 원칙은 하나의 지침으로 쓰기 단계를 강조했던 형식주의 관점을 벗어나 쓰기 과정을 "글을 생산한 이의 내면 과정(정신 과정)"에 의해 규정되어야 하며, 쓰기 교육이 이런 내적 변화에 집중해야 한다고 지적한 것이다. 그리고 이런 쓰기 모형을 "인지 과정 모형"이라고 명명하고 있다.

글쓰기의 인지 과정 모형은 전통적인 단계 패러다임으로부터 출발했다. 단계 모형에서 분석의 주요 단위는 작성된 글의 완성품이며, 이에 이르는 과정은 일직선의 연쇄 구조로 조직된다고 보았다. 그러나 인지 과정 모형에서 분석의 주요 단위는 아이디어 생성하기와 같은 기본적인 정신 과정들이다. 그리고 이 과정들은 예컨대, 아이디어 생성 밑에 계획이라는 하위 과정이 놓이듯이, 계층적인 구조로 되어 있다. (p. 367)

위 인용문에서 강조하는 것은 '인지 과정 모형'이 전통적인 단계 모형에서 시작했지만 글의 완성품이 아니라 글을 만드는 사람의 '정신 과정'을 기본으로 삼아 구성되었다는 점이다. 그리고 이런 정신 과정의

---

31) 1987년 작문 연구의 과거, 현재, 미래의 동향을 연구한 Freedman et. al.(1987)의 연구에 따르면 Emig과 Flower & Hayes의 이후 인간이 문자를 생산하는 모형에 관한 연구(de Beaugrande, 1984; Bracewell et. al., 1982; Nold, 1982; Cooper & Matsuhashi, 1983; Witte, 1985; Kintsch & van Dijk, 1978)가 지속되면서 쓰기 과정에 관해 널리 받아들여지고 있는 몇 가지 일반론이 있다고 말했다. 첫째, 글쓰기에는 몇 가지 주요 과정(계획하기, 문장화하기, 검토하기)으로 구성되어 있으며, 이 순서가 일직선으로 진행되지는 않는다. 둘째, 글쓰기 과정은 위계적으로 조직된, 목적-지향적인 문제 해결의 과정이다. 셋째, 전문 필자와 초보 필자들은 글쓰기 과제가 부과하는 문제를 다른 방식으로 해결한다. 넷째, 글쓰기 과제의 성격이 필자의 전략들을 변화시킨다. 예컨대 과제가 추상적일수록 계획하기에 관한 요구가 증대된다. Freedman et. al.(1987)이 언급한 내용을 보더라도 Hayes & Flower(1980), Flower & Hayes(1981)의 연구가 쓰기 과정 모형에 관한 일반론에 가장 큰 기여를 했다는 사실을 알 수 있다.

구조가 '계층적인 구조'로 되어 있다는 점 또한 강조하고 있다. 이는 나중에 쓰기 과정의 주요 항목인 목표 설정이나 계획하기 과정을 단계적이고 계층적인 구조로 삼은 것과 연관된다. 아울러 이런 구조적 모형은 1980년 논문에서 쓰기 과정이 일직선의 과정이 아니라 여러 요소가 결합하고 간섭하는 회귀적이고 역동적인 과정이라는 점을 강조한 것과 연결되어 있다. 예를 들어 아이디어의 생성(Idea generation)은 계획하기(Planning)의 하위 과정이지만 다른 요소의 하위 과정으로도 기능할 수가 있다. 또 수정하기(Revising) 과정도 다른 과정의 하위 과정으로 작용할 수 있다.

Flower & Hayes는 앞의 쓰기 원칙 중에서 글쓰기를 '목표 지향적인 사고 과정'으로 규정한 바 있다. 특히 네 가지 원칙 중 세 번째를 보면 글쓰기를 "목표 지향적인 사고 과정"이라고 말하고, 필자가 계층적인 목표 네트워크를 짜고, 이 목표에 따라 쓰기 과정이 진행된다고 언급한다. 쓰기에는 전체 목표가 있고 전체 목표 아래 쓰기 단계마다 세부 목표가 있어 이를 성취해 가는 것이 바로 쓰기 과정이라는 것이다.

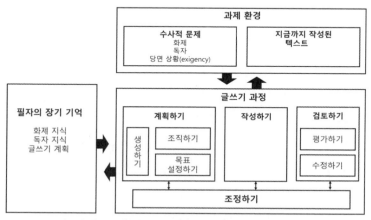

〈그림 8〉 Flower & Hayes(1981)의 쓰기 인지 과정 모형

아울러 이들은 전체 쓰기 과정은 이처럼 상, 하위 목표가 서로 결합된 네트워크로 이루어졌다고 보았다. 모든 작문 활동은 큰 목표에서 세부 목표로 서로 연결되어 있으며, 필자는 큰 목표 아래 세부 목표를 하나씩 성취해 가며 작문 과정을 완성해 간다. 우리가 흔히 과정 중심 글쓰기를 "목표 지향적 글쓰기"로 부르는 것도 이런 주장에 근거한다.

2.2. 쓰기 과정 모형의 차이와 변화

1980년의 Hayes & Flower의 논문과 1981년의 Flower & Hayes의 논문의 가장 큰 차이는 바로 '목표 지향적 글쓰기'와 '수사적 문제'이다. 1980년에 만든 쓰기 모형의 그림을 보면 수사적 문제 공간이 나타나 있지 않지만, 1981년 논문에는 수사적 문제(The Rhetorical Problem) 공간이 나타난다. 논문의 그림에서 1980년 논문 상단 좌측에 있는 '쓰기 과제' 공간이 1981년 논문의 그림에서는 '수사적 문제' 공간으로 바뀌어져 있다. 1981년 논문에서 Flower가 제1저자로 나서면서 과정 중심의 인지적 이론에 수사적 문제가 본격적으로 개입된 것으로 보인다. 그러면서 앞에서 이야기한 글쓰기를 '목표 지향적 사고 과정'이라고 규정한 부분이 나타난 것이다.

통상 '수사적 문제'는 어떤 긴급한 요구 사항에서 화자나 필자가 청자나 독자를 설득해 문제를 해결해야 할 과제 상황과 활동 공간을 의미한다. 이런 수사적 문제 공간은 필자와 독자, 쓰기 목표와 주제가 서로 맞물려 있는 공간이다. 학생들은 이런 수사적 문제를 인식해야 하고 이 문제를 하나씩 풀어가 가면서 쓰기 목표에 맞는 글을 써야 한다[32]. 1980년에는 없었던 이런 수사적 문제 공간은 1981년 논문에서 매우 중요한 역할을 한다. 글쓰기를 '목표 지향적 사고 과정'으로 규정했기 때문에 그 공간 안에 과제의 성격, 필자와 독자의 역할이 규정할 수가 있었다. 아울러 쓰기 과정의 전체를 '문제 해결 과정'으로 인식할 수 있게 된다. 이에 따라 1981년 논문에서는 쓰기 모형에 관한 설명이 프로토콜 실험에 의한 인지적 요소에 대한 설명보다 수사적 상황에서 학생들이 취할 여러 문제의식에 더 집중된다. 다시 말해 1981년 논문에서는 쓰기 과정에 관한 설명이 대폭 축소되고 쓰기 목표에 관한 학생들의 수사적 반응에 더 관심을 표명한다.

1981년 논문에서 쓰기 모형에 관한 설명은 매우 간략하고 압축되어 있다. 이는 1980년의 논문에서 이미 설명을 했기 때문이기도 하고, 1981년 논문이 쓰기의 목표 지향적 활동에 더 초점을 맞추고 있기 때문이기도 하다. 1980년의 쓰기 인지 과정 모형과 비교해 보았을

---

32) 글쓰기를 '수사적 문제'로 보는 시각은 Linda Flower의 초기 이론에서 매우 중요한 역할을 한다. '수사적 문제'가 글쓰기의 '문제 해결 방식'과 정보처리이론을 통한 인지이론을 통합해 줄 수 있는 공간을 만들어 주기 때문이다. Flower에 따르면 쓰기의 목적은 필자와 독자 사이의 문제를 해결하기 위한 과정으로 발생한다. 그리고 이런 목표는 분할된 하위 목표를 만들고 이에 적합한 전략을 설정해 이를 해결하게 된다. 쓰기의 과정은 필자의 자기 생각과 개인적 표현을 독자에게 적합한 아이디어와 표현으로 바꾸는 과정으로 진행된다. 그리고 이런 활동들이 정당하게 작동할 수 있는 배경을 수사적 상황과 공간이 만들어 준다. 글쓰기의 수사적 문제는 필자와 독자, 쓰기의 목표와 수단 사이에서 발생하는 문제들을 포괄하는 상황적 과제 양상을 말하기 때문에 그러하다. 예를 들어 보자. 만일 관공서에 사업 제안서를 쓰게 된다면, 그 사업의 취지와 목적, 성격 등을 파악해야 하고, 또 문서를 받는 독자(공무원)의 성향을 파악해서 텍스트를 작성하게 된다. 텍스트에서 어떤 문제를 쓰게 될 것인지, 근거에 관한 자료를 어떻게 제시해야 할 것인지 이런 것들이 모두 수행 과정의 목표가 될 수 있다. 수사적 문제 공간은 이런 모든 문제와 해결 과정을 포괄하는 하나의 상황적 장(場)이 되는 것이다. 수사적 문제에 관한 Flower의 인식은 작문을 문제 해결 과정으로 본 1977년 논문, '문제 해결 전략과 작문 과정(Problem-Soving Strategies and the Writing Process)'과 문제 중심의 수사적 구조와 독자 중심의 글쓰기를 강조한 1979년 논문 '필자 중심의 산문: 글쓰기의 문제 해결을 위한 인지적 근거(Writer-based prose: A cognitive basis for problems in writing)'에서 보다 잘 드러난다. 이 논문들을 살펴보면 Flower & Hayes의 인식이 당시 심리학에서 새로운 분야로 주목받던 정보처리이론과 '문제 해결'에 관한 인식과 수사적 문제에 관한 인식이 종합적으로 결합되어 나온 것이라고 볼 수 있다. 1980년과 1981년의 과정 중심 이론에 관한 논문들도 이런 인식들을 바탕으로 나온 것이라고 할 수 있다.

때 1981년 모형은 달라진 점이 몇 가지 눈에 띈다. 우선 가장 큰 변화는 상단의 '과제 환경'의 하위요소로 이전의 '작문 과제'가 '수사적 문제'로 바뀌었다는 점이다. 이 점은 앞에서도 설명했듯이 쓰기 과정을 '목적 지향적 정신 과정'으로 규정하고 쓰기 행위를 수사적 문제로 인식하려는 의도와 연결되어 있다. 특히 중요한 것은 1980년 논문에서 쓰기 과제 속에 있는 '동기 부여의 신호(Motivating cues)'가 '긴급 요구 사항(Exigency)'으로 바뀐 점이다. '긴급 요구 사항(Exigency)'은 수사학과 관련하여 긴급하여 해결해야 할 문제 상황이 존재한다는 뜻이다.

다음으로 좌측의 '장기 기억'에서 이전의 '저장된 쓰기 계획'이 '쓰기 계획에 관한 지식'으로 바뀌었다. '장기 기억'에서 중요한 점은 이전에는 '쓰기 과정'을 향한 일방향적인 화살표가 상호 방향으로 바뀌었다는 점이다. 쓰기 과정에 관한 지식이 장기 기억에서 인출되기도 하지만 반대로 쓰기 과정을 통해 축적되기도 한다는 점을 보여준 것이라 할 수 있다. 이런 인지적 상호 작용의 과정은 활동의 상호 작용을 촉진시키기도 한다.

이와 함께 '검토하기' 부분도 바뀐 점이 있다. 1980년 모형에서는 '검토하기'의 하위 요소로 '읽기(Reading)'와 '교정하기(Editing)'를 두었는데 1981년 모형에서는 '평가하기(Evaluating)'와 '수정하기(Revising)'로 바뀌었고, '읽기'에서 '교정하기'로 내려가는 화살표도 삭제했다. 쓰기 과정에서 평가하기와 수정하기가 상호 영향 아래 수시로 일어난다는 점을 보여주기 위해 바뀐 것으로 보인다. 1980년의 모형에서는 쓰기 과정이 '계획하기'에서 '번역하기'로 화살표가 있어 순차적이라는 느낌이 있으나 1981년 모형에서는 화살표를 없애 '계획하기'와 '번역하기'가 순차적인 관계가 아니라는 점을 강조한 것으로 보인다. 1980년의 모형과 1981년의 모형 차이를 정리하면 1981년 모형에서는 쓰기의 수사적 성격을 강조하고자 했고, '평가하기'와 '수정하기'를 두어 수정이 쓰기 과정에서 회귀적으로 일어나는 일임을 보여주고자 했다.

1981년 논문에서 쓰기 모형에 관한 설명은 1980년 논문에 비해 소략하다. 간단히 쓰기 모형의 각 항목에 관한 내용을 설명하고 그 원리를 정리하는 수준에 그치고 있다. 1980년 논문에서는 프로토콜 실험 결과를 통해 모형의 각 항목이 어떤 인지적 원리로 작동하는지 설명하고자 애를 썼다면 1981년 논문에서는 문제 해결 모형의 입장에서 각 항목의 성격과 원리를 원론적 입장에서 간략히 설명하는 데 그친다. 예를 들어 번역하기 과정을 보면 1980년의 논문에서는 장기 기억에서 어떻게 정보를 인출해 문장을 작성하느냐에 관한 정보처리적 과정을 설명하고 있다면 1981년 논문에서는 쓰기(writing)라고 하지 않고 왜 번역하기(Translating)라는 용어를 사용했는지에 관한 설명을 하는 데 그치고 있다33).

---

33) 심리학이나 교육학에서 어떤 현상이나 개념을 표현할 때 모형(model)을 사용하는 것은 흔한 일이다. 쓰기 연구에서도 초기 인지주의 이론가들이 다양하게 모형을 만들어 제시했다는 점은 잘 알려져 있다. 일반적으로 모형은 어떤 이론을 구성적으로 해석하고, 이해하고자 만든 개념적 구조이다. 작문 연구에서 모형을 사용한 것은 인지주의에 바탕을 둔 학자들이었다(Flower & Hayes, Beaugrande, Bereiter & Scadamalia, Kellogg). 이런 모형에 관해 항상 긍정적이었던 것은 아니다. 실증주의에 비판적이거나 사회적 관점에 서는 학자들은 이런 모형화(Modelling)에 관해 격렬하게 비판했다(Bizzell, Cooper, Irmscher, Faigley, Berlin). 모형은 현상을 간소화한 것으로 신뢰할 수 없을 뿐만 아니라 사실을 왜곡하기도 한다. 이러한 모형은 작문 활동에 관한 지나친 설명이나 분석을 통해, 또 작문 과정에 대한 패턴을 정의하려는 불필요한 관심을 통해 작문 행위의 고유한 특성을 왜곡하고 있다는 것이다. 인지주의 모형의 문제와 논쟁에 관해서는 Pemberton(1993), "Modelling theory and Composing process", *CCC*, 44(1), Feb., 1993, pp. 40~42를 참고할 것.

2.3. 쓰기 목표의 구성과 생성 방법

앞에서 말한 대로 Flower & Hayes의 1981년 논문은 쓰기 과정을 규명하기 위한 것이라기보다 쓰기가 왜 목적 지향적 활동인가를 설명하기 위해 더 많은 지면을 투자한다. 앞에서 설명한 쓰기의 4가지 기본 원칙 중 3가지가 여기에 해당한다. 앞서 기본 원칙 1번(쓰기 과정은 필자가 편성하고 조직하는 특징적인 한 세트의 사고 과정이다)은 쓰기 과정과 그 세부 요소를 설명하는 내용이었다. 이를 설명하기 위해 쓰기 모형을 제시했고, 그 안에 과제 환경과 장기 기억, 쓰기 과정을 두었음은 앞에서 설명한 것과 같다. 1980년 논문이 주로 이 쓰기 과정을 정보처리 입장에서 규명하고자 한 내용이 중심이었다면 1981년 논문은 쓰기의 작동 원리 즉, 어떤 선택과 판단이 쓰기 과정을 이끌어 가는가를 해명하기 위한 것이었고 Flower & Hayes의 대답이 바로 '목적 지향적 사고 과정'으로 규정했음은 앞에서 설명했다.

쓰기의 기본 원칙 2번은 사고 과정이 어떻게 구성되고 조직되는가의 문제이다. 쓰기 과정이 순차적인 단계 과정이 아니라 그때그때 선택의 회귀적 과정이라면 사고 과정이 어떻게 조직되는가? Flower & Hayes의 대답은 바로 사고 과정이 계층적 체계로 조직되어 있다는 것이다. 여기서 계층적 체계라는 것은 추상적인 사고 과정 밑에 좀 더 구체적인 사고 과정을 하위에 두고 유지되는 커다란 작동체계를 의미한다. 어떤 과정 속에 필요한 하위 과정이 올 수가 있으며 다시 상위 과정으로 올라갈 수 있는 사고의 유연한 체계가 형성되는 것이다. 예를 들면 아이디어 생성하기(Generating Ideas)는 평가하기(Evaluating)와 문장 작성(Translating)을 요구하고, 평가하기는 쓰는 이에게 새로운 아이디어를 강요할 수 있다. 이처럼 하나의 과정은 또 다른 과정을 불러오며 계층적 체계가 만들어진다.

　그런데 계층적 체계를 만들어 내는 진정한 동력은 무엇일까? 다시 말해 무엇이 글 쓰는 과정의 선택과 결정을 이끌어내며, 전체적인 글을 이끌어 가게 되는가? Flower & Hayes가 말한 기본 원칙 3이 이에 관한 대답을 한다. 이에 관한 이들의 대답은 앞서 말한 대로 바로 글쓰기가 '목표 지향적 활동'이라는 것이다. 글쓰기는 상위 목표와 하위 목표가 서로 네트워크를 만들어 쓰기 과정을 이끈다. 쓰기 과정은 비정형적이고 개방적이고 회귀적이며, 역동적인 과정으로 결말을 알 수 없음에도 불구하고 일관성, 방향성을 가지고 있는 것을 보면 쓰기가 목표를 지향하는 활동이라는 사실을 알 수 있다는 것이다. 쓰기 과정에서 최종적인 상위 목표는 여러 하위 목표와 계층을 형성하면서 상호 작용하게 된다. Flower & Hayes는 전체 목표를 과정 목표와 내용 목표로 나누어 설명한다. 중요한 것은 내용 목표인데 글의 진행에 따라 내용 목표는 상위 목표와 하위 목표 간의 네트워크

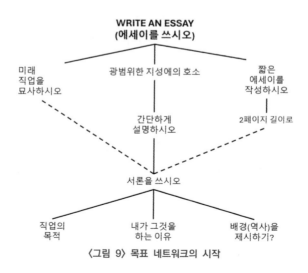

〈그림 9〉 목표 네트워크의 시작

가 정교하게 형성되기도 한다.

〈그림 9〉는 Flower & Hayes가 사용한 목표 네트워크로 학생이 잡지에 자신의 희망 직업(교사)을 소개하는 내용이다. 이 그림을 보면 상위목표 3개가 보이고 아래에 이와 관련된 하위 목표가 보인다. 상위목표는 내용 목표와 과정 목표가 섞여 있고, 3가지 상위 목표를 실천할 하위 계획이 보인다. 서론(introduction)에 자신이 작성할 하위 내용목표도 설정되어 있다. 목표는 서로 네트워크를 이루면서 쓰기 과정을 진행시키게 된다.

목표 네트워크에서 중요한 점은 상위 목표가 하위 목표를 만들지만하위 목표가 상위 목표를 변화시키기도 한다는 점이다. 쓰기 과정에서 목표 네트워크는 이렇게 서로 영향을 주면서 생성과 변화, 소멸의역동적 과정을 겪게 된다. 목표 네트워크의 생성 방법은 기본 원칙4에 설명되어 있다. 필자가 목표를 생성하는 두 방법은 높은 수준의목표를 만들고 그에 따른 하위 목표를 생성하는 방법과 쓰기 과정에서 생성된 내용을 통해 상위 목표를 변화시키거나 아예 새롭게 목표를 설정하는 방법이다. 필자가 새롭게 목표를 생성하는 방법의 진정한 추동 인자는 수사적 목표의 변화이다. 쓰기 과정 중에 수사적 목표가 변화하게 되고 이것은 새로운 목표를 설정하게 만든다. 그 목표가사소한 하위 목표에 불과한 것이더라도 중요하다면 상위 목표까지수정하게 만든다. 글쓰기 과정을 이끌어 내는 가장 중요한 추동인자가 수사적 목표의 변화라는 점을 Flower가 강조하고 있는 것이다. 이는 정신적 사고와 인지적 행위를 중시했던 Hayes와 차이가 있는 부분이다.

3. 인지와 감성을 내포한 새로운 모형: Hayes(1996)

Flower & Hayes가 1980년 제시했던 과정 중심의 쓰기 모형은 쓰기 과정이 어떻게 구성되어 있는지를 처음으로 모형을 통해 제시했다. 이 모형은 인지심리학의 도움을 받아 프로토콜의 방법을 이용해 작성한 것이다. 그런데 Hayes는 이 논문의 서두에 1981년에 제시한 쓰기 과정 모형이 몇 가지 점에서 잘못된 점이 있다고 밝히면서 이전 쓰기 모형의 몇 가지 측면을 고쳐서 새롭게 제시한다고 말했다. 1980년에 제시했던 모형의 취지를 살리면서 영향 관계를 조금 수정해서 내용을 조금 더 명료하게 정리한 것이다. 그 그림은 다음과 같다.

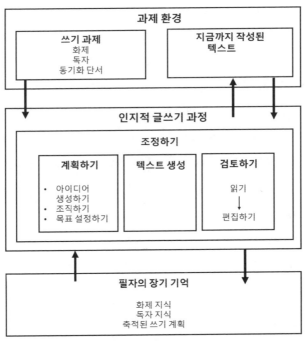

〈그림 10〉 명료화를 위해 다시 그린 Hayes & Flower 모델

〈그림 10〉을 보면 1981년의 모형과 몇 가지 측면에서 차이가 난다. 우선 필자의 장기 기억이 하단부로 내려가 전체 인지적 과정과 상호 영향 관계에 있다는 점을 분명히 했다. 쓰기 활동은 필자의 장기 기억에 있는 장르 지식이나 담화 지식 없이는 불가능한데 이런 측면들의 영향 관계를 보완한 것이다. 주제에 관한 지식이나 독자에 관한 인식, 장르에 관한 인식들은 필자의 장기 기억에 저장되어 이것이 쓰기 과정에 영향을 준다. Hayes(1996)는 모형에서 상자의 크기도 조정했다. 1980년 모형을 보면 쓰기 과정의 상자 크기가 제각각이다. 계획하기(Planning)와 번역하기(Translating), 교정하기(Reviewing) 중에서 하위 요소(목표 설정, 생성하기, 조직하기)가 많은 계획하기(Planning)의 상자가 가장 크다. 상자 크기가 크면 상대적으로 중요하다고 인식할 여지가 있어 이것을 같은 크기로 조정했다고 한다. 화살표의 방향도 조정했다. 이전의 모형을 보면 화살표가 장기 기억(화제 지식, 독자 지식, 저장된 쓰기 계획)에서 쓰기 과정 방향으로 이어져 있었다면 위의 그림에서 보듯 아래, 위로 상호 영향을 주는 것으로 바꾸었다. 점검하기(Monitor)도 쓰기 과정(계획하기, 텍스트 생성하기, 수정하기)을 감싸 안은 것으로 바꾸었다. 이 밖에 눈에 띄는 변화로 용어를 바꾼 것이 있다. 번역하기(Translating)와 교정하기(Reviewing)라는 용어를 학술적 용어답게 텍스트 생성하기(Text generation), 수정하기(Revision)로 고쳐 제시했다.

Hayes(1996)는 1996년 논문에서 변화된 연구 동향을 언급하면서 새로운 모형의 제시가 필요하다는 사실을 밝혔다. 그 중에서 가장 중요한 변화는 1980년과 다르게 사회적 관점의 시각이 새롭게 제기된 점이다. 인지주의 관점과 다르게 필자의 환경이나 사회적 맥락을 중시하는 사회적 관점이 새롭게 제시되었고, 이에 따라 쓰기 과정에 미치는 과제 환경이나 맥락, 그리고 매체의 영향도 중요해졌다. 또 이와 더불어 인지주의 측면에서 새롭게 진척된 연구, 즉 개인적인 측면에서 정서나 동기의 부분, 그리고 작업 기억에 관한 새로운 연구 경향들이 있어 이를 반영하고 싶어 했다. 그래서 Hayes(1996)는 개인의 심리적, 정의적 차원과 사회적 물리적 조건과 환경의 측면이 적절하게 조화를 이루는 새로운 모형을 제시하길 원한 것이다. Hayes가 볼 때 글쓰기는 사회적 맥락 속에 있는 일종의 의사소통 행위이며, 동기나 정서에 기반한 생성적인 활동이자 인지적 과정을 요구하는 내면적 과정이기도 하다. Hayes는 새롭게 제기되는 모형은 이런 개인적, 사회적 요인들을 잘 조화시켜 보고자 노력했다. 그렇지만 Hayes는 인지심리학자이기 때문에 논의의 주된 관점을 역시 개인의 인지 활동에 두었음은 틀림없는 사실이다.

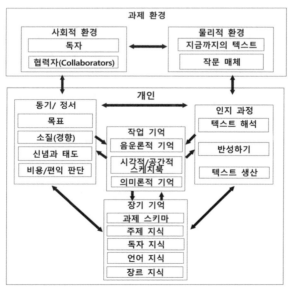

〈그림 11〉 Hayes(1996)의 쓰기 인지 모형

먼저 그가 제시한 모형을 한번 살펴보자. 제시한 모형을 보면 확연히 알 수 있지만 우선 전체적으로 개인 영역과 과제 환경 영역으로 나누었다. 이전 쓰기 모형이 작업 환경(Task Environment)과 쓰기 과정(Writing Process), 그리고 필자의 장기 기억(The Writer's Long Term Memory)으로 나누어져 있던 것을 이제 두 요소, 즉 과제 영역(The Task Environment)과 개인 영역(The Individual)으로 나누었다. 필자의 과제 환경은 사회적 환경(독자, 협력자)과 물리적 환경(지금까지 작성한 텍스트, 쓰기 도구)으로 나누었는데 주로 개인의 외부에 있는 것들을 표상화한 것이다. 다음으로 개인의 영역이 있다. 개인의 영역에는 크게 네 가지로 나누었다. 하나는 개인의 정서 부분이고 다른 하나는 작업 기억과 장기 기억 부분이며, 마지막으로 인지 과정 부분이다.

- 과제 환경: 사회적 환경(독자, 협력자)
  물리적 환경(지금까지 작성한 텍스트, 쓰기 도구)
- 개인: 동기/정서(목표, 성향, 신념과 태도, 비용/편익 효과)
  작업 기억(음운론적 기억, 시각적/공간적 스케치판, 의미론적 기억)
  장기 기억(과제 스키마, 내용 지식, 독자 지식, 언어적 지식, 장르 지식)
  인지 과정(텍스트 해석, 반성, 텍스트 생산)

이런 모형의 요소는 Hayes가 Flower와 함께 작성했던 1980년의 모형과 상당히 달라졌다. Hayes는 논문 서두에서 달라진 측면을 소개하고 있는데 그 내용은 다음과 같다. 첫째, 쓰기 과정에 있어서 '작업 기억'의 중심적 역할을 강조했다. 이전에 없던 작업 기억을 만들어 이에 관한 하위 요소와 함께 넣었다. 둘째, 언어적 표상뿐 아니라 시각적·공간적 표상, 즉 그래프, 도표, 그림 등을 포함시켰다. 이전과 달리 컴퓨터 도구가 일반화된 상황을 반영했다. 셋째, 개인의 성격 요소인 동기와 정서에 관한 의미 있는 공간을 확보했다. 이는 Hayes나 Flower가 1981년에는 미처 생각하지 못한 측면이다. 넷째, 인지 과정 요소를 이전과 다르게 전면적으로 재조직했다. 우선 수정하기를 텍스트 해석(Text Interpretation)으로 대체했다. 다음으로 계획하기를 반성(Reflection)에 포함시켰다. 그리고 작성하기(Translation)가 텍스트 생산(Text Production)에 포함되었다. 이 부분은 이전과 달리 가장 많이 변화한 부분이다. 인지적 요소가 강화된 것이다.

이런 변화는 긍정적으로 보아야 할 측면도 있고 아쉬움이 남는 측면이 있는 것도 사실이다. 분명한 것은 Hayes가 1990년대에 와서 새롭게 연구된 인지적 요소들을 많이 반영했다는 점이다. 특히 그 중에서도 작업 기억에 관한 연구는 이전 모형에는 반영하지 않았던 것이다. 인지심리학 내에서 쓰기 연구의 진척은 장기 기억에 저장된 필자의 다양한 쓰기 지식들이 어떻게 작업 기억을 통해 쓰기 과정으로 전환되는가에 관한 문제였다(McCutchen, 2001). Hayes(1996)의 논문은 장기 기억 내의 지식의 출처가 작업 기억으로 옮겨가 작업하는 현상을 직접 다루고 있다. 그의 모형에 작업 기억의 상자가 중심에 자리 잡고 있는 것이다. 이런 것은 이전의 모형(1980, 1981)에는 없었던 것이다. 이는 쓰기 연구에 인지 용량의 문제가 본격화되고 있다는 사실과 연관이 있다[34]. 그런데 이런 인지적 영향 관계를 강조하다 보니 이전

---

34) 쓰기 과정에서 작업 기억의 문제는 결국 인지 용량의 문제가 된다. 정보 처리 과정에서 작업 기억의 제한된 용량은 항상 과제 간 간섭 현상이 일으키고, 원활한 과제 수행을 하는 데 방해가 된다. 인지 용량은 개인 간 차이가 있으며, 필자에 따라 특정한 쓰기 과정의 요소가 작업 기억에 의존하는 정도의 차이가 존재한다. 작업 기억의 인지 용량에 따른 한계를 극복하기 위한 방법으로는 하위 수준의 구성 요소를 자동화하거나(예를 들어 어법이나 양식을 자동화하는 것), 장기 기억의 주요 정보는 구조화하여 인출을 용이하게 하거나, 아니면 개요 쓰기나 초고 쓰기 전략 등 쓰기 전략을 자동화하는 방법이

모형의 계획하기나 집필하기, 수정하기를 텍스트 해석, 반성하기, 텍스트 생산으로 바뀌게 되었다. 이런 점은 특히 계획하기에 포함된 내용 생성이나 조직하기와 같은 다양한 교육활동에 관한 연구를 위축시키는 면도 없지 않다. 필자의 동기나 정서를 강조한 측면도 이런 인지적 연구의 경향을 반영한 것이다. 반면에 사회적 관점의 요소들이 많이 반영되었다고 하지만 여전히 그 비중은 적다. 단지 협력학습의 요소를 반영한 것과 쓰기 매체의 요소를 인정한 점이 눈에 띄지만 전체 모형에서 큰 비중을 차지하는 것은 아니다. 이런 측면들은 이제 그가 1996년 모형에서 제시한 여러 쓰기 요소들을 살펴보면서 검증해 볼 문제이다.

3.1. 세부 요소의 설명

1996년 Hayes의 모형은 몇 가지 면에서 구체적인 설명이 필요하다. 논문에서는 모든 요소에 대해 자세히 설명을 하고 있지만 여기서는 중요한 내용 변화가 있는 부분만 검토해 볼 생각이다. 먼저 사회적 환경의 영역이다. 우선 달라진 측면은 글쓰기를 '사회적 행위'라고 정확히 규정한 것이다. 글을 쓰는 목적이 타인과 사회적으로 소통하기 위한 목적이라고 설명했고, 또 사회적 관습과 장르를 바탕으로 사회적 상호 작용에 의해 쓰기 행위가 이루어진다고 보았다. 특히 Hayes는 쓰기 교육에서 협력적 글쓰기와 같은 사회적 맥락의 쓰기가 관심을 얻고 있는 것을 주목했다. 아울러 쓰기에 영향을 미치는 사회문화적인 요소가 많지만 이에 관한 연구가 부족하다는 점도 지적했

있다(Torrance & Galbraith, 2006).

다. 이런 문제는 아무래도 1980년대 후반부터 사회적 관점의 경향들이 본격화된 것을 반영하는 것이기도 하다.

'쓰기 도구'는 1980년의 모형에서는 없었던 부분으로, 1996년 상황을 반영한 것이다. 워드 프로세서, 이메일, 인터넷과 같은 컴퓨터 매체의 발달로 인해 쓰기 도구가 새롭게 주목받고 있는 것을 쓰기 모형에 반영했다[35]. 하지만 사회적 환경과 쓰기 매체가 인지적 요소에 어떤 영향을 미치는지 전혀 규명하고 있지 않을 뿐만 아니라 내용도 소략해서 그의 쓰기 모형(1996)에서 중요한 비중을 차지하고 있지 않다. 이런 점은 그가 여전히 사회적 관점보다 인지적 연구 요소에 더 많은 관심을 쏟고 있다는 사실을 말해준다.

이와 같은 사항은 그의 모형에서 그가 중요하게 언급하는 '개인'의 영역을 보면 잘 알 수 있다. '개인'의 영역에서 관심을 두는 부분은 새롭게 제기된 요소들이다. 개인의 인지적 과정을 더 세밀히 살펴보겠다는 의도이다. 그가 제시하는 세부 요소들을 보자. 먼저 '작업 기억'이 있다. Hayes의 새로운 모형(1996)에서는 1980년 모형과 달리 쓰기 과정에서 작업 기억을 중요한 요소로 다루고 있다. 작업 기억이

---

35) 1990년대 쓰기 매체의 변화에 관해서는 쓰기 연구 분야에서도 관심이 많았다. 그러나 Hayes가 이 논문에서 지적한 것은 교정 활동에서 종이 위의 활동이 워드 프로세서로 하는 것보다 효과적이라는 연구와 이메일(e-mail)에 관한 연구가 진행된다는 것 외에는 깊이 있게 다루고 있지는 않다. 그는 여기서 글쓰기 과정이 매체의 영향을 강하게 받는다는 점을 지적한 정도에 그치고 있다. 이런 지적은 1990년대 매체(컴퓨터) 발달이 급속히 진행되고 있는 점을 고려하면 상당히 소극적인 대응으로 보인다. 이 논문보다 9년 전에 작성된 쓰기 연구사에 관한 논문(Freedman et. al., 1987)을 보면 컴퓨터의 사용을 통한 학생들의 수정(revision) 양상에 관한 언급을 하고 있으며, 필자에게 도움을 주기 위한 프로그램이 개발됨에 따라 학생들이 작문 과정에 다양한 변화를 가져올 것으로 예상하고 있다. 아울러 소프트웨어와 하드웨어의 변화들이 작문 과정에 개입하는 컴퓨터의 역할에 근본적인 영향을 가져올 것으로 기대하고 이에 관한 연구가 필요하다는 언급을 한다. Hayes가 이 연구에서 매체 문제에 관해 깊이 다루지 않고 있는 점은 이 논문이 얼마나 인지적 과정에 집중하고 있는지를 역으로 보여준다고 할 수 있다.

쓰기 모형의 중심부에 위치하고 있으며, 모든 과정을 조정하고 통제하고 있는 것처럼 보인다. 작업 기억은 그도 말했다시피 Baddeley (1986)의 작업 기억 모형을 상당 부분 수용했다[36]. Baddeley(1986)의 작업 기억 모형은 중앙 관리자를 중간에 두고 음운 고리와 시공간 메모지를 두고 있다. 음운 고리는 음성적(청각) 정보를 저장하는 곳으로 언어와 관련된 문제를 다루고 있다. 시공간 메모지는 시각적이고 공간적인 정보를 저장하고 관리하는 곳이다. Hayes는 Baddeley(1986)의 작업 기억 모형을 받아들여 이 모형에 '의미론적 기억' 공간과 '음운론적 기억' 공간, 그리고 '시공간 메모지'를 나누고 있는데 이 중에 '의미론적 기억'만 Baddeley(1986)의 모형과 차이가 있다. Hayes는 의미론적 기억(sematic store)을 작업 기억 안에 특별히 포함시켰는데 그렇게 하는 것이 텍스트 생산을 설명하는 데 유용하기 때문이라고 생각한 것 같다. Hayes(1996)는 중앙 관리자가 하는 기능, 즉 통제 기능, 계산이나 논리적 추론, 의미적 기억들 중에서 의미적 기억들만 남기고 나머지 기능은 인지 과정(Cognitive Processes)에 있는 숙고 과정(Reflection Process)으로 넘겨 버렸다.[37] 계산과 논리적 추론은 계획하기와 결정하기로 바꿔, 숙고 과정 속에서 작동할 것으로 생각했다.

---

36) 원래 작업 기억에 관한 모형은 Baddeley & Hitch(1974)에서 시작되어 여러 논문을 통해 계속 개발되었다고 한다. Hayes(1996)도 논문의 참고문헌에 Baddeley & Hitch(1974) 논문을 제시하고 있으나 자신의 논문에서 주로 참고한 것은 Baddeley가 1986년에 출간한 책이다.

37) Baddeley & Hitch(1974)가 제시한 작업 기억의 세 가지는 음운 루프와 시공간 메모지, 그리고 중앙 관리자이다. 그는 중앙 관리자의 기능이 정보를 통합하고, 전략을 선별하는 것으로 판단했다. Baddeley & Hitch(1974)의 연구를 이어받은 Engle et. al.(1999)은 중앙 관리자의 주요 기능으로 주의 통제를 제시했다. 통제된 주의는 과제의 목표를 작업 기억에서 활성 상태로 유지하는 데, 아울러 행위를 계획하는 데, 그리고 과제와 관련 없는 정보를 통제하는 데 중요한 기능을 담당한다고 한다. 중앙 관리자의 이런 기능들은 Flower & Hayes(1981)가 제시한 모니터 기능과 유사하다. Hayes는 1996년의 모형에 와서 이런 기능들을 모두 삭제하고 작업 기억의 공간만 두었다(Reed, 박권생 옮김, 2007: 125~127 참고).

실제 그는 숙고 과정을 설명할 때, 그 주된 요소가 문제 해결과 의사결정, 추론하기로 이루어진다고 말한 바 있다. 문제는 작업 기억이란 공간을 둠으로써 쓰기 과정을 하나의 거대한 인지적 작업 양상으로만 보고자 했다는 점이다. 뒤에 살펴보겠지만 1980년 모형에 있던 쓰기 과정(Writing Process)이란 용어는 인지 과정(Cognitive Processes)이란 용어로 바뀌게 된다. 쓰기 과정의 다양한 요소들(계획하기, 생성하기, 목적 설정 등)도 사라지고 그 자리에 수사적 설명 대신에 인지적 설명만 가득 차게 된다. 이런 문제는 뒤에 다시 다룬다.

다음은 동기와 정서(Motivation/Affect)의 영역이다. Hayes(1996)가 글쓰기 모형에서 동기와 정서 영역을 넣었지만 구체적으로 그것이 글쓰기 과정에 어떤 기능을 하는지는 분명하게 설명하지 않고 있다. 다만 동기와 정서를 다양한 인지적 관점에서 살펴보기보다 문제 해결이나 전략 선택과 같이 목표를 설정하고 이를 추진하는 내면의 동력 같은 것으로 보고 있다. 그는 동기가 읽기나 문제 해결, 기억 활동 같은 행위에 행동 유발 추진력이 된다고 보았는데, 그 전제는 모든 행위가 목적 지향적이라는 관점이다. 그래서 이전 1980, 1981년 모형에서 언급한 수단-목표 분석과 같은 문제 해결 메커니즘과 연결시킨다. 이런 점에서 그의 모형에서 동기와 정서는 쓰기 과정의 인지적 요소와 직접적 결합 관계는 가지고 있지 않다[38]. 그가 관심을 두고 있는 부분

---

38) Hayes(1996)는 이 영역(동기/정서)에서 중요하다고 생각하는 네 가지 요소를 제시했다. 첫째는 '글쓰기에서 동기의 특성'이다. 그는 글쓰기에서 동기의 특성을 '동기는 즉각적인 목표에 대한 단기적인 반응이자 특정 종류의 활동에 관여하는 경향'이라고 정의했다. 그가 제시하는 것은 적극적으로 수업에 참여하고자 하는 신념과 태도이다. 그렇지만 이것이 글쓰기에서 어떻게 작용하는지는 언급하지 않고 있다. 둘째는 '목표들 사이의 상호 작용'이다. 쓰기 과정은 하나 이상의 목표가 있고, 이들 목표는 서로 경쟁하는 과정에 있다. 쓰기 과정에서 중요한 것은 필자가 이들 사이에서 균형을 잡는 과정이다. 이는 쓰기 과정을 수단-목표 분석에 근거해서 판단한 것으로 보인다. 셋째는 '방법들 사이의

은 다음에 설명할 쓰기의 인지 과정의 구분과 이에 관한 해명이다.

Hayes의 이 논문에서 가장 핵심이고 논란거리는 단연 '인지 과정'이다. 앞서 설명했듯이 그는 계획하기를 '반성'의 부분에, 그리고 번역하기를 '텍스트 생산'의 부분에, 점검하기는 역시 '반성'에 포함시켰다. 용어도 바꾸었을 뿐만 아니라 작용하는 기능도 조금 달라졌다. 인지 과정에 관한 설명에서 단연 관심을 끌었던 것은 인지주의의 위축에 관한 Hayes의 비판이다. Hayes는 미국의 문식성 연구에서 인지 연구가 점차 약화되고 사회 문화적 연구가 위세를 떨치고 있는데 이는 잘못된 인식 때문에 그렇다고 말한다. 사람들은 인지주의를 통해 알고자 하는 것은 다 알았으며, 이제 쓰기 연구는 인종, 계급, 성별과 같은 사회적 요소에 더 집중해야 한다고 말을 한다는 것이다.

Hayes는 이런 주장은 잘못되었고 타당하지도 않다고 언급하고 있다. 그는 인지적 방법을 거부하는 진짜 이유가 미국의 영어 연구 분야에서 현재 퍼져 나가고 있는 사회적 관점의 '유행' 때문이라고 보았다. 말하자면 과학적 관점이 아니라 집단적인 유행에서 나온 것이라고 본 것이다. 이는 마치 어떤 목수가 "나는 망치를 새로 발견했으니까 더 이상 톱을 쓰지 않겠다"고 말하는 것과 같다고 보았다.

Hayes는 인지주의 연구의 쇠퇴에 관해 얼마나 많은 아쉬움을 가지고 있었던지 2017년 한 저술에서 '글쓰기에서 인지 연구는 정말 시대에 뒤떨어진 것일까?'라는 글을 통해 다시 이 문제를 거론하고 있다[39]. 그는 쓰기에 관한 연구는 매우 어려워서 사회적 방법이든, 인지

선택'인데, 여기서는 '비용-이익 메커니즘'에 의해 전략을 선택하는 과정을 말한다. 넷째 요소는 '읽기와 쓰기의 정서적 반응'이다. 여기서 그는 글쓰기가 필자의 정서 회복에 도움이 된다는 사실을 언급하고 있다. 앞서 말했듯이 동기/정서에 관한 이런 언급들을 보면 동기가 쓰기 과정과의 인지적 작용에 미치는 영향에 관해서는 거의 설명을 하지 못한다는 사실을 알 수 있다.

방법이든 이용 가능한 모든 방법을 사용해야 한다고 말을 한다. Hayes
의 이런 언급들은 1990년대 중반 미국의 연구 관점이 얼마나 사회적,
포스트모던적인 경향으로 옮겨가고 있었는가를 확인하게 해준다.

3.2. 인지 과정과 텍스트 해석

앞서 말했듯이 Hayes(1996)는 글쓰기에 관련된 주요한 인지 기능으

---

39) 이에 관한 Hayes의 언급은 2017년에 출간된 책 『인지와 글쓰기에 관한 현대적 시각
(*Contemporary Perspectives on Cognition and Writing*)』에서 보다 자세히 적혀 있다. 이
책의 서두 논문이기도 한 「글쓰기에 대한 인지 연구는 정말 시대에 뒤떨어진 것일까?(Are
Cognitive Studies in Writing Really Passé?)」란 논문에서 그는 미국 작문학계에서 관심이
멀어진 인지적 접근법에 관한 아쉬움을 토로했다. 이 내용을 간단히 소개하면 다음과
같다. Hayes는 사회적 관점의 학자들로부터 인지적 관점이 과학적이지 못하고, 지배적
이데올로기에 저항하지 못하며, 반페미니즘이라는 비판(Bizzell, 1982; Nystrand, 2006;
Prior, 2006)을 받아왔다고 말한다. 미국의 쓰기 과정 연구는 처음에는 인지처리이론에
기반을 두었지만, 곧 맥락에 관한 이해가 너무 좁다는 비판을 받고, 글쓰기의 사회적,
역사적, 정치적 맥락에 주목하는 연구들에 의해 대체되었다고 말했다. 그런데 Hayes는
이런 현상이 전세계적 현상이 아니라 미국에만 일어나는 일이라고 말을 한다. 예를 들어
문헌조사를 하면 자신들의 인지 모형 논문(Hayes & Flower, 1980)의 인용 횟수는 전세계
적으로 오히려 늘어나고 있다는 것이다. 그러면 미국에서는 왜 그렇게 인지적 연구가
사회적 관점의 공격을 받고, 약세를 면치 못할까? Hayes가 이에 관한 이유로 제시하는
내용이 흥미롭다. 그는 미국에서 인지 연구가 사회적 관점에 의해 약화된 것은 순전히
북미 영어학과의 태도 때문이라고 말하고 있다. 그리고 그 이유로 인지주의가 맥락을
중시하지 않은 것이 아니라는 점과 양적 연구를 싫어하는 영어과의 학자들 때문이라고
언급한다. 그는 주어진 상황에서 인지적, 사회적, 역사적, 정치적 요인들이 개별 현상에
대해 얼마나 중요한 영향을 미쳤는지를 확인하려면 관찰을 통해 결정되어야 할 문제라고
주장한다. 이런 것은 양적 연구를 도외시하는 영어학과의 학자들의 입장과 연결된다.
근본 원인은 영어학과에 입학하는 많은 사람이 과학이나 수학을 싫어하는 것 때문이라는
것이다. 또 글쓰기 연구에서 경험적 논증의 전통이 영어과 교수의 전문적인 스타일과
맞지 않기 때문이라고 언급한다. 그렇지만 그는 논문의 말미에 작문 연구에 있어 인지적
연구와 신경과학적 연구는 여전히 중요하다면서, 화해와 희망을 제안한다고 말하고 있다.
인지주의에 관한 사회적 관점의 비판은 1980년대 중반 이후부터 본격화되고, 1990년대에
절정을 이룬다. 상대적으로 인지주의적 연구는 약세를 면치 못한다. Flower와 Hayes는
1980년대 후반까지 같이 연구를 하지만, 1990년대 오면 Flower가 인지와 사회를 결합하고
자 하면서 서로 결별한다. 사회적 관점의 강세와 인지주의 약세는 Hayes로 하여금 영어학
과에 관한 비판을 강화하도록 만들었던 것이다.

로서, 텍스트 해석(Text Interpretation), 반성(Reflection), 텍스트 생성(Text Production)을 들었다. '텍스트 해석'은 언어적, 도식적 투입으로부터 내적 표상을 형성하는 기능을 말한다. Hayes는 단순히 언어로 된 문자만 포함하는 것이 아니라 그림과 표 같은 도식을 모두 여기에 포함시켰다. '반성'은 새로운 작업을 위해 기존의 내적 표상을 조정하는 행위이다. 문제 해결과 의사 결정, 추론과 같은 인지적 행동이 여기에 수반된다. '텍스트 생산'은 작업 기억의 도움을 받아 문어나 구어, 시각적 텍스트를 만들어 내는 기능이다.

이 과정에서 특이한 것은 Hayes가 수정하기의 과정을 텍스트 해석 속에 집어넣고 이를 자세히 설명하고 있다는 점이다. 그가 '텍스트 해석'을 설명하는 공간에 따로 수정(revision)에 관해 언급한 것은 그가 수정 과정 속에 있는 읽기 과정을 특별히 주의해서 보았다는 점과 연관이 있다. 그는 읽기를 '이해를 하기 위한 읽기'와 '평가를 위한 읽기'로 나누었다. 중요한 점은 이 두 가지 읽기가 완전히 다르다는 점이다. 이해를 위해 텍스트를 읽을 때는 사소한 오류에 주의를 기울이지 않는다. 반면에 교정(revise)을 위해 텍스트를 읽을 때는 전혀 다른 반응을 보인다. 잘못된 어휘, 문법, 어색한 표현을 집중적으로 살펴본다. 자료 검색인지, 교정을 위한 것인지 읽기 과정의 목표에 따라 읽기 과정의 내용과 형식이 달라질 수 있다. 이밖에 '텍스트 해석'의 항목에서 '수정을 위한 통제구조'와 필자들이 자료를 읽을 때 겪는 '세 가지의 표상 작용(representation)'40)에 관해 자세히 설명하고 있지만

---

40) Hayes(1996: 28~31)가 제시하는 세 가지 표상작용은 다음과 같다. 먼저 '논의되는 주제에 관한 표상 작용'이란 항목은 텍스트를 읽고 주제를 파악하는 능력에 관해 설명하는 내용이다. 예컨대 주어진 글에 관해 정확한 요약문을 쓰는 학생이 텍스트에서 더 주제를 더 잘 파악할 수 있었다고 한다. 학생들의 경우 텍스트의 중심 생각을 정확히 파악하지 못한다면 텍스트를 이해하는 데 어려움이 있고 더 좋은 텍스트를 쓰기도 어렵다. '필자의

여기서는 이에 관해 자세히 언급할 필요가 없다고 본다.

Hayes(1996)는 쓰기 모형을 재설정하면서 텍스트 해석(Text Interpretation)을 매우 중시했다. 그리고 텍스트 해석의 중심에 위에서 보듯이 텍스트 읽기를 두었다. 텍스트 읽기에서 그가 중점적으로 본 것은 읽기의 세 가지 기능('수정을 위한 읽기', '텍스트 이해를 위한 읽기', '쓰기 과제를 이해하기 위한 읽기')이었다. 그런데 이런 분류는 쓰기 과정을 염두에 두고 있는 것으로 보이지는 않는다. 수정이나 텍스트 이해, 과제 읽기 등의 순서가 쓰기 과정의 순차적 진행을 염두에 둔 것이 아니라 인지적 작용 양상을 중심으로 배치한 것이다. 다음에 나올 '숙고하기(Reflection)' 안에 '계획하기'를 둔 것을 보면 이런 그의 의도가 읽혀진다. 읽기 다음에 계획하기가 온 것은 언뜻 타당한 것처럼 보이지만 그가 말하는 읽기에는 수정을 위한 읽기까지 포함되어 있다. 그리고 '숙고하기(Reflection)'에 관한 설명도 쓰기 절차에 따른 계획하기의 다양한 행위 유형보다는 '문제 해결'처럼 계획하기 속에 담긴 인지 유형을 탐색하는 데 초점을 둔다. 이런 점은 그가 쓰기 과정에 관한 해명보다 쓰기라는 인지적 행위에 미치는 인지 양상을 설명하는데 더 관심을 두었다는 사실을 말해준다.

인격에 대한 표상 작용'에서는 독자가 텍스트를 읽으면서 텍스트를 쓴 필자의 인격을 표상하고, 그것이 텍스트 해석에 미치는 영향 관계를 설명한다. 예컨대 텍스트에서 "우리가"라는 표현을 "내가"라는 표현으로 바꾸었을 때 필자를 "호감이 가는" 혹은 "다른 사람을 배려하는"이라고 평가했던 내용이 급격히 감소했다고 한다. 이런 점은 필자에 관한 독자의 표상이 그 필자의 텍스트를 평가하는 데 중요한 역할을 한다는 사실을 알 수 있다. 이런 요인들을 살펴보면 작가의 주장에 관한 독자의 수용 여부는 주장의 논리성보다는 필자가 독자에게 어떻게 우호적인 표상을 얻는가에 더 많이 의존한다는 점을 알 수 있다. '공간적 배치로서 글의 표상 작용'은 텍스트가 지닌 공간인 표상을 의미한다. 특히 단락에서 들여쓰기를 할 때, 그리고 그림, 도표, 그래프와 같은 자료가 있을 때 독자들은 종이 텍스트의 공간적 표상을 많이 인식한다. Hayes(1996)는 원전 자료를 읽을 때 이런 표상적 효과를 가진다고 언급한다.

3.3. 숙고하기와 텍스트 생산

Linda Flower & John Hayes의 1980년, 1981년 모형에서 계획하기는 쓰기 과정의 전체 영역에서 매우 중요한 역할을 했다. 절차로서의 쓰기 과정에서 첫 순서에 해당하고, 쓰기 학습도 그 부분에 집중됐다. 1996년 Hayes의 모형에서 이런 것이 바뀐다. 그는 쓰기 과정보다 인지적 과정을 중시했다. 그래서 계획하기 과정이 포함된 부분을 숙고(reflective)라고 불렀다. 아울러 숙고 과정의 하위 요소로 계획하기에 속하는 사고 과정, 즉 문제 해결, 의사 결정, 그리고 추론하기를 두고 이를 설명하는 데 치중한다. Hayes는 글쓰기의 계획하기도 문제 해결의 한 방식이라고 보았다. 그가 볼 때 필자들이 글쓰기 과제를 수행하고 계획하기를 짜는 행동은 일반적인 문제 해결 기술과 의사 결정 기술에 의존한다. 문제 해결은 문제를 해결하기 위해 여러 가지 대안을 평가하여 그 가운데 최선의 것을 선택하는 의사결정에 달려있기 때문이다. 그래서 그는 계획하기의 주요 요소가 문제 해결과 의사 결정이라고 판단한다.

Hayes가 숙고하기(Reflection)의 마지막 요소로 보는 것은 추론하기이다. 그는 추론하기를 구정보로부터 신정보를 끌어내는 과정으로 본다. 인지적으로 본다면 장기 기억으로부터 새로운 기억을 끌어내는 작업 기억의 영역에 해당한다. 예를 들어 그가 언급한 '정교화(Elaboration)' 과정이 여기에 속할 수 있다. 주어진 정보를 확장할 수도 있고, 상세화할 수도 있으며, 비유나 비교를 통해 정보를 구체적으로 설명할 수도 있다. 이제 마지막 요소로 남은 것은 텍스트 생산(Text Production)이다. 텍스트 생산의 과정은 다음과 같다. 먼저 쓰기 계획과 이제까지 작성한 글을 단서로 작업 기억에서 내용 스키마를 소환한다. 다음으로 그 내용을 언어화하기 위해 조음 버퍼를 사용해 부분 문장을 만든다. 발화된 부분 문장에 관한 평가를 통해 문장을 수용할지 아닐지를 판단하고 결정하게 된다. 텍스트 생산은 이런 과정을 반복하여 이루어진다.

그런데 이런 언급은 그도 언급하고 있지만 여러 학자들의 견해를 종합한 것으로 대체로 구어 발화에 가까운 연구이다. Chafe(1994)의 문어 발화에 관한 연구[41]와 같은 문어에 관한 연구는 아닌 것으로 보인다. 이후의 연구에 나오는 이야기이지만 그는 이 당시 필사 과정을 쓰기 모형에 포함시킬 생각을 하지 않았다고 한다. 이것은 성인의 경우 필사 과정이 다른 쓰기 과정에 큰 영향을 끼치지 않고, 대체로 무시할 정도로 자동화되어 있기 때문이라고 언급했다(Hayes, 2012: 371). 이는 Chafe(1994)가 말한 대로 언어가 의식을 가질 수 있음(표현하는 의식)을 전혀 생각하지 못한 것이고, 심리학적인 인지 용량의 이론에 집중했기 때문이기도 하다. 그는 자동화된 필사 과정이 다른 작업을 하는 데 인지 용량적인 측면에서 방해가 되지 않을 것으로 보았다. 또 필자들이 문장 전체를 쓰는 것이 아니라 문장의 부분들(비문법적인 연속체)을 많이 생산하는데, 어휘 수로 봤을 때 능숙한 필자들은 약 11.2개, 미숙한 필자들은 약 7.3개 정도를 생성한다고 지적하여 여전히 인지적 용량 관점에 논의의 초점을 맞추고 있다.

---

41) Chafe(1994)는 언어와 인간의 의식 간의 관계를 탐구하면서 구어의 연구와 함께 글쓰기와 인간 의식과의 관계도 분석했다. 그는 인간 의식을 기본적인 의식 외에 표현하는 의식과 표현된 의식을 추가하여 문어 생산에 인간 의식이 어떻게 텍스트 생산에 관여하는지를 탐색했다. 특히 소설과 같은 예술 작품 생산에 인간 의식의 관여 양상을 집중적으로 분석했다.

3.4. 장기 기억

장기 기억은 1980년, 1981년 모형에도 자리를 잡고 있던 요소이다. 그리고 1996년 Hayes의 모형에도 개인의 중심 영역에 여전히 자리를 차지하고 있다. 달라진 점은 세부 요소에 변화가 있다는 점이다. 예컨 대 1980년 모형에서는 화제(topic)에 관한 지식, 독자에 관한 지식, 글 쓰기 계획에 관한 지식이 있었다면 1996년 모형에는 계획하기에 관한 지식이 빠지고 몇 가지가 더 추가되어 다섯 가지가 되었다(과제 스키 마, 화제 지식, 독자 지식, 언어 지식, 장르 지식). 그런데 정작 그가 모형을 설명하는 부분에 와서는 이와 조금 달라진 측면들을 언급한다. 예를 들어 그는 장기 기억에 관한 설명에서 화제나 언어, 장르에 관한 지식 을 생략하고 과제 스키마(task schemes)와 독자에 대한 지식, 그리고 확장된 연습의 영향 관계(the impact of extended practice)만을 제시한다. 여기서 확장된 연습의 영향 관계는 원래 장기 기억에 없는 것이었지 만 장기 기억에 영향을 미치는 요소로 설명을 하고 있다.

과제 스키마는 장기 기억 속에 저장된 정보들의 묶음으로서 특정한 과제를 어떻게 처리할지를 구체화해주는 것들을 말한다. 예를 들어 과제 목표에 대한 정보, 과제 수행이나 과제 기준에 관한 정보 등이 그러한 것들을 의미한다. 독자 지식은 장기 기억 속에 저장되어 있는 글을 읽을 독자에 관한 일반적인 정보들을 말한다. 이러한 내용들은 다시 설명할 필요가 없는 것들이다. Hayes가 장기 기억을 설명하면서 새롭게 제시하는 것은 반복된 글쓰기 연습을 통해 숙달되고 자동화된 다는 측면이다. 예를 들어 필자들은 글쓰기 경험이 많아질수록 보다 효과적으로 글쓰기 지식과 전략을 응용해 좋은 글을 쓸 수가 있다. Hayes가 장기 기억을 설명하면서 연습의 중요성을 반복해서 강조하는 것은 장기 기억의 축적이 지식뿐만 아니라 기술의 습득과 운용에도 관계가 된다는 점을 지적한 것이다. 그가 모든 천재적인 작곡가들은 뛰어난 작품을 쓰기까지 10년에서 20년 정도의 오랜 수련 기간을 거친다고 말한 것도 이런 점을 상기시켜 준다. 실제 Hayes(1990)는 창의력에 관한 논문에서 창의력이 사고의 유연성뿐만 아니라 오랜 숙련의 결과에서 나오는 것이라는 점을 주장한 바도 있다[42].

헤이즈의 1996년 이 모형은 1980년, 1981년 모형의 부족한 점을 개선하고 새로운 연구 경향을 반영하기 위해 제시되었다. 그런 생각 때문인지 이전과 다른 점들이 눈에 띈다. 예를 들어 글쓰기에서 작업 기억의 역할에 더 많은 초점을 둔 것, 시각—공간적 차원을 포함시킨 것, 인지 과정 내에서 동기와 정서를 결합한 것, 인지 과정을 재조직하여 텍스트 해석(읽기)의 기능을 강조한 것이 새롭게 제기된 내용이다. 헤이즈는 이 새로운 모형이 기존의 모형보다 글쓰기 과정을 이해하는 데 있어서 더 명확하고 이해하기가 쉽다고 말하고 있다. 그러나 이 모형은 이전과 몇 가지 점에서 비슷한 점이 있음에도 불구하고, 수사

---

[42] Hayes는 창의력에 관한 1990년의 논문에서 창의력과 인지적 양상에 관한 영향 관계를 연구한 바 있다. 이 연구에서 그는 창의성과 여러 인지적 요소와는 큰 상관이 없다는 견해를 밝혔다. 창의력과 IQ는 상관 관계가 없었으며, 발산적 사고도 연관이 있다는 뚜렷한 증거가 없었다. 그 밖의 다른 16가지 인지검사에서도 창의성과 높은 연관성이 있는 것은 발견되지 않았다. 이보다 적어도 10년 이상의 숙련 기간, 독립성, 융통성과 같은 것이 더 관련이 있다고 밝혔다. Hayes는 모차르트나 반 고흐와 같은 천재적인 작곡가와 화가도 상당한 기간의 숙련 기간이 있었다는 점을 강조했다. 또 그는 위대한 작곡가를 다룬 책에서 76명의 작곡가를 뽑아 그들의 숙련 기간을 조사했다. 이들 집단들은 최초 10년의 침묵기를 지나 10년부터 25년까지 뛰어난 작품의 생산이 급속도로 증가하다가 25년 이후부터 45년까지 생산성의 안정기를 보이며 그 후로는 점점 쇠퇴하는 경향을 보인다고 했다. 이런 연구의 결과는 뛰어난 작품의 생산이 오랜 훈련을 통해 기술이 장기 기억에 축적되고 저장되어 자동화된다는 사실을 보여주며, 오랜 기간의 숙련이 작업 능력을 향상시켜 준다는 사실을 증명해 준다(Hayes, 1990, "Cognitive Processes in Creativity", *Occasional Paper*, 18 참고).

적 측면은 약화되고, 인지적 측면이 더 강화되었다. 1980년, 1981년 모형이 가지고 있던 수사학적 측면의 요소들이 모두 삭제된 것이다. 그리고 모든 것을 인간의 머릿속, 인지적 과정으로만 재단하려고 한 점이 아쉽게 생각된다. 쓰기의 모형에서 정서적 요소를 반영한 것, 수정하기의 요소들을 세분화하여 설명한 것이 주목을 받지만 여전히 인간의 머릿속, 인지적 한계를 벗어나지 못하고 있다[43].

---

43) John Hayes는 최근까지 여러 차례 쓰기 모형을 제안했다. 잘 알려진 Hayes & Flower(1980)가 있고, 이후 본문에서 소개한 1996년 모형과 2009년에 다시 모형을 제안했으며, 마지막으로 2012년에 성인을 위한 글쓰기 모형을 제안했다. 이 외에도 다른 학자들과 같이 작성한 여러 모형들이 있다(Chenoweth & Hayes, 2001; Hayes, 1996, 2009; Hayes & Berninger, 2010; Hayes & Flower, 1980; Hayes, Flower, Schriver, Stratman & Carey, 1987; Wallace & Hayes, 1989). 여기서는 마지막 모형인 2012년 모형에 관해 간단히 소개를 한다. 그는 잘 알려진 Bereiter & Scardamalia(1987)의 모형이 아동들의 글쓰기를 잘 설명해주고 있는 데 반해, 이 모형은 성인의 글쓰기를 설명하기 위해 고안되었다고 말한다.

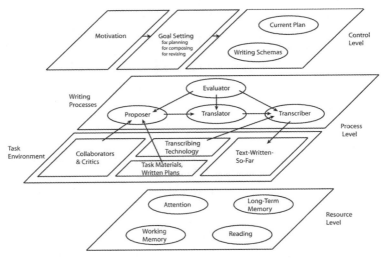

이 모형은 세 개의 영역으로 구성되어 있다. 하나가 통제 수준(Control Level)이며, 다른 하나가 과정 수준(Process Level)이며, 마지막 하나가 자원 수준(Resourse Level)이다. 통제 수준은 쓰기 활동을 형성하고 지시하는 요소들로 이루어진다. 여기에 동기, 목표 설정, 계획, 스키마가 포함된다. 과정 수준에는 쓰기 과정의 요소들과 환경적 요인들이 배치되는데, 여기에 제안자(아이디어 창출), 번역자(언어적 형태로 번역), 전사자(철자 규칙에

맞는 서면 텍스트 전환), 평가자(과정과 텍스트 평가)와 쓰기 환경의 여러 자원들이 포함된다. 작업 환경에 공동 작업자와 비평가가 포함된 것이 눈에 띈다. 수정을 위한 외부 조언들은 작업 환경으로 보았다. 이밖에 필자를 돕는 여러 기술이 포함되어 있다. 자원 수준에서는 주의력과 장기 기억, 작업 기억, 읽기를 두었다. 여기서 Hayes가 강조하는 것은 계획과 수정을 어디에도 포함하지 않았다는 점이다. 이는 스키마나 외부 협력자, 읽기 등을 통해 언제든지, 어디서나 계획과 수정이 진행될 수 있는 것으로 보고 있다. 이렇게 각 수준별로 구분된 쓰기 모형은 체계화되어 있다는 점이 장점이지만 역시 세부 요소가 중첩되거나 맞지 않는 곳에 있는 부분도 있는 등 혼란스러운 측면도 있는 것이 사실이다. 번역자와 전사자를 구분한 것이나 읽기가 자원 영역에 가 있는 것이 그 사례이다(Hayes, 2012, 2015 참고).

제3장 다원적 관점과 쓰기 과정 연구

1. 연결주의 관점의 쓰기 과정 연구

앞 장에서 주로 Flower와 Hayes의 이론을 중심으로 인지주의에 기반한 과정 중심 이론이 어떻게 전개되는지 여러 사람의 논문을 통해 알아보았다. 지금 돌이켜 보면 Flower와 Hayes의 과정 중심 이론은 1960~70년대의 형식주의 논의보다 발전된 이론이지만 상대적으로 그 안에 많은 문제점도 안고 있었다. 첫 번째로 가장 큰 문제는 쓰기 과정을 정신적인 과정으로 보아 언어가 지닌 생성적인 요소를 고려하지 못한 점이다. 언어가 사고 형성에 밀접한 영향을 끼치기 때문에 쓰기 과정에서 계획하기뿐만 아니라 조직하기와 검토하기에도 영향을 미친다. 두 번째로 쓰기 과정을 사고로 규정하면 쓰기 교육은 오로지 계획하기(생성하기, 조직하기 등)와 같은 쓰기의 사전 작업에 집중할수밖에 없다는 점이다. 그래서 사고 과정과 언어 생성이 서로 결합하여 쓰기 과정 전체를 조율하는 과정을 놓치게 된다. 세 번째로 학생들의 쓰기 과정을 보면 다양한 변화가 일어나는데, 그것을 반영하지 못했다는 점이다. 배경 조건이 다르고 쓰기 능력에 차이가 있는 학생들은 각자 자신에 맞는 쓰기 과정을 만들어 낸다. 그래서 인지주의 쓰기 과정 이론들은 이런 다양한 조건의 쓰기 사례들을 일일이 포함하지 못하게 된다. 원래 이론이나 법칙 자체가 다양한 논의를 일반화하는 것이긴 하지만 그래도 항상 단일 모형만을 제시하는 것은 문제가 될 수 있다. 일원화된 규정 자체가 다양한 논의들을 억압하고 통제할 수 있다는 가능성은 항상 열려 있기 때문이다. 네 번째로 사회적 관점에서 제기하고 있는 다양한 사회적 요인들을 반영하고 있지 않다는 점이다. 특히 글쓰기가 사회적 관계 속에서 발생하는 것이라는 점을 감안해 볼 때, 인지 이론에서 사회적 관점의 요소를 반영하지 못한 점은 문제가 있다. 최소한 담화 공동체나 해석 공동체의 개념을 부분적이라도 받아들일 필요가 있었지만 그렇게 하지 못했다.

이정모(2010: 32~33)는 인지주의 모형을 규정짓는 주요 특성을 다음과 같이 말했다. 첫째, 인간의 의식과 정신을 정보처리체계로 설명한다. 둘째, 인간 의식의 과정은 정보의 처리, 변환이라는 계산적 관점과 동일하다. 셋째, 의식의 내용은 지향하는 바를 표상으로 설명하는 표상주의(representationalism)에 근거한다. 넷째, 인간의 의식은 신경학적 상태에 근거한다는 신경과학적 기반에 근거한다. 다섯째, 이런 의식의 탐구는 여러 학문의 연구를 수렴해 가능한 다학문적, 융합적 접근을 강조한다. 정보처리이론은 인간 사고를 설명하는 데 하나의 추상적 틀을 제공해 주었다.

앞서 말한 대로 초기 글쓰기 연구는 인지주의 단일 모형에 기초하여 쓰기 모형을 개발했다. Hayes & Flower(1980)과 Flower & Hayes(1981)

만 하더라도 쓰기 모형을 투입-산출과 연산자 방식에 근거하여 쓰기 과정 모형을 만들었다. 이후 Bereiter & Scardamalia(1987)나 Hayes (1996)가 만든 새로운 모형들도 이런 투입-산출의 정보처리이론에서 벗어난 것이 아니었다. 정보처리이론에 근거해 초기에 이렇게 만들어진 쓰기 모형들을 김혜연(2015)은 일원적 관점이라고 규정했다. 정보처리이론의 투입-산출 방식처럼 기본적으로 하나의 원리에 의해 도출된 것이라고 본 것이다. 이런 일원적 관점은 개별 쓰기 과정에 들어가면 보편적 원리나 일반적 이론에 맞지 않는 부분이 생길 수밖에 없고, 이는 이후에 여러 사람에 의해 비판을 받는 계기가 되었다.

예를 들어 Rijlaarsdam & van den Bergh(1996)는 Flower & Hayes (1981)가 쓰기 과정을 인간의 사고로부터 언어로 번역되는 일방향적인 과정(사고 → 언어)으로만 보고 있는데 이런 일방적인 방향이 항상 그러한지에 관해 비판적 의문을 제기한다. 쓰는 과정에서 언어로 된 텍스트 자체가 사유 과정에 영향을 줄 수도 있기 때문이다(언어 → 사고). 글을 쓰는 사고 과정은 글을 쓰는 과정과 쓰인 텍스트에 영향을 받고 그것이 다시 쓰는 과정으로 돌아가는 복합적인 순환 과정이다. Rijlaarsdam & van den Bergh(1996)는 인간의 사고가 쓰기 과정에 영향을 주는 일방향이 아니라 서로 영향을 주고 받는 쌍방향적인 관계에 있다고 주장한다.

일원론적 관점에서는 쓰기 과정 모형이 모든 사람에게 적용될 수 있는 보편적인 것이라고 주장하지만 과연 그 방법이 모든 사람에게 적용될 수 있는 방법인지에 관해서는 회의적인 시각이 많다. 앞장에서도 말했다시피 Flower & Hayes(1981)는 모든 사람에게 적용 가능한 보편적이며 원론적인 쓰기 모형을 만들고자 했다. 그들이 만든 인지적 원리는 일반적인 사람들의 글쓰기 과정을 보편화하여 설명할 수 있도록 고안된 것이다. 그러나 여러 학자들(Bizzell, 1982; Berkenkotter, 1991; Nystrand, 1993; 김혜연, 2015)이 지적했듯이 그의 실험은 처음부터 많은 제한을 가지고 있었다. 쓰기 과정을 판단하기 위해 프로토콜(사고구술법)을 사용했는데, 그 방법으로는 실제 쓰는 과정 중의 사유 과정을 정확히 인지하기란 불가능하다. 사고 구술법은 실제 쓰기 과정의 생각을 추출된 것이라기보다 인위적 실험의 산물로 만들어진 것으로 실제 쓰기 과정을 완전히 재현해 낼 수는 없다. Flower & Hayes(1981)가 쓰기 과정의 상당 부분을 추리와 추론에 의존해 설명할 수밖에 없는 이유도 여기에 있다.

김혜연(2015)은 Flower & Hayes(1981)와는 다른 관점, 즉 연결주의 입장에서 쓰기 모형을 구상한 여러 학자들의 쓰기 모형을 다원적 관점이라고 설명한다. 쓰기 과정을 설명하는 데 하나만의 작동 원리만이 아니라 여러 작동 원리가 있을 수 있고, 쓰기 모형도 다양하게 나올 수 있다고 본 것이다. 이런 관점은 정보처리에 관한 새로운 접근 방식이 나타나면서 대두되었는데, 이를 통상 연결주의라고 설명한다[44]. 연결주의는 언어 처리가 단일한 방식으로 저장·인출되는 것이 아니라 여러 방면의 다양한 네트워크 형식으로 산출되고 처리된다.

---

44) 연결주의 방식은 정보처리이론과 다르게 언어처리가 명료한 개체로 저장, 인출되는 것이 아니라 네트워크 형태로 구성되어 특정 정보 영역이 활성화된다는 관점을 취하고 있다. 고전적인 이론처럼 투입과 산출의 모형을 따르는 것이 아니라 신경망적 분산, 병렬적, 확률적 계산에 의해 여러 처리 단위들 간의 흥분, 억제 연결 패턴이 표상화되어 처리되는 것이 특징이다. 연결주의 접근의 대표적인 사례로는 병렬분산처리 모형이 있는데, 이 방식은 망 조직의 최소 처리 단위가 일정한 규칙에 의해 활성화되고, 패턴화되는 과정을 통해 연결성 패턴을 찾아 새로운 정보를 얻는 것을 목적으로 한다. 이 방식의 공통된 특징은 초기 단위의 활성 유형이 분산된 표상으로 나타나며, 이런 잠재적 활성화된 표상들 속에서 패턴을 찾고 유사성에 기반한 일반화를 시도한다. 이런 연결주의 방식은 모든 특성이 잠재적 표상의 형태로 전제한다는 점에서 일원화되고 위계적인 연산자 방식의 정보처리이론과 구별된다(김혜연, 2014; 이정모, 2010).

인간의 지각이나 인식, 학습이 다양한 요소들이 병렬적으로 상호 작용하면서 처리된다고 보기 때문에 특정 언어 영역의 정보도 투입-산출의 모형이 아니라 신경망 구조의 활성화 상태로 알 수가 있다. Flower & Hayes(1981)처럼 일정한 자료의 투입이 일정한 결과를 가져온다고 말할 수가 없다는 것이다. 투입과 산출, 원인과 결과의 일원론적 관점은 이런 연결주의 관점에서 보면 이론적 타당성을 확보하기가 어렵다.

쓰기의 다원론적 관점은 Flower & Hayes의 쓰기 모형이 지닌 단점을 극복해 쓰기 과정이 필자에 따라 다양하게 나타날 수 있다는 여러 사례를 보여준다. 이런 다원적 모형은 여러 방향으로 이루어진다. 처음 소개할 모형은 Bereiter & Scardamalia(1987)의 이원적 쓰기 모형이다. 이 모형은 장기 기억 속의 정보를 특별한 수사적인 변형 없이, 있는 그대로 나열하는 것과 장기 기억 속의 정보를 수사적 목표에 따라 가공하고 변형하는 것, 이런 두 가지 형태로 나뉜다. 이를 Bereiter & Scardamalia(1987)는 〈지식 나열 모형〉과 〈지식 변형 모형〉이라고 설명했다. 이 두 모형은 장기 기억의 정보를 필자가 어떤 방식으로 처리하느냐에 따라 쓰기 과정의 처리 방식이 달라진다. 〈지식 나열 모형〉에서는 담화 지식과 내용 지식을 장기 기억에서 인출하여 제시하면 되지만, 〈지식 변형 모형〉에서는 인출된 지식 정보를 가공하고 변형하는 것을 목표로 하기에 '내용 문제 공간'과 '수사적 문제 공간' 사이의 상호 작용을 수반하여 쓰기 과정이 진행된다.

Bereiter & Scardamalia(1987)는 〈지식 나열 모형〉과 〈지식 변형 모형〉을 아동과 성인을 구분하듯이 지식 발달이나 지식 수준상의 문제라고 규정하는 것은 아니라고 언급하고, 그것보다 두 모형의 수사적 목적(지식을 전달하는지, 지식을 변형하는지)에 따라 선택할 수 있는 것이라고 말을 한다. 전문적인 필자라 하더라고 과제 종류에 따라 어떤 때는 필자가 알고 있는 정보를 전달하는 데 초점을 두고(지식 전달 모형), 또 다른 때는 자신이 알고 있는 정보를 변형시켜 수사적 목표를 달성하는 데 초점을 둔다(지식 변형 모형). 이런 모형은 수사적 상황에 따라 쓰기 과정이 달라질 수 있다는 것을 보여준 것으로, Flower & Hayes(1981)의 단일한 쓰기 모형과는 다른 점이다. 그러나 Bereiter & Scardamalia(1987)의 이 모형은 투입-산출의 전통적인 정보처리 모형에서 완전히 벗어난 것은 아니다. 여전히 인간 감각을 장기 기억의 지식과 작업 기억의 운동 영역으로 분할하여 보는 방식을 벗어나지 못하고 그대로 유지하고 있다. 이런 점은 Berkenkotter(1991)가 개념적 지식도 의사소통이 이루어지는 상황의 일부라는 점을 주장하여, 상황과 인지를 분리하는 이런 인지 모형의 관점에 반대하는 데서도 잘 드러난다[45]. Bereiter & Scardamalia(1987)의 모형은 사회 환경과 인지 내부 요소(장기 기억, 쓰기 과정)를 여전히 분리하는 관점을 취하고 있다.

다음으로 살펴볼 것은 병렬 분산 처리 모형에 의해 구성되는 모형이다. 앞서 말한 인지심리학의 연결주의에 의해 만들어진 모형을 말한다. 이 모형은 Flower & Hayes(1981)의 모형처럼 정보의 투입-산출

---

45) 사회적 관점의 학자들은 인지주의자들이 상황과 인지를 분리해서 인지에 중점을 두는 관점에 비판적이다. Berkenkotter(1991)도 장기 기억에서 비롯되는 여러 지식 정보들이 쓰기 환경과 분리되어 존재하는 것이 아니라 쓰기 환경의 일부로 작동하는 것이라고 말한다. Berkenkotter(1991)을 비롯한 사회적 관점의 학자들은 '상황인지'라는 표현을 사용해 모든 지식도 언어처럼 쓰기 과정을 통해 나오는 것이라고 말을 한다. 지식 역시 그것이 생성되는 활동과 상황의 산물이다. 이들은 인지주의자들처럼 쓰기 환경과 정신적 표상 과정을 분리해서 따로 취급하는 것을 부정한다. Flower & Hayes(1981)는 사회 환경을 바깥에 두고 쓰기 과정을 온전히 '정신적 과정'으로 취급했다. 사회적 관점의 학자들은 Bereiter & Scardamalia(1987)의 이론도 쓰기 과정을 다원화시킨 점은 긍정적이지만 여전히 상황과 인지를 분리하는 Flower & Hayes(1981)의 관점에서 벗어나지는 못했다고 생각한다.

과 같은 단일한 통제 방식으로 전개되는 것이 아니라, 정보와 구성 요소들 간의 연결 관계가 형성되고 연결 강도의 확률적 체계에 의해 처리되는 방식이다. 구체적으로 이 모형은 문장 내의 지식을 '개념적 관계'라는 분산 네트워크 내를 통해 암시적으로 표현하며, 아이디어를 직접 인출하는 것이 아니라 네트워크 내에서의 통제된 제약 만족을 통해 합성한다. 이런 병렬 분산 처리 모형에 의한 쓰기 모형은 이전처럼 인간의 사고에서부터 바로 문장이 형성된다고 보지 않는다. 오히려 쓰기를 통해 만들어지는 텍스트들이 또 다른 사고를 형성하고, 이로부터 새로운 아이디어가 나오면서 작문이 진행되는 것으로 보고 있다. 그런 점에서 이들은 생각을 모든 작문의 근원이라고 보지 않고, 쓰기를 구성하는 역할, 즉 언어 구성을 주된 근원으로 한정하여 보고 있다. Galbraith는 '글쓰기는 발견이다'라고 주장했는데, 이 말은 Flower & Hayes(1981)처럼 글쓰기가 사고의 과정에서 나온다기보다 생산된 텍스트나 지금 작성하고 있는 텍스트를 통해 나온다는 점을 강조한 것이다. 언어(텍스트)가 생각을 담는 단순한 도구에 그치지 않고, 생각을 창조해내는, 발견의 근원, 생산의 근원으로 향상된 것이다.

마지막으로 필자의 쓰기 과정 자체가 시간, 과제, 환경 등 기능적인 측면에서 복합적으로 섞여 있다는 점을 강조하는 쓰기 과정의 기능적 관점이 있다(Rijaarsdam & van den Bergh, 2006). 이런 관점은 기존의 단일한 시각의 모형 연구에서 벗어나 시간과 공간, 쓰기 과정 요소의 영향 관계 등 쓰기 모형을 상호관계 안에서 복합적으로 보겠다는 연구이다. 쓰기 과정은 공간적 환경의 개념과 시간적 연속성의 개념을 가지고 있다. 쓰기는 시작에서부터 마무리가 될 때까지 각각의 쓰기 과정 요소(과제 읽기, 계획하기, 내용 생성, 텍스트 구성, 수정하기 등)가 기능적 역할을 맡게 된다. 예를 들어 과제 읽기는 쓰기 과정의 시작부터 쓰기 과정의 마무리까지 필자들이 흔히 사용하고 있지만 주로 글의 시작 단계에 많이 나타난다. 반면에 수정하기는 글을 작성하는 단계에서도 나타나지만 글의 마무리 단계에서 더 집약적으로 나타난다. 중요한 것은 이런 쓰기 과정의 인지 활동들이 필자마다 다르게 나타날 수 있다는 점이다. 이런 차이점을 분석해 쓰기 교육에 적용할 수 있다.

아울러 쓰기 과정의 인지 활동들이 서로 결합하여 나타나는 가능성도 생각해 볼 수 있다. 다시 말해 과제 읽기는 생성 활동이나 수정 활동과 서로 결합할 수 있다. 생성하기는 목표 설정이나 평가하기와 결합할 수 있다. 이처럼 쓰기 과정 중에 다양한 인지 활동들이 서로 결합하여 실제 쓰기 행위를 수행하고 있다. 쓰기 과정의 기능적 접근은 이런 복합적인 인지 활동이 실제 글쓰기의 시간적 흐름 속에서 쓰기 질과는 어떤 연관이 있는지를 실험을 통해 검토한다. 이런 분석은 학생 필자들에게 다양한 인지 활동을 어떤 방식으로 수행해야 할지, 또 어떻게 결합하는지, 아울러 어떤 수행 방식이 좋은지 설명해 줄 수 있고, 이를 교육에 적용할 수 있다. 쓰기 과정의 기능적 접근은 쓰기 과정의 여러 요소들이 얼마나 복합적으로 상호 작용하는지, 또 필자마다 쓰기 과정의 인지적 활동들이 얼마나 다른지, 아울러 그런 것들이 쓰기 질과의 상관관계가 어떠한지를 설명해 준다. 이런 접근 방식이 다원적 관점의 특성이라 말할 수 있다.

2. 작문 과정의 이원적 모형(Two Models of Composing Processes)

Bereiter & Scardamalia의 이 논문은 1987년도 그들의 저서 『문어 작문의 심리학(*The psychology of written composition*)』에 실려 있다. 이

책에서는 작문을 인간 신체의 물리적 활동으로 보기보다 정신적 활동으로 규정하고 작문 활동에서 나타나는 계획, 목표 설정, 작성, 교정, 정보처리 등에 관한 여러 이론과 실험을 전개하고 있다.

이 중에서도 작문 과정의 이원적 모형은 이 책의 첫 장에 실려 있는 것으로 쓰기 작성에 있어 두 가지 유형의 작업 모형에 관해 설명하고 있다. 두 모형 중 하나는 자연스럽게 습득 가능한 쓰기 유형과 다른 하나는 어렵고 학습이 필요한 쓰기 유형을 나누고, 이 둘을 '쉬운 것에 대한 심리학(psychology of the easy)'과 '어려운 것에 대한 심리학(psychology of the difficult)'이란 명칭으로 설명하고 있다. 전자는 말하기처럼 인간이 지닌 선천적인 능력과 유사한 것으로 보고, 후자는 학습하고 훈련해야 할 후천적인 능력으로 취급해 이렇게 차이 나는 심리적 요인들이 쓰기 과정에서 어떻게 작용하는지를 규명하고자 했다.

잘 알다시피 Chomsky는 인간의 언어 습득 능력을 선천적이고 근원적인 것으로 규정했다. 예를 들어 모국어의 구어 같은 경우는 특별한 학습이 없더라도 자연스럽게 그 능력을 획득할 수 있다. 그런 반면에 쓰기 능력은 인지과부하가 동반되는 매우 어려운 과정으로 학습이 필요한 능력으로 알려져 있다. 그러나 Bereiter & Scardamalia는 쓰기 과정에도 인간의 자연스러운 구어 습득 능력처럼 쉽고 편하게 습득할 수 있고, 인지 과부하도 최대한 줄일 수 있는 유형이 있다고 말했다. 초보적인 문식성을 가진 사람이나 기본적으로 철자법도 모르는 아이라도 쉽게 쓸 수 있는 글이 있다고 본 것이다. 이와 반대로 아주 힘들고 습득하기 어려운 글쓰기도 있다. 다루는 주제가 어렵거나 복잡한 수사적 상황에 따라 내용을 고치고 변형하여 제시해야 하는 글도 있다. Bereiter & Scardamalia가 관심을 가지고 있는 것은 이 둘 사이의 차이와 방법이다. 왜 어떤 글은 쉽게 배울 수 있는 것이라면, 왜 어떤 글은 배우기 어렵고, 복잡할까? 둘 사이의 차이점과 그 이유를 찾아보겠다는 것이 이들의 생각이다.

이들은 이렇게 쓰기 과정의 두 모형을 생각하게 된 것은 인지 심리학적인 배경을 가지고 있다. 쓰기 과정에서 글쓰기가 단순히 쉽고, 어려운 차이가 아니라, 인지구조 속에서 자신의 기억과 능력을 쉽고 자연스럽게 발현하는 것과 자신의 기억과 능력을 응용하고 변형시켜 최대치의 효과를 얻고자 하는 것 사이에 차이가 있다고 본 것이다. 이런 인지적 과정의 차이를 Bereiter & Scardamalia는 사람들이 글을 쓸 때 주로 사용하는 두 가지 기본적인 모형으로 생각했다. 다시 말해 사람들의 기본적인 두 가지 인지 능력을 쓰기 과정에 적용해서 쓰기 과제나 수사적 문제, 수정, 집필 등을 풀어 나가는 인지적 방식을 탐구하고자 한 것이다. Bereiter & Scardamalia(1987)는 이 두 모형을 '지식 나열 모형(knowledge telling model)'과 '지식 변형 모형(knowledge transforming model)'이라고 지칭했다.

Bereiter & Scardamalia(1987)가 쓰기 모형을 이렇게 두 유형으로 나눈 것은 특별한 의미가 있다. 우선 1981년 Flower & Hayes가 인지 과정 모형을 제창했을 때 인간의 쓰기 과정을 보편적으로 보여줄 일반적인 모형이 필요했다. Flower & Hayes(1981)는 일반적인 쓰기 과정을 모형화하겠다는 의지가 강했고, 그래서 모든 사람에게 통용되는 쓰기 모형을 만들고자 했다. 이런 생각은 기본적으로 Bizzell과 같은 사회적 관점의 학자들로부터 비판을 받는 계기가 되었고, 실제 쓰기 과정을 그렇게 단순하게 설명할 수 있는 것도 아니었다. Bereiter & Scardamalia(1987)의 모형이 관심을 받는 것은 Flower & Hayes(1981)의 단일 모형으로부터 더 진척되고 세분화된 쓰기 모형이 구상되어 나왔다는 점이다. 쓰기 과정의 두 모형은 이후 쓰기 과정을 여러 관점, 여러 시각, 여러 과정으로 세분화하여 연구하게 되는 전환점이 되었다.

　반면에 Bereiter & Scardamalia의 이원적 모형이 여전히 장기 기억과 작업 기억에 기초를 두고 있어 이들 연구가 인지 용량에 기초한 정보 처리 이론의 한계를 넘지 못하고 있다는 사실도 함께 보여주고 있다. 실제 Bereiter & Scardamalia의 〈지식 나열 모형〉과 〈지식 변형 모형〉은 우리 뇌의 장기 기억과 작업 기억이 인지 용량을 분배하는 방식에 근거하여 두 모형을 분할하고 구분했다. 이들은 개개인의 장기 기억 속에 들어있는 지식들을 손쉽게 인출해, 변형 없이 글의 내용으로 만드는 것을 〈지식 나열 모형〉이라고 불렀고, 반면에 장기 기억에 있는 지식을 작업 기억을 활용해, 새로운 지식으로 변형하여 글을 쓰는 것을 〈지식 변형 모형〉이라고 불렀다.

　Bereiter & Scardamalia(1987)는 〈지식 나열 모형〉을 아동들이 대화의 파트너의 도움 없이 문어에서 내용 생성을 할 때 주로 사용하는 방법이라고 규정했다. 성인과 달리 아동들이 글을 쓸 때는 지식의 도움을 많이 받을 수 없다. 글을 쓰면서 사용할 수 있는 몇 가지 단서들을 이용해서 장기 기억 속에 저장된 지식을 인출해 글을 쓰는 데 사용해야 한다. 문제는 이런 지식을 인출하는 데 필요한 단서인데, 이들은 이를 세 가지로 들고 있다. 그 중 하나가 '이미 생성된 텍스트'이고, 다른 하나는 '화제'와 '담화 계획'이다. 이미 생성된 텍스트는 아동들이 글을 쓰기 위해 다음에 어떤 지식이 필요할 것이라는 것을 지시해 준다. 아동들은 이 지시에 따라 장기 기억에서 관련된 지식을 인출해 글을 작성한다. 주제(내용지식)도 어떤 영역의 지식을 인출해야 할지 방향을 제시받는다. 마지막으로 담화 계획은 인출된 지식들이 어떤 글의 형식으로 서술되어야 할지, 또 그 내용을 어떤 순서로 배열해야 할지에 관한 것들이다. 〈지식 나열 모형〉은 이런 세 가지 요인을 가지고 글을 작성하게 된다.

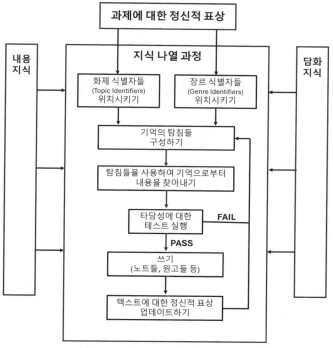

〈그림 12〉 지식 – 나열 모델의 구조

〈그림 12〉를 잠깐 살펴보자. 〈지식 나열 모형〉의 그림을 보면 일단 '과제 표상'으로부터 쓰기 과정이 시작된다. '과제 표상'의 아래에 '화제 식별자'와 '장르 식별자'가 있다. 이들 기능은 장기 기억에서 불러낸 지식들을 텍스트에 사용할 수 있는지를 판별하는 역할이다. Bereiter & Scardamalia(1987)가 제시하는 예는 "남학생과 여학생이 같은 스포츠 팀에서 경기를 할 수 있는가"에 관한 글이다. 필자가 이에 관한 화제로 '남학생', '여학생', '스포츠', '아마추어스포츠', '성의 평등' 등을 내용

요소로 장기 기억에서 불러낸다면 화제 식별자는 이런 내용이 지금 쓰는 텍스트에 적합한지를 검토한다. 반면에 '장르식별자'는 장르 내용을 판단하는 장치로서 이에 관한 설명을 해주어야 할지, 근거와 이유를 설명해야 할지와 같은 것을 검토한다. 이에 관한 적합성을 검토하는 과정을 거치면 다음 서술 내용으로 넘어간다. 〈지식 나열 모형〉에서 내용 생성에 관한 검토는 글이 완성될 때까지 이와 같은 방식으로 계속된다.

〈지식 나열 모형〉은 다른 도움 없이 글의 내용을 생성할 수 없는 초보 필자들에게 유용하다. 장기 기억에 저장되어 있는 지식만으로 손쉽게 글을 쓸 수 있기 때문이다. 머릿속에 저장되어 있는 간단한 화제 지식이나 담화 지식을 사용하여 자연스럽고 어렵지 않게 주어진 과제를 해결할 수 있다46). 이런 방식은 주로 메모를 하거나 필자의 경험 진술, 문제 설명이나 간단한 서술 등을 할 때 사용할 수 있는 방법으로, 주로 초보 필자들이 많이 사용하지만 필요에 따라 대학생, 성인들도 손쉽게 사용할 수 있다. Bereiter & Scardamalia(1987)는 주로 아동의 경우를 예로 들어 이 모형을 설명하고 있다.

---

46) 지식 나열 모형이라고 해서 글의 수준 차이가 없다고 착각해서는 안 된다. Bereiter & Scardamalia(1987)가 명료하게 이 부분을 정리하지는 않았지만 필자의 담화주제에 관한 지적 수준이나 안목에 따라 글의 내용이 달라질 수 있음을 암시하고 있다. 예를 들어 어떤 필자는 글의 계획을 세울 때 주장과 이에 대한 근거만을 가지고 글을 구상할 수 있다. 또 다른 필자는 주장에 관한 근거 외에도 반대 주장에 관한 예측을 포함한 보다 복잡한 구상을 할 수가 있다. 다만 이런 주장들은 모두 장기 기억의 기억으로부터 내용들을 복구해야 한다. 그리고 적합성에 관한 판단도 해야 한다. 적합성 판단을 할 때 필자의 수준에 따라 옳은 판단과 잘못된 판단을 할 수도 있다. 그렇기 때문에 지식 나열 모형의 글이라고 해서 완전히 메모 수준의 글이라고 오해해서는 안 된다. Bereiter & Scardamalia (1987: 8) 참고.

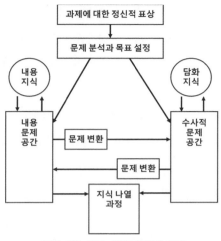

<그림 13> 지식 - 변형 모델의 구조

이와 달리 〈지식 변형 모형〉은 자신이 가지고 있는 지식을 가공하여 새로운 내용으로 변형하는 글쓰기를 말한다. 이런 작업은 대학생, 교수, 기자, 지식인, 고급 지식을 다루는 일반인 등이 주로 사용한다. 지식이 많고 유능한 필자들은 자신이 쓴 글이 적합한지. 또 내용에 관한 오류가 없는지를 계속 검토하고 점검하게 된다. 그 과정에서 글의 주제나 내용을 바꾸어야 할 필요성이 있을 때, 또 자신의 관점을 바꾸어야 할 필요성이 있을 때 글의 내용을 바꾸게 된다. 이때 사용되는 것이 바로 〈지식 변형 모형〉이다.

〈지식 변형 모형〉이 〈지식 나열 모형〉과 다른 점은 지식의 변형과정을 위해 두 가지 문제 공간을 따로 설정했다는 점이다. 이 문제 공간이 '내용 문제 공간'과 '수사적 문제 공간'이다. '내용 문제 공간'은 주제와 관련된 지식을 다룬다. '수사적 문제 공간'은 수사적 문제와 형식 문제를 다룬다. 이 두 공간은 서로 이동이 가능해 상호보완적인 기능을 한다. 예를 들어 문제를 명료화하는 것은 수사적 공간의 문제이지만 주제에 관한 내용을 찾는 것은 내용 문제 공간의 문제이다. 내용 문제 공간에서 지식적인 문제 해결 방식을 찾으면 그 내용을 어떻게 쓸지, 수사적으로 적합한지 수사적 문제 공간으로 이동하여 검토한다. Bereiter & Scardamalia(1987: 10)은 이를 "하나의 공간에서 나온 산출물은 다른 공간을 위한 투입물이 된다."라고 표현한다.

이에 관해 Bereiter & Scardamalia(1987)가 제시한 예는 이렇다. 글에서 필자가 '책임감'에 관한 주장을 한다고 하자. 우선 그 필자는 책임감에 관한 정의를 찾아야 할 것이다. 이런 정의는 지식에 해당하는 문제로 내용 문제 공간에서 다룬다. 그런 다음 그는 이보다 중요한 것이 책임감을 어떻게 서술할지에 관한 판단 능력이 중요하다고 생각해서 다시 수사학적 공간으로 돌아가 앞의 글을 변형하여 글을 서술한다. 내용 문제 공간에서는 "무엇을 말할 것인가"를 다루고, 수사적 문제 공간에서는 "어떤 방식으로 말할 것인가"를 다룬다고 보면 될 것이다(권순희 외, 2018: 107). 자신의 생각이 구체화되고 글을 완성할 때까지 이런 방식은 계속 진행된다. 이런 두 문제 공간의 상호 작용은 사고와 지식을 발전시키고 글을 완성시키는 데 중요한 역할을 하고 중요한 기반이 된다.

두 모형 사이에서 쓰기 과정상에 나타나는 변화는 다음과 같다. 글의 시작 단계에서 지식 나열 모형은 대체로 빠르게 시작하는 경향이 있지만 지식 변형 모형은 필자의 지닌 글의 목표에 따라 다양하게 나타난다. 간단한 목표 설정의 경우 초고를 빠르게 시작하는 경우도 있지만 보다 복잡한 목표 설정의 경우 초고 시작이 늦어질 수도 있다. 계획하기에 있어서도 지식 변형 모형의 필자들이 지식 나열 모형보다 훨씬 많은 시간을 투자하는 경향이 있다. 특히 이런 현상은 아동에 비해 성인의 경우에 두드러졌다. 성인의 경우 자신의 지식을 단순히 설명하고 나열하는 것보다 이를 발전된 형식으로 주제와 내용을 바꾸는 경우가 더 많았다.

〈지식 나열 모형〉과 〈지식 변형 모형〉에 관해서 몇 가지 논란이 되는 사항이 있다. Bereiter & Scardamalia(1987)도 이에 대해 논문 말미에 간단히 자신들의 견해를 언급하고 있다. 하나는 두 모형이 아동과 성인이라는 연령상의 발달 문제로 볼 수 있느냐의 문제이다. Bereiter & Scardamalia는 단순히 연령의 문제로만 볼 수는 없다고 말한다. 필요한 경우 성인들도 〈지식 나열 모형〉을 사용하고 있기 때문이다. 그러나 실제 논문에서도 보듯 〈지식 나열 모형〉은 아동에게, 〈지식 변형 모형〉은 성인에게 많이 보이는 것이 사실이다. 책에서도 대체로 〈지식 나열 모형〉의 경우 아동을 예시로 들고 있고, 〈지식 변형 모형〉의 경우 성인을 예시로 들고 있다. 그래서 이 두 모형은 실제 쓰기 발달상의 문제로 보이기도 한다. Bereiter & Scardamalia(1987)는 이 문제에 관해서 상황적 요소에 바탕을 두고 설명이 필요한 부분만 다루는 것이 합당할 것이라는 말을 하고 있다. 그런 점에서 이원적 모형은 인간의 쓰기 능력의 다른 측면이라고 보는 것이 더 타당할 것으로 판단된다.

Bereiter & Scardamalia(1987)의 이원적 모형에 관해서도 여러 검토와 비판이 있다. 이런 비판은 사회적 관점에서 나온 것도 있고, 이와는 방향이 다르지만 인지주의 내부에서 나온 것도 있다. 인지주의 이론의 문제점에 관해서는 사회적 관점의 여러 학자들의 비판이 있었지만 (Bizzell, 1982, Faigley, 1986; Greene, 1990; Brandt, 1992; Chin, 1994), Bereiter & Scardamalia(1987)의 이론의 핵심을 잘 정리해 비판한 학자는 Vanessa Pittard(1999)이다. Pittard(1999)는 Bereiter & Scardamalia(1987)의 두 가지 모형에서 지식과 맥락의 문제를 중점적으로 비판하고 있는데 그것은 이 모형이 인지주의의 근본적인 문제점을 잘 보여주기 때문이라고 언급한다. 통상 사회적 관점의 학자들은 사회적 환경과 쓰기 맥락의 문제에 관해 민감하고, 인지주의 학자들은 지식과 인지 용량의 문제에 관해 민감하다. 인지주의에서는 장기 기억에 있는 정보를 기반으로 해서 쓰기 과정에 사용될 여러 지식들을 인출하고 처리한다. 쓰기 과정에서 담화에 관한 지식과 내용에 관한 지식을 적절한 장소와 시간에 인출하여 글을 작성하는 데 사용한다. 인지주의에서 글쓰기는 기본적으로 정보 처리 과정이고 목표 지향적 활동이다.

Bereiter & Scardamalia(1987)는 장기 기억의 인출 방식으로 활성화 확산[47]을 통해 새로운 정보를 얻는다고 하였다. 이런 설명 방식은 〈지식 나열 모형〉을 통해 잘 드러난다. 앞서 말했다시피 필자는 과제 표상을 통해 화제를 결정하고, 화제는 장기 기억 속에서 연관된 개념의 활성화를 통해 관련 어휘 정보를 얻는다. 이런 과정은 적합성 테스트를 통해 타당성을 확보한다. 그런데 여기서 Pittard(1999)가 문제 삼고 있는 것은 화제 지식과 담화 지식을 쓰기 맥락과 별개로 보는 관점이다. 화제 지식과 담화 지식을 쓰기 맥락과 별개로 보는 이런 시각은 사회적 관점의 학자들이 볼 때 쓰기가 실현되는 실제적인 상황과는 맞지 않다고 본다. 통상 글을 쓰는 과정에서 쓰기 환경과 쓰기 맥락에 따라 화제 지식과 담화 지식이 실현된다. 쓰기 환경과 쓰기 맥락이 외부에 존재하고 필요에 따라 장기 기억에서 고정된 지식을 끄집어내

---

47) 작업 과정에서 현재 주의를 기울이고 있는 항목들을 활성화하여 연상된 기억을 더 많이 사용할 수 있도록 하는 과정이다. 기억된 정보를 인출할 때 제시된 항목들에 관한 단서가 활성화되면서 관련된 정보들이 인출되는 과정을 말한다. Anderson, 이영애 옮김(2012), 『인지심리학과 그 응용』, 이화여자대학교 출판부, 191~196쪽; Reed, 박권생 옮김(2007), 『인지심리학』, 시그마프레스, 309~313쪽 참고.

는 것이 아니라, 그 환경과 맥락이 화제 지식과 담화 지식을 함께 실현시킨다고 보는 것이다. Pittard(1999)는 지식이 환경과 맥락이 결합되어 분리될 수 없는 것이라고 보고 있다. 이는 환경이나 맥락 자체가 지식과 내용을 실현시킨다고 보는 것인데, 인지주의가 지닌 정신적 과정을 우위에 두는 시각을 비판한 것이다. 기본적으로 Pittard(1999)는 Bereiter & Scardamalia(1987)의 두 모형이 Flower & Hayes(1981)의 인지 과정 이론과 마찬가지로 여전히 장기 기억, 작업 기억과 인지 용량에 바탕을 두는 정보처리이론과 흡사한 것으로 보고 있다.

다음으로 인지주의 내부에서도 비판이 있는데, 이런 비판은 주로 Galbraith(1996, 1999, 2009, 2014)의 견해를 통해 나타났다. 인지주의 내에서 Galbraith(1996)의 비판은 글쓰기 과정에서 언어를 통한 발견의 기능과 관련되어 있다. Flower & Hayes(1981)에서 새로운 내용의 발견은 주로 수사적 목표의 변화와 연관된다. 글을 쓰다가 새로운 수사적 문제가 발생하면 쓰기 목표와 계획을 바꾸고 새로운 쓰기 과정을 시작하게 된다. Galbraith(2009)는 이런 모형은 사고의 과정을 너무 명시적으로 강조한 것으로, 글을 쓰는 과정에서 발생하는 함축적인 텍스트 생산 과정을 희생시킨다고 비판한다. 쉽게 말하면 글쓰기를 사고의 과정으로만 한정해서 보는 바람에 '쓰인 텍스트'나 '텍스트를 쓰는 과정'에서 나오는 아이디어 산출을 무시하고 있다는 것이다. 글은 쓰면서 새로운 시각이 나타나기도 하는데 Flower & Hayes(1981)나 Bereiter & Scardamalia(1987)는 언어 생산의 과정에서 나타나는 발견의 과정을 도외시하고 있다고 보았던 것이다. 우리는 글을 쓰면서 무언가 잘못된 것이나, 새로운 아이디어를 발견하고 글을 새롭게 고쳐 쓰기도 한다. 글은 쓰는 과정을 통해 새로운 아이디어가 산출되기도 한다. Galbraith는 전통적인 정보처리이론에 바탕을 둔 이런 쓰기모형이 텍스트 작성

과 언어를 통해 아이디어가 생산되는 과정을 보고 있지 못하다고 비판
한다.

3. 병렬 분산형 처리 모형: 지식 구성 과정으로서의 글쓰기

Galbraith(1999)는 인지주의에 바탕을 두고 연구를 하지만 Flower
& Hayes(1981)의 인지 과정 이론을 비판하고 새로운 관점에서 쓰기
과정 모형을 연구한 학자이다. Galbraith(1999)의 연구는 Flower &
Hayes(1981)가 주의를 기울이지 않았던 글쓰기의 작성 과정에 관심을
갖고 언어의 생성력과 창안 능력을 연구의 초점으로 삼았다. 글쓰기
는 기존의 아이디어를 단순히 글로 옮기는 것이 아니라 새로운 아이
디어를 발견해 새로운 내용을 제시하는 창조적인 작업이다. Galbraith
는 Flower & Hayes가 미처 생각하지 못했고, 사회적 관점의 학자들로
부터 비판을 받던 언어의 생성력 문제를 새로운 아이디어 발굴과 창
안의 과정을 연결시켜, 글쓰기에서 작성 과정의 중요성을 다시 깨우
쳐 준 학자이기도 하다.

Galbraith(1999)는 자신의 이론을 전개하면서 Bereiter & Scardamalia
(1987)의 이원적 모형, 즉 〈지식 나열 모형〉과 〈지식 변형 모형〉을
논의의 출발점으로 삼았다. Bereiter & Scardamalia(1987)는 쓰기에서
창안의 과정을 〈지식 나열 모형〉과 〈지식 변형 모형〉이라는 두 가지
쓰기 모형을 비교하면서 말한 바 있다. 두 모형은 내용 지식을 설명하
거나 변형하는 데 차이가 있지만, 기본적으로 글쓰기를 발견과 창안
의 과정이라고 한다면 당연히 지식 변형 모형이 더 발견과 창안의
형식에 가까운 개념이 된다.

Galbraith(1999)는 〈지식 변형 모형〉을 발견의 형식에 가까운 것이라고 규정하고, 그 속에 수사적인 문제 해결의 과정이 들어 있기 때문이라고 언급한다. 내용 문제 공간과 수사적 문제 공간의 상호 작용을 통해 문제에 관한 '성찰(reflection)'이 이루어지고 새로운 아이디어의 '발견'이 일어날 수 있다고 본 것이다. 그런데 이런 아이디어는 주제에 관한 내용과 관련을 맺는다. Bereiter & Scardamalia(1987)도 이런 지식 변형의 과정에서 자신이 말하려고 하는 주제에 대한 이해가 강화되고 변화하는 것으로 인식했다. 그러나 Galbraith(1999)의 생각은 이와 조금 다르다. 뒤에서 다시 언급하겠지만 이런 지식은 수사적 계획의 틀 속에 들어 있는 것이어서 주제에 관한 궁극적인 변화나 진전은 어렵다고 보았다. Galbraith(1999)가 연속된 논문을 통해 밝히고자 하는 것도 수사적 계획 속의 창안과 언어 작성 과정에 나타난 창안 사이의 차이에 있는 질적인 가치에 관한 것이다.

인지 과정 이론과 Galbraith의 이론들이 근본적으로 달라지는 측면은 발견의 근원이 되는 지식의 출처와 효용성에 관한 부분이다. 주지하다시피 인지 과정 이론에서 지식의 출처는 장기 기억에 있는 정보를 찾아내고 인출하는 데에 기인한다. 반면에 Galbraith는 진정한 의미의 새로운 발견과 지식의 확장은 수사적 계획(장기 기억) 속에 있는 것이 아니라 글을 쓰면서 생성되는 언어의 힘에 의한 것이라고 본다. 두 이론은 출발선부터 창안적 지식의 발생과 근거에서 차이를 보이고 있다. Galbraith(1999)가 기본적으로 Bereiter & Scardamalia(1987)에 관해 비판하고자 하는 것도 창안적 지식의 성격과 내용에 관한 것이다. 그가 강조하는 것은 창의적인 것이 꼭 생각과 사고에서만 나오는 것이 아니라는 점이다. 그는 Murray(1978)의 글에 나오는 다음과 같은 인용문들을 예로 든다.

〈표 1〉 발견으로서의 글쓰기에 대한 전문 필자들의 묘사

W. H. Auden	언어는 생각의 시녀가 아니라 어머니이다. 단어들은 전에는 느껴보지 못했던 것을 우리에게 말해준다.
Robert Bolt	희곡을 쓰는 것은 생각이지, 생각에 대한 생각이 아니다.
E. M. Forster	나는 내가 말하는 것을 듣기 전까지는 내가 가진 생각을 알 수 없다.
Joanne Greenberg	쓰기는 스스로에게 무엇인가를 말하려는 시도이기 때문에 그저 그것에 귀 기울여야 한다.
Shirley Hazzard	사람들은 글을 쓸 때 페이지에 나타나는 것들에 스스로 계속해서 놀라는 것 같다.
Wright Morris	우리는 언어가 이끄는 대로 따라간다.

(Murray, 1978: 102; Galbraith, 1999: 138)

위의 예시에서 나오는 인용문은 우리가 흔히 글쓰기 책에서 보듯이 "글은 써봐야 안다."라든가 "글이 글을 만든다."라는 말과 흡사하다. 새로운 아이디어는 수사적 목적이나 수사적 상황의 변화에서 나오기도 하지만 문장이나 표현 자체에서 새로운 아이디어를 불러내기도 한다는 것이다. Galbraith(1999: 138)는 위의 인용문을 제시하면서 꼭 생각으로부터 텍스트가 나오는 것만은 아니다."라고 언급하고 표현 자체에서, 그리고 글을 쓰면서 새로운 아이디어가 나타난다고 주장한다. 그는 "글쓰기는 발견이다."라는 말의 의미는 글을 쓰기 전 아이디어가 떠오른다는 뜻보다 글이 생산되면서 아이디어가 떠오른다는 것을 뜻한다고 주장했다.

반면에 Hayes & Flower(1980), Flower & Hayes(1981)나 Bereiter & Scardamalia(1987)가 주장하는 것은 사고 영역의 계획과 확장이다. 글은 생각에서 비롯되고, 글에 관한 계획, 목표 설정, 내용 생성, 텍스트 구조에 관한 판단도 모두 사고의 영역에서 이루어지는 결과라고 보고 있다. 설사 글을 쓰는 도중에 새로운 아이디어가 나오더라도 그것은 수사적 문제의 변화에서 비롯된 것으로 보기 때문에 다시 생각과 사고의 영역으로 환원하여 그 문제를 해결한다. 창의성과 발견의 문제는 언어와 표현의 영역이 아니라 사고와 생각의 영역으로 환원된다.

Hayes & Flower(1980), Flower & Hayes(1981)가 지닌 이런 문제점에 관해서는 이미 Bizzell이 1982년 자신의 논문에서 지적한 바가 있다. 그녀는 Vygotsky가 말한 언어와 사고의 관계를 반복해서 설명하면서 언어가 지닌 창의적인 측면을 지적했다. 주지하다시피 Vygotsky(신현정 역, 1985)는 언어가 사고와 분리될 수 없다고 보았다. 유아기에는 언어와 사고가 분리되어 있지만 차츰 성장하면서 언어와 사고가 결합하여 '언어적 사고'를 형성한다. 아이들이 유아기를 거치고 성장기에 언어를 습득하면서 그때부터 사고는 언어에 의해 결정된다. Vygotsky는 사고 발달은 사회문화적 경험에 의한 것이지만 전적으로 언어에 의존해 결정된다고 말한다. 언어가 없으면 사고와 생각도 불가능한 것이다. Bizzell(1982)은 Flower & Hayes(1981)가 쓰기 모형을 창안하면서 글을 쓰는 과정을 단지 '번역(translating)'이라고 표현하여 언어나 표현이 지닌 창의성을 간과하고 있다고 비판했다. 언어를 단지 '한 세트의 용기(container)'라고 표현하면서 생각을 전달하는 도구로만 사용하여 언어가 지닌 생성적인 힘을 무시했다고 비판한 것이다[48]. Bizzell(1982)이 Vygotsky의 이론을 검토하면서 내린 결론은 계획하기와 번역하기를 분리해서는 안 된다는 것이다. 그러면서 지식이 경험이라는 원료로 만들어진 언어를 지칭한다면, Bizzell은 "우리는 표현하지 않고서는 아무 것도 알 수 없다."[49]고 말을 한다.

---

48) Hayes & Flower(1980), Flower & Hayes(1981) 이론이 지닌 언어 문제에 대한 비판은 Bizzell(1982) 논문의 85~86쪽과 정희모(2018)의 논문 288~298쪽을 참고해 볼 것.

49) 이에 관해 Bizzell(1982: 85)이 한 말을 소개하면 다음과 같다. "'번역하기'는, Flower & Hayes에 따르면, '아이디어를 가시적인 언어로 번역하는 과정'이다(과정 이론, 373). 그들은 의미가 어떻게 존재하는가와 상관없이, 쓰인 영어를 그 안에 우리가 의미를 쏟아 붓는

그런데 한 가지 알아야 할 것은 이럼에도 불구하고 Galbraith(1999)가 무작정 Flower & Hayes(1981), 그리고 Bereiter & Scardamalia(1987)를 비판만 한 것은 아니라는 점이다. 그는 지식 변형 모형에서 보듯이 수사적 목표의 변화에 의해 새로운 아이디어가 형성되는 것을 부정하지는 않았다. 글을 쓰면서 우리는 수사적 목표나 수사적 상황의 변화에 의해 글이 수정되는 것을 얼마든지 경험한다. 교장선생님께 건의서를 쓰면서 "아차, 이렇게 쓰면 너무 무례하게 보이지 않을까?" 걱정하며 글을 다시 수정하기도 한다. 수사적 문제 공간의 인식에 의해 내용 문제 공간의 인식들이 변화를 겪게 되기도 하는 것이다. 그래서 교장 선생님께 보내는 건의서의 표현들을 고친다. 그러나 이는 어디까지나 생각과 사고의 문제이지50), 글을 표현하면서 생기는 인식이나 성찰은 아니다.

한 세트의 용기container로 취급한다. 용기는 처음에는 편안한 크기를 가진 것처럼 보이지 않는다. (…중략…) 그러므로, Flower & Hayes 모델에서 '계획하기'가 가장 빽빽한 상자인 반면, '번역하기'는 가장 빈 공간이 많은 상자로 남는다. 필자는 아이디어를 말로 바꾸도록 노력하기 전에 계획을 세우고 아이디어를 생성하고 조직한다. 언어 자체는 '지금까지 생산된 텍스트'에서 계획하기 과정에 있어 생성적인 힘을 가진 것으로 보이지는 않는다. (…중략…) 여기서 놓친 것은 사고와 언어 사이의 변증법적인 관계에 대한 인식에 의해 제공되는 사회적 맥락과의 관련성이다. 우리는 우리가 표현하지 못하는 것을 위한 생각을 가질 수 있고, 내 생각에는, 설사 우리에게 생각하는 것을 정확히 가르쳐 주지는 않는다 할지라도, 언어를 습득하는 것만이 우리에게 어떤 생각이 문제가 되는지를 가르쳐 준다. 다른 식으로 말해서, 지식이란 것이 경험이라는 원료로 만들어진 언어를 지칭하는 것이라면, 우리는 표현하지 않고서는 아무것도 알 수가 없다."

50) Flower & Hayes(1981)나 Bereiter & Scardamalia(1987)는 쓰기 과정 모형을 제시할 때 여러 차례 쓰기 모형이 정신적 과정을 의미한다는 말을 언급했다. 이에 관한 언급들을 소개하면 다음과 같다. "쓰기 과정은 글 쓰는 이가 편성하고 조직하는 특징적인 한 세트의 사고 과정(as a set of distinctive thinking processes)이다"(Flower & Hayes, 1981: 366), "단계 모형에서 분석의 주요 단위는 작성된 글의 완성품이며, 이에 이르는 과정은 일직선의 연쇄 구조로 조직된다고 보았다. 그러나 인지 과정 모형에서 분석의 주요 단위는 아이디어 생성하기와 같은 기본적인 정신 과정(elementary mental processes)들이다"(Flower & Hayes, 1981: 366), "지식 나열 모형과 지식 변형 모형은 글이 써지는 정신적인 과정을 일컫는 것이지, 쓴 글 자체를 의미하는 것은 아니다"(Bereiter & Scardamalia, 1987: 12).

그래서 그는 두 가지 모두를 인정하고자 한다. 하나는 Flower & Hayes(1981)나 Bereiter & Scardamalia(1987)처럼 수사적 상황의 변화나 수사적 목표의 변화에 따라 생기는 새로운 아이디어의 생성 과정이 있다. 물론 이런 과정은 사고(생각)에 의해 형성된 새로운 아이디어 생성 과정이다. 다른 하나는 그가 주장하고자 하는 것으로 텍스트를 작성하고 표현하는 가운데 형성되는 아이디어의 생성과 창안의 과정이다. 글을 작성하고 표현하는 가운데 미처 우리가 깨닫지 못한 새로운 아이디어가 나타날 수 있는 것이다. 앞서 여러 학자들의 말을 인용했듯이 글은 쓰면서 아이디어가 새롭게 생성된다[51]. Galbraith(1999)는 이런 생각을 바탕으로 '글쓰기로서 지식 구성 과정(Writing as a Knowledge-Constituting Process)'이라는 새로운 모형을 제시한다. 이 모형은 계획하기와 같은 정신적 활동이 아닌 글을 쓰면서 새로운 아이디어를 발견해 나가는 과정을 제시한 것이다.

　Galbraith(1999)는 글의 창안적 생성 과정이 꼭 정신적 활동을 통해서만 나오는 것이 아니라는 점을 증명하고, 쓰기가 어떤 조건에서 주제에

---

51) 이런 관점과 유사한 것으로 Galbraith(1999)는 Wason(1980), Elbow(1973)가 제안하는 이중 초고(dual drafting) 전략을 추천한다. 이 전략은 글쓰기에 관해 두 가지 단계를 제안한다. 우선 첫째는 필자들에게 쓰기 전에 자세한 계획을 세우지 말고, 또 자신의 생각을 얼마나 정확히 표현할지, 혹은 글이 얼마나 잘 진행될지에 대한 걱정도 하지 말고, 우선 자유롭게 쓰기처럼 생각나는 대로 최대한 빨리 초고를 작성한다. 둘째, 일단 초고가 완성되면 수사적 상황을 고려하고 명시적인 문제 해결 과정을 거쳐 잘 구성된 글로 바꾸는 것이다. 여기에서의 중요한 점은 명시적 문제 해결 과정이 텍스트를 수사학적으로 적합한 최종고를 만드는 데 중요한 역할을 하기는 하지만, 어디까지나 새로운 아이디어를 발견하게 하는 것은 언어를 통해 만든 초고 과정이라는 것이다. 이런 점은 글을 작성하고, 문장을 쓰는 일이 글을 쓰기 전 계획하기의 사고 과정 이상으로 효과적일 수 있다는 점을 암시한다. 이중 초고 전략은 언어와 의미 생성에 관한 글쓰기의 독특한 성격(Galbraith의 표현에 따르면 '예상 밖의 성격(unbidden quality)') 때문에 한 줄의 글이 펼쳐질 때마다 한 줄의 생각이 따라 나오게 된다고 말한다. 이와 달리 Flower et. al.(1984)은 텍스트 생산에서의 '발견'은 본질적으로 수사학적 문제 해결의 결과라고 주장한다. 이때 수사학적 문제 해결은 사고와 의식의 과정을 말하는 것이다.

대한 지식을 발전시키는지 알기 위해 실험을 수행했다. 수사적 목적에 따른 변화와 표현에 따른 변화를 측정하기 위해 두 종류의 필자를 비교했다. 그는 Snyder(1974)의 자기 모니터링 척도(self monitoring scale)[52]를 이용해서 실험 집단을 두 종류로 나누었다. Snyder에 따르면, 자기 모니터링 수준이 높은 사람들("high self-monitor")은 사회적 상황에서 타인에 관한 자기표현에 민감하며, 언어적인 표현을 할 때도 자신의 행동을 조정하고 조절할 줄 아는 사람들이다. Galbraith(1999)는 이러한 필자들이 쓰기 과정에서 수사학적 목표에 따른 수정을 할 가능성이 높다고 가정했다. 이와 달리, 자기 모니터링 수준이 낮은 사람들("low self-monitor")의 외부의 상황이나 조건에 신경을 쓰기보다 자신의 감정 상태의 영향을 받는 것으로 사람들을 지칭한다. 이런 사람들은 자기 주관에 따라 글쓰기를 할 가능성이 높다고 가정했다.

이 두 종류의 필자들에게 한 번은 쓰기 전 계획 과정으로써 메모를 하도록 했고, 다른 한 번은 사전 계획 없이 에세이를 쓰도록 했다. 이런 두 실험을 통해 각각의 경우 새로운 아이디어가 얼마나 생성되는지를 측정했다. 그리고 그 주제에 대한 이해도가 어떠한지를 측정했다. 만약 발견이 적극적 수사학적 문제 해결의 결과라면, 높은 자기 모니터링(high self-monitor) 필자가 낮은 자기 모니터링(low self-monitor) 필자에 비해 새로운 아이디어를 더욱 많이 생성할 것이라고 예상할 수 있다. 실험의 결과는 사전 계획(메모)의 경우, 높은 자기 모니터링 학생들이 낮은 자기 모니터링 학생들에 비해 2배 더 많이 새로운 아이디어

---

52) 자기 모니터링 척도란 Snyder(1974)가 사회적 상황에서 다른 사람과 자기의 표현에 대한 민감도의 개인적인 차이를 판별하게 위해 설계하였다. Snyder(1974) 논문에 관한 상세한 설명은 다음의 논문을 참고할 것. Snyder(1974), "Self-Monitoring of Expressive Behavior", *Journal of Personality and Social Psychology*, 30(4); 이선아(1998), 「자기검색척도(Self-Monitoring Scale)의 타당성 검정에 관한 연구」, 『대한간호학회지』 28(3), 751~759쪽.

를 생성했다. 그러나 이 새로운 아이디어들은 주제에 관한 지식의 확장과는 상관관계를 가지지 않았다. 이 조건에서 새로운 아이디어와 주제 지식에 관한 이해 수준과는 서로 부적 상관관계를 가지고 있었다.

사전 계획 없이 텍스트 작성을 하라고 말한 두 번째 실험에서도 예측한 것과 다른 결과가 나왔다. 수사적 목적에 따른 발견이라면 새로운 아이디어 생성은 당연히 높은 모니터링 필자들은 낮은 모니터링 필자들에 비해 더 많아야 한다. 그러나 그 결과는 반대였다. 즉 낮은 모니터링 필자들은 높은 모니터링 필자들에 비해 2배 더 많이 새로운 아이디어를 생성한 것이다. 아울러 낮은 모니터링 필자들이 쓰기 표현을 통해 생산한 새로운 아이디어는 주제 지식에 관한 이해 정도와 양적 상관관계를 가졌다.

Galbraith(1999)가 제시하는 이런 실험 결과는 앞서 말한 대로 Flower & Hayes(1981)의 수사적 목적에 따른 문제 해결 방식과는 차이가 있다는 점을 보여준다. Galbraith(1999)의 실험 결과는 수사적 계획 과정에 의해 생성되는 아이디어는 필자의 주제 지식 확장과는 큰 상관이 없었지만 쓰는 과정에 생긴 아이디어는 주제 지식의 확장과 상관성을 가지고 있었다. 쓰기 과정 중에 수사적 계획에 따른 아이디어 생성은 이미 계획 단계에서 설정된 수사적 목표에 따른 것이기에 주제 지식의 확장과는 상관이 없었지만 사전 계획 없이 작성 중에 생긴 아이디어는 상당 부분 필자가 지닌 주제 지식의 확장과 상관관계를 가지고 있었다. 이에 관해 Galbraith(1999)는 텍스트 표현 과정에서 새롭게 생성된 지식은 문제 해결 과정에서 적용되는 지식과는 다르게 저장되고, 처리되는 방식이라고 언급했다. 동일한 검색과 동일한 탐색 방식으로 일원화되어 있는 문제 해결 모형과는 다르게, 텍스트 표현 과정에서 생산된 지식은 병렬식의 분산 네트워크 내에서 제약 만족을 통해 합성되는 것이라고 말하고 있다.

Bereiter & Scardamalia(1987)의 지식 변형 모형에서 다루는 지식 창안의 문제도 분명히 새로운 내용을 창안하고 텍스트를 바꾸는 작업의 일환이다. 그렇다면 지식 변형 모형의 창안과 Galbraith(1999)가 말한 성향적 쓰기(dispositional spelling out)의 창안 방식과는 무슨 차이가 있는 것일까? Bereiter & Scardamalia(1987)는 지식 변형 모형에서 내용 문제 공간과 수사적 문제 공간의 상호 작용이 주제에 관한 지식을 발전시키고 글도 발전시킨다고 말한 바 있다. 그런데 Galbraith(1999)가 행한 실험에는 수사적 목적에 의한 창안의 경우 그런 결과가 나오지 않았고, 표현 과정에서의 창안만이 그런 효과를 얻을 수 있었다.

Hayes & Flower(1980)는 작문 과정에서 진행되는 여러 계획들은 글쓰기 과정 이전에 일어나기도 하지만 글을 작성하면서도 발생한다고 말했다. 글을 쓰는 과정에서 수사적 목적이나 수사적 내용의 변화가 일어나고, 이는 다시 계획하기를 불러오고 이에 관한 수정 작업이 진행된다. 모두 알다시피 인지주의자들은 이런 과정을 사고(생각)의 과정이라고 판단했다. Hayes & Flower(1980), Bereiter & Scardamalia (1987)는 계획이든 수정이든 사고와 논리의 속에서 일어나며, 사고와 논리의 작업이 끝나면 이때 언어로 변환하는 번역(translating)의 작업이 시작된다고 말한다. 이와 반대로 Galbraith(1999)는 작성 중의 아이디어 변화를 수사적 계획에 종속된 사고나 생각의 과정으로만 볼 것이 아니라, 언어 표현이나 텍스트의 진술 과정에서 발생하는 언어적인 창의력, 생성력의 과정도 있다고 강조한다. 언어 작업과 언어 생성 과정에서도 아이디어 생산이나 발견의 과정이 일어나며, 이는 수사적 계획에 따라 생기는 발견과는 다른 차원의 문제라고 생각한다.

Vygotsky는 '언어적 사고'라는 개념을 통해 언어가 사유 작용의 중심이라는 점을 언급한 바 있다. 인지언어학자인 Chafe(1994; 김병원·성기철 역, 2006: 273)도 표현하는 언어에 사유 작용이 있으며, 이를 '표현하는 의식'이라고 이름을 붙였다. 그는 언어 사용을 "말하기, 글쓰기, 언어사고"로 분류해 언어에 사유하는 힘이 있다는 사실을 밝히고자 했다. 언어를 통해 표현되는 의식의 의미는 다음과 같이 설명할 수 있다.

> 우리가 의식을 언어로 표현할 때 의식 그대로를 표현하는 것이 아니다. 의식은 Chafe의 말대로 단절된 토막이고, 비논리적이며, 비체계적이다. 우리가 의식을 표현하더라도 의식의 흐름대로 표현하는 것이 아니라 언어의 논리를 빌려 표현하게 된다. 언어의 표면적 구조는 언어의 흐름 속에 의미가 연결되게끔 하는 규칙을 가지고 있다. (…중략…) 이런 일련의 과정은 언어의 흐름을 통해 형성되는 사유로서 결국 표현된 후에야 비로소 내 주장의 실제 개념을 알 수 있게 된다. 우리가 글을 쓸 때 생각의 흐름이 아니라 텍스트의 흐름에 따라 글을 쓰고, 텍스트의 연결 관계를 꼼꼼히 따져봐야 하는 이유가 여기에 있다. 텍스트에는 '필자 사유의 흐름'도 있지만 텍스트에 흐르는 '텍스트 의식'도 있다. 독자에게 전달되는 것은 '텍스트 의식'이기 때문에 텍스트 논리에 따라 글을 써야 하는 것이다. (정희모, 2018: 297~298)

Galbraith(1999)는 앞선 실험에서 지식 변형 모형과 같이 수사적 변화에 따른 새로운 아이디어 생성에는 주제 지식에 관한 변화와 상관이 없었는데, 쓰기 과정에서 일어난 새로운 아이디어 변화에는 주제 지식에 관한 변화와 상관성을 가지고 있었다. 언어 표현을 통해 주제 의식이 성장하고 변화한다는 것이다. Galbraith(1999)의 창안적 글쓰기가 텍스트 집필 중에 떠오르는 생각을 바로 명료화하기 때문에 주제에 대한 필자의 지식이 성장하고 표현적 내용도 수정할 수 있다고 본 것이다.

3.1. 지식 구성 모형의 실제

Galbraith(1999)는 지식 변형 모형과 같은 인지주의 방식에 거부하고 텍스트 작성 과정(번역하기)도 아이디어를 생성할 수 있다는 점을 앞에서 강조했다. 그는 실험을 통해 수사적 문제 해결을 통해 아이디어 창출하는 것은 필자의 주제 지식이 더 이상 확장되지는 않았다고 보고했다. 그보다는 텍스트 작성을 통해 아이디어를 창출하는 것이 주제 지식을 확장시켜 더 좋은 텍스트를 만들 수 있다고 주장했다. 아울러 그는 쓰기 과정에서 창의적 명제 생산은 기본적인 하위-명제적 (sub-propositional) 수준에서 진행되는 문장 생산 과정에 의해 형성된다고 보았다. 그리고 Galbraith(1999)는 이에 관한 쓰기 모형을 제시했고, 그것이 바로 지식-구성 과정(Knowledge-Constituting Process)이다[53]. 간단하게 지식 구성 과정의 기본 모형을 살펴보면 다음과 같다.

---

53) 지식 변형 모형에서는 수사적 문제 공간과 내용 문제 공간을 통해 검색 및 인출되어 생성된 재현들은 이전의 문장 생산에서 유도된 명시적이고 고정된 명제들이라고 Galbraith (1999)는 주장한다. 지식 변형 모형의 이러한 과정들은 이미 결정된 수사적 목적 아래 형성된 것이기 때문에 창의적인 명제 형성을 하지 못하고 기본 명제의 인출 및 재조직화로 한정되는 원인이 된다. 창의적인 명제 생성은 그가 하위-명제 수준이라고 말하는 문장 생산 과정에서 형성되고 만들어진다. Galbraith, D.(1999), "Writing as a Knowledge-Constituting Process", *Knowing What to Write*, Amsterdam University Press, p. 141.

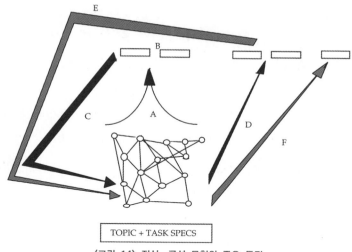

TOPIC + TASK SPECS

〈그림 14〉 지식–구성 모형의 주요 특징

이제 〈그림 14〉를 하나씩 검토해 보자. 위의 그림을 보면 그물망처럼 되어 있는 "주제와 과제 상세 내용(topic+task specs)"이라고 표기된 공간이 있다. 이 공간은 문제–해결 모형 과정 안에서 주제와 과제에 관한 명시적 명제가 수행되는 공간이다. 기존의 지식 말하기 과정이나 지식 변형 과정이 수행되는 공간을 표시한 것이다. 다만 여기에서 정보 투입과 인출은 병렬 분산 처리 형식으로 연결주의 방식을 표방했다. 명시적인 계획수립과 문제 해결 방식을 나타내는 상자 내에서 기초적인 단위로 문장 생산과 표현 과정이 병렬 분산의 네트워크 방식으로 표현되어 있다. 여기서 Galbraith(1999)는 문장 표현은 하위 개념적 특성에 해당하며 동일한 하위개념 단위 집합에 대해 각기 다른 아이디어가 다른 활성화 패턴을 가지고 나타난다고 말한다.

다시 위의 그림을 보자. '주제와 과제 상세 내용'을 거쳐 언어 네트워크(그림의 A)에 메시지가 입력되면, 활성화 패턴이 일어나고, 그 메시지를 언어적 명제(그림의 B)로 표현된다. 언어 네트워크 내의 단위들은 필자의 언어 지식 내의 어휘적, 의미적 표현으로 구성된다. 이러한 표현들은 어휘 단위와 의미 단위들 그리고 지식 네트워크의 단위들 간의 많은 연결들로 이루어지는데 병렬 분산 처리 방식으로 전개된다. 언어가 출력되면 그림의 B라고 표시된 두 개의 상자로 표현되어 나타난다. 다음 C는 피드백 과정인데, 피드백 결과에 따라 다시 "주제와 과제 상세 내용(topic+task specs)" 공간으로 돌아가는 과정이다. 그리고 다시 앞의 과정을 반복하여 D를 통해 다음 언어 표현이 형성되면 E과정을 통해 피드백이 이루어지고 이런 순환 과정을 밟으면서 텍스트는 만들어진다.

그런데 필자의 성향에 따라 활성화 패턴과 선택된 어휘, 문장 전개가 각각 달라질 것이고 그러면 다른 결과를 가져오게 된다. 또 이런 과정들이 일목요연하게 진행되는 것이 아니라, 필자 성향에 따라 중첩되기도 하고, 달라지기도 하면서, 복잡한 상호과정 속에서 이루어진다. Galbraith(1999)는 이런 분산적인 처리 방식 속에 개인별로 고유한 성향이 들어가 있지만 이를 측정할 수는 없다고 말한다. 어쨌든 이런 모형은 특정한 시점에서 특정한 필자가 전하고자 하는 특별한 메시지가 만들어지는 과정이다.

여기서 우리가 눈여겨보아야 할 지점은 필자의 성향에 따라 언어 표현이 발화된 상황에서 이루어지는 피드백이라는 과정이다. 피드백은 네트워크에 검토와 관련된 새로운 입력 자원이 추가되면 이것이 제약 만족에 의한 활성화 패턴을 변화시켜 다른 아이디어를 만들어내게 된다. 이 과정이 갖는 특징은 '주제와 과제 사항'의 변화가 없어도 네트워크에 다른 아이디어를 생산해 낸다는 점이다. 지식 변형 모형에서는 주제나 과제와 관련된 수사적 상황의 변화가 수반되겠지만,

이와는 달리 표현된 언어 정보에 관한 피드백과 검토만으로, 새로운 생성 과정이 활성화되고, 인지 시스템에 변화를 가져온다.

Galbraith(1999)는 피드백과 두 가지 중요한 특징을 이야기한다. 첫째는 피드백은 이미 언어적 단위로 활성화되었던 경우에 한하여 나타난다. 당연한 이야기이지만 활성화되어 언어 부호화된 B 영역에서 피드백이 발생할 것이다. 피드백은 이미 활성화된 언어 표현을 검토하기 위해 새롭게 입력 자원을 추가시켜 활성화 패턴을 변화시켜야 한다. 그리고 활성화 패턴의 변화는 새로운 아이디어로 이어진다. 둘째로 이러한 피드백 과정은 선택과 제어라는 인지 시스템에 의존하게 되는데, Galbraith(1999)는 이를 억제적(inhibitory)이라고 표현했다. 인지 처리가 연속적으로 진행되기 위해서는 한 국면에서 활성화된 것을 다음 국면에서는 억제하여야 한다. 그래서 새로운 활성화 단계로 넘어갈 수가 있는 것이다. 억제 메커니즘은 정보처리 수준에서 연속적 행동을 위한 핵심적인 역할을 한다[54].

그러나 무엇보다 이런 지식 구성 모형에서 주요한 역할을 하는 것은 역시 텍스트 생산 과정에서 생기는 새로운 아이디어의 창안적 과

---

54) 인지 조절 시스템에서 중요한 것은 선택과 억제이다. 인지 과정에서 많은 표상이 활성화되지만 선택되는 것은 소수이다. 선택된 표상은 행동과 사고의 통제에 접근할 수 있다. 인지심리학에서 억제의 문제는 병렬 프로세스와 직렬 프로세스 간의 상호 작용에 중점을 둔다. 지각과 인지의 양상에는 병렬적 프로세스가 나타나지만, 일관된 사고와 행동은 직렬적인 프로세스가 나타난다. 예를 들어 우리의 지각 시스템은 여러 자극을 동시에 받아들이지만 손을 뻗는 것이나 물건을 잡는 것은 하나의 행동만을 처리한다. 경쟁적인 병렬 활성화는 기억에서 어떤 내용을 불러오는 것과 같은 내부적인 사건에 해당한다. 선택은 선택적 주의와 동일하지만, 주로 경쟁적인 지각 내용 중에 어떤 것을 독점적으로 불러오는 것을 말한다. 이런 선택 메커니즘에서 중요한 것은 '선택 해제 과정'이다. 이는 두 가지를 말하는 데 하나는 선택적 주의에서 선택되지 않은 항목을 처리하는 것, 둘째는 이전에 선택된 항목을 선택 해제하는 것이 중요하다. 제어 시스템은 잠재적으로 선택적 처리를 간섭할 수 있는 표상의 활성화를 약화시키는 선택적 억제 과정의 활성화에 의존한다고 말한다(Houghton & Tipper, 1996: 20).

정이다. Galbraith(1999)는 작성 과정 중에 생기는 텍스트 내용(정보)을 두 가지로 구분했다. 하나는 수사적 문제 해결 과정에서 장기 기억과 작업 기억을 통해 인출된 정보이고, 다른 하나는 글의 작성 과정에서 성향적 변증법을 통해 나타난 정보이다. 당연히 그는 전자를 계획하기와 수사적 목적 속에 있는 기존 기억의 재조직화에 불과하다고 보고, 주제 지식의 발전과는 관련이 없다고 판단했다[55]. 이미 수사적 목표에 따라 형성된 사고가 문장 생성에 그대로 작용하기 때문이다. 따라서 주제에 관한 반성이나 주제에 대한 깊이 있는 전환은 어렵다. 이와 다르게 텍스트 작성 과정 중에 성향적 변증법에 의해 생겨난 아이디어는 기존 지식이 아니라 성향에 의해 새롭게 조합된 지식이므로 주제 지식의 이해와 발전을 가져올 수 있다고 보았다. 이를 그는 성향적 변증법에 의한 발견이라고 설명한다. Galbraith(1999)가 말하는 성향적 변증법(dispositional dialectic)은 필자의 암묵적(implicit) 성향과 새로 떠오르는 텍스트 사이 변증법을 말한다. 이는 쓰면서 새롭게

---

55) 이는 계획하기의 사고 영역을 강조하는 Linda Flower식의 인지적 과정 중심 이론을 의미한다. Galbraith(1999)는 과정 중심 이론에서 '번역하기(translating)'가 여전히 사고 영역에 머무르고 수사적 목적의 영역 내에 있다는 점을 염두에 두고 있는 것으로 보인다. 이런 경우 계획하기처럼 처음 수사적 목표에 따라 형성된 사고가 문장 형성에도 주된 역할을 할 것이다. 이와 관련하여 Galbraith(1999)가 증거로 드는 것이 Kaufer et. al.(1986)의 논문이다. 그는 이 논문을 근거로 인지적 과정 중심 이론에서 '번역하기(translating)'가 "수사학적 문제 해결이 적용되는 범위 내에서의 변화"라고 지적한다. 실제 Kaufer et. al.(1986)의 논문을 읽어봐도 이렇게 규정한 Galbraith(1999)의 관점이 이해가 되기도 한다. 사실 이 논문은 Kaufer가 제1저자로 나왔지만 Hayes와 Flower가 2, 3저자로 있어, 더 관심이 가는 논문이기도 하다. 이 논문은 쓰기 과정의 다른 요소보다 특히 번역(translating) 과정을 중점적으로 살펴본 논문이다. 학생들을 대상으로 한 실험을 통해 번역하기(translating)는 계획하기의 사고 내용들과 깊은 관련이 있으며, 또 장기 기억에 문장에 관한 저장된 지식들이 많을 때 더 빠르게 좋은 문장을 쓸 수 있다고 보고하고 있다. 이 논문을 보면 문장 작성(번역하기)은 여전히 수사적 문제 해결의 하위 요소라는 사실을 알 수 있다. Kaufer, Hayes & Flower(1986), "Composing Written Sentences", *Research in the Teaching of English*, 20(2), May, 1986.

발견된 지식으로, 텍스트를 형성하면서 발견된 것이므로 수사적 목적에 구애받지 않아 주제 지식에 관한 새로운 안목을 제시해 주게 된다.

Galbraith(1999)가 말한 성향적 변증법에 의해 나타난 아이디어는 언어 표현 이전에는 알 수 없었던 것으로 언어 표현을 통해 형성된 주제 정보라고 말할 수 있다. 이는 글을 쓰면서 느낄 수 있는 창안 과정으로 쓰면서 새롭게 발견된 것이다. Galbraith(1999)는 계획 단계에서 설정한 수사적 목표에 종속되어 글을 작성하는 것보다(수사적 문제 해결), 글을 쓰면서 전체적인 모습과 세부적인 모습을 새롭게 발견하고 만들어 가는 것이 더 나은 방법으로 판단한다. 그리고 그 방식이 Peter Elbow가 말한 이중 초고 전략에 더 부합한다.

3.2. Galbraith(1992, 1996, 1999)의 관련 연구 1

Galbraith는 지식 구성 모형과 관련하여 여러 편의 논문(Galbraith, 1992, 1996, 1999, 2006, 2009, 2012, 2014, 2018)[56]을 쓰고 관련된 실험을 통해 효과를 검증했다. 유사한 실험 내용이 많아 시기별로 중요한 논문과 실험 과정을 소개하면 다음과 같다. Galbraith(1992, 1996)의 초기 논문들은 수사적 전략에 따른 발견과 텍스트 작성을 통한 발견을 각각 '고전주의'와 '낭만주의'라는 명칭을 사용하여 설명했다. 이는 수사학자 Young(1980)이 사용한 용어인데, 글쓰기에서 발견이 수행되는 두 과정을 비교하기 위해서 사용한 말이다. 그는 발견이 수행되는 두 과정을 낭만주의 수사학 이론과 고전 수사학 이론 사이의 긴장

---

56) 이 중에서 2014와 2018의 논문은 Baaijen, Galbraith, de Glopper(2014, 2018)과 공동 논문으로 제1저자는 Baaijen이다.

관계를 말한다고 표현했다.

고전적인 수사학(인지주의 수사학)에서는 일반적으로 글쓰기의 목적을 수사학적 목표를 충족하는 텍스트를 구성하는 것이라고 말한다. 또 이런 목적을 수행하기 위해 전략적인 문제 해결 과정과 인지적인 쓰기 과정에 초점을 맞추는 것을 중요하게 보았다. 고전주의에서는 수사적 목적을 달성하기 위해 쓰기 과정으로 계획 과정(목표를 충족하기 위한 아이디어 생성 및 구성), 문장 생성 과정(계획을 언어로 실현하기 위한 형식적인 문장의 생성), 수정 과정(글의 목표와 관련하여 텍스트 평가, 수정)을 두었다. 이 세 가지 쓰기 과정은 순차적으로 진행되는 것은 아니며, 글이 작성되면 순환되고 반복되는 과정을 거친다. Hayes & Flower(1981)의 인지 과정 모형이 이에 관한 가장 적합한 예시라고 할 수 있다.

반면에 낭만주의 수사학에서는 정해진 목표를 따라 글을 쓰기보다는 글을 쓰면서 무엇을 말해야 할지를 세부 내용을 찾아가면서 쓰는 쓰기 경향을 말한다. 그렇기 때문에 낭만주의에서는 수사적 목표를 세우고 그 길을 따라가는 방식을 근본적으로 부정한다. E. M. Forster가 "내가 쓰기도 전에 내가 무슨 생각을 하는지 어떻게 알 수 있을까요?"라고 말했는데, 이 말은 쓰면서 내가 생각하는 바와 나의 목표를 찾아가야 한다는 뜻이다. '낭만주의'에서 수사적 관점에 관해 흔히 비판하는 것은 계획하고 번역하는 전략이 가진 문제점이다. 글을 써본 사람은 알고 있지만 글은 계획한 대로 진행되는 것이 아니다. 이 때문에 수사적으로 목표를 바꾸고 새로운 내용도 넣고 하지만, 그렇다고 근본적인 쓰기 목표가 바뀌는 것은 아니다. 낭만주의에서는 텍스트를 쓰면서 바뀌게 되는 아이디어 창안과 발견의 과정을 중시한다.

많은 학자들이 글쓰기 과정을 주제에 관한 새로운 아이디어를 발전시키는, 역동적인 발전의 과정이라고 말한다(Murray, 1978; Hayes & Flower, 1980; Bereiter & Scardamalia, 1987; Galbraith, 1992, 1996). 주제에 관한 작가의 개념이 발전하기 위해서는 무엇보다 발견의 역할이 중요하다. 그런데, 위에서 보듯 '고전주의'와 '낭만주의'는 발견에 관한 생각이 다르다. '고전주의'에서는 발견의 관점에서 중요한 것은 수사적 지식이라고 보고 있으며, 이에 관한 전략적 수행 방법에 따라 초보자와 전문가가 차이가 나온다고 보고 있다. 앞서 지식 변형 모형에서도 잠깐 나왔지만 수사적 지식은 텍스트를 쓰기 목적과 독자의 요구에 맞춰 작성할 수 있는 능력에 가깝다. 주제에 관한 지식과 수사적 지식(문장, 단락, 문어체 언어 지식)이 있지만 중요한 것은 수사적 목적에 맞춰 텍스트를 구성하는 능력이다.

'고전주의'에서는 초보자의 목표는 주제에 맞춰 자신이 알고 있는 바를 쉽게 설명하는 것이다. 이를 Bereiter & Scardamalia(1987)가 지식 나열 모형이라고 설명한 바 있다. 장기 기억에 있는 자신의 지식에 맞는 목표와 전달 방식, 그리고 이를 잘 수행하고 있는지를 검토하는 것이다. 그런데 고급 필자들은 이와는 다른 방식의 글쓰기를 수행한다. 초보자의 쓰기 방법을 넘어 독자의 요구사항, 효과적인 전달 방안, 추가하고 수정할 사항을 새롭게 발견하여 글쓰기에 적용하는 것이다. 이런 과정 속에 당연히 발견의 과정들이 수반되기도 한다. 지식 변형 과정을 통해 새롭게 아이디어가 생성되기도 하는 것이다. 그러나 이런 발견의 과정은 대체로 수사적 목표의 범위 내에 있지, 주제를 바꾸거나 화제의 개념을 새롭게 만드는 것은 아니라고 Galbraith(1996)는 판단한다. 텍스트의 변형과 재구성은 처음 세운 수사학적 목표와 상충되지 않는 범위 내에서 이루어진다.

'고전주의(인지적 관점)'에서 강조하는 것은 수사학적인 목표 설정과 이에 관한 능동적 구성 과정이다. 고급 필자들은 글을 작성하는 도중에도 수사학적인 문제에 관해 반응을 하고, 이에 관한 목표를 새롭게 설정하기도 하며, 또 새로운 아이디어를 발굴하기도 한다. 그리고 이런 수사학적인 반응을 통해 주제에 관한 지식도 발전하게 만든다. Bereiter & Scardamalia(1987: 11)는 "이들(전문가)은 글 자체를 바꿀 뿐만 아니라, 자신이 말하고자 하는 내용 역시 바꾸게 된다. 따라서 글쓰기는 지식의 발전에도 중요한 역할을 한다."라고 말하여 수사학적 변형에 수반되는 지식의 이해와 발전을 이야기하고 있다. 그러나 여기서 말하는 지식은 전체적인 주제 내의 지식에 해당하는 것으로, 특별히 전체 주제에 관한 창의적인 발견이라고 말할 수는 없다. 이들은 글을 쓰면서 수사적 과정(지식 변형 과정)을 통해 주제를 더 많이 이해하게 되고 내용을 더 발전시키게 된다고 말하고 있다(그러나 Galbraith는 여러 차례의 실험을 통해 그렇지 않다는 사실을 증명했다). 고전적 입장에서 글쓰기를 '발견'이라고 보는 것은 보다 수사적 목표에 집중해서 보다 높은 의사소통의 목적을 실현하기 위해 지식을 변형하는 것(문제 해결의 과정)에 불과하기 때문이다(Galbraith, 1992)[57].

---

57) Galbraith(1996: 123)는 인지주의 관점에서 '발견'의 증거로 제시하는 여러 사례를 소개한다. 예를 들어 Hayes & Flower(1980)는 초보 필자와 전문가 필자가 글을 쓰는 과정에서 생산된 프로토콜을 통해 전문 필자는 수사적 문제에 관한 반응으로 60%의 아이디어를 생산한 것을 발견한 반면, 초보 필자는 화제에 대한 반응으로 70%의 아이디어를 생성했음을 밝혔다. Bereiter & Scardamalia(1987)는 수사적 계획에 관해 교육을 받은 통제집단과 그렇지 않은 집단을 비교했다. 이를 통해 교육을 받은 집단이 글쓰기 과정에서 아이디어를 재평가하고 수정하려 했다는 점을 확인했다. 수사적 목표에 따라 아이디어가 달라진다는 증거가 있었지만 이러한 점으로 화제에 대해 필자가 다른 개념을 갖는다는 증거는 없었다. Galbraith(1996)는 인지적 관점(고전주의)에서 이런 발견의 과정이 일어나지만 이런 발견이 주제를 변화시키거나 화제의 개념을 바꾸는 그런 것은 아니라고 언급했다. 그는 인지적 관점(고전주의)에서 발견은 수사적 목적을 만족시킬 수 있도록 아이디어를 적용한 결과라고 말했다. 다시 말해 고전주의에서 '발견'이란 수사적 목표가 허용하는 범위 내에서의 내용 재구성을 의미한다고 볼 수 있다.

Galbraith(1992)는 수사적 방식이 지닌 기본적인 결함이 위와 같은 문제점에서 나온다고 보았다. 글을 쓰면서 처음 계획했던 것을 따라 쓰고자 하는 마음과 실제 글의 흐름에 따른 적절한 표현 사이에 갈등이 존재하고, 이것이 글쓰기 장애로 이어질 수 있다고 본 것이다. 그래서 낭만적 관점을 주장하는 학자들은 Elbow(1973)와 Wason(1980)이 말하는 이중 초고 전략을 사용하라고 권유한다.58) 이중 초고 전략은 처음 초고는 어떤 목표에도 구애받지 말고 순수하게 발견에 중심을 두고 작성하며, 둘째 초고를 수정할 때 비로소 글의 목적과 전략, 구성을 생각하는 방식이다.

Galbraith(1992)는 고전적 관점과 낭만적 관점의 가장 큰 차이가 지식의 특성에 있다고 말한다. 고전적 관점의 지식은 작가의 기억 속에

---

58) 이중 초고 전략은 주로 Peter Elbow(1973, 1981)가 주장한 것으로 글을 두 단계로 나누어 쓸 것을 권고한 쓰기 방법이다. 그는 먼저 글의 주제나 계획을 세우지 말고 자유롭게 생각이 나는 대로 글을 쓰기를 권유한다. 그리고 초고가 완성되고 나면 수사적 목표에 맞춰 비판적으로 이를 수정하라고 말하고 있다. 이런 방법을 제안하는 이유는 글쓰기는 성장의 과정이고, 글을 쓰는 과정에서 많은 발견이 이루어진다고 보기 때문이다. Peter Elbow는 1973년 자신의 책(『*Writing without Teachers*』)에서 통상 글을 쓰기 전에 의미를 찾고 계획을 세우는데 그것은 올바른 의미를 알기 전에 글을 먼저 시작하는 것과 같다고 했다. 또 글쓰기는 의미에서 언어로 가는 2단계 처리 방식이 아니고, 이와 상반된 거꾸로 방식이라고 언급한다. 필자는 의미를 알기 전에 글을 써야 하고 점차로 언어가 변화하고 발전하는 유기적인 발전 과정을 거쳐야 한다. 필자는 마지막에 가서야 자신이 무엇을 말하고 싶은지, 어떤 단어로 말하고 싶은지를 알 수 있게 된다고 주장한다. Peter Elbow가 볼 때 글쓰기는 메시지를 전달하기 위한 방법이 아니라 메시지를 성장시키고 발전시키는 방법이다. 글쓰기는 처음 생각하지 못했던 생각나게 하는 방법이라는 것이다. 또 Peter Elbow는 1981년 책(『*Writing with Power*』)에서 두 단계로 구성된 글쓰기 과정을 제안했다. 첫째는 힘을 빼고 열린 마음으로 빠르게 초고를 작성한다. 그런 뒤 작성한 것을 퇴고할 때 비판적이고 강한 마음으로 수행한다. 이런 방식은 자유롭게 쓰면서 창의력을 발휘하고, 비판적으로 퇴고하는 기술을 발전시킬 수 있다고 하였다. Galbraith의 주장은 Peter Elbow의 표현주의적 글쓰기론과 두 단계의 글쓰기 방법에서 나온 것으로 보인다. Peter Elbow(1978), *Writing without Teachers*, Oxford University Press, p. 15; Peter Elbow(1981), *Writing with Power*, Oxford University Press. 여기서는 김우열 옮김, 『힘있는 글쓰기』, 토트, 2014, 46~49쪽.

있다. 장기 기억 속에 있는 여러 지식들을 검토하고 출력하여 수사적 목적에 맞는 글을 구성하는 것이다. 반면에 낭만적 관점의 경우 작가의 지식은 고정된 것이 아니다. 글을 작성하는 도중 여러 개념의 네트워크 가운데 암묵적으로 형성되고 발현되는 것이다. 연결주의 이론의 입장에서 보면 지식은 병렬적으로 분산된 개념적 네트워크 속에서 실현되는데, 명시적으로 저장할 수가 없는 것들이다. 그래서 Galbraith(1999)는 글을 쓰면서 드러나는 필자의 성향과 문맥의 표현 사이의 변증법을 통해 새로운 발견이 이루어진다고 말하고 있다.

Galbraith의 1992년 논문은 이런 두 관점(고전주의/낭만주의)을 가지고 필자들의 쓰기 과정과 실험 양상을 분석하고 있다. 1999년 논문(지식 구성 모형)과 같이 Snyder(1974)가 고안한 자기 모니터링의 척도를 사용하여 쓰기 과정을 분석하고 실험한다. Snyder(1974)는 표현 행동의 자제력에서 개인차가 있다고 주장하고, 자기통제 능력과 사회적 행동 사이에서 나타나는 차이를 분석했다. 그는 자기 모니터링 척도에 따라 사람들을 두 부류로 나누었다. 자기 모니터링에 관해 예민한 사람은 다른 사람의 행동과 표현에서 자신의 감정 상태에 관한 단서를 찾고, 다른 사람의 감정 표현 행동을 모델로 삼아 자신의 적절한 행동 방식을 설정한다. 반면에 자기 모니터링이 낮은 사람은 자신의 감정 상태를 다른 사람의 행동이나 표현에서 찾기보다 자신의 내적 상태나 표현을 통해 스스로 조정하고 통제하기를 더 선호한다. Snyder(1974)는 이런 사람들은 자기표현에 관한 사회적 비교 정보에 비교적 관심이 낮고 자기 모니터링 기술도 발전하지 않은 사람이라고 말한다.

Snyder(1974)은 인간의 사회적 행동과 자기 통제 능력을 측정하기 위해 자기 모니터링 척도를 개발했지만 Galbraith(1992, 1996, 1999)는 이를 자신의 논문에서 성향적 글쓰기를 측정하는 실험의 분석 도구로 사용했다. 그는 자기 모니터링이 높은 사람이 수사적 글쓰기를 수행하고, 자기 모니터링이 낮은 사람은 성향적인 글쓰기를 수행할 것이라고 가정했다. 그리고 학생 84명을 모니터링 척도 조사를 통해 두 집단으로 나누고 이에 따른 실험 결과를 분석했다. 먼저 계획 단계에서 메모(노트형식)를 작성하는 경우와 계획 단계 없이 바로 글을 쓰는 경우를 나누어서 새롭게 형성된 아이디어를 조사했다. 여기서 나타난 결과는 다음과 같다. 바로 글을 쓰는 에세이 작성에서 낮은 자기 모니터링 집단에서 높은 자기 모니터링 집단보다 새로운 아이디어를 많이 형성했다(0.27〈0.52). 메모(노트 형식) 상황에서 새로운 아이디어는 높은 자기 모니터링 집단에서 낮은 자기 모니터링 집단보다 더 많았다(0.27〈0.48). 이를 보면 낮은 모니터링 집단은 계획 없이 바로 작성하는 글쓰기에서 더 많은 아이디어를 생산했고, 높은 모니터링 집단은 메모(노트형식 계획하기)를 통한 글쓰기에서 더 많은 아이디어를 생산했다. 이런 결과를 통해 계획하기와 작성하기가 모두 새로운 아이디어를 만들어 내는 원천이라는 것을 알 수 있지만, 높은 모니터링 집단은 수사적인 계획하기에서, 낮은 모니터링 집단은 글을 쓰는 과정에서 아이디어가 더 많이 산출되었다는 것을 알 수가 있다.

그런데 이렇게 두 집단에서 나온 아이디어는 전체적인(global) 영역의 것인지, 지엽적인(local) 영역의 것인지에 관해서는 분명한 차이가 있었다. 계획 단계인 메모(노트)에서 나온 아이디어는 전체적인 영역의 아이디어가 많았고, 계획 없이 작성한 글의 아이디어는 지엽적인 영역의 것이 더 많았다. 이런 차이는 계획 단계인 메모의 글이 수사적 목적의 영향을 더 많이 받았다는 것을 암시하고, 계획 없이 작성한 글의 아이디어는 조금 더 지엽적이고 표현적인 부분의 아이디어가 많아 수사적 목적으로부터 자유로웠다는 것을 암시한다. 그러나

Galbraith(1992)는 낮은 자기 모니터링 집단에서 전체적인 영역의 아이디어가 발생하면 이는 수사적 목적에 종속되는 것이 아닌 새로운 전체적인 구조의 출현을 의미한다고 보았다. 이와 관련하여 수사적 목적에 따라 수정하여 생긴 새로운 아이디어는 '하향식' 과정을 따른다고 보고, 성향적 변증법에 의해 생산된 새로운 아이디어는 전체적 구조를 지향하는 '상향식' 과정을 나타낸다고 말했다.

> 이 분석에 따르면 수사적 조직화는 '하향식' 과정으로 계획되었을 때 가장 효과적이며, 새로운 아이디어가 계획에 통합되어, 전체적 구조를 직접적으로 수정하는 것을 의미한다. 이와 대조적으로, 성향적 변증법은 '상향식' 과정으로 계획되었을 때 가장 효과적이며, 지엽적 수준에서 새로운 아이디어가 나타나 전체적인 구조를 변화시키는 것을 포함하게 된다. (…중략…) 이렇게 보면 성향적 변증법의 글쓰기는 비계획적일 때, 수사적 목적의 글쓰기는 계획적일 때 최대 효과를 발휘한다. 결과적으로 낮은 모니터링의 사람은 계획하지 않은 에세이를 쓸 때 새로운 아이디어를 가장 많이 생산하고, 높은 모니터링의 사람은 계획된 에세이를 쓸 때 새로운 아이디어를 가장 많이 생산한다. (Galbraith, 1992: 60~61)

이런 논의를 바탕으로 Galbraith(1992)는 글쓰기에서 새로운 아이디어의 원천이 두 가지 방향에서 이루어진다는 점을 확인했다. 먼저 수사적 계획과 실행은 높은 자기 모니터링 집단의 특징으로 애초 계획된 아이디어를 문장으로 옮기되(번역 과정), 아이디어를 수정할 때는 전체적인 영역의 수사적 문제를 실현하는 방향으로 수정한다. 특히 이런 경우는 필자의 아이디어가 명시적인 계획으로 기억 속에 구축되어 있을 때 더 효과적으로 나타난다. 이와 달리 낮은 자기 모니터링 집단의 성향적 글쓰기는 수사적 계획보다 개별적 아이디어가 실현되어 전체적인 구조의 변화로 나타나는 상향식 과정으로 이루어진다. 이런 상향식 과정은 수사적 목표나 사전 계획이 없으면 더 효과적이고, 수사적 목표나 사전 계획이 있으면 오히려 방해가 된다. Galbraith (1992)는 이런 차이가 글쓰기를 바라보는 성향적 차이에서 발생하는 것이라고 보았다.

Galbraith의 1996년 논문은 1992년 논문의 실험과 유사하게 진행되지만 차이가 나는 부분이 있다. 그것은 낮은 모니터링 집단의 학생과 높은 모니터링 집단의 학생이 어떤 초안 전략을 가지는지를 찾아보는 실험이다. 실험은 복잡하지만 간단히 중요한 부분을 살펴보면 다음과 같다. 우선 낮은 모니터링 집단의 학생과 높은 모니터링 집단의 학생을 대상으로 다양한 초안을 쓰는 사람과 적은 초안을 작성하는 사람으로 나누어 살펴보았다. 적은 초안을 사용하는 높은 자기 모니터링 학생들은 주로 머릿속으로 계획하고 글을 쓰는 동안 자신의 계획을 고수했다. 반면에 다양한 초안을 작성한 높은 자기 모니터링 학생들은 정신적인 계획을 다양한 세부 계획으로 옮기는 것에 열중했다. 대체로 (다양한 초안을 쓰던, 적은 초안을 쓰던) 높은 자기 모니터링 학생들은 작성과정(번역하기)에서 수사적 목적에 맞게 계획한 것을 통제된 방법으로 수행하고 있었다.

다양한 초안을 쓰는 낮은 자기 모니터링 학생들은 계획 없이 초안을 자연스럽게 쓰는 것에 가까웠다. 다양한 초안을 마음에 들 때까지 자연스럽게 작성했다. 이런 점은 다양한 초안을 썼던 높은 자기 모니터링 학생들이 세부적인 계획을 가지고 통제된 작성과정(번역)을 가진 것과 비교된다. 이와 함께 이 논문에서는 초안 전략과 학생들의 학습 능력의 관계를 알기 위해 자기 전공(심리학) 내의 평균 점수와 글쓰기에 관한 자기 점검 점수 등 두 가지 추가 변수를 넣어 조사를 했다. 자기 점검을 위해 학생들에게 자신들이 다른 사람들에 비해 얼마나 글을 잘 쓰는지를 스스로 평가해 달라고 요청했다. 그것에 관한 결과 분석은 다음과 같다.

〈표 2〉 결과 분석

진술	낮은 자기-점검자		높은 자기-점검자		
	적은 초안	다양한 초안	적은 초안	다양한 초안	p^a
전공 내 평균 점수	60.3	61.7_b	59.7	58.9_c	*
"나는 다른 사람만큼 글을 잘 쓴다고 생각하지 않는다."	3.1	3.4_b	2.9	2.7_c	*

Galbraith(1996: 136)

〈표 2〉에서 보듯이 학과 평균 점수는 낮은 자기 모니터링 학생들이 높은 자기 모니터링 학생들보다 조금 더 높았다. 그런데 이와 달리 "나는 다른 사람만큼 글을 잘 쓴다고 생각하지 않는다."라는 말에는 낮은 자기 모니터링 학생들이 더 많이 동의했다. 학과의 평균 점수가 높은 학생들임에도 불구하고 자기 점검에는 더 엄격하고 철저한 것으로 보이는데, 이는 자기표현과 자기 점검에 강한 낮은 자기 모니터링 학생의 특성을 잘 보여주는 것이라 하겠다. 그런데 실험의 결과 자신이 다른 사람보다 글을 잘 쓰지 못한다고 생각하는 낮은 자기-점검자들이 다른 학생들보다 더 많은 초안을 썼다는 점을 유의 깊게 볼 필요가 있다.

Galbraith의 1996년 논문은 복잡하고 다양한 실험 방법으로 전개되지만 결론은 앞의 1992년 논문과 유사하다. 이 논문의 논의 부분을 보면 고전주의와 낭만주의 입장에 관해 이전 논문에서 주장하는 내용이 다시 반복된다. 다양한 초안을 쓰는 낮은 자기 모니터링 학생들은 별다른 계획 없이 자연스럽게 텍스트 초안을 썼지만 다양한 초안을 사용하는 높은 자기 모니터링 학생들은 글을 쓰기 전에 광범위한 계획을 세웠다. 그리고 이런 계획은 번역(작성하기)을 통제하거나 수정하는 데 사용했다. 아울러 낮은 자기 모니터링 학생들의 다양한 초안들은 이해의 증가와 발전과 관련이 있었지만, 높은 자기 모니터링 학생의 다양한 초안은 주제에 관한 필자의 이해가 증가되지 않고 감소와 관련이 있었다. Galbraith(1996)는 다양한 초안을 쓰는 낮은 자기 모니터링 학생들이 다양한 초안을 쓰는 높은 모니터링 학생들보다 더 좋은 점수를 받았는데 그것은 낭만주의의 관점처럼 화제에 관한 자기 이해를 발전시킨 학생들의 텍스트가 명료성에서 더 좋았기 때문이라고 보았다. 주제에 관한 이해가 깊어지면 더 좋은 질의 텍스트를 쓸 수 있을 것이라고 판단한 것이다.

3.3. Galbraith(2009, 2014, 2018)의 관련 연구 2

이와 유사한 연구와 실험은 2009년, 2014년, 2018년도에도 진행되었다. 실험 내용과 실험 결과에 유사한 측면이 많기 때문에 여기서는 특별히 주목해 보아야 할 2014년 논문을 중심으로 살펴보고자 한다. 앞선 연구에서 Galbraith는 필자의 성향을 분석하는 도구로서 Snyder(1974)의 자기 모니터링 점검 도구를 사용했다. 앞에서도 나왔지만 높은 자기 모니터링을 지닌 필자는 타인에 관한 자기표현을 중요하게 보아 자기 행동을 조절하고 통제한다. 이런 필자는 수사적 목표를 정하고 이에 맞춰 글을 수행할 가능성이 높다. 반면에 낮은 모니터링 필자들은 타자의 시선보다 자기 견해를 더 중시하는 사람으로 자신의 감정 상태에 따라 표현을 통제하고 조정하는 사람들이다. 그런데 Galbraith의 2014년 논문[59]은 이와 달리 White & Bruning(2005)의 논문을 따라 글쓰기에 관한 성향적 신념으로 분석 도구를 바꾸었다.

White & Bruning(2005)에 관한 필자의 성향을 조사하기 위한 글쓰기 신념 목록을 개발했다. 세부 항목의 분류에 따라 필자들의 글쓰기에 관한 성향들이 달라졌고, 이에 따라 필자들의 텍스트 질도 차이가 났다. White & Bruning(2005)은 글쓰기에 관한 신념 목록들을 평가하여 필자들을 크게 두 그룹으로 분류했다. 하나는 '전달적 신념' 집단으로 글쓰기를 독자들에게 권위적인 정보를 전달하는 작업으로 정의하는 필자 집단이다. 이들은 글쓰기의 목적을 타인에게 정보를 전달하는 것으로 보기 때문에 정보의 중요성과 가치를 중요한 덕목으로 인식한다. 다음은 '교류적 신념'의 집단인데, 이들은 글쓰기의 목적을 정보 전달에 두지 않고 필자 자신의 경험과 지식의 발달을 돕는 것으로 인식하는 필자 집단을 말한다. 교류적 신념의 필자들은 글쓰기를 자기표현의 수단으로 보기 때문에 텍스트의 주제와 내용에 자기 생각과 표현을 반영하고자 노력한다[60].

---

59) 이 논문(2014)은 제1저자가 Baaijen으로 표기되고 Galbraith가 제2저자로 표기되어 있다. 그러나 논문의 내용이 Galbraith의 이전 논문과 매우 흡사하여 Galbraith가 주도한 것으로 판단한다. Baaijen, Galbraith, de Glopper(2014), "Effects of writing beliefs and planning on writing performance", *Learning and Instruction*, 33.

60) White & Bruning(2005: 168)이 논문을 통해 규정하고 있는 전달적 신념의 필자와 교류적 신념의 필자에 관한 설명 부분은 다음과 같다. "전달적 글쓰기 신념을 가진 필자(높은 전달적 신념−낮은 교류적 신념)는 글쓰기 과정에서 낮은 수준의 정서적 및 인지적 참여를 보일 수 있다. 이러한 필자는 글쓰기를 권위가 있는 출처에서 독자에게 정보를 전달하는 방식으로 생각하기 때문에 필자의 아이디어가 텍스트에 반영되는 방식이 제한된다. 이렇게 작성된 결과물에는 아이디어의 깊이 있는 전개와 필자의 목소리 및 문장 유창성 등 글쓰기 품질과 관련된 측면들이 부족할 것이다. 반대로, 교류적 글쓰기 신념(높은 교류적−낮은 전달적 신념)을 가진 필자는 글쓰기의 목적을 자신의 생각을 적극적으로 쓰기 과정에 반영하여 글을 개인적으로, 그리고 비판적으로 구성하는 과정으로 보기 때문

White & Bruning(2005)은 교류적 신념의 필자들이 전달적 신념의 필자들보다 더 좋은 텍스트 평가를 받았다고 언급했다. White & Bruning(2005)의 분류는 Galbraith가 이전까지의 논문(1992, 1996, 1999)에서 계속 분석 도구로 사용했던 Snyder(1974)의 분석 도구(높은 자기 모니터링/낮은 자기 모니터링)와 유사한 의미를 내포하고 있다.

후반기 연구에서 자주 언급되는 가설 중 하나는 단일－과정 모형과 이중－과정 모형이다. 단일－과정 모형은 수사적 목적에 따라 문제 해결 과정으로 텍스트를 쓰는 것을 말한다. 이 모형에서는 근본적으로 필자가 글을 쓰는 동안 수사적 목적의 변화에 따라 지식 변형이 이루어지고, 이 과정에 개인의 신념이 글쓰기에 영향을 끼친다고 보는 일원론적 관점을 의미한다. 그리고 필자 입장에서 글쓰기가 이렇게 일원론적 관점으로 이루어진다고 믿는 것을 의미한다.

반면에 이중－과정 모형은 두 개의 상이한 과정이 글쓰기에 영향을 미치는 것을 의미한다. 두 개의 상이한 과정 중 하나는 앞서 말한 문제 해결 모형으로, 필자의 장기 기억에서 정보를 유출하는 수사적 목적에 따라 글을 쓰는 명시적인 과정을 일컫는다. 다른 하나는 필자의 기질에 따라 텍스트 생산 과정에서 새로운 아이디어를 얻게 되는 암시적인 과정을 말한다. 이중－과정 모형은 글쓰기가 이렇게 두 가지 쓰기 과정으로 이루어져 있으며, 이 두 과정은 서로 상충하는 것으로 보고 있다.

그런데 여기서 주의 깊게 살펴봐야 할 것은 두 집단이 지닌 주제에 관한 이해 발달의 문제이다. Baaijen, Galbraith, de Glopper(2014)는 이

에 글쓰기 과정에서 더 높은 수준의 정서적 및 인지적인 참여를 보일 수가 있다. 이렇게 작성된 결과물은 아이디어의 수준과 내용적인 깊이가 더 나아지고, 문장의 유창성 같은 측면도 더 좋아진다(White & Bruning, 2005: 168).

중—과정 모형에서 주제에 관한 이해 발달은 명시적인 문제 해결 과정에서는 이루어지지 않고, 텍스트 작성 과정에서 이루어지는 암시적 과정을 통해 이루어진다고 보았다. 명시적인 문제 해결 과정은 이미 존재하는 내용을 재조직하는 작업과 관련이 있지 주제에 관한 새로운 아이디어를 제공하는 것은 아니라고 본 것이다. 반면에 텍스트 생산 과정에서 새롭게 발견하는 아이디어는 기억의 저장고에서 계획하기를 통해 주어진 것이 아니기에 오히려 주제에 관한 이해를 더 발전시키고 진전시킨다고 보고 있다. 다시 말해 문제 해결 과정을 통한 명시적인 과정은 이미 계획 단계에서 설정된 주제와 내용을 조직하는 데 중점을 두기 때문에 주제에 관한 새로운 아이디어가 산출되기 힘들다. 반면에 성향적 글쓰기를 통한 아이디어 산출은 글을 쓰면서 새롭게 발견하게 되는 것이기 때문에, 그리고 그 아이디어는 사전에 계획 단계에서 주어진 정보가 아니라 텍스트 산출을 통해 새롭게 발견된 것이기 때문에 텍스트 주제에 관해 더 깊은 이해를 가져오게 된다고 말하고 있다[61].

이중—과정 모형은 두 가지 과정이 동시에 텍스트의 질 전체에 영향을

---

61) Galbraith가 여러 논문을 통해 계속 강조하고 있는 것은 성향적 글쓰기가 주제에 관한 이해 발달을 도모할 수 있다는 것이다. 이에 반해 문제 해결식의 인지적 글쓰기는 새로운 아이디어가 나와도 그것은 주제에 관한 필자의 이해를 향상시키는 것이 아니라고 본다. 이런 Galbraith의 주장은 인지적 글쓰기 방식이 기억 속에 저장된 지식을 가지고 이것을 계획적으로 풀어 가는 과정이라고 본다면 성향적 글쓰기는 글을 쓰면서 미처 깨닫지 못한 방식을 알게 되는 과정이기 때문에 주제에 관한 이해의 폭을 더 넓힐 수 있다고 보는 시각이다. McNamara et. al.(1996)의 논문을 보면 지식 수준이 높은 독자의 경우 텍스트 응집성이 떨어지는 텍스트를 더 잘 이해하고 학습 효과도 높았다는 내용이 있다. 이는 응집성이 떨어지는 텍스트를 볼 때 독자가 이에 관한 추론 과정을 하게 되고 이를 통해 텍스트에 언급되지 않은 부분도 알게 되는 효과를 말하는 것이다. 다시 말해 성향적 글쓰기 속에는 아무런 계획 없이 글을 쓰면서 느끼고 알게 되는 부분이, 우리가 미처 깨닫지 못한 사실을 알려준다는 역설적 주장이 들어 있다고 할 수 있다.

준다고 가정한다. 명시적인 조직 과정은 독자의 필요에 맞게 텍스트를 조직하고 가다듬도록 하고, 암시적으로 통제되는 텍스트 생산 과정은 내용에 대한 필자의 이해를 텍스트와 완전하게 연결시키도록 한다. 그러나 이러한 두 과정이 서로 다른 원리에 의해 작동하기 때문에, 그들은 근본적으로 글쓰기 과정에 충돌을 불러온다. 이 갈등을 필자가 어떤 방식으로 풀어 가느냐에 따라 글쓰기 전략의 차이가 발생한다. 하향식 전략은 처음에 텍스트의 전체적인 구조를 세우고, 이 구조를 사용하여 텍스트 생산을 제어하는 데 초점을 두면서 명시적인 조직하기 과정에 우선권을 둔다. 반면 상향식 전략은 먼저 필자의 이해가 포착한 텍스트를 생산하는 데 집중하면서 수사적으로 적절한 조직으로 수정해가는 기질이 이끄는 텍스트 생산 과정이다[62].

위의 예문을 보면 이중—과정 모형은 두 가지 과정, 즉 명시적인 조직 과정(인지적인 문제 해결 과정)과 암시적으로 통제되는 텍스트 생산 과정(성향적 글쓰기 과정)으로 구성되어 있다. 중요한 점은 이 두 과정이 서로 상반된 관점에 있고, 충돌의 과정이 수반되어 있다는 것이다. 인용문에는 두 상반된 과정을 처리하는 방식이 설명되어 있다. 그것은 바로 상향식과 하향식 전략이다. 하향식은 문제 해결 방식처럼 처음부터 명시적인 계획하기를 설정하고 이에 맞춰 조직하기를 시행하는 것이다. 반면에 상향식은 먼저 텍스트를 생산하는 데 초점을 두고 글을 작성한 후 수사적 목적에 맞춰 수정해 가는 것이다(이중 초고 전략). 이 두 방식에서 이들은 당연히 후자가 더 새로운 발견과

---

[62] Baaijen, Galbraith, de Glopper(2014), "Effects of writing beliefs and planning on writing performance", *Learning and Instruction*, 33, p. 83.

주제에 관한 이해를 심화한다고 보았다.

Baaijen, Galbraith, de Glopper(2014)의 논문에서는 전달적 신념의 필자와 교류적 신념의 필자들이 이런 이중 과정 모형에서 개요 짜기와 수정 사항, 이해 발달에서 어떤 차이가 있는지를 분석했다. White & Bruning(2005)의 논의에 따르면 전달적 신념의 필자들은 권위 있는 정보를 독자에게 전달하는 것을 우선적으로 생각하는 필자들이어서 쓰기 과정(계획하기, 필자의 이해 발달)의 문제와는 무관했다. 그래서 주로 교류적 신념의 필자를 중심으로 분석했다. 우선 개요를 짜지 않은 조건에서 높은 교류적 신념의 필자들이 낮은 교류적 신념의 필자보다 더 좋은 질의 텍스트를 작성했다. 반면에 낮은 교류적 신념의 필자들은 개요 짜기가 있는 경우 하향식 계획하기 과정을 수행하여 더 좋은 질의 텍스트를 작성했다. 개요를 짜는 경우는 높은 교류적 필자보다 낮은 교류적 신념의 필자에게 더 효과적이었다. 주제에 관한 이해 발달의 경우를 살펴보면 개요를 짜지 않고 텍스트 생산 과정의 조건에서 높은 교류적 신념의 필자들이 높은 이해 발달을 경험하는 것으로 판명되었다. 반면에 하향식 전략을 사용해서 개요 짜기를 시행하면 높은 교류적 신념의 필자들은 주제에 관한 이해 발달이 즉각 감소했다. 높은 교류적 신념의 필자들은 글쓰기를 통해 자신의 이해 발달을 더 중요하게 여기기 때문에 하향식의 개요 작성을 통해 문제 해결식의 방식을 취하게 되면 주제에 관한 이해가 감소하게 된다.

마지막으로 텍스트 수정과의 관계가 있다. 텍스트 수정은 높은 교류적 신념의 필자와 낮은 교류적 신념의 필자 사이에서 상이한 영향을 끼쳤다. 낮은 교류적 신념의 필자들에게 많은 수정은 낮은 텍스트의 질과 상관이 있었지만 이해 발달과는 무관했다. 반면에 높은 교류적 신념의 필자들에게 텍스트 수정의 양은 텍스트 질과는 무관했고 이해 발달과 깊은 상관성을 가졌다. 이와 관련해서는 Galbraith & Torrence (2004)의 논문에 나오는 반응적 수정과 적극적 수정에 관한 개념을 살펴보면 훨씬 이해하기가 쉽다. 반응적 수정은 처음 계획한 내용대로 텍스트가 진행되고 있는지를 점검하고 이런 목표를 달성하기 위한 반응으로서 수정하는 것을 의미한다. 적극적 수정은 필자가 자신이 쓰고 있는 글에 관해 자신의 이해를 발달시키기 위해 스스로 적극적인 수정을 하는 것을 말한다. Baaijen, Galbraith, de Glopper(2014)는 낮은 교류적 신념의 필자들은 주로 반응적 텍스트를 수행했는데 텍스트 질에는 부정적이었고, 주제에 관한 이해 발달과도 무관했다고 한다. 반면에 높은 교류적 신념의 필자들은 주로 적극적 수정을 했고, 텍스트 질과는 무관했지만 주제에 관한 이해 발달에는 긍정적이었다고 평가 했다.

사실 Baaijen, Galbraith, de Glopper(2014)의 연구는 매우 복잡하고 이해하기가 힘든 부분이 있다. 기존의 연구들이 단일한 차원에서 계획하기나 수정하기, 텍스트 질의 상관관계를 구하는 연구가 많았다면 Galbraith의 연구들은 필자의 성향에 따라 쓰기 과정과 텍스트 질이 어떻게 달라지는지를 나누어 연구를 했다. 특히 성향적 글쓰기의 내용은 기존의 인지 중심의 쓰기 이론에서 생각하지 못한 관점이다. 그러나 실제 작성 과정에서 우리는 글을 쓰면서 새롭게 발견하고 자신의 택한 주제에 관한 이해가 깊어지는 경험을 하기 때문에 이해할 수 있는 측면도 가지고 있다. 성향적 글쓰기가 명확한 근거와 증거를 찾기는 아직 어려워 보이지만 실제 글을 쓰는 필자라면 그런 경험을 하기 때문에 연구해 볼만한 가치가 있다고 본다.

그러나 Galbraith의 성향적 쓰기 연구가 가진 단점도 분명해 보인다. Galbraith(1996) 본인도 인정하고 있지만 지식의 변화와 이해의 정도를 측정하는 것이 명확하거나 정확하지 않다는 것이다. Galbraith의 연구에서 지식의 변화와 이해의 정도를 측정하는 방법은 주관적이었다. 필자들이 계획하기나 글을 쓰기 전후에 주관적으로 자신의 이해 정도를 기록했기 때문에 정확한 수치를 알기는 어려웠다. Galbraith도 1996년 자신의 논문에서 필자의 이해 상태를 객관적으로 측정할 방법을 찾아야 한다고 말했다. 그러나 이후의 논문에도 이에 관해 더 객관적인 방법은 보이지 않는다. 이와 더불어 주제 지식의 실제 내용과 이에 대한 필자의 이해 정도를 명료하게 측정할 방법도 찾아보아야 한다. 실제 필자가 글을 쓰면서 주제에 관한 지식이 다양해지고 발전되며 진화하는 경우가 있는 것도 분명하다. 낮은 자기 모니터링 필자나 교류적 신념의 필자의 경우에는 전달 목적의 글보다는 자기 이해나 자기 발전을 위해 글을 쓰는 사람들이기 때문에 글쓰기를 통해 개인의 발전을 도모해 볼 수 있다. 그런데 문제는 이런 지식의 발전과 주제에 관한 이해의 발전을 구체적으로 명시화하고 수치화할 수 있는 방법이 없다는 점이다. 앞으로 이 연구가 좀 더 구체화되고 발전하려면 이에 관한 객관적 연구 방법을 반드시 찾아야 할 것으로 생각한다.

반면에 Galbraith의 연구가 가진 장점도 있다. 그것은 여기에 나온 연구 성과를 쓰기 교육에 적용시켜 볼 수 있다는 점이다. 성향적 글쓰기에 관한 연구 성과를 보면 기존의 과정 중심 쓰기 교육의 방법이 너무 획일화되어 있기 때문에 이를 수정해야 한다는 사실을 깨달을 수 있다. Galbraith(2014)도 밝히고 있듯이 학술적 글쓰기 과제 수행에서 전달적 신념의 필자와 교류적 신념의 필자는 분명 쓰기에 관한 다른 관점을 가지고 있기 때문에 결과도 달라진다. 자칫 계획하기를 강조하고 수사적 목적만을 강조할 경우 높은 교류적 신념의 필자들은 좋은 텍스트를 쓰기 어려워질 수밖에 없다. 그래서 글쓰기 교육을 무작정 과정 중심이나 문제 해결 과정 중심으로 강조하기만 하면 작성 과정에서 깨닫게 되는 창안적 아이디어를 놓치게 된다. 일원적 관점만을 강조하고 추종하면 표현 행위(작성 과정)가 가지는 추동력, 즉 표현 행위가 사고를 유도하는 과정에 관해 간과할 수가 있다(김혜연, 2014). Galbraith가 여러 논문에서 밝힌 바대로 높은 자기 모니터링의 필자와 낮은 모니터링의 필자. 또 전달적 신념의 필자(높은 자기 모니터링 필자)와 교류적 신념의 필자(낮은 자기 모니터링 필자) 사이에 쓰기 과정을 바라보고, 수행하는 방법이 다르기 때문에 이런 점을 쓰기 교육에 접목시키면 보다 좋은 교육적 성과를 얻을 수 있을 것으로 보인다.

제2부 사회적 관점과 독자 및 담화공동체

제1장 인지주의 비판과 사회적 관점의 대두

1. 인지주의 비판과 사회구성주의

1970~1980년대 작문의 인지주의 연구와 교육이 활성화된 이후, 인지주의 관점과 과정 중심 교육에 관한 문제 제기와 비판이 있어 왔다. 인지주의가 추구하는 언어와 교육에 관해 인지주의 이론이 나온 초기부터 문제가 제기되었다. 1981년 Flower & Hayes의 인지적 과정 중심에 관한 논문이 나온 바로 이듬해(1982) 이를 비판한 Bizzell의 논문이 나왔다. Bizzell(1982)은 Flower & Hayes(1981)의 논문에서 인지주의가 쓰기 현상을 인간의 내면적 과정으로만 인식하고, 사고와 언어의 복잡한 관계를 소홀히 했다고 비판했다. 앞에서도 언급했듯이 Flower & Hayes(1981)는 쓰기를 단순히 인간 내면의 사고 과정으로만 생각했고 아이디어가 충실하다면 그것을 쉽게 문자로 옮길 수 있다고 보았다. 이들이 생각을 문자로 옮기는 과정을 '번역하기(translating)'라고

규정한 것만 보아도 이를 잘 알 수 있다.

쓰기 과정을 인간의 내면 활동으로만 보았던 인지주의 관점이 사회적 관점에 의해 비판을 받게 된 것은 기본적으로 언어와 지식에 관한 인식의 변화가 있었기 때문이다. 인지주의가 등장했던 배경에는 형식 언어학의 퇴조와 Chomsky 언어학의 등장이 있다. 기존의 언어학이 언어 형식에 관한 체계적인 설명에 거듭 실패하게 되자 1970년대 초 Chomsky는 언어학을 형식적 논리와 체계에서 인간 내면의 보편적 구조로 시선을 돌린다. 인간은 구체적인 학습 없이도 수많은 문장을 이해하고 생산하는 타고난 언어 능력을 지니고 있다는 것이다. 그는 다른 동물과 인간 사이의 언어 노출과 언어 습득의 사례를 언급하며 인간은 선천적으로 언어 습득 장치(LAD, Language Acquisition Device)를 가지고 있다고 주장했다. 이런 그의 주장은 언어구조에 관한 문제를 인간 내면의 정신적 구조로 돌리는 역할을 했다. 예를 들어 Chomsky 가 주장한 '보편 문법'만 보더라도 언어 사용의 원천을 인간의 근원적 내면 속에서 찾았다. 언어에 관한 시각을 소쉬르적 추상체계에서 인간 내면의 '심층 구조'로 옮긴 것이다. 인지주의가 등장하게 된 배경에는 이런 Chomsky의 언어적 관점이 영향을 미쳤다(박영목, 2005; 이재 승, 2010; Nystrand, 1993, 2006). Flower & Hayes(1981)가 쓰기 과정을 인간 내면의 특별한 기능으로 보고, 보편적 원리를 찾고자 얼마나 노력해 왔는지를 살펴보면 이를 잘 알 수가 있다.

1970년대 인지주의 등장에 Chomsky 언어학의 영향력이 있었다면 1980년대는 언어에 관한 사회적 시각의 등장과 함께 언어 사용에 관한 사회적 해석의 관점이 빠르게 전개된다. 언어가 개인의 인지적 내면 과정에서 생산되는 것이 아니라 사회적인 관계나 집단 관계 속에서 형성된다는 생각이 급속하게 대두되면서 언어의 사회적 생산과 유통에 관심이 집중되었다. 1974년 Dell Hymes는 언어를 "의사소통능력(communicative competence)"이라는 개념 속에서 바라보기 시작했고, 1976년 Haliday & Hasan(1976)은 언어가 사회적 관계 속에서 기능적으로 사용된다는 점을 밝히기도 했다. Haliday(1978)는 언어의 사용 맥락이 언어의 기능을 특징짓기 때문에 언어가 사용되는 사회문화적 맥락을 중시했다. 언어의 의미도 내면에 규정된 것이 아니라 대화적 맥락이나 문장 관계의 맥락 속에서 형성되는 것으로 인식했다. 아울러 1970년대부터 본격화된 언어 화용론(Austin, Grice, Searle)의 관점은 대화의 상대방에 따라 언어의 의미가 얼마나 달라질 수 있는지를 실제 현실의 맥락에서 보여주었다.

언어가 내면적 관점에서 사회적 관점으로 전환하게 된 것과 관련해서 흔히 많이 거론하는 학자는 Vygotsky이다. Vygotsky는 인간이 사용하는 언어가 본질적으로 사회적이고 상호적이며, 협동적인 것이라는 점을 밝혀 쓰기 교육이 인지적 관점에서 사회적 관점으로 전환하는 데 주요한 역할을 했다. Vygotsky는 아이들이 어떻게 언어를 배우고 이를 사고로 전환하는지를 관찰하면서 언어가 사회적이고 대화적인 사실을 밝혔다. 그는 '내면화된 사고'라는 개념을 내세우면서 어린아이가 다른 사람과의 상호 작용을 통해 언어를 숙달하고 이를 다시 내면화하는 과정이 아이들의 사고 형성 과정이라고 설명했다. 인간이 지닌 고등적인 사고도 모두 이와 같은 성장기의 사회화 과정을 통해 형성된다. 다른 사람과의 대화와 접촉을 통해 사회적 인식을 경험하고, 그것을 내면화하면서 고차원적인 사고를 구성하게 되는 것이다. Vygotsky의 이런 관점은 인간의 언어 활동과 정신 활동(사고 과정)이 기본적으로 사회적이며 협동적이고 공동체적인 것임을 확인해 주고 있다[1].

언어의 사회적 전환과 더불어 지식의 기원을 사회적 관계에서 찾는 것도 작문 연구의 사회적 전환과 밀접한 관련이 있다. 지식의 사회적 기원을 언급하면서 흔히 많이 거론하는 학자가 Thomas Kuhn이다. 사회구성주의가 등장하는 배경에 토마스 쿤의 유명한 저서 『과학혁명의 구조』가 있다. Thomas Kuhn은 과학적 변화가 진화론적 방식이 아니라 혁명적 방식을 통해 이루어진다고 주장했다. 과학자들은 진리에 진리를 더하는 방식으로 과학발전을 이루는 것이 아니라 사고의 패러다임을 바꿈으로써 혁신적인 변화와 진보를 이룬다고 본 것이다. 과학계의 이런 패러다임은 지식이 사회적이고 집단적인 구조를 통해 형성된다는 사실을 보여준다. Thomas Kuhn은 지식이 본질적으로 집단의 공동 재산이라고 설명하면서 그렇지 않으면 토대가 없는 아무것도 아닌 것이라고 언급했다. 이런 생각이 이후 사회구성주의를 형성하는 기본적인 이론적 토대가 되었다. 흔히 사람들이 생각하는 언어와 인식, 사실과 현실, 지식과 이론은 같은 공동체의 동료에 의해 형성된 사회적인 내적 구조물이라고 본 것이다. 이런 관점은 작문의 사회적 관점에서도 기본적인 바탕이 된다(Bruffee, 1986).

---

1) 언어의 사회적 관점으로서의 전환을 언급하면서 여러 학자(Bizzell, 1982; Bruffee, 1984; Faigley, 1986; Nystrand, 1993; 주재우, 2010)들이 Vygotsky의 이론들을 언급하였다. 그가 언어와 사고의 근원을 사회적 관계에서 나오는 것으로 강조했기 때문이다. Bruffee(1984)는 Vygotsky의 사상을 언급하면서 "사고가 인류 정신의 본질적인 속성이 아니라 사회적 관계에 의해 창조된 인공물"(p. 639)이라고 규정한 바 있다. 그는 '사고가 내면화된 대화'라는 말을 언급하면서 대화를 발생시키고 지식을 형성하는 것은 공동체적인 삶의 본질이라고 언급했다. 그는 Vygotsky와 함께 Stanley Fish의 '정상적 담화'와 '해석적 공동체'를 끌어오면서 작문이 바로 이와 같은 사회적이고 공동체적인 대화를 이어가는 장이라고 규정했다. Nystrand(1993)도 작문 이론에서 사회적 관점의 전환에 Vygotsky의 언어 이론이 있음을 강조하고 있다. 우리가 사용하는 사고와 언어는 성인과 어린이의 사회적 상호작용에 기원이 있다고 언급하면서 아이들의 외적 언어가 내면화되고 사고가 형성되는 과정을 인지적 영역과 사회적 영역의 결합이라고 보았다. 인지주의에서 언급하는 내면적 정신도 그 기원은 사회적이라는 점을 언급하고 있는 것이다.

언어와 지식에 관한 사회적 관점으로의 전환은 인지주의의 기본적 가정과는 다른 새로운 인식과 관점을 요구하게 된다. 언어와 지식이 기본적으로 사회적인 구성체라는 점, 의미 형성 역시 사회 구성원 간의 상호 작용에 의해 형성된다는 점, 그리고 담화공동체나 해석공동체 개념의 등장, 사회구성주의 개념에 기반한 작문 이론의 등장 등이 새롭게 제기된 사회적 전환의 관점들이라고 말할 수 있다(이재승, 2010). 이런 관점들은 인지주의가 세운 기본적인 가정들과 근본적으로 상반된 것들이다. Bruffee(1986)는 인지주의 가정들을 비판하면서 사회구성주의의 기본 가정을 세 가지 관점에서 제시하는데 그 내용은 다음과 같다(Bruffee, 1986: 776~778).

첫째, 인지적 관점에서는 우리가 알고 있는 인식이나 지식에는 진실성과 확실성을 보장하는 보편적 토대, 혹은 보편적 기반이나 구조가 있어야 한다고 가정하지만 사회 구성주의에서는 그렇지 않다고 말한다. 인지주의에서는 그 토대가 우리의 지식(개념, 이론, 아이디어 등)에 존재하거나 우리의 마음에 비친 현실(사실, 사회, 세계)에 존재한다고 믿는다. 그런데 사회구성주의에서는 이러한 지식과 사고에 관한 보편적 토대나 구조, 틀은 존재하지 않고, 오로지 공동체 구성원이 합의한 지식과 개념, 사실과 현실, 세계가 존재할 뿐이라고 인식한다. 모든 것은 사회 공동체가 만든 합의된 언어구조이며, 이것들이 사회 구성원의 일관성을 유지해 간다.

둘째, 통상적으로 인지주의에서는 '인지 과정', '개념적 틀', '지적 발달', '고급적 추론'과 같은 용어들이 보편적이고 객관화 가능하며, 측정 가능한 실체를 가진다고 인식된다. 그러나 사회구성주의 입장에서는 그러한 용어들은 보편 가능하지 않고 측정 가능하지도 않다고 생각한다. 그것들은 이야기하는 방식의 하나일 뿐이다. 이런 것은 사고의 작동 방식에서 말하는 '대화에 관한 대화'일 뿐으로, 사회적으로 만들어진 구성물에 불과하다고 본다. Bruffee(1986)는 심지어 이것들이 자신과 같은 대학의 지식인들이 특정 커뮤니티를 위해 만든 언어일 뿐이라고 언급하기도 한다.

셋째, 인지주의에서는 개인의 자아가 모든 생각의 근원이라고 언급한다. 마치 데카르트의 "나는 생각한다. 고로 존재한다."라는 언급처럼 사유하는 것이 존재의 원인이자 결과이다. 모든 사고와 사물, 현상은 이처럼 인간의 인식과 사유에서 비롯된다. 그러나 Bruffee(1986)는 사회구성주의에서는 이와 다른 방식으로 사물과 현상을 생각한다고 말한다. 그는 모든 사고의 근원은 개인의 자아가 아니라 사회 구성원의 협력과 그 언어라고 설명한다. 지식의 권위는 사회적 공동체가 생성하고, 유지하는 상징적 인공물이다. 사회구성주의자들의 입장에서는 인지주의가 근원적이라고 판단하는 개인의 사유 자체도 공동체가 생성하고 유지하는 인공물이라는 관점을 취한다. 이는 개인의 정신 속에서 지식의 근원과 원천을 찾고자 했던 인지주의와는 완전히 상반된 관점이다[2].

이와 같은 인식의 변화는 인지주의에서 단순히 수사적 맥락에 주의하라고 한 말보다 더 심각한 의미를 내포한다. 이런 인식은 글쓰기가

---

2) Greene(90: 157)는 인지주의자들이 지식의 본질에 대해 세 가지 주장을 하고 있다고 언급한다. 첫째, 지식은 고정된 지식의 본질에 대한 믿음을 전제로 하는 근원적 인식이다. 이 지식은 우리의 신념, 태도, 가치관과 별개로 가설을 세우고 검증함으로써 타당성을 인정받을 수 있다. 따라서 당연히 지식은 비역사적이면서도 비사회적이다. 둘째, 인지주의자들은 개인이 모든 사고의 매트릭스인 '만물의 척도'라고 주장하며 순수한 이성과 수학적 사고의 힘을 무한히 믿고 있다. 이러한 견해는 지식의 기준으로 협상된 합의, 토론된 합의를 인정하지 않는다. 지식의 권위는 정신의 외부와 별개로 존재하는 세계에 대한 정신적 표상의 구성에 달려 있다. 셋째, 지식은 언어와는 별개로 존재하기 때문에 언어의 형식과 논리에 구애받지 않는다. 언어는 논리적인 설명과 증명을 전달하기 위한 도구에 해당할 뿐이다.

단순히 개인적 사고의 활동이고, 그에 수반된 필자-독자, 주제, 문장, 텍스트를 구성하는 모든 요소들이 개인의 사고(스키마 혹은 운동기억이나 장기기억)의 범위를 벗어난다는 것을 의미한다. 이런 것들은 이제 완전히 개인의 바깥에 존재하게 된다. Faigley(1985)가 언급했듯이 글쓰기에 대한 새로운 관점은 어떻게 사회적 상황이 개인에게 영향을 끼치는가가 아니라, 개인이 어떻게 사회의 구성물인가에 초점을 맞추어야 한다. 그것은 의미가 텍스트나 개인이 아니라 독자와의 협상이라는 것을 의미하며, 필자가 작성하는 글도 순전히 나의 것이 아니라 공동체의 관습과 규칙이 내포되었다는 것을 의미한다. 쓰기 연구는 개인의 깊은 내면에서 벗어나 더 넓은 세상을 찾아가야 한다[3].

작문 연구에서 사회적 관점이 어떻게 도래했는지를 분석한 Nystrand (2006)는 1980년대 사회적 관점이 도입되자 순식간에 다양한 시각에서 이론적 논의가 전개되었다고 말했다. 이런 논의들은 여러 연구

---

3) 사회적 관점이 등장과 함께 쓰기에 관한 여러 관점을 분류하는 방식이 등장했다. 이런 방식들은 대체로 형식주의, 인지주의, 사회구성주의로 이어지는 방식을 택하지만 때로 이와 다른 방식으로 분류를 하기도 한다. 시대에 따라 달라지는 이런 관점들은 Thomas Kuhn이 말한 대로 인식과 사유의 방식, 즉 하나의 패러다임에 가깝다. 여기서 중요한 것은 분류 방식이 어떠한가보다 그 속에 담긴 시각과 내용의 차이들이다. 각 관점들은 텍스트와 작가, 독자, 쓰기 행위를 바라보는 시각이 다르다. 박영목(2003)은 쓰기 관점의 변화를 형식주의, 인지주의, 사회적 인지주의로 나누고, 이재승(2002, 2010)은 형식적 관점, 인지적 관점, 사회적 관점으로 나눈다. 주재우(2010)도 형식주의, 인지주의, 사회구성주의로 나누었다. 흥미로운 것은 박태호(2000)의 이수진(2001), Nystrand(1993)의 분류이다. 박태호는 인지구성주의와 사회구성주의, 사회적 인지로 나누고 있다. 여기서 특별한 것은 형식주의를 배제하고 사회적 인지를 추가했다는 점이다. 이재승(2002)는 사회적 인지를 사회 구성주의 속에 내포된 것으로 보았지만 박태호의 생각은 다르다. 사회적 인지는 인지와 사회를 통합하고자 한 관점으로, 1980년 후반부터 여러 학자들을 통해 활발하게 논의되던 이론이었다. 사회 인지적 관점은 Flower(1989a)와 Brandt(1992), Pittard (1999) 등을 통해 활발하게 논의된다. Nystrand(1993)은 형식주의, 구성주의, 사회적 구성주의, 대화주의로 나누었다. Nystrand의 논의에서 차이가 있는 점은 대화주의를 추가했다는 점이다. 사회 인지적 관점처럼 대화주의도 그 속에 인지와 사회를 통합하려는 입장이 내포되어 있다.

분야에서 전개되었는데 주요한 연구 성과를 보면 필자들과 담론 공동체들 사이의 관계(Bizzel, 1982; Bruffee, 1986; Faigley, 1986)가 있고, 쓰기와 읽기의 관계들(Bazerman, 1980; Bereiter & Scardamalia, 1984; Kucer 1987, Nystrand, 1986), 쓰기에서 맥락의 기능과 역할(Brandt, 1986; Nystrand, 1983)에 관한 문제들이 있다. 이밖에 사회적 관점으로 인해 범교과적 글쓰기 운동(Writing Across the Curriculum: WAC)도 일어났는데, 이런 논의는 근본적으로 글쓰기에서 사회적 맥락과 담화공동체에 관한 새로운 인식을 불러왔고 장르에 관해서도 새롭게 인식할 수 있도록 만들어 주었다[4].

쓰기 행위가 개인의 인지적 판단을 넘어 사회적 상호 관계의 결과로 이루어진다는 관점이 제기됨에 따라 자연스럽게 담론 공동체나 해석 공동체의 문제가 제기되었고, 쓰기에 영향을 주는 사회적 맥락과 환경 문제가 연구의 초점이 되었다. 쓰기와 읽기의 문제나 협력 학습, 범교과적 글쓰기 운동 역시 이런 상황에서 당연히 떠오를 수밖에 없는 학습 방법이 되었으며, 담론 공동체 내의 문식성 활동이 중요해지고 전공 내의 장르적 쓰기와 학습 맥락이 중요해진다. 다음 장에서는 사회적 관점이 제기되고 난 이후 작문 이론의 주요 관심사가 된 담론 공동체의 문제와 쓰기 과정에서의 맥락 문제를 살펴본다.

---

[4] 2005년 미국의 수사학자 Richard Fulkerson은 작문 교육의 전개와 흐름을 진단하는 논문을 썼다. 이 논문에서 그는 1980년 이후 20여 년간의 작문 교육과 작문 연구의 변화를 이끌어 온 것은 인지적 관점으로부터 "사회적 관점으로의 전환(social turn)"이라고 말했다. 이 논문에서 그는 미국의 작문 교육과 연구 분야의 주된 분야를 사회적 관점, 표현주의적 관점, 수사적 관점으로 분류하고, 이 중에서도 가장 주된 분야는 사회적 관점이라고 지적했다. 2000년대 중반에도 작문 교육과 연구에서 여전히 초점이 된 것은 사회적 분야와 비판적 수사학의 분야였다. 이런 분야는 2010년대 이르기까지 미국 대학 작문 교육에서 '비판적 문화 연구(Critical Cultual Studies)'로 중심을 차지하고 있다. Fulkerson, R.(2005), "Composition at the Turn of Twenty First Century", *College Composition and Communication*, 56(4), p. 659; 정희모(2013a), 「작문 연구의 방향과 전망」, 『작문연구』 18, 12쪽 참고.

2. 사회적 관점과 담화공동체

앞서 사회적 관점이 언어와 지식을 개인의 내적 표상에 바탕을 두지 않고, 사회적 관계에 바탕을 두는 것이라고 말했다. 여기서 사회적 관계란 인간 상호 간의 여러 소통과 협력, 활동을 통해 이루어지는 것을 의미한다. 개인은 자신의 생각(사고)을 사회적 관계로부터 얻고 사회는 구성원들이 합의한 지식과 가치를 통해 유지된다. 이런 관계에서 자연히 제기되는 문제가 바로 담화공동체 문제이다. 사회구성주의에서는 지식을 "사회적 관계에 의해 구성된 인공물"(Bruffee, 1984)이라고 규정한다. 사회 구성원들이 협상하고 합의할 수 있는 언어적인 공동체가 있어야 하고, 이런 공동체가 바로 담론 공동체가 된다. 담론 공동체는 특정한 언어와 지식을 바탕으로 서로 협의할 수 있는 가상의 구성적 공간이다. 지식은 담론 공동체의 합의를 통해 사회적 인식과 활동에 하나의 패러다임으로 기능하게 된다.

담화공동체 개념이 강조되는 또 다른 이유는 텍스트의 의미가 인지주의처럼 개인의 내면에서 비롯되는 것이 아니라 사회구성원 간의 상호 작용에 의해 형성된다고 보기 때문이다. 의미는 고정되어 있기보다 사회구성원들의 대화와 협상을 통해 형성된다(이재승, 2010). 담화공동체는 필자들이 의미를 구성하는 토대가 되고, 글을 만들어 내는 규범과 규칙이 살아있는 공간이 된다. 필자들이 담화공동체 내에서 다른 구성원들이 인정하고 동의하는 의미의 내용을 만들어 내게 되는 것이다.

사회구성주의 입장에서 담화공동체 논의를 이끈 것은 Bruffee(1984)이다. 그는 자신의 논문에서 Stanley Fish의 해석적 공동체(Interpretive Communitiy) 개념과 Richard Rorty의 정상담화에 관한 논의를 가져와 작문의 사회적 관점에서 담화 구성체 논의를 이끌었다. Stanley Fish의 해석적 공동체 개념은 특정한 읽기 방식을 위해 특정한 해석 전략을 공유한 사람들로 구성된 집단을 의미한다. 이런 공동체는 읽기 행위 이전에 존재하며, 읽기의 내용과 전략을 결정하는 데 중요한 영향을 끼친다. Stanley Fish의 해석적 공동체의 개념은 문학적 읽기를 위해 구성된 것이지만 Bruffee(1984)는 이를 글쓰기 상황의 문제로 바꿔 이론을 전개한다.

Bruffee(1984)는 Vygotsky의 개념을 끌고 와 사고는 '내면화된 대화'라는 개념을 제시한다. 그는 인간과 동물의 차이는 사회 속에서 끊이지 않고 대화에 참여하는 인간의 능력에서 비롯된다고 주장한다. Vygotsky도 인간이 사고를 발달시키고, 자기 의식을 가질 수 있는 것은 대화라는 인간 상호 간의 인지적 교류가 있기에 가능하다고 말한 바 있다. 우리는 대화할 수 있기 때문에 생각할 수 있고, 생각을 할 수 있기에 지식과 인식을 발전시킬 수 있다. 집단적이며, 대중적이고 사회적인 형태의 인류의 대화가 궁극적으로 인간의 사고와 지식을 만들어 낼 수 있었다. Bruffee(1984)는 이런 것들이 공동체를 유지하고 삶을 지속시키는 본질이라고 보았다[5].

---

5) Bruffee(1984)가 지니고 있는 사회적 관점의 철학은 Greene(90)에 따르면 '반근거주의'이면서 통일적이지만 사회적 관점의 다양한 논의들을 포괄하지 못한 단점이 있다고 말한다. 그의 철학은 데카르트의 합리주의를 비판하면서 근거주의에 의한 개인적 신념의 정당성에 관해 의문을 제기하는 것이다. 마음속에 명확하고 뚜렷하게 표상된 관념과 세계와의 관계에서 우리는 뚜렷한 신념의 정당성을 제기할 수 없다. 신념의 정당화는 사회적 과정이며, 공동체 속에서 다양한 지식과 신념을 협상하고 재협상하는 지속적인 대화에 해당할 수 있기 때문이다. 지식의 확실성과 객관적 진리의 논리성에 반발한 그의 시각이 왜 Flower(1981) 중심의 인지주의에 비판적인지, 그리고 그의 사상이 왜 사회적 관점을 논의할 때 출발점으로 언급되는지 충분히 이해할 수가 있다. 반면에 협력적 학습을 강조하고, 자유주의적 인문 가치를 숭상하는 그의 관점은 다른 사회적 관점의 이론가들과 대립되고 차별된다. 그의 이론은 인간의 협력을 통해 공통의 가치를 실현하는 것이 사회화의 결과라고 강조하며 사회적 기능주의 입장에 서게 된다. 이 때문인지 Giroux(1983)와 같은

Bruffee(1984)에게 생각하는 법, 사고하는 법은 담화하는 법을 배우는 것과 같다. 또 사고하고 대화하는 법을 배우는 것은 공동체적인 가치와 삶의 방식, 규범을 익히는 것과 동일하다. 나의 감각과 직관, 인식이 공동체적 관계 속에서 형성된다는 것과 그 근원이 나와 지식을 공유하는 해석적 공동체에 기대고 있다는 점을 인식하고 학습하는 것이다. 그의 논의에서 '해석적 공동체' 개념과 '정상 담화(Normal Discourse)'의 개념이 만나 일정한 의미를 형성하는 것도 이와 같은 사회 속 개인의 학습과 관련이 있다.

해석적 공동체 개념은 텍스트의 의미가 개별 필자나 독자의 인식에서 비롯되는 것이 아니라 필자나 독자가 속한 사회적, 문화적 공동체에 의해 형성된다는 것을 확인시켜 준다. 이것은 텍스트를 해석하는 데 있어 각 공동체는 고유의 해석 전략과 규범을 가지고 있으며, 공동체가 대화하기 위해서는 이런 규범과 소통 방식, 전략을 배워야 한다는 것을 의미한다. 정상 담화는 이처럼 공동체 내에서 인정하는 규범과 관습을 통해 공동의 이해와 소통방식을 받아들이는 담화 양식을 말한다. 대학 커리큘럼 내부의 다양한 학습 내용들이 이런 정상 담화의 한 방식이며, 읽기와 글쓰기도 이런 방식에 속한다. 그중에서도 글쓰기는 사회화 과정에서 내면화된 대화를 다시 외적인 언어로 전환하는 것으로, 사회적 소통과 인식의 중심에 해당한다(Bruffee, 1886: 791).

Bruffee(1984)가 사회구성주의 이론의 입장에서 담화공동체의 개념을 분석하고 있다면 Bizzell(1982a, 1982b, 1986)은 인지주의와 대립하여

학자들에 의해 그의 이론은 윤리적, 정치적 문제에 둔감하며, 권력과 투쟁 같은 사회적 갈등의 문제에 눈감고 있다는 지적을 받는다. 특히 자본주의 사회의 교육제도와 권력 관계에 관한 이데올로기 비판에 무관심하다는 지적을 받고 있다. Giroux(1983), Greene (1990)의 논문 참고할 것.

논쟁적 차원에서 담화공동체 개념을 제시하고 있다. Bizzell이 1982년에 제시한 논문, "인지, 관습, 그리고 확실성: 우리가 글쓰기에 대해 알아야 하는 것(Cognition, Convention, and Certainty: What We Need to Know About Writing)"(PRE/TEXT, 3.3)이 그러한 것이다. 사실 이 논문은 1981년에 Linda Flower와 John Hayes가 발표한 "글쓰기의 인지 과정 이론(A Cognitive Process Theory of Writing)"을 비판하기 위해 나온 것으로, 인지 과정 이론이 담고 있는 인지적 내면화의 문제를 조목조목 비판한다. 이 논문에서 그녀는 과정 중심 이론에서 제시하는 내적 언어구조와 정신적 구조 중심에 대항하여, 사고의 사회적 기원과 글쓰기의 사회적 근원을 담화공동체 개념을 통해 제시하고자 했다.

　이 논문에서 Bizzell(1982a)은 작문 연구의 관점을 두 가지로 분류해서 제시하는데, 하나는 내부 지향성 이론이고 다른 하나는 외부 지향성 이론이다. 내부 지향성(inner-directed) 이론은 인지주의 관점을 대변하고, 외부 지향성(outer-directed) 이론은 사회적 관점을 대변한다. 내부 지향성 이론가들은 사고와 언어의 보편적이고 정신적인 구조를 찾아서 가르칠 수 있다고 믿는다. 글쓰기 연구는 기초적이고 보편적인 쓰기 과정을 찾아 제시하고, 이를 교육 항목으로 만들어 학습에 투여해야 한다는 것이다. 이에 반해 외부 지향성 이론가들은 사고와 언어의 보편적이고 기초적인 구조를 찾아 가르칠 수 있다는 견해에 대해 부정적이다. 언어 사용과 사고 형성은 기본적으로 사회적 관계에서 조건 지어지고 사회적 맥락에서 규정지어 진다고 보기 때문이다. 그래서 학생들은 언어 사용에 관한 담화공동체의 담화 관습과 사회적 언어 양식에 주의를 기울여야 한다. 이와 더불어 교사는 학생들을 돕기 위해 담화 관습을 설명할 방법을 찾아야 하고, 사회 구성원들 사이에서 공통되는 언어 사용 패턴과 사용 방식을 교수 학습에 적용하도록 노력해야 한다.

Bizzell(1982a)은 외부 지향성 글쓰기 훈련의 주요한 활동이 담화공동체의 관습을 분석하는 일이라고 언급했다. 글쓰기를 가르치는 주요 프로그램들은 다양한 담화공동체의 관습과 양식을 학습하는 것이다. 이와 관련하여 그녀가 제시하는 담화공동체의 종류는 다양하다. 먼저 모국어 담화공동체(native discourse community)가 있다. 모국어 담화공동체는 자신이 출생하고 거주하는 사회의 적절한 담화 관습과 사고방식을 배우는 곳이다. 직업적 담화공동체는 모국어 담화공동체와 달리 직업 환경이나 직장 공간에 적합한 담화 관습을 배운다. 이밖에 담화공동체로는 학교 공동체나 문화 공동체가 있다. 이와 같이 한 사회의 여러 담화공동체는 그 속에 속한 다양한 구성원의 언어 사용 패턴과 담화 관습이 모여서 형성된다.

Bizzell의 또 다른 논문(1982b, 1986)에는 대학 신입생 작문 교육과 대학 담론 공동체의 문제를 다루고 있다. 이들 논문에서는 대학 신입생들이 왜 학술 담화공동체에 진입해야 하고, 어떻게 진입할 수 있는지에 관해 검토한다. 그리고 학술 담화공동체의 요소들을 어떻게 교육 과정에 반영할 수 있는지에 관해서도 논의한다. 그녀는 여러 편의 대학 교재를 비교하면서 학술적 담화공동체의 관습과 논의들을 받아들이는 것이 대학 작문 교육의 핵심이라고 주장한다. 그녀는 대학 글쓰기 과정의 최종 목표가 학생들의 학술 담론 공동체의 진입이라고 언급하기도 했다.

그녀는 대학의 학술 담론 공동체가 얼마나 중요한지를 밝히기 위해 Bourdieu와 Foucault의 논의를 끌어와 대학의 학술 공동체 담론이 사회적 권력 관계에 미치는 영향을 밝혔다. 학문적 지식은 제도화된 권력으로 전환되어 사회적 헤게모니를 행사한다. 사회적 헤게모니는 권력을 행사하고 불평등을 만들어 낸다. 학생들은 이런 헤게모니와 불평등을 비판하기 위해 학술적 담론 공동체의 언어 사용과 작용 방식, 권력 행사 방식을 배워야만 하는 것이다. 그녀는 프레리(Paulo Freire)의 말을 인용하면서[6] 이렇게 행사되는 권력 관계에 관해 비판적 인식이 얼마나 중요하고, 필요한지를 언급한다. 학생들이 학술 담화공동체에 진입해야 하는 이유는 그 사회의 언어적 규범과 방식을 알고 이를 비판하고 성장하기 위해서이다. 학생들은 학술 공동체의 일원이 되어 사회적 지식을 행사하는 방법을 알아야 하고, 이런 지적 행사들이 이데올로기적 헤게모니로 작용하지 않도록 비판적 인식을 갖추어야 한다. Bizzell(1982b)이 학술 공동체에 대한 학생들의 진입을 강조하는 것은 이데올로기적 헤게모니에 관한 비판적 인식에 깊게 맞닿아 있다. 쓰기 교육의 학술적 담화공동체 학습도 이런 전제 하에서 이루어져야 한다.

3. 맥락의 문제와 상황인지

앞서 사회적 관점이 언어와 지식을 보는 새로운 시각으로부터 출발했다고 말한 바 있다. 언어가 인간 내면의 보편적 문법에서 비롯된다

---

6) Bizzell(1982b: 126)의 논문에서 그녀가 프레리의 말을 인용한 부분은 다음과 같다. 아래 인용문을 보면 Bizzell이 인식한 학술적 담화공동체에 관한 인식이 단순히 학술 공동체에 진입하는 것에 머물러 있지 않다는 점을 알 수가 있다. "어떠한 수준의 지식이라도 그것에 의해 한 주체가 순순히 객체로 전이되고, 타자가 부과한 내용을 수동적으로 받아들이는 행위가 지식은 아니다. 오히려 지식은 세계와 직면하고 있는 주체의 호기심에 가득 찬 현재를 필요로 한다. 지식은 실재로 변형되어 나타나기를 원한다. 지식은 계속 탐구되기를 원한다. 지식은 발명과 그 발명에 대한 개혁을 암시한다. 지식은 각자에게 지식이라는 바로 그 행위에 대해 비판적으로 숙고할 것을 요구한다. 그것은 지식 과정에 대한 인식이 반영된 숙고이어야 하고 이러한 인식 안에서 그 과정이 종속되어 있는 조건과 지식 뒤에 '존재하는 이성'을 알아차리게 될 것이다."

는 관점에서 벗어나 언어 속에 사회적 요소들이 내재되어 있고, 언어 자체가 사회적 관계 속에서 비롯된다는 생각이 사회적 관점을 태동시킨 것이다. Vygotsky가 말한 '내면적 대화' 개념이나 Bruffee의 사회구성주의적 관점도 모두 이와 같이 언어에 관한 새로운 관점에서 출발했다. 지식에 관한 새로운 관점도 이와 유사하다. 인지주의 전통에서 지식은 인간의 경험이나 학습에 의해 습득되어 주로 장기기억에 보존되어 있는 것으로 인식됐다. 지식이 고정되어 있다고 보지는 않았지만 상대적으로 안정되어 있고, 사유를 통해 구성될 수 있는 어떤 개념과 같은 것으로 생각했다. 우리가 환경의 변화나 경험을 통해 지식을 바꿀 수 있지만, 그것은 어디까지나 인간의 지적 저장소(장기기억) 내의 조정과 변화를 의미하는 것이라고 할 수 있다.

Hayes & Flower(1980)는 인지 과정 이론을 제시하면서 쓰기 과정에서 중요한 기능을 하는 수사적 문제(Rhetorical Problem)에 관해 언급한 적이 있다. 이들의 이론에서 수사적 문제 공간은 인지 내부가 아니라 외부 환경의 문제(제한적이기는 하지만)를 살펴볼 수 있는 유일한 영역이라 할 수 있다. 수사적 문제 공간에는 주제(topic), 독자(audience), 긴급 상황(exigency)을 포함시켰다(Flower & Hayes, 1981). 여기서 긴급 상황이란 수사적으로 문제를 풀어야 하는 과제 상황을 말하는 것으로, 이를 긴급 상황이라고 표현했다. 모든 쓰기 과제는 학생들이 풀어야만 하는 긴급한 문제 상황에서 나온다고 본 것이다.

Flower & Hayes가 1980년에 발표한 논문(「발견의 인지: 수사적 문제 정의하기(The Cognition of Discovery: Defined a Rhetorical Problem)」을 보면[7] 수사적 문제를 풀기 위한 방법으로 발견(Discovery)의 과정을 제시

---

7) 이 논문은 글쓰기에서 수사적 문제를 어떻게 풀어가는 에 관한 발견의 방법을 설명하고

하고 있다. 발견의 과정은 필자가 글을 쓰기 위해 자료를 찾고, 주제를 형성하여 새로운 아이디어와 구조를 만들어 내는 과정을 의미한다. 그러나 여기서 말하는 '발견'은 외부 환경에서 문제 해결을 위한 여러 해결책을 찾아내는 것이 아니라 작가의 마음속에 잠재된 통찰력과 아이디어를 찾아내는 것을 말한다. 말하자면 장기기억에 있는 기억의 자료들 중에서 문제 해결을 위한 자료와 아이디어를 찾고 내용을 새롭게 창안해 내는 과정을 의미하는 것이다. 그래서 이 논문에서 Flower & Hayes(1980: 21)는 발견의 과정을 "내적 발견의 항해"라고 말하고 있다.

Flower & Hayes(1980)는 '발견'의 과정을 주어진 정보를 단순히 찾는 것이 아니라 스스로 만들고 창조해내는 주체적인 구성의 과정이라고 주장한다. 그러나 실제 이들이 생각한 '발견'은 필자가 수사적 환경에 반응해 장기기억 저장소에서 주제와 내용에 관한 자료를 찾고 이를 바탕으로 아이디어를 새롭게 구성하고 조정하는 것을 말한다. 다시 말해 이들이 말하는 수사적 상황에 관한 반응은 인지적으로 지식을 통제하고 조정하는 것을 의미하는 것이다. 이들의 관점은 인지 내부의 변화에 초점을 둔 것이지 사회적 환경과의 결합을 의미하는 것은 아니라고 할 수 있다.

인지주의에서 설명하는 쓰기 맥락은 수사적 문제 중에서도 주로 과제 환경과 밀접한 관련을 맺고 있다. 또 인지주의에서의 쓰기 맥락은 사회적 관점의 환경과 다르게 학생들이 과제를 수행하는 교실 문화를 배경으로 한다. 학생들은 교사나 동료 학생들과 더불어 과제를

있다. Flower & Hayes(1980), 「발견의 인지: 수사적 문제 정의하기(The Cognition of Discovery: Defined a Rhetorical Problem)」, *CCC*, 31(1).

정의하고, 주제를 협상하고 쓰기 과정을 수행하는 것이다. 이렇게 쓰기 환경과 인지적 작업이 만나는 곳이 Flower & Hayes(1981)가 말하는 수사적 환경이 되고 쓰기 맥락이 형성되는 공간이 된다. Flower & Hayes(1981)의 인지 과정 이론을 보면 과제 환경이 사회적 지식과 맥락적 지식이 작동하는 주요 공간이라는 점을 여러 차례 언급하고 있다. 그러나 문제는 이와 같은 쓰기 환경과 쓰기 맥락의 공간에서는 사회적 관점의 학자들이 요구하는 바와 달리 사회적 관계에서 발생하는 다양한 문제들을 제대로 설명해 낼 수 없다는 점이다. 그들이 사회적 환경을 설명하면 어느덧 다시 인지적 과제의 문제로 돌아가게 된다.

1989년 Flower는 「인지와 맥락, 그리고 이론 설계(Cognition, Context, and Theory Building)」라는 논문을 통해 인지주의와 사회적 관점의 상호작용에 관한 협상을 시도한다. 그녀는 이 논문에서 이전의 인지 과정 이론(1981)은 쓰기 맥락과 인지적 변화에 관해 세밀하게 살펴보지 못한 점이 있었다고 스스로 비판을 한 바 있다. 자신의 이전 연구(1981)에서는 맥락적인 지식을 과제 환경을 통해 인지적 변화만을 가져온다고 판단했고, 필자가 처한 사회적 환경이 어떻게 작문에 영향을 끼치는가에 관해서는 규명하지 못했다고 인정한 것이다. 특히 담화공동체의 관습이나 사회적 스키마들이 필자의 장기기억에 끼치는 영향 관계에 관해 살펴볼 필요가 있었는데 그렇게 하지 못했다고 언급했다. 그리고 사회와 인지가 결합되어야 한다는 주장을 했다. 그녀는 이런 문제점을 학생들을 대상으로 한 실험 연구를 통해 상세히 밝혔다. 이 연구에서 그녀는 대학 신입생 72명의 과제 수행 상황을 분석했는데, 쓰기 상황에 따라 학생들이 설정하는 목표와 기준, 전략들이 달라졌으며, 이는 쓰기 환경이나 과제 맥락에 따라 쓰기 과정이 달라지는

것을 의미했다. 학생들은 각자 다른 목표와 전략이 있었고, 사용하고
자 하는 지식도 상이했다. 따라서 과제 환경과 쓰기 맥락에 따라 인지
적인 내용들이 중재되는 과정을 분석해야 했지만, 이전의 인지적 연
구에서는 이런 점을 무시하거나 소홀히 했다. 이전의 연구에서 그녀
는 과제 환경 속에서 사회적 지식과 맥락적 지식이 발현된다는 사실
은 확인했지만, 사회와 인지가 어떻게 협상하여 통합되는지 분석해
내지 못했다고 설명했다. 특히 인지주의자인 그녀의 입장에서는 학교
현장 내의 교육적 환경 속에서 상충되는 요구를 협상하고 통합하는
과정을 주목하여 이를 규명해야 했는데 그렇게 하지 못한 점을 지적
했다. 이 점은 그녀가 이후 사회 인지의 관점에서 교실 현장을 자세하
게 분석하게 되는 이론적 바탕이 된다.

　이후 사회와 인지를 결합하기 위한 다양한 논의들이 전개된다. 그
렇다면 사회와 인지를 결합하기 위해 어떤 과정이 필요한 것일까?
이런 점은 상황인지(situated cognition)를 논하는 여러 학자(Brown et.
al., 1989; Flower, 1989a; Berkenkotter, 1991; Nystrand et. al., 1993; Pittard,
1999)들에 의해 검토된 바가 있다. 작문 연구에서 상황인지 개념은
텍스트의 작성과 해석이 학생의 환경과 맥락을 통해 형성된다는 사실
을 강조한 개념이다. Flower(1989a)에 따르면 상황인지(situated cognition)
는 조건화된 행위의 일종으로, 필자가 새로운 의미를 만들 때 맥락이
특정 상황에 대한 반응으로 작용하는 것을 의미한다. 이는 앞서 말한
대로 학습에 관한 인지활동을 개인의 정신 활동의 산물로만 보지 않
고. 사회 문화적 맥락에서 형성된다는 관점들을 반영한 개념이라고
할 수 있다. 글쓰기에 영향을 미치는 사회적 환경은 매우 다양하다.
쓰기 과제가 형성되는 독특한 상황과 맥락에 따라 독자, 주제, 글의
스타일과 형식이 달라지며, 담화공동체의 관습과 규범도 영향을 미친

다. 아울러 특정한 시대적 환경이나 도구, 매체에 따라 작문 과정이 영향을 받기도 한다. 상황인지(situated cognition)는 쓰기의 인지 활동이 이런 다양한 사회적 요인들에 의해 매개되어 일어난다는 것을 강조하고, 의미가 단순히 개인의 영향, 혹은 사회의 영향 때문에 나타나는 것이 아니라 상호 협상 과정을 통해 나타난 것이라는 것을 강조하는 개념인 것이다.

Brown et. al.(1989)는 기존의 학습 현장에서 상황과 인지를 분리하는 것을 비판하고, 상황이 활동을 통해 지식을 공동으로 생산한다고 주장한 바 있다. 예를 들어 어휘 학습에서 사용 맥락에서 벗어난, 추상적인 정의와 형식적 환경에서 단어를 학습하는 것은 성공하기 어렵다. 어휘는 상황 속에서 형성되는 것이기 때문에 맥락에 의해 구성되지 않은 어휘는 잘못 전달되기 쉽다. 우리가 어휘를 문장이나 맥락 속에서 학습하지 않고, 어휘 형태만을 무작정 외운다면 효과가 적은 것이 그런 이치이다. 이 논문에서 주장한 것 중에서 중요한 것은 모든 지식이 어휘 교육처럼 맥락적 상황과 실제적 활동을 통해 구성된다고 본 점이다. 이들은 '지식은 언어와 같다.'라는 주장을 내세워 언어가 상호 작용적인 활동을 통해 만들어지듯이 지식도 사회적 환경과 상호 활동을 통해 형성된다고 강조하고 있다.

Berkenkotter(1991)도 Brown et. al.(1989)이 내세운 상황인지라는 개념을 가지고 작문 연구에서 사회와 인지가 어떻게 만나는지를 설명했다. 그는 작문 연구에서 사회인지적 관점은 담화공동체에서 언어 사용이 어떻게 복잡하게 상호 작용하고 있는지, 언어 사용에 동원되는 지식구조(스키마)가 어떻게 발달하는지, 아울러 스키마가 쓰기 맥락 속에서 어떻게 체계적으로 정보를 찾고 배열하는지를 살펴보는 것을 의미한다. 언어는 그것이 생성되는 활동과 상황의 산물이다. 이런 상황인지 개념에 따르면 작문 학습자의 정신적 표상(스키마)은 사회적 환경을 통해 구성되고, 조직되고, 배열된다는 사실을 의미하는 것이다. 또 이것은 사회적, 문화적 관습과 규범들이 개인의 의도와 선택을 어떻게 매개하는지를 보여주는 개념이라고 할 수 있다.

상황인지의 관점은 Nystrand et. al.(1993)이 언급했듯이 언어의 기능주의 입장이 강화되거나 Bakhtin의 대화주의 개념이 제기되면서 생겨난 반응이라고 할 수 있다. 언어가 환경에 따라 다양하게 기능할 수 있다고 보는 Halliday & Hasan(1976)의 체계 기능주의가 대두되고, 언어가 발화자와 수신자의 상호 작용과 협력에 의해 구성된다는 Bakhtin의 대화주의 개념이 나오면서 언어적 사회 협상 과정과 작문의 사회적 현상을 새롭게 보게 만든 것이다. 쓰기 맥락에 따라 학생들이 인식하는 과제 내용이 다르게 형성된다든지, 쓰기 과제에 관한 교사와 학생들의 시각이 다르다는 관점(Flower, 1989a; Greene, 1990)들은 이렇게 작문에 사회적 관점이 등장하면서 나타난 것들이다. 이제 작문에서 사회적 관점의 시각들 때문에 읽기와 쓰기의 담론들이 사회적이며, 동시에 인지적인 활동이라는 점을 알게 되었고, 의미 역시 상호 교류적이고, 대화의 과정을 통해 형성된다는 점을 인식하게 되었다.

4. 바흐친(Bakhtin)의 관점과 대화주의

앞 장에서 사회적 관점이 대두되면서 인지주의에서 소홀히 했던 맥락의 의미가 강조되고, 인지와 맥락을 결합시키려는 노력이 이루어졌다고 말했다. 대체로 이런 노력들은 사회인지, 상황인지라는 개념으로 이루어졌는데. 이는 인지주의가 표방했던 인간 내면의 정신적 활동을 쓰기 환경이나 쓰기 맥락과 결합하여 사회적 관점을 강화하려는 의도를 드러낸 것으로 볼 수 있다. 그런데 이와 같이 인지적 관점에서 사회적 관점으로 확장하거나 결합하고자 한 노력은 Bakhtin의 이론들이 작문 연구에 소개되면서 더욱 확대되었다. 특히 작문 연구에서 사회적 관점에 서는 학자들이 적극적으로 Bakhtin의 이론을 도입해 인지주의의 내면성을 비판하고, 이를 극복하고자 했다.

사회적 관점의 학자들이 Bakhtin 이론에 관심을 가진 것은 언어에 관한 관점에서 내성적 구성주의자들의 관점에 동의하지 않았기 때문이다. Bakhtin은 소쉬르처럼 언어를 랑그와 같이 내적인 규칙체계로 환원시키려고 하지도 않았고, 인지주의처럼 모든 것을 인간의 내면의 정신구조로 환원시키려 하지도 않았다. Bakhtin은 언어가 만들어지는 상황을 중시했으며, 화자와 청자, 발신자와 수신자 사이에서 일어나는 상호 작용에 관심을 쏟았다. 언어는 발신자와 수신자 사이의 상호 작용에 의해 소통이 이루어지기 때문에 인지적 관점에서 생각하는 내면적 근원을 애초부터 찾을 필요가 없다. Bakhtin의 발화 상황과 소통 중심의 생각들이 인지적 관점의 내재주의를 넘어설 수 있는 좋은 이론적 바탕이 되었다.

Bakhtin은 의미가 텍스트에 있다는 형식주의적 입장과 의미가 필자의 정신구조에 있다는 구성주의 관점에 반대했다. 그리고 대화주의라는 제3의 입장을 내세워 언어의 의미가 사람과 사람 사이의 소통 관계에서 나온다는 입장을 취했다. Bakhtin의 이런 생각에 따라 그가 내세운 대화주의에서는 한 발화가 다른 발화와 어떤 관계에 있는지를 중요하게 설명한다. Bakhtin의 말에 따르면 어떤 단어든 홀로 서 있는 것은 없으며, 서로 관계를 맺고 영향을 주고받는다. 진정한 어휘의 의미는 이런 관계의 역학 속에서 형성된다. Bakhtin은 모든 어휘에 직업, 장르, 정당, 작품, 인물, 세대, 시대, 하루, 한 시간의 지나간 향기와 역사가 담겨 있다고 말한다. 모든 단어들은 지나온 삶의 자취와 자신들이 품고 있는 사회의 다양한 맥락과 상황을 담고 있는데, 이 때문에 한 어휘의 언어를 사용할 때조차도 과거와 현재의 담론이 관여하거나 반응하고 있다는 것이다(Todorov, 1984; Ewald, 1993).

Bakhtin이 말하는 언어의 의미는 하나의 발화, 또 그 속에 들어있는 다른 여러 층의 발화, 의미, 이데올로기들이 각기 다른 목소리를 내면서, 상호 침투하고, 결합하고 협력하면서 만들어진다. 그래서 필자들이 언어를 사용할 때는 과거와 현재의 담론이 관여하거나 반응을 하게 된다. Bakhtin이 말하듯 언어와 의미는 구체적인 사회적 맥락 현상으로 존재하고, 일상적 맥락을 벗어나서는 결코 존재할 수 없다(Nystrand et. al., 1993; Ewald, 1993; 전은아, 1998).

Bakhtin의 이런 시각은 사회적 관점의 논의 안에서도 이전과 다른 중요한 시사점을 던져 준다. 우선 기존의 사회적 관점들이 언어나 텍스트를 개인의 정신적 작용으로 보는 것을 비판하고, 언어나 텍스트가 사회적 환경에서 비롯된다는 점을 강조하고 있다면, Bakhtin의 대화주의는 개인의 발화를 거부하지 않고, 개인의 발화가 사회 과정에서 상호 작용하고 협상하면서 만들어진다고 강조하고 있다. 이 말은 언어에서 비롯되는 소통이나 대화, 의미는 비슷한 다른 것과의 관계에서 발생하지, 단일한 요인이나 단일한 원인으로 발생하는 것은 아니라는 점을 지적한 것이다. 아울러 의미는 다양한 목소리들이 상호 작용하는 상황과 맥락에 의해 규정할 수 있는 것이지, 단순히 내·외적인 하나의 결정 사항으로 판단할 수 있는 것이 아니라는 점이다. Bakhtin에게 의미 생성은 대화적이고 파생적이며, 맥락적이고, 상황적이다. Bakhtin은 언어가 사회적이라는 점, 그리고 언어는 상호적이고 협력적 관계를 통해 소통되고 구성된다는 점을 잘 보여준다. 그래서 Ewald(1993)는 Bakhtin의 이론을 설명하면서 개인의 인지를 허용하면서도 사회적 관점을 구현한 것이라고 말하는 것이다8).

사회적 관계와 상황적 맥락에서 협상을 통해 언어적 의미를 구현한다는 Bakhtin의 생각은 작문 이론에 큰 영향을 끼쳤다. 대화주의 관점에서 작문 현상을 바라보면 텍스트의 관점이나 저자의 시각이 중요하던 이전과 달리 다양한 작문 요소들의 활발한 소통과 협상 과정을 상상해 볼 수 있다. 대화주의 관점에서 의미는 고정된 것이 아니고 맥락과 상황에 의해 조정되고 협상되는 것이기 때문에 글을 쓰는 과정도 필자와 세계, 필자와 독자, 독자와 텍스트가 상호 소통하는 과정이 된다. 글을 읽고 쓰는 과정 자체를 작가, 대상, 독자 모두가 대화 주체로 참여하는 다양한 협력과 협상의 장이 되는 것이다. 대화주의 관점에서 말하면 작문 과정은 "다중적이고 역동적인 소통의 모델"(최인자, 2000: 399)이 된다.

마찬가지로 필자나 독자의 시각도 달라진다. 인지주의에서 필자는 텍스트의 의미를 만들어내는 주체의 역할을 하지만 대화주의 관점에서는 그렇지 않다. 필자는 독자와 같이 상호 작용을 하는 대화의 상대

---

8) Bakhtin의 사회적 관점은 담화공동체의 언어 관습과 특성을 강조하는 Breffee(1984, 1986)과 Bizzell(1982, 1986)의 견해와 차이가 있다. Breffee나 Bizzell의 관점은 언어가 의미를 결정하는 것은 사회적인 담화공동체의 관습이 있기 때문이고, 필자들은 이런 영향력을 벗어나기 어렵다는 점을 암시하고 있다. 반면에 Bakhtin은 개인의 인지와 주관을 어느 정도 보장해 주면서 상황과 맥락이 의미를 협상하고 결정하는 것을 보고 있어 훨씬 개인적인 맥락과 상황이 강조되고 있다. 이와 관련해서 Peter Elbow가 한 말을 눈여겨 볼 필요가 있다. 그는 많은 학자들이 학계에서 더 많은 목소리, 대화, 이질성을 원한다고 말하면서, 학문적 글쓰기의 특권이나 문체, 관습에 도전하고 있지만, 또 많은 사람들이 여전히 학생들에게 대학의 관습, 학술적 문체, 학술적 톤을 가르치는데 대부분의 시간을 보내고 있다는 사실이 아이러니하다고 말했다. Elbow는 Bakhtin의 방법들이 글쓰기에서 학생들에게 학문의 언어를 사용하지 않도록 가르쳐야 한다는 자신의 주장과 일치한다고 본다(Ewald, 1993: 334).

방으로써 의미 생산의 주체이자 객체가 된다. 의미는 필자와 독자가 만들어 내는 상황과 맥락 속에서 생성되는 것이기 때문에 주체와 객체의 의미가 무의미한 것이다. 대화주의에서 글을 쓰는 과정은 다양한 목소리가 서로 침투하고 협상하는 관계이기 때문에 필자와 독자의 관계 역시 변화한다. 글쓰기의 주체에 필자만이 아니라 독자도 공동 창작자로 참여하게 된다. Bakhtin이 필자와 독자의 관계에서 강조하는 것은 이들 사이의 역동적인 상호 작용이다. 필자와 독자는 다양한 상황과 맥락 속에서 주제에 관한 다양한 목소리를 통제하고 협상하는 협력자라고 말할 수 있다.

Bakhtin의 관점은 작문 교육 현장에도 영향을 끼쳤다. Bakhtin의 관점에서 보면 작문은 필자나 사회 중 어느 한 영향에 의해 좌우되는 것이 아니라 세계를 구성하는 독자 및 대상과의 상호 작용과 협상의 결과로 이루어진다. 이런 시각에서 보면 작문 교실도 달라질 수밖에 없다. Bakhtin의 입장에서 작문 교실 현장을 바라보면 가장 핵심되는 사항은 개인과 공동체의 요구를 어떻게 협상시킬 것인지에 관한 것이다. 이에 관해 Ritchie(1989)는 학생들이 학술적인 요구 사항을 충족하면서 자신의 목소리를 드러내고자 할 때 가장 좋은 방법은 대화적 접근 방식이라고 설명한다. 그는 수사적 입장에서는 작문 교육이 화자(교사), 청자(독자), 주제(글쓰기)가 대화나 상호 작용을 하기보다는 일방적이고 선형적인 방식으로 전개된다고 언급한다. 교실에서 학생들은 전체적으로는 하나의 통일된 방식과 통일된 목소리로 글을 쓰도록 요구받고 있다. 그런데 실제 교실 현장에서 학생들을 잘 살펴보면 그렇지가 않다. 교실은 서로 다른 이질성으로 가득 차 있으며, 서로 다른 인물, 서로 다른 가치, 서로 다른 목적과 스타일 등으로 혼합되어 있다. Ritchie(1989)는 이런 다양한 요소들이 대화적으로 상호 작용을 하는 곳이 바로 교실 공간이라고 언급하고 있다. 작가로서 학생 필자는 다양한 목소리에 대응해야 하며, 자기와 타자를 조화시키고 협상하는 방법을 배워야 한다. Ritchie(1989)는 이를 Bakhtin이 말하는 공동체 발전을 위한 필수적인 협상 과정이라고 규정했다.

Bakhtin의 관점에서 Ritchie(1989)가 제안하는 것은 글쓰기 워크숍이다. 그는 자신이 경험한 글쓰기 워크숍에서 두 학생(브래드, 베키)의 사례를 들어 학생들이 대화와 협상을 통해 자기 스타일을 구축해 가는 과정을 설명했다. 학생들은 교수나 다른 학생의 경험을 수동적으로 받아들이지 않고, 투쟁과 협상, 대화와 타협을 통해 스스로 자기변화를 이끌어 간다. 기존의 방식대로 학습 공동체의 지배적인 형식과 관습을 따라하거나 암기하지 않고, 타자의 목소리에 투쟁하고 협상하면서 자기 목소리를 구축해 간다. Ritchie는 글쓰기 교실을 제도적 관습이나 규칙으로 설명할 수 없으며, 많은 아이디어와 스타일, 문체와 목소리들이 뒤섞여 새로움을 만드는 대화적 공간으로 설명할 수 있다고 말했다.

Bakhtin의 관점이 글쓰기 교육과 연구에 미친 영향은 매우 컸다. Bizzell(1982)의 논의처럼 1980년대 사회적 관점이 인지주의의 내재적 관점만을 비판했다면 1990년대에 오면서 개인과 사회의 매개와 협상을 주요 관심사로 삼았다. 지식과 인지의 근원이 사회적 환경이라는 인식을 넘어 개인이 어떻게 공동체와 협상하고 새로운 의미를 창출해 내는지에 더 관심을 쏟게 되었다. 앞서 말했듯이 이런 논의들이 작문 교육에도 영향을 주었다. 글쓰기 교육에 Bakhtin의 다성성, 이어성, 대화와 협상, 맥락의 중요성 등이 도입되고, 실제 교육에 이를 반영하고자 했다. 교실에서 교사와 학생의 권력 관계에 대한 논의가 본격화되고, 학생과 교사, 학생과 학생 간의 협력 학습도 강조되었다. 1989년

CCCC(Conference of College Composition and Communication)에서 의장 연설을 했던 Lunsford(1990: 75)는 Bakhtin의 논의에 빗대어 작문 분야의 연구가 대화적이고 다성적이며, 이질적이라고 규정하고, 작문 교실을 타인과의 대화에 의한 다성적 선택의 장이 되어야 한다고 선언하기도 했다. 1990년대 사회적 관점의 이론과 Bakhtin의 이론은 기존의 쓰기 환경과 쓰기 지식, 맥락의 관점을 확연히 바꾸어 놓게 되었다.

5. 사회적 인지와 맥락의 중재

앞서 사회적 관점의 변화가 지식과 맥락을 바라보는 시각의 변화에서 시작되었다고 말한 바 있다. 인지적 관점과 사회적 관점에서는 지식과 맥락을 각자 다른 시각에서 보고 이를 통해 자신들의 이론을 전개했기 때문이다. 인지적 관점에서는 심리학에 기반을 두었기 때문에 지식을 상대적으로 안정되고 개념화할 수 있는 개인의 내적 감각으로 이해했다. 외적 환경을 부정하지는 않았지만 외적 환경이 인간 내면의 인식에 미치는 영향 관계에 바탕을 두어 지식의 형성을 이해했다. 외적 환경에 의해 내면적으로 규정되고 개념화되는 인식 체계가 곧 지식이 되는 것이다. 인지주의에서 지식은 우리의 장기 기억에 저장되고, 활용되고 변화하게 된다. 장기 기억 속의 지식은 경험과 학습을 통해 새롭게 생성되고 변화할 수가 있다. 그래서 인지 과정 이론에서 과제 환경이 변화하면, 지식의 개념과 내용도 달라지고, 또 이를 수정하여 적용할 수가 있다.

그러나 사회적 관점에서 바라보는 시각은 이와 다르다. 사회적 관점에서 주장하는 지식은 개인의 의식 속에 존재하는 것이 아니라 담화공동체나 해석 공동체의 관습 속에 존재한다. 개인의 의식을 넘어 사회적으로 규정된 관습과 규범에 의해 개인의 지식과 개념이 형성되고, 그것이 개인의 사고를 형성한다. 따라서 사회적 관점에서는 개인의 인지보다 관습에 의해 습득되는 사회적 인지를 더 중요하게 인식한다. 사회적 관점에서는 개인의 인지와 습득을 부정하지는 않지만 초점은 어디까지나 사회적으로 형성되고 규정된 지식을 해명하는 데 있다.

맥락을 바라보는 시각도 이와 크게 다르지 않다. Flower(1981)도 말했듯이 인지 이론에서 맥락은 과제 환경을 의미하는 경우가 많다. 그녀는 작문 현장에서 맥락은 과제 환경으로. 과제 환경은 지식이 인지 구조 내에서 작동하는 주요 장소라고 언급했다(Flower, 1989a). 인지주의자들은 과제를 형성하는 외적 상황의 요인들을 인정하지만 그것을 받아들이고 활용하는 공간은 어디까지나 인간의 내면이라고 인식했다. 과제 환경이 변화하고 활동하는 공간도 역시 인간 내면의 작업 기억이나 장기 기억에 한정되었다. Flower(1981)가 인지 과정 이론을 전개하면서 외부 환경의 변화보다 수사적 목적의 변화를 강조한 이유가 여기에 있다. 수사적 목적은 쓰기 과정의 의식적 영역이고, 외적 영향을 받아 변화하는 영역이기 때문이다. 쓰기 과정에서 외부 환경의 변화는 수사적 목적의 변화를 가져오게 된다. 반면에 사회적 관점에서 맥락은 인지주의보다는 더 능동적이고 직접적이다. 맥락이 지식을 형성하게 하는 요인으로만 작용하는 것이 아니라 지식을 구성하고 실천하게 만드는 동인이 되기도 한다. 환경이나 맥락이 작문 과정을 구성하는 하나의 요인으로만 머물지 않고 직접 쓰기 목적과 과정을 창안하고 구성하는 생성적 요인으로 참여하게 되는 것이다. 이는 환경과 맥락이 인간 의식을 결정한다는 사회적 관점을 반영해

주고 있다.

이런 양측의 시각은 1980년대 중반 이후부터 보다 첨예화된다. 인지주의에 반대하는 Bizzell의 논문이 1982년에 출간되었지만 사회적 관점이 하나의 주된 관점으로 인식되기 전이었기 때문에 이에 따른 큰 반응은 없었다. 하지만 1980년대 중반이 되면서 사회적 관점의 학자들인 Bruffee나 Berlin, Bizzell, Faigley, Nystrand의 논문들이 속속 등장하면서 양측의 대립은 본격화된다. Flower(1989a)도 문식적 활동의 원동력이 개인의 인지에 있는지, 아니면 사회적 맥락에 있는지에 관한 논쟁이 격화되고 있다면서, 이런 갈등은 양측이 지닌 몇 가지 가정과 관습 때문에 생긴 것 같다고 언급한 바 있다. Greene(1990)도 이런 대립을 '내적 지향성'과 '외적 지향성'(Bizzell), 혹은 '인지적 수사학'과 '사회인식론적 수사학'(Berlin)으로 규정하고, 양측의 대립이 심각하다는 사실을 인정했다. Berkenkotter(1991: 159)는 인지적 관점과 사회적 관점 사이에 만들어진 이분법으로 인해 많은 학자들이 불편함을 호소하고 있다고 말하면서 이런 관점들이 사회과학과 철학에서 벌어지고 있는 논쟁을 반영하고 있다고 지적한다. 그는 "지난 10년간 작문 연구에서 경쟁 이론이 난무한 상황에서 맥락에서 인지를 연구하는 것은 매우 까다로운 작업이다. 우리는 많은 편견과 맹점을 물려받았다."고 말했다.

이런 양측의 대립을 해소하기 위해 통합과 결합을 이야기하는 것은 당연한 일이다. 이런 논의들은 대체로 인지주의 관점에서 나타났다. Flower(1989a)는 이런 대립된 관점에 관해 이론적 통합이 시급하다고 언급하며, 갈등과 논쟁을 통해서 나타난 문제를 구체화해서 통합된 시각을 구축해야 한다고 주장했다. Greene(1990)는 교사들이 사회적 관점으로 가르칠지, 인지적 관점으로 가르칠지 결정해야 하는 부담을

덜기 위해서라도 인지적 관점과 사회적 관점의 변증법적 시각이 필요하다고 강조한다. 인지와 사회의 시각들을 통합하고자 하는 움직임이 사회-인지론으로 본격적으로 등장하는 것도 이 무렵이다.

사회-인지 이론이 인지주의 관점을 비판하고 사회적 관점을 수용하고자 하는 움직임 속에서 등장했기 때문에, 이후 논의는 인지적 관점 안에 사회적 관점을 어떻게 반영할 것인지에 관한 것이 중심이 되어 전개된다. 그중에서도 인지주의 관점에서 사회-인지 이론을 처음 제기한 학자는 Linda Flower(1989a)이다. Flower가 사회-인지의 관점에서 새롭게 이론을 전개한 논문은 「인지와 맥락, 그리고 이론 설계(Cognition, Context, and Theory Building」이다. Flower(1989a)는 이 논문에서 사회와 인지가 결합할 기본 원리와 방법을 제시한다. 여기서 그녀가 제기하는 것은 사회적 관점에서 주장하는 세계 상황에 관한 중재와 해석이 인지를 통해서 나타난다는 점과 사회적 환경으로서 맥락이 어떻게 인지를 야기하는지에 관한 통합된 이론적 시각을 찾아야 한다는 점이다. 즉, 그녀가 이 논문에서 말하고자 하는 것은 맥락과 인지의 상호 작용에 관한 이론적 원리이다. 그녀가 제시한 이론적 원리는 다음과 같다.

(1) 문화적 사회적 맥락이 인지에 직접적인 계기를 제공한다.
(2) 맥락은 언제나 개인의 인지에 의해 중재된다.
(3) 경계가 뚜렷한 목적은 제약이 있으며, 유의미한 수사적인 행위이다.

위에서 보듯 Flower(1989a)가 제시하는 맥락과 인지의 상호 작용에 관한 원리는 세 가지이다. 첫 번째 원리는 사회, 문화적 맥락이 인지에 관한 결정에 직접적인 계기를 제공한다는 것이다. 이를 위해 두 가지 방안을 제시하고 있는데 하나는 암묵적이고 묵시적인 것이고, 다른 하나는 즉각적이고 직접적인 것이다. 여기서 암묵적이고 묵시적인 것은 맥락이 과거 경험의 형태로 영향을 끼치거나, 상황인지처럼 알려진 상황에 관한 인지적 반응을 포함한다. 필자나 독자는 알지도 못하는 사이에 문화적, 혹은 사회적인 것에 의해 영향을 받아 인식을 변화시킬 수 있다. 성인들은 이러한 상황에 관한 다양한 대응의 개념 구조 레퍼토리를 소유하고 있으며, 이러한 일의 상당 부분은 우리가 알지 못하는 사이에 의식적인 자각 없이 일어난다. 담화공동체의 영향이나 사회적 관습에 따른 반복된 학습들이 이에 해당한다. 다른 하나는 즉각적이고 직접적인 것인데, 맥락이 행위의 계기가 되어 필자의 의사결정에 직접적인 영향을 끼치는 경우가 이에 해당한다. 예를 들어 글을 쓰는 환경이나 상황이 글의 목표, 지식, 전략 결정에 영향을 끼쳐 수정을 해야 하는 경우이다. 일종의 쓰기 환경이 맥락으로 작용해 수사적 목적을 바꾸는 것이다.

두 번째 원리는 인지가 맥락을 중재한다는 것인데, 여기서 중재라는 말을 쓴 것은 맥락이 홀로 텍스트 생산에 작용하는 것이 아니라 반드시 인지를 통해 작용한다는 것을 드러내기 위한 것이다. 학생들은 쓰기 맥락에 따라 인지적 과정을 수정하는데, 이를 프로토콜을 통해 확인할 수 있다. 예를 들어 맥락의 변화에 따라 글의 목적이나 설득 방식, 글의 구조를 바꾸기도 한다. 주목해 볼 것은 세 번째 원리로 '경계가 뚜렷한 목적은 의미 있는 수사적 행위이다'라는 구절이다. 여기서 '경계가 뚜렷한 목적(A Bounded Purpose)'라는 개념은 이해하기가 쉽지가 않다. 'Bounded'의 의미는 "어떤 제한된 조건이나 한계가 있는"이란 의미인데, 목적의 규정성, 제한성을 강조한 것으로 보인다. Flower는 모든 작문의 목적은 이렇게 경계가 뚜렷하게 정해진 목적이라고 언급하고 있다. 예를 들어 쓰기에서 목적은 필자가 소유하지 못한 것들을 획득하기 위한 시도에서 이루어진다고 그녀는 언급한다. 필자는 글을 쓰기 전 '주어진' 상황에서 가능하고 요구에 부응하는 쓰기 목적을 설정하게 된다. 이런 경우 상황이 목적을 중재한 것이 된다. 쓰기 상황은 쓰기 목적을 견인하고, 쓰기 계획과 쓰기 진행에 관여한다. 그렇기 때문에 그녀는 맥락이 인지를 견인하는 것은 자체가 수사적인 행동이고, 수사적인 협상 과정이라고 말하고 있다.

중재(mediation)라는 개념으로 시작된 Flower(1989a)의 사회 – 인지 개념은 상황이나 맥락이 인지를 견인한다는 개념 외에 특별히 새로운 내용은 없는 것으로 보인다. 맥락을 통해 쓰기 과정의 목적이나 계획, 수정 등이 바뀐다는 말은 이미 인지 과정 이론에서 제기되었던 논의로서 수사적 과정과 문제 해결 과정을 통해 설명된 내용들이다. 그녀는 사회문화적 관습처럼 묵시적으로 인식된 상황과 맥락의 기능도 인정했지만, 과제 상황에 따라 변화하는 필자들의 인지 요소들도 인정하고 있다. 여기에는 필자의 선택권, 의도성 등이 포함되는데, 이점 역시 이미 수사적 목적에 따라 쓰기 과정이 수정된다는 이전의 논의 내용과 달라진 점이 없다.

중요한 점은 그녀가 이전의 수사적 상황과 수사적 문제 해결의 개념을 상황과 맥락의 시각으로 새롭게 바라본다는 점이다. 이전에 단순히 쓰기 과정의 한 요소로만 보았던 환경적 요인들을 이제는 쓰기를 견인하는 주요 원인으로 생각하게 되었다. 이런 점은 이후 그녀의 연구가 교실환경과 권력, 협상의 문제에 관심을 가지게 되는 주요 계기가 된다. 1990년대 이후에 그녀가 글을 통해 대중 참여와 사회 변화를 촉진할 수 있는 방법을 탐구하는 것도 이런 인식의 변화와 관련이 있다[9].

Flower(1989a)의 사회-인지 논의에서 몇 가지 주목해 볼 만한 것은 첫째로, 그녀가 사회-인지 논의에도 불구하고 여전히 인지주의의 바탕에서 논의를 전개한다는 점이다. 그리고 글쓰기는 수사적 상황에 대한 반응이라는 종래의 관점을 전혀 포기할 의사가 없다는 점이다. '글쓰기가 수사적 상황에 관한 반응'이라는 시각은 그녀가 초기부터 견지해 온 글쓰기에 관한 기본적 입장이었다. 그녀가 맥락이 인지를 견인한다고 말하지만 이는 어디까지나 수사적 상황에 의한 변화 내의 문제를 의미한다. 이미 이전의 논의(1981)에서 수사적 상황의 변화가 어떻게 쓰기 과정 요소의 변화를 불러오는지 설명한 적이 있다.

둘째로, 그녀는 사회적 관점의 이론들을 오로지 맥락의 입장으로만 보겠다는 점을 천명하고 있다는 점이다. 1989년 논문에서 그녀는 인지적 관점과의 대립을 사회적 관점이라고 말하지 않고, 사회·문화적 맥락이라고 말한다. 그녀가 이 논문에서 살펴보고자 하는 주된 목적

---

9) Linda Flower는 1981년 인지과정이론을 제기해 인지주의 이론가로 잘 알려져 있다. 그러나 1990년 이후 그녀의 연구 동향은 이와 다른 행보를 보인다. 1980년대 후반 인지주의에 사회적 관점을 반영한 그녀는 사회-인지 이론을 전개했으며, 이후 대화와 협상을 강조하는 사회적 참여에 관한 논의를 시작한다. 1990년대 그녀는 동료 협상이나 협력과 관련된 논문들을 발표하면서 동료 협업과 협상이 글쓰기 과정에 어떤 도움이 되는지를 분석하고자 했다. 예를 들어 쓰기를 위한 읽기 연구(Reading-to-Write: Exploring a cognitive and social process. 1990)에서 '학술 담화의 협상'과 '협력적인 쓰기 계획'에 관한 관심을 표명하기도 했다. 아울러 이 시기 그녀가 관심을 가진 것은 글쓰기의 지역사회 협력 방안이다. 그녀는 Carnegie Mellon University에서 커뮤니티 리터러시 센터(CLC)를 설립해서 학생들과 함께 지역사회에 도움이 되는 리터러시 운동을 전개했다. 그녀는 지역 사회와 협력하여 사회 변화를 이루는데 글쓰기의 역할을 강조했다. 이런 과정은 민족 지학적인 연구로 이어져 사회적 맥락 속에서 글쓰기의 역할을 탐색하는 연구를 지속했다. 2000년대 이후 Flower의 사회적 관심은 문화 간 수사학 연구와 공공 참여 수사학 연구, 다문화 리터러시 연구로 확장된다. 문화 간의 연구는 문화적 차이가 글쓰기 수사학에 어떤 영향을 끼치는데 관심을 두는 것이고, 공공 참여 수사학은 글쓰기 교육이 대중 참여을 통해 지역사회의 변화를 이끄는 과정을 중시하는 실천적 운동이다. 이처럼 Linda Flower의 연구는 후기로 갈수록 초기의 인지 수사학의 연구 경향을 넘어 사회 참여와 사회 실천에 중심을 두는 연구 경향을 보인다.

도 맥락이 어떻게 인지를 야기하는지에 관한 통합된 이론적 관점을 구축하겠다는 것이다. 사회적 관점을 맥락의 시각에서 보겠다는 것은 인지주의자로서 자신의 역할을 인식했기 때문으로 보인다. 이 논문을 발표하기 직전에 그녀는 자신을 비판한 비판적 수사학자 James Berlin 의 리뷰에 응답 서신[10]을 보냈는데, 거기서 그녀는 자신이 할 수 있는 논의의 방향과 한계를 뚜렷이 밝혔다. 자신이 말할 수 있는 이데올로 기적 의미란 쓰기 맥락 내에서만 볼 수 있는 것이고, 그것도 실제 교실에서 관찰되고 검증된 것만을 말할 수 있다는 것이다. 자신이 사회적 관점에 관해 말할 수 있는 것은 이데올로기보다는 쓰기 맥락 에 관해서이며, 그것도 인지 내의 범위 안에서만 가능하다고 언급했 다. 이런 관점은 그녀의 논문(Flower, 1989a) 「인지와 맥락, 그리고 이론 설계」에서도 그대로 드러난다.

나는 사회적 맥락이 부여하는 압박과 잠재력을 알아채고, 동시에 어떻게 필자가 맥락과 협상을 하며, 그들의 목표를 만들어내고 그들 스스로가 문제 해결자, 발언자, 의미 구성의 주체로서 성장해 나가면서 어떻게 글을 통해 사람들에게 영향을 끼치는지에 관심을 둔 관점(framwork)을 원한다. 저널의 기사들은 인지와 맥락이라는 이분법을 수없이 가정하더라도, 교사 들은 그림의 절반만을 그려서는 안 된다. 우리는 인지가 맥락을 바꾸는 힘을 지녔다고 즐거워하는 대신에, 맥락 안에서 인지를 위치시키는 근거 있는 시각(grounded vision)을 세워나가야 한다. (Flower, 1989a: 283)

---

10) 이와 관련된 서지 사항은 다음과 같다. Linda Flower(1989b), "A Response to James Berlin's 'Rhetoric and Ideology' and a Comment on Michael Carter's 'Problem-Solving'", *College English*, 51, pp. 765~769.

위의 인용문에서 그녀는 사회적 맥락에 강한 압박감을 느끼고 있으며, 그 논의들을 인지주의 틀 안에서 해결해 가겠다는 생각을 드러낸다. 아울러 그녀는 자신이 할 수 있는 일은 필자가 맥락과 협상하도록 하는 일이라고 언급한다. 필자의 협상은 결국 인지와 맥락이 협상하는 것이고, 그것은 인용문의 후반부에 나오듯이 맥락 안에서 인지를 위치시키는 일이 된다. 그러나 이런 협상과 전략도 결국 교실 내의 학습 활동의 문제로 국한될 수밖에 없다.

앞서 사회-인지 관점이 작문 연구에서 인지주의 시각을 비판하고 사회적 관점을 수용하고자 하는 논의 속에서 나타났다고 언급하였다. 사회적 관점은 Bruffee나 Bezzell, Nystrand처럼 담화인지 내의 문제를 다룬 경우도 있지만, 논의를 확장하여 권력의 문제나 불평등, 제도의 문제를 다루는 경우도 있다. 예를 들어 Paulo Freire나 Henry Giroux와 같이 우리가 사용하는 언어와 이를 학습하는 언어 교육이 지배계층의 이익을 위해 제도화되었고, 그것이 인간의 자율성과 주체성을 훼손하고 억압한다고 보는 관점이 있다11). 이런 관점에서는 언어 교육이나 작문 교육에서도 계급이나 불평등의 입장에서 사회를 바라보고, 이를 해소하기 위한 글을 써야 한다고 주장한다12).

---

11) Faigley(1986)은 당시 사회적 관점의 경향을 4가지로 나눈 바 있다. 첫째는 포스트구조주의 이론이고 둘째는 과학 사회학, 셋째는 민족지학, 넷째는 막시즘이다. Faigley(1986)의 분류에 따르면 여기서 말하는 Birlin이나 Giroux의 논의들은 막시즘에 속한다. 막스적 관점은 글쓰기 연구나 글쓰기 교육이 어떠한 활동보다 사회적 생산 양식과 관련된 권력의 구조 속에서 논의되어야 한다고 주장한다. 다른 사회적 입장과는 달리 막스적 관점에서는 작문 교육에도 계급, 권력, 그리고 이데올로기와 같은 핵심 개념들을 다루어야 한다고 주장한다. 작문 교육이 사회적 계급 해방에 기여해야 한다고 보는 것이다(Faigley, 1986: 534~537).

12) 비판적 수사학은 Paulo Freire(파울로 프레이리)나 Henry Giroux(헨리 지루)와 같은 비판적 문식론자들에 의해 제기되었던 관점이다. 이들은 국가 이데올로기와 산업 자본주의의 이념이 자유로운 인간 의식과 사유 활동을 제약하고 왜곡하고 있다고 보고, 교육에서 이런 왜곡과 억압의 과정을 탈피해야 한다고 주장했다. 이들은 인간과 사회의 해방을

Flower(1989a)가 인지 속에서 사회적 맥락의 문제를 해결하고자 이론적 논의를 전개했다면 인지 속에서 비판적 수사학의 관점을 어떻게 결합해야 할 것인지에 관해서 논의한 학자가 있다. 이 학자는 Stuart Greene(1990)로, 그는 비판적 수사학에서 인지주의 논의들을 어떻게 다루고 있는지를 비판하면서, 인지와 사회를 변증법적으로 통합할 이유를 여러 시각에서 제시하고 있다. 앞서 말한 대로 비판적 수사학은 작문 연구와 교육에서 이데올로기적인 문제를 다루어야 한다는 입장이다. Greene(1990)는 비판적 수사학에 속한 학자로 Ira Shor(1980), Berlin(1988), Knoblauch(1988)를 언급하는데 이들 학자들은 언어 학습에 담긴 권력과 지배의 힘을 이해하고, 이런 권력에 저항할 수 있는 문화적 목소리를 키우고자 했다.

　　Greene(1990)는 학생들이 이데올로기의 가면을 벗고, 스스로 주체가 되어 복잡한 사회적 과제와 협상할 수 있는지, 또 이에 관한 구체적인 탐구 방법이 있는지 의문을 제기하면서 우선 비판적 수사학의 입장을 비판한다. 오히려 이들의 논의가 개인이 문화적인 담론을 어떻게 조직하는지, 또 이 속에서 어떻게 의미를 구성하는지에 관한 시각을 잃어버리고 있는 것 같다고 언급한다. 비판적 사회 이론가들은 교실에서 작문을 학습하는 방법이나 과제와 맥락이 학생들의 쓰기 과정을 통제하는 방법에 대해 깊이 있게 논의하지 않는다. 비판적 수사학의

위해 교육적 현장을 개선하고 교육 과정을 바꾸어야 한다고 보았다. 비판적 수사학자인 James Berlin(1988)은 우리가 사용하는 언어 자체가 이데올로기 실천이라고 주장한다. 사회적 관계 속에서 경험적 활동을 통해 구체화되는 것들은 대체로 언어를 통해 사유되고 실천되는 것들이다. 그래서 그는 언어적 담론이 언제나 사회적 산물이고, 이데올로기적 산물이라고 인식했다. 따라서 작문 교육은 언제나 지배 권력에 대항하여 현실 폭로적이 될 수밖에 없다고 본다. 작문 교육의 비판적 수사학의 입장은 위의 본문에서 말한 Ira Shor, Berlin, Knoblauch 외에도 Trimber, Faigley, McComisky 등이 있다. 정희모(2013a), 「작문 연구의 방향과 전망」, 『작문연구』 18, 2장 참고.

관점은 보다 거시적인 시각, 즉 이데올로기나 제도, 권력의 문제에 집중하기 때문이다.

Greene(1990)가 비판적 수사학자를 보는 관점은 호의적이지는 않지만 그렇다고 이들 담론을 부정하지도 않는다. 이에 덧붙여 그가 관심을 가진 것은 비판적 수사학의 도입 과정에서 기존의 인지적 연구의 여러 장점들이 약화되거나 사라지지 않을까 하는 걱정이다. 우리가 알다시피 인지적 관점은 여러 맥락에서 개인이 지식을 생산하는 방식을 탐구한다. 인지적 탐구가 Shor, Berlin, Knoblauch처럼 역사적, 문화적, 이데올로기적 문제를 다루지는 않지만 특정한 인지적 요소에 관해 알고 싶어 하는 것을 찾아내는 성실함을 가지고 있다. 어떤 하나의 이론이나 관점이 우리가 알고 싶어 하는 모든 것을 다 충족시킬 수는 없을 것이다.

그가 볼 때 비판적 교육학이나 이데올로기의 문제는 또 다른 영역의 문제이다. 그래서 그가 제안하는 것은 인지 이론과 사회적 이론(여기서는 비판적 수사학)을 대립적인 것으로 보지 않고, 서로 보완할 수 있는 변증법적 관계로 보고자 하는 협력의 방식이다. 그는 이를 사회-인지적 인식론이라고 부르고, 글쓰기가 개인·사회적으로 어떻게 생산되는지를 인지 및 사회 이론적 관점에서 포괄할 수 있는 이론적 구조를 만들고자 했다. 그가 생각하는 사회-인지 인식론의 방법은 변증법적으로 개인의 사고와 행동을 제한할 수 있는 사회적, 이데올로기적 권력의 힘을 인정하고 이런 문화적 제약 속에 인지적 요인들이 활동할 수 있는 프레임을 구축하는 것이다.

그렇다면 이제 이런 프레임을 어떻게 구체화할 것인가? Greene(1990)는 사회-인지의 변증법적 프레임에 관해 원칙을 설명하지만 그 세부적인 내용은 규명하지 못한다. 다만 한두 가지 사례를 제시해 사회-인지의 변증법적 이론이 성립 가능하다는 사실을 증명하려 했다. 그중 하나가 비판적 수사학자들이 흔히 말하는 작문 교실에서의 권위와 저항의 문제이다. 통상 학생들은 교사와 텍스트의 권위 하에 종속적인 역할을 맡으면서 선택적 요구에 직면하는 경우가 많다. 이와 관련하여 비판적 수사학자들이 학습 현장의 권력 이양이나 자율권 부여의 문제(empowerment)를 제기하기도 했다. Greene(1990)는 작문 교실에서 권위는 과제 상황과 밀접하게 관련되어 있다고 보았다. 학생이 적절한 주제에 관한 자기 생각을 가지고, 자기 목표를 설정하며, 능동적으로 과제를 구성할 때 권위가 성립된다고 생각한 것이다. 학생의 권위는 주어진 상황에 균형감을 가지고, 적절히 상황을 통제할 수 있는 자기 능력에 기반한다. 학생들이 학습 상황에 수동적으로 반응할 것이 아니라 적극적으로 과제를 설정하고, 쓰기 상황을 주도할 때 권력의 문제가 해결될 수 있다. 그러나 Greene(1990)는 이에 관한 실제적이고 구체적인 학습 방안을 제시하지는 못했다. 다만 그는 교실 현장에서 권위와 저항이 어떻게 형성되고, 권력과 목소리가 어떻게 실현되는지 실제적이고 구체적인 연구가 필요하다고 제안하고 있을 뿐이다.

Greene(1990)의 변증법적 사회-인지 인식론은 기본적으로 작문 교육의 인지적 관점이 가진 여러 장점들을 옹호하면서 사회적 관점을 받아들일 대안을 모색하는 과정에서 나왔다. 비판적 수사학의 여러 이론들이 글쓰기의 인지 요인들을 설명할 수는 없지만, 이를 변증법적으로 통합하면 양측의 장점들을 통합할 수 있다고 판단한 것이다. 그러나 이 논문은 몇 가지 문제점을 지니고 있다. 첫째, 비판적 수사학의 수업 목표와 인지 수사학의 수업 목표가 서로 다름에도 불구하고 이에 관한 세밀한 분석 없이 이들을 변증법적으로 통합시키겠다는 당위적 목표만을 설정하고 있다. 그로 인해 사회－인지에 관한 변증법적 통합에 관한 구체적인 원리나 방법을 세우기가 힘들게 되었다. 둘째, 서로 상반되는 양 이론을 변증법적으로 통합하겠다고 말하면서도 논의의 많은 부분을 비판적 수사학의 문제점을 제시하고, 인지적 관점을 옹호하는 데 할애하고 있다. 이 때문에 정작 양측의 장점, 단점을 세밀하게 분석하고 이를 결합하여 새로운 이론을 제시하는 데는 실패했다.

Greene(1990)의 논문을 읽어보면 작문 연구에 관해 서로 다른 시각을 가지고 있는 이론들을 결합하는 것이 얼마나 힘든 일인지 알 수가 있다. 특히 작문 교육의 목표가 서로 다르기 때문에 비판적 수사학의 관점과 인지 수사학의 관점을 통합하기란 쉽지가 않을 것이다. Greene (1990)가 언급한 대로 Flower & Hayes(1981)의 쓰기 과정 이론은 개인의 정신적 과정을 바탕으로 다양한 맥락에서 지식을 생산하는 방식을 연구하고자 한 것으로 사회적, 역사적, 이념적 영역의 문제와는 거리가 있다. 반면에 Shor, Berlin을 포함하여 Freire나 Giroux로 대표되는 비판적 수사학의 입장은 자본주의적 이데올로기에 기반한 교육 제도가 인간의 자유로운 의식과 사고를 제약하고 왜곡하고 있다고 보고 이에 대해 문화적 저항과 해방을 추구하고자 했다. 처음부터 바라보는 시각과 방향이 다른 두 학파를 결합하기 위해서는 각각의 이론에 관한 세밀한 분석이 전제되어야 가능할 것이다. Greene(1990)는 변증법적 통합을 이야기하지만 세부 이론의 통합에 관한 구체적인 접점이나 방법을 찾지 못하고 있는 한 통합은 쉽지가 않다.

통합의 관점에서 구체적으로 해야 할 일은 양쪽이 함께 논의할 수 있는 협상 가능한 이론적 영역을 찾는 일이다. 예를 들어 지식이나 이념의 문제에 있어 시각이 다르지만 그래도 사회적 환경이나 배경의 관점에서 서로의 접점이 없는지 찾아보는 것이다. 다음 장에서 살펴볼 맥락에 관한 새로운 관점도 협상 가능한 이론적 논의 중의 한 영역이다. Flower(1989a)도 이야기한 바 있지만 인지적 관점에서 사회적 관점에 관한 논의를 할 때 핵심적인 대상은 '과제 환경'이다. 인지주의든 사회적 관점이든 사회적 환경이 어떻게 인지를 야기하는지를 밝히기 위해서는 '과제 환경'을 살펴볼 수밖에 없다. Flower(1989a)도 인지이론에서 '과제 환경'을 오로지 쓰기 과정 내 한 요소로 보는 것에 불과했으며, 사회적인 관습이나 규범들이 어떻게 필자의 쓰기 과정을 규제하는지 규명하지 못했다고 인정한 바 있다. 인지와 사회의 문제를 논의하는 데 중심이 되는 것은 맥락의 문제이다. 맥락에 관한 논의는 1990년대 이후에도 사회적 관점의 이론을 전개하는 데 핵심적인 역할을 하고 있다.

6. 사회인지와 맥락의 의미

앞에서 말한 바대로 인지주의자들은 사회적 요소들을 반영하여 새로운 관점을 모색하고자 했지만 성공하지는 못했다. 인지주의 입장에서 사회, 환경적인 영향을 반영할 수 있는 공간이 '과제 환경' 밖에 없고, 학습 과정에 이를 반영하거나 이론화할 수 있는 방법도 별로 없었다. 사실 인지주의가 인지적 활동의 주체로 삼은 개인적 공간을 벗어나지 않는 한, 이를 해결하기는 힘들 것이다. Linda Flower(1989a)는 "맥락이 인지를 야기하는 것에 관한 보다 통합된 이론적 시각이 필요하다."(p.282)라고 말했지만, 정작 그녀가 제안한 것은 "맥락이 인지를 촉발한다."(p.287)와 같은 다소 원론적인 논의에 불과했다.

사회적 관점의 학자 Pittard(1999)가 인지주의자들이 사회적 요소들을 융합하는 방법에 미심쩍은 부분이 있다고 지적하는 것은 타당하고 일리가 있다. 내용 지식이나 수사적 지식, 담화 지식이 과제 환경에 의해 형성되지만, 이는 어디까지나 인지 주체, 즉 개인의 정신적 표상에 의해 일어나는 것으로 이를 통해 사회적 영향이 어떠한지 구체적으로 분석하기란 쉽지 않다. Pittard(1999)는 실제 글을 쓰는 동안 인지적, 사회적 영향들이 무엇인지 완전하게 분석해 내는 일은 불가능하다고 말한다. 그녀는 인지·사회의 통합은 근본적으로 인지주의가 생각하는 쓰기 환경과 맥락에 관한 관점을 바꾸지 않으면 해결할 수 없을 것으로 보았다. 진정한 통합을 위해 인지주의가 생각하는 맥락과 지식 사이의 관계를 새롭게 조정할 필요가 있다.

인지주의자들이 생각하는 지식은 매우 안정되고 이론화할 수 있는 개념이다. 장기기억 속에 저장되어 있는 지식은 마치 하나의 저장고와 같은 기능을 해서 쓰기 활동에 관한 정보 제공의 역할을 한다. 물론 그렇다고 해서 외적 영향을 받지 않는 것은 아니다. 외적 환경으로부터 얻은 정보들로 인해 지식이 수정되고 변환되기도 한다. 인지주의자들의 지식은 외인적 구성주의자들처럼 외부 현실에 이미 형성되어 있는 구조(경험적 관계, 제시된 정보, 관찰된 경험)를 그대로 가져와 단순히 재구성하는 것(Moshman, 1982)과는 다르다. 인지주의자들은 외적 경험들을 받아들이되 내적 성찰을 통해 기존 지식을 자기 지식으로 변형하고 새롭게 구성한다. 인지주의에서는 어디까지나 내적 조정자로서 인지적 주체를 상정하고 이들의 구성 작업을 인정하고 독려한다. 그런데 이런 방식은 사회구성주의나 맥락주의자들이 생각하는 주체나 지식의 인식과는 거리가 있다.

Pittard(1999)는 인지주의의 문제는 자신들이 전유해 온 지식의 특별한 사용으로부터 나온다고 언급한다. 그녀는 인지주의의 지식 개념은 인간의 활동능력(여기서는 인지능력) 안에 있는 것처럼 특수화된 것은 아니라고 말하고 있다. Pittard(1999)의 이런 언급은 인지주의가 아무리 상호 작용을 이야기해도 결국은 인지 주체는 개인이며, 개인 내면의 영향 관계를 벗어나기 힘들다는 비판이 들어 있다. Flower(1989a)가 제시한 인지와 맥락의 상호 작용에서 '인지는 맥락을 중재한다.'라고 말할 때 이 뜻은 맥락이 언제나 개인의 인지에 의해 중재된다는 의미이다. 환경이나 맥락은 인지의 내피를 입지 않으면 쓰기 과정에서 나타날 수가 없다고 본 것이다. 그런 점에서 Flower(1989a)의 이론은 여전히 인간의 인지 주체성에 관한 것이다. 사회적 영향이 아무리 강해도 Flower가 관심을 갖는 것은 환경이 어떻게 인간 내면의 인지적 정보들을 변화시키는지에 관한 논의이다13).

이에 반해 Pittard(1999)는 쓰기 과정이 전통적인 인지이론에서 제시하는 것보다 훨씬 더 깊이 환경적 상황과 맥락에 연관되어 있다고 보았다. 아울러 맥락이 인지를 변화시키는 것이 아니라 맥락이 글쓰기를 통해 실현된다고 생각했다. 글을 쓰는 상황과 행위가 내용지식과 맥락을 실현한다고 본 것이다. 지식이나 맥락은 주어진 존재가 아니며, 행위자가 만들어 가는 가운데 생산되고 구성된 것이다. 문제

---

13) 인지와 맥락에 관한 상호 작용의 이론을 전개하지만 Flower(1989a)의 관점은 여전히 인간의 인지 행위에 관한 것으로 보아야 한다. 이 논의의 끝마무리에 Flower(1989a: 295)가 진술한 내용만 보아도 이런 생각을 알 수 있다. 그 내용은 다음과 같다. "이 연구의 궁극적은 목적은 바로 중재(intervention)이다. 나는 필자가 사고하고, 행동하고, 자기를 의식하는 공간을 마련하는 관점이 필요했다. 또한 필자의 경계가 뚜렷한 의도성과 사회적으로 구성한 지식의 실제를 알아보는 관점과 그 관점의 중심부에서 가능성(possibility), 선택권(options), 그리고 개개인 필자의 행위의 공간을 조명하고자 한다." Flower의 이런 관점은 글쓰기에 관한 설명에서 개인의 인지가 반드시 포함되어야 한다는 점을 언급한 것이다. 그녀는 이 논문에서 맥락이 강력한 힘이라고 말하면서도 맥락만으로 텍스트를 만들지는 못한다고 언급한다.

를 해결하는 정신적 활동은 언제나 그 문제 상황과 맞닿아 있으며, 그 문제 상황이 만들어 내는 맥락 속에 있다. 인간의 활동 상황과 맥락은 그 활동의 구성 안에서 끊임없이 생성되고 소멸되는 과정 속에 있다.

Pittard(1999)의 이런 생각은 민족방법론(Ethnomethodology)[14]의 시각에서 쓰기 이론을 전개한 Brandt(1991)의 논문에서 잘 드러난다. Brandt(1991)는 글쓰기 과정을 분석하는 데 민족방법론을 사용하여 현장에서 일어나는 과정을 설명하고자 했다. 우선 그녀는 글쓰기의 사회적 관점을 이해하기 위해 사회적 맥락을 지식이나 개념의 산물로 보아서는 안 된다고 언급한다. 오히려 "사회적 맥락은 사람들의 실천적 행위와 실천적 추론의 현재 진행형의 성과물"(Brandt, 1991: 325)이라고 주장한다. 사람들은 지금 여기에 일어나고 있는 행동을 이해하기 위해, 관찰자로 머물 것이 아니라 같이 참여하고 행동하면서 어떤 일이 일어나고 있는지, 그 일을 어떻게 설명해야 할지 현재적 관점에서 설명해야 한다. 그래서 맥락은 외부에 있는 어떤 것이 아니라 참여자가 생성하고 의미를 부여하며, 상호 작용하는 가운데 생성되는 것을 의미한다. 환경과 맥락은 모든 참여자가 엮어 내는 상호주관적 활동의 과정이며, 공동의 성취로 드러난 것이다. 그리고 우리가 말하고, 쓰고, 읽고, 일상적 범주를 수행하는 가운데 만들어지고 재구성되는 것이다. 그렇기

---

14) Brandt(1991)가 사용한 민족방법론은 민족지학(ethnography)의 방법과 차이가 있다. 민족지학의 방법은 특정한 집단을 내부로부터 이해하기 위해 관찰에 사용하는 방법이다. 관찰자가 대상 집단의 내부 활동이나 행위들이 어떻게 이루어지는지 특정한 방법과 관점을 사용해 조사하고 해석하는 활동이 이에 해당한다. 반면에 민족방법론(Ethnomethodology)은 대상을 관찰하거나 해석하지 않고 일상에 참여하여 그 행위가 구성되는 것을 경험하고 그것을 설명하는 것을 위주로 한다. 그렇기 때문에 행위가 실현되고 그것이 소멸되는 과정을 설명할 뿐 특별히 해석하거나 이론화하려고 하지 않는다. 이런 차이점을 이해하고 본문을 읽어볼 필요가 있다.

때문에 환경이나 맥락은 우리에게 주어진 것이 아니라 언제든 상황 속에서 만들어지고 생성되는 것으로 보아야 한다.

환경과 맥락이 구성적이고 생성적인 힘으로 작용하는 것은 몇 가지 사례를 보면 잘 알 수가 있다. 먼저 Chin(1994)이 제시한 사례가 있다. 이 사례는 대학원의 저널리즘 수업을 관찰해서 얻은 것으로, 공간과 상황이 학생들의 쓰기 수업을 어떻게 구성해 내는지 설명한 것이다. 저널리즘 교수는 뉴스 작문 수업에서 작성해야 하는 신문기사를 위해 도시의 시장을 학교로 초대해 학생들을 위한 임의의 기자회견을 열었다. 캠퍼스에서 학생 대상으로 실시된 기자회견임에도 불구하고, 학생들은 이 회견의 정당성에 관해 의문을 제기하지 않았다. 그런데 문제는 3개월 후에 일어난다. 또 다른 뉴스 작문 수업 시간에 앞 수업의 기자회견과 유사하게 시 행정에 관한 시 관리자의 회견이 있었다. 두 상황이 매우 유사함에도 불구하고 몇몇 학생들은 두 번째 기자회견에 관해 회의적인 반응을 보였다. 학생들은 그 회견이 설정된 상황이며, 진짜가 아니라 가짜라는 점을 강조했다. 학생들은 시청이 아니라 학교 캠퍼스에서 실시된 상황의 인위성에 관해 불만을 표출했다.

Chin(1994)은 이 무렵에 와서야 학생들이 학교 세계와 현실 세계를 구분하기 시작했다고 보았다. 학생들은 두 가지 상이한 맥락을 가지고 있었다. 하나는 저널리즘 학문에 관해 지식 추구를 해야 하는 학자(박사과정생)로서의 위치이고 다른 하나는 저널리즘에 관한 경험을 키워 취업을 해야 하는 위치인데, 이들 사이에 갈등이 발생한 것이다. 이는 학교와 현실 사이의 갈등으로 정체성 혼란의 원인이 되기도 한다. 학생들은 정보 수집과 기사 작성을 위한 물질적 조건이 변하지 않았지만 두 번째 기사 작성에는 다른 맥락을 구성했다. 같은 글쓰기 상황인데도 불구하고 학생들은 첫 번째와 다르게 판단하고 다르게 인식했다.

Chin(1994)은 이런 인식의 변화가 물질세계 내에서 자신의 위치를 읽는 방식과 연관되어 있다고 말한다. 학생들이 생각한 공간에 관한 인식 변화는 글쓰기에서 다른 맥락을 인식하도록 만든다. 이런 변화는 사실 텍스트를 읽는 것만으로 찾아내기는 힘들다. 쓰기 과정에서 생긴 맥락의 변화는 단일한 텍스트를 읽어 내는 독자의 시각에서 찾아내기는 힘들다. 텍스트를 읽는 독자의 독해는 작가가 실제로 텍스트를 구성할 때 일어나는 복잡한 혼적, 실수, 우회, 이동의 연결고리를 포착하지 못할 수도 있다. 텍스트 속에는 독자가 인식하지 못한 다양한 혼적들이 묻어 있는 것이다.

Chin(1994)은 이런 맥락들을 보려면 특정 생산 맥락에서 작문의 조건을 형성하고 영향을 미치는 개인적, 사회적, 환경적, 역사적인 여러 힘들을 검토해야 한다고 말했다. 예를 들어 그녀가 관찰한 학생 중에는 학교에서 실시하는 저널리즘 글쓰기가 학교 밖 맥락(취업)에 실제 도움이 되지 않아 인턴십의 일과 포트폴리오 작성에 더 많은 시간을 쓰기를 원한 경우가 있었다. 이런 경우 학교 밖 맥락이 학교 안의 맥락을 규정한 경우에 해당한다. Chin(1994)은 쓰기의 맥락에는 글을 쓰는 필자의 물질적 조건, 사회적 조건, 심리적 조건이 모두 포함되는 것으로 보았다.

쓰기 맥락이 현장의 진행과정과 구체적 목표에 의해 달라지는 모습은 또 다른 사례에도 나타난다. 또 다른 사례는 Herrington(1985)의 연구에서 나타나는데, 하나의 화학공학과 담화공동체 안에 있는 두 개의 글쓰기 수업을 조사한 것이다. 이 논문은 대학의 화학공학과라는 큰 담화공동체에서 두 개의 수업이 세부적인 쓰기 상황과 맥락을 어떻게 다르게 구성하는지 그 내용을 탐구했다. 동일한 담화공동체에서 동일한 교수와 학생들이 참여한 두 개의 다른 강좌에서 여러 다른 쓰기 상황(쓰기 목적, 구성원의 역할과 기능, 교사와 학생의 인식, 쓰기 방법)이 형성되었는데 이를 조사한 것이다. 이런 연구를 통해 학생들이 서로 다른 과제를 해결하기 위해 어떤 기능을 맡는지, 어떻게 목적과 맥락이 변화하는지, 그 차이를 분석해 보고자 했다. 연구의 결과는 넓은 의미에서 같은 담화공동체라 하더라도 서로 다른 과제를 가지면 다른 역할과 수행, 방법과 기능이 생기는 것으로 나타났다.

Herrington(1985)은 쓰기 맥락에 따라 형성되는 소집단이 글쓰기가 제공하는 사회적 목적이 다른 별개의 포럼으로 보인다고 언급했다. 여기서 새로운 포럼에 참가한다는 것은 새로운 지식, 새로운 전략, 새로운 표현방식을 습득하는 것을 의미한다. 넓은 의미에서 사회적이고 집단적인 목표 의식이 변화하게 되는 것이다[15]. Herrington(1985)의 이런 연구 결과는 담화공동체의 획일적 특성에 관한 작문 연구자들의 기존 견해를 재고하게 만든다.

Herrington(1985)의 연구 결과는 동일한 담화공동체에서 동일한 환경과 맥락이 만들어진다는 기존의 연구 결과와는 달랐다. 교수와 학생은 지속적인 상호 작용을 통해 새로운 맥락을 형성했고, 그것은 결과에도 영향을 미치게 되었다. 이전에 Nystrand(1986)가 담화공동체

---

15) 담화공동체 내에서 소규모 포럼이 가능한 이유는 교사의 역할 때문이라고 Herrington (1985)은 지적한다. 교사는 특정 담화공동체에서 만들어지는 소집단 역할에 중요한 영향을 끼친다고 언급한다. 그것은 학급의 글쓰기 교육에서 교사가 교육의 전체 구성을 맡을 뿐만 아니라 독자로서 중요한 역할을 맡고 있기 때문이다. 필자로서 학생들의 역할, 글쓰기의 목적, 글쓰기의 추론 방식이 독자로서 교사의 역할과 기대에 따라 달라지는 것으로 나타났다. Herrington(1985)은 자신이 관찰한 교실에서도 교사들이 학생들에게 쓰기 목적에 맞는 질문들을 제기하고, 특정 문제를 조사하고 해결하는 데 필요한 지침과 적절한 근거를 주었다고 언급했다. 새로운 소집단 형성에 따른 새로운 맥락은 교수의 지도 아래 학생과의 지속적인 상호 작용을 통해 가능하다는 사실을 보여준다(Herrington, 1985: 356).

가 동일한 담화 관습을 제시한다는 기존의 연구 결과에 의문을 제기한 적이 있는데(같은 담화공동체라도 맥락에 따라 담화 관습이 달라질 수 있다는 의미), Herrington(1985)의 실험 결과가 그런 상황을 증명해 보여 준 것이라고 할 수가 있다. 같은 담화공동체라 하더라도 구성원 사이에 새로운 과제와 새로운 환경이 주어지면 쓰기 맥락은 다르게 형성될 수 있다. 다양한 쓰기 환경이 다양한 맥락을 구성하기 때문이다.

Pittard(1999)는 역동적인 쓰기 과정이 맥락을 산출한다고 말하고 맥락이 갖는 다양한 성격들을 인정했다. 그녀는 맥락은 장기기억처럼 안정된 성질을 가질 수도 있고, 쓰기 과정 중에 행위로서 독립적으로 표현될 수도 있다고 말했다. 앞의 경우는 우리가 알다시피 장기기억 속에 있는 지식처럼 정신적으로 구조화되어 표현되고, 후자의 경우는 쓰기 과정이 새롭게 구조화되면서 쓰기 행위와 결합하여 나타날 수 있다. 맥락은 형성되고 구성되는 방법이 다양하며, 이에 따라 맥락이 미치는 결과 역시 다양하다. Pittard(1999)는 이런 다양한 성격의 맥락에 관한 대안으로 맥락이 글쓰기를 통해 실현된다는 시각을 가질 것을 제안한다. 사회-인지이론에서 맥락에 관한 다양한 논의들을 해결할 수 있는 대안이 바로 지식과 맥락이 쓰기 과정 속에서 발현되고 실현된다고 보아야 한다는 것이다.

Brandt(1992: 326)는 "작가는 글을 쓸 때 맥락(context)을 표현하는 것이 아닙니다. 그들이 만들어 내는 것이죠."라고 말했다. 인지주의에서는 작가가 머릿속 활동을 통해 무언가를 표현하는 것을 연구하고자 한다면, 맥락에 기반한 사회적 관점에서는 쓰기 행위를 역동적인 과정으로 보고 실천과 행위의 관점에서 보려고 했다. 다시 말해 쓰기 목적이나 계획하기, 배경지식, 독자 설정도 정신적 과정에서 산출되어 텍스트 요소로 적용되는 것이 아니라 작가가 자신의 쓰기 행동을 해석하고, 자기 산출물을 만들어 가는 방식 속에 발현되는 행위나 행동으로 보는 것이다. 이런 점에서 맥락은 쓰기 과정과 함께 재해석되고, 재규정되어야 할 문제로 인식된다.

Flower & Hayes의 인지주의에 반박해 사회적 관점에 선 다양한 논의들은 글쓰기에서의 의사 결정이 개인의 정신적 구조를 통해 산출되는 것이 아니라 담화공동체나 해석 공동체처럼 사회적 관습이나 의식에 의해 결정되는 것임을 강조하고자 했다. 그리고 사회적 관점의 이런 주장은 여러 학자들의 사회-인지 논의와 Bakhtin의 대화주의와 같은 논의를 통해서 텍스트의 의미와 지식이 쓰기 과정의 소통과 협상의 결과라는 점도 인식하게 해 주었다. 또한 맥락이 외부에 존재하는 것이 아니라 쓰기 과정 속에서 발현된다고 보는 관점으로 확대된다. 이런 다양한 논의들이 인지주의에서 사회적 관점으로 변화하면서 나타나게 된 연구 방향이라고 말할 수 있다.

제2장 수사학적 문제와 독자 이론

1. 쓰기 과정과 독자의 문제

쓰기의 이론과 쓰기 교육 분야에서 독자16)는 매우 중요한 문제이지

---

16) 독자(audience)에 관한 용어 개념은 다양하고 복잡하다. Schindler(2001)는 독자 개념을 네 가지로 나누었는데, 이를 소개하면 다음과 같다. 첫 번째는 수용자(recipient)이고, 두 번째는 독자(reader), 세 번째는 청중(audience)이고, 네 번째는 수신자(addressee)이다. 먼저 수용자 개념은 주로 구어적 소통에 많이 쓰이는데 메시지를 받아들이는 청자나 혹은 독자를 말한다. 수용자란 용어는 화법을 다루는 커뮤니케이션 이론에서 나왔지만 문어적 소통에도 사용된다. 두 번째로 독자란 용어이다. 이 용어는 특별한 시간에 특정한 텍스트를 읽는 사람을 의미한다. 일반적으로 독서는 개인적인 활동으로 이해되기 때문에 독자라는 용어는 개인을 의미한다고 본다. 그리고 주로 문어 텍스트에 많이 사용한다. 세 번째 오디언스라는 용어이다. 이 용어는 수사학에서 나온 용어로서 학술적인 측면에서 가장 널리 사용되며 구어적 텍스트나 문어적 텍스트에 모두 사용된다. Schindler(2001)는 이 용어가 화자와 청자를 대상으로 하기 때문에 잘못하면 문어적 소통의 중요한 양상을 숨길 수 있다고 말한다. 마지막으로 수신인이라는 용어이다. 이 용어는 메시지를 전달받는 대상자란 뜻으로 Schindler는 이 용어가 글쓰기와 관련되기 때문에 오디언스에 비해 더 정확하다고 말한다. 이 책에서는 독자라는 용어를 그대로 사용한다. 쓰기 연구 분야에서 독자를 지칭할 때는 오디언스를 많이 사용하는데 수사학의 영향 때문으로 보인다.

만, 매우 복잡하고 모호하게 다루어진 영역이기도 하다. 전통적인 수사학에서는 독자를 필자만큼 중요하게 여겨 학생들에게 반드시 독자에 관한 분석을 하도록 요구하기도 한다. 이를 반대하는 학자들은 구체적인 독자 설정이 오히려 좋은 텍스트를 쓰는 데 방해가 된다고 주장하고 이에 관한 근거를 제시하기도 했다. 이와 더불어 독자라는 개념이나 용어 자체도 논란의 대상이 되기도 했다. 구어에서는 청중이 있어 분명한 독자의 상(像)을 구현할 수 있지만 문어 텍스트에서는 무엇이 독자인지 검증하기가 쉽지 않다. 텍스트를 쓰는 필자의 입장에서 독자가 눈앞에 보이는 청중처럼 존재하지 않기 때문이다. 그렇기 때문에 쓰기 이론에서 독자의 문제는 항상 다양한 논쟁을 수반하는 주요한 논란거리가 되었다.

쓰기 이론에서 독자(Audience)에 대한 논의가 새롭게 주목받는 논의 대상은 아니었다. 이미 앞장에서 다루었던 인지주의 이론에서 독자의 문제가 언급되었는데 특히 과정 중심 이론에서 독자 문제는 쓰기 동기와 목적을 규명하는 가장 중요한 요소가 되기도 했다. 그래서 인지주의 이론에서는 쓰기 과정이 진행되면서 수사학적 문제가 고려될 때 제일 먼저 검토해야 하는 대상으로 독자 문제를 거론하기도 했다. 독자 문제가 단일한 연구 대상이 되고 교육 대상이 된 것은 인지주의와 과정 중심교육이 중심을 차지한 1970년대 이후부터였다.

특히 1970년대 이래 독자 문제는 논쟁적인 대상이 되어 여러 학자들을 통해 연구되어 왔다(Long, 1980; Berkenkotter, 1981; Park, 1982; Ede & Lunsford 1984; Elbow 1987). 독자에 관한 이론적인 논쟁은 언어학자,

---

이 책에서는 오디언스와 독자를 병기에서 사용한다. 그러나 책을 읽는 실제 독자를 말할 때는 독자(reader)로 영문 표기를 병기하여 구별하였다(Schindler, 2001: 4; 정희모, 2008: 396).

철학자, 심리학자들에 의해 영역을 넘나들면서 논의되었는데, 주로 수사학의 청중과 글쓰기의 독자 개념, 그리고 쓰기 교육의 독자와 그 기능에 관한 연구가 중심을 이루었다. 쓰기 교육에서는 독자를 어떻게 설정해야 할지, 그리고 그것이 얼마나 효과가 있는지, 독자가 실제 현실에 존재하는 외적 존재인지, 아니면 가상의 존재인지가 논의의 중심을 이루었다.

과정 중심교육 방법이 쓰기 교육의 주된 방법이 되면서 쓰기 교육 현장에서 독자 문제는 중요한 교육 항목으로 자리를 잡은 지 오래되었다. 쓰기 교사들은 종종 학생들에게 예상 독자를 고려해 보라고 가르친다. 그래서 학생들은 글을 쓰기 전 예상 독자를 상정하고 그 특성을 분석하기도 한다. 실제 글을 쓸 때 예상 독자를 분석하는 것만으로도 쓰기 목적을 필자 스스로 명확히 하는 데 도움을 받기도 한다. 자신이 누구에게 글을 쓰는지가 글의 목적과 구성, 심지어 문장에까지 영향을 끼치기 때문이다. 많은 교육 현장에서는 교사가 잘 정의된 독자 개념을 제공하고 학생들에게 이에 맞추어 글을 작성할 것을 요구하기도 한다. 그렇지만 그런 대상은 현실과 다를 수가 있어 잘못된 문제를 만들어 낼 수가 있다. 외부에 있는 독자를 상정하더라도 실제 독자는 다를 수 있고, 또 우리가 항상 외부에 있는 실제 독자를 대상으로만 글을 쓰는 것이 아니기 때문이다. 만약 이렇게 외부의 실제 세계에 있는 독자만을 대상으로 텍스트를 작성한다면 복잡한 독자 문제를 단일한 독자 분석으로 축소할 위험성이 있다.

아울러 Douglas Park(1982)이 말했듯 학생들이 대체로 특정 독자를 대상으로 글을 쓰기보다 "일반적인 독자(a 'general' audience)"를 대상으로 글을 쓰는 방법을 배우기를 원한다고 했는데 그런 점도 고려해 보아야 한다. 학생들은 엄격한 독자를 대상으로 글을 쓰기보다 상황에 대해 규정된 것이 없고 필자가 스스로 창조할 내용이 많은 "비교적 덜 조직된 상황"의 글을 쓰는 것을 선호한다. 중, 고등학교에서 쓰는 논설문이나 대학에서 쓰는 학술적 에세이가 이런 종류의 글이다. 대체로 이런 글들은 특정 독자를 대상으로 하지 않고 일반적인 독자를 대상으로 하기 때문에, 필자가 다양한 관점으로 주제와 대상을 찾고 스스로 내용을 탐구할 수 있다. 또 모든 독자가 관심을 기울일 수 있는 보편적 화제를 찾을 수 있고, 이에 관한 깊은 토의를 할 수도 있다.

이런 학생들의 요구 사항을 고려해 보면 필자들이 언제나 외부의 단일 독자를 분석하고 거기에 맞추어야 할 필요를 느끼고 있는 것은 아니라는 점을 알 수 있다. 학생들은 다양한 상황에서 비교적 불명확한 독자 표상을 하면서 효과적인 글을 쓰고 있다. 수업 시간에 보면 자신이 상상할 수 있는 다양한 독자들을 대상으로, 다양한 반응들을 예상하면서 글을 쓴다. 이처럼 특별한 경우가 아니라면 대다수의 학생 필자들은 글을 쓰면서 자신이 스스로 독자를 정의하고 규정하지 않는다. 그렇다면 필자들이 독자를 인식한다는 것은 과연 무엇을 말하는 것일까? 독자 교육은 하는 것이 좋은 것일까, 아닐까? 만약 한다면 어떤 방법으로 해야 할까?

오늘날 독자 개념은 글쓰기 연구에서 중심적인 과제는 아니지만 여전히 많은 질문들이 대답되지 않은 채 남아 있다. 글쓰기 과정에서 독자가 어떤 기능으로, 어떤 영향을 미치는지 정확히 알려진 것이 없다. 필자들은 독자 문제에 어떻게 대처하는지 잘 모르고 있다. 따라서 독자 연구는 다음의 질문들을 토대로 진행되어야 한다.

• 독자에 관한 정확한 정의는 무엇일까?

- 독자는 외적 대상으로 실재하는 존재인가, 아니면 필자가 의도하여 호출하는 관념적 구성물인가?
- 독자 개념이 쓰기 과정에 어떤 영향을 미치며, 어떻게 교육과정에 반영되어야 하는가?

이 장에서는 독자 문제를 독자에 관한 전통적인 견해와 독자를 새롭게 관념적인 대상으로 바라보는 관점을 나누어 살펴보고. 독자와 담화공동체와의 상관관계도 따져볼 예정이다. 아울러 기능적인 관점에서 독자를 어떻게 규정해야 할지에 관해 자세히 살펴보도록 한다.

2. 수사학적 관점과 독자 교육의 문제

독자에 관한 주요 논의는 수사학의 관점에서부터 출발했다. 통상 수사학은 담화를 통하여 남을 설득시키는 기술이라고 부른다. 수사학은 말의 기술을 통해 상대방을 설득시키는 것을 목적으로 하는데, 여기에 논리적 추론과 합리적 동의라는 절차를 필요로 한다. 상대방을 설득하는 것이 아무런 논리와 기술 없이 그저 동의를 바라는 일이 아니기 때문이다. 그래서 아리스토텔레스도 그의 책『수사학(*Rhetoric*)』에서 수사학을 '설득력 있는 담화의 기술'이라고 말했다.

기본적으로 수사학에서는 청중(audience)을 중요시한다. 수사학을 '설득의 기술'이라고 부를 때 그 설득의 대상은 바로 청중이다. 청중을 어떻게 논리적으로, 타당하게 설득하느냐가 관건이기 때문에 항상 수사학은 청중을 논의의 기본 대상으로 여겼다. 그래서 청중을 설득하는 기술, 주장에 동의를 얻는 방법에 관심을 쏟았다. 그것이 수사학에서 말하는 합리적인 설득의 방법과 논증의 방법이다.

수사학의 논증이 가능한 것은 기본적으로 화자와 청자 사이의 갈등이 있기 때문이다. 논증은 화자의 주장과 청자의 주장이 일치되지 않는 상황을 전제로 한다. 화자는 자신의 주장과 일치하지 않은 청자에게 자신의 주장을 합리적으로 납득시키는 것이 바로 설득의 방식이자 논증의 방식이다. 논증의 방식에는 청중을 설득하기 위한 적절한 주장이 있어야 하고, 논리적이고 합리적인 추론 방식이 있어야 한다. 논증이 불합리하고 부적절해서 청중이 화자의 주장에 동의하지 않는다면 설득은 실패하게 된다.

　　화자는 궁극적으로 청중이 논증 행위에 반응하고, 응답할 수 있는 방식으로 논증 과정을 전개해야 한다. 따라서 수사학에서 청중은 논증의 타당성과 합리성을 보증하는 장치가 되는 경우가 많다. 그래서 화자는 청중에게 무엇이 합당한 지식인가에 관한 명제적 지식을 가져야 하고, 그 지식을 설득적으로 전개할 방법적 지식도 가져야 한다. 수사학에서는 청중이 화자와 주장, 논증적 방식의 모든 것을 좌우할 중요성을 가지는 것이다[17].

　　수사학 이론을 통해 또 한 가지 알 수 있는 것은 청중에 관한 개념을 폭넓게 잡고 있다는 점이다. 수사학에서 청중 개념은 화자 자신일 수도 있고, 다른 사람일 수도 있으며, 아니면 상당히 큰 집단일 수도 있다(Crosswhite, 오형엽 옮김, 2001). 수사학의 청중 개념은 사람으로서 외적 대상뿐만 아니라 집단이나 담화공동체까지 확장된다. 나중에

---

17) 수사학의 청중 개념과 작문의 독자 개념은 세부 개념의 내용과 기능적인 측면에서 차이가 있다. 작문에서 독자 개념은 텍스트의 목적과 의도, 내용 설정과 관계하는 과정 요소의 하나로 설명된다. 반면에 수사학에서 청중 개념은 주장의 적합성과 논증의 진실 여부를 판단하는 주요 기능을 맡고 있다. 수사학에서 청중은 주장의 진위 여부나 논증의 합당성 여부를 판단하는 기능을 맡고 있다. 예를 들어 청중은 주장과 진술, 논증 자체가 성립 가능한 것인지, 불가능한 것인지를 판명하는 이론적 판권의 역할을 맡는다. 그래서 수사학에서 청중 개념은 작문보다 선험적이고 주관적이다(정희모, 2012: 161).

살펴보겠지만 수사학의 이런 개념은 글쓰기의 독자 개념에 큰 영향을 끼친다.

수사학이 초기 글쓰기의 독자 개념에 영향을 끼친 상황은 Russell C. Long(1980)의 논문에서 잘 나타난다. Long(1980)은 초기 대다수의 작문 교재들은 고전 수사적 개념들에 상당히 의존했고, 그 결과 필자가 가진 독자의 개념과 그 독자에게 접근하는 양상도 고전 수사학의 개념을 따르게 되었다고 말했다. 예컨대 현대 수사학자인 Edward P. J. Corbett(1965)의 말을 빌리면 전통 수사학은 발생 초기부터, 그리고 오랜 역사적 기간 동안 설득적 화술로 여겨져 왔기 때문에, 수사적 표현이 청자로 하여금 화자가 원하는 방향으로 생각하거나 행동하도록 하는 데 목적을 둔다고 했다. 청자는 담화의 목적과 원인에 해당하는 설득의 대상이므로, 이에 관한 설득 수단이 글쓰기의 독자 이론으로 넘어오면서 독자 분석을 중시하게 된 것이다. 그리고 이런 수사학의 청중 개념 때문인지 글쓰기의 독자 개념은 초기부터 외부에 실재하는 존재라는 개념을 우선했다. 수사학이 청중에 관한 연설을 바탕으로 설정된 이론이기 때문에 청중은 당연히 현실에 존재하는 인물이어야 했고, 수사학의 영향을 받은 초기의 독자 개념도 실재 외부 독자를 대상으로 한 독자 분석이 지배적이게 되었다.

쓰기 이론에서 독자 분석이 수사학의 여러 개념을 가져온 것은 분석적 항목의 세부 사항을 보면 더 분명해 보인다. 수사학의 설득의 5단계 개념(창안, 배열, 문체, 기억, 전달)이 독자 분석에 응용되었고, 독자가 좋아하는 것과 싫어하는 것, 독자의 직업, 취미, 특성 등을 분석하도록 했다. 초창기 쓰기 교육에서 이런 점들은 더욱 부각되었다. 초창기 쓰기 교재들을 보면 수사학의 영향 때문인지 청중의 중요성을 강조하는 독자 분석에 관한 내용이 많다. Long(1980)은 초기 작문

교육에서 독자 분석을 얼마나 중시했는지에 관한 예시로 Maxine Hairston의 사례를 제시했다. Maxine Hairston(1974)이 쓴 초기 수사학 책인 『현대수사학(*A Contemporary Rhetoric*)』에서 그녀는 수사적 성공의 비결은 청자에 관한 지식이며, 글이 잘못된 길을 가지 않도록 하는 방법은 청자를 상기시키는 것뿐이라고 말하기도 했다.

이후 글쓰기 교재에서 독자 분석을 다룬 내용은 많이 나오는 항목 중의 하나가 되었다. 예를 들어 1998년에 발간된 교재 『대학 글쓰기(*Academic Writing*)』[18]에는 책의 서두 부분에 독자 분석의 항목이 나온다. 흥미로운 것은 글의 서두 부분 '초고 준비하기(Preparing for a Draft)' 부분에 독자, 목적, 주제 항목을 같이 다루고 있어 독자 문제가 글의 목적, 글의 주제와 맞물려 있음을 직접 보여준다. 이 책에서 청중에 관해 정보를 가진다면 어떤 내용이 더 설득력 있고, 유익한지 알 수 있다고 하여 독자 분석이 글의 목적, 주제와 바로 결부된다는 사실을 확인시켜 준다. 이런 인식 자체가 초기 작문 연구에 수사학의 청중 개념이 얼마나 강력하게 자리를 잡고 있는지를 보여준다고 할 수 있다.

수사학의 청중 분석에 관한 관심은 과제 설정 방법에서부터 시작된다. Russell C. Long(1980)이 사례로 들고 있는 독자 연습의 제안은 초보 필자들이 독자에 관한 인식을 자연스럽게 확정할 수 있도록 과제를 설정하도록 권유하고 있다.

학습자에게 40세, 백인 남자인 대학의 행정 직원처럼 아주 구체적인 독

---

18) 이 교재의 서지 사항은 다음과 같다. Leki, L.(1998), *Academic Writing*, The Press Syndicate of The University of Cambridge.

자를 상정하고 글을 써 보라. 독자에 대한 제한은 학습자가 직접 할 수도 있고 교수가 정해줄 수도 있다. 아니면 사업가들이나 중서부의 작은 공동체와 같은 소규모 집단을 독자로 상정할 수도 있다. (Horner, 1979: 168)

이처럼 수사학의 영향을 받은 초기의 쓰기 교육은 마치 연설 과정의 청중 분석처럼 겉으로 드러난 물리적이고 직업적인 특징이나 태도, 자질들을 명확히 지시하고 대상에 관해 분석할 것을 요구한다. 그러나 이런 방식은 차츰 필자가 글을 쓰면서 상정하는 예상 독자가 현실에 존재하는 독자와 같을 수 있는지에 관한 의문이 제기되면서 흔들리기 시작한다. 아울러 독자 문제가 외적으로 존재하는 사람이라고 쉽게 규정하기가 어렵다는 문제도 제기되었다. 독자 문제가 보다 복잡하고 중층적이라는 점을 학자들이 조금씩 깨닫게 된 것이다.

3. 수사학적 독자 분석과 비판

초기 글쓰기 교사들에게는 독자에 관한 세밀한 개념이 없었다. 수사학의 영향에 따라 작문에 관한 이론도 차츰 성장하기 시작했지만 초기의 교육과정에서 독자 개념은 거의 무시되었다. 글쓰기 교사들은 학생들에게 독자를 분석하는 방법을 가르치지 않았으며, 독자 분석에 의해 글의 주제와 내용, 그리고 문장들이 결정된다는 점도 알려주지도 않았다. 차츰 글쓰기에서 수사적 분석이 중요하고 학습의 주요 대상이 된다는 사실을 인식하게 되었고, 비로소 독자 문제가 중요하다는 사실을 깨닫게 되었다.

Pfister & Petrick(1980)은 초창기에 교사들이 독자에 관해 가르치지 않았던 이유가 독자가 안고 있는 불확실한 측면을 설명하고 기술하기가 어려웠기 때문이라고 말했다. 글쓰기 교사는 쓰기 과정에 있는 단계적인 요소만 쉽게 가르치면 되는데 정확하지 않고 수수께끼 같은 독자 분석을 할 필요가 없었던 것이다. 그래서 대부분의 초기 교과서에서 "독자를 고려하라." 수준에서 독자에 관한 항목을 끝낼 수밖에 없었다. 많은 글쓰기 책들은 "좋은 글을 쓰기 위해 독자를 고려하시오." 정도의 권유밖에 할 수 없었고, 이에 관한 세밀한 분석은 당연히 없었다.

독자 분석에 관한 교육은 1970년대 말 과정 중심교육이 등장하면서 본격화되었다. 많은 교과서에서 독자 항목을 따로 두고 독자의 직업, 성별, 취향, 성격 등을 분석했고 그것을 통해 글의 목적, 내용, 문장 등을 사용할 것을 권고했다. 이런 독자 분석은 차츰 과정 중심교육과 함께 모든 교과서에 등장했고, 독자가 지닌 기능과 역할에 관한 연구도 늘어났다. 독자 분석이 잘 드러난 것은 1980년에 발표된 Pfister & Petrick(1980)의 논문이다. 여기서는 필자가 글을 쓸 때 독자를 설정하고 그 독자를 분석하는 것에 대해 자세히 설명한다. 독자를 4단계로 나누고, 각 단계마다 여러 항목을 두어 학생 필자들이 이에 관해 분석하도록 했다. 이들은 독자 분석을 소개하면서 이를 일련의 단계 과정으로, 또 기획(project) 과정으로 도입해서 점진적, 발견적 학습법으로 진행할 것을 권유했다.

독자의 환경
- 그/그녀의 신체적, 사회적, 경제적 지위는?
  (나이, 환경, 건강, 인종적 기반(ethnic ties), 사회적 계급, 수입)
- 그/그녀의 교육적, 문화적 경험은? 특히 문자 담화의 유형은?

• 그/그녀의 윤리적 관심과 가치관의 위계(hierarch)는?

(가정, 가족, 직업 성공도, 종교, 돈, 자동차, 사회적 용인)

• 그/그녀의 공통적 사회적 통념과 편견은?

독자에 의한 해석된 주제(subject)

• 내가 말하고자 하는 것을 얼마나 많은 독자가 인지할까?

• 나의 주제에 대한 독자의 의견은 무엇일까?

• 그 의견은 얼마나 견고한가?

• 어떻게 의지가 그/그녀를 그 견해에 따라 행동하게 하는가?

• 왜 그/그녀는 그/그녀가 하는 방식에 반대하는가(react)?

독자와 필자의 관계

• 나에 대한 독자의 지식과 태도는?

• 우리의 공통된 경험, 태도, 흥미, 가치관, 사회적 통념, 편견은?

• 독자에게 진술하는 나의 목표는?

• 이 주제에 적합한 독자는?

• 내가 독자에게 할당하고자 하는 역할은?

독자로부터 협력/설득/동일시를 얻기 위해 필자가 사용할 수 있는 최선의 방법은?

• 어떤 유형/방식/전개가 적절한가?

• 어조는?

• 용어선택의 수준은?

• 구문론상의 정교화 정도는?

(Pfister & Petrick, 1980: 214)

Pfister & Petrick(1980)은 이런 독자 분석의 사례를 스스로 발견적 모델이라고 지칭했다. 연설 과정처럼 청중이 눈앞에 있지 않는 한 필자들이 외적 독자를 발견할 수는 없을 것이고, 그렇기 때문에 글을 쓰는 과정에서 독자를 스스로 찾아야 한다. 독자를 설정하면 글을 어떤 주제로, 어떤 방식으로 써야 할지 감각이 생기고, 내용도 풍부해진다. Pfister & Petrick(1980)은 독자를 설정하는 것이 좋은 글을 쓰는 비결이 된다고 말하고 있다. 이들이 제시한 독자 분석 모형은 학생들의 쓰기 과정과 결합하여 주제 설정, 내용 생성, 문장 작성에 중요한 기능을 맡게 된다. 각각의 질문들이 글의 주제와 쓰기 과정, 문장 형성에 직접 관여하고 있기 때문이다.

위의 독자 분석표에서 첫 항목은 독자의 환경적 특성에 관한 것이다. 이 항목에서는 독자의 사회적, 종교적, 교육적 정체성에 관해 포괄적으로 조사한다. 예컨대 독자의 교육 상태, 가족 상태, 직업, 지위, 문화 등에 관해 광범위하게 질문하는 것이다. 이런 질문은 필요에 따라 추가하거나 삭제할 수 있다. 이 질문에 나오는 독자의 정체성은 글을 쓰는 데 기본적인 사항을 알기 위한 것이다. 이런 기본 사항은 글쓰기 과정에서 글의 방향을 좌우할 수 있다. 두 번째 항목은 독자와 주제 간의 관계를 고찰하는 것이다. 이 질문들은 독자가 주제에 대해 가지는 객관적인 정보와 가치를 판단하게 해준다. 이런 질문은 매우 중요한데 글의 내용을 어떤 수준에서, 어떤 정보로 채워야 하는지 알 수 있게 해주기 때문이다. 이 질문을 통해 필자는 어느 정도 강한 주장을 해야 할지, 어떤 논거로 반대 논리를 이겨내야 할지 알 수 있다.

세 번째 항목은 독자(auience)와 필자(writer)의 관계를 밝히는 질문이다. 이 항목의 첫째 질문(나에 대한 독자의 지식과 태도는?)은 독자의 정보를 알 수 있는 내용으로, 글의 주제와 서술 방식에 영향을 미친다. 셋째 질문(독자에게 언급하는 나의 목표는?)은 독자에게 상상된 역할과 목표를 전달하기 위한 것이다. 다섯째 질문(내가 독자에게 할당하고자 하는 역할은?)은 필자가 취할 수사적 형식에 관한 것으로, 이를 통해 필자와 독자의 역할이 규정될 수 있다. 예를 들면, 필자가 엄격하게 자신의 정보를 전달하길 원하면 독자는 학생이 되어 선생님인 필자의 정보를 받아줄 수 있다. 이를 통해 필자는 어떻게 독자에게 내용을 전달할 수 있을지 표현방식에 관한 방법을 개발할 수 있다. 넷째 질문은 독자와 형식(form)과의 관계이다. 표현 유형, 어조, 용어 선택, 구문론상의 패턴과 같은 문체적 구성 성분들을 독자 분석을 통해서 학생들이 조절할 수 있다.

이런 수사학적 독자 분석은 쓰기 과정에서 필자(writer), 주제(subject), 독자(reader), 형식(form, style)의 네 가지 요소가 서로 관계를 맺으면서 상호 연결되어 있다는 점을 전제로 한다. 독자에 따라 쓰기 과정의 각 요소들이 서로 영향을 주면서 전개되고, 각 요소에 대한 이해는 다른 요소들과의 관계 가운데 결정된다. 이런 관점에서 수사학적 입장의 쓰기 연구자나 과정 중심교육의 입장의 교수자가 독자 분석을 매우 중요한 교육의 한 가지 방법으로 생각하는 것을 알 수 있다. 독자 분석이 단순히 글을 쓰는 대상에 관한 문제일 뿐만 아니라 쓰기 과정 전반에 영향을 끼칠 수 있는 주요 요소라고 보고 있다.

위에서 Pfister & Petrick(1980)이 제시한 독자 분석 방법은 초기 수사학적 입장을 잘 반영한다. 이들이 제시한 독자 분석 내용도 전체 쓰기 과정에 견주어 보면 큰 분량에 해당한다. 한 학기의 코스에서 독자 분석을 가르치는 항목이 계획하기의 한 과정으로 쓰기 과정 학습의 초반에 배치된다. 독자 분석을 시행할 때는 과제와 관련하여 전체 주제, 내용, 형식에 관한 학습을 감안하면서 명확하고 논리적인 절차와 순서에 따라 진행해야 한다. 먼저 독자 분석은 학생들이 독자에 대해 어떤 감정을 가지고 있는지에 대한 간단한 설문지 작업을 통해 시작된다. 다음으로는 발견적 학습을 위해 질문 문항을 검토하고 소개한다. 만약에 독자 분석 교육을 확장하고 싶으면 다양한 독자 그룹을 제시하고 독자를 바꿔가면서 분석 작업을 할 수 있다. 예를 들어 동료 학생에서 부모님, 학교 선생님, 지역 기관장 등 다양한 대상으로 독자 분석을 해 봄으로써 독자에 관한 인식이 텍스트 내용과 형식을 어떻게 변화시키는지 확인할 수가 있다.

전통적인 수사학 관점의 작문 교과서에서는 독자 분석을 하나의 항목으로 두는 것이 일반적이다. 그렇지만 많은 쓰기 이론가들은 미리 정해진 독자에게 텍스트를 맞출 것을 강조하는 전통적인 독자 분석 방법에 관해 의문을 제기하기도 한다(Roth, 1987; Walzer, 1985; Long, 1980). 이런 비판의 초점은 독자 분석의 모형들이 필자가 생각하는 독자와 텍스트 외부에 실재하는 독자(real readers)를 동일한 것으로 전제한다는 데에 있다. 여러 학자들이 지적하고 있지만 필자가 글을 쓸 때 상정하는 독자가 실제 외부 현실에 있는 독자와 동일하지 않을 수 있다. 필자가 글을 쓸 때 상상하는 독자는 필자가 바라는 독자의 상, 즉 필자가 원하는 상상 속의 독자가 될 가능성이 많다. Robert Roth(1987)는 필자의 독자 설정을 두고, 필자 스스로를 독자에게 투사하는 과정이라고 언급하기도 했다. 이럴 경우 독자 분석은 쓰기 과정의 기능을 돕는 것이 아니라 오히려 잘못된 주제 설정과 상황 분석으로 이끌 가능성이 많다.

전통적 독자 분석은 겉으로 드러난 물리적이고 직업적인 특징들과 특정한 사람의 태도를 정확히 지적할 수 있고, 또 각각의 사람들이 동일한 자질들을 공유하고 있다는 가정을 전제로 한다(Long, 1980). 그렇기 때문에 전통적인 독자 분석은 결함을 가질 수밖에 없는데, 그 결함은 두 가지로 나누어 살펴볼 수 있다. 첫째, 분명한 것은 이렇게 행하는 유형화나 정형화가 그것이 어떤 내용일지라도 피상적일 수밖에 없다는 것이다. 정형화된 독자 설정은 피상적인 과잉 일반화와 단순한 정형화로 귀결될 수밖에 없다. 둘째, 독자에 대한 이러한 접근은 수사학이 지닌 화자와 청자의 대결적 관계[19]를 무의식중에 가정한다는 점이다. 이럴 경우 독자를 극복해야 할 대상으로 접근하기 쉽다. 일상적인 독서 경험을 보면 이러한 전제는 아무런 타당성이 없다.

기존의 독자 분석이 잘못된 점은 Arthur E. Walzer(1985)가 실시한 사례 분석을 보면 보다 분명히 알 수가 있다. 이 논문은 동일한 연구자들이 공동 집필한 각기 다른 전문 학술지들에 실린 세 논문들의 결과를 비교 검토함으로써 독자의 개념이 어떻게 사용되고 있는지를 분석했다. 이 사례 분석 결과를 통해 Walzer(1985)는 작문 교과서들에 나타난 독자 분석이 얼마나 잘못되어 있는지 비판한다. 또 독자 분석을 가르치는 최근의 교수법이 부적합하며, 이를 바탕으로 대학 강의실에서 학생들에게 부과되는 독자 분석의 과제들에 문제가 있다는 점을 지적한다.

이 논문에서 검토하는 대상은 Wallerstein과 Kelly가 쓴 '캘리포니아 이혼 프로젝트(California Divorce Project)'의 결과 보고서이다. 이들은

---

19) 기본적으로 수사학은 필자와 청중 사이에 어떤 견해에 관한 차이가 있는 것을 전제로 한다. 논증은 필자가 자신의 주장을 설정하고 이를 청중에게 설득하는 과정에서 발생한다. 논증에는 주장과 근거, 추론의 과정들이 포함된다. 그리고 청중을 통해 주장의 진위 여부나 논증의 합당성 여부를 검증받게 된다.

5년에 걸쳐 이혼 부부 60쌍을 조사하여 이혼이 그들의 자녀 131명에게 어떤 영향을 미쳤는지 연구했다. Walzer(1985)는 이들이 결과보고서를 바탕으로 쓴 3편의 논문을 분석 검토했다. 이 3편의 논문은 각각 『오늘의 심리학(*Psychology Today*)』, 『미국 교정(矯正) 정신의학 저널(*American Journal of Orthopsychiatry*)』, 『미국 정신의학 저널(*American Journal of Psychiatry*)』에 실렸다.

이들이 쓴 논문들은 학술적으로 익숙한 종류의 글이다. 특히 미국 교정(矯正) 정신의학 저널』에 실린 논문과 『미국 정신의학 저널』에 실린 논문은 흔히 대학에서 볼 수 있는 논문과 같은 양식의 글이다. 반면에 『오늘의 심리학』에 실린 글은 학술적으로 인정할 만한 논문은 아니었다. 다만 학술적인 에세이에 가까운 글로서 이 역시 학술적 담화로 볼 수 있을 것으로 판단되었다.

Walzer(1985)는 이 세 편의 글을 독자와 관련하여 분석하고 이를 통해 전통적 독자 분석에 사용되는 여러 방법들과 이론들이 적합하지 않다는 사실을 확인했다. 즉 쓰기 과정에서 독자를 어떻게 볼 것인가, 독자의 범위는 어디까지인가, 독자의 개념을 어떻게 설정할 것인가에 관한 학술적인 이론들이 학술적 담화 생산에서 실제 독자를 다루는 것과 다르다는 사실을 발견한 것이다.

Walzer(1985)가 발견한 사실은 각 논문들의 본질적인 차이가 수사적 관점의 쓰기 교육에서 말하듯이 특정한 독자(audience)에 맞춰 제시되고 구성되어 나온 것이 아니라는 점이다. 세 편의 학술지는 독자층이 다르지 않았고, 거기에 실린 논문들의 목적과 주요 내용이 다른 것도 아니었다. Walzer(1985)는 세 편의 학술지 독자들은 거의 유사했고, 여러 독자들이 번갈아 유사한 잡지를 보고 있다는 사실을 알았다. 이보다 Walzer는 논문의 저자들이 각기 다른 "해석적 공동체

(interpretive communities)"의 관점에서, 다시 말해 각기 다른 학술지가 어떤 측면을 중시하는지, 어떤 해석적 관점을 요구하는지에 맞춰서 글을 썼기 때문에 논문의 성격이 달라진 것으로 보아야 한다는 사실을 발견했다.

『미국 교정(矯正) 정신의학 저널』을 읽는 독자 중 상당수는 『미국 정신의학 저널』도 읽는다. 『미국 교정(矯正) 정신의학 저널』과 『미국 정신의학 저널』을 차별화할 수 있는 것은 정통적인 독자분석에서 나오는 "독자는 어떤 사람인가, 독자들의 특성은 무엇인가?"와 같은 질문이 아니라 "독자들이 그 학술지의 논문을 통해 어떤 종류의 지식을 얻기를 원하는가?"라는 점이다. 말하자면 텍스트 외부에 실재하는 독자(readers)들이 동일하더라도 해석적 공동체의 관점에서 독자(audience)는 변화할 수 있기 때문에, 기존의 수사학적 독자 분석은 실패할 수밖에 없다고 본 것이다. 오히려 독자는 자신이 처한 독서 취향에 따라 다양한 요구 조건을 가질 수 있다. 독자를 분석하는 전통적 교육 모형에서는 필자가 상정하는 독자와 텍스트 외부의 실제 독자(real readers)를 동일한 것으로 전제했기 때문에 이처럼 동일한 필자가 각기 다른 학술지에 쓴 논문들이 왜 달라졌는지를 설명할 수 없었던 것이다.

이런 점들을 살펴보면 정통적인 방법에서 독자 분석을 위해 사용되는 기준들이 때로 부적합할 수 있다는 사실이 드러난다. 전통적 독자 분석에서 사용되는 문항들, 예를 들어 예상되는 독자들의 배경(나이/수입), 태도, 직업, 지식, 가치관 등을 분석하는 것은 일반적인 글쓰기 교육에서 부적절해 보이는 것이 사실이다. 독자들의 배경이나 태도, 요구 조건들을 고려하는 것은 각 논문들을 차별화하는 것에 별 도움이 되지 않는다. 그것보다 독자가 어떤 해석 공동체 속에 들어가 있는지, 그 학술지에서 어떤 논문의 지식을 원하는지가 더 중요하다.

결국 Walzer(1985)가 주장한 바는 적어도 특정한 종류의 글쓰기에서는 독자 문제가 특정한 수사적 혹은 해석적 공동체의 담화 관습의 맥락에서 생각되어야 한다는 것이다. 이런 논의는 이후 글쓰기 연구에서 독자를 수신자로 볼 것인지, 아니면 작가의 내면에서 불러낸 주관적 산물로 보아야 할 것인지에 관한 논쟁을 불러왔고, 독자를 단지 외적 실재가 아닌 필자의 요구에 의해 만들어지는 가상(假像)의 산물로 볼 수 있도록 만든 계기가 되었다.

4. 전달하는 독자 vs 호출하는 독자

4.1. 수신된 독자(Audience Addressed)

Ede & Lunsford(1984)는 자신들의 논문에서 독자의 유형을 두 가지로 나누었다. 하나는 구체적 현실에서 실제 문서를 읽을 독자(Audience as Addressed) 개념이고, 다른 하나는 필자의 관념 속에서 허구로 만들어진 독자(Audience as Invoked) 개념이다. Ede & Lunsford(1984)는 주소가 표기되어 전달 가능한 독자를 '수신된 독자(Audience Addressed)'로, 필자의 내면에서 상기된 독자를 '호출된 독자(Audience Invoked)'로 이름 붙였다.

수신된 독자(Audience Addressed)는 현실에서 만날 수 있는 청중, 즉 구체적이고 실재적인 존재에 바탕을 둔 개념이다. '수신된 독자'는 필자가 독자를 외부에서 관찰할 수 있고, 필자가 독자의 태도, 신념, 기대를 인식하는 것도 가능하다는 것을 전제로 한다. 통상 필자는 좋은 글을 쓰기 위해 자신의 글을 읽을 독자를 분석하고 그 독자에 맞춰 글을 작성한다. 그렇기에 독자의 성향을 조사하고, 독자 분석을 하는 것이다. 앞장에서 논의했던 Pfister & Petrik(1980)의 독자에 관한 발견적 교육법도 이와 같은 수신된 독자를 염두에 둔 개념이다. 발견적 교수법에서는 학생들이 글을 쓰기 전 예상 독자를 설정하고 이를 분석하게 하는데, 이런 방법이 바로 수신된 독자 개념에 바탕을 둔 것이다. 수신된 독자 개념은 필자가 현실에 실재하는 독자를 구체화할 수 있다는 점에서 쓰기 과정의 여러 전략을 사용하는 데 용이하고, 수사적으로 다양한 기법을 활용할 수 있다는 장점을 가지고 있다.

수신된 독자의 관점에는 몇 가지 면에서 부정적인 측면도 내포되어 있다. 수신된 독자의 관점은 독자에게 과도한 책임을 부여하여 글을 평가하는 주체로 삼게 되는데, 이는 필자의 의지나 생각, 관점을 약화시키는 결과를 초래할 가능성이 있다. 이와 관련하여 Ede & Lunsford(1984)는 필자와 독자 사이의 불균형이 윤리적인 문제를 낳게 될 가능성이 많다고 말하기도 했다. 필자가 독자를 의식하면 필자 자신의 목소리를 낼 가능성이 줄어들고, 자신이 동의하지 않는 다수의 의견에 영합하게 될 수 있다. Ede & Lunsford(1984)는 이와 관련된 예시를 하나 든 적이 있다. 광고는 상품을 소비하는 소비자에게 최종 권한이 있기 때문에 광고에 관한 글은 필자의 의견보다 독자의 의견을 따를 가능성이 많다. 만약 광고가 오로지 판매를 위해 인간의 편익만을 강조한다면, 이런 내용의 글이 불편한 윤리적 문제를 도출할 수 있는 근거가 되기도 하는 것이다.

독자에 관한 저자의 관점이 글을 쓰거나 책을 읽는 과정 중에서 변화할 수 있다는 점도 생각해 보아야 한다. 글을 쓰는 과정에서 독자에 관한 저자의 관점은 쓰기 과정이 진행되면서 자주 바뀌기도 한다. 글이 진행되면서 쓰기의 목적, 의미, 주제가 바뀔 수 있듯이 독자에 관한 관점도 변화하는 것이다. 수신된 독자 관점은 독자가 바뀔 수 있다는 시각에 대해서는 특별히 대응하지 않을 뿐 아니라 고정된 독자 개념으로 텍스트를 협소하고 편협하게 만들 가능성이 많다.

이와 함께 Ede & Lunsford(1984)는 '수신된 독자' 개념이 지나치게 단순화된 언어관을 가지고 있다는 점도 비판한다. 필자가 외부에 실재하는 독자를 대상으로 글을 쓰고, 실제 그 독자가 글을 읽게 된다는 것은 현실에서 일어나기 힘든 일이고, 이에 따라 필자의 쓰기 과정 자체를 단순화시키고 협소화시킬 가능성도 있다는 것이다. 일반적으로 쓰기는 독자의 문제뿐만 아니라 글의 목적, 동기, 지식 등 다양한 요소가 결합된 총체적 협력체에 가깝다. 만약 이런 총체적이고 협력적인 관계가 부정되고 한 측면만 강화될 때 쓰기 과정에 일어나는 다양한 상호 작용을 왜곡시키고 단절시킬 가능성이 있다. 이와 관련해 글쓰기는 필자와 독자 모두가 의미를 만드는 주체라고 언급한 Ede & Lunsford(1984)의 말도 깊이 생각해 볼 필요가 있다.

이밖에 '수신된 독자' 관점의 단점으로 실제 필자가 글을 썼을 때 그것을 읽을 독자를 정확하게 분별할 수가 있느냐의 문제가 있다. 판사에게 보내는 탄원서나 사업을 위한 제안서, 독자가 뚜렷한 청원서와 같이 독자가 분명한 글이 아니라면 실제 독자를 찾기가 쉽지 않다. 학생들이 분명하다고 설정한 독자 개념도 실제로는 다른 경우가 많다. 앞에서 보듯 특정 독자를 대상으로 하는 장르(편지, 청원서, 제안서 등)가 아니라면 수신된 독자 개념은 복잡한 현재의 독자 개념과 맞지 않을 가능성이 높다[20].

---

20) 글쓰기에서 독자와 관련해서 Peter Elbow는 두 가지 관점을 제시한다. 독자 중심의 글과 필자 중심의 글이다. 독자 중심의 글은 특정 독자를 염두에 두고 쓰는 글이다. 예를 들어 제안서, 편지, 보고서, 지원서 같은 글이 독자를 염두에 두어야 하는 글이다. 독자 중심의

4.2. 호출된 독자(audience invoked)

다음으로 Ede & Lunsford(1984)가 제시한 독자의 유형으로 호출된 독자(audience invoked) 개념이 있다. 호출된 독자(audience invoked)는 글을 쓰는 과정에 필자에 의해 연상된 독자 개념으로, 독자를 작가의 구성물, 즉 '창조된 허구'라고 보는 관점이다. 이런 입장은 독자를 외부에 존재하여 실제 책을 읽는 독자 개념으로 보지 않고 필자의 관념 속에서 발생하는 하나의 가상의 개념으로 본다. 이런 논의와 관련하여 먼저 Walter Ong(1975)은 독자를 실재하는 대상으로 보지 말고 하나의 허구(虛構)로 보자는 관점을 제기했다. 다음으로 Park(1982)은 독자를 실제 존재하는 인물로 보지 않고 허구나 상상, 혹은 메타포(metaphor)로 보자고 주장했다. 이 두 학자의 관점은 문어체 담화에서 독자가 오로지 작가의 구성물이며, 창조된 허구에 지나지 않는다고 보는 입장이다.

대체로 많은 학자들은 Ede & Lunsford(1984)처럼 독자를 두 부류로 나눈다. 하나는 텍스트 밖에 존재하는 실제 독자이고, 다른 하나는 텍스트 속에 내포되어 있는 상상 속 독자이다(Park, 1982)이다. 먼저 첫 번째의 경우는 실제로 연설을 하고 있는 강연의 상황을 상상해보면

글은 처음부터 독자와 글의 목적에 집중하는 글이다. 독자를 상상하면서 독자가 무엇을 원할지, 어떻게 하면 목적을 이룰지 생각하면서 글을 쓰는 것이다. 독자와 좋은 관계에 있다면 글이 명쾌하게 흘러가고, 강력해진다. 쓸 말이 생각나고 표현도 자연스럽게 흘러간다. 그런데 Peter Elbow는 이런 글에서 좋은 글, 깊은 성찰이 있는 글, 만족스러운 글이 나오기 어렵다고 말한다. 필자 자신이 깊이 생각해서 할 수 있는 말들을 모두 할 수 없기 때문이다. 진실을 이야기해야 할 때도 망설여진다. 또 독자가 강력한 힘으로 끌어당기기라도 하면 글은 무거워지고 내용도 갈피를 잡지 못하게 된다. Peter Elbow는 실용적인, 독자 친화적인 글을 써야 한다면 어쩔 수 없지만 그렇지 않다면 독자의 자기장으로부터 멀리 떨어지기를 권유한다. 그리고 초고를 쓰고 난 뒤에 독자를 염두에 두면서 수정하기를 권고한다. 이런 방식은 초고를 필자 중심으로 빨리 작성하고, 그것을 수사적 목적에 맞게 계속 수정하면서 원고를 만들어 가기를 원하는 Peter Elbow의 이중 초고 전략과 맞닿아 있다. Peter Elbow, 김우열 옮김(2014), 『힘있는 글쓰기』, 토토, 86~95쪽 참고.

된다. 강연자가 특정한 주제에 대해 사람들, 혹은 어떤 집단에게 발언하는 모습은 독자가 텍스트 밖에 실제로 존재하는 전형적인 상황이다. 반면에 두 번째 경우는 독자를 외부에 실재하는 존재로 보지 않고 오로지 필자의 내부에 존재하는 것으로 보는 관점인데, 이때 독자는 필자의 관념 속에 창조되는 허구적 존재가 된다. 이 두 개념을 돌아보면 전자는 매우 선명한 존재로, 필자에 의해 관찰되고 분석되는 존재이다. 반면에 후자의 개념은 매우 모호하고, 불확실하다. Park(1982)은 이 두 관계에 동사를 빗대어 전자는 '타협하고 협의하기'라고 불렀고, 후자를 '해석하고 창안하기'라고 불렀다. 타협과 협상의 대상은 뚜렷하지만 해석하고 창안하는 대상은 명확하지 않다. 그러나 많은 필자들이 글을 쓰면서 막연하게 상상적 개념으로 독자를 파악하는 경우가 많기 때문에 허구의 독자 개념을 반드시 검토해 보아야 한다.

허구로서의 독자 개념을 처음 제시한 사람은 월터 옹(Walter J. Ong, 1975)이다. Ong은 자신의 글 「필자의 오디언스는 언제나 픽션이다(The Writer's Audience is Always a Fiction)」에서 실제 독자가 텍스트 외부에 존재한다 하더라도 필자는 자신의 의식 속에서 언제나 독자를 재현한다고 말했다. 필자는 독자의 맥락을 창조하고 거기에 역할을 부여하면서 글을 쓰게 된다는 것이다.

독자가 텍스트 바깥에 존재하고 있다는 관점, 이런 관점을 Ong은 물론, 여러 학자들도 부인하지는 않는다. 그러나 문어체에서 독자 개념은 단순히 연설에서 강연자가 청중을 이해하는 것처럼 생각해서는 안 된다. 마치 독자가 눈앞에 존재하듯이 청중을 분석하고 그들의 요구를 충족시키기 위해서 문어 담화를 작성할 수는 없는 것이다. 앞서 언급했지만 이런 외적 독자에 관한 분석이 항상 맞는 것은 아니기 때문에 그것에 의존할 수는 없다. 그리고 그보다 더 중요한 것은 많은 문어 담화가 구체적인 외적 독자를 대상으로 하지 않는다는 점이다. 독자의 개념이나 역할은 결국 독자를 구상하고 상상하는 필자의 선택과 몫이다. Ong의 허구적 독자 개념은 완전히 독창적이라 할 수는 없지만 신선하고 의미가 있다.

여러 학자들이 필자의 독자 개념이 필자의 허구와 상상에서 나온다는 언급을 했고, 이에 관한 많은 논의가 필자가 실제 독자를 떠올리기 위한 과정에서 나왔다.

> 독자에 관한 작가들의 문제는 그들의 독자가 보이지 않는 유령이라는 사실에서 기인한다. Walter J. Ong의 표현을 빌자면, 그것은 언제나 작가가 마음에서 만들어낸 창조물인 "허구(fiction)"였다. 모든 작가들처럼 학생들도 그들의 독자를 허구화해야(fictionalize)한다. 그러나 그들이 상상 속에서 만들어내야만 하는 독자는 현실의 세계에 존재하며, 작가의 글을 읽는 여러 독자들을 모사한 복제품(replica)들이다. (Pfister & Petrick, 1980: 213)

문어 담화에서 독자는 필자의 허구나 상상 속에 실현되지만, 엄밀히 따져보면 이 과정은 필자가 실제 현실 속에 독자를 끌어내기 위한 과정으로 보이기도 한다. 이런 입장은 실제 외적 독자를 상정하고 독자를 상상 속에 실현시켜 독자 분석을 하는 수사학적 관점의 입장과 유사하다.

그런데 Ong(1975)의 관점에서 독자를 허구적, 상상적 인물로 보고자 하는 것은 이런 입장과는 다르다. Ong의 관점은 작가의 의식 속의 독자는 현실의 독자와 같지 않으며, 같을 수도 없다는 입장이다. 작가가 외적 독자를 의식하지 않고, 스스로 독자를 창조한다는 생각에 가깝다. 이런 시각에서는 외부 독자를 인정하지 않을 뿐 아니라 구어의 청중과 다르게 문어 텍스트의 외적 독자를 상정할 수도 없다는 입장이다. 그렇기 때문에 현실 속에서 독자를 찾고자 했던 수사학적 입장과는 기본적으로 차이가 있다. 물론 월터 옹의 허구적 독자 개념은 문학을 대상으로 한 것이지만 애초 외적 독자를 상정하지 않는다는 점에서는 문어 텍스트와 큰 차이가 없다. 오히려 그는 작가가 독자를 창안할 뿐만 아니라 독자의 역할까지 규정한다고 본다[21].

Ong(1975)은 구술적 세계에서는 화자와 청자라는 두 종착역 사이의 정보 흐름에 큰 문제가 없었다고 말한다. 화자에게 청자는 바로 앞에 있다. 그리고 언어적 장치뿐만 아니라 무대 장치나 당시의 상황과 배경, 분위기 등의 여러 환경(비언어적 장치)이 두 사람 사이의 정보 전달을 도와줄 수 있다. 반면에 문자적 세계에서는 결코 그렇지 않다. 작가에게 독자는 시간적으로, 공간적으로, 혹은 두 가지 측면 모두에서 떨어져 있다. 모두가 알다시피 문자는 시간과 공간의 장벽을 무력화한다. 시간을 넘기 위해 정보는 종이 위에 기호로 새겨지며, 공간적 한계를 극복하기 위해 멀리 떨어진 독자에게 책을 우편으로 전달한다.

---

21) 이 점에 관해서는 설명이 좀 필요하다. Walter J. Ong(1975)의 독자 개념은 문학사와 관련하여 전개되는 것으로 작문 연구의 경우와는 조금 차별된다. Walter J. Ong은 구술문화와 문자 문화를 연구한 학자답게 서사시 시대의 문학과 근대 문학의 차이를 기본적으로 독자에서 찾는다. 구술 시대의 문학들은 청중이 존재하기 때문에 직접적인 의사전달과 감정교환이 가능하다. 언어의 의미는 화자와 청자가 숨 쉬고 있는 공간 전체에서 맥락과 함께 의미가 형성되는 것이다. 그러나 문학과 같은 문어 텍스트의 경우에는 직접적인 현장 독자가 없다. 독자는 떨어져 있고, 누군지 알 수 없다. 더구나 구술시대의 청중처럼 집합 명사도 아니다. Ong(1975)은 독자는 집합 명사가 아니라 추상 명사라고 말한 이유도 이런 의미가 있다. 문학에서 독자는 소설에서 한 인물이 되어 작품 세계로 들어간다. 이런 방식은 구술 문화가 가지지 않던 방식이다. Ong(1975)은 이런 면에서 독자는 픽션이며, 작가가 독자에게 역할을 부여하는 것이라고 말하고 있다. 구술 시대의 문학 작품처럼 직접 내용을 전달하는 것이 아니라 고립된 독자가 소설 속에 들어가 자신의 역할을 해야만 작품을 감상할 수 있다고 말하고 있는 것이다. Ong(1975)의 이런 주장은 구술 문화와 문자 문화의 특성을 알아야만 이해될 수 있다.

구술과 문자 사이의 문제에 관해 Ong(1975: 10)은 Merleau Ponty의 말을 인용한다. 말(구어)은 결코 추상적인 의미 작용 속에서 결정되는 것이 아니고, 오로지 인간의 몸과 맺는 관계 속에서, 그리고 그것을 둘러싸고 있는 환경 속에서 상호 작용을 통해 의미를 얻는다22). Merleau Ponty의 이 말은 언어의 기본 속성을 말한 것이기도 하지만 구술 문화의 소통 방식을 설명하는 데도 유용하다. Ong(1975)도 이 말을 구술적 문화의 소통을 설명하기 위해 사용했다.

그런데 이런 인간적 관계를 맺을 수 없는 문어 텍스트에서는 어떻게 의미를 소통할 수 있는 것일까? 어떻게 독자는 필자가 말한 언어의 의미를 이해할 수 있는 것일까? Ong(1975)은 구술 커뮤니케이션의 인간적인 활동에 견주어 본다면 문어적 소통에서 오디언스는 문제가 있으며, 그 문제를 스스로 드러낸다고 말했다.

쓰기는 어려운 활동이며, 때로 아주 불가사의한 기술들을 요구한다. 잘 훈련된 소수의 작가들을 제외하고 대부분의 사람들은 그들이 입으로 일정하게 전달할 수 있는 복잡하고 특별한 뉘앙스를 지닌 의미들의 형태를 쓰기로는 거의 얻을 수 없다. 한 가지 이유는 명백하다. 구술된 말은 현재적 활동의 일부이고, 그것이 만들어지는 총체적 상황에 의해 그 의미가 확립된다. 구술된 말의 맥락은 말하는 사람과 말을 듣는 사람들을 중심으로

---

22) 메를로 퐁티(Merleau Ponty)의 이 말은 언어가 지닌 기본적 속성을 말하고 있는 것이지만 구술 문화의 상황에 대비시켜 보면 아주 적절한 표현이다. 구술 문화의 상황에서 언어적 소통은 언어만이 아닌 맥락과 환경, 개인과 집단, 환경 전체가 조응하면서 이루어진다. 문자 문화의 상황에서는 이런 공동체적 소통의 환경은 없지만 고립된 언어가 완전한 소통을 이룰 수 없다는 점에서는 기본 성격은 같다. 언어적 소통은 기본적으로 이런 환경과 맥락을 필요로 한다. 언어는 기본적으로 맥락을 소유하고 환경과 관련하여 의미를 생성한다. 의미의 생산과 소통에서 맥락과 환경을 중시하는 것은 사회·인지의 이론의 맥락 이론과 유사하다.

하는 단순한 현재이다. 그리고 이때 사람들은 말하기가 자신들을 에워싸는 활동이라는 견지에서 볼 때 존재적으로 연결되어 있다. 그러나 통상적으로 쓰기는 그와 같이 현실에 에워싸인 존재적 활동에 따라 나타나는 것이 아니다. (Ong, 1975: 10)

작가들은 구술로 잘 전달할 수 있는 복잡하고 특별한 뉘앙스를 쓰기로는 거의 표현할 수가 없다. 그것은 구술된 말이 현재적 활동의 일부이고 같은 맥락 속에 있기 때문이다. 또 그 의미도 구술적 활동의 총체적 상황에 의해 구성되기 때문이다. 구술적 환경은 말하는 사람과 말을 듣는 사람들을 중심으로 시간적, 공간적 맥락을 함께 얻는다. 그리고 서로 시공간적으로 연결되어 되어 있다는 점에서 언어를 넘어 존재적으로 관계를 맺게 된다. 반면에 이런 구술 환경과 비교해서 볼 때 쓰기의 의미는 현실에 에워싸인 활동에 의해 나타난 것이 아니라 개인의 고립된 활동을 통해 나타난 것이다.

그렇다면 문어적 환경에서 작가는 어떻게 독자를 구성해 낼까? Ong(1975)은 수사학적 전통의 독자 개념처럼 작가가 실제 독자를 개별적으로 상상하면서 텍스트를 만든다는 생각은 어리석어 보인다고 말한다. 그러면서 그는 자신의 경험을 소개한다. 그의 친구이기도 한 잘 알려진 소설가는 소설을 쓸 때 실제 독자들을 상상하느냐는 Ong의 질문에 터무니없다는 듯이 그저 웃었을 따름이라고 한다. Ong이 볼 때 소설가들은 이와 같은 방법으로 자신의 독자를 상상하지는 않는다. 설사 작가가 자신의 책을 사줄 사람들을 염두에 두고 글을 쓴다고 하더라도 그 독자는 상상된 것이기 때문에 현실의 실제 독자와 같을 수 없다. 그래서 Ong(1976)은 만일 작가가 자신의 책을 사기를 희망하는 실제 사람들로 독자를 구성한다면, 그 독자는 변형된 독자라고 말했다. 여기서 다루는 독자 개념은 작가들의 상상력을 자극하는 독자를 말하는 것이지 현실 속의 실제 인물을 말하고 있는 것이 아니다.

　　필자는 독자들을 향해, 그리고 독자들을 위해 글을 쓴다. 연설자의 앞에는 집합적인 실제의 오디언스가 있다. "오디언스"는 집합 명사이다. 독자를 위한 그와 같은 집합 명사는 없다. 나는 지금까지 그러한 것을 생각해 내지 못했다. "독자들(Readers)"은 복수이다. 독자(readers)는 지금－여기에서 활동하지 않고 화자가 오디언스의 멤버로 활동하지 않기 때문에 집합성을 형성하지 않는다. 사실 우리는 "독자성(readership)"과 같은 그들을 위한 단수화된 개념을 고안할 수 있다. 우리는 리더스 다이제스트가 내가 알 수 없는 수많은 독자성을 지니고 있다고 말할 수 있다. 어쨌든 그렇게 생각하는 것이 편안하다. 그러나 "독자성"은 집합 명사가 아니다. 그것은 어떤 점에서는 "오디언스"가 아닌 추상 명사이다. (Ong, 1975: 11)

Ong(1976)이 언급하는 것은 청중(Audience)과 독자(Reader)는 다르다는 점이다. 연설자에게 오디언스는 복수의 집합체이지만 작가에게 독자는 단수의 명사이다. 앞의 인용문에도 나와 있지만 '독자들'과 같은 복수의 명사도 가능하지만 실제 이 개념이 '청중들'과 같은 의미는 아니다. Ong이 볼 때 독자는 모두 개별적 존재이다. 독자는 집합체로 모을 수 없고, 모으더라도 바로 분해될 수밖에 없는 개별체이다. 책을 읽을 때 독자들은 자신만의 독립된 공간 속으로 들어간다. 각자 자신만의 세계를 만든다. 그래서 청중과 같은 개념은 불가능하며, 그나마 "독자성(readership)"과 같은 추상적 개념이 가능할 수 있다. 그런 점에서 보면 작가는 청중처럼 집합화된 독자나 보편화된 독자 집단을 상정할 수가 없다. Ong의 이 말은 편지나 청구서의 경우처럼 특별한 독자는 가능하지만, 일반 독자를 상정한 독자 분석은 할 수 없다는 말로 들린다.

Ong(1975)의 개념이 흥미로운 것은 작가의 역할과 독자의 역할을 암시적으로 지정해 주기 때문이다. Ong은 작가가 자신이 만든 게임의 독자에게 어떤 방식으로든 참가하는 역할을 부여하고 있다고 말한다. 반면에 독자는 그 즐거움에 참여하려면 작가가 지정하는 역할을 수행해야 한다. 독자는 작가가 부여한 역할을 연기해야 하는데, 실제 그 역할은 현실적 삶에서 그의 역할과 일치하지 않는 역할이다. 버스에서 토마스 하디의 소설을 읽고 있는 사무 노동자는 그를 둘러싸고 있는 실제 환경과는 전혀 다른 소설 속 인물이 되어 소설 속 역할을 받아들여야 한다. 작품 속에 들어가 그 인물이 되어 작가가 부여하는 역할을 하고 있는 것이다.

Walter J. Ong(1975)은 문학사에서 묵독의 방식이 전개된 것을 언급하고 있다[23]. 묵독의 전개는 독자를 집단적인 청중에서 개별적인 독자로 전환시켰고, 독자들의 기능과 역할을 바꾸어 놓았다. 묵독이 가능해지면서 소설의 시대가 열렸고, 독자도 미적 감수성을 통해 작품을 개별적으로 감상할 수 있는 시대가 되었다. Ong(1975)이 문학사의 전개를 독자 기능의 발전사와 같이 보는 것도 이와 밀접한 관련이

---

23) Roger Chartier & Guglielmo Cavallo, 이종삼 옮김(1999), 『읽는다는 것의 역사(A History of Reading)』, 한국출판마케팅연구소, 453~460쪽. 이 책 10장을 보면 음독과 묵독에 관한 자세한 이야기가 나온다. 15~16세기 전까지 독서는 소리 내어 읽는 음독이 원칙이었다. 문자는 소리를 담는 기호에 불과해서, 반드시 소리로 발화되어야 완전한 것으로 인식됐다. 음독과 낭독은 출판이 저렴해지고, 문맹률이 낮아지는 15~16세기가 될 때까지 기본적인 독서 방식이었다. 묵독이 본격화된 것은 근대 시기 이후이다. 묵독이 주는 매력은 상상력을 통해 이야기에 설득력을 부여한다는 점이다. 묵독이 시작되면서 사람들은 본격적으로 문학작품을 개인적으로 감상할 수 있는 시대가 되었다. 근대 소설도 이런 시기를 거치면서 18세기에 본격적으로 등장한다.

있다. Ong은 작가가 글쓰기를 계속한다면, 일반적으로 그 이유는 그가 자신의 상상 속에서 오디언스를 허구화할 수 있기 때문이라고 보았다. 그리고 그 작가는 일상생활에서가 아니라 선행 필자들로부터 그 방법을 배웠을 것이라고 언급한다. 선행 필자들은 그보다 더 앞선 필자들에게 그 방법을 배웠으며, 그렇게 해서 문자화된 문학의 역사에까지 거슬러 올라가는 것이다. 모든 문학사는 이렇게 독자를 허구화하는 기술을 배우면서 이어지게 된다.

Walter J. Ong(1975)은 허구화된 독자 개념은 문학뿐만 아니라 모든 글쓰기에 통용되는 문제라고 언급했다. 모든 글은 독자를 끌어들이기 위해 텍스트 속에 독자의 역할을 부여해야 한다. 필자는 독자가 텍스트 속에서 자신의 역할과 기능을 가질 수 있도록 텍스트를 작성해야 한다. Ong이 생각하는 독자는 필자의 관념 속에 있는 허구(fiction)이며, 창조물이다. 그가 볼 때 필자가 인식할 외적 독자는 없으며, 실제 독자를 볼 수도 없고, 만날 수도 없다. 독자는 필자의 머릿속에 존재하는 가상의 개념인 것이다.

4.3. '호출된 독자' 개념에 대한 비판

Ong의 입장은 전통적인 작문 교과서가 가지고 있던 기본 전제뿐만 아니라 작가와 독자 사이에 여러 전통적 관점과도 정면으로 위배된다. 만일 청자가 창조된 허구라면, 외적 독자는 존재할 수 없으며, 독자 분석도 불가능해진다. 아울러 독자 분석이 외적으로 존재하는 대상과 환경을 객관적으로 분석하면서 이루어진다는 일반적인 가정이 전복된다. 작가가 스스로 자신의 독자를 창조하고 선택할 수 있기 때문이다. 작가는 텍스트를 작성하면서 자신의 목적과 기능에 맞는 아주 특별한 독자를 창조할 수 있게 된다. 작가—독자 관계에 관한 이런 관점은 모든 점에서 전통적 수사학이 독자에 대해 내린 가정들과 어긋난다. 어떤 면에서 본다면 전통적인 수사학의 입장에서는 매우 큰 도전이라 말할 수 있다.

Ong(1975)의 이런 입장에 관한 비판은 전통적 입장을 옹호한 Ede & Lunsford(1984)에 의해 이루어졌다. 그들은 Ong의 주장이 문학을 염두에 두고 제시된 것으로. 작문 교사가 이를 무비판적으로 받아들이게 된다면, 치명적인 과오를 범할 수 있다고 경고했다. Ong(1975)은 스스로 소설을 염두해 두고 거론했던 이런 명제들을 특별한 사정이 없다면 모든 글에 적용될 수 있다고 말하여 문어 텍스트에 가능한 이론인 것처럼 말했지만, Ede & Lunsford(1984)는 그렇지 않다고 보았다. 이들은 일단 Ong(1975)의 이론은 일반적이고 추상적인 수준에서 보면 타당한 면이 있다고 판단한다. Ong이 말하듯 웅변가는 거대한 청중들 앞에서 말하고, 작가는 고립된 방 안에서 글을 작성한다. 그렇지만 강연이나 글쓰기를 화자와 청자, 작가와 독자의 상호 소통과 대화라는 관점에서만 보아 복잡하고 다양한 이론적 논의들을 지나치게 단순화시키고 있다고 보았다.

Ede & Lunsford(1984)는 아마 작문의 독자 개념이 복잡함에도 불구하고 Ong(1975)이 '구술문화의 독자', '문자 문화의 독자'라는 대명제로 이론의 복잡함을 단순화키고 있다고 여겼기 때문에 비판을 제기하였을 것이다. 예컨대 Ede & Lunsford(1984)는 Simons(1976)의 이론을 소개하면서 청중 개념만 보더라도 그렇게 단순하지 않다고 주장한다. 유명한 작가의 강연회의 경우를 한 번 보자. 길 가다 잠깐 들린 청중과 팬카페 회원으로서 지속적인 활동을 하는 청중은 분명히 다르다. 같은 강연회에 참석했지만 이들의 목적과 의도, 기대 수준은 분명히 다르다. 이처럼 청중도 여러 상황에 따라 같지가 않다. Simons(1976)는 청중을 다음과 같이 분류했다. 첫째, 우연히 강연회에 오게 된 산책자 청중(pedestrian audience)이 있고, 둘째, 강연회에 참석은 하지만 수동적인 청중(passive, occasional audience)이 있으며, 셋째, 강연회에 참석을 하면서 적극적인 청중(active, occasional audience)이 있다. 사실 이를 더 세밀하게 분류하면 청중의 개념은 이보다 훨씬 복잡할 것이다.

Ede & Lunsford(1984)가 Simons(1976)의 청중 개념을 거론한 것은 청중 개념도 복잡한데, 청중과 독자의 문제를 단순하게 일반화할 수 있느냐란 문제 제기를 하기 위해서이다. 이들은 의사소통에서 말을 듣는 청중과 글을 읽는 독자를 같은 차원에서, 같은 대상으로 분석할 수 없다고 생각한다. Ede & Lunsford(1984)가 볼 때 Ong이 제시한 허구적 독자 개념은 실제 수사적 상황과 쓰기 현장에서 독자 개념으로 사용하기 어려운 개념이다. 설사 Ong(1976)이 허구적 독자 개념을 문학뿐만 아니라 모든 글에 적용할 수 있다고 말했더라도 실제 쓰기 과정 속에서 구체적인 독자 설정으로 들어가면 그것을 적용할 수 없을 것이라고 보았다.

Ede & Lunsford(1984)의 비판은 그들이 여전히 강한 전통적인 수사학의 관점에 서 있다는 사실을 보여준다. 이들은 쓰기 교육에서 전통적인 독자 분석이 여전히 효력을 발휘할 것으로 믿는다. 독자를 호출하고, 독자에게 일정한 역할을 부여한다는 Ong(1975)의 주장을 완전히 부인하는 것은 아니지만, 그래도 외부에 실재하는 독자 개념을 포기하지 않는다24). 사실 전통적인 수사학의 입장에서 독자 개념을

---

24) Ede & Lunsford(1984)가 Ong, W.(1975)의 허구적 독자 개념을 전통적 관점에서 보고 있다는 점은 다음의 사례를 보면 분명히 드러난다. Ong, W.(1975)은 허구와 창안의 독자 개념을 설명하기 위해 하나의 사례를 든다. 가을 학기 학교에서 흔히 제시하는 과제가

바라보는 학자들이 대체로 비판적인 생각을 했다. 예를 들어 발견적 독자 분석법을 제안한 Pfister & Petrick(1980)도 Ong(1975)이 주장한 허구의 독자 개념을 받아 들였지만 필자의 상상 속에서 만들어진 독자 개념을 현실 세계에 존재하며, 실제 작가의 글을 읽을 많은 독자들에 관한 가능한 모사품 정도로 생각했다. 모든 학생 필자들은 글을 쓰기 전에 마음속에 자신의 독자를 만들어야 한다(fictionalize). 그러나 그것은 실제 현실 세계에 존재할 수 있는, 마음속에 만들어진 현실의 모사품 정도로 생각한 것이다.

Ede & Lunsford(1984)의 관점도 이와 같았다. 호출된 독자(audience as invoked)에 기초를 둔 관점은 작가의 힘을 지나치게 강조하고 독자의 역할을 축소시킴으로써, 실제 글을 쓰고 읽는 과정을 왜곡시키고

있다. 그것은 "여름 방학을 어떻게 보냈는가?"라는 과제인데, 학생들이 싫어 하지만 학교 현장에서 흔히 볼 수 있는 과제이다. Ong은 이런 과제가 어려운 것은 내용의 창안보다 누구에게 말해야 하는 점 때문이라고 말했다. 학생들은 누구에게 자신의 이야기를 글로 말해야 할까? 선생님? 학생들이 선생님에게 여름방학에 있었던 일을 말하기는 쉽지 않다. 말로 하지 못할 내용이 훨씬 많을 것이다. 부모님? 학생들은 부모에게 여름 방학에 있었던 일을 자세하게 말하지 않는다. Ong, W.(1975)은 학생들이 오디언스를 어디에서든 찾아야 한다고 말한다. 학생들은 가장 적당한 독자를 떠올리고 그를 허구화해야 한다. Ong, W. (1975)이 찾은 대답은 학생들이 『톰소여의 모험』에서 읽은 것을 회상하는 것이다. 그 책에서 독자에게 어떻게 말하는지? 서술자가 독자에게 어떻게 암시를 주는지, 학생들은 그것을 흉내낼 수 있다. 어쨌든 학생들은 자신의 독자를 떠올리고 그것을 허구화(fictionalize)해야 한다고 말한다. Ede & Lunsford(1984)는 Ong, W.(1975)의 이런 예시에 관해 왜 학생들이 글을 쓸 때 기존 문학작품을 모델로 하는 경우가 많은지 생각해 보라고 반문한다. 학생들은 선생님이 문학작품을 좋아하기 때문에 문학작품을 모델로 하면 높은 점수를 줄 것을 알기 때문에 그렇게 했을 것이라고 말한다. Ede & Lunsford(1984)는 여기에다 덧붙여 장애를 가진 부모님을 둔 학생의 예를 새로 제기한다. 장애 부모를 가진 학생은 이웃들에게 자신의 사정에 관해 편지를 쓴다고 하면 이웃 주민들인 독자들을 어떻게 파악하지 않을 수 있냐고 반문한다. 아마도 그 학생은 이웃 주민들이 장애에 관해 어떤 태도를 가지고 있는지, 종교적 배경은 어떠한지를 생각해 보지 않을 수 없을 것이라고 언급한다. 이 말은 Ong, W.(1975)의 호출된 독자 개념 역시 외부의 실제 독자 개념 없이는 성립할 수 없는 개념이라고 지적한 것이다. Ong, W.(1975: 11)과 Ede & Lunsford(1984: 163) 참고.

있다고 보았다. 실제 독자들은 자신들이 처한 환경에 근거해 책을 읽기 때문에 이런 독자에 관한 환경과 조건들을 염두에 두지 않는다면 좋은 글을 쓰기가 어려울 것으로 판단했다. 전통적인 관점에 서 있는 많은 학자들은 Ong(1975)이 말한 허구적 독자 개념을 거부하지는 않았지만 어디까지나 실제 현실에 있는 독자를 상상하고 호출해 내는 것에 불과한 것이라고 판단했다.

5. 독자 개념의 기능적 시각

독자 문제를 위의 두 관점이 아니라 새로운 시각에서 보겠다고 말한 사람이 바로 Douglas B. Park(1982)이다. 그는 독자(audience) 이론에서 중요한 것은 필자와 독자 사이의 소통이나 합리성과 같은 논리가 아니라 "맥락(context)"이라고 주장했다. 독자에 관한 여러 논리들이 있지만 수사적 상황이나 맥락을 초월한 오디언스란 존재하지 않는다고 보았기 때문이다. 그래서 Park(1982)이 자신의 논문에서 오디언스가 외부에 실재하는 독자나 관념상의 독자가 아니라, 상황이나 맥락에 매여 있는 존재, 즉 맥락 의존적인 개념이라고 말하고 있다. 이런 점은 이전에 독자를 수사학적으로 보거나 허구적 존재로 보는 관점과는 또 다른 새로운 시각에 해당한다.

물론 그렇다고 하여 Park(1982)이 전통적인 수사적 관점이나 Ong (1975)의 허구적 관점의 입장을 모두 부정한 것은 아니었다. 경우에 따라서는 전통적인 수사학처럼 외부 독자를 확정하고 그것을 분석해야 할 필요가 있다. 건의서라든지 탄원서와 같은 독자가 분명한 글은 독자 분석이 의미를 가지기 때문이다. 그러나 Park(1982)은 아주 드문 경우에만 독자가 특정된다고 말하고 있다. 대개의 경우 독자는 광범위하고 모호한 존재로 남아 있는 것이 일반적이다. 그래서 그는 독자가 관념적 허구로서, 픽션(fiction)이나 메타포(metaphor)에 가깝다고 말하고 있다. 이런 점은 뒤에 설명하겠지만 독자 개념이 다양한 사회적 견해를 반영하고 있으며, 그 범위도 관습으로부터 세세한 맥락까지 매우 넓기 때문에 그러하다.

그러나 Park(1982)이 강조하고 싶은 것은 실제 독자가 매우 맥락적이고 특수한 상황과 결부되어 나타나는 존재라는 점이다. 이에 관해 그는 사람들에게 독자를 물어보면 실제 아주 구체적인 예가 나온다고 보았다. 예를 들어 "X에 반대하는 사람", "월간 『애틀랜틱(the Atlantic Monthly)』의 독자", "비전문가", "교사" 등과 같이 특정한 상황이나 맥락으로부터만 유추될 수 있는 독자 개념이 나온다고 말했다. 독자는 작가의 관념, 허구 속에서 발현되지만, 실제 그 모습은 상황이나 맥락에 얽매인 존재에 가깝다고 말한다. Park(1982)에게 독자는 보편적인 존재가 아니라 특수한 맥락에 매어있는 존재이다.

이런 관점을 구체화하기 위해 작가에 의해 독자가 어떻게 실현되는지를 한편 살펴보도록 하자. 많은 경우 글쓰기 교사는 글을 쓸 때 학생들에게 말한다. "여러분, 독자를 고려하세요." 통상 이런 권고는 자신의 글을 읽을 특정한 사람에게 집중하라는 뜻이다. 관공서에 건의서를 쓴다든지, 학교 신문에 감상문을 쓴다든지, 필자는 글을 쓸 때마다 매번 다른 독자를 고려해야만 한다. 독자가 이렇게 매번 달라진다는 것은 곧 그 담화가 이루어지는 수사적 상황(rhetorical situation) 역시 달라진다는 것을 의미한다. 관공서에 건의문을 쓰는 경우와 학교 신문에 감상문을 쓰는 경우는 결코 같지 않다. 그렇기 때문에 Park(1982)은 독자 개념을 전달 대상이나 읽을 대상으로 보지 말고 상황이나 맥락의 개념으로 이해해 보아야 한다고 주장하고 있는 것이다.

　Park(1982)이 독자 개념을 상황이나 맥락으로 본다고 해서 독자 개념이 안고 있는 복잡한 문제를 단순화한 것은 아니다. 실제 그는 독자 문제가 안고 있는 다양하고 복잡한 관계를 인식하고 이에 관해 언급하기도 한다. 예를 들어 그는 필자와 관련하여 독자의 양상은 매우 다양한 모습으로 나타난다고 말한다. 보통 필자는 독자와 타협하고 협의한다. 특히 외부의 독자라면 더욱 그럴 것이다. 필자들은 독자를 염두에 두고 어떤 것은 말하려 하고, 어떤 것은 말하려 하지 않을 것이다. Park(1982)은 필자가 독자를 지향하고(aiming at), 평가하고(assessing), 정의내리고(defining), 주관화하고(internalizing), 해석하고(construing), 재현하고(representing), 상상하고(imaging), 특징화하고(characterizing), 창안하고(inventing), 환기해 내기도(evoking) 한다고 말한다. 필자가 독자에게 갖는 상황적 개념은 이렇게 다양한 것이다.

　Park(1982)은 이런 다양한 개념들을 모아 크게 두 가지 관점으로 일반화한다. 하나는 외부에 실재하는 독자, 즉 타협(adjust)하고 협상(accommodate)하는 독자 개념이다. 다른 하나는 필자의 요구에 의해 관념적으로 구성(construe)되고 창안(invent)되는 독자 개념이다. Ong(1976)이 주장했던 허구와 픽션으로서의 독자 개념을 말한다. 이런 두 개념은 앞서도 여러 학자들이 제기한 바 있다(Pfister & Petrick, 1980; Ede & Lunsford, 1984; Roth, 1987; Schindler, 2001)[25]. 그렇지만 이런 두

---

25) Park(1982: 250~251)은 독자를 이 두 개념으로만 나눈 것은 아니다. 원래 그는 독자를 4가지 종류의 오디언스로 나누었다. 첫째는 성원하는 오디언스인데, 수사적 상황을 공유하는 연설자와 청중의 경우에 해당한다. 주로 비판 없이 강연자에 동의하는 독자를 말한다. 둘째, 수사적 상황 외부의 독자이다. 필자가 의도하지 못했지만 실제 책을 읽는 독자를 말한다. Park(1982)은 독자에 관한 담화의 실제 효과 연구에 필요한 개념이라고 말한다. 셋째, 필자가 의도하거나 필자의 의식 속에 있는 독자가 있다. "필자는 어떤 독자를 생각하고 있는가?"라고 말할 때 그런 독자를 말한다. 넷째, 텍스트 내부에 있는 독자인데, 담화가

개념을 Park(1982)처럼 기능적, 즉 독자의 역할 면에서 보면 의미가 조금 달라질 수 있다. 먼저 타협하고 협상하는 독자는 글쓰기 필자에 게는 매우 익숙한 것으로, 담화 외부에 존재한다. 개별적 상황에 따라 수사적 상황이 주어진다면 필자와 독자는 타협하고 협상하는 기능을 띠게 된다. 여기서 어려운 것은 구성하고 창안하는 허구적 독자 개념 이다. 구성하고 창안하는 것은 필자의 영역에 속하고 창작의 과정에 속한다. 작가는 상황에 맞게 독자의 맥락(context)을 창조해야 하고, 또 거기서 텍스트에 내포된 독자가 되도록 해야 한다.

이제 필자가 어떻게 독자 개념을 사용하는지를 잠깐 살펴보자. 독 자 개념은 다양하지만 외적 독자이든, 내적 독자이든 분명한 것은 필자들이 글을 쓸 때 독자 개념을 사용한다는 점이다. "독자가 이 글을 읽을 때 어떻게 판단할까?", "이 글이 사람들이 볼 때 합리적이라 고 말할 수 있을까?", "이 글이 새롭고 신선할까?" 누구나 마찬가지이 지만 글을 쓰는 필자들은 글을 쓰는 매 순간 이런 질문들을 한 번씩 던지곤 한다. 실제 모든 필자는 이처럼 독자를 기능적 관점에서 실용 적으로 사용하고 있다26). 독자에 관한 Park(1982)의 논의가 중요한 것

맥락을 정의하고, 창조해 내는 방식으로 상징되는 이상적 개념이다. "이 단락은 독자에게 무엇을 시사하는가?"처럼 오직 텍스트의 특성을 통해서만 이 개념을 알 수 있다고 본다. 이와 다르긴 하지만 Schindler(2001: 4)도 독자 개념을 분류한 적이 있다. 그녀는 독자를 네 가지로 분류했다. 첫째 수용자(recipient)인데 구어적 소통이나 문어적 소통에 같이 사용한다. 둘째, 독자(reader)인데 특정한 순간에 텍스트를 읽는 구체적 사람을 가르킨다. 이때는 청중이 아니라 개인을 의미한다. 셋째, 오디언스인데, 한 사람 이상을 지시하는 것으로, 가장 포괄적인 용어이다. 구어나 문어에 모두 사용되며, 텍스트와 텍스트 생산 과정에도 사용된다. 오디언스는 그 개념에 관해 논의가 가장 다양한 문제적 용어이다. 넷째, 수신인(addressee)이다. Schindler(2001)가 가장 선호하는 용어라고 말하고 있다. 이 용어는 글쓰기에만 사용한다. 그렇기 때문에 오디언스보다 명확하다. 이 용어는 필자와 필자의 글쓰기 대상이 되는 '타자'에 초점을 맞춘 용어이다. Schindler(2001)의 용어 분류는 문어체에 중점을 둔 것이지만 수신인이라는 개념이 모호해서 받아들이기가 어렵다.
26) 작문 교육에서 독자 문제에 관한 국내 논문을 보아도 대체로 독자는 타협하고 협상하는

은 독자를 대상으로 보지 않고 기능적으로 본다는 점과 독자에 관한 다양한 관점을 폭넓게 인정하고 있다는 점이다. 그리고 자세히 언급은 하지 않았지만 글쓰기에서도 수사학과 마찬가지로 필자들이 글을 쓸 때 텍스트의 합리성과 타당성 판단에 독자를 중요한 잣대로 사용한다는 점을 은연중에 인정하고 있다는 점이다. 이런 점은 Park(1982)이 구체적 맥락을 강조하면서도 독자에 관한 관념을 관습이나 담화공동체로부터 실제 독자에게까지 폭넓게 잡고 있는 것을 보아도 분명해 보인다.

이런 점과 관련하여 생각해 볼 것은 필자와 독자 개념을 설정할 때 필자와 독자는 어떤 동의 관점을 가지는가의 문제이다. 필자는 독자가 판단할 이해 범위를 확정해야 하고, 독자는 이에 맞춰 필자가 제시하는 내용을 적절하게 해석하여야 한다. Park(1982)은 이에 관해 필자는 독자의 이해 범위에 관해 직관 같은 것을 가지고 있다고 말하고 있다. 그러나 사실 이것은 직관이라기보다 필자나 독자 모두 담화 관습에 관한 집단적인 인식을 가지고 있다고 판단하는 것이 더 적절할 것이다. Porter(1992)는 필자와 독자의 관점에서 의미 생산의 주체

독자 개념에서 차츰 구성하고 창안하는 개념으로 옮아가고 있는 것으로 보인다. 이전 교과서에서 실재하는 독자를 대상으로 독자 분석하는 경우가 많았다면 최근의 교과서는 필자의 역할을 강조해 독자를 담화공동체나 특수한 상황으로 보고 이에 관한 구성과 창안에 집중하는 경우가 많다. 최근 논문들은 작문 과정을 필자와 독자의 '대화'로 보고, 쓰기의 결과물을 필자와 독자가 함께 수행한 공동 노력의 '소산'으로 보고 있다. 박영민 (2004)은 작문 이론에서 예상 독자를 사회적 관점으로 해석해야 한다고 말하고 독자 이론에 Bakhtin의 '대화' 개념이나 Porter(1992)의 '담화공동체' 개념을 받아들여야 한다는 점을 강조했다. 필자는 개인적으로 작문을 하는 것이 아니라 의미를 구성하는 과정에서 공동체의 일원으로 작문 과정에 참여하게 되는 것인데, 이를 제약하고 통제하는 것이 바로 독자라고 본 것이다. 그리고 예상 독자 개념이 교육 현장에서 개인적 수준에서만 처리되고 있는 문제도 지적하고 있다. 박영민(2004), 「작문 교육에서 예상 독자의 인식과 처리」, 『청람어문교육』 제29호; 박영민(2004), 「다중적 예상독자의 개념과 작문교육의 방법」, 『국어교육학연구』 제20집 참고.

는 개인이라기보다 '담화 관습'이나 '담화공동체'에 가깝다고 보았다. 필자나 독자는 사회가 규정한 지식과 인식의 틀 안에서 토의하고 협상하면서 논의의 합당성과 적절성을 찾아간다. 그 속에 '보이지 않는 손'처럼 관습적 의식이 작용해 필자와 독자의 담화를 조정해 간다.

Park(1982: 252)은 독자를 맥락의 개념에서 보지만 이런 담화 관습에 관해 부정하지 않았다. 그는 "오디언스는 누구인가?"란 질문에 가장 바깥쪽에 있는 경계는 관습이지만 경계 안쪽으로 파고들수록 구체적이고 맥락적인 모습을 띠는 것, 즉 '오디언스는 겹겹의 경계로 싸인 모습(a set of overlapping boundaries)'이라고 설명했다. 그런데 한 가지 특이한 것은 그가 넓은 문화 관습의 독자 개념을 인정하면서도 수사학의 Perelman이 언급한 보편적 오디언스(Universal Audience)[27]에 관해서는 비판적이라는 점이다. 이 말은 보편적 오디언스를 부정한다는 뜻은 아니다. 그는 보편적 오디언스가 논증 분야에서 담화 관습으로

---

[27] 보편적 독자 개념은 근대 수사학의 이론으로 『신수사학』을 주장한 Perelman의 청중 이론에서 나왔다. Perelman은 중세 이후 위축되었던 수사학을 논증과 설득을 중시하는 신수사학을 통해 새롭게 부활시켰다. 그는 수사학적 담론을 규정적이고 형식적으로 볼 것이 아니라 일상적인 담론과 일상적 사유에 의해 이루어지는, 합리적이고 이성적인 과정으로 보아야 한다고 주장했다. Perelman의 신수사학에서 중시하는 것은 논증과 설득이다. 수사적 추론의 성공 여부는 합당한 논증과 설득의 성공 여부에 달려 있다. 그런데 설득의 성공 여부를 판단할 근거나 기준이 무엇인지 명료하지 않았다. 일상적인 상식과 통념에 기반을 둔다고 하지만 그 주장을 판단할 근거가 분명하지가 않다. 그래서 그 준거로 내세운 것이 바로 보편 청중의 개념이다. 논증의 목적은 청중의 설득이므로 청중의 판단 여부를 통해 추론의 성공 여부를 확인하고자 한 것이다. 다시 말해 Perelman에게 청중은 설득의 성공 여부를 판단하는 기준이자 합당성의 평가 척도가 된다. 보편 청중의 개념은 Perelman이 아리스토텔레스의 변증론을 수용하여 청중 개념을 실천 이성의 권위까지 확장시킨 개념이다. 사람들에게 누구나 합의적 논의를 이끌 수 있는 보편성에 관한 인식이 있다고 보고 이를 청중 개념에 포함시킨 것이다. 올바른 논증에는 대다수의 청중이 수긍할 만한 합리성과 타당성을 품고 있다. 논증의 성공 여부는 보편적인 이성과 합리적 인간성에 관한 동의를 통해 성취된다. 그는 보편 청중에 호소하는 논증은 모든 사람에게 필연적으로 타당한 논증이며, 시간과 공간을 넘어서는 논증이라고 주장했다. Perelman의 보편 청중 개념 속에는 정치 사회 문제 해결에 관한 낙관론적 이성주의가 내포되어 있다. 정희모(2012), 「페렐만의 보편청중 개념과 작문의 독자 이론」, 『작문연구』 15, 162~169쪽.

작용하는 것을 인정한다. 그렇지만 그는 글쓰기에서 독자 개념은 맥락(context)에서 발생한다는 점을 강하게 주장하고, 그 맥락은 특정한 제재에 대해 필자와 독자가 형성하는 관계에 의해 발생한다고 말하고 있다.

만약 학생이 경제적 사정으로 장학금을 꼭 받아야 하는데, 그것을 결정하는 담당자에게 편지를 써야 한다면 어떻게 써야 할까? 독자가 맥락에서 만들어진다는 뜻은 그 상황이 독자를 구성해 낸다는 말과 흡사하다. 학생은 장학금을 받기 위해 독자를 구성해야 한다. 학생은 자신이 장학금을 받을 수 있도록 독자의 생각과 감정, 태도를 규정한다. 다시 그 독자는 학생이 쓰는 편지의 목적과 내용을 구성하게 된다.

이 논의를 좀 더 확장해서 말한다면, 오디언스를 분석하는 것은 맥락(context)의 본질을 결정하는 일이라고 할 수 있다. 이 맥락(context)은 출판(앞에서 얘기했던 담화공동체로서 학술 잡지들의 예를 상기해볼 것)과 담론의 관습에 의해 이미 규정된 것이다. 또 하나 오디언스 분석의 또 다른 과업은 특정한 맥락이 담론 안에서 어떻게 창조되는가를 알아보는 것이다. 이미 월터 옹이 묘사했듯이 이 특정한 맥락을 창조하는 일은 곧 픽션(fiction)을 만들어내는 일이다. 학술적인 글을 특별히 예로 들어보면, 필자는 독자가 이해하고 따라올 수 있을 만큼의 본질적 요건을 창조하는 방식으로 독자의 지적인 상태나 공적인 태도를 미리 규정한다. 독자는 대개 필자의 이런 픽션이 어색하거나 이상하지 않은 이상 그대로 따른다. (Park, 1982: 253)

필자가 맥락을 통해 독자를 창안해 낸다는 관점은 맥락이 독자를 구성해 낸다는 말과 상통한다. 위의 인용문에 나와 있듯이 오디언스를 분석하는 일은 맥락의 본질을 분석하는 것과 같다. 역으로 맥락의 본질은 오디언스 분석을 통해 알 수가 있다. 이런 언급과 주장을 한 학자는 Park(1982) 이외에도 몇몇 학자들이 있다. Roth(1987)는 독자를 형성하는 일은 필자 자신이 동의할 수 있는 지점에 필자 스스로를 투사하는 과정이라고 말했다. 그는 학생들이 글을 진행하는 과정을 관찰하면서 학생들이 자신의 요구에 맞게 독자를 정의할 때까지 독자 표상을 계속 바꾸었다고 말했다. 흥미롭게도 그들이 창조한 독자들은 그들 자신과 유사했다고 한다. 필자의 독자는 작문 과정이 진행해 가는 동안 발전해 간다. 그는 작문이 진행되는 동안 글의 목표와 의미 가 생겨나고 바뀌는 것과 마찬가지로 독자 역시 변화하고 발전한다고 말한다. 독자를 맥락으로 보고, 맥락이 독자를 구성한다는 생각은 담 화공동체의 논의보다 한 걸음 더 나아간 논의이기도 하다. 담화공동 체의 담화 관습과 달리 맥락은 글의 목적과 환경이 변함에 따라 끊임 없이 바뀔 수 있는 개념이기 때문이다.

이런 점은 Pittard(1999)가 실험을 통해 언급한 적이 있다. 실험 대상 인 학생은 신문 사설 쓰기를 학습하고 있는 중이다. 학생은 도시 중심 부 개혁을 위한 글을 쓰기 원했다. 그래서 의회에서 인터뷰 자료에 관한 많은 정보를 수집했다. 중요한 것은 어떤 대상을 독자층으로 삼을 것인가에 관한 것이었다. 학생은 독자층을 '매일 신문을 읽는 사람'으로 정했다. 매일 신문을 읽는 사람은 도시 중심부의 쇠퇴를 걱정하기 때문에 어떤 내용을 담아야 할지를 걱정했다. 중간에 의회 매니저의 부정적인 견해와 학생의 낙관적인 견해가 충돌을 일으키지 만, 중요한 것은 독자가 어떤 것에 흥미를 가질지에 관한 학생의 생각 이었다. 여기서 독자가 학생의 쓰기 맥락을 어떻게 규정하고 있는지 흥미롭게 살펴볼 필요가 있다. 학생의 독자층에 관한 생각의 변화는 맥락의 변화와 맞닿아 있다. 독자 설정은 과제를 구조화하고, 새롭게 맥락을 창출하면서 쓰기 과정의 변화를 유도한다. 글을 쓰는 과정에 독자에 관한 인식이 바뀌면서 과제와 맥락의 내용도 급격하게 변화하는 것이다. 또 맥락의 변화가 독자의 개념에 변화를 불러오기도 했다.

6. 독자 분석과 해석 공동체

앞에서 Walzer(1985) 논문을 분석해 보았을 때 같은 독자라 하더라도 어떤 잡지에 그 글을 실었는지에 따라 내용과 형식이 달라진다는 사실을 살펴보았다. Wallerstein & Kelly(1976)는 『미국 교정(矯正) 정신의학 저널』과 『미국 정신의학 저널』, 『오늘의 심리학』과 같은 저널에 논문을 발표했는데 독자는 유사했지만 내용은 달랐다. 이는 잡지마다 추구하는 학술 방향에 따라 텍스트의 내용과 형식이 달라진 것으로 전통적인 수사학이 말하듯 독자에 따라 텍스트가 달라진 것은 아니었다. 이 논문에서 Walzer가 주장하는 것은 전통적인 독자 개념보다 해석 공동체나 담화공동체의 개념이 더 독자 분석에 적합할 수 있다는 점이다.

Walzer(1985)는 기본적으로 독자 분석의 방법은 해석 공동체의 입장에서 검토하는 것이 더 타당하고 유용하다는 점을 강조했다. Stanley Fish는 해석 공동체를 문학 작품을 특정한 방식으로 이해하기 위해 일련의 관습을 공유하는 독자 집단이라고 설명한 바 있다[28]. 교실도

---

28) 해석공동체에 관한 Stanley Fish의 설명은 Julie Rivkin & Michael Ryan(2004), *Literary Theory: An Anthology*, Blackwell Publishing에 수록되어 있다.

학습을 위한 일련의 관습을 공유하고 있는 집단이다. 그래서 독자 분석에 있어 학생들이 소유한 학습 관습에 따른 해석적 공동체의 시각에서 텍스트를 분석하고 글을 쓰도록 하는 것이 타당할 수가 있다[29].

Walzer(1985)는 독자 분석에서 해석적 공동체가 적합한 것은 각 학술적 공동체의 성격에 맞게 특정한 담화 관습을 규정지을 수 있기 때문이라고 보았는데 그는 이를 특정한 토포이(topoi, 늘 사용되는 주제·개념·표현)라고 불렀다. 다시 말해 각각의 학술 공동체에 따라, 그리고 학술 저널들에 따라 특정한 토포이(topoi)가 달라지기 때문이다. 그는 해석적 공동체 개념에 입각한 독자 분석의 개념을 실제 학생들의 수업을 통해 실증해 보이기도 했다.

그가 기초 글쓰기 강좌에서 처음 학생들에게 부과했던 과제는 "같이 수업을 듣는 학생들이 흥미를 느낄 수 있도록 광고를 분석해 보시오."라는 것이었다. 이 과제에 대해 학생들이 제출한 보고서는 상당히 실망스러운 것이었다. Walzer(1985)는 그것이 과제를 잘못 부과했기 때문에 그러한 것이라는 사실을 발견했다. 이 과제는 학생들이 가진 잠재적인 독자층(group of readers)의 개념이나 수사적 공동체의 개념을 고려하지 못한 것이었다. 다시 말해 모든 학생들을 균질하고 동일한 대상으로 취급한 것이었다. 그래서 Walzer는 과제를 바꾸고 새롭게 내용을 제시했다. 다시 바꾼 과제는 다양한 범위의 강좌들을 설정하여, 학생들로 하여금 그 강좌에 맞추어 광고를 평가하는 보고서를

---

29) 이에 반해 Swales(1990)는 학술적 수업은 담화공동체와 유사하다고 말하고 있다. 학습 목표에 관한 폭넓은 동의가 가능하고, 정보의 교환과 피드백이 동료와 교수진으로부터 이루어진다. 적절한 장르도 공유된 수업에서 사용될 것이다. 또 말하기와 쓰기에 있어 기술적인 어휘 구사가 가능하다. 이런 여러 사항들을 볼 때 담화공동체의 요건에 적합하다고 본 것이다.

쓸 것을 요구했다. 예컨대 '효과적인 광고 저널리즘 강좌', '교육적 혹은 윤리적 광고에서의 소비자 교육', '상업 예술과 시각 디자인 강좌', '대중매체에서의 여성학 강좌' 등의 수업에서 광고에 관한 평가의 글을 쓰라고 제시한 것이다. 이렇게 과제를 바꾸자, 학생들은 먼저 이와 같은 강좌에서 광고 분석이 갖는 각기 다른 의미와 내용에 관해 토의하고 이전과는 다른 차별화된 분석을 했으며, 제출한 보고서도 통일성 및 내적 일관성이 있었다. 이런 예시를 통해 Walzer(1985)가 제시하는 것은 글쓰기 교육에서 일반적인 독자 개념은 잘못되었으며, 이보다 독자를 특정한 수사적 혹은 해석적 공동체의 담화 관습과 그 맥락에서 생각해야 한다는 것이다.

제3장 해석 공동체와 담화공동체의 개념

1. Stanley Fish의 해석 공동체

글쓰기에서 텍스트나 독자와 관련된 언어 현상을 이해하는 데 독자(audience) 개념보다 담화공동체 개념이 유용하다고 제안한 학자는 Bennet A. Rafoth(1988)이다. Rafoth(1988)는 독자 개념이 글쓰기에서 수용자인 독자를 중심으로 해석적 판단을 하기 때문에 필자와 텍스트를 부가적인 것으로 취급하지만, 독자 개념 대신에 담화공동체 개념을 사용하면 필자와 텍스트, 독자 모두를 만족시킬 수 있다고 언급한다. 담화공동체는 "필자 혹은 이 글의 독자는 누구인가?"(Park, 1982, 1986)라는 질문을 강요하는 대신 글쓰기를 지배하는 관습과 이를 포함하는 환경에 관심을 둔다. 담화공동체의 연구는 대체로 학술 분야를 중심으로 많이 전개되었다. 그리고 그 근거로 해석적 공동체 개념을 제시한 Stanley Fish(1980)의 이론을 제시한다.

Stanley Fish(1980)는 문학작품 해석에 있어 다양한 독자들의 다양한 해석을 경계한다. 작가가 자기 작품에 대해 의미를 부여해도 시간과 공간의 거리를 가지는 독자는 다양한 관점의 해석을 전개한다. 실상 문학 작품의 해석은 독자의 수만큼이나 다양할 수 있다. Fish가 생각할 때 문학 비평의 적절한 역할은 주관적인 의견을 제한하는 것이다. 그래서 완벽한 정보를 가진 이상적인 독자가 필요하고, 이상적이지 않지만 반대를 하는 독자도 필요하다고 생각한다. 그러나 이상적인 독자를 둔다는 것 자체가 쉽지 않은 결정이 될 수 있다. 현실 속에서 그런 독자를 찾기는 힘들 것이기 때문이다.

또 Fish(1976)는 이런 주장도 한다. 동일한 독자가 두 개의 다른 텍스트를 읽을 때 해석이 달라지며, 두 명의 다른 독자가 같은 텍스트를 읽을 때 해석이 비슷하게 이루어지기도 한다. 독자들 사이의 해석의 안정성과 해석의 다양성은 모두 해석 행위와 독립적이고 해석 행위에 선행하는 무언가가 있기 때문인데 그는 이를 어떤 텍스트를 동일하게 읽게 하는 해석 전략이 있기 때문이라고 보았다. 그래서 그는 해석 안정성과 다양성 모두 텍스트가 아니라 해석 전략의 기능이라고 주장한다. 그리고 이후에 Fish(1976)는 주관성과 객관성을 동시에 담지할 수 있는 방법으로 해석 공동체(interpretive community) 개념을 제안한다.

한편으로 해석의 안정성(적어도 특정 시기에 특정 집단 사이에서)과 다른 한편으로 해석의 질서정연한 다양성에 대한 설명은 텍스트의 안정성과 다양성이 아니라면 무엇으로 설명할 수 있을까요? 이 모든 질문에 대한 답은 제 주장에 내포되어 있는 개념, 즉 해석 공동체라는 개념에서 찾을 수 있습니다. 해석 커뮤니티는 (전통적인 의미의) 독서가 아닌 텍스트의 속성을 구성하고 의도를 할당하기 위한 해석 전략을 공유하는 사람들로 구성됩니다. 다시 말해, 이러한 전략은 읽기 행위 이전에 존재하며, 따라서 일반적으로 가정하는 것처럼 읽은 내용의 형태를 결정합니다30). (Fish, 1976; Rivkin & Ryan, 2004: 219)

Stanley Fish(1980)에 의해 해석 공동체 이론이 등장한 것은 문학 작품의 비평에서 작가나 텍스트를 중시하던 문예비평에 대응하여 독자의 중요성을 인식하였기 때문이다. 문학 작품을 창작한 작가와 달리 독자는 시대와 장소를 건너 작가의 의도를 알지 못한 채 작품 해석에 관한 다양한 견해를 제시할 수 있다. 이럴 때 작가의 의도와 맞지 않는다고 독자의 견해나 의견을 폄훼하거나 무시할 수는 없다. 독자의 견해도 작품에 관한 하나의 독창적인 해석이 될 수 있기 때문이다. 작품의 해석이라는 측면에서 보면 독자는 작가와 함께 새로운 공저자가 될 수 있다.

그러나 독자의 견해를 중시하는 입장도 약간의 위험성이 있을 수 있다. 시대와 장소를 넘어 독자마다 다양한 견해가 제시될 수 있어 자칫 잘못하면 비평의 무정부적인 견해를 불러올 수 있기 때문이다. Stanley Fish(1980)의 의도는 해석 공동체라는 개념을 내세워 비평적인 무정부 상태를 해소하고자 하는 것이다. 비슷한 독자라면 비슷한 견해와 해석을 제시할 것이라고 보고 이런 공통된 해석 집단을 해석 공동체라고 본 것이다. 예를 들면 프로이드 학파의 해석이라든지, 마

---

30) 이 인용문은 Fish의 선집화된 에세이인 "바리오룸의 해석(Interpreting the Variorum)" (1976)에 수록된 것이다. 위의 글은 문학 이론 선집인 Rivkin & Ryan(2004: 219)의 책에 있는 것을 인용했다. 여기서 Fish는 문학 작품을 해석하기 위해 특정한 관습을 공유하는 해석 커뮤니티에 관한 개념을 설명하고 있다. 문학 작품의 속성은 이러한 독자 공동체에 의해 활성화될 때에만 존재한다. Julie Rivkin & Michael Ryan(2004), *Literary Theory: An Anthology*, Blackwell Publishing 참고.

르크스주의자들의 해석은 같은 견해를 지닌 해석 공동체에서 나온 견해라고 볼 수가 있다.

해석 공동체의 중요성은 우리가 어떤 텍스트를 해석할 때 사람들이 어떻게 서로의 입장에 따라 달리 해석하는가를 분석해 보면 금방 알 수가 있다. 이와 관련해서는 해석공동체에 관한 논문을 쓴 김도남(2006: 1~2)의 예시가 흥미롭다. 김도남은 이 논문의 서두에 『대학』의 한 구절을 제시한다. "대학지도 재명명덕 재친(신)민 재지어지선(大學之道 在明明德 在親(新)民 在止於至善)"이라는 구절인데, 그 뜻은 '대학의 도는 밝은 덕을 밝히는 데 있고 백성을 새롭게 하는 데 있으며 지극한 선에 머무름에 있다.'이다. 그런데 이 구절의 의미는 개별 독자보다는 특정한 독자 집단에 의해 달라질 가능성이 많다. 예를 들어 위의 구절에서 '명덕(明德)'의 개념을 보면 기독교적 신념을 가진 사람이면 '하나님의 말씀'으로 해석하고, 불교적 신념을 가진 사람이면 '부처가 가르친 삶의 이치'로 해석하고, 유교적 신념을 가진 사람이라면 공자가 말한 '바른 삶의 도리'라고 해석할 것이라는 것이다. 김도남(2006)은 이렇게 텍스트 해석은 독자가 취한 집단적 의식에 의해 좌우될 가능성이 많다고 보았다. 그리고 그것이 바로 텍스트를 해석하는 '해석 공동체'의 특성이라고 말하고 있다.

사실 해석 전략과 관련된 이런 언급은 Stanley Fish가 해석 공동체에 관해 설명한 글에서도 명백히 드러난다. 그는 1976년 문학비평에 관한 에세이에서 해석 공동체를 설명하면서 이런 집단적인 해석 전략에 관해 언급했다. 이 에세이에서 그는 어거스틴의 『기독교 교의학』에서 해석의 규칙으로 '신앙의 법칙'을 제시하면서 사례를 설명했다. 그는 성경의 모든 것은 세상의 모든 것이 인간을 향한 하나님의 사랑과 하나님을 위해 이웃을 사랑해야 한다는 우리의 신앙 책임을 가리키고 있다고 말했다. 만약 성경을 읽다가 하나님의 사랑을 담고 있지 않는 어떤 것을 발견한다면 그것을 '비유적'으로 해석하고 이에 관한 면밀한 분석을 해야 한다. 이런 잠재적 규칙은 텍스트에 어떤 의미가 있는지에 관한 규정인 동시에 그 의미를 찾기 위한 일련의 방향, 즉 동일한 텍스트를 끝없이 재생산하기 위한 일종의 해석 전략이라는 것이다. Stanley Fish는 사람들이 어떻게 생각하든 이는 수 세기에 걸친 기독교 주석을 통해 증명되었다고 말했다. 기독교의 신앙 집단은 텍스트에 관한 특정한 방향의 해석 전략을 가지고 있는, 읽기에 관한 해석 공동체라고 말할 만하다.

물론 이런 해석 공동체가 기독교 공동체처럼 항상 굳건히 유지되고 지속되는 것은 아니다. 해석 공동체는 임의적이며, 닫혀 있으면서 열려 있는 공동체이기도 하다. 해석 공동체가 이렇게 유연한 것은 해석의 유동성 때문이다. Stanley Fish(1976, 1980)도 누누이 강조하지만 의사소통의 원활함과 문학 비평의 제도성 때문에 해석의 안정성과 다양성은 확보될 필요가 있다. 여기서 해석의 안정성을 위해 '동일한 텍스트'라는 개념을 생각해 보자. 동일한 텍스트라는 말은 두 명의 독자가 동일한 해석 전략을 사용했기 때문에 일어난다. 반면에 해석의 다양성은 유사한 해석과 차이가 나는 한 사람의 해석이 있어야 가능해진다.

이렇게 해석의 안정성과 해석의 다양성이 생겨날 수 있는 것은 바로 해석 공동체가 있기 때문이다. 여러 사람이 동일한 해석 전략을 쓰면서 해석 공동체가 만들어지지만, 시간이 지나거나 다른 견해가 나타나면서 다른 해석 전략이 등장하기도 한다. 해석 공동체가 견고하다면 이런 해석의 안정성과 해석의 다양성은 언제든 일어날 수 있다. Stanley Fish(1976)는 이런 불일치가 일어나는 이유를 설명하고 이를 합리적인 방식으로 토론할 수 있다고 말한다. 그 이유는 텍스트의 안정성 때문이 아니라 해석 공동체의 구성이 안정적이기에 그러하다는 것이다. 아마 해석 공동체가 분화하고 새롭게 재편성되는 것도 이런 잠재성이 있기 때문일 것이다.

　불일치가 있는 이유와 원칙적인 방식으로 토론할 수 있는 이유도 분명합니다. 텍스트의 안정성 때문이 아니라 해석 커뮤니티의 구성이 안정적이어서 서로 반대되는 입장이 가능하기 때문이지요. 물론 이러한 안정성은 언제나 일시적인 것입니다(텍스트의 영원불변한 안정성과는 달리). 해석 공동체는 커지기도 하고 작아지기도 하며 개인들은 서로 다른 공동체로 이동하기 때문에, 이러한 정렬은 영구적이지는 않지만 항상 존재하며 해석 싸움이 계속될 수 있을 만큼의 안정성을 제공하고, 결코 정착되지 않을 만큼의 변화와 미끄러짐을 보장합니다. 따라서 해석적 공동체라는 개념은 불가능한 이상과 많은 사람들이 그것을 유지하도록 이끄는 두려움 사이에 서 있습니다. (Fish, 1976; Rivkin & Ryan, 2004: 219)

　해석 공동체에 관한 이론을 살펴보면 모든 작가, 독자, 텍스트를 규제하는 잠재적인 보편성을 상정하고 있음을 알 수 있다. 필자든 독자든 주체적이고 올바른 쓰기나 읽기는 없으며, 공동체의 내면적 규범으로서의 쓰기, 읽기만 존재할 수 있다는 것이다. 그러나 그렇다고 해서 해석 공동체가 문식성을 강제하고 억압하기 위해 존재하는 것은 아니라는 것도 알 수가 있다. 해석 공동체가 특정한 해석 전략을 통해 형성되었지만 그것을 벗어날 수 있는 가능성도 열려 있기 때문이다. 이런 유연한 방식이 해석 공동체 이론이 좋은 쓰기와 읽기 전략을 형성하기 위한 유용한 개념이 될 수 있는 이유이다[31].

2. 담화공동체의 개념

쓰기 교육에서 해석 공동체보다 일반화된 개념이 바로 '담화공동체'이다. '담화공동체'라는 개념은 원래 교육학이나 사회학에서 공동체의 관습과 관련하여 작동하는 원리를 설명하고자 만든 개념이다. 이를 글쓰기 연구에 적용할 때는 몇 가지 원리에 따라 사용하는 것이 일반적이다. Swales(1990: 21)는 Herzberg(1986)의 주장을 가져와 담화공동체의 원리를 설명하면 다음과 같다. 첫째, 공동체 안에서의 언어 사용을 사회적 행동의 방식으로 본다. 둘째, 담화는 공동체의 지식을 유지하고 확장하는 기능을 하며, 새로운 구성원을 공동체로 편입시키기 위한 수단으로 작동한다. 셋째, 담화는 공동체의 지식이자 구성요인이다. 이런 요인들을 모두 적용하면 담화공동체는 '특정한 목적을 위해 특정한 담론을 사용하는 사람들의 집단'으로 규정할 수 있을 것이다.

그러나 이런 원리는 담화공동체를 규정할 때 하나의 규칙처럼 모든 연구자들에게 받아들여지지는 않은 것으로 보인다. 담화공동체의 개념이 모두가 인정할 만큼 서로 합의된 개념이 아니기 때문이다. 많은 학자들 역시 담화공동체가 무엇을 의미하는지 정확하지 않다고 지적했다(Harris, 1989; Kent, 1991). Herzberg(1986: 1)는 '담화공동체'라는 개

---

31) 김도남(2006: 29)은 해석 공동체 개념이 독자 중심의 개인주의, 혹은 자유주의 관점을 바탕으로 이루어진 읽기 교육을 개선할 수 있는 좋은 방안이 된다고 설명한다. 자신만의 관념에 집중할 뿐 다른 독자에게 관심을 가지지 않는 독단적인 독자들을 위해 해석 공동체 개념이 필요하다고 본다. 그는 읽기 교육의 개선을 위해 공동체주의(해석 공동체)의 관점을 수용할 필요가 있다고 말한다. 해석 주체들이 공동의 관념과 전략을 사용하여 서로 소통할 수 있도록 해야 한다는 것이다. 아울러 그는 해석 공동체 구성을 위한 읽기 교육이 자유주의, 개인주의에 바탕을 두는 독자 중심의 읽기 교육의 대안이 될 수 있다고 말하고 있다.

넘이 명확히 정의되지 않았기 때문에 정의를 내리는 데 문제점이 있다고 인정하면서, 담화공동체를 합의된 개념이라기보다는 여러 의견이 모인 종합 의견들의 중심이라고 볼 것을 제안했다.

상당수의 사회구성주의 입장에 있는 학자들은 담화공동체가 강력하고 유용한 개념임을 인정하면서도 담화공동체에 관해 여러 의문이 존재하고 있다는 사실에 관해 거부하지 않는다. 그리고 담화공동체에 관한 논의들을 중단하거나 포기하지 않고 이에 관한 논의를 이어갔다. 앞서 말한 대로 글쓰기 연구에서 독자와 관련해서도 담화공동체에 관한 관심과 논의는 여전하다. 독자를 기능적인 면에서 볼 때 필자와 독자의 불협화음을 해소하고 공동의 논의와 관심사를 만들 수 있는 개념이 바로 담화공동체이기 때문이다.

담화공동체에 관한 논의에서 기본적인 정의와 원리에 대해 가장 많이 알려진 학자가 바로 Swales(1990)이다. 그는 담화공동체 개념이 성립하기까지 제기된 다양한 논의들을 살펴보고 담화공동체가 갖추어야 할 요건들을 하나씩 제시했다. 담화공동체에 관한 Swales의 요건들은 이후 담화공동체에 관한 학술 연구에서 빠지지 않고 등장하는 주요 개념이 되었다.

Swales(1990)는 담화공동체 개념이 초창기에는 언어 공동체와 유사하게 전개되었다고 본다. 언어 공동체란 유사한 언어적 문법을 공유하는 사람들로 이루어진 구성체를 뜻하는 말이다[32]. 대표적으로 영

---

32) 처음 사회언어학에서 언어 공동체의 개념은 Leonard Bloomfield가 특정한 집단의 언어 패턴의 유사점과 그 원인을 밝히기 위해서 나왔다고 한다. 집단 간 언어 패턴의 유사성이 19세기에 관습적으로 받아들여졌던 기후나 지형과 같은 환경적 요인 때문이 아니라 집단 구성원 사이에 일어나는 상호 작용의 빈도수 때문이라는 사실을 증명해 주었다. 그 후로 화자의 사회적 상호 작용에 관한 논의는 언어 하위집단에 관한 설명을 하는 데도 유용하게 사용되었다. 오늘날 언어 공동체의 정의는 화자가 공유하고 있는 원칙과 규범을 강조하는 방향으로 전환되었다. Bloomfield 이후 언어 공동체에 관한 개념은 사회적 상호 작용

어, 혹은 불어, 중국어를 사용하는 각 지역의 공동체를 언어 공동체라고 말할 수 있다. 또 뉴욕 사람들처럼 특정한 방언을 쓰는 사람들도 언어 공동체에 속하게 된다. Swales(1990)는 언어 공동체를 발언의 적절성을 결정하는 기능적인 법칙들을 공유하는 사람들의 모임이라고 정의하기도 했다. 이 말은 의사소통을 위해 기본적으로 발화의 규칙과 법칙을 공유하는 사람들의 집단을 뜻한다고 말할 수 있다. 그에 따르면 언어 공동체는 언어해석의 법칙을 공유하는 공동체로 최소한 통일된 하나의 언어와 그 언어사용의 규칙들로 구성된다.

Rafoth(1988)는 사회언어학자들이 언어공동체를 여러 사회적 집단의 언어 사용을 균일하고 영속성 있는 것으로 묘사하고 설명하기 위한 이론적 구조로 사용해 왔다고 말했다. 언어 공동체 개념이 연구자들로 하여금 특정한 사회언어적 변수를 반영하는 경계선을 구분할 수 있도록 도와주었기 때문이다. 그래서 이들은 언어 공동체의 경계선을 언어적 차이가 사회적 분리, 통합, 그리고 계층과 어떤 연관을 갖는지를 분석하는 데 널리 사용한다. 예를 들면 미국의 몇몇 아르메니아인 공동체 내에서 아르메니아인들은 아르메니아어를 사용한다. 그들은 보다 큰 미국인 공동체에서 생활하며 일하기 때문에 아르메니아인 공동체에서의 독립된 자아를 유지하기 위해 지속적으로 아르메니아어를 사용하면서 동시에 표준 미국 영어 말하기 공동체에 참여하기 위해 영어를 사용한다고 한다. 이런 점은 언어 공동체가 다민족 국가의 사회적 통합을 연구할 때 유용한 개념이 된다는 사실을 보여준다. Harris(1989)는 해석 공동체는 문학—철학적 개념으로부터 나왔

을 언어적 변화에 연관시키고자 하는 근본적인 목적을 동일하게 가지게 되었다고 말하고 있다(Rafoth, 1988: 136).

고, 언어 공동체는 사회언어학적 개념으로부터 나왔다고 말했는데 앞의 예시는 후자에 해당한다고 말할 수 있다.

이밖에 Swales(1990)는 언어공동체와 담화공동체를 분석하기 위해 몇 가지 구별되는 원리를 제시했다. 그는 몇 가지 측면에서 언어 공동체와 담화공동체는 차이가 있다고 말한다. 그 차이는 다음과 같은 것이다.

첫째, 사회구조의 면에서 언어 공동체는 구심성을 갖는 반면 담화공동체는 원심성을 갖는다. 여기서 구심성은 사람들을 일반적 구조 속으로 흡수하는 경향을 갖는 것을 말한다. 반면에 원심성은 직업 혹은 특정 이익을 중심으로 사람들을 분리시키는 경향이 있는 것을 말한다. 다음으로 언어 공동체는 특정 국가나 지역의 동일 언어 사용체를 일반적으로 지칭하고, 담화공동체는 특정한 취미나 역할, 목적을 위해 모이는 집단을 말한다. 언어 공동체는 전형적으로 탄생, 사건, 입양 등으로 그 구성원에게 계승되지만, 담화공동체는 설득, 훈련, 자격 부여를 통해 구성원을 모집한다. 담화공동체는 "특정한 관심을 가진 모임"으로 규정할 수가 있는데, Swales(1990)는 학술 공동체가 전형적인 담화공동체에 속한다고 했다[33].

---

[33] 이와 반대로 학술 공동체를 담화공동체라고 보는 데 대해 반대하는 학자도 있다. Harris(1989)가 대표적인 학자이다. 그는 교육 현장에서 대부분의 담화는 경계가 모호하고 불확정적이며, 이에 따른 학술 공동체도 애매하고 중복된다고 말하고 있다. 대학 진입을 한 공동체에서 다른 공동체로 이동하는 것으로 보는 것(Bizzell, Bartholomae)에도 비판적이다. Harris는 사람들이 한 공동체에서 선명하고 확고하게 이동하는 것이 아니라 한쪽이 우세한 상태이거나 아니면 서로 섞여 변화하게 된다고 말한다. 그래서 그는 학술적 공동체를 단일하고 응집된 것으로 보지 않고 다중 언어 사용자가 경합하고 교섭하는 영역으로 보기를 권유한다. 공동체가 유지되는 것은 우연성, 필요성, 그리고 편리성 때문이다. 그렇기 때문에 언제나 유동성이 있는 것으로 사람들이 공동체를 갖기 위해 일치할 필요는 없다고 그는 보고 있다.

3. Swales의 담화공동체 요건과 특성

담화공동체에 관한 개념 규정으로 잘 알려진 것은 Swales(1990)의 정의적 요건이다. Swales(1990)는 담화공동체의 정의적 요건을 여섯 가지로 설명하면서 다른 공동체, 즉 해석 공동체나 언어 공동체와 다른 세부적인 차이를 설명했다.

Swales(1990: 24~27)가 말한 담화공동체의 첫째 요건은 구성원들이 공통의 목적을 광범위하고 공개적으로 가지고 이에 동의한다는 점이다. 이런 공통의 목적은 문서로 작성된 것이거나 혹은 암묵적으로 동의된 것일 수 있다. Swales(1990)는 가급적 공동체의 목적을 공개하는 것이 좋다는 입장이다. 의견이 일치하지 않는 사람이 공동체를 훼손할 수 있기 때문이다. 공통의 목적은 넓은 범위로부터 좁은 범위에 이르기까지 다양하다. 국회와 같이 적대적인 구성원이 있는 담화공동체도 있지만 일상의 목적에 동의하는 사람들이 모인 담화공동체도 많다. 예를 들어 자동차 연구 모임이나 고대사 연구 모임, 야구 동호인 모임 등이 이에 속할 수 있는데, 다만 이들을 공통된 담론으로 묶을 공간은 있어야 한다.

둘째, 담화공동체는 구성원들 간에 상호의사소통의 메커니즘을 반드시 가지고 있어야 한다. 이런 메커니즘이 없으면 공동체가 유지될 수 없다. 공동체는 정기적인 회의, 이메일, 문자 메시지, 소셜 미디어 도구, 우편, 뉴스레터, 일상 대화 등과 같은 상호의사소통 매체를 가진다. 그리고 이런 매체의 속성에 따라 참여하는 메커니즘의 방법이 달라진다. 이를테면 이메일만 사용하는 모임은 주로 서면으로만 의견을 주고받지만, 반대로 자주 만나 대화를 하는 모임은 활발한 토론을 중심으로 한다. 담화공동체 구성원들은 다양한 매체 방식을 통해 공통되는 주제와 의견을 주고 받으며 공동체의 특성을 공유한다[34].

셋째, 담화공동체는 구성원들에게 정보를 제공하고 정보 전달을 받기 위해 참여 메커니즘을 이용한다. 회원이 된다는 것은 정보의 기회를 활용하는 것을 의미한다. 개인들이 특정한 담화공동체에 가입하여 회비를 내고 있어도 담화 소통이나 의사소통의 메커니즘 속에 참여하여 활동을 하지 않는다면 그들을 담화공동체의 일원이라고 말할 수 없다. 주식 투자에 관한 모임에서, 축구 동호회에서, 음악 동호회에서, 역사 연구회에서 참여 메커니즘을 이용하지 않고 독립적으로 활동하고 존재하는 것은 담화공동체의 일원이 된 것이라고 말할 수 없다.

넷째, 담화공동체는 의사소통적 발전 속에서 하나 혹은 그 이상의 장르를 사용하고 소유할 수가 있다. 담화공동체는 공동의 목표를 향

---

34) Swales(1990)는 이런 소통의 메커니즘 방식과 관련해 Bizzell(1987, 1992)과 다른 견해를 제시한 바 있다. Swales와 Bizzell의 견해가 충돌된 것은 '카페 주인의 모임에 관한 문제(The Cafe Owner Problem)'였다. 특정한 목적이 없는 카페 주인들의 모임을 담화공동체로 볼 수 있는가에 관한 논의에서 이들은 서로 다른 견해를 제시했다. 우선 Swales(1990)는 세 명의 전문 직업인의 모임(Swales가 제시한 사람은 바위섬의 등대지기, 외딴 정글의 선교사, 영사관 공무원이다)과 여러 명의 카페 주인의 모임을 설명한다. 세 명의 전문 직업인은 말하기와 글쓰기를 통해 서로 교류하고, 동일한 목적으로 동일한 메시지를 생산하고 주고받는다. 이들은 아마도 비슷한 정도의 장르적 기술을 가지고 있을 것이다. 그러나 카페 주인들은 그렇지 않다. Swales는 카페 주인의 모임은 세 명의 전문 직업인의 모임과 다르다고 말한다. 전문 직업인은 서로 직업이 다르거나 서로 만나지 못하더라도 소통의 메커니즘을 통해 담화공동체를 형성할 수가 있다. 반면에 카페 주인들은 담화공동체를 형성할 수가 없다. 그들은 공동체의 존재를 인식하지 않고, 인식하지도 못하기 때문에 공동체의 자격을 얻을 수 없다고 보았다.
  Bizzell(1992)의 판단은 이와 달랐다. 그녀는 사회적 모임의 한 종류로서 카페 주인들도 담론 공동체를 형성할 수 있다고 말한다. 담론 구성원은 사회 계급적으로 혹은 윤리적으로 자신의 입장에 기초한 담론 관습을 공유하고 있을 것이기 때문에 카페 주인이 되고자 하는 사람들도 당연히 담화공동체를 구성할 수 있다고 보았다. Swales는 이런 Bizzell의 입장에 대해 이런 담론 관습의 공유가 있다고 하더라도 공동체의 존재를 인정하지도 않고, 인식하지도 못하는 개인들에게 공동체 구성원 자격을 부여할 수 있는지 의문이라며 비판적인 견해를 제시하고 있다.

해 발전하고, 계속적으로 구성원들이 이 목표를 달성할 수 있도록 담론적 기대를 촉구한다. Swales는 이런 발전을 통해 주제, 형식, 기능과 관련된 담론적 요소들의 배치와 확장에 변화를 가져올 수 있고, 이것이 장르적인 변화를 가져올 수도 있다고 보았다. 담론 공동체의 성장과 발전을 통해 공동체의 목적을 수행하기 위한 새로운 표현과 장르가 만들어지기도 한다. 아울러 이런 변화를 통해 담론 공동체가 새롭게 탈바꿈하기도 한다. 새로운 담화공동체는 구성원 사이의 새로운 유대를 형성하고, 새로운 의사소통적 관습을 수행해야 한다.

다섯째, 장르를 소유하였다 하더라도 담화공동체는 고유한 어휘를 가져야 한다. 집단별이나 지역별로 고유한 어휘를 가지는 것은 언어 공동체에서 흔히 보이는 특징이다. 언어 공동체가 대체로 지역적이거나 보편적인 어휘 목록을 가지고 있는 반면, 담화공동체는 자신의 모임에 맞는 특별하고 기술적인 어휘 목록들을 가진다. 예를 들어 지역 역사를 탐구하는 담화공동체는 지역이나 역사와 관련된 전문용어들의 어휘 목록을 가지고 있다. 또 천문학 관련 담화공동체에서는 천문학이나 우주공학에 관한 그들만의 어휘 목록을 가진다. Swales가 예를 든 표현들(ESL, EAP, WAC, NCTE, TOEFL, etc.)은 당연히 교육 구성원들 사이에 효율적인 의사교환을 위해 사용되는 표현들이다. Swales는 담화공동체 구성원들이 공동의 목적과 관련하여 의사소통을 할 때 고유의 어휘 목록을 사용하지 않는 것이 더 이상하게 보일 수 있다고 말하고 있다.

여섯째, 담화공동체는 관련된 내용과 담론적 전문지식의 적절성에 따른 구성원의 한계 수준이 있다. 담화공동체는 같은 목적을 가진 사람들의 모임이지만 그것을 수행하는 능력에는 당연히 차이가 있다. 담화공동체는 주로 초보 참여자, 일반 참여자, 전문 참여자로 층위가 나눠지는 것이 일반적이다. 그리고 이런 구성원은 시간이 지나면서 변화한다. 새로운 참여자가 나오고, 기존의 참여자가 떠나가기도 한다. Swales는 공동체의 생존은 초보자와 전문가의 합리적인 비율에 달려있다고 말한다.

Swales(1990)의 담화공동체에 관한 개념은 자신이 참여한 모임의 사례를 보면 보다 분명해진다. 그는 흔한 학술적 담화공동체 대신 자신이 참여한 취미에 관한 공동체를 예로 들었다. 그가 제시한 예는 홍콩 우표의 수집과 사용에 관해 지식과 정보를 나누는 모임이다. 모임의 이름은 Hong Kong Study Circle이고, 약자로 HKSC라고 불렸다. 회원은 약 320명 정도로 세계 곳곳에 흩어져 있는데, 회원 명단을 보면 대강 1/3 정도가 비영어권 지역의 사람이라고 한다. 홍콩 우표 수집가들인 이들 회원의 직업은 상당히 다양하다. 앞의 각주에서 보았듯이 Bizzell은 카페 사장들의 모임을 담화공동체의 모임으로 인정했지만 Swales는 그렇지 않았다. Swales는 담화공동체 구성에 특정 목적의 담화 사용이나 언어 관습을 중시했고, Bizzell은 사회적이고 정치적인 인식, 세계관적인 동조의식을 중시했다. Swales가 제시하는 이 우표 정보 모임은 표면상 취미의 관심을 공유한다는 목적 이외 다른 어떤 공통점이 없다.

HKSC의 주요 소통 메커니즘은 3개월마다 발행하는 저널과 뉴스레터였다. 그는 이 모임에 참여하면서 모임에서 사용하는 특수한 용어들을 배울 수 있었다. 예를 들면 PPC(picture postcard), CIP(Chinese Imperial Post) 등과 같은 우표 용어들인데, 그가 이런 우표들의 경매 가격을 책정할 만한 전문가적 지위에 오를 때까지는 여전히 초보자 취급을 받았다고 한다. Swales(1990)는 자신이 제시한 이 예시가 앞에서 제시한 6가지 담화공동체의 정의적 기준과 정확하게 부합한다고

말하고 있다. 이들은 회원들이 공유하는 목적이 있고, 참여 메커니즘
의 정보 교환, 공동체만의 장르, 전문화된 특수 용어, 초보자와 고도의
전문가가 있다. 또한 Swales는 언어 공동체와 달리 담화공동체는 지리
적인 제한을 받지 않는다고 생각했다.

4. 담화공동체의 구성에 관한 논쟁

Swales(1990)와 Bizzell(1992)은 담화공동체의 특성과 구성원의 성격
에 대해 서로 다른 입장을 가지고 있다. Swales(1990)가 담화공동체
구성원 사이의 언어적 소통과 결속을 중시한다면 Bizzell(1992)은 이와
다르게 담화공동체의 세계관과 이데올로기를 중시하는 입장이다. 이
런 두 사람의 입장은 담화공동체를 기능적인 측면으로 보는 것과 관
념이나 의식으로 보는 것 사이에서 차이가 나타난다. Bizzell(1992)도
Swales(1990)와 마찬가지로 "담화공동체"를 특정한 언어 사용을 실천
하는 사람들의 집단으로 규정한다. 특별히 어떤 목적에 따라 유사한
담화를 사용하는 집단으로 본 것은 두 사람이 동일하다. 그러나 담화
공동체를 바라보는 시각에는 몇몇 차이가 있다.

Bizzell(1992: 223)은 언어 실천을 두 가지 측면에서 나누어 구분한다.
하나는 문체의 관습으로 이것은 담화공동체 집단과 그 외부를 언어적
측면에서 규제하는 역할을 한다. 그녀는 이 개념을 사회언어학적 개
념인 "언어 공동체"에서 빌려왔다. 다른 하나는 정전화된 지식인데
이는 언어경험을 해석하는 집단 구성원들의 세계관을 통제하는 역할
을 한다. 이것은 "해석 공동체"라는 문학비평적 개념에서 빌려온 것이
다. Bizzell은 담화공동체를 언어로 결속되어 있을 뿐만 아니라 이념적

으로 결속되어 있는 것으로 보았다.

Bizzell(1992)은 Swales가 주장했던 담화공동체에 관한 여섯 가지 요건을 언급하면서 이런 특성들이 대체로 문체적 관습에 집중된 것으로 판단한다. 그녀는 Swales의 담화공동체 개념이 집단 간의 권력과 세계관 문제에 관심을 두는지, 그렇지 않은지 의심스럽다고 비판하면서, 그의 개념이 단지 언어적 관습으로써 담론을 사회 집단이 어떻게 사용하는지 설명하는 데 유용할 뿐이라고 평가절하한다. 담화 공동체 개념에 관한 이런 Bizzell의 시각은 글쓰기 교육이 이데올로기의 문제와 결코 분리된 적이 없다고 주장하는 Berlin(1988)이나 수사학을 단순한 설득의 기술이 아니라 사회적 변화와 변혁을 요구하는 비판적인 실천의 도구로 보고자 했던 Freire(1970)의 관점과 그대로 일치한다. 비판적 수사학의 입장에 서는 Bizzell(1992)로서는 Swales가 주장한 담화공동체를 단순히 '문체의 관습'으로 볼 수밖에 없었을 것이다.

그렇지만 Swales(1990)는 이념의 문제보다 담화 공동체의 목적을 강조한다. 공동체가 단일한 목적을 가진다면 단일한 담론이나 장르를 쓸 수밖에 없다는 점이 그가 제시한 담화공동체론의 주된 관점이다. 아울러 그는 담화공동체의 구성원이 이를 의식하지 못한다면 담론공동체의 구성원이 될 수는 없다고 주장하고, 구성원 스스로의 선택을 강조하고 있다. 취미 공동체를 보더라도 공동체에 참여하기 위해서는 스스로의 인식과 자각, 선택이 있어야 한다. 우표 수집을 하는 취미 공동체에서 그런 목적과 인식을 가지지 못하는 구성원은 그 모임에 참여할 수가 없다. 사람들은 자신이 그 모임에 참여한다는 사실을 알고 있고, 그 점이 바로 담화 공동체의 목적을 설명해 준다.

Swales(1990)는 앞서 설명한 카페 주인들에 관한 문제에서 카페 주인들이 공동체에 가입하지 않은 상태에서 공통의 관심사만 가지고 있다고 해서 담화공동체가 형성될 수는 없다고 말했다. 왜냐하면 담화공동체는 특정한 목적이 있어야 하고, 이를 위해 특정한 담화 양식을 사용하는 공동체이기 때문이다. 의식적인 목적이 없다면 그들을 하나로 묶어줄 수 있는 언어적 매체 공간도 없다.

그렇지만 Bizzell(1992: 227)의 입장은 이와 다르다. Bizzell은 카페 주인들이 사용하는 공통의 저널이 없다고 하더라도 이 사회 집단은 이데올로기 측면에서 담화 공동체라고 규정한다. 그들이 의식하든 의식하지 못하든, 그 구성원들은 카페 운영과 관련하여 사회 계급에 기초한 담론적 실천을 공유할 것이기 때문이다. 예를 들어 그들은 고용자들과 대화하거나 카페에 사용할 물품 구매를 할 때 비슷한 담론을 구사할 수 있다. 또 조그만 카페와 같이 소규모 자영업자들이 어떻게 대기업 커피숍에 맞서 영업권을 지킬 것인지에 관해 소통할 때도 자신들만의 담화를 사용한다. 카페 주인들은 서로 의식하지 못하더라도 그들의 세계관에 이미 공통의 문화가 영향을 미치고 있다는 것이다. Bizzell은 Swales가 담화 공동체를 문체적 현상으로만 해석함으로써 이보다 더 큰 사회경제적이고 계급적인 이데올로기적 요소들을 놓치고 있다고 보았다.

Bizzell(1992)이 담화 공동체를 바라보고 있는 관점은 Swales(1990)보다 훨씬 더 세계관에 입각해 있고 이데올로기적이다. 또 Swales와 달리 관념적이고 이념적이다. Herzberg(1986)가 담화공동체를 '일련의 사고의 중심(a center of a set ideas)'이라고 설명했을 때, Swales(1990)는 이를 언어적 중심 정도로 가볍게 언급하고 지나가고 있는 데 반해, Bizzell(1992)은 이를 집단 지식의 인식론적, 구성적인 개념으로 파악하여 공동체가 지닌 세계관적 개념의 중심으로 판단하고 있다. 그녀는 학생들이 학술 공동체에 참가하는 것을 단순히 문체적 관습과 같은 언어 형식의 문제로 볼 것이 아니라, 세계관적인 문제를 수반하는 것이라고 분명히 규정한다. 그러나 이런 시각이 편하고 순조롭게만 이루어지는 것은 아니다. 왜냐하면 그녀는 세계관을 구성하는 담화 공동체의 권력을 연구해야 한다고 말하고, 이데올로기로 특징지어지는 문체 분석을 해야 한다고 요구하고 있지만 구체적인 연구 방법이나 방향은 언급하고 있지 않기 때문이다.

제3부 결속성과 응집성의 쟁점

제1장 텍스트와 언어

1. 텍스트의 정의

텍스트(text)란 무엇인가? 일반적으로 텍스트는 하나의 통일체를 이루는 발화문이나 글의 묶음을 지칭하는 단어이다. 학자들 사이에 텍스트의 정의나 범주를 두고 여러 논란이 많았다. 전통적 학문에서 텍스트는 대체로 문자로 이루어진 의미 단위를 지칭하는 경우가 많지만 학문에 따라 여러 매체나 도구를 통한 작품들까지 텍스트로 간주하기도 한다. 예를 들어 영상 작품을 학술 단위로 분석할 때 텍스트라는 용어를 흔히 사용한다. 여기서 여러 기호적 기능과 기술적 기능을 포함하여 의미를 만들어 내는 모든 것이 텍스트에 해당한다. 영화나 웹툰, 블로거, 광고 등의 작품들도 당연히 텍스트에 해당하게 된다. 그래서 디지털 매체가 일반화된 현대 사회로 올수록 텍스트는 다양해지고 복잡해진다.

그러나 이 장에서 살펴볼 결속성(cohesion)이나 응집성(coherence)의 연구에서 텍스트는 당연히 문장의 연속체로 한정된다. 그동안 국어교육이나 작문교육은 근대 시민사회를 구성하는 기본적 속성인 언어능력을 향상시키는 데 초점을 두어 왔다(박영목 외, 2003). 어떤 나라든 자국의 언어 교육을 강조하여 왔으며, 그 나라의 언어 사용에 관한 연구를 중요시했다. 언어 사용 능력을 신장하는 것이 그 나라의 기초 능력을 튼튼히 하고 여러 연구의 밑바탕이 되는 것이기 때문이다. 그런 점에서 언어에 관한 연구는 도구적 속성을 지니면서 모든 연구의 기초적 성격을 함께 지닌다. 결속성과 응집성의 연구는 언어를 텍스트로 삼는 여러 학문의 기초적 성격에 해당한다. 결속성과 응집성이 언어기호가 어떻게 텍스트의 의미를 생산하게 되는지 그 원리를 집중적으로 탐구하고 있는 것이기 때문에 그러하다. 결속성과 응집성의 문제는 한 텍스트의 전체 주제가 형성되는 방식과 그 주제가 세부 내용에 미치는 영향 관계를 다루는 연구 작업이라고 말할 수 있다.

그동안 텍스트학과 관련된 연구들은 텍스트에서 의미가 연결되고 일관성 있게 전개되는 언어적 특성을 규명하기 위해 많은 노력을 했다. 어떤 텍스트는 의미가 연결되지 않아 무슨 말을 하는지 알 수 없는 경우도 있고, 어떤 텍스트는 문장이 논리적으로 잘 연결되어 금방 그 뜻과 개요를 알게 되는 경우도 있다. 그래서 학자들은 이렇게 텍스트의 의미를 일관성 있게 생성해 주는 원리가 무엇인지, 텍스트를 텍스트답게 만드는 요소, 즉 텍스트의 본질이 무엇인지 그것을 찾고자 노력했다.

2. Halliday & Hasan(1976)의 텍스트 개념

결속성과 응집성의 특성을 규명하기 위해 여러 학자들로부터 관심을 받은 연구는 Halliday & Hasan이 1976년에 작성한 『*Cohesion in English*』이라는 책이다. 이 책에서 Halliday & Hasan은 텍스트가 텍스트답게 형성되는 언어적 특성이 있다고 언급했다. 모국어 화자들은 어떤 글을 접했을 때 큰 어려움 없이 그 글이 통일된 의미를 가지고 있는지, 아니면 아예 의미가 통하지 않는 단순한 어휘 조합에 불과한지 금방 알 수가 있다. Halliday & Hasan(1976)은 텍스트에서 무엇이 이런 차이를 가져오는지, 그 언어적 자질들은 어떻게 되는지, 이를 탐구하고자 했다. 먼저 Halliday & Hasan은 텍스트가 통일된 의미의 묶음이라는 점을 밝혔다. 그리고 텍스트는 일종의 의미 묶음이긴 하지만, 구나 문장과 같은 문법적 단위를 기반으로 형성되는 통일체라고 점을 강조했다. 텍스트의 의미 단위가 만들어 내는 언어 규칙이나 어법 체계가 중요한 것이라고 본 것이다.

Halliday & Hasan(1976)은 텍스트의 의미 형성 관계를 알기 위해 텍스트와 문법과의 관계를 설정하는 것이 무엇보다 중요하다고 보았다. 텍스트와 문장의 관계를 문장이 구절 및 어절과 관계 맺는 것과 동일하다고 볼 수는 없다. 텍스트는 문장이나 구, 절과 같은 문법적 단위가 아니기 때문에, 문장을 확대하면 단락이 되고 단락이 확대하여 텍스트가 된다고 보는 관점은 옳지가 않다. 그들이 볼 때 텍스트에 관한 규명은 의미 단위에서 다루어야 하며, 그 내용은 구나 절, 문장과는 다른 종류의 것이 될 것이라고 본 것이다. 그렇다면 텍스트를 무엇으로 규정해야 할까?

Halliday & Hasan(1976)은 텍스트를 텍스트답게 만드는 것, 즉 '텍스트이게 하는 것(being a text)'이 있고, 이를 'Texture'라고 규정했다. 텍스트는 텍스트의 짜임새를 가지고 있으며 이것이 텍스트 아닌 것으로부터 텍스트를 구분 짓는 요소라고 본 것이다. 그런데 이들에게 'Texture'의 속성이 무엇인지 질문하면 그 점에 관해 명료하게 대답해 주지 않는다. 다만 텍스트의 짜임새를 창출하는 언어적인 특정 자질이 있는데, 그것이 바로 이런 'Texture'라고 말한다. 영어 단락이 한 문장 이상으로 구성되어 있으면 텍스트로 인식되고, 그 문단 안에는 전체적 통일성에 기여하고 짜임새를 제공하는 어떤 언어적 요소가 존재한다. 이들은 이런 언어적 요소를 통해 텍스트의 특성, 즉 'Texture'의 성격을 규명할 수 있을 것으로 판단했다.

여기서 중요한 점은 그가 '텍스트 고유의 속성'이라고 말할 수 있는 '텍스트성'을 여전히 결속성(cohesion)과 같은 언어적 요소에서 찾았다는 점이다1). 그들은 "텍스트성"을 구나 절, 문장과 같은 구조적 성분이 아니라 '텍스트 형성 관계'에서 찾았다고 말하고, 이를 의미적 관계라고 표명하고 있지만, 실상을 따져보면 여전히 언어적 관계에 의존하고 있다. 텍스트의 결속 관계 중 지시어는 문법적 관계이고, 어휘의 반복이나 접속사, 생략 같은 것도 언어 표현의 문제이기 때문에, 의미적 관계는 텍스트의 언어 표현에서 나온다고 강조하고 있는 것이다. 그리고 그 언어 표현의 관계가 바로 결속성(cohesion)이다. Halliday & Hasan(1976)은 결속 관계를 "텍스트의 한 요소와 그 요소를 해석하

---

1) 여기서 '텍스트성'은 텍스트를 텍스트답게 만드는 속성이나 성질을 의미하는 명사로 정의한다. Halliday & Hasan(1976)은 이를 'texture'라고 지칭했고, Beaugrande & Dressler(1982)는 이를 '텍스트성(textuality)'이라고 규정했다. Halliday & Hasan(1976: 2)은 텍스트 정의를 내리면서 언어적 특징을 가지고 있으며, 환경과 관련해 하나의 통일체(a unity)로서 기능한다는 사실을 언급했다. 반면에 Beaugrande & Dressler(1982; 김태옥·이현호 역, 1991: 5)는 텍스트의 정의에 관해 인간 상호관계에서 작용하며, 일곱 가지 기준(결속구조, 결속성, 의도성, 용인성, 상황성, 상호텍스트성, 정보성)에 근거한 통화성 발화체라고 규정했다.

는 데 결정적 역할을 하는 다른 요소 사이의 의미 관계"라고 말한다. 그들은 텍스트성의 표현인 'Texture'는 이렇게 텍스트에서 의미관계로 전환된 언어 요소에서 찾을 수 있다고 생각한 것이다2).

3. Beaugrande & Dressler(1982)와 다른 학자들의 텍스트 개념

Beaugrande & Dressler(1982)도 텍스트의 특성에 관해 언급한 적이 있다. 이들은 텍스트의 특성, 즉 텍스트다움을 결정하는 요인을 찾기 위해 텍스트의 여러 조건들을 검토하고 있다. 텍스트를 올바로 규명하기 위해서는 텍스트가 어떤 기준을 만족시켜야 하며, 어떻게 생산되고 수용되는지, 또한 주어진 발화 환경에서 어떤 목적으로 텍스트가 사용되고 있는지를 밝혀야 한다고 말했다. 이런 조건들을 검토해야 비로소 여러 환경에 적용되는 텍스트의 특성을 알 수 있다고 보았다. 그러면서 이들은 텍스트를 이루고 있는 일곱 가지 기준을 제시하고 있다. 그 일곱 가지 기준은 결속구조(cohesion), 결속성(coherence), 의도성(intentionality), 용인성(acceptability), 상황성(situationality), 상호텍스트성(intertextuality), 정보성(informativity)이다. 이들은 텍스트를 이와 같

---

2) Halliday & Hasan(1976)이 텍스트성의 본질을 언어적 결속 관계에서 찾았다는 사실은 잘 알려져 있다. 그들이 주목한 것은 텍스트의 정의라기보다 텍스트가 되는 결정 요인이라고 보는 것이 맞다. 그들이 텍스트를 '통일된 의미 단위'로 보고 이것을 만들어 내는 언어적 특성을 찾으려고 했는데, 그것이 바로 결속 관계인 것이다. 이와 함께 박영순 (2008: 20)은 Halliday & Hasan(1976)이 텍스트는 길이와 상관없고, 구어와 문어 여부도 상관없이 오직 통일된 의미 단위가 중요하다고 말한 점에 주목해야 한다면서, 이들에 따르면 담화와 텍스트로 구별하지 않고, 구어, 문어도 구별하지 않고 그 길이도 고려하지 않고 있다면서 이렇게 되면 문장, 담화, 텍스트, 대화가 동일한 것이 될 수 있다고 말했다.

은 일곱 가지 기준에 부합하는 통화성 발화체(communicative occurrence)라고 정의했다. 이 기준에 하나라도 부합하지 않으면 텍스트가 아니라고 규정한 것이다.

> 텍스트는 텍스트성(textuality)의 일곱 가지 기준에 부합되는 통화성 발화체(communicative occurrences)라고 정의된다. 이 기준들 가운데 어느 것 하나라도 만족되지 않으면, 그 텍스트는 통화성이 결여된 것이다. 따라서 비통화성 텍스트는 비텍스트로 취급된다. (Beaugrande & Dressler, 1982; 김태옥 외 역, 1991: 5)

Beaugrande & Dressler(1982)의 텍스트 기준은 Halliday & Hasan(1976)이 제시한 특성보다 복합적이다. Beaugrande & Dressler는 언어적 요인(결속구조, 결속성), 심리적 요인(의도성, 용인성), 사회적 요인(상황성, 상호텍스트성), 정보처리적 요인(정보성) 등을 모두 포함하여 텍스트가 실제 상황 속에서 작용할 수 있는 여러 요인들을 다 포함시켰다. 그들이 말하는 '통화적 발화체'란 말 속에는 텍스트의 의미가 인간 사회의 상호 작용 속에서 의사 전달을 위한 통화적 기능으로 사용될 때 텍스트가 된다는 의미가 포함되어 있다(이재원, 2001). 이런 점을 살펴보면 텍스트의 정의를 언어적 속성뿐만 아니라 기능적이고 의사소통적 판단까지 포함한 개념이라고 할 수 있다. Halliday & Hasan(1976)이 대체로 언어의 속성에서 텍스트성을 찾고자 했다면, Beaugrande & Dressler(1982)는 텍스트가 통용되는 여러 상황과 측면을 통해 텍스트의 성격을 규명하고자 한 것이다. 특히 이들은 텍스트가 의사소통의 도구라는 측면을 강조했고, 전달과 소통의 성격이 없다면 텍스트가 아니라고 보았다.

Beaugrande & Dressler(1982)가 제시한 텍스트성은 텍스트의 구조적이고 기능적인 면을 종합했다는 측면에서 긍정적이지만, 다른 한 편으로 범위가 넓어 집약된 속성을 파악하기가 어렵다는 문제점이 있다. 전체 일곱 가지의 특성이 문법이나 정보 내용을 기반으로 하는 텍스트적인 측면, 필자의 개인적 측면, 의사소통의 사회적 측면을 모두 포괄하고 있기 때문에 텍스트, 필자(화자), 독자(청자), 사회적 소통의 측면 중에서 무엇을 중심으로 텍스트로 규정할 것인가에 관한 명확한 대답을 하기가 힘들다. 더구나 앞의 인용문에서 보듯이 일곱 가지 기준 중에 어느 하나라도 충족하지 못하면 텍스트로 보기 어렵다는 언급이 있어 텍스트의 요건을 충족하기도 어렵다. 이와 함께 다른 문제도 있다. 텍스트의 일곱 가지 조건이 복잡하게 얽혀 있어 구체적으로 텍스트를 텍스트답게 만드는 요인이 무엇인지 실제적인 규명을 할 수가 없다는 점이다. 이들은 실제 텍스트와 비텍스트를 나누는 경계를 명확히 제시하지 못한다.

"표층 텍스트의 응결성과 텍스트 심층 세계의 응집성은 텍스트성을 판정하는 데 가장 명백한 기준들"(1981: 118)이라고 보그랑데/드레슬러는 주장하지만, 곧바로 이러한 주장은 이들 스스로의 다음과 같은 반박에 의해서 약해진다. "그러나 이들(응결성과 응집성)은 실제 통화상에서 텍스트와 비텍스트를 구분 짓는 절대적인 경계선을 제공해주지 못한다. 사람들은 다양한 동기에서 응결성과 응집성을 완전히 만족하지 못하는 텍스트를 사용할 수 있고 또한 실제로 사용한다."(1981: 118) 이러한 연유로 보그랑데/드레슬러에게는 텍스트성의 또 다른 카테고리인 의도성과 용인성이 등장하는 것이다. (이재원, 2012: 250)

Beaugrande & Dressler(1982)는 결국 결속성과 응집성 외에 의도성과 용인성, 상황성 같은 화용론적 개념을 받아들이지만 그 개념이 선명하지가 않다. 의도성은 텍스트 생산자가 자신의 의도를 달성하기 위해 결속성과 응집성이 구비된 텍스트를 만들게 한다는 뜻이다. 이와 반대로 용인성은 텍스트의 수용자 입장에서 텍스트의 의미를 판단하는 태도나 관점을 말한다. 텍스트 수용자는 본인의 지식과 추론을 통해 텍스트의 결속성과 응집성이 반영된 텍스트의 의미를 구성하게 된다. Beaugrande & Dressler(1982)는 결속성과 응집성을 텍스트성의 주된 요소로 판단하지만 그 과정에 생산자와 수용자의 의도와 관점이 반영된다고 판단하고 있다는 것이다. 그러나 이런 기준은 텍스트를 정의하기에 부족한 측면도 있다. 꼭 텍스트가 아니어도 상징이나 표지에도 의도성과 용인성이 있을 수 있으며, 맥락에 따라 이를 적절하게 판단할 수 있기 때문이다. 상황성은 화용론적 측면에서 꼭 필요하지만 문장의 경우 상황에 관한 사전 지식이 없어도 텍스트를 이해하고 해석할 수 있다. 그런 점에서 텍스트 규정에 필수 요소는 아니라고 본다(김영순, 2008: 24). Beaugrande & Dressler(1982)의 논의는 텍스트에 관해 여러 정보를 알려주지만 텍스트가 무엇이고, 무엇이 텍스트답게 만드는 요소냐에 관해 명쾌한 해답을 제시해 주지 않는다.

텍스트 언어학자인 Brinker(이성만 역, 2004)는 이런 논의들을 반영하여 텍스트성에 관한 두 가지 연구 방향이 있다는 점을 제시했다. 하나는 언어체계 지향적인 텍스트언어학이고 다른 하나는 의사소통 지향적 텍스트언어학이다. 언어체계 지향적인 텍스트언어학은 그 동안 학계에서 진행해왔던 바와 마찬가지로 문어적인 언어 텍스트 바탕에서 텍스트의 성격을 규명하는 것이다. 물론 여기서 문어적이라 하더라도 종래의 언어학이 담당했던 형태론, 통사론과 같은 문장 내의 계층구조(음운, 형태소, 단어, 문장성분)에 관한 것이 아니라, 이보다 확장된 '텍스트'를 기본 대상으로 한 것이다. 그러나 Brinker는 텍스트가 기본 대상이지만 분석은 기존의 단어 형성과 문장 형성처럼 일반적 언어 규칙체계를 따른다고 판단한다. 언어체계적인 텍스트언어학에서는 텍스트를 기본적으로 언어의 규칙 체계 속에서 살펴보고자 한 것이다. 이런 관점에서 Brinker는 텍스트를 "문장들의 응집력 있는 연속체"(Brinker, 이성만 역, 2004: 21)라고 규정하면서 한 문장 이상의 문장 연쇄를 통해 주제적인 면에서 응집력 있는 의미를 가져야 한다고 말한다.

Brinker가 주목하고 있는 것은 두 번째인 의사소통 지향적 텍스트언어학 관점이다. 이런 관점은 Halliday & Hasan(1976)의 언어학적 관점과는 다른 Beaugrande & Dressler(1982)가 규정한 텍스트성과 유사한 개념이다. 우선 Brinker는 언어체계적인 텍스트언어학이 텍스트를 고립된, 정적인 것으로 규정하고 있다고 보았다. 그래서 실제적인 텍스트를 규명하기 위해서는 화자와 청자, 저자와 독자가 만든 실제적인 의사소통 상황 속에 들어가야 하고, 텍스트성 역시 의사소통의 당사자가 처한 사회·문화적 상황 속에서만 구현될 수 있다고 보았다. 이런 생각은 기존의 텍스트 중심의 연구에서 벗어나 언어 화용론의 관점을 받아들인 것이다.

Brinker는 언어체계 지향적 모형을 화용론적 모형이나 행위이론적 모형으로 통합해야 한다고 주장했다. 그러면서 그 이유를 텍스트 생산 과정에서 언어적 수단의 선택(문법적 국면)과 텍스트 주제의 전개 (주제적인 측면)가 의사소통적인 면의 통제를 받기 때문이라고 설명했다. 이에 관한 과학적 규명은 이루어지지 않았지만 언어의 문자적 사용 역시 텍스트 생산자의 의도, 의사소통적 상황, 사회·제도적인 요소들의 통제를 받아야 하는 것이 사실이다. 텍스트의 문장 연쇄는 의사소통의 상황과 그 속의 기능을 통해 완성된다. 그럼에도 Brinker 는 텍스트 개념을 다수의 대화적 의사소통에까지 확대하는 것에 대해 서는 일단 경계를 하고 있다. 그가 말한 의사소통의 관점도 개별 화자 나 저자에 관련된 것으로 파악한다. 이에 따라 그가 분석의 대상으로 삼는 것도 '문자로 구성된 독화적 텍스트(한 명의 저자나 화자)로 한정 한다(Brinker, 이성만 역, 2004: 23~26).

Heinz Vater(2001)는 텍스트 정의에 관한 여러 학자들의 견해를 살펴 보면서 텍스트의 정의나 텍스트성을 완전하게 규명할 수 있는지에 관해 회의적인 시각을 표명한다. 텍스트를 정의할 때 객관적인 특성 뿐만 아니라 주관적인 특성도 관여하기 때문에 이를 정확히 규정하고 그 속성을 파헤치기란 불가능하다고 본 것이다. 그래서 그는 여러 학자들의 견해를 빌려와 수행 현상으로서의 텍스트와 이론적 단위로 서의 텍스트를 구분하고자 했다. 그것은 수행 행위 가운데서 일어나 는 텍스트에 관한 개념과 이론적인 구성체로서의 완성체적인 텍스트 를 따로 구분해서 보아야 한다는 것이다. 이 둘을 구분하면, 텍스트가 실현되고 있는 현상, 즉 '파롤'로서의 텍스트와 순전히 이론적이고 추상적인 단위, 즉 '랑그'로서의 텍스트가 구분된다.

텍스트와 담화라는 표현을 사용했지만 이와 유사한 구분을 Widdowson 이 자신의 저서를 통해 서술한 바 있다. Widdowson(2004: 42)은 사용 중인 텍스트와 확정된 텍스트를 구분하고 이를 담화와 텍스트로 설명 했다. 그의 이론에 따르면 텍스트는 담화적인 화용적 과정에 의해 굳어진 산출 결과물이다. 언어는 사용을 위해 외부 실재 세계와 관여하 고 상황 맥락에 의해 활성화된다. 만약 언어 표현이 이렇게 상황 맥락 에 의해 작동되고 활성화되지 않는다면 해당 텍스트는 관성화가 되어 사전의 언어처럼 고정되고 굳어진다. Widdowson(2004)은 의미 협상의 화용적 과정을 담화라고 부르고, 그 결과물을 텍스트라고 설명했다(김지홍 역, 2018: 42)[3]. 김영순(2008)은 텍스트와 담화를 구분하여 텍스트를 상위 개념, 담화를 하위 개념으로 두었다. 담화를 언어 사용이나 언어 수행의 측면에서 활동이나 행위의 과정으로 보았기에 하위 과정으로 두었고, 텍스트는 이런 행위의 결과로서 완결성과 정체성, 의미성을 가지는 상위 개념으로 보았다. 중요한 것은 모두 '고립된 문장의 경계를 넘어선 언어(Chafe)', 즉 문장 이상의 언어를 말한다. 그리고 언어 사용의 결과물로 어떤 완성체적인 언어 구성물을 지칭하고 있다는 점이다.

그런데 Vater의 논의 중에는 텍스트 규정과 관련하여 문장 이상으로서의 텍스트 개념과 맞지 않는 부분이 있다. Vater는 텍스트를 설명하기 위해 큰 원을 그려 그 범주를 표시했다. Vater는 이를 통해 텍스트 정의와 텍스트 속성에 관한 규정들을 검토하고자 했는데 일종의

---

3) 김지홍은 텍스트와 담화의 규정에 관해 다음과 같이 설명한다. 먼저 첫 번째 규정은 구어와 문어를 대응시키는 것과 관련 있다. 구어는 담화, 문어는 텍스트로 보는 것이다. 그러나 이런 구분은 그렇게 유용한 것이 못 된다. Biber(2005)의 연구에서 말했다시피 뉴스나 연설처럼 문어에 가까운 구어체가 있고, 편지나 SNS처럼 구어에 가까운 문어도 있다. 그렇기 때문에 담화와 텍스트의 구분에서 문체에 의한 구분은 그렇게 정확한 것이 못 된다고 하겠다. 다음 두 번째로 상의어와 하의어로 구분하여 규정하는 방법이 있다. 이런 규정은 주로 독일의 텍스트언어학에서 많이 이루어졌다. 이때 텍스트는 상의어로, 담화는 하의어로 작용한다. 텍스트언어학에서 텍스트는 산출과 처리에 모두 해당되고, 심지어 언어를 넘어 시각이나 청각과 같은 감각의 대상까지 확대된다. 반대로 일부 영국의 연구에서는 담화를 상의어로 보기도 한다. 세 번째로 언어의 확장 연결체(문장 이상의 연결체)를 텍스트로 보고, 여기에 상황 맥락이 개입하면 담화로 규정한다. 이런 경우 무한히 늘어날 수 있는 상황 맥락을 어떻게 볼 건지가 문제가 된다. 네 번째로 비판적 언어학에서 페어클럽 교수가 주장하는 것으로 사회 실천 관행에 해당할 때 담화라고 언급하고, 언어 연결체를 가리킬 경우 텍스트란 말을 쓴다. 이런 경우 사회적 관계의 관행적 실천을 담화로 규정하기 때문에 정신과 행위가 담화나 텍스트에 모두 포함된다는 점에서 문제가 있다. 김지홍은 현재로서는 담화와 텍스트 규정이 학자마다 다를 수 있음을 유의해야 한다고 말하고 있다(Widdowson, 2004; 김지홍 역, 2018: 29~30).

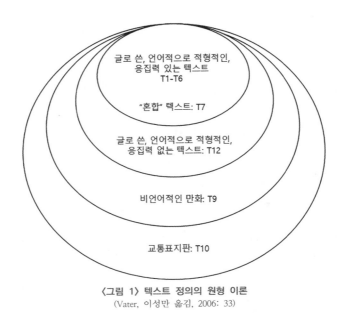

<그림 1> 텍스트 정의의 원형 이론
(Vater, 이성만 옮김, 2006: 33)

원형이론이다(Vater, 이성만 옮김, 2006: 33). 그는 언어적 결속체로서 텍스트에서 출발하여 다른 특성으로 확장하는 텍스트 개념을 설명한다. <그림 1>을 보면 텍스트를 '응집성 있는 문장들의 연속체'로 보고자 하는 전통적 관점에서부터 언어 텍스트가 아닌 기호적인 요소가 가미된 확장된 텍스트까지 여러 텍스트가 원심력처럼 바깥을 향해 뻗어 있는 모양을 하고 있다. 원 안의 중심에 있는 언어 텍스트는 텍스트의 원형에 해당하는 것으로, '텍스트 개념의 원형적인 의미론적 내용'에 해당한다. 이런 원형 텍스트가 중심에 자리 잡고, 거기로부터 다른 요인들이 첨가되면서 기존의 텍스트 개념은 점점 확산되고 범위가 넓어진다. 그런데 마지막 원 안을 보면 교통 표지판과 같은 기호 표시도 텍스트 범주에 들어 있다. 텍스트에 관한 이런 확장된 모형은 언어 구성체를 텍스트로 보려고 하는 전통적 기준을 넘어서지만 사회 통념에 따라 텍스트 규정이 얼마든지 확장될 수 있음을 설명하려는 것처럼 보인다. 물론 풍경 사진과 같은 그림 이미지는 이 원밖에 있는데, Vater는 이를 비텍스트라고 규정하고 있기는 하다.

Vater는 언어적 결속력 있는 기존의 원형 텍스트(문장 결합의 확장력을 가진 연속체)를 지지하되, 언어 구성체뿐만 아니라 문화적인 변화에 허용할 수 있는 가능성을 열어 두는 것을 선호하는 것으로 보인다. 그러나 그가 중점적으로 보는 것은 역시 문어성의 자질이다. 텍스트를 일상적인 관점에서 이해할 때 가장 중요한 역할을 하는 것은 결속적인 언어 결합체인 문어성의 텍스트들이다. 이들은 일상에서 여전히 의사소통의 가장 중요한 기능을 담당한다. 그리고 그것은 담화 소통의 결과물로서 일상적인 언어 텍스트로 작동한다.

여기서 텍스트에 관한 정의는 Brown & Yule(1983: 26)이 언급한 대로 화자나 필자의 의도를 달성하기 위해 의사소통의 도구로서 언어가 이용된 역동적 과정의 기록물이라고 규정한다. 텍스트로서 이런 언어적 기록물은 언어 협상과 언어 사용의 결과물이지만 언어 이해와 해석의 과정을 통해 응용되고 변형된다. 이 책에서 주로 다룰 결속성과 응집성의 문제도 언어 결속체의 응용과 변형의 일환으로 볼 수가 있을 것이다.

제2장 결속성과 응집성의 의미

1. 결속성과 응집성의 정의

앞장에서 텍스트의 정의에 관해 여러 학자들의 의견을 살펴보았다. 이 장은 텍스트의 의미 생성 관계를 살펴보기 위해 결속성(cohesion)과 응집성(coherence)의 문제에 관해 살펴본다. 통상 결속성은 텍스트의 표면적인 언어 결합 관계를 다루고, 응집성은 텍스트의 내적인 의미 흐름 관계를 다룬다고 알려져 있다(Enkvist, 1990; Givon, 1995; Tanskanen, 2006; Todd et. al. 2007; McNamara, 2010)[4]. 결속성의 문제를 학술적으로

---

4) cohesion과 coherence에 관한 용어는 국내에서 여러 가지로 번역되어 소개되었다. 먼저 cohesion은 응결성, 결속성, 결속구조, 응집성 등으로 번역되어 사용되었고, coherence는 응집성, 일관성, 결속성, 통일성 등으로 번역되어 사용되었다(정희모, 2019: 89~90). 이에 관하여 김지홍(김지홍 역, 2018: 24)은 국어과 교육과정에 cohesion을 응집성이라고 번역하고, coherence를 통일성이라고 번역하는데 이는 잘못되었다고 언급한다. 응집성은 한 점으로 모이는 특성을 말하는데 문장의 전개를 응집이라고 볼 수 없다는 것이다. 김지홍은 촘스키 문법을 인용하며 대명사를 이용하여 문장들 사이에 묶이는 방식을 결속

다루었던 Carrell(1982)도 결속성은 '형식적으로 잘 구성된 것'으로, 응집성은 '의미를 잘 전달하는 것'으로 구분해서 크게 형식과 의미의 관계로 나눈 바 있다. 결속성이 텍스트 표면에서 언어적인 의미 연결의 문제를 다루고 있다면 응집성은 표면적인 언어 이면에 주제적이고 화용적인 의미 연결 문제를 다루고 있어 두 관계는 차이가 있다. 예를 들어 결속성을 보면 "철수는 모범생이다. 철수는 공부도 잘하고 착하다."라는 문장에서 '철수'라는 어휘는 두 문장에 사용되어 두 문장을 의미적으로 이어준다.

이와 같이 결속성은 순전히 텍스트의 표면구조, 즉 어휘나 구, 절 등을 통해 한 문장, 혹은 두, 세 문장을 이어주는 의미 연결 관계를 다루는 개념이다. 텍스트의 의미 연결이 주로 문장과 문장 사이의 반복된 패턴과 수정과 생략과 같은 텍스트 표면의 언어적 기능을 통해 이루어진다고 본 것이다. 이에 반해 응집성은 텍스트 표면에 언어 기호가 없더라도 의미 연결이 이루어지는 양상을 말한다. 예를 들어 "날씨가 너무 더워. 에어컨을 틀어줘."와 같은 문장은 표면적인 언어 연결은 없어도 맥락을 통해 의미가 전달된다. 응집성은 상황, 맥락처럼 텍스트에 미치는 여러 요소와 이에 반응하는 필자와 독자의 심적 표상과 관련된다.

(binding)이라고 말하는데, cohesion을 통사 결속이라고 부르는 것이 좋다고 말한다. 이는 이재승(2003)이 cohesion을 결속구조라고 번역했는데 이와 유사한 의미로 보인다. 이재승(2003: 93)은 cohesion이 단지 텍스트 표면에 나타나는 통사적인 연결 구조를 말하는 것이기 때문에 응집성, 통일성처럼 하나의 '성(性)'으로 붙이는 것이 오해의 소지가 있다고 주장한다. 김지홍(김지홍 역, 2018: 24)은 coherence에 대해서 통일성보다 일관성이 더 나은 번역이라고 생각하고 있는 것 같다. 나아가 coherence는 '의미가 제대로 연결되어 있다'는 판단이므로, '일관된 의미 연결성'으로 번역하는 것이 가장 좋다고 보았다. 이 책에서는 최근 학술 연구에서 가장 많이 사용하는 용어인 결속성(cohesion), 응집성(coherence)으로 번역한다.

앞선 내용을 다시 정리하면 결속성이 언어 표면에서 언어 해석에 관한 징표들을 제공한다면 응집성은 언어 이면에서 발생하는 다양한 해석 양상을 다뤄 텍스트적인 실제 의미를 만들어 낸다. 초기 결속성에 관한 이론가인 Enkvist(1990)는 결속성은 텍스트 표면에 있는 어휘들의 명백한 연결을 나타내는 용어인 반면, 응집성은 텍스트를 '일관된 세상의 모습(a consistent world picture)'에 적합하게 만드는 특징이 있다고 말했다(Enkvist, 90: 14). 이 말에 따르면 응집성은 표면적인 언어 기호를 세상의 이치에 맞춰 단락이나 텍스트의 의미를 형성하는 데 주요한 기능을 하는 것이라고 볼 수가 있다. 결속성을 보다 명시적이고, 명료한 개념으로 보고, 응집성을 보다 추상적이고 모호한 개념으로 보는 것도 이런 차이에서 발생한다고 말할 수 있다(Icy Lee, 2002).

텍스트 해석은 결속성, 응집성 모두를 필요로 한다. 텍스트는 언어 기호와 인간의 생각이 융합하여 만들어진 것이기 때문에 올바른 해석을 위해서는 텍스트의 표면적인 기호도 필요하며 이를 해석하는 독자의 상황 인식과 배경지식도 필요하다. Kintsch(1998)가 언급하였듯이 텍스트 의미는 표면의 언어 정보와 필자의 장기 기억 속에 있는 지식 정보가 합하여 만들어진다. 우리는 텍스트를 읽을 때 텍스트 표면의 언어 기호를 보고 머릿속의 지식과 병합하여 그 기호를 해석함으로써 의미를 생성하게 된다[5]. 그래서 텍스트 의미 생성의 문제를 알기 위해

---

5) Kintsch(1998)가 텍스트 이해–표상 모델로 제시하는 구성–통합 모형이 텍스트에 관한 표면적인 해석과 심층적인 해석의 양면을 잘 보여준다. Kintsch는 텍스트를 이해하는 데 여러 단계가 복합적으로 작동하고 있다고 전제하면서 각각의 단계를 세 가지로 나누어 설명한다. 하나는 '텍스트 표면구조'로 결속 기제처럼 텍스트 표면에 나타난 언어적 표상이다. 다른 하나는 '텍스트 기저'로 텍스트 표면을 통해 직접 형성한 명제들이다. 텍스트 표면에서 비롯되는 이런 명제가 바로 텍스트 해석이 되는 것은 아니다. Kintsch는 텍스트 해석에는 텍스트 기저와 함께 독자의 지식과 경험, 신념 등이 함께 작용한다고 본다. 표면적인 텍스트 기호와 장기 기억에 있는 독자의 지식구조가 함께 작용하여 텍스트

서는 텍스트의 언어 기호와 규칙의 문제, 텍스트 의미의 흐름, 맥락이
나 상황, 지식과 배경까지 살펴봐야 한다. 언어 해석은 때로 언어 기호
에 의존하기도 하지만 상당수 표면적인 기호 양상을 넘어설 때가 많
다. 추운 겨울날 현관 앞에 "추워요"라는 메모가 붙어 있으면 그 의미
는 언어 기호에 따라 춥다는 뜻을 가지기도 하지만 그것을 넘어 현관
문을 닫아달라는 요청도 된다. 언어 해석은 언어 기호와 언어로부터
비롯되는 다양한 가능성을 해석하려는 인간 의식 간의 경쟁 속에서
이루어진다. 어떤 때는 언어 기호가 바로 해석의 기능을 하지만, 어떤
때는 언어 기호를 넘어 그 이면이나 배경까지 작용을 한다. 결국 결속
성과 응집성의 문제는 표면적인 언어 기호와 이를 맥락적, 상황적,
유추적으로 해석하고자 하는 언어 이외의 해석 요소와의 복잡한 상관
관계를 살펴보는 일이다.

앞선 논의를 정리하면 결속성(cohesion)은 표층적인 의미 연결을 설
명할 때 사용하는 개념이며, 응집성(coherence)은 내면적이고 이면적인
의미 연결을 설명할 때 사용하는 개념이다. 이런 점을 감안하면 결속
성은 표면적인 어휘나 문법적 연결 관계를, 응집성은 이면적인 배경
이나 상황적 의미 연결을 지칭하기 때문에 동일한 층위에서 서로 배
척되는 개념이라고 보기는 어렵다. "철수는 학생입니다. 철수는 왼손

해석이 이루어지는 것이다. 이를 그는 '상황모형'이라고 불렀다(텍스트 표면구조 → 텍스
트 기저 → 상황모형). 텍스트 표면으로부터 독자의 경험이 상호 작용하여 만들어지는
텍스트 해석 과정을 그는 구성－통합(CI) 모형이라고 불렀다. 구성 단계가 텍스트 표면에
서 비롯된 언어 기호와 독자의 지식 속에 있는 여러 구성 규칙들(명제구성 규칙, 연결규칙,
활성화규칙, 추론규칙)을 활용해 텍스트 명제 구조(텍스트 기저)를 만드는 과정이라면
통합 단계는 이런 명제 구조를 독자의 경험이나 지식을 통해 본격적인 텍스트 해석 결과
물(상황모형)을 만들어 내는 과정이다(Kintsch, 1998; 김지홍·문선모 옮김, 2010, 『이해
과정』, 125~126쪽). 텍스트 표면으로부터 텍스트 기저를 형성하는 것이 결속성에 가깝다
면 독자의 지식구조를 통해 새로운 해석을 만들어가는 것은 응집성에 가깝다고 볼 수
있다.

잡이입니다"처럼 결속성은 있지만 응집성이 없는 경우가 있고, "점심 뭐 먹고 싶어? 새로 개업한 그 집이 좋아"처럼 결속성은 없어도 응집성이 있는 경우가 있다. 어떤 학자는 결속성과 응집성이 서로 다르다고 말하고, 어떤 학자는 결속성이 응집성에 포함되는 개념이라고 말하기도 한다. 보는 시각과 접근하는 관점이 같지 않기 때문에 텍스트의 이 두 특성을 "각기 다른 개념"이라거나 "한 개념이 서로 다른 개념 안에 포함되는 관계"라고 말한다. 결속성과 응집성의 관계는 서로 중첩되는 부분이 많기에 매우 복잡하고 미묘하다. 결속성과 응집성은 학술적인 관점에서 지속적으로 논란이 되는 문제가 되기도 한다.

결속성, 응집성과 관련해서 또 언급할 것은 결속성을 텍스트 표면의 문제로, 응집성을 필자나 독자의 문제로 보는 경향이 많다는 점이다. 특히 결속성은 필자가 작성한 텍스트의 문제라는 데 특별한 이의가 없지만, 응집성은 그렇지 않다. 응집성은 작품을 해석하는 독자에게 속한 인식의 문제라는 생각이 학자들 사이에 광범위하게 펼쳐져 있다(Hobbs, 1979; Reinhart, 1980; Givón, 1995; Todd et. al., 2007). 텍스트의 의미는 필자가 그 텍스트를 작성했더라도 독자가 그것을 읽을 때 발생하는 것이기 때문이다. 특히 응집성이 텍스트 표면의 문제가 아니라 경험이나, 지식, 사회적 상황과 관련하여 발생하기 때문에 독자의 해석 영역으로 보는 경우가 많다.

또 이런 문제와 함께 고려해 볼 것은 응집성을 필자와 독자의 개별적 문제로 보지 않고 상호 작용의 관점에서 보는 경향이 많이 보인다는 점이다(Phelps, 1985; Givón, 1995; Todd et. al., 2007). 필자는 독자가 지닌 배경지식, 상황, 해석 가능성을 염두에 두면서 텍스트를 작성한다. 독자 역시 필자가 그 텍스트를 어떤 의도에서 작성했는지 상상하고 추정해서 해석하게 된다. 응집성은 필자와 독자의 이런 '추정의 상호 작용' 속에서 형성된다고 말할 수 있다.

2. 결속성과 응집성에 관한 초기 논의

결속성(cohesion), 응집성(coherence)의 문제가 본격적으로 학술적인 연구 대상으로 자리 잡은 것은 Halliday & Hasan(1976)의 연구 이후이다. 이들이 언어 결속을 통해 의미를 만들어 내는 문제를 결속성으로 지칭하고 이에 대한 규명을 하고 난 이후부터 이 문제가 본격적으로 학술적 논의의 장에 올라왔다. 그만큼 당시 이들이 제기하는 문제는 새롭고 중요한 의미를 가지고 있었다[6].

앞장에서 언급한 대로 Halliday & Hasan은 텍스트에는 '텍스트를 텍스트답게 만드는(being a text)' 어떤 요소가 있을 것으로 판단했다. 이들은 텍스트를 의미에 관해 통일한 전체로 만드는 어떤 자질과 특성이 있을 것으로 보았고, 그것을 'texture'라고 지칭했다고 말한 바 있다. 그리고 Halliday & Hasan이 주로 언어적인 요소를 통해 이를

---

6) Morgan & Sellner(1980)의 논문에 따르면 결속성 개념에 관한 논의는 Halliday & Hasan(1976) 이전에도 있었다고 한다. 결속성 이론과 흡사한 논의가 Harweg(1968)에 의해 이미 제기된 적이 있다. 그는 텍스트를 "중단 없는 대명사 사슬에 의해 구성된 언어 단위의 연속체"라고 정의하였다. 다시 말해 텍스트는 "연속적인 통사적 대체 사슬에 의해 구축된 일련의 언어 단위(또는 더 정확하게 문법적인 문장)"라고 본 것이다. 그는 예를 들어 "경찰관에게 물었더니 경찰관이 내게 말했다. 그는 매우 친절했다(I asked a policeman, and the policeman told me. He was very friendly)." 이 예문에 대해 Harweg는 다음과 같이 말했다. "그(He)뿐만 아니라, 선행절의 경찰관(the policeman)이 통사적 대체어 역할을 한다. 경찰관(the policeman)은 그(he)로 대체될 수 있지만, 경찰관(a policeman)은 대체될 수 없다. 그는 Halliday & Hasan(1976)의 결속성 이론과 유사하게 유의성 대체 쌍(정비사: 기계사), 다른 유형의 연상 대치어/대체물(패배; 승리, 기차: 차창)과 같은 개념을 설정하고 있었다(Morgan & Sellner, 1980: 171~172).

규명하고자 한다고 말하였다. 이런 언어적 요소로 이들이 주목한 것이 바로 결속성이다. 이들은 텍스트에 통일된 짜임새를 제공하는 언어적 요소가 있을 것으로 보았고, 이런 요소를 결속성이라고 지칭했다. 결속성은 기본적으로 언어를 통해 문장과 문장을 이어가면서 의미를 형성하는 과정을 말한다. 텍스트는 문장과 문장을 이어주는 언어적 요소들을 가지고 있으며, 이런 언어적 연결을 통해 의미가 이어지고 전체 의미가 형성된다고 본 것이다. 이들이 볼 때 텍스트는 기본적으로 언어가 서로 관계하면서 의미적 구성체를 만들어 가는 언어적 산출물이다.

Halliday & Hasan은 문장과 문장을 이어주는 언어적 결속의 종류로 "지시(reference), 대체(substitution), 생략(ellipsis), 접속(conjunction), 어휘적 결속(lexical cohesion)" 다섯 가지를 제시했다(Halliday & Hasan, 1976: 1~4). 이들은 언어적 결속 방법 이외도 언어사용역(regester)과 같은 응집성 개념에 관해서도 언급했지만, 논의의 주안점을 어디까지나 언어적 연결 관계인 결속성에 두었다. 이들의 이런 주장은 이후 결속성과 응집성에 관한 여러 논의를 촉발시키는 계기가 되었다. 이들의 주장은 텍스트의 의미가 어떻게 형성되는지, 결속성과 응집성의 관계는 어떠한지 이후 수많은 논의를 촉발시킨 단초가 되었다.

이들의 입장과 유사하게 Beaugrande & Dressler(1982)도 결속성과 응집성의 문제를 다루었다. Beaugrande & Dressler(1982)는 Halliday & Hasan(1976)과 마찬가지로 텍스트성(textuality)을 이루는 주요한 요소로 '결속성', '응집성'을 제시하고, 결속성은 텍스트를 이루는 언어적 자질로, 응집성은 언어 외의 의미적 자질로 보았다(Beaugrande & Dressler, 김태옥 외 옮김, 1991: 5~15). 먼저 이들은 결속성을 텍스트 표층의 의미 관계를 이루는 요소들, 다시 말해 단어 하나하나가 일련의 연쇄 속에서 의미적으로 상호 관련을 짓는 방식으로 규정했다. 이들은 Halliday & Hasan(1976)과는 다르게 언어가 의미적으로 결속하는 방법 속에 텍스트의 문법적 규칙 관계까지 포함시켰다. 텍스트의 표층 구성소들은 문법적인 형식과 규칙에 따라 의존관계를 형성하기 때문에 이에 어긋나거나 바꾸어 놓으면 텍스트 의미가 달라지게 된다. 이들은 문법을 포함하여 의미를 생산하는 모든 언어 규칙이 상호 결속 관계 속에 놓여 있다고 보았다. 이들은 문장과 문장 사이를 잇는 결속성의 요소로 "반복, 대체, 생략, 관계 표시(signaling relationships)"를 들고 있다(Beaugrande & Dressler, 1982; 김태옥 외 옮김, 1991: 51).

Beaugrande & Dressler(1982)의 논의에서 특별한 것은 응집성과 관련된 설명이다. 이들은 텍스트 표면에서 일어나는 결속성 외에 텍스트 전체 주제를 다루는 과정을 응집성으로 규정했다. 응집성을 결속성과 다른 것이라기보다 결속성에 바탕을 두고 다른 무엇인가가 결합한 것이라고 본 것이다. 예를 들어 텍스트의 표면적 언어 기호를 넘어 수용자의 관점이나 사회적 관습, 세계관 등이 결합하여 텍스트의 전체 의미를 결정하게 되는데 이런 영역이 응집성과 관련된다고 보았다. Beaugrande & Dressler(1982)에게 응집성은 결속성보다 훨씬 복잡하고 다양한 성질을 포함한다고 말할 수 있다.

이들의 이론에서 흥미로운 점은 응집성을 두 가지 내용으로 분류해서 설명한 점이다. 먼저 이들은 언어 표현이 담고 있는 잠재적 내용을 의미(meaning)라고 불렀고, 실제 실현되어 전달되는 내용을 의의(sense)라고 불렀다. 언어 사용에서 특정한 무엇을 전달하기 위해 여러 가지 표현을 쓸 수 있지만 실제적 내용은 하나여야만 하는데 이를 의의(sense)로 따로 지칭한 것이다. 이들은 텍스트가 의미를 가지는 것은 의의(sense)가 연속적으로 이어져 특정한 지식이나 개념을 만들어 내기 때문이라고 보았다. 이들은 의의의 연속성을 응집성의 기반으로 보았는데, 이 속에는 대화 참여자가 구성하는 상황적 배경, 상식적 지식이 안고 있는, 다소 모호하긴 하지만 현실 세계(real world)와 세계 인식이 담겨 있는 것으로 보인다,

초기 결속성, 응집성에 관해 주요한 업적을 남긴 Halliday & Hasan(1976)이나 Beaugrande & Dressler(1982) 모두 텍스트의 의미 생성에 표층적인 결속성만 있는 것은 아니고 응집성도 있다는 점을 분명히 밝혔다. 두 학자 모두 언어학에 깊은 관심을 가지고 있었기 때문에 언어적이고 어휘적인 문장 결합에 관해 관심을 집중했지만 실제 텍스트의 의미가 전적으로 결속성에만 의존하는 것은 아니라는 점을 인식하고 있었다. 예를 들어 Halliday & Hasan(1976: 22~23)은 특정한 상황이 부여하는 텍스트 자질을 '사용역(Register)'이라고 불러 결속성과 같은 텍스트 표면 자질 외에 상황과 배경, 맥락적인 특성도 있다는 것을 밝혔다. 사용역의 요소로 많이 알려져 있는 장(field), 양식(mode), 테너(tenor)가 바로 그러한 성격을 드러내는 것인데, 바로 특별한 환경에서 드러나는 언어적 특성을 말하는 것이다. 이를테면 언어가 발생하는 영역을 장(field)이라고 설명하고, 상황에 맞는 담화 양식의 언어를 양식(mode)이라고 불렀으며, 담화 참여자들이 서로 관계를 맺는 방식을 테너(tenor)라고 명명했다[7].

Halliday & Hasan(1976: 22)은 장, 양식, 테너에 관한 사례를 다음과 같이 설명했다. 한 가지 사례를 들어보면 저녁에 아이들에게 동화를 들려주는 상황에서 장(field)은 저녁 후 일상적 일을 말하며 행복해하

---

7) Halliday & Hasan(1976: 23), 체계기능언어학과 관련하여 다음 책을 참고할 것. Bawarshi et. al.(2010); 정희모 외 옮김(2015), 『장르』, 경진출판, 61~71쪽.

는 '개인적 대화'이며, 양식(mode)은 상상적이고 서사적인 '구어적 발화'이고, 테너(tenor)는 엄마와 세 살배기 아기 사이에 진행되는 친밀감이라고 말할 수 있다. 담화의 언어는 이런 사용역에 맞게 재구성된다 (Halliday & Hasan, 1976: 23). 이들이 말하는 '사용역'의 개념은 결속성과 함께 텍스트의 의미 구성을 설명하는 또 다른 핵심적 축이라고 말할 수 있다.

결속성과 관련된 논의에서 중요한 점은 결속성의 기능들이 전체 주제나 의미 형성에 어떤 영향을 가지는지를 따져보고 이 개념들이 의미를 파악하는 일이다. 결속성이 텍스트에서 어휘적이거나 문법적인 기능을 통해 미시적인 의미 연결을 한다는 점에서는 별다른 이의가 없겠지만 그 성격이나 효과에 관해서 학자마다 의견이 다르다. 어떤 학자들은 결속성이 텍스트의 전체 주제를 형성하는 데 주요한 기능을 한다고 보는 반면, 또 다른 학자들은 텍스트의 전체 주제 형성과 결속성은 아무런 연관이 없다고 주장한다. 심지어 결속성이 응집성을 형성하는 데 방해가 되기도 한다고 말한다. 후자의 주장처럼 만약 결속성이 단지 미시적인 의미 연결에만 그치고 텍스트의 전체 주제나 응집성 형성에 도움이 못 된다면 이를 교육적 방법이나 대상으로 삼을 필요가 없게 된다. 결속성에 관한 개념 규정은 앞서 말한 대로 결속성이 텍스트 응집성을 형성하는 데 관계하는지, 아니면 그렇지 않은지에 따라 달라질 수가 있는 것이다.

결속성이 응집성 형성에 기여한다는 입장은 Witte & Faigley(1981)의 논문이나 Liu & Braine(2005)의 논문과 국내 몇몇 논문(김진웅·주민재, 2013)에서 나타나 있다. 이런 논문들은 결속성이 언어 표현적인 관점에서 응집성의 형성의 바탕이 된다고 보아 실험을 통해 이를 입증하려는 논문들이다. 아울러 이런 논문일수록 결속성 교육이 언어 교육에 필요하고 효과적이라는 점을 강조하고자 한다. 반면에 결속성이 응집성 형성에 기여한다는 Halliday & Hasan(1976)의 입장에 반대하고 이에 관한 비판적인 견해를 제시한 논문도 많다. 대표적으로 Morgan & Sellner(1980)와 Carrell(1982)의 논문들이 그러한 것인데 이들은 결속성이 결코 응집성 형성의 근거가 될 수 없다는 점을 이론적으로 증명하고자 했다[8].

이런 입장의 차이는 결국 결속성이 전체 텍스트 의미의 일관성이나 통일성에 얼마나 기여를 하는지에 관한 시각 차이 때문에 발생한다. 텍스트의 의미가 표면적인 언어 연결에서 충분히 이루어진다고 본다면 결속성의 의미는 더 중요해진다. 언어 교육도 결속성 장치를 중심으로 이루어질 수 있는 근거를 얻게 된다. 그렇지만 텍스트의 의미 연결이 표면적인 언어 표현에서만 이루어지는 것이 아니며, 표면적 언어를 넘어서 더 중요한 요소가 있다면 이야기는 달라질 수 있다. 실제 텍스트의 의미는 언어적인 표현에 의존하기도 하지만 상황이나 맥락, 필자와 독자의 지식이나 관습에 의해 만들어지는 경우도 많다. 이를테면 같은 경험을 가지거나 같은 환경에 놓인 필자나 화자는 명시적인 언어 표현보다 상황과 맥락에 의존할 가능성이 크다. 그래서 결속성 장치 같은 것이 없어도 간단한 언어 표지만으로 충분히 의사소통이 가능할 수 있는 것이다.

작문 교육에 있어서 결속성, 응집성의 문제도 이와 크게 다르지 않다. 결속성과 응집성이 좋은 텍스트를 만드는 데 어떤 도움을 줄 수 있을지, 그리고 그 방법은 어떠한지 따져보아야 한다. 이런 검토는

---

8) 이외에도 결속성과 응집성의 관계에 관해 부정적으로 평가한 논문은 상당히 많다. 예를 들어 Freebody & Anderson, 1981; McCulley, 1985; McNamara et. al., 2010; Crossley & McNamara, 2010, 2011; 정희모, 2008, 2011; 박혜진·이미혜, 2017 등이 있다.

앞에서 논의한 대로 결속성과 응집성의 개념에 관한 이론적인 탐색과 결속성의 효과에 관한 이론적, 실험적 논의를 통해 가능할 수 있을 것이다. 다음 장에서는 결속성과 응집성의 개념과 그 관계에 관한 이론적 검토 과정을 거치고, 그 다음으로 결속성에 관한 실험적 논문들을 살펴볼 것이다. 이재승(2003)은 결속성이 응집성에 비해 상대적으로 중요성이 떨어지지만 읽기, 쓰기의 언어 교육적 입장에서는 나름의 중요한 가치를 가지고 있다고 보았다. 실제 결속성의 효과가 검증된다면 글을 쓸 때 글의 응집성을 높일 수가 있다고 보았다. 그러나 이런 주장도 결속성이 무엇인지, 응집성과의 관계는 어떠한지를 실제 검증을 통해 증명을 하고 난 후에 가능할 수가 있다. 다음 장은 Halliday & Hasan(1976)의 이론을 중심으로 결속성의 실제 개념들을 검토해 보고자 한다.

제3장 결속성의 의미와 조건

1. Halliday & Hasan(1976)의 결속성 개념

1.1. 지시, 대용, 생략, 접속 관계

결속성(cohesion)은 Halliday & Hasan(1976)이 말한 텍스트의 속성, 즉 'Texture'의 주요한 언어적 특성 중의 하나이다. 결속성에 관한 개념과 논쟁도 이들의 이론을 중심으로 제기된 것이다. 결속성의 개념을 알아보기 위해 우선 이 개념이 제기되었던 『*Cohesion in English*』(1976)의 내용을 검토해 보자. Halliday & Hasan(1976)은 한 문장 이상의 연속체가 결속되어 짜임새 있는 전체적 통일성을 가지고 있다면 이를 텍스트로 인정할 수 있으며 이를 가능하게 하는 언어적 요소가 있다고 보았다. 이들은 이를 'Texture'라고 지칭하고, 'Texture'의 가장 중요한 요소가 바로 결속성이라고 주장했다.

그들이 이 책에서 예시로 든 것은 다음과 같은 문장이다.

Wash and core six cooking apples. Put them into a fireproof dish.
(6개의 요리용 사과를 씻고 심을 파내라. 그리고 그것을 내화성 접시에 담아라.)

이 문장에서 둘째 문장의 'them'은 앞 문장에 나온 어구인 'six cooking apples'를 지칭하고 있다. 여기서 'them'이 앞에 나온 어구를 지칭하는 지시적 기능을 하며 두 문장을 연결시킨다. 그래서 두 문장은 하나의 전체로 해석되고, 하나의 텍스트를 구성할 수가 있게 된다. 이렇게 문장과 문장을 연결시켜 의미를 생성하게 함으로써 문장이 텍스트로 확장할 수 있도록 지시하는 기능을 결속성이라고 규정했다. 이런 결속성은 지시어 하나에 의해 영향을 받는 것이 아니라 지시하는 것과 지시되는 것 양자로부터 모두 영향을 받는다.

'them'과 'six cooking apples'가 가진 결속 관계는 무엇을 의미하는 것일까? 양자가 동일한 대상을 지칭한다는 것이 생각할 수 있는 첫 번째 의미이다. 양자는 같은 대상을 지시하거나 혹은 상호 지시적(공지시) 관계를 의미한다. 이 경우 짜임새의 근원이 되는 응집소는 them과 six cooking apples가 가진 상호 지시성이다. 이 상호 지시성을 나타내는 기표는 둘째 문장의 them과 같은 잠재적 지시어와 그 지시어의 잠재적 목표인 첫 문장의 six cooking apples에 함께 나타나게 된다. Halliday & Hasan(1976)은 연결된 문장에서 선행 항목을 가리키는 이런 형태의 결속 관계를 전조응(Anaphora)이라고 불렀다. 아울러 지시 대상이 선행 항목이 아니라 후행 항목에서도 나타날 수 있는데 이런 경우를 후조응(cataphoric)이라고 불렀다. 만약 지시 대상이 상황적 배경처럼 바깥에 존재한다면 이를 '외조응(exophoric)'이라고 지칭했다[9].

의미 연결을 위한 이런 언어적 기능은 문장의 다양한 곳에서 나타날 수 있다. 앞의 든 예시를 다시 보자.

Wash and core six cooking apples. Put the apples into a fireproof dish.
(여섯 개의 요리용 사과를 씻고 심을 파내라. 그리고 그 사과를 내화용 그릇에 담아라.)

여기서 결속력을 작용하는 요소는 'the apples'로써, 'the'를 사용해 앞서 말한 'six cooking apples'를 지칭하고 있다. 이런 한정사의 용법 가운데 하나는 선행하는 것을 지시하는 동일성의 표지 기능이다. 이런 기능을 통해 앞 문장과 뒤 문장의 'apples'이 같은 기호로 사용되었음을 표시하고 문장 의미를 연결시켜 텍스트성을 형성한다. Halliday & Hasan(1976)은 이렇게 두 문장을 연결시키는 언어적 요소를 '결속성 기제(cohesive ties)'라고 불렀다. 결속성 기제는 텍스트 속의 한 요소

---

9) Halliday & Hasan(1976)은 결속 양상을 설명하면서 전조응(Anaphora)뿐만 아니라 후조응 (cataphoric) 양상에 대해서도 소개한다. 예를 들어 "이것은 건강을 지키기 위한 가장 좋은 방법이다. 식사 양을 줄이고 운동을 매일 한다."라는 문장에서 첫 문장의 '이것은'이 가르 키는 대상은 다음 문장에 나온다. 이런 경우 지시 대상이 선행하는 것이 아니라 후행하는 것을 의미한다. 이 외에도 Halliday & Hasan(1976)은 추가적인 가능성도 제시한다. 즉 텍스트에서 어떤 요소를 해석하기 위해 요구되는 정보가 그 텍스트에서 전혀 발견되지 않고 상황 속에서 찾을 수 있을 가능성이 있다. 이들은 이런 경우에는 앞 뒤 문장에는 없는 상황의 맥락이 대상의 기능을 한다. 예를 들어 "정원사가 그 식물에 물을 주었습니 까?(Did the gardener water those plants?)"라고 물었을 때 'those plants'는 문장 속에서 나타나지 않을 수 있다. 해당 식물이 눈앞에 존재할 때 직접 지시로 가리킬 수 있다. 이런 때 해석은 '우리 눈앞에 있는 저기 저 식물'이 될 것이다. Halliday & Hasan(1976)은 이러한 유형의 지시를 '외조응(Exophora)'이라고 지칭했다. 외조응 지시 관계는 결속적이 지 않다. 두 요소를 하나의 텍스트로 묶어주지 않기 때문이다(Halliday & Hasan, 1976: 18~19).

와 텍스트의 해석에 중요한 몇몇 다른 요소들 간의 의미적인 연결 관계를 보여준다. Halliday & Hasan(1976)은 텍스트에서 의미를 만드는 것은 바로 이런 '결속성 기제'가 있기 때문이라고 판단했다.

Halliday & Hasan의 저서 『*Cohesion in English*』(1976)에서는 결속성 기제를 다섯 가지로 나누어 설명한다. 지시 관계(reference), 대용 관계 (substitution), 생략(ellipsis), 접속 관계(conjunction), 그리고 어휘 반복 (lexical reiteration)과 연어 관계(collocation)가 그것으로, 표를 만들어 정리해 보면 다음과 같다.

〈표 1〉 Halliday & Hasan(1976)의 결속 기제 유형

결속 기제	세부 내용
지시 (reference)	① 인칭 지시 ② 지시사 지시 ③ 비교어 지시
대용 (substitution)	① 명사 대용 ② 동사 대용 ③ 절 대용
생략 (ellipsis)	① 명사 생략 ② 동사 생략 ③ 절 생략
접속 (conjunction)	① 부가 ② 역접속 ③ 인과 접속 ④ 시간 접속 ⑤ 계속사 ⑥ 억양적 접속
어휘적 결속 (lexical cohesion)	① 반복 　동일 단어 　동의어 　상위어 　일반적 단어 ② 연어

Halliday & Hasan(1976)의 결속성 기제 개념은 Witte & Faigley(1981)

가 쓴 논문(Coherence, Cohesion, and Writing Quality)에 잘 정리되어 있어 쉽게 이해할 수 있다. Witte & Faigley(1981)는 결속성 개념을 정리하여 쉽게 설명하고, 학생 그룹을 나누어 실제 결속성 기제가 좋은 글을 쓰는 데 효과가 있는지 검증했다. 이제 Witte & Faigley(1981)의 논문을 주로 참고하여 Halliday & Hasan(1976)의 결속성 기제 다섯 가지를 검토해 보자.

지시 관계와 접속 관계는 문법적이고 어휘적인 결합이다. 어휘적 반복(Lexical reiteration)과 연어(collocation)는 문어와 구어 모두에서 자주 사용되는 결합으로 어휘적인 요소로 한정되어 있다. 앞서 말했듯이 지시 관계는 Halliday & Hasan(1976)가 결속성 기제를 설명할 때 가장 많이 사용하는 관계로, 텍스트의 세부적 요소가 해석을 위해 다른 요소를 지칭하거나 가리킬 때 발생한다. 그것은 지시하는 것과 지시받는 것이 서로 동일한 대상을 지칭할 때 성립되는 개념이라 할 수 있다. 지시적 연결고리(Reference ties)로는 세 가지 형태가 있는데, 영어로는 대명사, 지시사와 정관사, 비교(general comparison)가 그것이다. 한국어에서는 대명사가 대표적이다.

지시(reference)

대명사 지시

    a. 집에서 아버지는 자신의 모습 그대로입니다.

       At home, my father is himself.

    b. 그는 평소의 그처럼 긴장을 풀고 행동합니다.

       He relaxes and acts in *his* normal manner.

(Witte & Faigley, 1981: 191)

비교

    a. 그건 우리가 어제 보았던 것과 <u>같은</u> 고양이야.

      (It's the same cat as the one we saw yesterday.)

    b. 그건 우리가 어제 보았던 것과 <u>비슷한</u> 고양이야.

      (It's a similar cat as the one we saw yesterday)

    c. 그건 우리가 어제 보았던 것과 <u>다른</u> 고양이야.

      (It's a different cat as the one we saw yesterday)

(Halliday & Hasan, 1976: 77~78)

    비교는 사물들 사이의 유사성을 표현하는 것이다. 유사성은 '두 가지 것'이 a의 예시처럼 같은 것이거나, b의 예시처럼 유사한 것이거나, c의 예처럼 다른 것을 지칭할 때도 있다. 이들은 어떤 사물의 동일성과 비동일성을 의미한다. Halliday & Hasan(1976)이 보았을 때 의미상 동일한 것이나 유사한 것을 비교해서 제시하는 것도 두 대상을 하나로 연결시키는 결속 기능을 한다고 보았다. 아울러 더 많거나(more), 더 부족한 경우(less)도 이런 비교의 사례에 해당할 수 있다. Witte & Faigley(1981)가 사용한 예로 다음과 같은 것이 있다.

But those who remember their own youth do so *less* quickly.

    (하지만 자신의 젊음을 기억하는 사람들은 그렇게 성급하게 하지 못합니다.)

(Witte & Faigley, 1981: 190)

    위 예문의 less는 앞 문장 전체의 의미를 받아서 부정적으로 묘사하고 있다. 앞의 내용이 없다면 비교급(less)를 사용하지 못했을 것이다. Halliday & Hasan(1976)은 두 문장을 이렇게 의미적으로 연결시키는 것은 대체로 결속성 범주 안에 포함한다. 하나의 문장에서 지시하는 것이 앞의 문장에 있다면, 또 그것이 동일하거나 유사한 의미 형성에 기여한다면 결속성의 의미를 가진다고 보았다.

대용 관계(substitution)는 하나의 사물을 대명사가 아닌 다른 것으로 교체하는 것이다[10]. 그리고 생략(ellipsis)은 단어, 구, 혹은 절의 생략하는 것이다. Halliday & Hasan(1976)은 지시와 함께 대용과 생략도 명백하게 문법적인 것이라고 말했다. 그러나 문법적이라 하더라도 실제 전개되는 내용은 의미와 관련되어 있는 것이기 때문에 문법을 형식적으로 다루는 구조적인 대응과는 차이가 있다. 대용 관계와 생략의 효과는 어디까지나 의미적인 차원으로 앞 문장의 텍스트적 영역, 혹은 의미적인 영역을 뒤 문장으로 확장시키는 것이다. 아래 예문에서 대용은 '잔디 깎는 기계'를 '하나'로 대체하여 문장을 이어 간다. 또 생략의 경우 '그 음악가의 콘서트'를 다음 문장에서 생략했으나 의미는 이어진다.

대용(Substitution)

A. 잔디 깎는 기계를 찾은 적이 있나요?

   Did you ever found a lawn mower?,

B. 예 나는 이웃에게 그것을 빌렸어요.

---

10) 대용어(anaphora)는 앞서 나왔던 표현에 의존하여, 뒤에서 다시 이를 사용하는 용례를 일컫는 말이다. 예를 들어, "철수는 음악가이다. 그는 피아노를 연주한다."에서 '그'의 의미는 '철수'에 의존하며, "철수는 학과 시험에서 1등을 하였다. 그것은 좋은 일이다."에서 '그것'의 의미는 '철수가 학과 시험에서 1등을 한 사실'에 의존한다. 일반적으로 전방 조응(anaphora)은 대용 표현이 앞에 나온 표현에 의존하는 경우를 말한다. 반면에 후방 조응(cataphora)은 전방 조응과 대립되는 말로서, 대용 표현이 뒤에 나오는 표현에 의존하는 경우를 말한다. 예를 들어 "그것은 나에게 필요 없다. 이미 나는 운동기구가 많기 때문이다."에서 '그것'의 의미는 글의 후반부에 등장하는 '필기구'에 의존한다.

Yes, I borrowed one from my neighbor.

(Witte & Faigley, 1981: 191)

생략(ellipsis)

A. 그 음악가의 콘서트에 가고 싶니?

B. 그래, 가고 싶어.

한국어의 경우 지시와 대용은 명확하게 구분되지 않는다는 견해가 많다. 한국어 대명사는 앞의 말을 지시하기도 하지만 그것을 대신하는 기능도 가지고 있다. 본문에 있는 대용의 예에서 하나(one)는 이것(this)로 바꿀 수 있다. 한국어 지시어 이, 그, 저는 지시의 기능뿐만 아니라 앞의 대상을 대신하는 기능도 가진다. 그래서 한국어의 경우 지시와 대용은 구분하기가 어렵다고 보기도 한다(박혜진·이미혜, 2017).

텍스트에서 자주 사용되는 결속성의 네 번째 범주는 접속사(conjunction)이다. 접속사는 그 자체로 응집성을 가지는 것은 아니다. 왜냐하면 두 어휘를 직접 연결하거나, 다른 어휘를 지시하거나 대체하는 것이 아니기 때문이다. 그러나 특별한 의미를 부가하여 앞의 문장과 뒤 문장을 결합한다. 예를 들어 역접이나 순접, 인과 등의 접속사는 앞 뒤 문장을 특별한 의미로 결합한다. Halliday & Hasan(1976)은 결속성 기능을 하는 접속사의 다섯 형태로 부가 접속사(additive), 부사 접속사(adversative), 인과 접속사(causal), 시제 접속사(temporal), 연속 접속사(continuative)를 제시했다. 한국어에는 등위접속사, 역접접속사, 인과접속사, 시간접속사 등이 있다.

접속사(conjunction)

등위 접속사

어느 책이 좋은 책이야? 나에게 알려줘. 그리고 가격도 알려줘.

역접 접속사

많은 학생들은 좋은 학점을 받기를 원한다. 그러나 좋은 학점을 받을 수 있는 학생은 소수이다. 왜냐하면 모두가 발표를 잘 하고, 시험을 잘 볼 수는 없기 때문이다.

인과 접속사

오늘날 사회는 표준화된 가치를 원한다. 사람들은 행위뿐만 아니라 사고와 관습까지 규칙을 정하고 따르기를 좋아한다. 따라서 현대 사회는 사회구조는 물론 인간까지 획일화되어 있다고 말할 수 있다.

시간적 접속사

(가) 은수와 상우가 서로 가까이 있는 동안, 사랑은 차츰 식어 갔다.

(나) 은수가 "라면 먹고 갈래요?"라고 말했을 때 상우는 냉정했어야 했다.

1.2. 어휘 결속 관계

마지막으로 Halliday & Hasan(1976)이 제시한 결속성 기제의 범주는 어휘적 결속 관계(lexical relationships)이다. Witte & Faigley(1981)는 어휘적 결속이 지시 결속성(reference cohesion)과 접속사 결속성(conjunctive cohesion)과는 기본적으로 성격이 다른 결합이라고 말한다. 왜냐하면 모든 어휘 항목은 잠재적으로 결속적인 성격을 가지고 있고, 또한

어휘가 제시되었을 때 그것이 앞의 문장을 직접 지시한다거나 대신한
다는 것을 드러내지 않기 때문이다. 만약 우리가 어떤 텍스트에서
'그것'이라는 단어에 마주친다면, 텍스트에서 '그것'이 가리키는 지시
대상을 찾으려고 생각해보거나, 텍스트를 다시 읽음으로서 그것이
가리키는 대상을 발견하려 할 것이다. 마찬가지로, 텍스트에서 '그러
나'라는 접속 부사를 발견하면 두 개의 텍스트 요소들 사이에 역접
관계를 따져보기 위해 시도할 것이다. 그러나 어휘 결속성은 그렇게
하지 않는다. 앞 문장에서 그 어휘가 어떻게 사용되었고, 어떤 패턴으로
문장들에서 이어지는지 살펴보는 것이 더 유용하다고 본다. Halliday
& Hasan(1976: 288)은 어휘 결속성은 '어휘 항목의 패턴화된 발생''에
달려있다고 말한 바 있다.

이런 '어휘 항목의 패턴화된 발생'에 관해서는 Witte & Faigley(1981:
192)에서 예시를 통해 잘 설명한다. 등산 가이드북에서 발췌한 다음의
문장들을 살펴보자.

(가) The ascent up the *Emmons Glacier* on Mt. Rainier is long but relatively
easy.
(레이니어 산의 에몬스 빙하를 오르는 것은 길지만 비교적 쉽습니다.)
(나) The only usual problem in the climb is finding a route through the
numerous crevasses above Steamboat Prow.
(등반에서 단 하나의 일반적 문제는 Steamboat Prow. 위의 수많은 크
레바스를 통과하는 경로를 찾는 것입니다.)
(다) In late season *a bergschrund* may develop at the 13,000-foot level, which
is customarily bypassed to the right.
(늦은 시즌에는 13,000피트 높이에서 베르그슈룬트가 발달할 수 있으

며, 이럴 때는 관례적으로 오른쪽으로 우회하면 됩니다.)

위의 예문 (가)~(나)를 보면 세 개의 결속성 기제(cohesive chain)가 의미를 결합시키고 있다. 첫 번째 연결 기제는 '*ascent climb, finding a route, bypassed to the right*'인데 이를 관통하는 의미는 '산으로 올라가는 방법'이다. '산을 오르는 것, 길을 발견하는 것, 오른쪽으로 우회하는 것'과 같이 의미를 조금씩 변화시키면서 내용을 전개한다.

다음으로 두 번째와 세 번째 기제는 배경적 환경을 제시한다. 하나는 '*Emmons Glacier, numerous crevasses, bergschrund*'인데 '에몬스 빙하, 수많은 크레바스, 베르그슈룬트'는 전체 문장에서 '결속 연쇄'의 패턴을 통해 전체 텍스트의 배경적 의미를 제공한다. 마지막으로 연속으로 이어지는 어휘 패턴은 'Mt. Rainier, Steamboat Prow, 13,000-foot level'에서 일어난다. '레이니어 산(Mt. Rainier)'은 알려져 있지만, Steamboat Prow는 알려져 있지 않은 어휘이다. 앞뒤 문장을 보면서 의미를 유추할 수밖에 없다. 문맥을 따라 읽으면 그것이 Mt. Rainier의 특징이라고 추론할 수 있다. 마찬가지로, *bergschrund*는 빙하의 머리 부분에 있는 크레바스를 지칭하는 전문적인 어휘이다. 이 텍스트에서 독자는 *bergschrund*를 빙하와 연관시킬 수 있는데, 예시의 마지막 문장을 살펴보면 등산가들에게 걸림돌이 되는 어떤 방해물이라 추론할 수 있다(Witte & Faigley, 1981: 192).

이처럼 어휘 결속성은 우리가 대화를 나누거나 문장을 쓸 때 자신도 모르게 가장 많이 사용하는 방법이다. 화자나 필자는 자신도 모르게 앞의 어휘나 유사한 것을 반복함으로써 문장을 이어가는 습성을 가지고 있다. 그것도 하나가 아니라 여러 개의 복합적 어휘 연쇄를 가지게 된다. 따라서 Halliday & Hasan(1976)이 말한 결속성 기제 중에서 가장 많이 사용되는 것이기도 하다.

Halliday & Hasan(1976)은 어휘 결속성의 하위 분류로 두 가지를 제시했다. 하나는 반복(reiteration)이고 다른 하나는 연어(collocation)라 할 수 있다. 반복은 다시 네 가지의 하위 분류로 나뉘었다. 첫째, 같은 항목을 반복해서 말하는 것, 둘째, 유의어나 거의 유사한 단어를 사용하는 것, 셋째, 상위 집단의 항목을 언급하는 것, 넷째, 일반화된 어휘(general item)를 말하는 것이 바로 그것이다(Halliday & Hasan, 1976: 278; Witte & Faigley, 1981: 193)[11].

어휘적 반복(lexical reiteration)

－같은 단어를 반복해서 말하는 것

너는 지금 거짓말을 하고 있어. 아닙니다. 나는 거짓말을 하지 않습니다.

－유사한 어휘와 상위－하위어

테니스 선수들은 관중들을 즐겁게 하기 위해 과장된 동작을 한다. 축구 선수가 골을 넣고 세레머니를 하는 것처럼, 많은 운동선수들이 유사한 행위를 한다.

---

11) 어휘 반복에 관한 Halliday & Hasan(1976)이 강조하는 것은 '공통의 지시사항'이다(아래 인용문 참고). 어휘 반복은 매우 폭넓은 의미상의 유사성에 기반을 둔다. 그래서 어휘 반복은 텍스트의 주제와 전체적인 의미 흐름을 알지 못하면 찾지 못할 수도 있다. 어휘 반복에 관한 Halliday & Hasan(1976)의 원문은 다음과 같다. "이 모든 사례들은 하나의 어휘적 항목이 또 다른 것을 지시하며 그것이 공통의 지시 대상을 가짐으로써 연결된다는 공통적인 사실을 가진다. 우리는 이 일반적인 현상을 반복으로 간주할 것이다. 반복된 항목은 반복(repetition), 동의어(synonym), 유사－동의어(near-synonym), 상위어(superordinate) 또는 일반적인 단어(general word)가 될 수 있다. 그리고 대부분의 경우에서 그것은 한 지시 항목, 일반적으로 the를 동반한다."(Halliday & Hasan, 1976: 278)

위의 내용을 보면 앞의 예시는 동일한 어휘를 반복한 경우이다. 앞 문장과 뒤 문장은 같은 어휘를 통해 의미를 연결시키고 있다. 뒤의 예시는 유사한 어휘와 '상위-하위어'에 해당한다. '과장된 동작'과 '유사한 행위'는 유사한 단어에 해당하고 '과장된 동작'과 '세레머니'는 '상위-하위어'에 해당한다[12].

어휘 결속은 이처럼 동일한 어휘나 유사한 어휘, 상위어나 하위어를 반복하면서 의미를 만들어 간다. 이런 장치는 동일하거나 다소 변형된 형식으로 이전 문장에서 언급된 대상을 반복하는 기능을 가지고 있는데, 이는 항목들 간에 결속 기제를 형성하기 위한 기반이 된다 (Tanskanen, 2006). 그러나 Halliday & Hasan(1976)이 언급하고 있듯이 동일 지시성이 없어도 어휘를 통한 결속 기제는 충분히 가능하다. 예를 들어 "나무를 오르는 한 명의 소년(a boy)이 있다. 대부분의 소년들(boys)은 나무 오르기를 좋아한다."(p. 283)에서 보듯이 '소년'과 '소년들'은 지시 관계에 있지 않다. 그러나 그럼에도 불구하고 상황이나 맥락이 주는 의미를 통해 어휘 연결이 훌륭하게 이루어지고 있다. Halliday & Hasan(1976)이 항상 말하듯 어휘 결속에서 지시 관계가 필수 조건은 아니다.

---

12) Tanskanen(2006)은 어휘 결속에 관한 Halliday & Hasan(1976)의 논의가 의미가 있는 것은 어휘 결속성을 언어 사용자가 소유한 '텍스트 지식과 세계 지식'과의 상호 작용으로 보았기 때문이라고' 주장한다. Halliday & Hasan(1976)이 어휘 결속성은 텍스트 표면에서 발생하지만 언어 사용자의 지식 구조와 깊은 관련이 있으며, 이런 지식 구조들의 관계를 표시해 주는 것이라고 주장했기 때문이다. 결속성과 지식구조 사이의 연결 관계가 성립한다면 결속성 기제가 수신자로 하여금 메시지를 성공적으로 해석할 수 있도록 도와줄 수 있다.

1.3. 연어(collocation)의 문제

　Halliday & Hasan(1976)은 어휘 결속 항목으로 위에서 말한 동일 어휘, 유사한 어휘, 상위어－하위어 어휘 외에도 특정 상황에서 동시 발생을 의미하는 연어(collocation) 관계에 관해서도 언급했다. 연어는 "동일한 맥락이거나, 인접한 문장에서 발생하여 결속적 힘을 가지는" 어휘들을 말한다. 동일한 어휘나 유사한 어휘가 반복되는 어휘 반복과 달리 연어는 두 단어 사이에 지시 관계보다 상황이나 맥락이 만들어 내는 특별한 관계에 더 초점이 놓여 있다. Halliday & Hasan(1976: 285)이 든 예를 한번 보자.

　왜 이 작은 소년은 항상 꿈틀거릴까요? 소녀들은 꿈틀거리지 않습니다.
　(Why does this little boy wriggle all the time? Girls don't wriggle.)

　위의 예문에서 소년과 소녀는 동의어 관계가 아니며, 동일한 지시 대상을 가지고 있지도 않다. 반의어 관계에 가깝지만 반의어가 항상 문장 결속을 가져오는 것은 아니다. 반의어는 서로 배타적인 범주에 속하는 것으로 문법적이거나 규범적인 입장에서 결속에 관한 필연성을 가지지는 못한다. 그러나 위 예시의 맥락을 보면 두 문장은 의미적으로 서로 연관된다. 소년들은 항상 꿈틀거리는데 소녀들은 그렇지 않다는 것이다. Halliday & Hasan(1976)은 언어가 어떤 방식으로든 서로 연대하는 어휘적 항목들에서 어떤 쌍들 사이에 결속될 가능성이 항상 존재한다고 말한다. 동일한 맥락이나 상황에서 유사한 어휘가 아니라도 결속적 힘을 가지는 어휘들이 발생한다.

(가) 청소년들은 부모와 캠핑을 가게 되면, 집에서는 하지 않던 <u>허드렛일</u>까지 기꺼이 하게 된다.

(On a camping trip with their parents, teenagers willingly do the household chores that they resist at home.)

(나) 그들은 <u>땔감을 찾고, 텐트를 치며, 계곡으로 내려가 물을 길어 오기</u>도 한다.

(They gather *wood for a fire*, help *put up* the *tent*, and carry *water from a creek or lake*.)

(Witte & Faigley, 1981: 193)

위의 예문을 보면 야외 캠핑 상황에서 발생하는 상황을 다루고 있다. 청소년들은 캠핑을 가면 집에서 하지 않던 일도 기꺼이 하게 된다는 것이다. 두 문장을 연결하면서 첫째 문장에서 썼던 '허드렛일'은 둘째 문장에서 '땔감을 찾고, 텐트를 치며, 물을 길어오기'도 하는 과정으로 이어진다. 이처럼 Halliday & Hasan(1976)이 말한 연어는 특정한 상황에서 의미를 이어주면서 발생하는 언어 패턴을 의미한다. 위의 예시에서 이야기가 계속 진행된다면 이와 유사한 어휘들이 계속해서 반복적으로 나타날지 모른다. Halliday & Hasan(1976)은 이와 같이 유사한 언어가 반복되는 진행을 '결속 연쇄'라고 언급한다. 텍스트에서 문장들은 맥락에 맞게 반복되는 이런 어휘들을 통해 긴 결속 연쇄를 만들어 의미를 연결시킨다. 예를 들어 길게 연속적으로 이어지는 문장을 보면 "시간... 하루 종일... 온종일... 잠깐... 빠르게..."처럼 특정한 맥락에서 비슷한 의미 결속력을 가진 여러 어휘들이 반복해서 나타나는데 Halliday & Hasan(1976)은 이를 모두 연어 범주에 포함시켰다.

어휘 반복에서 연어 규정에 관한 Halliday & Hasan(1976)의 언급을 한번 살펴보자.

여기에서 우리는 지시적 동일성(referential identity)에 의존하지 않는, 그리고 the나 지시사를 동반하는 반복의 형태가 아닌 모든 다양한 어휘적 관계들을 단순한 그룹으로 나누고자 한다.

다시 말해, 우리가 '반복(reiteration)'이라고 불러왔던 것에 포함되지 않는 모든 어휘적 결속을 의미한다. 그리고 그런 다양한 의미 관계들을 분류하지 않고, 그것을 연어(collocation), 혹은 연어 결속성이라는 일반적 주제 아래 다룰 것이다. 하지만 그것은 단순히 어떤 방식으로, 혹은 일반적으로, 서로 관련이 있는 어휘적 항목들이 동시 발생(co-occurrence)하는 데서 비롯된 것으로, 결속성을 위한 표지 용어(a cover term)이라는 점을 명시해야 한다. 왜냐하면 그것들은 유사한 환경에서 발생하는 경향이 있기 때문이다.

(Halliday & Hasan, 1976: 287)

Halliday & Hasan(1976)은 동일 어휘나 유사한 어휘의 반복이 아닌, 연어와 같이 특정한 종류의(the specific kinds of) 동시 발생 관계들을 나타내는 결속 개념은 가변적이고 복잡한 것이어서 상식적이고 일반적인 원리에 따라 의미를 해석해야 한다고 말한다. 그것은 정해진 규칙이나 체계에서 발생하는 것이 아니라 맥락과 상황에 따른 해석을 통해 나타난다. "철수가 이번에 대학에서 졸업했지, 취업을 잘했나 모르겠네. 성적은 좋은데"란 문장에서 '졸업'과 '취업', '성적'은 상관없는 단어임에도 불구하고 하나의 상황 속에서 결합한다. 그것은 세 어휘가 대학을 졸업하고 취업을 한다는 사회적 상황 속에서 의미적 연관성을 맺기 때문이다. 맥락과 상황, 즉 텍스트적인 환경이 어휘적 결속성을 결정하게 되는 것이다. 그래서 Halliday & Hasan(1976: 290)은 연어 개념이 어휘적 체계 속의 근접성 정도, 즉 하나의 단어가 다른 하나와 동시에 발생하는 '상대적 확률의 함수 기능(a function of the relative probability)' 속에 있다고 말한다. 이는 특정 상황에서 두 어휘가 발생할 확률 값을 의미한다.

Tanskanen(2006)은 이러한 어휘 결속 개념에 관해 Halliday & Hasan (1976)이 연어라는 용어를 사용한 데 대해 다소 비판적이다. 연어는 사전학이나 어휘론에서 잘 알려진 개념인데, 어떤 단어들이 높은 빈도로 함께 발생하는 경향이 있을 때 사용하는 개념이다. 예를 들면 '각고의 노력'이나 '결론을 내리다'처럼 두 어휘가 통사적으로 결합하여 빈번하게 사용되는 경우를 말한다. Halliday & Hasan(1976)이 말한 어휘적 결속기제 중 연어는 사전학과 연관이 없는 것은 아니지만 그것보다는 훨씬 폭이 넓고 다양하다. 사전학에서 '굳은 결의'처럼 연어는 관습적으로 사용하는 인접한 항목에 해당하지만, Halliday & Hasan (1976)의 연어는 문장과 문장처럼 텍스트 영역으로 확대된다. 게다가 동일 대상을 지칭하는 지시 관계도 아니기 때문에 모호할 뿐만 아니라 매우 주관적이다. Tanskanen(2006: 34)은 이를 두고 "감지하기 힘든 연대"라고 지칭했고, Hoey(1991: 7)는 "어휘 관계의 잡동사니 모음"이라고 부르기도 했다.

이에 반해 Halliday & Hasan(1976)은 언어에서 어떤 방식으로든 서로 연대하는 어휘적 항목들은 결속 가능성이 항상 있다고 주장한다. 예를 들면 "laugh … joke, garden … dig, ill … doctor, try…succeed, bee…honey, door…window"(p. 286) 같은 단어처럼 같은 환경이나 상황에서 유사한 어휘들이 발생하는 경우 결속적 힘(a cohesive force)을 가지게 된다는 것이다. 게다가 더 중요한 점은 지시 관계와 같은 문법적 결속 개념보다 이런 연어 개념이 수용자의 텍스트 지식이나 세계 지식과 결합할 가능성이 높다는 점이다. 유머나 조크가 있는 상황에서 웃음이 나오는 것은 우리가 지닌 경험적 지식과 상식에 해당한다. 이런 어휘 결속 관계가 주제적인 지식과 결합하면 화자가 전달하고 수용자가 이해해야 하는 텍스트적 의미가 되는 것이다. 그런 점에서 본다면 Halliday & Hasan(1976)이 말한 결속 기제로서 연어 개념은 용어가 충분히 의미가 있고 타당성이 있다고 볼 수가 있다.

1.4. 어휘 결속 분류의 방법

앞서 Halliday & Hasan(1976)은 어휘 반복과 연어를 통해 어휘 결속의 종류를 제시한 바 있다. 어휘 종류별(기능별) 분류 방법과 달리 결속 기제(cohesive ties)의 앞 어휘와 뒤 어휘가 전체 텍스트 속에서 어느 정도 거리가 있는지에 따라 나누는 방법이 있다. 문장에서 결속 어휘는 연이어 나올 수도 있지만 한두 문장을 건너 먼 거리에서도 이어질 수 있다. 어휘가 결속되는 간격을 두고 문장의 연결 상태를 살펴볼 수가 있는 것이다.

Halliday & Hasan(1976: 330~331)은 어휘 간격(text-span)을 네 가지 범주로 나누었다. 어떤 범주에 들어가는지는 연결되는 단어들 사이에 T-unit이 몇 개가 들어가는지 그 숫자에 따라서 결정하였다. 여기서는 어휘 간격에 의한 분류 방법을 예시를 통해 설명하고자 한다. Halliday & Hasan(1976)이 사용한 예시도 있지만, Witte & Faigley(1981: 194)가 사용한 예시가 조금 더 이해하기가 쉽다.

텍스트 간격(Text-span) 예시

(가) *Respect* is one reason people change their behavior.

('누구에 대한 존경'은 사람들이 자신의 행동을 바꾸는 하나의 이유가 된다.)

(나) For example, one does not speak with his *boss* as he would talk to a friend or co-worker.

(예를 들어 어떤 사람이 자신의 친구나 동료에게 이야기하는 것처럼 직장의 사장에게 말하지 않는다.)

(다) One might use four-letter words in talking to a co-worker, but probably not in talking to his *boss*.

(사람들은 흔히 자신의 동료들에게는 욕설도 하지만, 사장에게는 그렇게 하지는 않는다.)

(라) In talking to teachers or *doctors*, people also use bigger words than normal.

(선생님에게나 의사에게 말할 때도 사람들은 역시 정상적인 말보다 과장된 말을 사용한다.)

(마) Although the situation is different than when one speaks with a *boss* or a *doctor*, one often talks with a minister or priest different than he talks with friends or *family*.

(상황이 사장이나 의사에게 말할 때와 다름에도 불구하고, 사람들은 종종 자기 친구나 가족에게 말하는 것과 다르게 신부나 목사에게 말을 한다.)

(바) With the *family*, most people use a different language when they talk to parents or grandparents than when they talk to younger brothers and sisters.

(가족과 함께 있을 때에도 대부분의 사람들은 동생이나 누이에게 말할 때와는 달리 부모나 할아버지에게 말할 때에는 다른 언어를 사용한다.)

(사) People's ability to use language in different ways allows them to show the *respect* they should toward different people, whether they are professionals, *family* members, clergy, friends and co-workers, or *boss*. (이처럼, 다른 방법으로 언어를 사용하는 사람들의 능력을 보면 그들이 어떻게 다른 사람을 향해 존경을 보여주는 지를 보여준다. 그들이 전문인이든, 가족 구성원이든, 성직자이든, 친구나 동료이든, 아니면 회사 사장이든.)

먼저 (라)와 (마)의 의사(doctor)는 앞 문장과 뒤 문장에서 직접 연결되는 것인데, Halliday & Hasan(1976)은 이런 방식을 직접적 기제(Immediate cohesive ties)라고 불렀다. 동일한 어휘를 반복하여 사용한 결속성 기제에 해당한다. 이를 통해 독자들은 앞뒤 문장의 의미를 결합시킨다.

반면에 (마), (바), (사)의 family는 이와 조금 다르다. 문맥을 통해 보면 (마)와 (바)는 바로 이어진다. 신부나 목사에게 말하는 경우는 가족에게 말하는 경우와 분명히 다르기 때문이다. (사)의 문장은 이런 예시를 바탕으로 마무리를 하는 문장이다. 언어를 사용하는 방법을 보면 그 사람에 관한 존경심을 알 수 있다. 그런데 (바) 문장은 (마) 문장의 상황을 보충 설명하는 문장이다. 가족의 경우는 동생이나 누이에게 말하는 것과 부모나 할아버지에게 말하는 것은 다르다. 이 보충 문장은 (마) 문장에서 (사) 문장으로 이어주는 역할을 한다. Halliday & Hasan(1976)은 이런 유형을 중재된 기제(mediated tie)라고 지칭했다.

직접적 기제와 중재된 기제는 근접한 문장의 결속 기제를 연결시킨다. 이러한 연결은 필자들이 말하고자 하는 내용을 빠르게 전개하며, 필요한 내용을 더 보충하고, 개념을 명확히 하는 데 도움을 준다.

이와 달리 원거리 기제(Remote ties)는 하나의 연결 기제를 이루는 두 어휘 사이에 다른 문장이 끼어들어서 분리되었을 때를 말한다. (가) 문장의 '존경(respect)'은 (사) 문장에서 다시 한번 반복된다. 첫 문장의 '존경(respect)'이 마지막 문장에서 다시 반복됨으로써 하나의 텍스트가 완성되었음을 보여준다. 언어 사용을 보면 그 사람이 어떻게 다른 사람을 존경하는지 알 수 있다는 것을 첫 문장과 마지막 문장의 반복을 통해 완성한 것이다. 이처럼 원거리 결속 기제는 아주 멀리 떨어져 있는 듯 보이지만 서로 의미가 결속되어 텍스트의 전체 주제를 완성시킨다.

마지막으로, 중재되기도 하고(mediated), 원거리(remote) 연결되기도 한 결속기제가 있는데, 이를 중재된-원거리 기제(mediated-remote ties)라고 부른다. 이러한 응집성의 예시는 (나), (다), (마), (사) 문장에서 bosses라는 단어가 반복되어 등장하는 것에서 발견할 수 있다. (사) 문장에 나오는 bosses라는 어휘는 (나) 문장의 bosses와 멀리 분리되어 있는데, 그 사이에 (라) 문장과 (바) 문장이 끼어들어서 가로막고 있다. 이들 문장에는 결속성 기제가 포함되어 있지 않다. 그래서 이때의 연결성 기제는 원거리 결속 기제이다. 그러나 (다) 문장과 (마) 문장에서 bosses라는 어휘가 반복되기 때문에 중재(mediated)되고 있기도 하다. 그래서 Halliday & Hasan(1976)은 이런 결속 기제를 중재된-원거리 기제라고 지칭했다. Witte & Faigley(1981)은 숙련된 필자들이 텍스트 안에서 핵심 주제들을 연결하기 위하여 원거리 기제(mediated-ties)를 종종 사용한다고 말한다.

홍미로운 것은 Witte & Faigley(1981: 195~197)가 어휘 간격(Text-span)에 대해 텍사스 대학 학생을 대상으로 실험을 했는데 우수한 학생들은 원거리 연결보다 직접적인 연결을 더 선호했다는 점이다. 상위 집단과 하위 집단을 나눠 평가한 결과 직접적 연결기제(Immediate cohesive ties)는 하위 집단보다 상위 집단에서 더 사용 빈도가 높았고(상위 집단: 41%, 하위 집단: 32.8%), 중재된 연결기제(Mediated cohesive ties)도 하위 집단보다 상위 집단 학생들이 더 많이 사용했다(상위 집단: 7.6%, 하위 집단: 0.8%), 그러나 중재된-원거리(mediated-remote) 기제나 원거리 결속 기제(Remote cohesive ties)는 이와 달랐다. 상위 집단 학생보다 하위 집단 학생들의 사용빈도가 더 높았다(중재된 원거리 기제, 상위: 25.9%, 하위: 36.7%; 원거리 기제, 상위: 26.9%, 하위: 29.7%). 이런 결과는 연결 기제의 어휘 간격이 비교적 짧을수록 결속력이 더 뛰어났다는 사실을 보여준다. 그러나 상위 집단의 학생들도 중재된 원거리 기제나 원거리 결속 기제를 가끔씩 사용을 한다.

2. Hasan의 결속성 조화 분석(Cohesive Harmony Analysis)

2.1. 결속성 연쇄의 개념

결속성(Cohesion)에 관한 Halliday & Hasan(1976)의 이론이 나온 이후 결속성 개념에 대해 많은 논의가 있었다. Halliday & Hasan(1976)은 결속성을 텍스트를 텍스트답게 만드는 속성(texture)의 한 요소로 보았지만, 다른 학자들은 결속성이 응집성에 기여하지 못한다고 비판했다. 단순하게 생각하더라도 지시사나 어휘 반복과 같은 결속 기제로 응집성이 형성되지 않는 경우가 흔하게 있을 수 있기 때문이다. 예를 들어 "바나나는 길다. 긴 것은 기차, 기차는 빠르다. 빠른 것은 비행기"와 같은 식으로 결속 기제를 계속 나열해서 의미가 통하지 않는 문장을 많이 만들 수 있다. 물론 이런 예시는 조금 억지스럽기는 하다. 실제 대화에서 이런 문장이 만들어지기는 어렵기 때문이다. 그러나 결속성 기제가 많아야 응집성 높은 문장을 만들 수 있다는 주장이 잘못이라는 사실을 보여줄 예증은 된다. 그래서 학자들은 무작정 결속성 기제가 응집성에 기여한다고 주장만 할 수가 없게 되었다.

Halliday는 이에 관한 반응이 없었지만 Hasan은 이후에도 결속 이론에 관한 연구를 지속했다. 그녀는 결속 기제가 분명히 응집성 높은 문장을 만드는 데 기여하는 측면이 있을 것으로 판단하고 이전에 제시했던 결속성 기제를 다시 검토했다. 1984년 이런 노력의 일환으로 나온 논문이 바로 Hasan(1984)의 「응집성과 결속적 하모니(Coherence and cohesive harmony)」이다. 이 논문의 서두에 Hasan이 언급한 말은 여러 비판에도 불구하고 결속성이 응집성에 기여할 측면이 있다는 것이다. Hasan은 지시사와 같은 언어적 결속 문제를 단순히 언어 규칙만의 문제로 보면 안 된다고 지적한다. 그녀가 강조하는 것은 결속 기제가 "언어 외적 세상의(in the extralinguistic universe) 상황이나 관계에서" 나오는 것이지 단순히 언어 규칙의 체계에서 나오는 것이 아니라는 점이다. 이런 인식은 이전의 논의에서 제기하던 것과는 다른 견해이다. 이전의 연구(Halliday & Hasan, 1976)에서 결속성의 언어 관계를 강조했다면 이제 외적 환경이나 세계 인식과 관련시킨다. 텍스트의 의미 형성은 문장 형식에 기인하지만 그것도 우리가 살고 있는 사회적, 심리적 세계의 상황에 근거하여 나온다고 본 것이다.

Hasan(1984)이 관심을 가진 것은 결속성 자체가 어떻게 의미적 연결망을 형성하는지, 또 그것이 어떤 효과를 가져오는지에 관한 것이다. Hasan(1984, 1985)은 텍스트가 의미적 통일성(texture, topical unity)을 가지기 위해서는 어휘 문법적인 결속성, 예를 들어 지시사나 어휘의 반복 같은 것이 형성되면서 동일 의미를 향한 정체성 체인(the identity chain)을 구축하는 것이 중요하다고 보았다. 말하자면 단순히 결속 기제가 응집성(texture)을 형성한다고 말할 수는 없지만 긴 텍스트의 전체 의미 형성을 고려해 볼 때 결속 기제 간의 상호 작용은 분명 텍스트의 응집성 형성에 긍정적으로 기여할 것이라고 판단했다. Hasan(1984, 1985)은 의미적 관계를 실현하기 위해서 어디까지나 어휘적이고 문법적인 패턴(결속 기제)이 있어야 한다고 보았다. 그래서 그녀는 문법적·어휘적 결속기제를 상호 작용과 연결망 차원에서 다시 검토해 보고자 했다.

일단 Hasan(1984, 1985)은 Halliday & Hasan(1976)이 제시한 결속 기제의 분류 방식과 분석 방법을 그 상태로는 받아들일 수는 없다고 판단했다[13]. 단순히 하나의 문장을 결속 기제로 이어가는 것만으로

---

13) Hasan(1984, 1985)이 새롭게 세운 결속 기제 분류방식은 이전 Halliday & Hasan(1976)이 제시한 것과는 상당히 차이가 있다. Halliday & Hasan(1976)이 제시한 결속기제의 분류 방식은 문법적 결속기제와 어휘적 결속기제로 나뉜다. 이 중에서 문제가 되는 것은 어휘적 결속기제 부분이다. 다른 학자들의 지적과 마찬가지로 Hasan(1984) 역시 어휘적 결속 부분의 분류에 문제가 있다고 보고 이를 수정하여 새로운 분류 체계를 제시한다. Hasan(1984)은 어휘 부분에 새로운 범주를 도입하고, 연어 범주를 삭제했다. 연어는 범주 구분이 애매하여 일관된 분석을 하는 것이 어렵기 때문에 삭제하고, 대신 이와 유사한 것들은 다른 범주를 통해 다루었다.
　　Hasan(1984)은 어휘적 범주를 일반화(general)와 구체화(instantial)로 나누었다. 일반화(general)는 어휘 반복을 설명하는 것인데, Hasan(1984)은 단순한 어휘 반복 외에도 동의어, 반의어, 하위어, 부분 관계까지 모두 두었다. 구체화(instantial)는 구체적 문맥에 의해 결정되는 결속 기제들이다. 텍스트의 맥락을 통해 규정될 수 있는 것이기 때문에 일반적인 예를 들 수가 없다. 구체화의 범주로 Hasan(1984)은 등가(equivalence), 명명(naming), 외형(semblance)을 두었다. 등가는 "그 선원은 그들의 부모였다."는 문장에서 선원과 부모는 등가의 결속 관계를 이룬다. 일반적인 관계에서 '선원'과 '부모'는 서로 관련된다고

텍스트의 응집성이 형성된다고 말할 수 없다14). 그렇지 않은 사례가 수없이 나올 수 있기 때문이다. 의미가 연속되어 응집성을 형성하기까지 자신이 말한 대로 어느 정도 의미적 동일성 체인(the identity chain)의 작용이 필요하다고 본 것이다. 단일한 문장 차원에서 결속 기제의 효과를 탐색하는 것은 큰 의미를 가지지 못한다. 그것보다 텍스트 전체에서 결속 기제가 어떻게 상호관련을 맺고 상호 영향을 주는지 그 패턴을 살펴보아야 한다고 생각했다. 결속 기제가 두 번 이상 반복하여 의미를 만들어 내는 결속 연쇄(cohesive chain)가 무엇보다 중요하다. 응집성이 있다고 판단된 텍스트들을 살펴보면 대체로 많은 경우 결속 기제가 반복하면서 의미를 만들고 결속 기제끼리 서로 관계를 맺는 연쇄 결합의 형태를 띠고 있다.

예문 (가)

John was quite tired out so he went to bed early.

(존은 피곤해서, 그는 일찍 잠자리에 들었습니다.)

There was an old man and he had two daughters.

(노인이 있었고 그에게는 두 딸이 있었습니다.)

말할 수 없다. 명명은 "그 개는 메리라고 불린다."라는 예에서 '개'와 '메리'는 명명의 관계에 있다. 외형은 "그 갑판은 웅덩이가 되었다."에서 갑판과 웅덩이는 외형적인 결속 관계를 이룬다.

14) Hasan은 1984년 논문에서 결속 기제에 관한 초기 입장을 두 가지 가설로 나누어 설명한다. 하나는 한 언어 조각에서 결속 기제의 수가 클수록 응집성이 더 커진다는 가설이고 다른 하나는 서로 관련된 기제들의 연속성이 더 커질수록, 응집성은 더 커진다는 가설이다. 그녀는 첫째 가설처럼 결속 기제의 단순한 총합이 응집성에 기여한다고 말할 수는 없다고 본다. 그렇지만 그녀는 응집성이 결속 기제의 발생 밀도와 상관관계가 있다는 점은 인정한다. 결속 기제의 단순한 결합보다 의미적으로 연쇄(chain)를 형성하는 결속기제의 비율이 어떠한지가 더 중요하고 의미도 크다는 것이다(Hasan, 1984: 187~188).

예문 (나)

John was quite tired out so he went to bed early.

(존은 피곤해서 일찍 잠자리에 들었습니다.)

However, not feeling sleepy he decided to read.

(하지만 졸리지 않아서 그는 책을 읽기로 결심했습니다.)

(Hasan, 1984: 188)

위의 (가)와 (나) 예시를 보면 후자가 더 응집적이다. (나)는 두 문장이 통합된 전체를 형성하고 있는 반면에 (가)는 그렇지 않다. 첫째 문장의 '존'은 둘째 문장의 '노인'과 일치하지 않는다. 영어를 보면 old man 앞에 'the'가 아니라 'a'가 있는 것을 볼 때 동일한 인물을 지칭하는 것이 아니다. 반면에 (나)의 예시는 두 문장이 통합되어 단일한 사건을 다루고 있다. 독자들이 (나)의 예시를 하나의 연속된 사건으로 인식하는 것은 결속 기제가 연결되어 연쇄적인 작용을 하고 있기 때문이다15).

〈표 2〉 예문(가)와 예문(나)의 결속 기제 및 연쇄

예문 (가)	예문 (나)
기제1. John(a) ← he(b) 기제2. an old man(c) ← he(d) 　　　(연쇄 없음)	기제1. John(a) ← he(b) ← he 　　　(연쇄 있음)

---

15) 이와 같은 결속 연쇄를 Hasan(1984)은 두 가지로 나누었다. 하나는 동일성 연쇄(identity chain)이며, 다른 하나는 유사성 연쇄(similarity chain)이다. 동일성 연쇄는 동일 대상을 지시하는 상호 지식 관계에서 일어난다. 위의 예문에서 john-he-he의 관계가 동일성 연쇄가 된다. 유사성 연쇄는 상호 지시 관계가 아니라 유사한 어휘를 통해 의미 연쇄가 일어나는 현상을 말한다.

〈표 2〉에서 예문 (나)는 두 문장을 같은 대상으로 지시하는 결속 기제(john, he)가 연속해서 반복됨으로써 연쇄적으로 결합되고 있다. 이렇게 Hasan(1984, 1985)은 하나의 텍스트에서 단순히 결속 기제의 수가 많은 것보다 이렇게 서로 결합하여 연쇄를 이루고 있는 것이 더 중요하다고 보았다.

2.2. 결속 연쇄의 상호 작용

Hasan(1984, 1985)은 결속성 기제의 수가 좋은 응집성을 만드는 데 기여할 것이란 자신의 초기 가설이 잘못되었다는 것을 증명하기 위해 또 다른 예문을 가지고 설명한다. 그리고 결속 연쇄가 중요하지만 꼭 그것만으로 응집성을 보장할 수 없다고 말하며, 그것보다 더 중요한 것이 결속 연쇄 간의 상호 작용이라고 말했다. 그녀는 결속 연쇄의 상호 작용 정도를 시각적인 표와 양적인 수치로 나타내는 방법을 제시했는데 이를 "응집성 조화 분석(Cohesive Harmony Analysis, CHA)"이라고 불렀다. 이와 함께 결속 연쇄들이 서로 어떤 관련을 갖는지, 그것들의 효과가 어떠한지를 살펴보아야 하는데 이런 관계를 "연쇄 상호 작용(chain interaction)"이라고 지칭했다.

여기서는 Hasan(1984: 189)이 제시한 예시 중 적절한 하나의 예문을 가지고 설명하도록 한다.

1. there was once a little girl and a little boy and a dog
   (한 때 어린 소녀와 어린 소년과 개가 있었습니다.)
2. and the sailor was their daddy
   (그리고 그 선원은 그들의 아빠였습니다.)

3. and the little doggy was white

   (그리고 작은 개는 하얀색이었습니다.)

4. and they liked the little doggy

   (그리고 그들은 작은 개를 좋아했습니다.)

5. and they stroke it

   (그리고 그들은 그것을 쓰다듬습니다.)

6. and they fed it

   (그리고 그들은 그것을 먹였습니다.)

7. and he run away

   (그리고 그는 도망갔습니다.)

8. and then (um the little dog) daddy (um) had to go on a ship

   (그리고 나서 (음 작은 개) 아빠 (음)는 배를 타야 했습니다.)

9. and the children missed 'em

   (그리고 아이들은 그들을 그리워했습니다.)

10. and they began to cry

    (그리고 그들은 울기 시작했습니다.)

(Hasan, 1984: 189)

먼저 위의 예문에서 결속성의 연쇄 상황을 점검해보자. 결속성 기제가 연쇄적으로 사용된 경우는 다음과 같다. 단어 앞에 있는 번호는 문장 번호를 말한다.

[연쇄1] 1, a girl and a boy - 4, they - 5, they - 6. they - 9, children - 10, they
[연쇄2] 2. sailor, daddy - 4, daddy - 5, daddy - 6, daddy - 8, daddy - 9, daddy
[연쇄3] 1, dog - 3, doggy - 4, doggy - 5, it - 6, it - 7, he(dog) - 9, dog

---

[연쇄4] 1, litter, litter – 3, litter – 4, litter
[연쇄5] 4, liked – 9, missed – 10, cry
[연쇄6] 5, stroke – 6, fed

예문에는 위의 사례 외에도 몇 가지 결속 기제의 연쇄 상황이 더 있었으나 중요한 것만을 추려보면 위의 경우와 같다. 주된 결속 연쇄는 이야기의 주인공인 '소년과 소녀(a girl and a boy)'인데 이 어휘는 'they', 'children'으로 어휘를 바꾸어 이어진다(1, 4, 5, 6, 9, 10번 문장). 이런 결속 연쇄는 이어지는 문장에서 보듯 한 마리의 개와 관계를 맺는다(3, 4, 5, 6, 7번 문장). 예문의 문장(1, 3, 4, 5, 6, 7, 9번 문장)을 보면 소녀와 소년에게 친구로 개(a dog)가 있고, 이 개를 이들이 먹이고 돌본다는 것을 알 수 있다. '소녀와 소년'의 결속 연쇄는 '개'의 결속 연쇄와 일정한 관계를 맺고 있다. 5, 6번 문장에서 보듯 소녀와 소년은 개를 쓰다듬고(they stroke it), 개를 먹인다(they fed it). 여기서 소녀와 소년이 행위자(actor)라면 like, stroke, fed는 행위(acton)에 해당하고 개는 행위의 대상이 된다. 이와 유사한 연쇄 상호 작용은 텍스트 여러 곳에서 발견된다.

연쇄 상호 작용은 두 개 이상의 구별된 연쇄들이 서로 구성 요소로 묶여 있는 관계들을 의미한다. Hasan(1984)은 이 관계들이 본질적으로 문법적이라고 말한다. 예를 들면 소녀와 소년(girl and boy)는 쓰다듬고 (stroke), 먹이는(feed) 결속 기제와 문법적 관계(주어＋서술어)에 놓여 있다. 아울러 행위 대상인 개(dog) 역시 문법적 관계이다(주어＋서술어 ＋목적어). 소년과 소녀는 행위자로 주어의 관계에 있고, 쓰다듬고 먹이는 것은 행위로 서술어 기능을 한다. 마찬가지로 개(dog)는 행위 대상으로 목적어 기능을 하게 된다. 그래서 소녀와 소년(girl and boy)

연쇄와 쓰다듬고(stroke), 먹이는(feed) 결속기제의 연쇄, 또 개(dog)의
연쇄가 서로 상호 작용을 하게 된다.

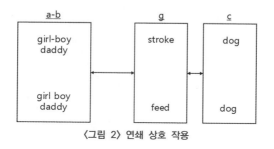

〈그림 2〉 연쇄 상호 작용

이런 원리에 따라 전체 글에서 결속 연쇄가 상호 작용하는 것을
도표로 만들어 살펴볼 수 있다. Hasan(1984: 215)이 만든 표를 보면
〈그림 3〉과 같다.

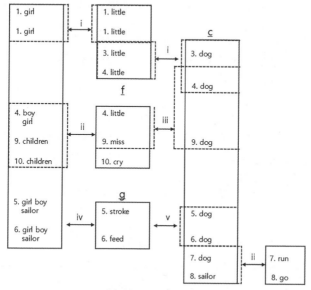

〈그림 3〉 연쇄 상호 작용

〈그림 3〉은 위에서 제시한 Hasan(1984)의 예문에서 나온 결속성 기제의 연쇄 상호 작용에 관한 것이다. 〈그림 3〉에서 세로축은 결속 연쇄를 지칭하고, 화살표로 표기된 가로축은 결속 연쇄가 상호 작용하는 과정을 의미한다. 예를 들면 첫 문장에서 소년과 소녀를 수식하는 작은(litter)이란 단어는 3, 4번째 문장의 개를 수식하는 단어와 상호 관련되어 있다. 서로 문법적으로 유사할 뿐 아니라 소년과 소녀가 그 작은 개를 좋아한다는 내용과 결합되어 있다. 이처럼 결속 연쇄는 상호 연결되면서 서로 결합된다. 위의 예문을 보면 이런 상호 작용의 연결 고리가 무척 많다.

2.3. 결속성 조화 분석(Cohesive Harmony Analysis, CHA)의 방법

Hasan(1984, 1985)이 결속성 조화 분석(Cohesive Harmony Analysis, CHA)에서 중요하게 생각한 것은 결속 연쇄의 중심 어휘가 전체 어휘에서 어느 정도 빈도를 차지하고 있는지, 또 그것을 측정하고 평가할 수 있는지 확인하는 일이다. 이런 측정과 평가를 통해 결속 연쇄들의 상호 작용을 분석할 수 있고 수치화할 수가 있다고 보았다. Hasan (1984, 1985)은 CHA 측정을 위해 자신의 이론 체계에서 '어휘적 토큰 (texical token)'이란 개념을 사용한다. 여기서 토큰이란 "실제 텍스트에서 사용된 특정한 단어나 표현의 사용 용례"를 말한다. 실험을 위해 사용된 표현 하나하나를 토큰이라고 표현했다.

- 총 토큰(Total Tokens, TT): 텍스트 내에 포함된 모든 토큰
- 관련 토큰(Relevan Tokens, RT): 결속 연쇄들에 들어가는 모든 토큰들
  ◦ 중심적 토큰(Central Tokens, CT): 연쇄 상호 작용에 기여하는 토큰

◦ 비중심적 토큰(Non-Central Tokens): 연쇄 상호 작용에 포함되지 않
  는 토큰
• 주변적 토큰(Peripheral Tokens, PT): 결속 연쇄에 들어가지 않는 모든
  토큰

먼저 Hasan(1984)은 전체 텍스트의 토큰을 총 토큰(TT)이라고 설명
했다. 그리고 결속 연쇄에 사용된 토큰의 전체를 관련 토큰(RT)이라고
규정했다. 관련 토큰에는 두 가지가 있다. 하나는 중심적 토큰(CT)인데
결속 연쇄의 상호 작용에 기여하는 토큰을 말한다. 여기서 "central"이
라는 명칭은 텍스트 안에서 이 토큰들이 의미 연결에 중심적 기능을
할 것이라는 것을 가정하여 사용된 것이다. 중심적 토큰은 텍스트
주제의 응집성 있는 전개에 직접적이고 밀접하게 관련된 것을 말한다.
  다른 하나는 비중심적 토큰(NCT)인데 결속 연쇄의 상호 작용에 포
함되지 않는 관련 토큰을 의미한다. 결속 연쇄에 포함되어 있지만
다른 결속 연쇄와 상호 작용을 하지 않기 때문에 텍스트의 응집성에
핵심적 역할을 한다고 볼 수 없는 토큰들이다. 이밖에 이런 결속 연쇄
에 전혀 포함되지 않는 토큰들이 있는데 이를 주변적 토큰(PT)이라고
부른다. 주변적 토큰은 결속성이 일어나더라도 연쇄작용에 포함되지
않는 것들을 말한다.
  Hasan(1984)은 이런 토큰 수의 상관관계를 통해 응집성이 높은 텍스
트에서 결속 연쇄의 상호 작용이 얼마나 빈번한지 수치를 파악하고자
했다. 만약 응집성 높은 텍스트마다 이런 상호 작용이 활발하다면,
"결속성 조화 분석(Cohesive Harmony Analysis, CHA)"은 타당성을 획득
할 수가 있다. 이를 통해 결속 기제가 응집성 형성에 기여할 수 있다는
주장을 할 수가 있다. 이런 판단이 합당하면 그동안 결속성이 응집성

에 기여할 수 없다고 비판한 Morgan & Sellner(1980)와 Carrell(1982) 등의 비판에 대한 응답이 될 수 있다. 그녀는 연쇄 상호 작용의 정도가 한 텍스트의 응집성 정도와 직접적인 상관관계가 있으며, 그래서 한 텍스트의 결속 조화(결속 연쇄의 상호 작용)가 크면 클수록 텍스트의 응집성이 커질 수 있다고 판단했다. 이론적 입장에서 본다면 전체 토큰의 몇 퍼센트가 텍스트에서 중심적 토큰으로 기능하는지를 조사함으로써 텍스트의 결속 조화 정도를 판단할 수 있다.

Hasan(1984, 1985)이 제시한 결속성 조화(cohesive harmony)의 정도를 알기 위해서는 전체 토큰에서 중심적 토큰이 차지하는 비율을 찾아야 한다. 아울러 주변적 토큰 대 중심적 토큰의 비율도 중요한 변인이 되기에 측정해 보아야 한다. 주변부 토큰(PT)에 비해 중심적 토큰(CT)의 비율이 높으면 높을수록 텍스트가 더 많이 응집적일 수 있다. 텍스트를 구성하는 전체 토큰에서 결속연쇄의 상호 작용이 참여하는 중심적 토큰(CT)의 비율을 계산하면 텍스트 응집성 형성에 기여하는 결속성의 범위를 계산할 수가 있다.

Cohesive Harmony Analysis(CHA)의 수치

$$\frac{\text{중심적 토큰(CT)의 수}}{\text{총 토큰(CT)의 수}}$$

하나의 텍스트에서 위와 같이 결속성 있는 조화(cohesive harmony)의 수치가 크면 클수록 응집성 형성에 더 기여하는 것으로 판단할 수 있다. 이런 객관적인 수치 값은 결속성 분석에서 매우 중요한 의미를 가질 수가 있다. 결속기제와 응집성의 관계를 이론적으로 규명해 줄 수 있는 중요한 판단 요인이 되기 때문이다.

앞에서 제시한 Hasan(1984: 189)의 예문을 가지고 결속성 조화 분석 (CHA)의 수치를 한번 검증해 보자.

〈표 3〉 결속성 조화 분석의 수치

TT (총 토큰)	RT (관련 토큰)	PT (주변부 토큰)	CT (중심 토큰)	CT as % of TT	PT당 CT
43	40	3	31	72.09%	10

위의 표에서 보면 총 토큰은 43개이고 여기서 중심 토큰은 31개이다. 전체 토큰에서 중심 토큰이 차지하는 비율은 72.09%이다. 이런 정도의 비율이면 응집성이 높은 텍스트라고 말할 수가 있다. PT당 CT(중심 토큰/주변부 토큰)도 중요하지만, 이보다 더 중요한 것이 TT당 CT(중심 토큰/전체 토큰)의 비율이다. 이 수치가 높으면 더 응집성 높은 텍스트가 될 가능성이 높다.

Hasan(1984, 1985)은 여러 예문과 이에 관한 분석을 통해 결속성 조화 분석(CHA)의 수치가 어떻게 응집성 형성의 정도를 객관적 설명 해 주는지를 증명하려고 했다. 아울러 그녀는 CHA의 객관성을 확보 하기 위해 응집성에 관한 기존의 일반적 평가 순위와 CHA 평가 순위 를 비교하기도 했다. 다른 학자가 평가한 세 편의 텍스트에 관한 응집 성 순위와 자신이 판단한 CHA 순위와 정확히 일치했다고 밝히고 있다.

Hasan(1984, 1985)이 응집성 형성에 기여하는 CHA 수치로 제시한 것은 중심 토큰이 전체 토큰의 50% 이상이다. 만약 중심 토큰(CT)이 전체 토큰(TT)에서 50% 이상 일관되게 나온다면 의심할 여지없이 응집성이 있다고 판단할 수 있다. 아울러 CHA의 결과는 다른 장르의 텍스트에도 그대로 적용할 수 있기 때문에 이론적 타당성을 가질 수 있다고 그녀는 제안했다.

CHA와 관련하여 그녀가 제시한 내용을 정리하면 다음과 같다.

1. 텍스트가 응집성으로 보이기 위해서는 최소한 중심 토큰(central tokens, CT)이 전체 토큰(TT)의 50 퍼센트 이상을 형성해야 한다. 이 수치는 결속성 조화 분석(CHA)의 척도(measure)로 취급될 수 있다.
2. 결속성 조화 분석(CHA)에 의한 순위(ranking)는 비공식적인 독자 반응의 결과이긴 하지만 응집성의 연속체 위에서의 텍스트들의 순위와 일치한다.
3. 두 텍스트의 결속 조화 분석(CHA)에서 유의미한 차이는 결속 연쇄의 상호 작용에서 비롯된다. 결속 연쇄가 유사하더라도 결속 연쇄의 상호 작용의 과정이 더 많다면 응집성은 더 높을 수 있다.
4. 전체 토큰(TT)에 대한 관련 토큰(RT)이나 PT(주변부 토큰)의 빈도는 응집성에 그다지 중요하지 않다. 반면에 중심 토큰(CT) 대 주변부 토큰(PT)의 비율(ratio)은 응집성의 정도와 연관이 있다. 모든 것들은 동일하다고 가정하면, 중심 토큰(CT) 대 주변부 토큰(PT)의 비율(ratio)이 높을수록, 텍스트는 더 응집적이 된다.

2.4. 결속성 조화 분석(CHA)의 의미와 효과

앞서 Halliday & Hasan(1976)이 제시한 결속성 이론이 여러 학자들에 의해 비판을 받았다는 말을 했다. Halliday & Hasan(1976)은 자신들의 책에서 결속성 연구의 궁극적 목표가 텍스트를 텍스트답게 만드는 요소, 즉 'texture'를 찾는 것이라고 말한 바 있다. 그리고 이에 관한 대답으로 결속성 기제를 설명한 바 있다. Halliday & Hasan(1976)의 논리에 따르면 텍스트가 의미의 연속체로 구성될 수 있는 것은 지시어나 어휘 반복과 같은 결속 기제들이 있기 때문이다. 그래서 Halliday & Hasan(1976)에 의하면 결속성이 곧 응집성이 될 가능성이 높다. 이에 관해 여러 비판이 있었다는 것은 앞에서도 이야기한 바 있다.

Hasan(1984, 1985)의 결속성 조화 분석(CHA)은 이런 비판에 대해 결속성이 응집성에 기여하는 실제 요소를 찾아 대응한 결과이다. Hasan은 결속성의 세부 요소를 분석하면서 이전과 다른 방식의 대안을 제시했다. Halliday & Hasan(1976)이 결속 기제의 기능과 역할에 초점을 맞추었다면, Hasan(1984, 1985)은 결속 연쇄의 기능과 이들의 상호 작용을 초점을 맞춘 것이었다. 그런데 Hasan(1984, 1985)의 이런 제안이 타당한지, 실제 효과가 있는지에 관한 면밀한 검토가 반드시 필요하지만, 실제 이에 관한 연구는 많지가 않다.

CHA의 검증 수치들이 실제 응집성이나 텍스트 질을 포착해 내는지를 밝히는 것은 중요한데, 이런 비교 연구는 서너 편이 있다. Spiegel & Fitzgerald(1990)은 초등학교 3학년 및 6학년 학생들의 CHA의 지표와 글쓰기 질 사이의 상관성을 따져보았는데, 통계적으로 유의미하지는 않았다. Cox et. al.(1990)은 초등학교 학생들을 대상으로 서사적 및 설명적 텍스트에서 CHA 지표와 글쓰기 질 사이를 비교하여 보았는데, 통계적으로 유의미한 상관관계를 얻었다. 두 연구가 CHA의 효과에 관해 상반된 연구 결과를 보여준 것이다.

다음으로 Fang & Cox(1998)은 초등학교 1학년 학생을 대상으로 결속성 조화 분석(CHA)의 지표와 텍스트 질의 지표를 비교 검토하고, 이를 텍스트 질의 두 요소, 즉 결속성 지표와 CHA 지표를 비교하고 대조해 보았다. 초등학교 1학년 학생에게 학년이 시작할 무렵(8월)에

한 번, 그리고 학년이 끝날 무렵(5월)에 한 번, 전체 두 편의 글을 쓰게 하고 이를 실험 텍스트로 삼았다. 학생들은 자신의 개인적인 경험에 기반으로 이야기를 말할 것을 요청 받았다. 연구자는 학생들의 이야기를 듣고 긍정적인 코멘트를 하였으며, 다시 이 이야기를 다른 사람들이 읽을 수 있도록 텍스트로 쓸 것을 요청하였다. 이렇게 해서 만들어진 두 가지 텍스트가 실험 대상이 되었다.

실험 결과는 다음과 같다. 상관 분석을 통해 나타난 결과는 학년 초와 학년 말에 작성된 아이들의 텍스트의 결속성 조화 분석(CHA) 지표와 전반적인 글쓰기 질 사이에 통계적으로 유의미한, 양적의 관계가 있었다. 반면에 아이들의 텍스트에서 결속 기제의 숫자는 유의미하게 증가하지는 않았다. 학생들이 학기 초, 학기 말에 작성된 텍스트의 결속 기제의 수와 총체적 질 사이에는 통계적으로 부적 관계가 있었다. 학생들의 텍스트에 결속 기제의 수가 많으면 오히려 총체적 평가의 점수는 더 떨어졌다. 나머지 다른 하나도 검사를 해 보았다. 학생들의 연초, 연말 텍스트에서 결속성 조화 분석(CHA)과 결속 기제들 사이의 상관관계 역시 통계적으로 유의미하지 않았다. 그에 반해 결속성 조화 분석(CHA) 지표는 텍스트 질 평가와 통계적으로 유의미한 상관관계를 보여주었다.

Fang & Cox(1998)은 이런 실험 결과가 Hasan(1984)의 결속성 조화 분석의 시스템이 텍스트 분석 지표로 유용하다는 점을 실증적으로 보여준 사례라고 설명한다. 이 연구가 결속성 조화 분석(CHA)에 관해 긍정적인 결과를 보여준 것은 틀림없지만, 앞서 말한 Spiegel & Fitzgerald(1990)의 연구와 같이 부정적인 결과도 있었음을 인정해야 한다. Hasan(1984)의 결속성 조화 분석(CHA)에 관해서는 아직 확인되지 않은 측면이 많다. Friedman & Sulzby(1987)는 결속성 조화 분석에 포착되지 않는 다양한 표현적 요소(예를 들어, 텍스트의 화용적 요소와 거시구조)가 많다고 지적하면서 결속성 조화 분석(CHA)도 한계가 있다는 점을 지적했다.

3. 결속성 성립의 조건(Reinhart, 1980)

Reinhart(1980)는 쓰기 연구자와 평가자들이 결속성이 있다고 판단하는 텍스트 속에 어떤 공통된 특성이 있을 것으로 보고, 그런 특성의 조건들을 검토할 수 있다고 제안했다. 먼저 Reinhart(1980)는 텍스트에서 '형식적으로 잘 구성된 것'과 '의미를 잘 전달하는 것' 사이의 차이가 있다고 판단했다. 결속성이나 응집성의 형식을 갖추지 못했음에도 의미를 전달한다면 그런 텍스트일수록 '함축된 해석(derived interpretations)'을 요구하는 경우가 많다고 보았다. 텍스트에 결속성과 응집성이 없다면 청자나 독자는 맥락이나 배경, 혹은 상황을 보고 텍스트의 의미를 새롭게 구성해야 한다. 반면에 잘 결속되고 응집성이 있는 문장이라면 이런 '함축된 해석' 없이 잘 해석되고 전달할 수 있는 내적인 규칙이 있을 것으로 생각했다. 그래서 Reinhart(1980)는 결속성과 응집성이 있는 텍스트의 기본적 조건을 찾고자 했다.

여기서는 이 중에서도 Reinhart(1980)의 결속성에 관한 조건들을 검토해 보도록 한다. 먼저 결속성의 조건을 검토하기 전에 Hallidy & Hasan(1976)의 결속성에 관한 연구를 상기해보자. Hallidy & Hasan (1976)이 결속성에 관해 중요하게 언급한 것은 결속성의 다섯 가지 주요 장치이다. 대용(anaphora, 지시: reference), 대체, 생략, 접속사, 그리고 어휘적 반복이 그것이다. 하지만 이 다섯 가지의 장치들은 독립적이지 않다. 이 가운데 세 장치(대용, 대체, 어휘적 반복)는 Reinhart가 언급한 지시적 연결관계(referential link)와 연결되어 있다. 이들의 주장에 따르면 문장 간 연결이 지시적으로 연결되지 않으면서 어휘적 반복이 일어나는 문장이라도 결속성 장치로 기능하지 않는다. 의미 연결은 앞 문장의 내용을 이어받으면서 진행되기 때문이다16).

Reinhart(1980)는 결속성이 의미 있는 연결 장치가 되기 위해 필요한 두 가지 조건을 제시했다. 이 조건들은 텍스트 내 의미의 원활한 연결을 위해 반드시 필요한 필수 조건을 의미한다. 텍스트에서 인접한 두 문장은 다음의 두 가지 경우 가운데 한 가지만 충족한다면 응집성에 기여하는 결속성이 있다고 말할 수 있다.

1. 지시적으로 연결된(referentially linked) 경우
2. 의미적 연결 장치(semantic sentence connector)로 연결된 경우

위에서 제시한 조건들은 선택적이다. 이 조건 중에서 하나만 충족해도 되고, 두 가지 모두를 충족해도 된다. 이런 조건을 충족하는 텍스트는 의미 있는 결속성이 있다고 말할 수 있다. 반대로 결속성 장치는

---

16) Hallidy & Hasan(1976: 4)은 기본적으로 텍스트의 의미 생산이 문장에서 한 요소가 다른 요소의 도움을 받아 이루어진다고 본다. 이 말은 담화에서 어떤 항목을 해석할 때 다른 항목을 참조해야 하는 것을 말하며, 어떤 특정한 구절이 다른 구절을 통해 해석되는 것을 말한다. 그래서 결속에서 가장 중요한 특징은 한 요소가 다른 요소의 지시에 의해 해석되고, 의미가 생산되는 것이라고 언급한다. 이들은 이런 결속의 지시적 속성이 텍스트의 의미 생산의 기본 요소라고 생각했다. Hallidy & Hasan(1976)의 책 『Cohesion in English』에 이런 생각은 널리 퍼져 있으나 결속성과 관련된 본문을 소개하면 다음과 같다. "결속성은 담화의 몇 가지 요소에 대한 해석이 또 다른 것에 대한 해석에 의지하는 지점에서 발생한다. 그것에 의지하지 않고서는 효과적으로 해석될 수 없다는 의미에서, 하나는 다른 것을 전제한다. 이것이 발생할 때, 하나의 결속성 관계가 성립되며 두 개의 요소, the presupposing(예상해야 하는 정보)과 the presupposed(이미 주어진 정보)는 그렇게 함으로써 최소한 잠재적으로 하나의 텍스트로 통합된다."

있지만 이런 조건들을 충족하지 못하면 의미 있는 결속 관계는 없다고 말할 수 있다.

Hallidy & Hasan(1976)이 말한 것처럼 많은 결속성 관련 연구에서 어휘적 반복을 텍스트 연결을 위한 주요 장치로 간주했다. 실제 Witte & Faigley(1981)의 연구에서 보듯이 텍스트에서 나타나는 결속 기제를 보면 가장 많이 등장하는 것이 어휘 결속이다. 그렇지만 어휘 반복이 빈번하고 중요한 장치임에도 불구하고, 그것이 항상 결속성을 구축하는 것은 아니다. Hallidy & Hasan(1976)이 말한 어휘적 반복은 Morgan & Sellner(1980)가 말했듯이 응집성의 결과이지 원인은 아닌 것처럼 보인다. 모든 어휘적 반복이 바로 응집성을 만들어 내는 것은 아니기 때문이다. 어휘 반복이 의미적 연결 관계를 만들기 위해서는 특정한 사물을 가리키는 지시 관계가 성립되어야 하다.

아래의 예문을 보자. (가), (나) 예문은 반복에 관한 것이며, (다)는 등가에 관한 것이다.

(가) 그녀 가까이에서 큰 버섯이 자라고 있었다. 그녀는 발꿈치를 들고 버섯의 가장자리를 들여다보았다.
(나) 닉(Nick)은 철로를 걸어서 강 위에 있는 다리를 건넜다. 강은 거기에 있었다. 닉은 내려다보았다.
(다) 나는 나의 고모할머니를 뵈었다. 그 불쌍한 나이든 여인은 점점 건망증이 심해졌다.

(Reinhart, 1980: 169)

위의 예문들에서 반복적인 표현은 뒤에 나온 표현이 앞에 나온 표현을 지시하는 명사구이다. (가)와 (나)는 대용 표현이 아니라 어휘 반복의 표현이다. 반면에 (다)는 앞의 문장을 지시하는 대용 표현이다. 이 세 예문의 중요한 특징은 뒤의 문장의 표현(지시, 어휘)이 앞의 문장의 사물을 지칭하고 있다는 점이다. (다)에서 '그 불쌍한 나이든 여인'은 분명히 앞 문장의 '나의 고모님'을 지칭할 것이다. 지시사 '그'가 그런 지시 내용을 함의하고 있다. 반면에 (가)와 (나)의 연결 표현들은 어휘 반복에 가깝기 때문에 대용 표현은 아니다. 뒤의 문장에 나오는 어휘가 앞 문장의 같은 사물을 지시하고 있다면 이를 통해 의미 전달이 가능해 진다. 이를 보면 결속 연결에 있어 대용 표현과 대용이 아닌 표현을 구분할 필요가 있다. Hallidy & Hasan(1976)도 말했다시피 결속 관계에서 주된 두 가지 유형은 대용(anaphora)과 어휘 반복이다.

대용은 지시 관계가 명확하다. (다)에서 보듯이 '그'라는 지시사가 앞 문장의 '나의 고모 할머니'를 바로 지시하고 있다. 반면에 어휘적 반복은 지시 관계가 명확하지 않다. 단순한 반복만으로 지시적 결속 관계를 증명하지 못한다. (가)와 (나)의 문장들은 다행히 반복된 어휘 관계가 동일 사물을 지시하고 있기 때문에 의미 전달은 쉽지만 모든 어휘 반복이 이런 것은 아니다. 앞장에서 여러 학자들의 견해에서 봤듯이 단순한 어휘 반복만으로 동일한 사물을 지시하는지 알 수가 없다.

지시적 연결관계를 포함하지 않은 어휘적 반복의 예시는 아래와 같다.

나는 보트를 샀다. 보트는 바다 위에 떠 있다. 바다에서 큰 물고기를 잡았다. 어항 속에 물고기가 놀고 있다. 요리집에 있는 큰 어항 속에 거북이가 있다. 거북이는 다른 동물보다 오래 산다.

위의 예문에서 어휘적 반복은 같은 지시적 대상을 지칭하는 것이
아니다. 내가 산 보트와 바다 위에 있는 보트가 같은 대상을 지시한다
는 보장은 없다. 이어지는 문장에서도 바다에서 잡은 물고기와 어항
속에 있는 물고기가 같지 않다. 문맥을 자세히 살펴보면 어휘 반복은
여러 차례 이루어지지만 같은 대상을 지시하는 것은 없다. 이런 예시
사항을 보면 어휘 반복이 반복해 일어나더라도 같은 지시 대상을 다
루지 않으면 의미 있는 결속이 이루어지지 않는다는 사실을 알 수
있다.

Reinhart(1980)는 어휘적 연결에서 지시 관계가 없다면 의미 있는
결속성을 만들지 못한다고 말했다. 그가 제시한 조건은 어휘적 반복
이 동일한 지시 대상을 지칭할 때 결속 장치로 기능할 수 있다는 것이
다. 다시 말해 현실적 사실이 없다면 언어적 결속성이 일어날 수 없다.
특정한 지시 대상을 지칭한다는 말은 어떤 외적 상황을 가지고 이야
기가 이어진다는 사실을 의미한다[17].

---

17) 이런 지적은 마치 Morgan & Sellner(1980)가 Hallidy & Hasan(1976)이 말한 예시를 비판한
   내용과 흡사하다. Morgan & Sellner(1980)는 Hallidy & Hasan(1976)가 제시한 예시 "여섯
   개의 요리용 사과(six cooking apples)를 썻고 심을 파내라. 그것들(them)을 내화용 그릇에
   담아라."라는 언급에서 '그것(them)'이 언어적 명사구 '여섯 개의 사과(six cooking apples)'
   를 지칭하는 것이 아니라 실제 사물 여섯 개의 사과를 지칭한다고 주장한다. Morgan
   & Sellner(1980)는 이 예문이 해석되기 위해서는 언어적 결속의 문제를 알아야 하는 것이
   아니라 요리에 대한 우리의 지식, 추론 능력, 조리법에 관한 것을 알아야 한다고 지적한다.
   현실적 실물에 관한 인식이 없으면 그것을 인식할 수가 없다는 것이다. 관련된 내용을
   소개하면 다음과 같다.
   　"그들은 them이 6개의 요리 사과(the sic cooking apples)를 지칭하는 것이 분명하다고
   말한다. 하지만 그들이 무엇을 의미하는지 어떻게 알 수 있는가? 무엇이 them이 사실
   사과를 언급하기 위한 것이지 필자의 자녀들을 지칭하기 위한 것이 아니라는 결론을
   강요하는 것일까? 이 결론을 제공하는 것은 언어에 대한 지식이 아니다. 요리에 대한
   우리의 지식, 작가의 목적, 추론 능력, 조리법이 일관적이라는 가정이다. 이 후자의 가정이
   없다면, 우리는 them이 무엇을 언급하려고 하는지 알 방법이 없다."(Morgan & Sellner,
   1980: 200).

동일한 대상을 지시하지 않는 어휘적 반복은 결속성 구축에 도움이 되지 않는다는 사실은 매우 흥미롭다. 두 텍스트의 결속성은 우선적으로 상황적 사실에 기반하는 지시적 연결 관계(더불어 몇 가지 의미적 연결 장치)에 의해서 구축된다는 것이다. 앞의 문장을 지시적으로 연결된 텍스트로 만들면 다음과 같다.

나는 보트를 샀다. 그 보트를 타고 바다로 나갔다. 나는 바다에서 큰 물고기를 잡았다. 그 물고기를 어항 속에 넣고 요리집으로 갔다. 요리집에도 큰 어항 속 거북이가 있었다. 우리는 그 거북이를 보면서 맛있는 물고기 요리를 먹었다.

위의 예문에서 첫 문장의 '보트'와 두 번째 문장의 '보트'는 같은 대상을 지시한다. 세 번째 문장의 '물고기'와 네 번째 문장의 '물고기'도 같은 대상이다. 그렇기 때문에 이 문장들은 의미적으로 연결이 된다. 어휘의 반복이 지시적으로 연결되어야 하는 이유이다. 지시적 연결 관계는 텍스트를 연결하기 위한 가장 일반적인 방법이며, 주요한 명시적 연결 장치가 되기도 한다.

그런데 Reinhart(1980)는 어휘 결속이 동일한 대상만 지시했을 때 의미 결속이 이루어지는 것이 사실이지만 항상 그런 것은 아니라고 말한다. 당연한 이야기이겠지만 문장은 화제를 바꾸어 이야기를 지속적으로 이어갈 수 있다. 또 연속되는 문장의 연결 관계를 보면 문장 화제를 빈번하게 바꾸면서 이야기를 진행하기도 한다. 그런 점에서 어휘 결속은 지시적인 연결 관계를 가지면서 화제를 바꿀 수 있다.

최초의 항생제는 1928년 알렉산더 경에 의해 발견되었다. 그는 그 당시

에 특정 종의 세균을 조사하느라 바빴다. (Reinhart, 1980: 172)

위의 예문을 보면 첫 문장의 문장 화제는 '최초의 항생제'이다. 둘째 문장의 화제는 '그'이다. 첫 문장의 화제와 둘째 문장의 화제가 동일하지 않은 것이다. 앞에서 말한 것처럼 어휘 반복은 항상 같은 화제가 되어야 할 필요는 없다. 화제가 동일하지 않더라도 이처럼 지시 대상이 같은 경우에는 의미 결속이 이루어질 수 있다. 그래서 Reinhart (1980)는 지시적 결속성(referentail cohesion)은 모든 문장이 같은 화제를 포함할 것을 요구하지 않으나, 그 문장들 간의 지시적 연결 관계(link)는 가지고 있어야 한다고 말한다.

그러나 중요한 것은 이런 지시 관계가 앞 문장이나 뒤 문장의 중심 화제를 지시하지 않을 때는 결속력이 약화될 수밖에 없다는 점도 이해해야 한다. 예를 들어서 Reinhart(1980)가 제시하는 다음 문장을 보자.

(가a) Dan is a nice fellow. even Rosa likes him
　　 댄은 좋은 사람이다. 심지어 Rosa도 그를 좋아한다.

(가b) Dan is a nice fellow. Rosa likes even him
　　 댄은 좋은 사람이다. 로사는 그마저도 좋아한다.

(나a) Dan is a nice fellow. Rosa always invites him to her parties.
　　 댄은 좋은 사람이다. 로사는 항상 파티에 그를 초대한다.

(나b) Dan is a nice fellow. To her parties Rosa always invites him.
　　 댄은 좋은 사람이다. 파티에 관해서 Rosa는 항상 그를 초대한다.

(다a) This book is very boring. Rosa couldn't finish it.

이 책은 매우 지루하다. 로사는 그 책을 끝내지 못했다.

(다b) This book is very boring. As for Rosa, she couldn't finish it.

이 책은 매우 지루하다. 로사에 관해 말하자면, 그것을 끝낼 수 없었다.

(라a) Dan is a tough guy. But even he cried at the movie.

댄은 터프한 사람이다. 하지만 심지어 그는 영화를 보고 울었다.

(라b) Dan is a tough guy. Even he cried at the movie.

댄은 터프한 사람이다. 심지어 그는 영화를 보고 울었다.

(Reinhart, 1980: 172)

위의 예문들을 살펴보면 비슷한 것 같아 보이지만 의미는 조금씩 다르다. 둘째 문장의 결속 어휘가 첫 문장에 있는 지시 대상을 언급하고 있는 것이 지시적 연결 관계라면, (가)~(라)의 예시에서 (a)와 (b)의 문장은 밑줄 친 어휘를 통해 지시적으로 연결되어 있다. 그런데 지시적으로 연결되어 있음에도 불구하고 자세히 보면 (b) 문장은 (a) 문장에 비해 결속성이 떨어지는 것처럼 보인다. 또 화용적으로도 어색하게 보인다. 이런 이유에 대해 Reinhart(1980)는 연결되는 둘째 문장의 통제 받고 있는 지시대상은 문장의 화제가 되거나 아니면 배경 설정 표현이 되어야 한다고 말한다. 이 말을 꼭 기억할 필요가 있다.

다시 예문을 자세히 살펴보자. (가)~(라) 예문에서 (a) 문장들은 지시적으로 연결된 표현(밑줄 친 부분)이 문장의 첫 표현(initial expression)에 오지 않았지만 전체 문장은 결속성을 가지고 있다. 그 이유는 (a) 문장에 나온 결속 어휘들이 문장의 화제가 되고 있기 때문이다. (가a)의 문장 "Dan is a nice fellow. even Rosa likes him."를 보면 둘째 문장 'him'은 문장의 화제이다. 이 문장은 명백히 'him(Dan)'에 대해 이야기하고 있기 때문이다. 그래서 Reinhart(1980)는 결속되는 어휘가 첫 문장에 오지 않더라도 화제가 명백하다면 결속성이 성립한다고 말한 것이다. 이런 설명은 (나a)나 (다a)에서도 가능하다. 로사가 항상 댄을 파티에 초대한 것과 로사가 그 책을 읽지 못한 것에서 댄과 책은 분명하게 문장의 화제 기능을 담당하고 있다. 이 문장들은 댄과 책에 관해 이야기를 하고 있기 때문이다. (라a)는 조금 다르다. 결속 어휘가 문두에 와 있고, 둘째 문장 앞에 역접 접미사(but)를 붙여 댄이 터프한 사람임에도 영화관에서 울었다는 것을 알려주고 있어 의미 결속에는 큰 문제가 없다.

반면에 (가b)~(다b) 문장들은 조금 문제가 있다. (가b)의 둘째 문장에서 화제는 로사(Rosa)로 이 문장에서 '그(him)'는 화제가 될 수 없다. 그래서 전체 문장의 의미가 이상해진 것이다. (나b)의 둘째 문장에서 'him' 역시 문장 화제가 되지 못한다. 'To her parties'가 있어 둘째 문장은 '그녀의 파티'에 관한 문제를 다루고 있다. 그래서 첫 문장과 둘째 문장의 의미들이 완벽하게 이어지지 않고 어색한 연결이 된 것이다. (다b)의 둘째 문장도 문장 화제는 '로사(Rosa)'이다. '책(it)'이 문장 화제가 될 수 없다. (라b)를 보면 '그(he)'는 화제처럼 보이지만 완전하지가 않다. 그것이 even과 함께 와서 의미가 달라지기 때문이다. (가)에서 (라)까지의 예문을 보면 모든 지시적 관계가 결속성을 위한 충분조건이 아니라는 것을 알 수 있다. 다시 다른 예문을 보자.

When he entered the pharmacy Svoitin noted the smell peculiar to all pharmacies in the world. Because of the late hour, there were no people in the pharmacy...

그가 약국에 들어갔을 때 스보이틴은 세계 모든 약국에서 나는 특유의

냄새에 주목했다. 늦은 시간 때문인지 약국에 사람이 없었다...

(Reinhart, 1980)

위의 예문 두 번째 문장에는 지시적으로 연결된 표현이 없다. 마지막 표현인 '약국에(in the pharmacy)'에 의해서만 지시적 연결이 일어난다. Reinhart(1980)는 문장의 지시적 관계에서 문장에서 화제가 아니라도 의미 연결이 되는 경우가 있다고 설명한다. 그 경우에 '화제 topic'(theme) 또는 '배경 설정(scene setting)'과 같은 기능적인 표현이 나타나면 앞 뒤 문장의 지시적 연결의 개념이 더 명확해진다고 말하고 있다. 여기서 '배경 설정 표현'이란 공간적, 시간적 체계를 구체화하는 문장 요소이며, 문장이 언급하는 특정한 사건에 대한 세계를 의미한다. 그것은 앞뒤 문장이 인접해 있는 공간적 요소로 사건을 동일체로 연결시키는 기능을 한다. 위의 예문에서 보자면 '약국에'와 같은 표현이 이에 해당한다. 이런 사항들을 고려해서 Reinhart(1980)는 결속성이 지시적으로 연결된(referentially linked) 경우, 다음과 같은 조건을 덧붙여야 한다고 말하고 있다.

만일 S2(두 번째 문장)의 "화제" 혹은 "배경 설정 표현"이 S1에서 언급된 요소에 의해 지시적으로 통제받는다면 S1(첫 번째 문장)과 S2 문장은 지시적으로 연결된다.

이제 마지막으로 Reinhart(1980)가 제시한 마지막 결속 조건을 알아보자. 그것은 앞에서 지시적 결속 외에 조건으로 제시한 의미적 결속 관계이다. Reinhart(1980)는 결속성의 조건 설정에서 텍스트가 지시적 연결되는 것 외에도 의미적으로 연결되고 결속될 수 있다고 말한다.

어휘 반복이 없더라도 의미를 통해 앞뒤 문장을 결속시킬 수가 있다고 본다.

첫 번째 남자가 달에 착륙했다. 그와 동시에(at the very same moment) 한 어린 소년은 앨라배마에서 폐렴 치료를 받지 않아서 죽었다.

Reinhart(1980)는 어휘의 지시적 반복이 없어도 원인－결과, 비교, 대조, 시간적 연결, 예시 등과 같은 의미적 관계를 보여주는 표지들이 있으면 의미 있는 결속성을 획득한다고 말한다. 그리고 이런 의미적 결속 장치들은 텍스트가 담화 내에서 새로운 화제를 불러올 때 유용하게 사용할 수 있을 것이다. 예를 들어 (h)의 두 번째 문장은 새로운 지시대상(a young boy)을 포함한다. 이후에 담화는 새로운 지시대상(어린 소년)에 대한 서술을 이어갈 수가 있다.

4. 결속성의 효과와 한계

Halliday & Hasan(1976)은 텍스트의 속성, 즉 'texture'은 궁극적으로 언어적이고 문법적인 관계로 드러날 수 있다고 말했다. 그가 언급한 결속성은 텍스트에 나타난 언어적이고 문법적인 특성이면서 의미적인 텍스트의 속성이 나타난 결과이기도 하다. 그러나 실제 모든 결속성이 텍스트의 속성을 드러내주는 것은 아니다. 결속성을 텍스트성 혹은 응집성으로 보고자 하는 논의는 많은 학자들에 의해 비판을 받았다. Halliday & Hasan(1976)이 결속성 이론을 발표한지 얼마 되지 않아 Morgan & Sellner(1980)과 Enkvist(1980), Carrell(1982) 등이 이에 관해 비판을 했다.

　Morgan & Sellner(1980)는 스키마 이론에 기초하여 Halliday & Hasan
(1976)의 결속성 개념, 즉 결속성을 응집성과 유사한 개념으로 보는
관점을 강력하게 비판했다. Morgan & Sellner(1980)는 담화나 텍스트
를 언어 규칙으로만 해석하려는 관점을 신랄하게 비판하고, 담화나
텍스트의 의미는 언어 외적인 세계와 인간의 의식, 마음의 이해 없이
는 불가능하다고 주장했다. 이들은 언어 해석에는 필자나 화자의 의
도, 생각, 상황 등이 개입하여 언어 규칙으로만 설명할 수 없는 여러
요인들이 작용한다고 말했다. 그렇기 때문에 텍스트의 의미 연결의
문제를 단순히 언어 규칙으로만 설명하려는 의도를 잘못된 것으로
보았다[18].

---

18) Morgan & Sellner(1980: 176)가 Halliday & Hasan(1976)을 비판하는 데는 기본적으로 이들
　이 생성문법에 관해 갖는 비판적 인식과 밀접하게 연관되어 있다. 담화와 텍스트를 이해
　하고 구성하는 능력 속에 과연 순수하게 언어학적 능력은 얼마나 될까? Morgan &
　Sellner(1980)는 기본적으로 많지 않다고 본다. 이들은 언어 사용을 설명하는 데 있어 언어
　이론보다 마음 체계의 작용으로 설명하는 것이 훨씬 더 보편적이라고 보았다. 다양한
　목적, 다양한 상황에서 언어를 사용하는 인간의 능력에 대해 모든 것을 설명하고자 하는
　언어학의 일반적 관점은 지나치게 순진한 관점이라고 비판한다. 예를 들어 이들은 Grice,
　Searle의 연구와 같이 대화나 화행을 다루는 이론을 과연 언어학적 논의라 말할 수 있는지
　를 질문한다. 이런 이론들은 상당수 화자의 의도와 목적을 추론적 관점에서 다루는 것들
　이다. 이런 논의들은 일반적으로 인간 상호 작용의 영역에서 발견되는 원리들이다. 그렇
　기 때문에 이런 이론에서 볼 수 있는 언어 행동의 기초는 언어 체계가 아니라, 정신 체계에
　해당한다. 그런 점에서 Morgan & Sellner(1980)는 Grice, Searle의 이론들이 언어 이론의
　영역에 있지 않으며, "이것은 문법에 맞는가?"라고 물으면 "전혀 아니다"라고 대답할
　것이라고 말한다.
　　Morgan & Sellner(1980)는 이와 같은 원리로 담화나 텍스트의 문제를 언어 이론으로
　확장하여 설명하려는 관련 연구들을 비판한다. 대표적인 것이 바로 Halliday & Hasan
　(1976)의 연구이다. 이런 연구들은 몇 가지 기본적인 전제를 가진다. 첫째, 담화에 관한
　언어 능력은 마음/정신 체계와 분리 가능하며, 상대적으로 작은 구성 요소여서 제한적인
　연구 가능성이 있다고 판단한다. 둘째, 담화의 속성은 문장의 속성과 비슷해서 동일한
　언어 이론이나 동일한 용어(문장, 단어, 음소)로 다룰 수 있다고 생각한다. 기본적으로
　문장과 담화는 같은 종류이어서 일반적인 언어학 용어로 설명될 수 있다고 보는 입장이
　다. Morgan & Sellner(1980)는 이런 주장들은 근거가 없으며, 텍스트(담화) 속성을 문법

Morgan & Sellner(1980)는 Halliday & Hasan(1976)이 텍스트나 담화에서 의사소통을 위한 내용적 측면에서 일어나는 문제를 마치 일반화된 언어 규칙의 특성에서 일어나는 문제처럼 왜곡하여 서술하고 있다고 판단한다. Morgan & Sellner(1980)는 응집성이 내용 층위의 문제라고 주장했다. Morgan & Sellner는 결속성 연결장치를 효과(혹은 결과/effect)보다는 원인(cause)으로 이해하는 것은 오류라고 지적하였다. 그리고 이 오류가 Halliday & Hasan(1976)에 의해서 비롯된 것이라고 주장한다. Halliday & Hasan(1976)이 결속성으로부터 텍스트의 의미 형성이 이루어지는 것처럼 말했기 때문이다. 이들이 보기에는 결속성은 내용상 응집성의 부수 현상으로 생긴 것에 불과하다.

Morgan & Sellner(1981)는 Halliday & Hasan(1976)이 제시한 결속성에 관한 예문을 분석한다. 앞장에서 보았다시피 Halliday & Hasan(1976)은 그들의 책 『*Cohesion in English*』의 서두에서 잘 알려진 예문 두 문장을 제시한 바 있다. "여섯 개의 요리용 사과들(six cooking apples)을 씻고 심을 파내라. 그것들(them)을 불연성 그릇에 담아라."(Halliday & Hasan, 1976: 2) Halliday & Hasan(1976)은 두 번째 문장의 'them'이 첫 번째 문장의 명사구인 'six cooking apples'를 지칭한다고 주장했다. 이러한 'them'의 대용어 기능이 두 문장 사이에 결속성을 부여한다고 본 것이다. 이런 문장 연결 장치를 통해 두 문장을 별도의 두 개 문장이 아닌, 하나의 텍스트로 간주할 수가 있다. Halliday & Hasan(1976)은 텍스트를 텍스트답게 만드는 성격, 즉 통일된 전체로서 텍스트를 만드는 요소(texture)는 단어 'them'과 명사구 'six cooking apples' 사이

이론으로 파악하고자 하는 것은 피상적인 결론이며, 모두 사라질 환상이나 허구라고 주장했다. 이들이 이러한 비판 대상으로 주의 깊게 살펴본 이론이 바로 결속·응집성 이론과 텍스트 구조이다.

에 존재하는 결속 관계에 의해서 만들어지는 것이라고 말한 바 있다[19]. 다시 말해서 텍스트성은 문장 사이에 존재하는 이러한 언어 항목과 결속 관계에 의해서 생겨나게 된다.[20]

그러나 Morgan & Sellner(1980)는 'them'이 앞에서 언급된 무언가를 지칭하지 않는다고 지적한다. 'them'은 '여섯 개의 요리용 사과들'(실제 세계의 사물)을 지칭하는 것이지 언어 표현인 'six cooking apples'를 지칭하는 것이 아니다. 'them'이 지시하는 것은 (언어적 표현이 아닌) 실제 사물인 사과들을 접시에 담으라는 지시인 것이다. 다시 말해 이것은 언어 표현으로서 '사과들'이 아니고 단지 특정한 사물인 '사과들'을 지칭하는 것일 뿐이라고 말하고 있다. 이러한 관계는 텍스트 내 요소들 간의 관계가 아닌, 텍스트 내부의 무언가와 텍스트 외부의 무언가 사이에 있는 관계이다. Halliday & Hasan(1976)은 'them'이 앞 문장의 'six cooking apples'를 지칭하는 언어적 관계라고 말을 하지만 실제 이것은 외부에 존재하는 실제 사물의 존재를 인식하지 못하면

---

19) Morgan & Sellner(1980)는 Halliday & Hasan(1976)이 사용한 'Texture'라는 개념에 관해 불분명하다는 입장을 견지한다. 우선 'Texture'라는 개념은 응집성과 유사한 것으로 보이지만 Halliday & Hassan(1976)이 응집성이라 말하지 않고, 특별히 이 용어를 채택했고, 더 선호했다. 'Texture'는 "텍스트가 되는 것"의 속성을 표현한 것으로 보이는데, 텍스트의 속성을 보다 더 신비한 존재로 보고자 한 것이다. 모든 텍스트는 Texture을 가지고 있으며, 이것은 텍스트를 텍스트가 아닌 것과 구별한다. Morgan & Sellner(1980)는 Halliday & Hasan(1976)이 이 신비로운 요소를 단지 언어적인 결속으로 치환하는 데 관해 비판하고 그 저의를 의심하고 있다. 그들의 논문을 읽어 보면 언어 바깥의 사용역에 관해 무심한 반면에, 결속 기제에 관해 관심을 표명하고 이를 의미 문제로 확대한다. Halliday & Hassan(1976)의 논의를 보면 결국 결속성은 내용(의미)의 문제가 아니라 텍스트가 어떻게 의미 체계를 구성하는지에 관한 것이라고 볼 수 있다. 곧 그 의미 체계는 언어 형식의 문제로 바뀌게 되는 것이다.

20) Halliday & Hasan(1976)은 결속성(cohesion)과 관련된 논의를 진행하면서 텍스트를 텍스트답게 만드는 요소, 즉 texture의 특성을 구체적으로 밝히지 않았다. 다만 결속 기제에 관한 논의를 진행하면서 결속성이 의미 연결의 문제라는 점을 강조하고, 텍스트의 전체적 통일성을 강조하는 것으로 보아, 응집성(coherence)과 비슷한 의미를 가지는 것으로 유추하여 말하고 있는 것으로 볼 수 있다.

해석할 수 없는 문제이기도 하다. Morgan & Sellner(1980)가 계속해서 비판하는 것은 Halliday & Hasan(1976)이 응집성을 형성하는 데 내용적 일관성만을 가지고는 부족하며, 결속성과 같은 추가적인 언어적 속성이 있어야 한다는 식으로 말한다는 점이다. 이런 사실은 이들이 "어휘적 응집성(lexical cohesion)"을 "형태의 관련성(relatedness of form)"이라고 말을 할 때 분명하게 드러난다.

그런데 Morgan & Sellner(1980)는 어떤 특정한 텍스트에 내용적인 응집성이 있다면 당연히 결속 기제가 반복해서 나타날 수밖에 없다고 보았다. 처칠의 전기를 보는 사람들은 당연히 그 책에서 처칠에 관한 어휘를 빈번하게 볼 수밖에 없다. 사람들은 Churchill, he, him, his 등과 같은 단어들의 고빈도 출현을 당연하게 받아들이고 이를 쉽게 이해한다. 사람들이 처칠에 관한 전기라는 사실을 알기 때문에 he, him, his와 같은 지시어가 금방 처칠을 뜻한다고 인식할 수가 있는 것이다. Morgan & Sellner(1980)이 판단할 때 응집성의 원천은 내용이나 사실에 있는 것이지, 특정 어휘의 반복적 발생에 따른 것이 아니다.

이와 더불어 Morgan & Sellner(1980)는 Halliday & Hasan(1976)이 결속성의 관계를 분명하고 객관적인 사실로 받아들이는 실수도 범했다고 지적한다. Halliday & Hasan은 'them'이 여섯 개의 요리용 사과(six cooking apples)라는 어휘 표현들을 지칭한다고 분명하게 말했다. 하지만 Morgan & Sellner는 우리가 'them'이 지칭하는 내용을 어떻게 알 수가 있는지 잘 생각해 보라고 반문한다. 인용문의 내용이 요리의 레시피라는 배경적 상황에 관한 인식이 없다면 과연 'them'이 여섯 개의 사과를 지칭한다고 추론할 수 있겠는가? Morgan & Sellner는 그렇지 않다고 말한다. 독자는 요리책의 내용이라는 전제, 그리고 필자의 의도와 '요리'라는 분야에 대한 우리의 배경 지식이 있기에 해석을 할 수가 있다. 이러한 전제 없이는 'them'이 지칭하는 바를 명료하게 인식할 방법이 없다. 언어적 지식이 이런 내용을 담보해 주지는 않는다. Morgan & Sellner(1980: 180)은 "텍스트가 응집성이 있다고 가정하기 때문에 'them'이 사과들을 의미한다고 분명하게 주장할 수 있다."고 말했다. Morgan & Sellner는 Halliday & Hasan(1976)이 텍스트가 결속성과 같이 특정한 언어적 형식을 취하는 것이 응집성의 결과가 아닌 원인이라고 오해했기 때문에 나온 것이라고 보고 있다[21].

핀란드학자 Enkvist(1990)도 결속성이 텍스트성 혹은 응집성에 기여하지 못한다는 사실을 매우 강하게 주장했다. 그는 초기의 결속성 연구가 Halliday & Hasan(1976)의 경우에서도 알 수 있듯이 텍스트 언어학자나 담론 분석가들의 관심 속에 다분히 언어학적 학술 영역의 확장과 관련된다고 말했다. 많은 언어학자나 텍스트 분석학자들은 실증주의의 유산 덕분에 '존재하지 않는 것'보다 '분명하게 존재하는 것'을 추구하는 경향이 늘어났고, 전통적인 통사적 기술로는 명백하게 설명하기가 어려운 문장의 연결에 관심을 쏟게 되었다. 이들은

---

21) Morgan & Sellner(1980)는 Halliday & Hassan(1976)이 결속성 개념을 결과가 아니라 원인이라고 주장하는 데 대해 신뢰할 만한 이유와 근거를 제시하지 않는다고 본다. 그래서 Morgan & Sellner(1980)는 결속성 개념이 어휘 항목의 연쇄/사슬의 사례로 확장할 때 완전히 무너진다고 언급한다. 어차피 공통의 주제를 지닌 텍스트라면 어휘 사용에 일관성이 있을 수밖에 없고, 이에 따라 어휘 연쇄가 포함될 수밖에 없다는 것이다. 그러나 Halliday & Hassan(1976)은 이에 대한 설명보다 결속성(cohesion)에 대한 독립적인 언어 개념이 있다고 주장하기 때문에 Morgan & Sellner는 이들이 이를 설명할 책임이 있다고 본다. 하지만 Halliday & Hassan(1976)은 이 입장에 관해 어떠한 설득력 있는 주장도 제공하지 않는다. 오히려 이들은 결속성에 관한 세부 요소를 설명하는 데 더 치중하고 있다. Morgan & Sellner(1980)는 언어의 소통 양상에 관해 모든 것을 언어 형식의 문제로 해결하려는 Halliday & Hassan(1976)의 입장에 대해 상당히 비판적이다. 이들이 촘스키의 변형생성문법을 비판하면서, 이를 Halliday & Hassan(1976)의 논의와 연결시키는 것을 봐도 알 수가 있다.

다양한 해석의 여지가 있는 의미 연결의 심층구조에도 이론적 정당화가 필요했고, 찾기 어려운 의미 연결의 그림자나 언어의 은유적인 의미까지도 보다 명시적이고 구체적으로 묘사할 수 있는 실체를 찾아 제시하고자 했다. Enkvist(1990)는 이에 따라 담화 분석가나 텍스트 언어학자들이 담화와 텍스트 표면에서 눈에 보이고, 형식적으로 확정할 수 있는 결속성 표지(cohesion markers)들을 탐색하고, 이에 따른 결속 문장이 어떠한지에 관한 분석을 시도했다고 보았다.

그런데 '담화 언어학'에 대한 관심이 커진 것은 좋지만, 문제는 결속성 기술을 이용한 초기의 텍스트 연결에 관한 추적은 만족스럽지 못한 결과로 나타났다는 점이다. Halliday & Hasan(1976)의 주장대로 결속성 장치를 사용하여 흠잡을 데 없이 긴밀하게 연결된 문장을 만들었음에도 불구하고 이상하게 해석될 여지가 있는 문장이 현실에서 무수히 나타날 수가 있다. 아래 예시를 보자.

(가) 내 차는 검은색이다. 70년대에는 흑인영어가 논란의 여지가 있는 과목이었다. 70세가 되면 대부분의 사람들은 은퇴했다. 은퇴한다는 것은 "차량에 새 타이어를 다는 것"을 의미한다. 호버크라프트와 같은 일부 차량에는 바퀴가 없다. 바퀴가 돌아간다. (Enkvist, 1990: 12)

(나) 수지는 울부짖는 얼음 조각을 쓰라린 자전거에 남겨두었고, 그 얼음은 녹았다. 그것은 곧 그녀의 마티니(martini)에서 즐겁게 깨지는 소리가 나게 했다. 술을 마시면서 그녀는 전날 밤 수학 교과서에 자신이 끓인 그랜드 피아노를 부었다. 그녀는 마티니를 씹고, 올리브를 읽고 잠자리에 들었다. 하지만 처음에 그녀는 옷을 벗었다. 그리고 나서 그녀는 옷을 벗었다. (Enkvist, 1990: 12)

(다) 그물이 번개같은 슛으로 출렁거렸다. 심판이 호루라기를 불며 신호를

보냈다. 스미스는 오프사이드 상태였다. 두 명의 주장 모두 뭔가를 중얼거렸다. 골키퍼는 안도의 한숨을 쉬었다. (Enkvist, 1990: 12)

(라) 쿼터백이 팽팽한 끝을 향해 공을 던졌다. 공은 많은 스포츠에서 사용된다. 대부분의 공은 구체이지만 축구는 타원체이다. 타이트 엔드(tight end)가 공을 잡기 위해 공중으로 뛰어 올랐다. (Witte & Faigley, 1981: 201)

(가)에서 문장들은 모두 분리되어 있지만 그 문장들은 단절되어 의미가 연결되지 않는다. 그래서 (가) 예문을 Van Dijk가 말한 대로 요약을 할 수 없다. Enkvist(1990)는 이런 문장들을 요약할 수 없는 이유를 이 문장들이 '일관된 세상의 모습(a consistent world picture)'을 형성하지 못하고, 문맥상 앞뒤가 맞지 않기 때문이라고 말했다. (나)의 예문은 (가)보다 더 심하다. (나)에서는 세계에 관한 '일관된 시나리오'가 없을 뿐만 아니라 '텍스트 세계'가 지녀야 하는 기본 문법에서도 유사한 결핍이 있다. 이는 하나하나의 문장이 '명백한 표면 신호(overt surface signals)'에 의해서 연결되지 않았기 때문이 아니라, 문장들이 비현실적이고 불가능한 세계에 대한 이미지나 모순을 생산하도록 만들고 있기 때문이다. 그런 점에서 Halliday & Hasan(1976)이 말한 대로 'texture'가 문장의 표면적 결속 관계를 통해 드러난다는 말은 옳은 말이라고 볼 수가 없다. Halliday & Hasan은 영어 문단이 한 문장 이상으로 구성되어 있다면 텍스트로 인식되는데 그 문단 안에는 전체적 통일성에 기여하고 짜임새를 제공하는 통일적인 언어 요소(Texture)가 반드시 있다고 말했지만, 실제로는 꼭 그렇지 않다. 어떤 언어적 요소가 있어야 반드시 텍스트성이 구현되는 것은 아니다. 앞의 예시를 보자.

(가)나 (나)보다 (다)가 더 옳은 문장이 되는 이유를 정확히 설명할 언어학적 문법이나 규칙은 없다. 다만 (다)와 같은 경우는 축구에 대해 아는 사람들에게는 충분히 이해가 갈 만한 내용이다. (가)에서 연결성의 부재는 단순한 통사적 설명으로 해석할 수는 없다. 텍스트를 이상하게 만드는 이유를 설명하기 위해서, (나)를 살펴보고 얼음은 생명이 본래 없는 것이라고 말하는 것만으로는 충분하지 않다. '쓰라린 자전거', '비명을 지르며 녹는 얼음 덩어리', '수학 교과서 안에서 끓는 피아노' 그리고, 괴상한 현실의 뒤틀림 같은 무수한 비합리적인 형상을 통사 규칙을 통해 설명하는 것은 기본적으로 불가능하다. 반면에 (다)의 예문은 결속성 장치는 없지만 우리의 일상적 삶과 완벽하게 일치한다. 문장은 네 개인데 결속성 표지는 없지만 문장의 배경이 축구 경기라는 것을 어렵지 않고 알 수 있고, 독자는 쉽게 그 내용을 이해할 수 있다. (다)의 예문은 필자가 가진 '의사소통적 세계'와 독자가 해석하는 '의사소통적 세계'가 일치하기 때문에 결속성이 없어도 의미를 만들어 낼 뿐만 아니라 의사소통도 가능할 수가 있다. 이 문장들은 의미 연결을 위해 결속 표지의 사용이 중요한 것이 아니라 소통 가능한 맥락의 세계를 공유하여 무엇보다 상호 이해가 가능한 문장을 만드는 것이 중요하다는 사실을 보여주고 있다.

이에 반해 (라) 예문도 네 문장으로 되어 있지만 의미가 (다) 예문보다는 매끄럽게 통하지 않는다. 미식 축구가 배경인 것이 분명한데 '공'이라는 결속성 기제를 사용하기 위해 둘째와 셋째 문장을 넣음으로써 의미가 더 혼란스럽게 되었다. 오히려 둘째와 셋째 문장을 빼면 의미 연결이 더 자연스럽게 된다. 이런 예문을 보면 텍스트에서 의미 연결은 형식적인 결속 기제보다 필자와 독자가 소통할 수 있는 '일관된 세상의 모습'을 보여주는 것이 더 중요하다는 것을 알 수가 있다.

그래서 Enkvist(1990)는 문장에서 의미가 통하지 않는 것은 결속 기제처럼 '명백한 표면 신호'가 없어서가 아니라, 문장이 비현실적이고 불가능한 세계에 대한 이미지나 모순을 생산하도록 만들기 때문이라고 보았다[22].

결속성의 효용에 관한 비판에 있어 Carrell(1982)는 Halliday & Hasan의 규범적이고 형식적인 결속성을 공격한다. Halliday & Hasan(1976)은 결속성이 지시적 관계와 같은 문법적 결합과 특정한 어휘 항목의 반복을 통해 나타난다고 말했는데, 중요한 것은 이런 형식적 관계가 문장의 의미를 연결시키는 하나의 규범과 체계로 기능하고 있다고 본 점이다. 이들은 텍스트의 형식적 결속성을 텍스트의 응집성을 나타내는 표지로 간주했다. Carrell(1982)는 앞서 Enkvist(1990)가 말했듯이 Halliday & Hasan(1976)이 담화적 특성을 언어적, 혹은 유사 언어적 특성으로 간주한다고 생각한다. 다시 말해 Halliday & Hasan(1976)이 텍스트를 언어적 현상으로 다루려 했는데, 이는 이전에 있었던 텍스트 문법의 전통에서 비롯된 것이라고 보았다.

이런 관점에 따라 Carrell(1982)은 Halliday & Hasan(1976)이 응집성보다 결속성에 더 많은 관심을 쏟았다고 말한다. Halliday & Hasan(1976)은 내용적인 응집성만으로 텍스트를 일관되게 만들기에 불충분

---

22) Enkvist(1990: 13)는 예문 (1), (2)보다 (3)이 더 말이 되는 이유를 정확히 설명할 현존하는 문법이나 어법은 없다고 말한다. (1), (2)의 연결성 부재는 단순히 통사적 내용만으로 설명할 수는 없다. 텍스트 (2)가 이상하게 된 것이 단순히 "얼음은 원래 생명이 없는 것"이라고 말하는 것만으로 충분하지 않다. '쓰라린 자전거'나 "마티니를 씹고, 올리브를 읽고"와 같은 것이 잘못되었다고 말하기 위해 필요한 목록의 언어 사전을 만들어야 하지만 이것도 불가능하다. 이런 모든 것(무엇이 타당하고 실현 가능한지, 무엇이 설명 불가능한지)을 설명하기 위해 언어의 '거대한 장치'를 만들거나, 세상의 모든 단어의 배열 순서를 목록화하는 시도가 있어야 하지만 이것도 불가능하다. 이것이 Enkvist(1990)가 텍스트의 결속성을 비판하고 텍스트의 응집성을 텍스트에서 형성되는 '세상의 모습(a world picture)'에 두어야 한다고 말하는 이유이다.

하므로 결속성 연결기제와 같은 언어적 장치가 있어야 한다고 말했다. 이들이 텍스트의 언어적 장치인 결속성을 응집성을 만들어 줄 수 있는 원천으로 보았기 때문이다. 텍스트의 결속성을 응집성으로 간주하는 이런 관점은 많은 학자들로부터 당연히 비판을 받았다. Carrell(1982) 역시 결속성을 응집성의 원인으로 보는 것을 비판했고, 결속성은 응집성의 원인이 아니라 효과나 결과에 해당한다고 보았다. Carrell(1982)은 Morgam & Sellner(1980)의 말을 빌어 "내용을 보면 결속성은 응집성의 부수 현상"에 불과하다고 말한다. 쉽게 말하면 결속성이 있어야 응집성이 만들어진다는 주장을 반박하고, 오히려 응집성이 있는 문장의 부수 효과로서 결속성이 나타나는 것이라고 주장한 것이다.

예를 들어보자. Halliday & Hasan(1976)이 제시한 "여섯 개의 요리용 사과를(six cooking apples) 닦고 심을 파내라. 그것들(them)을 불연성 그릇에 담아라."라는 예시에서 Halliday & Hasan(1976)은 어휘 'them'이 어휘 'six cooking apples'를 지칭한다고 말했다. 그렇지만, 실제 이렇게 판단하기 위해서 필요한 것은 앞에서 이야기했지만 언어적 지식이 아니라 이것이 요리책이라는 전제, 그리고 필자의 의도, '요리' 분야에 관한 우리의 배경 지식, 아울러 이를 추론하는 능력이다. Carrell (1982)이 말하고자 하는 것은 이미 우리가 전제하고 있는 배경적 맥락과 전제가 텍스트를 그렇게 해석하도록 만들었다는 것이다. Halliday & Hasan(1976)은 결속성이 있어 텍스트가 그렇게 해석될 수 있다고 보았지만 그 이전에 이미 텍스트의 배경과 맥락을 통해 독자가 해석할 가능성(스키마)이 마련되어 있었던 셈이다. 그래서 Carrell(1982)은 Morgan & Sellner의 입장과 동일하게 Halliday & Hasan이 '어휘적 결속성이 어떤 설명적 가치를 지니는지'를 증명하지 못했고, 또한 결속성이 응집성의 효과가 아닌 원인이라는 점도 보여주지 못했다고 주장한다.

Carrell(1982)은 이를 증명하기 위해 또 다른 예시를 들었다. "소풍은 실패했다. 아무도 코르크마개뽑이(corkscrew)를 가져오는 것을 기억하지 않았다." 이 짧은 텍스트는 응집성은 있지만, 이 응집성이 '소풍'과 '코르크마개뽑이' 사이에 필수적인 어휘적 결속성 장치가 존재하기 때문에 성립된 것이 아니다. 이 텍스트가 응집성 있게 읽혀지는 이유는 우리가 소풍과 코르크 마개 따는 기구가 서로 관련이 있다고 해석할 수 있는 스키마를 가지고 있기 때문이다. 이러한 스키마를 가지고 있지 않은 사람들에게 이 텍스트는 응집성 있는 텍스트가 될 수가 없다. 따라서 Carrell(1982)은 Halliday & Hasan의 결속성에 관한 환상이 텍스트의 응집성(coherence)을 언어 규칙에서 보고자 하는 잘못된 생각에서 비롯된 것이라고 비판하고 있다[23].

Sanford & Moxey(1995)도 결속성과 응집성의 관계에서 Halliday & Hasan의 이론이 한계가 있음을 비판한 바 있다. Halliday & Hasan (1976)은 자신의 연구에서 텍스트의 여러 표면적인 특징 및 결속 표지

---

[23] Carrell(1982: 485)은 결속성이 응집성의 원인이 아니라는 자신의 주장을 강화하기 위해 실증적인 실험 논문 세 편을 소개했다. 하나는 Tierney & Mosenthal(1981)의 연구로 12학년 학생의 에세이를 대상으로 결속성 장치와 응집성의 총체적 평가 점수 사이의 상관성을 조사했다. 주제에 따라 조금 다르기는 하지만 대체로 부적 상관관계가 많았다. 결론적으로 이 연구는 결속성을 텍스트의 응집성을 예측하는 도구로 사용하는 것에 반대했다. 또 다른 연구는 Freebody & Anderson(1981)의 연구로, 결속성이 독자의 텍스트 이해력에 미치는 영향과 어휘 난이도 관계를 실증적으로 연구했다. 그 결과 어휘 난이도는 텍스트 이해력에 상당한 영향을 미쳤지만 결속성의 양은 그렇지 않았다. 마지막으로 Steffensen (1981)의 연구를 제시했다. 이 연구는 외국인 학생을 대상으로 산문 텍스트를 처리하는 데 있어 결속성 장치와 문화 배경 지식 간의 상호관계(효과)를 연구했다. 연구 결과 텍스트의 결속성은 독자가 텍스트 배경의 스키마를 정확하게 알고 있을 때 실현될 수 있는 잠재적인 특성이라고 밝혔다. 독자가 텍스트 내용의 배경 스키마를 가지고 있지 않으면 결속성 장치는 텍스트의 원활한 이해를 도울 수가 없었다.

를 제시하였는데, 문장과 문장 간에 명시적으로 표시한 결속 표지는 그들이 공언한 대로 문장들 간의 의미론적 관계를 의미한다. 이들이 제시한 결속성 장치의 주요 분류에는 대용어뿐만 아니라 지시와 같은 여러 문법적 기호가 포함된다. 그러나 아래 예문에서 보듯이 문장의 응집성 관계가 이런 결속 장치를 통해 나오는 것이라는 견해는 손쉽게 무너진다. 아래 예문을 보면 일관성 있고 풍부한 결속 표지가 있더라도 응집성은 존재할 수 없기 때문이다. Sanford & Moxey(1995)가 제시하는 예문은 다음과 같다.

존은 바나나를 먹었다. 접시에 있던 바나나는 갈색이었다. 갈색은 머리(hair)에 잘 어울리는 색이다. 해장술(the hair of the dog)은 숙취를 막기 위한 술이다. (Sanford & Moxey, 1995: 162)

앞장에서도 언급했듯이 언어학자 Enkvist(1978)는 위와 같은 결속성 문장을 '허구의 응집성(pseudo-coherent)'이라는 용어를 사용하여 비판하였다. 이런 텍스트는 결속성 장치가 있음에도 불구하고 응집성이 드러나지 않는다는 것이다. 이를 보면 Sanford & Moxey(1995)도 Morgan & Sellner(1980)나 Carrell(1982)처럼 텍스트의 응집성은 어떤 언어적 장치가 아니라 텍스트의 해석과 맥락 속에 있다는 사실을 분명히 했다. 물론 이런 텍스트의 해석이 필자의 머리(스키마)에 있는 것인지 아니면 독자와의 상호 작용(맥락)에 있는지는 조금 더 논의가 필요하겠지만 결속성과 같은 언어적 장치로 텍스트의 의미를 만들어낼 수 없다고 본 점은 분명하다.

Sanford & Moxey(1995: 162)는 결속성이 잘 구성되어 있어 일관성 있게 보이는 텍스트라 하더라도 '응집성 있는 텍스트'를 생산하기 위

해서는 주제 및 관련성에 관한 심리적인 개념의 도입이 필요하다고
말한다. 이때 심리적 개념이 무엇을 말하는지 불분명하지만 몇 가지
예를 들어 설명한다.

(가a) 어제 저녁 식사 때 존은 입을 떼었다.
(가b) 스프가 매우 뜨거웠다.

이들이 이런 예를 들면서 한 말은 이 텍스트를 이해하기 위해서는
(1)이 일어난 이유가 (2) 때문이라는 사실을 추론해야 한다는 것이다.
독자는 이 문장을 읽으면 당연히 뜨거운 스프를 먹었기 때문에 입을
떼었다고 생각할 것이다. 이런 추론 활동은 스프를 먹는 일상 생활에
관한 세계 지식을 당연히 필요로 한다. 이런 영역이 바로 텍스트에
관한 정신적 표상이자 심리적 영역에 해당한다고 본다. 이런 표현은
당연히 결속성이 없어도 의미 이해가 가능하다.

(나) 원숭이들이 배고파 하니까 그들에게 바나나를 줘라.
(다) 빌(Bill)이 힘들어 했기 때문에 해리(Harry)는 그에게 이자를 내지 말라
　　고 말했다.
(라) 메리(Mary)는 점심을 먹으러 발렌티노(Valentino) 집에 가는 걸 좋아
　　한다. 그녀는 거기 웨이터를 좋아한다. 저녁 식사로는 라 그랜드 뷔페
　　(Le Grand Bouffe)의 음식을 더 선호하지만 그 웨이터는 못생겼다.

위에서 Sanford & Moxey(1995: 163)가 제시한 예를 보면 결속성이
있다고 해서 의미가 완전히 연결되는 것이 아님을 알 수 있다. (나)의
예가 해석되기 위해서는 결속성보다 원숭이가 바나나를 좋아한다는

배경지식이 더 중요하다. (다)의 경우도 마찬가지이다. 빌(Bill)과 해리 (Harry)는 관계와 행위를 이해하기 위해서는 원금과 이자에 관한 금융 지식이 필요하다. 그것에 관한 세계지식이 없다면 결속성이 있다고 한들 의미 해석에는 크게 도움이 되지 않는다. (라)의 예는 상황적인 지식이 필요하다. 젊은 아가씨가 멋진 웨이터를 좋아한다는 상황적 지식이 있어야 결속성이 들어간 문장을 손쉽게 이해할 수 있을 것이 다. 이런 예를 보면 Sanford & Moxey(1995)가 주장하고 있듯이 결속적 표지를 가지고 응집성 여부를 따지기에는 충분하지 않거나 불필요하 다고 볼 수가 있다.

Sanford & Moxey(1995)는 텍스트의 응집성을 만드는 것은 결속성 표지가 아니라 텍스트에 관한 해석과 정신 작용이라고 말을 했다. 이 말은 구체적으로 무엇을 뜻하는 것일까? Sanford & Moxey(1995)가 결속성에 관한 Halliday & Hasan(1976)의 견해를 비판할 때 스키마 이론을 가져와 설명하는 것은 Carrell(1982)과 흡사하다. Carrell(1982) 은 Halliday & Hasan(1976)의 결속성 이론을 비판하면서 자신의 견해 를 텍스트 처리의 스키마 이론의 관점에서 제기한다고 말한 바 있다. 여기서 언급된 스키마 이론은 독자와 선행 배경지식과 독자의 기억 스키마가 상호 작용함으로써 텍스트 해석이 이루어진다는 견해이다. 텍스트가 일관성 있게 처리되기 위해서는 무엇보다 배경과 상황, 세 계 지식에 관한 독자의 일관된 스키마가 있어야 한다.

Sanford & Moxey(1995)는 이런 텍스트 처리의 스키마 이론을 Hobbs (1979)의 논의를 가져와 독자 중심에서 새롭게 정리한다. Sanford & Moxey(1995)에 따르면 텍스트의 응집성은 독자가 필자를 이해하려고 시도하는 것에서 비롯된다. 텍스트의 응집성은 텍스트에 있지 않고 텍스트를 읽는 사람의 마음속에 존재한다고 본 것이다. 이런 경우 응집성 있는 텍스트란 독자의 입장에서 필자의 메시지를 이해했다는 만족스러운 느낌을 주는 텍스트를 의미한다. 이렇게 보면 좋은 필자란 독자의 정신 상태를 이용해서 이해하기 쉽도록 언어 장치를 사용하는 필자를 말하는 것이 되고, 좋은 텍스트는 그런 장치가 풍부하게 들어 있는 텍스트를 말하는 것이 된다. Sanford & Moxey(1995)가 자신의 이론에서 사용한 '심리'라는 표현은 필자와 독자의 상호 이해를 통해 텍스트가 만들어진다는 점과 결속성, 응집성과 연관된 언어 정보도 이런 상호 이해의 관점에서 해석되어야 한다는 점을 포괄하여 말한 것이라고 할 수가 있다.

그런데 이런 논의와 상반되는 견해도 존재한다. 많은 논의에서 결속성이 응집성의 원인이나 바탕이 된다는 점을 비판하고 응집성을 텍스트 산출이나 해석의 중심에 놓고자 하지만 이와 상반되게 결속성이 응집성의 바탕이 된다고 주장하는 입장도 있다. 결속성과 관련하여 Halliday & Hasan(1976)의 견해에 모두들 비판적이었지만 결속성에 관한 책을 저술한 바 있는 Tanskanen(2006)은 이와 다른 견해를 제시한다. Tanskanen(2006)은 응집성 있는 텍스트는 결속성과 응집성의 결합과 조화를 통해 이루어진다고 보고 의미 연결을 위해 결속성 기제가 중요하다고 보았다.

그녀가 텍스트의 응집성을 말할 때 무엇보다 독자의 해석이 중요하다는 점을 인정한다. 많은 학자들이 주장하듯이 텍스트의 응집성은 독자가 텍스트를 일관되게 해석하는 지점에서 발생한다고 본다. 필자는 텍스트를 자기 견해에 따라 산출하고 독자는 이를 해석하여 일관된 의미를 만든다. 이런 해석 과정에서 독자의 배경지식이나 스키마가 해석의 바탕으로 작용하겠지만 무엇보다 중요한 점은 텍스트 표면에 나와 있는 언어 정보이다. 독자는 기본적으로 텍스트 표면에 있는 언어 정보를 인식하고 이로부터 정보를 얻는다. 이런 언어적 정보를 해석하고 주제적 내용을 얻기까지 여러 외부적 요인이나 맥락적 요인이 작용하겠지만 그럼에도 불구하고 표면적인 언어적 요소가 해석의 기본 바탕이 된다는 점은 변함이 없다.

텍스트의 표면적 기호인 결속성의 중요성을 강조하기 위해 Tanskanen (2006)은 기본적으로 응집성이 형성되는 과정을 주목한다. 그녀는 응집성을 필자와 독자의 상호 협력을 통해 발생하는 의사소통의 요소라고 규정한다. 우리가 일상적 대화를 살펴보면 화자와 청자가 어떻게 상호 협력하여 대화를 만들어 가는지 알 수가 있다. 화자와 청자는 서로 협력하면서 대화의 응집성을 만들어 간다. 화자는 청자를 보면서 의견이 다르면 질문을 하거나 반박하며 다양한 표정과 제스처를 통해 의견을 조율해 간다. 이런 협력의 관계를 텍스트에도 적용해 볼 수 있다. 필자는 텍스트를 작성하면서 자신의 메시지를 어떤 방식으로든 문자로 표현한다. 이때 독자들이 의미를 잘 이해할 수 있도록 결속 장치를 사용한다. Tanskanen(2006)은 "생산자들의 임무는 수신자들이 응집성 있게 메시지를 잘 이해할 수 있도록 도와주기 위해 메시지의 응집성 표지(indication)를 수신자들에게 제공하도록 노력하는 것이다."라고 말하고 있고 "생산자는 이 목적을 위해 결속 장치들을 이용할 수 있다."고 규정하고 있다(Tanskanen, 2006: 21). 그녀가 말하는 것은 결속성이 필자가 독자를 향해 응집성 있는 텍스트를 해석하라고 권유할 때 사용하는 텍스트 표면의 전략과 같다는 것이다. 그래서 그녀는 단호하게 결속성이 텍스트 응집성에 기여하며, 결속성이 텍스트 응집성을 표시하는 수단들 가운데 하나라는 것을 확신한다고 말한다(Tanskanen, 2006).

그러면, 이런 상황에서 당연히 제기할 수 있는 질문이 있다. 여러 실증연구나 실험연구를 통해 결속성 지표가 응집성 형성에 도움이 되지 못했다는 사실이 증명된 것에 대해 어떻게 해명해야 할까? 특히 결속성이 없어도 훌륭한 응집성의 문장을 만들 수 있다고 말하는 학자들의 다양한 예시에 대해 그녀는 어떻게 설명하고 있을까? 예를 들어 다음과 같은 예시가 이에 해당한다(Widdowson, 1978: 29).

A. 전화 왔어요. (That's the telephone.)
B. 목욕 중이에요. (I'm in the bath)
A. 알았어요. (O.K.)

위의 예시를 보면 텍스트 표면에 있는 언어적 기호(결속성) 없이도, 세 개의 발화는 훌륭하게 연결된다. 결속성이 없어도 응집성 높은 문장을 얼마든지 만들 수 있는 것이다. 이런 예시에 관한 Tanskanen의 대답은 명료하다. 실제 언어 사용에서 이런 문장이 사용되는 것은 흔치 않다는 것이다[24]. 이런 간단한 사례가 있다 하더라도 실제 언어 사용에서는 텍스트가 길어지면 결속성이 나올 가능성이 높아진다. 담화가 길어질수록 담화 안에서 연결성(connection)과 결합성(unity)을 표시하는 요소들이 나타날 수밖에 없다고 본다. 비록 작고 미세한 측면이라도 담화의 연결과 통일을 위해 기여하는 세부 요소들이 있기 마련이다. 그렇기 때문에 이런 예시들이 결속성의 가치를 감소시킬 수는 없을 것이다.

---

[24] Tanskanen(2006: 17)은 위에서 제시한 Widdowson(1978)의 예시가 여러 학자들에게 동일하게 사용되면서, 마치 결속성 없이 응집성 있는 문장을 광범위하게 만들 수 있는 것처럼 유포되었다고 말한다. 이 예문은 Widdowson(1978)이 처음 만들었지만 이후 Brown & Yule(1983)과 Lautamatti(1990)가 다시 사용함으로써 결속성 없는 응집성 텍스트의 사례로 널리 소개되었다. Tanskanen(2006)은 결속성 없이 응집성만 있는 문장이 가능하지만 실제 언어 데이터에서는 흔하지 않다고 보고 있다. 그리고 일상적으로 사용하는 문장이 아니라고 생각한다.

결속성에 관한 비판에 관해 생각해 보아야 할 점은 결속성과 응집성이 분리되어 있는 동떨어진 현상이 아니라는 점이다. 그래서 어느 쪽만 옳다고 일방적으로 주장할 수는 없다. Tanskanen(2006)도 결속성과 응집성을 완전하게 분리하여 서로에게 영향을 주지 않는다고 보는 관점을 비판했다25). 결속성이 문장에서 사용되는 양상만 보더라도 한쪽만의 입장을 고수하기가 쉽지 않다. 결속성은 문장을 연결하는 언어 지표인데, 통상 이런 연결 요소를 통해 문장은 통일성을 얻을 수 있다. 은유나 상징처럼 표면적인 언어 정보를 넘어, 맥락이나 상황을 통해 의미가 전달되는 경우도 있지만 일반적인 경우 세부적인 문장의 연결을 통해 의미를 만들어 간다. 그렇기 때문에 결속성과 응집성의 문제는 결국 같은 텍스트에서 다르게 해석하는 요인이 될 가능성이 많다. Tanskanen(2006)은 결속성과 응집성은 서로 구별될 수 있음에도 불구하고 두 현상은 서로 관련된다고 언급했다. 텍스트에서 결속 장치들은 응집성을 인식하는 데 용이하게 하고. 반대로 응집성은 결속적인 문장 연결을 가능하게 만들어 줄 수가 있다. 텍스트에서 이런 상호 작용이 의사소통을 가능하게 만든다.

---

25) Tanskanen(2006: 19)은 결속성과 응집성이 서로 영향을 주지 않고 분리된 존재로 보는 학자로 Beaugrande와 Dressler를 꼽고 있다. 그녀는 Beaugrande & Dressler(1982)를 인용하면서 결속성을 표면 요소의 순차적 연결 관계로, 그리고, 텍스트 표면에서 점진적으로 발생하는 절차에 의해 일어나는 현상으로 파악한다. 반면에 응집성은 지식 요소가 개념적 연결을 유지할 수 있도록 전개되는 절차에 따른 것으로, 다분히 표면적인 문제와는 다른 지식과 개념의 문제로 보고 있다. 그런데 Beaugrande & Dressler(1982)의 책을 보면 결속성과 응집성이 완전히 분리된 존재로 볼 수 있는가라는 의문이 든다. 이들은 한 텍스트가 의미가 있으려면 그 텍스트의 표면들로 활성화된 지식 간의 의의(意義, sense) 연속성이 있어야 한다고 말한다. 여기서 텍스트 표면이 활성화되기 위해서는 결속성의 힘을 빌려야 한다. 그런 면에서 응집성도 결속성에 기대야 하는 측면이 있는 것이다. 다만 응집성을 "여러 개념과 그들 관계가 이루는 한 구성체 내부에서 갖는 상호적 접근과 적합성"이라고 규정하고 있어 개념적 성격이 강한 것으로 본 것만은 틀림이 없다(Beaugrande & Dressler, 김태옥·이현호 역, 1991: 82).

5. 결속성 효과에 관한 통계적 검증

지금까지 여러 학자들이 결속성과 응집성의 관계에 관해 어떻게 생각하는지에 관해 살펴보았다. 결속성은 Halliday & Hasan(1976)이 생각한 것만큼 텍스트성(texture)이나 응집성(coherence)을 보장해주는 장치는 아니었다. 결속성 장치가 있더라도 의미 연결이 되지 않는 문장이 빈번하게 생성될 수 있기 때문이다. 여러 학자들이 제시한 사례를 보더라도 이런 단점이 분명히 드러난다.

결속성의 효과를 검증하기 위해 먼저 이에 관한 두 가지 관점을 검토하고 넘어가도록 하자. 첫째 텍스트를 텍스트답게 만드는 특성, 즉 텍스트성은 텍스트 표면의 결속 표현을 통해 이루어질 수 있다는 Halliday & Hasan(1976)의 주장에 동의하고, 결속성이 텍스트 질을 평가하는 주요한 요소가 될 것이라고 주장이다. 이런 주장은 결속성으로부터 응집성이 나올 것이라는 가정을 포함한다. 둘째 결속성이 응집성과 상관이 없으며, 텍스트 질과도 아무런 관련이 없다는 주장으로, 결속성의 효과에 반대하는 입장이다. 이 주장은 첫 번째 주장과는 반대되는 논리로, 결속성이 응집성의 형성에 효과가 없다면 이 주장이 타당성을 얻게 된다. 앞에서 말한 두 가지 관점은 응집성과 관련한 결속성의 효과에 관한 것이다[26].

먼저 결속성이 텍스트성을 대변하고 텍스트 질 평가에 주된 요인이

---

[26] 이원지(2024: 34)는 여러 학술 논문에서 결속성이 있는 상태를 다르게 정의하는 두 가지 관점이 있다고 말한다. 하나는 결속성이 성립되기 위해서는 문장 간 의미 연결 관계가 성립되어야 한다고 보는 입장이다. 이런 경우 결속 장치는 의미의 연결에 따라 나타나는 표시나 표지로 본다. 둘째는 결속성이 결속 장치의 유무에 의해 결정된다고 보는 입장이다. 이런 관점은 결속 장치가 사용되기만 하면 결속성이 성립된다고 보는 입장이다. Halliday & Hasan(1976)의 결속성을 반대하는 학자들은 주로 후자의 관점에 근거해 비판을 하고 있다.

된다고 본 주장에 관해 살펴보도록 하자27). 이런 주장은 텍스트에서 결속 장치가 문장과 문장 간의 의미를 연결시켜 텍스트의 응집성을 높여준다고 보는 관점이다. 결속성의 빈도나 수준이 높아야 텍스트가 일관된 의미를 가질 수 있기 때문에 이런 주장은 의미를 생성하는 데 결속적 규칙을 중요시하는 것으로 볼 수 있다. 또 이 주장은 좋은 글을 쓰는 데 결속성의 기능과 효과가 중요하다는 관점으로, 결속성을 주요한 교육적 방식으로 사용해야 한다는 시각으로 이어진다. 그러나 실제 이 주장은 학술적으로 검증받아야 할 필요성이 있는 주장이다. 이를 뒷받침할 통계적 자료가 많지 않기 때문이다. 여러 논문에서 발표된 결속성의 효과에 관한 실험 결과를 보면 결속성이 응집성으로 이어지고 텍스트 질에서 높은 평가를 받을 수 있는 요인이 된다는 증거는 많지 않다.

텍스트에서 결속성의 효과에 관해 긍정적으로 평가한 논문 중 가장 많이 거론되는 것이 Witte & Faigley(1981)의 논문이다. 이 논문은 앞부분에 Halliday & Hasan(1976)의 결속성 장치(지시, 대체, 생략, 접속사, 어휘적 반복) 등을 소개하고, 이를 실험에 적용해 텍스트 질 평가에 효과가 있는지를 검증했다. 이 실험은 결속성에 관한 다양한 장치를 사용해 실험을 해서 결속성의 기능과 효과가 있는지를 살펴본 것이다. 이 논문에서는 상위 학생 집단과 하위 학생집단 사이에 결속성의

27) 이런 논의와 관련하여 응집성(coherence)과 텍스트 질의 상관관계도 한번 검토해 보아야 한다. 많은 학자들은 응집성이 좋은 텍스트는 당연히 텍스트 질도 높을 것으로 판단한다. 그러나 실제 그렇지 않은 텍스트도 있다. 문장과 글의 연결이나 흐름은 아주 우수하지만 내용이 너무 단조롭고 평이해 좋은 평가를 받지 못하는 글도 많다. 그렇기 때문에 응집성이 좋다고 바로 텍스트 질이 좋아진다는 것은 항상 옳다고 말할 수는 없다. 그러나 대체로 응집성(coherence)이 좋으면 텍스트 질에서 좋은 평가를 받는다는 실험 보고가 있기 때문에 일반적으로 응집성이 좋은 글이 평가도 잘 받는다는 전제가 받아들여지고 있다 (Crossley & McNamara, 2010; Crossley & McNamara, 2011).

숫자와 분포 양상을 검토하고 비교했다. 우선 Witte & Faigley(1981)는 미국 텍사스 대학 신입생 10명을 대상으로 두 집단으로 나누었다. 글쓰기 평가에서 높은 점수를 받은 에세이 5편과 낮은 점수를 받은 에세이 5편을 나누어 비교했다. 실험 결과는 다음과 같았다. 결속성 연결 장치의 숫자는 높은 점수를 받은 텍스트에서는 3.2개의 단어마다 하나의 결속성 장치(cohesive ties)가 있었고 낮은 점수를 받은 텍스트는 4.9개의 단어마다 하나의 결속성 장치가 있어서 높은 점수를 받은 텍스트가 결속성 장치를 더 많이 가지고 있었다. 문장 당 결속성 장치의 숫자도 높은 점수를 받은 텍스트가 더 많았다. 높은 점수를 받은 문장 당 5.2개의 결속성 장치가 있었는 데 반해 낮은 점수를 받은 텍스트는 문장 당 2.4개밖에 없었다. 높은 점수를 받은 텍스트가 낮은 점수를 받은 텍스트에 비해 두 배 이상으로 결속성 장치가 많았다. 어휘 결속성의 세부 지표에서도 두 텍스트 사이에 차이가 있었다. 지시어, 접속사, 어휘적 결속성 장치들의 사용빈도가 높은 평가를 받은 텍스트에서 더 많았다.

이와 함께 고려해 볼 것은 결속 장치를 사용하는 거리(text-span)다. 높은 점수를 받은 텍스트에서 결속 장치를 사용하는 거리가 더 가까웠다. 높은 점수를 받은 텍스트는 연속된 문장처럼 가까이에 있는 문장에서 결속성 장치를 사용하는 경우가 많았다. 반대로 낮은 점수를 받은 텍스트는 결속 장치가 먼 거리의 문장에서 사용되는 경우가 흔하게 있었다. 낮은 점수를 받은 텍스트에서는 같은 어휘의 중복이 많았고 개념도 중복해서 사용하는 경우가 많았지만 높은 점수를 받은 텍스트는 그렇지 않았다. Witte & Faigley(1981)가 이 실험을 통해 주장하는 것은 결속성은 텍스트 질의 평가에서 중요한 판단 근거가 된다는 점이다. Witte & Faigley(1981)는 결속성 장치가 텍스트 질을 높이는 데 효과가 있는 것으로 판단을 했다.

Witte & Faigley(1981) 논문은 결속성을 설명하고 효과를 검증할 때 자주 인용하는 논문이지만 여러 면에서 한계도 뚜렷하다. 결속성에 관한 설명은 충실하지만 결속성의 효과를 설명할 때 실험에 사용된 표집 숫자(10명)가 너무 적어 신빙성에 문제가 있기 때문이다. 게다가 통계적 방법을 사용하지 않아 신뢰도를 따질 방법도 없다. 그러나 Halliday & Hasan(1976)이 사용한 결속성 연결 장치와 기능(지시, 대용, 생략, 접속, 어휘)에 관한 실제 효과를 초기에 검증했다는 점에서, 또 긍정적 결과를 얻었다는 점에서 나름대로 의미를 가지고 있다고 평가할 수는 있다.

이 밖에 긍정적 평가로 Liu & Braine(2005)의 연구가 있다. 이들은 학생 50명의 논증적 텍스트를 가지고 텍스트의 질(quality)과 결속성 장치의 수 사이의 상관관계를 검증했다. 실험의 결과는 텍스트의 질과 결속성 장치의 수 사이에 유의미한 상관관계를 가지고 있었다. 국내의 연구로는 주민재·김진웅(2013)의 결속성 장치에 관한 실험 논문이 있다. 대학 신입생 총 72명이 작성한 텍스트 대상으로 결속성과 텍스트 질의 상관관계를 조사했다. 총 3명의 평가자가 상위 25%(13명), 하위 25%(14명)로 나누어 결속성 장치의 분포 유무를 조사했다. 결속성 장치의 숫자도 상위 집단이 하위집단보다 더 많았다. 상위집단은 텍스트 당 결속성 장치의 수가 101.30으로 하위집단의 수치인 73.14보다 많았다. 결속성 장치는 하위 집단이 상위 집단의 72%에 불과했다.

주민재·김진웅(2013)은 결속성 장치의 오류도 조사하였는데 하위집단이 상위집단보다 월등히 많았다. 그런데 이들이 조사한 결속성 장치의 오류 조사는 논의해 볼 거리가 많다. Halliday & Hasan(1976)이 말한 것처럼 결속성은 의미의 문제이지 문법의 문제가 아니기 때문에 규칙이나 법칙처럼 오류를 조사하는 것이 타당한 것인지에 관해서는 논란의 여지가 있다. 예를 들어 주민재·김진웅(2013)을 보면 연결어미 '고', '며', '든지'를 결속성 기제로 본다. Halliday & Hasan(1976)이 말한 접속에 해당한다는 것이다. 그러나 이렇게 보면 문법과 결속성을 구분할 근거가 없어진다. Halliday & Hasan(1976)이 여러 차례 이야기했지만 결속성은 문법과 같은 구조적인 문제가 아니라 비구조적인 문제라고 이야기했고, 의미적인 것이라고 언급했다. 응집성에서 오류를 찾을 수 없듯이 결속성에서도 오류를 찾기는 어렵다. 어휘 결속의 경우 같은 단어만 아니라 상위어, 하위어, 유사한 어휘도 결속에 해당하기 때문에 어떤 것을 오류로 잡을지 정확성과 규칙성을 한정할 수가 없다. 그런 점에서 결속성 장치에 관한 오류 조사를 하는 것은 타당하지 않다고 보아야 한다.

그런데 이런 긍정적 평가와 달리 결속성이 텍스트 질에 부정적 효과가 더 많다고 보고한 논문이 국내와 외국에서 상대적으로 훨씬 더 많다. Tierney & Mosenthal(1981)의 논문도 그런 연구 중의 하나이다. 이들은 12학년의 학생을 대상으로 결속성 장치(cohesive ties)의 수치와 교수자들이 평가한 총체적 평가 점수 사이의 상관관계를 조사했다. 실험의 결과는 결속성 장치를 텍스트 질의 우수성을 보여주는 지표로 사용할 수 없다는 것이었다. 실험 대상이 된 여러 교과목에서 결속성과 텍스트 질 사이에 부적 상관관계가 발견되었다. 이들은 결속성을 텍스트 질이나 응집성을 예측하는 지표로 사용하는 것을 반대했다.

이와 유사하게 결속성과 텍스트 질 사이의 부정적 관계에 대해 많은 논문이 실험을 통해 밝혀졌다(Freebody & Anderson, 1981; McCulley, 1985; McNamara et. al., 2010; Crossley & McNamara, 2010, 2011; 정희모,

2008, 2011; 박혜진·이미혜, 2017). 이 중에서 주목해서 봐야 할 연구는 코메트릭스(Coh-Metrix)를 활용한 코퍼스 분석 연구이다. 코메트릭스는 텍스트가 지닌 다양한 언어학적 지표를 자동으로 분석할 수 있는 시스템이다[28]. 코메트릭스를 이용한 연구는 텍스트의 여러 언어 지표들(어휘, 통사. 문장, 단락 등)을 연구자가 조합해 분석해 볼 수 있다. 예를 들어 결속성에 관한 다양한 세부 지표들(지시, 접속, 어휘 등)은 물론이고, 언어적 정교함(sophistication)을 평가할 수 있는 지표(통사적 난이도, 어휘적 다양성, 어휘적 특징ㅡ어휘 빈도수)들을 분석할 수 있다. 이런 지표들의 분석을 통해 텍스트의 특질과 텍스트를 작성하는 학생들 사이의 능숙도 지표들을 검증한다. 코메트릭스를 활용하면 다양한 텍스트 자질들을 분석해 읽기와 쓰기 교육에 응용할 수 있다.

McNamara et. al.(2010)은 coh-metrix를 통해 미시시피 주립대학의 학생 에세이 120편을 대상으로 어떤 언어적 지표가 학생들의 에세이 등급을 잘 예측할 수 있는지를 분석하고자 했다. 실험 연구를 위해 최소 1년 이상의 대학교 글쓰기 강사 경력이 있는 5명의 평가자가 학생 코퍼스의 120개 에세이를 평가했다. 분석 지표로 SAT 에세이 평가에 사용되는 표준 채점규정을 활용해 결속성, 통사적 난이도, 어휘적 다양성 등을 판별해 줄 수 53가지 지표를 선택했다.

이 실험에서 코메트릭스를 이용해 결속성과 관련된 26개의 지표를 분석한 결과 능숙도(proficiency)가 높은 에세이와 낮은 에세이 간에

---

28) 코메트릭스(Coh-Metrix)는 어휘 목록, 통사구조 분석 등 컴퓨터언어학적 요소를 모두 결합하여 여러 언어학 지표를 만들어낸다. 이 지표 속에는 어휘가 지닌 심리언어학적 정보, 어휘가 지닌 언어학적 특징, 의미론적 특징, 어휘 간 의미론적 관계에 대한 정보, Latent Semantic Analysis(LSA)와 같이 세계 지식을 코퍼스 분석하여 어휘, 문장, 문단 간 의미론적 유사성에 대한 통계 정보를 포함한다. 이런 자료들을 이용해 텍스트에 포함된 다양한 언어학적 지표를 분석해 낼 수 있다. coh-metrix의 공신력과 coh-metrix를 통한 그동안의 연구 성과에 관해서는 McNamara et. al.(2010)의 논문, 58~59페이지를 참고할 것.

별 차이가 없었고, 에세이 평가 점수와 결속성 지표 간에 상관관계도 없었다. 높은 점수를 받은 에세이라고 해서 반드시 결속성 수준은 높은 것이 아니라는 것을 확인했다. 26개 지표 중 단 1개도 능숙도가 높은 에세이와 능숙도가 낮은 에세이를 구별하지 못했으며, 에세이 평가와 상관 관계가 있지도 않았다. 높은 점수를 받은 에세이는 대체로 통사적 난이도(본동사 앞에 오는 단어 수)와 어휘적 다양성(MTLD)이 높은 에세이였다. 좋은 텍스트를 쓰는 학생은 텍스트 난이도가 높고 정교한 언어와 낮은 빈도의 어휘(Celex 로그 분석 빈도)를 사용했다. 아울러 결속성 지표는 텍스트 질뿐만 아니라 응집성 수준과도 상관이 없는 것으로 나타났다. 이런 결과는 텍스트를 작성하는 데 결속성 장치가 중요한 조건으로 작용하지 않으며, 실제 텍스트를 쉽고 잘 이해하는 데도 결속성 장치가 필수 조건이 아니라는 사실을 말해준다 (McNamara et. al., 2010: 74).

Crossley & McNamara(2011)의 연구에서도 결속성이 텍스트 질과 긍정적인 상관관계가 없음을 보여주었다[29]. 이 연구에서는 코메트릭스를 통해 판단한 결속성 장치(예: 동일 지시어, 인과적 결속성, 공간적 결속성, 시간적 결속성, 연결사와 논리 연산자, 대용 처리, 단어 중첩 등)와 사람이 판단한 텍스트의 응집성 사이에서 어떤 통계적 상관관계가 있는지 찾고자 했다. 실험의 결과는 부정적이었지만 흥미로운 사실은

---

29) 이 연구는 미시시피 주립대학교의 학부생이 SAT시험 주제를 대상으로 작성한 315편의 텍스트를 분석한 것이다. 영어학 석, 박사 학위를 가지고 쓰기 교육에 3년 이상 종사한 8명의 전문 평가자가 텍스트의 네 분야와 세부 요소를 평가했다. 텍스트의 네 분야와 세부 요소는 서론(효과적인 리드 사용, 명확한 목적, 명확한 계획), 본론(주제 문장, 단락 전환, 명확한 구성, 에세이의 통일성), 결론(관점과 요약, 주장의 강도), 정확성(문법, 구문 및 기법)이다. 이 연구는 기존에 결속성과 응집성 관계를 연구한 McNamara, Crossley, McCarthy(2010)와 McNamara et. al.(2010)의 연구를 이어온 것으로 결속성 지표가 응집성 지표와 상관성이 없다는 것을 재차 확인하였다.

하나 밝혀졌다. 다양한 결속성 장치 중에서 다른 지표는 모두 음의 상관관계를 가졌고, 오직 한 지표 '종위 접속사'만이 긍정적 상관관계에 있었다. '종위 접속사'는 서양 문법의 하나로 어떤 절을 설명하기 위해 다른 절로 이끄는 전치사 중의 하나이다. 어떤 영어 문장 다음에 'since', 'because'와 같은 전치사를 두어 다시 자세하게 앞의 문장에 대한 근거나 원인, 이유를 설명하는 것이다. 이런 '종위 접속사' 외에 결속성의 다른 지표들은 텍스트 질과 아무런 관련이 없었다.

이런 판단을 보면 코메트릭스로 분석한 다양한 결속성 변수의 수치는 인간의 응집성 판단과는 서로 일치하지 않는다는 결과를 보여준다. 결속성이 텍스트 응집성이나 텍스트 질을 결정하는 주된 요인이 아니라는 점을 밝힌 것이다. 아울러 이 연구에서는 인간의 응집성 평가가 에세이 능숙도에 대한 총체적 평가의 중요한 근거가 된다는 점은 확인했지만, 결속성과 총체적 점수와의 상관성은 밝히지 못했다. 결속성에 관한 이런 부정적 평가들 때문에 결속성 이론의 존재 자체가 부정되진 않겠지만, 결속성이 좋은 글을 쓰는 데 결정적인 기능을 한다거나 응집성을 구성하는 핵심적 기능이라는 말은 하기가 어렵게 되었다.

결속성이 텍스트 질이나 응집성을 담보하지 못한다는 평가는 Halliday & Hasan(1976)의 논문이 발표된 이후 여러 차례 제기되었다. 텍스트의 의미가 언어 표면이나 언어 규칙에만 의존하는 것이 아니라 텍스트 바깥의 정보(스키마)에서 나온다는 비판들(Reinhart, 1980; Morgan & Sellner, 1980; Carrell, 1982)이 제기됨에 따라 결속성에 관한 비판도 새로운 것이라고 말하기 어렵다. 텍스트 의미는 텍스트 표면에 있는 언어기호를 통해 드러나기도 하지만, 많은 경우 텍스트의 언어기호를 넘어 상황이나 맥락, 그밖에 지식과 관습에 의해 드러나기도 하기 때문이다.

텍스트 내 결속성 장치는 만연해 있으며 주제를 넘나들며 형성된다. 지시, 접속사, 그리고 어휘적 결속성과 같은 장치들은 텍스트 곳곳에서 찾을 수 있으며 텍스트의 많은 부분을 차지한다. 그러나 이렇게 결속성 장치가 텍스트 곳곳에 깔려 있다는 사실은 결속성이 응집성의 정도를 보여 주는 표지라고 주장하는 관점의 유용성을 현저하게 떨어뜨린다.… 본 연구는 결속성을 텍스트의 응집성을 예측하는 표지로 간주하는 관점에 반대한다. 결속성 기제와 응집성 척도(coherence ranking) 간의 인과 관계는 존재하지 않는다. (Tierney & Mosenthal, 1981: 24~25)

위의 예문을 보면 텍스트 내 결속성 장치가 많지만 이런 모든 것들이 결속성 장치로 기능하는 것은 아니라는 사실을 알 수 있다. 지시, 접속사, 그리고 반복된 어휘들과 같은 장치들은 텍스트 곳곳에서 찾을 수 있으며 텍스트의 많은 부분을 차지한다. 이런 여러 측면을 보면서 말할 수 있는 것은 좋은 텍스트를 만드는 데 결속성이 필요할 수 있지만 그것이 결정적인 것이 아니라는 점이다. 결속성이 응집성을 만드는 데 기여할 수 있지만 그것이 항상 그렇다는 뜻은 아니다. 역으로 결속성 지표를 가지고 응집성의 수준 여부를 검증하는 것 역시 오류라는 점도 인식할 필요가 있다.

제4장 응집성의 개념과 원리

1. 텍스트 응집성의 개념

1.1. 응집성 개념의 전개

응집성 개념은 Halliday & Hasan(1976)의 『*Cohesion in English*』가 출간되면서 본격적으로 논의되기 시작했다. 결속성과 함께 응집성 개념은 의미적 차원에서 문장을 연결하는 주요 요소로 규정되어 학자들의 관심을 끌었다. Halliday & Hasan(1976)은 사용역과 결합하여 응집성의 문제를 제기했고, Widdowson(1978)은 결속성은 담화의 명제적 전개와 관련된 것으로, 응집성은 발화의 전개와 관련된 것으로 제시하여 두 개념의 차이를 설명했다. Delu & Rushan(2021)은 자신의 책에서 Halliday & Hasan(1976)이나 Widdowson(1978)의 연구가 나오기 전까지 응집성은 이론적 개념으로 연구조차 되지 않았다고 언급한 바 있다.

모두가 알다시피 응집성과 관련된 문제를 처음 제시한 학자도 Halliday & Hasan(1976)이다. 앞에서 설명한 바대로 Halliday & Hasan (1976)은 텍스트를 텍스트답게 만드는 요소로 "texture"를 지칭한 바 있다. "texture"가 있다면 문장이 잘 연결되어 전체적 의미를 형성한다고 보아도 된다. 이런 의미는 이 장에서 우리가 다루고자 하는 응집성의 개념과도 유사하다. 여기서 말하는 응집성은 텍스트의 내용과 의미 자질을 말하는 것이기 때문이다. Halliday & Hasan(1976: 20~21)은 "texture"의 요소를 두 가지 측면으로 나누었다. 하나는 내적인 측면으로 언어 내의 관계들, 문법과 어휘에 의해 실현되는 의미의 패턴들이고, 다른 하나는 외적인 것으로 언어와 화자 및 청자(혹은 필자 및 독자)의 물질적이고 사회적인, 그리고 이데올로기적인 환경이다. 여기서 Halliday & Hasan(1976)은 자신들이 관심을 가지고 있는 것은 내적인 측면, 즉 텍스트의 특징인 언어적 요소에 해당한다고 언급한다. 이런 내적인 요소는 당연히 앞에서 설명한 결속성의 문제가 된다. 그래서 응집성의 문제는 자연스럽게 외적인 요소만을 한정한 것으로 보이지만 사실 꼭 그렇지도 않다. Halliday & Hasan(1976)도 말했지만 "texture" 자체가 응집성을 말하는 것이 되기도 하기 때문이다[30].

Halliday & Hasan(1976: 21)이 "texture"의 외적 요소로 삼은 것이 환경적 맥락인데 그들은 이를 field(필드), mode(모드), tenor(테느)라고

---

[30] Halliday & Hasan(1976)이 응집성을 어떻게 보았느냐는 사실 논란의 대상이 된다. 그의 책에서 분명히 결속성과 응집성을 구분하여 보지 않았고, 결속성이 사용역의 도움을 받아 텍스트가 응집성(coherent) 있게 구성된다는 점을 지적하고 있다. 그래서 엄밀히 말해 "texture"가 응집성을 말하는 것인지 아니면 결속성과 사용역이 포함된 개념을 말하는 것인지 구분하기 쉽지 않다. Halliday & Hasan(1976)이 『Cohesion in English』를 저술할 당시에는 응집성(Coherence)에 관한 구체적 개념이 확보되어 있지 않다고 볼 수도 있다.

설명했다. 상황 맥락을 보다 구체적으로 규정할 수 있도록 세부적인 요소를 설정한 것이다. field(필드)는 텍스트에서 화자(필자)의 목적이 행위와 함께 기능하도록 만드는 전체 사건을 의미한다. mode(모드)는 사건 안에서 표현된 텍스트의 기능인데, 예를 들면 구어 혹은 문어, 즉흥적인 혹은 준비된 발화가 이에 해당하고, 수사적 장르에 해당하는 서사(narrative), 교훈(didactic), 설득(persuasive), 사교적 언어(phatic communion)도 이에 해당한다. tenor(테느)는 대화 참여자들 간의 사회적 관계나 역할, 혹은 상호 작용의 유형을 의미한다. Halliday & Hasan (1976)은 이런 사용역의 요소를 검토하면 텍스트의 상황 맥락을 파악할 수 있었다고 보았다.

Halliday & Hasan(1976)은 이런 상황 맥락이 결속성 개념과 결합해 "texture"를 형성한다고 설명한다. 보다 엄밀히 말해 결속성 개념이 언어 사용역에 의해 보충될 수 있다면, 텍스트를 효과적으로 응집성 있게 만들 수 있다고 본 것이다. 아울러 결속성 있는 텍스트들도 언어 사용역의 일관성이 없다면 실패할 수도 있다고 말한다. 이를 보면 이들은 하나의 텍스트가 응집성 있게 작동하기 위해서 이런 외적 요소가 필요하다고 본 것이며, "texture"의 세부 요소는 결속성과 사용역이 결합된 것이라고 본 것이다.

Halliday & Hasan(1976)의 논의를 통해 응집성의 개념을 구체적으로 알기는 쉽지가 않다. 이들의 관심은 텍스트의 언어 형식인 결속성에 있고, 그 때문에 사용역에 관해 자세히 언급하지는 않았다. 그렇지만 그들의 언급을 종합해 보면 응집성은 한 편으로 "texture"와 유사할 수 있고31), 다른 한편으로 결속성과는 다른 상황적, 맥락적 의미 연결

---

31) Carrell, P. L.(1982: 480~481)은 자신의 논문에서 Halliday & Hasan(1976)의 'texture' 개념이

의 상태를 말하는 것일 수도 있다. 분명한 것은 Halliday & Hasan(1976)
이 텍스트의 의미 연결이 결속성이 없어도 상황과 맥락에 의해 가능
하다는 점은 알고 있었다는 점이다.

아마 응집성의 의미에 관해 지금과 같은 논쟁의 시각에서 본격적으
로 언급한 첫 학자는 Widdowson(1978)일 것이다. Widdowson(1978)은
자신의 책 『*Teaching Language as Communication*』에서 응집성의 의미
를 결속성과 비교해서 실제적으로 제시했다. 그는 응집성을 발화 행위
(illocutionary act)에서 숨겨진 명제 연결을 추론을 통해 찾아내는 것으로
인식했다. 모두가 알듯이 결속성은 문장과 문장의 관계에서 언어 형식
적인 연결성에 의해 의미가 이어지는 양상을 말한다. Widdowson
(1978: 27)은 실제 언어생활에서 이렇게 명제적으로 의미가 연결되는
경우만 있는 것은 아니라고 말한다. 실제 언어생활은 명제적으로 연관
되지 않는 경우도 흔하게 있다. 그는 이를 설명하기 위해 다음과 같은
예시를 든다.

  (가) A. 경찰은 무엇을 하고 있나요?
    B. 그들은 시위자를 체포하고 있어요.
  (나) A. 경찰은 무엇을 하고 있나요?
    B. 나는 지금 막 도착했어요.
  (다) A. 경찰은 무엇을 하고 있나요?
    B. (나는 경찰이 무엇을 하고 있는지 모릅니다.) 이유는 제가 현장에

바로 응집성(coherence)을 의미한다고 말한다. 그리고 응집성(coherence 혹은 texture)은
결속성과 응집성이 결합된 것이라고 언급한다. Carrell(1982)은 Halliday & Hasan(1976)이
관심을 가진 것은 결속성(cohesion)이며, 이때 그들이 말한 결속성은 일관성 있는(coherent)
텍스트의 의미 결합 관계라고 규정하여 결속성이 응집성을 이루는 언어적 결속 관계임을
밝혔다.

지금 막 도착했기 때문입니다.

(가)의 예는 전형적인 결속성의 상태를 보여준다. 두 번째 문장 '그들'은 첫 번째 문장의 '경찰'을 지시한다. 두 항목은 지시하는 바가 같고, 상호 지시적 관계에 있다 전형적인 전조응 관계(anaphoric)에 해당한다. 그런데 (나)의 예는 이와 다르다. 첫 번째 문장과 두 번째 문장은 전혀 결합 관계를 보여주지 않는다. 이 예시는 결속성이 가지는 명제적 결합 관계에서 벗어나 있다. 그런데 Widdowson(1978)은 이런 문장도 일상에서 감추어진 명제 연결을 손쉽게 행하는 발화 행위에 초점을 맞추면 쉽게 이해할 수 있다고 말한다. (다)의 예처럼 두 발화에서 감추어진 명제를 연결해 주는 것은 상황적 인식에 바탕을 둔 추론이다.

그는 (가)의 예가 연결성이 있는 응집적 텍스트(coherent text)이고, (나)의 예는 연결성이 없는 응집적 텍스트라고 말한다. 두 문장 모두 응집성이 있지만, 앞의 예는 우리로 하여금 명제적인 연결을 할 수 있도록 형식적 표지가 있는 것을 말하고 뒤의 예는 상황적 배경을 통해 추론을 해야 하는 것을 말한다. Widdowson(1978)이 말하는 응집성은 발화 행위의 해석에서 추론을 통해 감추어진 명제적 연결을 이어주는 것을 의미한다. 이런 점을 보면 그는 응집성에 관해서도 결속성의 명제 연결을 기초로 해서 논의를 전개했다는 사실을 알 수 있고, 문어 환경이 아니라 발화 환경을 염두에 두었음을 알 수 있다. 이런 관점은 이후 문어적 상황으로 옮겨가 다양한 논의가 전개되는 바탕이 된다.

1.2. 응집성의 개념적 정의

앞서 Widdowson(1978)은 결속성은 텍스트에서 언어를 통해 드러나는 명시적인 명제 연결을 말한다면 응집성은 명시적인 명제 연결의 이면에 작용하는 언표 내적인 형식으로, 주로 화용적 개념이라고 말했다. Widdowson(1978)은 이런 화용적 개념을 주로 상황적 배경에 의한 추론으로 설명했지만 실제 응집성 연결은 다양한 맥락이나 배경을 통해 다양한 방식으로 이루어진다. 많은 경우 우리의 언어 사용은 텍스트의 명시적 의미보다 텍스트 이면의 의미를 읽어내는 독자의 스키마에 의존하는 경우가 많다. 예를 들어 Widdowson(1978: 29)이 제시한 유명한 예시인 다음과 같은 대화를 다시 한 번 보자.

A. 전화 왔어요. (That's the telephone.)
B. 목욕 중이에요. (I'm in the bath)
A. 알았어요. (O.K.)

이런 대화의 패턴에는 Halliday & Hasan(1976)이 말한 결속성의 장치들이 보이지 않는다. 그럼에도 불구하고 대화는 순조롭게 이어진다. 이런 경우는 전화를 걸고 받는 상황에 관한 지식이 우리 머릿속에 저장되어 있기 때문에 아무런 어려움 없이 의미가 전달될 수가 있는 것이다. 그런데 문제는 결속성에 비해 응집성이 실현되는 방식이 매우 다양하다는 점이다. 어떤 경우에는 배경적 상황이 의미 연결에 중요한 역할을 하고, 또 어떤 경우에는 보편적 상식이, 어떤 경우에는 프레임을 통해 의미가 연결되기도 한다. 예를 들어 우리가 학교에서 행하는 많은 대화들은 학교라는 공간에서 이루어지는 다양한 행위에 관한 지식(프레임)이 머릿속에 저장되어 있기 때문에 쉽게 이루어진다. "이번 학기는 어때?" "힘들 것 같아, 19학점 신청해서…". 이런 대화는 대학 속에 있는 사람이라면 쉽게 이해하겠지만 대학의 사정을 잘 모르는 사람은 이해하기가 힘들다. 응집성은 언어의 표면적 의미를 넘어 이런 다양한 맥락과 상황, 또는 지식에 의존하여 발생하기 때문에 이를 하나의 개념으로 파악하기가 어려운 것이다.

응집성 개념을 정확하게 파악하기가 어려운 것은 의미가 이렇게 복잡하고 다양한 방식으로 전달되기 때문이다. 필자나 독자가 가지고 있는 다양한 상식, 배경, 맥락은 텍스트의 언어 형식을 넘어 다양한 방식으로 전개된다. 응집성은 때로 필자의 생각과 독자의 해석을 통해 이루어지는 복잡한 과정을 포함한다. 그래서 Grabe와 Kaplan(1996)도 "응집성을 정의 내리는 문제에서 여러 학자들의 보편적 합의 사항이 거의 없는 것 같다."라고 말하고 있다. 아울러 Todd et. al.(2007)와 같은 학자들도 결속성과 응집성을 정의하는 데 있어 문제나 어려움은 항상 응집성과 관련되어 있다고 토로하고 있다. 응집성은 정말 복잡하고 어려운 개념이다. 아래는 여러 학자들이 응집성에 관해 정의한 내용이다.

Phelps, L. W.(1985)
응집성이 독자가 텍스트의 의미에서 발견하는 의미론적, 화용론적 통합성이었다면 결속성은 텍스트에 단서를 제공하는 시스템(cuing system)으로서 텍스트의 언어적 연관성이라고 할 수 있다.

Johns(1986)
문어 텍스트(written text)에서의 응집성(coherence)은 '독자'와 '텍스트'

각각을 기반으로 하는 특징을 포함하는 복합적인 개념이다.

Sanford & Moxey(1995)

응집성은 화자(필자)의 의도와 관련하여 청자(독자)가 해석을 하고, 그 해석한 텍스트 요소를 통합한 결과물이라고 가정한다.

Enkvist, N. E.(1990)

결속성은 텍스트의 표면에 있는 명백한 연결을 나타내는 용어인 반면에 응집성은 텍스트를 '일관된 세상의 모습'에 적합하게 만드는 특징이 있고, 요약될 수 있고 해석될 수 있다.

Givón, T.(1995)

결속성은 문법 구조를 초월하여 담화 내의 관계를 만들기 위한 어휘들의 집합이고 응집성은 읽는 사람, 듣는 사람 모두가 보는 관점을 서로 자연스럽게 느낄 수 있게끔 만드는 과정이다.

Tanskanen(2006) Collaborating towards coherence

결속성은 텍스트의 구성 부분들 간의 연결 관계를 형성할 수 있는 텍스트 표면의 문법적 및 어휘적 요소를 지칭한다. 반면에 응집성은 텍스트와 청자나 독자 사이 대화의 결과이다.

Todd et. al.(2007)

결속성은 텍스트의 특성으로 간주될 수 있고 반면에 응집성은 텍스트에 대한 의사소통 참여자들의 평가에 의존한다.

Crossley & McNamara(2010)

결속성은 독자가 텍스트의 아이디어를 연결할 수 있도록 돕는 요소를 말한다. 예를 들어 반복된 단어나 개념, 접속사(왜냐하면, 따라서, 그러므로) 등이 독자에게 아이디어나 개념 사이에 어떤 관계가 있는지 알려준다. 응집성은 독자가 텍스트로부터 무엇을 이해했는지를 말하는 것이다. 텍스트의 응집성은 독자의 배경지식이나 독해 실력과 같은 여러 요인에 달려 있다.

McNamara et. al.(2010)

결속성은 텍스트 내에 단서(cues)의 유무를 의미한다면, 응집성은 텍스트에 대한 독자의 심적 표상의 질을 의미한다.

이런 정의를 살펴보면 응집성에 관해 몇 가지 특성이 있다. 하나는 대부분의 학자가 응집성은 필자의 영역이 아니라 독자의 영역이라고 언급하고 있는 점이다. 이런 언급은 글을 쓰는 필자 입장에서는 썩 유쾌하지 않겠지만 독서 행위가 어떤 의미인지 안다면 이해할 수 있는 말이다. 사실 텍스트는 필자가 글을 쓰는 순간에 만들어지는 것이 아니고 독자가 글을 읽는 순간 발생한다. 필자가 혼자서 글을 작성하고 발표하지 않는다면 독서 행위는 일어나지 않고 텍스트도 의미를 상실한다. 텍스트의 의미는 독자가 만들어 가는 것이다. 그래서 많은 학자들이 응집성이 독자의 영역임을 언급한다. 같은 텍스트라도 독자에 따라 해석이 얼마든지 달라질 수 있음을 생각하면 쉽게 이해할 수가 있다.

다음으로 알 수 있는 것은 텍스트에 관한 언급들이다. 응집성이 독자와 텍스트를 기반으로 하고 있다는 표현이나 요약되고 해석될 수 있다는 말들이 그러한 것들이다. 이런 표현들은 응집성이 해석과 추론을 통해 나오는 것이긴 하지만 텍스트에서 언어적 단서를 얻지 않으면 불가능하다는 것을 뜻하는 것이기도 하다. 모든 것은 텍스트로부터 출발하는 것이기 때문이다. 이런 것은 앞의 정의에서 Sanford & Moxey(1995)가 응집성을 필자의 의도에 따라 텍스트적 요소를 해석한 결과라고 언급하는 데서 알 수가 있다.

그 다음으로 우리가 생각해 보아야 할 것은 응집성이 독자의 심적 표상과 해석에 달려 있다는 표현들이다. 앞서 Widdowson(1978)이 응집성을 발화 현상에서 유래되는 것이라고 말한 것도 청자의 해석과 추론이 중요하다는 것을 암시한 것이다. 응집성 개념을 어렵게 만드는 것이 바로 이 해석과 추론의 영역이다. 이를 쉽게 설명하기 위해 Widdowson(1978: 30)이 사용한 예를 살펴보자.

(가a) 위원회는 계획을 계속 진행하기로 결정했다.
(가b) 모건은 자정의 기차로 런던을 떠났다.

위의 대화는 문장이 연결되지 않아 쉽게 의미를 이해하기가 힘들다. 그러나 이 문장이 실제 대화에 사용되었을 때 어떻게 이해하여야 할까? 이를 해석하는 방법은 주어진 명제들과 대화 행위(acts) 사이의 관계를 파악해 그것을 추론하는 수밖에 없다. 만약에 첫 번째 문장과 두 번째 문장 사이에 '그러나'라는 접속사를 넣어보면 발화적 의미는 조금 더 명확해진다.

(나a) 위원회는 계획을 계속 진행하기로 결정했다.
    (이 계획에 따르면 모건은 런던에 머물러야 했다.)
(나b) (그러나) 모건은 자정의 기차로 런던을 떠났다.

Widdowson(1978)은 이를 발화적 가치라고 불렀다. 이런 발화적 가치를 통해 첫 번째 명제와 두 번째 명제 사이의 간극을 메우기 위한 추론이 가능해진다. 위원회가 지속되었음에도 불구하고 모건은 런던을 떠나기로 했다는 것이다. 이 추론은 화자와 청자 간의 동일한 상황적 인식이 있기 때문에 가능했다. 모건이 위원회의 계획에 따라 런던에 머물러야 함에도 어떤 이유 때문에 런던을 떠난 것이다. 그것에 관한 실제적인 이유는 아마 화자나 청자가 알고 있을 것이다. 이런 것이 바로 상황에 의한 배경적 인식에 해당한다. 그리고 이런 인식이 텍스트의 명제를 어떤 원인에 따라 일어난 결과의 문장으로 추론하게 한 것이다. 이처럼 언어 해석은 스키마의 작용에 의해 확대되기도 하고 축소되기도 하며, 다른 의미가 첨가되기도 한다. 만약 화자와 청자가 사건에 대한 상황적 인식에 관한 해석이 동일하다면 의사소통은 원만하게 이루어질 것이다. 결속성과 달리 응집성은 이렇게 해석과 추론의 과정을 통해 흔히 이루어진다. Phelps(1985)가 언급했듯이 응집성은 텍스트가 아닌 독자의 사고 과정과 의미 경험에서 나온다는 말을 상기하는 것이 좋을 것이다.

1.3. 독자의 추론

이제 응집성의 개념을 살펴보기 위해 독자와 해석, 추론의 관계를 한번 검토해 보고자 한다. 위에서 여러 학자들이 내린 응집성에 관한 정의를 보면 무엇보다 응집성이 독자의 영역이라는 점, 응집성은 독자들의 해석과 추론을 통해 형성된다는 점을 강조했기 때문이다. 실제 결속성처럼 텍스트의 표면적 연결 장치를 통해 의미를 만들어 가는 경우를 제외한다면 우리의 언어 사용은 대부분 이해와 해석, 추론과 상상으로 이루어진다.

응집성이 독자의 텍스트에 관한 해석에 의존한다면 먼저 Kintsch (1998)의 이해 모형(구성 – 통합 모형)을 견주어 살펴볼 필요가 있다. Kintsch(1998)의 연구는 텍스트를 이해하는 데 인간의 인지적 양상이 어떤 방식으로 존재하는지 심리학적 관점에서 탐구한 것이다. 이런 논의에 의하면 중요한 것은 텍스트 표면과 텍스트를 이해하려고 하는 독자의 해석과 추론이다. 독자의 텍스트 해석은 텍스트 표면으로부터 언어 형식을 읽는 독해 과정과 이를 분석하여 전체 내용을 구성하는 추론 영역으로 나눌 수 있다. Kintsch(1998)는 텍스트 표면으로부터 독자가 얻는 정보(상향식)와 독자의 머릿속 경험과 지식(하향식)이 상호 보완하여 텍스트 해석이 이루어지는 것으로 보았다. 여기서 중요한 것은 텍스트 정보보다 독자의 경험과 지식이다. 같은 텍스트 내용도 독자의 경험과 지식에 따라 달리 해석하는 경우도 빈번하게 일어나기 때문이다. 해석과 추론의 영역은 개별 독자가 지닌 경험과 지식에 따라 얼마든지 달라질 수가 있어 그만큼 분석하기도 어렵고 인지하기도 어렵다고 할 수 있다.

Kintsch(1998; 김지홍 외 옮김, 2010: 125~130)는 독자가 텍스트를 해석하면서 만들어지는 인식을 상황 모형(situation model)이라고 설명했다. 독자가 텍스트를 읽으면서 얻는 정보보다 더 많은 지식과 해석, 추론이 정교화와 추론의 과정을 통해서 덧붙여지는 데 이때 만들어진 것이 상황 모형이다. 다시 말해 상황 모형은 독자가 텍스트를 읽으면서 다양한 해석 활동을 통해 텍스트에 관해 형성하는 일종의 정신 표상이라 할 수 있다. 개인마다 상황 모형을 통해 만들어지는 인식은 텍스트의 미시구조나 거시구조와 동일하지가 않다. 필자가 만든 텍스트의 내용에 독자의 경험이나 지식이 보태지고 재구성되기 때문에 독자의 최종 해석은 다양하게 달라질 수 있기 때문이다. 응집성에 관한 개념 규정을 보면 모두들 응집성이 독자의 영역이라고 강조하는 것은 바로 이와 같은 해석과 재구성의 요소가 있기 때문이다. 텍스트에 관한 필자의 의도도 독자의 해석 여부에 따라 얼마든지 달라질 수가 있는 것이다. Kintsch(1998)가 말한 상황 모형은 독자가 텍스트에서 의미 일관성을 찾아 해석해 낸 결과와 유사하며, 이런 과정을 응집성이라고 말할 수 있다.

이제 응집성과 관련하여 이런 해석 과정이 어떻게 이루어지는지 자세히 살펴보도록 하자. 텍스트 해석에서 중요하게 작용하는 요인으로는 텍스트 표면, 상황적 배경, 독자의 스키마가 있다. 여기서 텍스트 표면은 텍스트 내부 요인으로 텍스트의 언어 정보라고 볼 수 있고, 상황적 인식은 텍스트가 처한 상황이나 환경, 배경을 의미하며, 독자의 스키마는 독자의 머릿속에 들어 있는 경험, 지식의 정보들이다. 텍스트 해석은 세 가지 요소가 서로 상호 작용하여 이루어진다. 이세 요소 중 어느 한 요소의 작용만이 주요 기능으로 인식될 수 없으며, 세 요소는 작용 과정 중에 서로서로 영향을 미치게 된다. 아울러 이세 요소는 텍스트의 미시적인 부분과 전체적인 부분에 고루고루 영향을 미칠 수 있다[32].

이 세 가지 요소 중 시작은 역시 텍스트 표면의 언어 형식에 관한

---

32) Van Dijk(1977: 24~30)는 인간은 부분적인 것과 전체적인 것의 관계를 직관적으로 인식할 수 있다고 말한다. 특히 담화 사용자는 담화의 명시적인 지엽적 구조를 살펴볼 때도 전체적인 구조를 염두에 두고 이를 구별할 줄 안다고 한다. 예를 들어 낱말과 문장을 볼 때도 화제와 주제에 관해 생각할 수가 있다. 전체를 볼 때도 그 의미가 미시적 요소에 미칠 영향을 감지한다. 이런 복합적 인식이 텍스트 해석의 복잡한 인지적 상황에서 한 편으로는 언어 사용에 집중하면서 다른 한편으로 사회적 행위와 상호 작용을 할 수 있게 해주는 요인이 된다. Van Dijk는 언어 사용의 이런 측면이 인간이 언어를 통해 사회적 행위, 즉 화행을 달성할 수 있게 해준다고 말하고 있다.

인식이다. 무엇보다 독자는 텍스트에서 어휘와 문장을 읽으면서 텍스트의 의미를 해석하기 시작한다. 그런데 텍스트 표면의 언어 형식에 관한 인식이 생각보다는 복잡하다. 우리 머릿속에 어휘부가 존재하고 여기로부터 어휘의 의미를 인출하고 그것을 문장 전체와 견주어 보아야 하기 때문이다[33]. 독자가 언어를 해독하는 과정은 언어학이나 인지심리학에서 다루어지고 있는 문제여서 여기서 자세히 다루지는 않겠지만 한 가지 분명한 것은 텍스트 표면구조에 관한 해독이 단순히 어휘의 기호적 의미를 인출하는 것을 의미하는 것은 아니라는 점이다. 텍스트의 언어 형식은 텍스트를 읽기 전 독자의 예상 주제에 힌트를 주거나 읽기 과정에서 새롭게 해석할 정보나 유추해야 할 과정을 암시하는 역할을 하기도 한다. 텍스트의 언어 정보는 맥락 정보를 통해 보충되고, 유추 과정을 통해 수정되며 재구성되기도 한다. 그래서 텍스트 언어는 사전(事典)의 정보처럼 규정된 정보 그대로 인식되고 해독되는 것은 아니며, 비유나 은유의 표현처럼 표면적 언어도 상황에 따라 다양하게 변화하고 재구성된다.

언어에 관한 해석이 온전히 어휘 지식만으로 될 수 없다는 점은 다음의 예시를 봐도 쉽게 이해할 수가 있다(Sanford & Moxey, 1995: 162).

---

[33] 김지홍(2010: 188~189)에 의하면 텍스트 표면에서 낱말을 접하면 우리의 머릿속 어휘부에 해당 낱말의 의미를 인출하여 사용한다고 한다. 이를 '어휘 접속'이라고 부른다. 이런 어휘 처리 과정은 언어 산출과 언어 이해 과정에서 조금 달리 나타난다고 한다. 언어 산출(말하기, 글쓰기) 과정에서는 낱말의 통사·의미 정보 값을 인출해야 표현할 명제를 만드는 것이 가능하지만 언어 이해에서 낱말의 의미는 낱말 자체보다 낱말이 속한 사건이나 맥락 속에 녹아들어야 가야 알 수가 있다. 명제 해석 과정에서 다양한 낱말의 의미가 생성될 수가 있는 것이다. 아울러 언어 산출과 달리 언어 이해는 낱말의 의미가 인출되지 않더라도 해석의 과정은 그대로 진행될 수 있고, 차후 보충된 낱말의 정보나 맥락의 정보를 통해 재구성될 수 있다고 본다.

(a) 어제 저녁 식사 때 존은 입을 데었다.

(b) 스프가 매우 뜨거웠다.

이런 예시는 언어 정보 속에 우리의 경험이 어떻게 들어가 있는지를 알게 해 준다. (a)의 사건에 대한 이유를 (b)를 통해 알 수가 있다. 사건에 관한 이유와 근거를 알 수 있는 인과구조가 성립되는 것이다. 이런 문장은 텍스트의 어휘나 문장을 읽는 순간 추론 활동이 시작되며 어휘나 문장을 해석하기 위해 경험적 인식이나 세계에 관한 일반적 지식이 필요하다는 사실을 보여준다[34]. 그래서 문어적인 텍스트는 독자들이 자신들의 지식 세계에서 의미를 찾도록 도와주는 방향들의 모음들이라고 말하기도 한다(Widdowson, 1978).

텍스트 언어의 인식에서 기억해야 할 점은 상황에 재해석되는 언어는 독자의 목적의식이나 의도, 목표에 따라 종속되고 제어되는 경향이 많다는 점이다. 여러 학자들은 독자가 텍스트의 언어 정보를 읽을 때 이미 그와 관련된 맥락 속에 들어가 있으며, 어떤 특정한 목적을 취할 수밖에 없다고 본다(phelps, 1985: 18~19). 독자는 텍스트의 언어 형식을 읽을 때 이미 텍스트에 관한 상황 모형을 구성하고 있으며, 이를 통해 텍스트의 전체적인 메시지를 예상하고 이해할 가능성이 많다. 우리가 텍스트를 읽을 때 글의 제목이나 필자의 성향이 이미 이런 경향을 대변해 준다. Van Dijk(1977: 317)는 텍스트 이해에서 독자

---

34) 담화는 미시적인 표면 층위만으로 설명될 수가 없다. 의미를 생성하기 위해서 반드시 텍스트 전체에 관한 인식이 필요하다. van Dijk(1977: 56)는 전체에 관한 이런 인식을 거시구조라고 불렀다. 그는 의미론적인 거시구조의 층위가 없으면 담화의 전체적인 의미와 이에 관련된 다양한 속성을 이해할 수 없다고 말했다. 동시에 거시구조의 해석도 미시 층위의 문장 해석과 지엽적 의미 연결 없이 이루어질 수 없다. 이렇게 보면 텍스트 해석은 끊임없이 미시적 측면과 거시적 측면의 상호 작용 속에서 이루어지는 것이라고 볼 수 있다.

에게 첫 문장이 주어졌을 때 독자가 어떤 근거로 그 담화(텍스트)의 잠정적 거시구조를 전략적으로 파악할 수 있는지를 밝혀주었다. 그가 제시하는 텍스트의 단서들을 주요한 것 중심으로 정리하면 다음과 같다.

1. 맥락의 지식(화자, 사회적 상황 등)이 화제로 나타나는 경향
2. 제목, 하위제목, 발언들, 선행 담화
3. 이전 담화들
4. 텍스트나 단편의 시작에서 보이는 화제 문장들
5. 텍스트의 첫 번째 사실의 참여자 구조로부터 거시참여자의 추론
6. 첫 번째 술어에 기초한 총체적 의미 영역 추론
7. 거시 규칙의 예비적 적용 (삭제, 일반화. 구성)

Van Dijk(1977)가 강조하는 것은 텍스트의 서두 부분이다. 그는 텍스트의 실제적인 시작부터 정보가 있다고 말한다. 가령, 제목, 필자의 정보, 담화의 화제, 이전 담화로부터 얻는 정보 등에서 우리는 텍스트의 의미를 파악해 볼 수 있다. 이렇게 얻은 처음 정보로부터 낮은 단위의 전체적인 거시명제(주제)를 잠재적으로 형성할 수 있다[35]. 아울러 이런 과정을 통해 지엽적 의미 연결로부터 점차 텍스트 전체로 확장되어 전체의 주제적 의미를 찾게 될 것이다. 이런 과정은 외부 환경의 도움 없이 이루어지지 않는다. 독자는 텍스트를 읽을 때 이미

---

35) Brown & Yule(1983: 66)은 인간들이 그들이 텍스트를 해석할 준비가 되기 전에 형식적 텍스트 표지(formal textual markers)를 요구하지 않는다고 말한다. 그리고 그들은 응집성을 자연스럽게 가정하고 그 가정의 관점에서 그 텍스트를 해석한다고 말하고 있다. 이런 말을 종합하면 독자는 애초 텍스트를 읽기 전 이미 그 텍스트는 어떤 내용을 다루고 의미는 어떠할 것이라는 가정을 가지고 들어간다는 뜻이 된다.

그 텍스트가 어떤 매체로, 어떤 배경으로 나왔는지 대강 짐작을 하고 읽는다. 독자는 텍스트가 설명하는 지시적 상황과 본인이 참여하는 수사적-의사소통적 상황 모두를 이해해야 온전히 텍스트의 언어 형식이 의미하는 바를 해석할 수가 있는 것이다. 그런 점에서 독자가 텍스트 표면의 언어를 읽을 때 상황에 관한 인식과 독자의 배경지식이 동시에 작용하고 이를 통해 텍스트에 있는 필자의 의도, 암시, 상징을 해석한다고 볼 수 있다.

그러나 이런 텍스트 표면에 관한 해석보다는 결정적으로 중요한 것은 바로 텍스트의 배경이 되는 상황적 판단에 관한 인식들이다. 여러 학자들이 설명하지만 응집성에 관해서는 텍스트 명제의 축자적 해석보다 상황적 지식에 관한 해석이 훨씬 더 나은 설명을 제공한다 (Sanford & Moxey, 1995). 앞에서 제시한 Widdowson(1978: 29)의 예시, "전화 왔어요.", "화장실에 있어요.", "알았어요."도 상황에 관한 우리의 경험적 인식이 없으면 이해하기 힘든 대화들이다. 이런 대화는 우리가 일상에서 흔히 하는 경험으로, 개인의 스키마에 경험적 지식으로 축적되어 있는 것들이다. 이런 대화를 들을 때 상황에 관한 인식적 판단이 텍스트의 언어 형식과 더불어 형성되기 때문에 텍스트 인식을 제어하고 유도하는 기능을 하게 된다.

Enkvist(1990: 20)는 텍스트 추론에서 '상황 관련성(situational relevance)'이 얼마나 중요한지를 하나의 예를 들어서 설명했다. 강의실에서 교수는 조수에게 "불, 부탁해(Lights please)."라고 말했다. 그런데 이 대화의 의미는 이중적이다. 불을 켜달라는 부탁일까 아니면 불을 꺼달라는 것을 말하는 것일까? 이에 관한 정답은 발화 상황에서 불이 꺼져 있는지, 켜져 있는지, 교수가 무엇을 원하는지에 관한 상황적 판단이 결정할 것이다. 다른 예시도 살펴보자.

A. 영화관까지 걸을까, 버스를 탈까?

B. 걸으면 40분쯤 걸려.

　상황적 맥락을 모른다면 해석하기가 어렵겠지만 이 대화는 훌륭히 전달되고 소통된 것이다. b는 걷고 싶어 한 것일까? 아니면 버스를 타고 싶어 한 것일까? 여기에 관한 대답은 전적으로 그 대화에 이루어진 '상황'에 달려 있다. 만약 a와 b가 시간적 여유가 있고, 날씨가 좋으며, 걷는 것을 좋아한다면, b가 걷는 것을 선택했다는 것을 의미할 수 있다. 그 반대라면 b가 버스 타는 것을 선택했다는 것을 의미한다. 이런 예시를 통해 Enkvist(1990)는 상황적 맥락이 텍스트 해석을 가장 유용하게, 그리고 해석의 가능성과 효율성을 높게 만드는 효과를 가져 온다고 강조한다. 응집성 분석에서 텍스트의 기호적 의미를 넘어설 수 있는 것도 상황적 맥락을 통한 재해석이 가능하기 때문이다.

　상황적 배경이 독자에게 주어진다면 독자는 최소한의 정보로 효율성 있게 텍스트 해석에 참여할 수 있다. 독자가 주어진 상황적 경험에 의해 쉽고 빠르게 판단을 내릴 수 있기 때문이다. 상황적 맥락이 가진 이런 이점 때문에 추론과 관련한 인간의 세계 지식은 언제나 맥락적으로 구조화되어 있다고 많은 학자들이 지적한다. 세계 지식을 얻는 방법은 인위적으로 학습하기보다는 일상적 경험을 통해 얻을 가능성이 높고, 그것이 개념과 결합하여 특별한 해석과 인식을 위한 장 구조(field-structure)를 만들어 낸다. 우리의 인식과 해석은 모두 특별한 환경과 맥락에 의해 특징지어 지는 것이다. 이해와 지식은 언제나 상황에 관한 맥락과 함께 만들어지기 때문에 "세계를 인지하거나 가정하기 위해 맥락에 관한 지식이 있어야 한다"(Phelps, 1985: 16)는 말도 충분히 가능한 것이다.

응집성과 상황적 맥락과의 상호관계에 가장 명쾌한 답을 제시한 사람은 아마 Delu & Rushan(2021)일 것이다. 이들은 응집성을 상황 상황 맥락과 언어적 형식 사이의 상호 작용에서 나온 의미적 개념으로 파악한다. 더 구체적으로 설명하면 응집성은 상황 맥락에 의해 결정되며, 텍스트 표면의 다양한 언어적 형식(어휘, 문법 발음 등)에 의해 실현된다고 본 것이다. 흥미로운 것은 텍스트에 응집성이 있다는 것은 결국 상황 맥락이 적절하게 기능했다는 것을 의미한다고 지적한 부분이다. 만약 어떤 사람이 편지를 통해 다른 지역에 있는 회사에 입사할 수 있었다면 그것은 그 편지의 텍스트 응집성과 상황 맥락이 서로 잘 조응할 수 있었기 때문이라고 말할 수 있다. Delu & Rushan (2021: 31)의 표현으로 말하자면 어떤 텍스트가 상황 맥락 안에서 적절하게 기능한다면 그것은 바로 응집성이 있다는 것을 의미한다. 이는 텍스트와 상황 맥락 간 관계가 구축되었다는 것을 의미한다. 텍스트 자체적으로 본다면 특정한 상황 속에서 텍스트 전개와 의미 연결이 순조롭게 진행되면서 텍스트의 다양한 부분들이 전체를 의미적으로 잘 형성하도록 구성되었다는 것을 의미하는 것이다. Delu & Rushan (2021)의 논의나 Halliday & Hasan(1976)의 논의를 보면 상황 맥락은 응집성을 구성하도록 도와주는 요소가 아니라 응집성의 전제 조건 중의 하나라는 생각이 든다.

다음으로 텍스트 해석을 위한 중요한 요인 중 하나는 바로 필자의 머릿속 정보, 스키마이다. Sanford & Moxey(1995)는 응집성을 우리가 이미 알고 있는 상황과 새로운 상황을 연결시키는 비모순적인 방법으로 세계의 사건을 해결하는 능력이라고 규정한 바 있다. 텍스트를 일관되게 해석한다는 것은 앞서 Kintsch(1998)가 말한 대로 텍스트가 지시하는 개념이나 사건에 관한 독자의 표상(상황 모형)을 만드는 것이다. 이런 독자의 표상은 기존의 지식과 새로운 지식이 연결되고 결합됨으로써 가능해진다. Kintsch(1998)의 이론에 따르면 텍스트 이해는 텍스트 표면으로부터 관련된 정보를 구성하는 것(텍스트 해독, 상향식)과 독자 스스로 자신의 배경지식을 활용하여 정보를 재구성하는 것(정교화, 추론, 하향식)을 동시에 포함한다. 텍스트 해석에는 해당 정보를 추론하고 조직하고 재구성하는 필자의 지식이나 경험이 필요한 것이다.

스키마는 우리의 기억 속에 명제 형식으로 저장되어 있는 경험과 지식을 일컫는 말이다. 여기서 명제(proposition)는 우리의 기억을 의미 단위로 설명하기 위해 서술어와 명제가 포함된 진술 형식으로 제시하는 것을 말한다[36]. Kintsch(1998)는 장기기억 속에 있는 우리의 지식이 명제의 그물조직처럼 되어 있다고 말한 바 있다. 그런데 중요한 것은 명제가 우리가 생각하듯이 마치 교과서의 지식처럼 고정화, 규격화되어 있는 것은 아니라는 점이다. 그것은 특정한 주제로 활성화되어 있어. 사용 맥락에 따라 구성되었다가 사라지는 일시적인 것이다. 일시적 구성체로서 명제 형식은 우리의 사고에 유연하게 대응해 다양한 해석들을 가능하게 해준다. 이렇게 사용 맥락에 따라 지식을 유연하게 활성화하여 해석과 추론에 참여하도록 해주는 것이다.

이렇게 우리의 지식 체계가 특정한 기억 방식으로 조직화되어 있는 것을 학자들은 스키마라고 부른다. 텍스트를 추론할 때 독자의 인식

---

[36] 명제에는 기본적인 전제로 우리의 생각을 분절 가능한 최소한 생각 단위로 제시하겠다는 의미가 깔려 있다. 우리의 생각을 알기 위한 가장 편한 방법이 하나의 의미 단위로 명제를 생각해 내는 것이다. "철수는 대학생이다."라는 명제처럼, 명제는 기본적으로 서술어와 몇 개의 논항을 가져 하나의 절처럼 기능하게 된다. Van Dijk & Kintsch(1983)에서는 명제 개념이 낱말 의미로 이뤄진 절(節)에 대응한다고 말했고, Chafe(1994)는 '억양 단위'라고 불렀다. 김지홍은 명제, 절, 억양단위, 개념단위, 생각단위가 거의 동일한 말이라고 지적했다(Kintsch, 1998; 김지홍·문선모 옮김, 2010: 57; 김지홍, 2010: 206~207).

에 영향을 미치는 스카마는 기본적으로 경험과 지식으로 구성된다. 경험적 지식은 우리가 일상적 삶을 통해, 또한 특정한 목적을 위해 행하는 활동으로부터 얻는다. 반면에 지식은 학습이나 독서, 간접화한 여러 지적 경험을 통해 습득된다.

개인의 스카마 속의 개념적 구조는 개인적 지식과 사회적 지식을 바탕으로 이루어진다. 그런데 사실 개인적 지식은 사회적 지식을 바탕으로 형성되는 경우가 많아 이 둘을 꼭 구분하기가 쉽지가 않다. 우리가 개인적으로 일상에서 얻는 여러 지식은 사실 사회적으로 약속된 행위를 통해 얻는 경우가 많기 때문이다. 질병에 걸려 병원에 가서 치료를 받으면서 생긴 의료 지식들은 사실 개인적인 경험에 바탕을 두지만 실제는 우리 사회의 의료 제도와 형식, 그리고 공유된 의료지식에 기반한 것이다. 그래서 인간 간의 의사소통이나 이해, 공감은 대체로 사회 구성원이 공유한 공동체적 지식에 있기에 가능한 것이다.

응집성 해석에서 추론 과정을 이해하기 위해 필요한 것은 우리의 지식이 사회적으로 규정된 관습과 규범의 틀 속에서 이루어지는 경우가 많다는 점이다. 우리의 머릿속 지식에는 사회적 행위에 필요한 관습적 틀이 규정되어 있다. 언어를 이해할 때도, 행위를 수행할 때도 이런 틀과 관습 속에서 판단하는 경우가 많다. 그 중에서 우리가 기억해야 할 것은 앞에서도 설명한 바 있는 스키마(schema), 그리고 프레임(frame), 시나리오(scenario)와 같은 것이다.

스키마는 머릿속 지식을 원형적인 입장에서 일반화하여 지칭한 말이다. 스키마 개념은 우리의 머릿속 지식이 체계화되어 있고. 위계적이며, 조직화되어 있다는 것을 설명할 때 자주 사용하는 말이다. 앞에서 추론을 설명할 때 우리의 인식이 머릿속 지식(스키마)에 기반한다는 말을 많이 했기 때문에 이에 관한 더 자세한 설명은 필요가 없을 것 같다. 반면에 프레임(frame)에 관해서는 알아둘 필요가 있다. 텍스트 해석과 응집성 판단에 가장 중요한 역할을 맡고 있기 때문이다. 프레임은 우리가 일상에서 생활하는 환경의 요소들에 관해 상황과 배경, 맥락, 행위 등에 관해 원형적인 개념을 가지고 있어, 이를 통해 의사소통을 원활히 하는 현상을 말한다. 프레임은 특정한 환경에 관해 사회구성원이 공유하고 있는 심상으로, 이 속에는 의미, 개체, 행위, 관점, 평가 등을 모두 포함한다. 예를 들어 사람들이 '소송'이라는 프레임을 생각할 때 공유된 지식에는 그것이 가지는 의미, 절차, 평가, 결과 등이 모두 포함되어 있다. 소송이 어떤 의미인지, 그리고 그것의 절차가 어떠한지, 그것의 결과에 따라 어떤 손실과 이익이 있을지 사람들은 기본 인식을 어느 정도 공유하고 있다.

프레임에는 기본적으로 시간, 공간 속성, 개념, 행위, 제도 등이 모두 포함된다. 사회적 신념이나 가치관도 이에 포함된다. 예를 들어 보수주의, 진보주의, 소비주의, 낙관주의라고 부르는 가치관이나 세계관들도 프레임으로 사용할 수 있다. 그렇지만 가장 많이 사용하는 것은 의사 소통과 밀접한 여러 사회적 환경들이다. 예를 들어 학교, 병원, 관공서, 은행, 백화점, 쇼핑센터 등등, 사회적 행위와 관련된 사회적 공간들이 이런 프레임에 속하기도 한다. 우리는 병원에 가면 안내 데스크에 가서 등록을 하고 해당 진료실로 간다. 우리가 거침없이 병원이 들어가 아무 어려움 없이 진료를 볼 수 있는 것도 병원에서 무엇을 하고, 어떻게 한다는가에 관한 프레임을 가지고 있기 때문이다. 텍스트에서 이런 프레임이 있기 때문에 우리는 쉽게 문장을 이해하고 의미를 만들어 낸다. "서울역에서 KTX를 타고 부산에 갔다."라는 단순한 문장이 의사소통되는 것은 교통수단으로서 KTX에 관한 프레임을 공동체가 가지고 있어서 가능한 것이다. 그렇기 때문에 문장 속에 KTX가 무엇인지, 서울역에서 어떻게 표를 사고 기차에 탑승하는지, 열차가 어떻게 출발해 부산에 가는지 등에 관해 자세히 설명할 필요가 없다. 프레임은 사회적 구성원 모두가 효율적인 의사소통을 가능하게 하는 배경이 되기도 한다.

텍스트에서 이런 프레임의 구조를 아는 것은 Grice가 말하는 양의 격률을 지키기 위한 바탕이 된다. 앞의 예에서 말했듯 텍스트에서 KTX에 관해 자세한 설명을 덧붙이거나 기차를 타고 부산에 도착하는 과정을 너무 자세히 설명하는 것은 문맥을 진행을 늦추어 오히려 응집성 있는 문장으로 인정받기가 힘들게 된다. 응집성 판단에서 프레임은 텍스트 진술이 어느 정도 수준에서 이루어져야 하는지, 무엇이 중요하고 무엇이 부차적인 것인지를 인식하고 판단하는 데 매우 중요한 기능을 한다.

시나리오(scenario)는 주로 프레임에 내재된 전형적 행위의 형식화된 절차를 의미한다. 시나리오는 특정 목적에 수반되는 복잡한 상호 작용의 시스템을 수반한다. 특별히 특정한 목적에 수행되는 시나리오는 대체로 격식화되어 있는 경우가 많다. 병원, 법원. 학교, 슈퍼마켓, 교통시스템 등과 같은 거시적 프레임 속에는 대체로 형식적 절차가 규격화되어 있다. 우리는 이런 프레임에서 어떤 행동을 해야 합당한지, 어떤 절차를 따라야 목적에 이를 수 있는지 지켜야 할 규칙과 해서는 안 될 행동 등을 자신도 모르는 사이에 내면화하고 있다. 학교에서의 수강신청, 병원에서 수납하기, 기차역에서 열차표 사기, 쇼핑센터에서 물건 사기 등의 세부적 시나리오는 우리가 의식하지 못하는 사이에 내면화되고 행동으로 수행된다. 모국어 필자나 독자라면 텍스트에서 시나리오는 너무 익숙해 자연스러운 과정으로 받아들이게 된다.

텍스트 작성에서 어떤 부분은 설명을 해야 할지, 어떤 부분은 빼야 할지, 어떤 부분은 요약을 해야 할지를 아는 것은 이런 프레임과 시나리오가 일반성 수준에서 작동을 하기 때문에 가능하다. 문장의 서술에서 지나친 설명이나 지나친 생략은 의미 전달이 어색해 지거나 문제가 생길 수 있어 응집성 있는 문장 형성에도 도움이 되지 않는다. 프레임과 시나리오에 친숙하다는 것은 텍스트 환경의 사회적 약속이나 문화에 익숙하다는 뜻이다. 응집성 형성이 텍스트의 언어 형식보다 사회적인 맥락에 의해 더 좌우될 수 있다는 사실을 보여준다.

Thorndyke(1976: 437)은 자신의 논문에서 담화에서 추론 기능은 텍스트의 응집성과 연속성을 형성하기 위해 제시되어 있는 정보에 통합적 맥락을 부여하는 것이라고 언급했다. 이 말은 결속성처럼 텍스트의 언어 정보가 바로 의미 연결로 이어지는 경우도 있지만 텍스트 표면의 언어적 단서가 없더라도 의미 해석이 가능할 수 있다는 뜻인데 이를 부여하는 것이 바로 스키마에 의한 추론이라는 뜻이다. 대체로 추론은 우리가 텍스트를 표면 그대로 해석할 수 없을 때 구조의 공백을 메우고, 더 상위 구조의 개념으로 이어지게 만드는 힘을 갖는다. 그럴 때 추론의 바탕이 되는 것은 사회적인 맥락에 기본이 되는 상식과 개념들인데 이 속에 프레임과 시나리오가 자리를 잡는다. 텍스트에서 응집성을 분석할 때 이렇게 지식의 바탕에 작용하는 사회적 형식과 관습을 눈여겨 볼 필요가 있다.

1.4. 응집성에 관한 통합적 관점

앞의 응집성에 관한 개념 설명에서 많은 학자들이 응집성을 독자의 영역으로 본다고 말했다. 텍스트의 응집성은 필자가 텍스트를 서술한 이후 독자가 텍스트를 보면서 발생한다. 텍스트의 일관된 흐름은 필자도 관여하지만 어디까지나 텍스트를 읽고 판단할 독자의 영역에 가깝기 때문이다. 그러나 그렇다고 해서 모든 해석과 판단을 독자 혼자 내리는 것은 아니다. 앞에서 독자의 추론에 관해 설명했지만 그 추론을 가능하게 하는 것은 텍스트의 상황적 맥락과 텍스트에 담겨 있는 필자의 의도에 따라 가능해진다. Brown & Yule(1983: 25)이 설명했듯이 텍스트의 응집성은 독자의 영역이지만 그 의미는 필자가 의도한 바를 독자가 해석함으로써 가능하다고 말했다. 결국 텍스트의 응집성을 파악하는 것은 필자의 의도와 이를 판단하는 독자 사이의 게임에 가까운 것이다.

주지하다시피 Paul Grice는 대화에서 '협력의 원리'를 제창한 바 있다. 협력의 원리는 대화 상대방들이 새로운 의미를 형성해 가기 위해서는 서로 생각과 느낌을 받아들이는 상호 협력 활동이 반드시 요구된다는 원리다. 대화 과정에서는 비언어적인 요소를 통해 상호 조율 과정을 거치겠지만 텍스트 상황에서는 이런 조율 과정이 쉽지는 않다. 그렇지만 텍스트의 상대방인 필자와 독자 사이의 공통 기반37)이나 공통 관심사가 존재할 수 있고, 텍스트의 신호를 통해 상호간에 인정할 수 있는 의미를 구성해 가야 한다. 텍스트는 필자의 의도, 암시, 상징이 다양하게 분포하는 정보의 종합 창고와 같은 역할을 한다. 독자는 앞의 추론 과정에서도 언급했듯이 자신의 다양한 지적 정보를

---

37) 언어에 관해 협동의 원리를 제시한 Clark(1996)은 언어사용에 있어 공통기반을 사적인 공동 기반과 공적인 공동 기반으로 나누고 있다. 사적인 공통 기반은 언어구성원 자체의 개별적 협동 경험에 토대를 둔다. 사적인 공통기반에는 협동적인 지각 경험과 지속적 협동행위가 요구된다. 협동적인 지각 경험은 대화에서 동일한 대상을 경험하고 지시하는 경험을 가지는 것을 말하고, 지속적 협동행위는 대화 상대방이 개별적으로 보내는 신호를 지각하고 그것을 인지 공유할 수 있는 것을 말하고 있다. 공적인 공동 기반은 그 범위가 매우 넓고 다양하다. 언어, 방언, 전문 용어, 문화적 표준과 절차, 인간본성에 관한 추론 등 다양한 분포를 가지고 있다(Clark, 1996; 김지홍 옮김, 2008: 145~188).

통해 텍스트의 정보를 재구성해야 한다.

필자가 텍스트로부터 얻는 정보는 다양하다. Clark(1996)은 대화에서 상대방에게 보내는 신호로 낱말, 가리키기, 몸짓 시늉, 소리내기 등을 들고 있지만 텍스트에서는 불가능하다. 텍스트는 언어 형식에서 나오는 다양한 기호적 지시나 암시 체계를 사용할 수밖에 없다. 독자들은 매우 효율적으로 텍스트의 이런 정보를 처리한다. Van Dijk(1977)가 언급했듯이 독자들은 첫 문장을 읽기 전에 다양한 정보로 단기 기억의 저장고를 채운다. 독자가 읽을 것에 관한 어떤 기대를 하고 있을 때 이미 맥락에 관한 정보나 사회적 프레임으로 얻은 정보를 이런 임시 저장고에 채워 넣는다. 그리고 첫 문장을 읽을 때부터 필자가 보내는 다양한 암시와 징후들을 포착해 내게 된다.

Phelps(1985)는 응집성을 설명하면서 텍스트에는 통합과 관련된 다수의 일관된 신호들이 있다고 말했다. 응집성은 이런 신호를 통해 필자와 독자가 상호 협력적 활동을 하며 만들어 가는 것이다. 그는 응집성 개념을 전체 주제에 관한 글쓴이의 의도가 내포된 상징적 지침(symbolic guidelines)과 독자가 텍스트의 의미 요소(component meanings)를 해석하고 통합할 수 있는 능력 사이의 관계라고 말하고 있다. 그러면서 그는 협동에 기반한 독자의 읽기 모형을 6가지 과정으로 나누어 설명했다. Phelps(1985: 18~21)가 제시하는 여섯 가지 읽기 과정은 아래와 같다.

1. 독자는 텍스트를 읽을 때 자신의 지식, 신념, 가치를 가지고, 읽기 기술을 적용하여 읽는다.
2. 독자는 텍스트 읽기와 관련하여 진행 중인 상황에 있으며, 목적을 가지고 텍스트를 읽는다.

3. 텍스트 이해 과정의 기본적인 목표를 생각해 보면, 독자가 우선적으로 할 일은 텍스트에 대한 상황모형(situational models)을 구성하는 일이다. 독자는 텍스트가 설명하는 지시적 상황과 본인이 참여하는 수사적−의 사소통적 상황 모두를 이해해야 한다.
4. 상황모형은 부분적 의미구조(미시구조)를 의미 요소로 정의, 해석, 통합하여, 전체적 의미구조(거시구조)로 실현된다.
5. 독자는 단계적 통합(progressive integration)을 통해 텍스트를 이해하며, 자신의 목표나 능력에 적절한 수준으로 전체적 구조를 끊임없이 수정하고, 명료화하고, 확장하고 추가한다.
6. 만약 독자가 필자의 의도가 자신이 구성한 의미와 연관된다고 느낀다면, 독자는 자신의 구성주의적 노력과 관계없이, 텍스트를 읽으면서 수행한 의미 통합을 텍스트와 필자에 기인한 것으로 판단한다.

1번의 설명처럼 독자가 자신의 지식과 인식 체계를 가지고 텍스트를 읽는다는 것은 앞에서 몇 차례 설명한 바 있다. 독자의 머릿속 장기기억 속에는 다양한 경험과 지식이 축적되어 있어 텍스트의 내용을 판단할 근거를 제공한다. 2번의 설명에 관해서 Phelps(1985)는 독자의 선택이 아니라 텍스트의 본질적 특성이라고 말한다. 독자가 텍스트를 읽는다는 것은 텍스트가 부여하는 어떤 목적에 참여하는 행위로 독자가 그 목적을 선택하는 것은 아니라고 본 것이다. 우리가 여행기를 읽거나 논문을 읽을 때는 필자가 그 글에서 의도하는 목적과 메시지를 읽는다. 독자가 그 글을 통해 원하는 것이 있겠지만 그것은 텍스트가 의도하는 것의 바탕 위에서 가능한 것이다.

독자가 글을 읽을 때 최종적으로 중요한 일은 상황 모형(글의 요지)을 구성하는 일이다. 독자는 텍스트를 읽기 시작하면서 글의 제목이나 필자의 성향, 수록된 잡지 등을 통해 그 글의 수사적 상황을 인식하고 그 글이 가진 범주와 성격을 판단한다. 그리고 텍스트 읽기를 통해 미시적 조정과 거시적인 판단을 거쳐 글의 전체적인 의미나 메시지 (상황 모형)를 판단하게 된다. Phelps(1985)도 독자들은 미시적인 구조와 전체적인 구조를 구별할 수 있으며, 이들의 복합 관계, 분화적 요소, 통합적 관계를 인지한다고 말한다. 독자는 이런 인지 능력을 통해 자신이 재구성한 텍스트의 메시지를 재구성한다.

5번의 경우 단계적 통합은 인지적 변화나 재구성의 과정에 텍스트 표면으로부터 텍스트 해석, 상황 모형의 형성까지 절차가 있으며, 이런 절차가 최종적인 요지 파악에 이르기까지 단계적으로 이루어진다는 것을 말한다. 그러나 이런 재구성의 과정도 모든 독자나 모든 텍스트에 항상 일관되어 나타나는 것은 아니다. Phelps(1985)도 통합은 텍스트를 읽기 전, 읽기 후에도 이루어질 수 있으며, 무제한적으로 재구성될 수 있는 것이라고 말했다. 이런 통합은 텍스트에 관한 기억 차원에서 이루어질 수도 있고, 텍스트의 정보와 독자의 스키마가 비슷할 때도 이루어진다.

텍스트 해석은 기본적으로 필자가 의도한 의미를 찾아가는 과정이다. Phelps(1985)는 이런 과정을 역설적 과정이라고 말했는데 독자가 필자의 의미를 찾아서 해석하는 과정이기도 하면서 자신의 경험과 지식을 통해 그것을 자신의 관점에 맞게 재구성하는 과정이기도 하기 때문이다. 그래서 그는 응집성을 "독자가 텍스트를 읽을 때 의미들이 완전하다고 느낄 정도로 성공적인 통합을 성취하는 유의미한 경험"이라고 말하기도 했다. 또 응집성은 통합의 관점에서 보자면 주관적이면서 객관적이고, 수용적이면서 생산적이고, 심리적이면서도 텍스트적이고, 경험이면서도 대상이고, 과정이면서도 결과물이라고 부르기도 했다.

언어 생산에 있어 협력과 통합은 기본적으로 텍스트를 작성하는 필자의 영역에 속하지만 독자 역시 필자의 의도를 인지하고 텍스트를 해석할 때 텍스트에 표시된 다양한 언어적 징후들을 읽어내도록 노력해야만 한다. 이런 양자 간의 묵시적이고 사회적인 협력 관계가 텍스트의 응집성을 실현하도록 하는 바탕이 된다.

> 의미의 생산은 상호 작용에서 발생하는데, 한편으로 필자가 텍스트를 구상하고 구체화함에 있어서 사고 및 단어들(words)과 씨름하는 데에서, 그리고 지금까지 작성한 텍스트와 그녀의 상호 작용에서 발생하며, 또 다른 한편으로는 텍스트에 의미를 부여하고 텍스트를 매개체로 사용하는 독자의 노력에서, 주어진 맥락과 그에 관련된 목적에 맞는 이해의 창출을 위해 발생한다. (Linell, 1998: 268)

응집성의 형성 관계에 관한 다양한 논의들을 종합해 보면 응집성은 글쓴이와 독자가 상보적 관계를 통해 함께 구성해 가는 협력적인 관계라고 말할 수 있다. 또 이와 함께 필자와 독자의 의견이 변증법적 관계 속에서 새롭게 형성되는 구성물을 만드는 것이라고도 말할 수 있다. 응집성은 문자 형식을 쓰는 과정과 완결된 텍스트로 나타나기 때문에 필자가 의도한 것이고, 텍스트의 표면을 보면서 창의적인 인지 활동을 통해 의미를 재구성한 것이기 때문에 독자의 생각이 반영된 것이기도 하다. 응집성 속에는 이런 두 요소가 작용하는 복잡하고도 역설적인 과정이 담겨져 있다는 점을 명심해야 한다.

2. 응집성의 분류

앞에서 응집성은 독자의 영역이고, 추론이 주된 기능을 한다고 말했다. McCagg(1990)이 말했듯이 독자의 추론은 표면적 단서가 없어도 가능하다. 응집성은 텍스트 표면에 관한 독해에서도 나타나지만 상황 맥락과 스키마에 의한 다양한 추론을 통해서도 등장하기 때문이다. 응집성이 텍스트 표면은 물론, 다양한 추론을 통해 나타나기 때문에 이런 다양한 유형을 나누어 보고자 하는 시도들이 있었다. 응집성의 유형을 통해서 응집성이 어떤 방식으로 드러나는지 살펴볼 수 있기 때문에 유용하고 필요한 작업이기도 하다.

통상 응집성은 텍스트 표면에서부터 독자의 추론에 이르기까지 다양한 유형을 통해 나타난다. 응집성은 독자가 텍스트를 읽게 되었을 때 "음 ~ 이런 뜻이군", "뭘 말하려는지 알 수 있을 것 같아"라고 말을 할 때 형성되는 의미의 상(像)인데[38] 이런 의미가 등장하는 배경이

---

38) Jacob(1982: 1)은 학생 글을 보면서 "네 말을 이해해. 나는 네가 무슨 말을 하는 지 알겠어."라는 반응을 이끌어 낼 때 응집성이 있다고 보며, 반대로 "나는 네가 여기서 무슨 말을 하는지 알겠는데, 그것이 화제와 무슨 상관이 있지, 위에서 언급한 것과 무슨 관련이 있는 거지?"라는 반응을 이끌어 낼 때는 응집성이 떨어진다고 말했다. Icy Lee(2002: 136)도 이와 비슷한 말을 했다. 그는 "응집성을 정의하는 데에 관한 전반적인 합의가 거의 없다"라는 Grabe & Kaplan(1996)의 말을 인용하면서 작문 교실의 교사들이 응집성을 체계적으로 설명하지 않고, 추상적인 용어로 학생을 가르치려는 경향이 있다고 말한다. 예를 들어 "여러분의 글에는 응집성이 없다", "여러분의 글에는 통일성이 없다", "아이디어들이 제대로 정렬되지 않고, 서로 연결되어 있지 않다" 등과 같이 말하면서 학생을 가르친다는 것이다. 교실 현장의 이런 반응에 대해 John(1986: 247)의 반응도 흥미롭다. 교사 입장에서 이런 말을 하는 것은 실제 "응집성이 떨어진다."에 관한 나름대로의 텍스트적 감각을 가지고 있기 때문에 그렇겠지만 그래도 여전히 수업 현장에서는 여전히 "응집성이 떨어진다(incoherence)"나 혹은 "응집성이 있다(coherence)"와 같은 모호한 개념을 가지고 수업을 하는 것이 사실이라고 했다. John(1986: 247)이 강조하는 것은 이런 모호함을 극복하기 위해 교사들에게도 응집성에 관한 이해를 높여야 하고 응집성 있는 글을 쓰는 위한 방법을 개선해야 한다는 점이다. 응집성 교육에 관한 논문이 조금씩 나오는 것도 이런 연유에 기인한다.

단일하지가 않다. 응집성은 문맥 그대로 의미가 드러나기도 하지만, 이와 달리 배경적 맥락을 통해 나타나기도 하고, 때로는 필자의 숨은 의도를 유추해야만 겨우 주제의 의미를 알아 낼 수 있기도 하다. 이렇게 응집성이 형성되는 배경과 원인에 따라 다양한 유형의 응집성이 나타날 수 있다.

Johns(1986)는 문어 텍스트에서 응집성은 '텍스트'와 '독자' 양쪽을 기반으로 하여 생겨나는 특징이라고 설명했다. 그러면서 그녀는 응집성을 두 가지 유형으로 나누어 검토하고자 했다. 하나는 '텍스트 기반 응집성'이며, 다른 하나는 '독자 기반 응집성'이다. 그녀가 말한 "텍스트 기반 응집성"은 Halliday & Hasan(1976)의 결속성 개념을 말하는 것 같지는 않다[39]. 그녀가 제시한 '텍스트 기반 응집성'은 결속성보다 텍스트 내 정보구조 논의에 더 가깝다. 그녀가 제시하는 방법은 프라그 학파의 문장 화제를 이용한 화제구조 분석 방법이나 Grabe(1985)의 텍스트 구조 안의 이론적 구성 방법인데 이들 방법을 통해 개별 문장의 명제적 관계가 어떻게 조화를 이루어 텍스트의 핵심 요지에 가까이 가는가에 더 초점을 두고 있다. Grabe(1985)는 응집성을 명제들 사이에 전개된 관계들과 담화 주제(theme)에 그 명제들이 기여하는 방식으로 해석했다. Johns(1986)의 텍스트 내 응집성은 이런 관점에 기반하여 텍스트의 요지나 작가의 의도를 알도록 독자들을 이끌어 주는 텍스트 내 정보구조의 전개에 더 중점을 두었다.

이에 반해 '독자 기반 응집성'은 문장의 선형적 연결 대신에 독자의

---

39) Johns(1986)는 1980년대 초반의 다른 학자들과 마찬가지로 결속성 기제의 유무를 가지고 응집성 유무를 판단하는 것에 관해 비판을 하고 있다. 여러 쓰기 교재들이 Halliday & Hasan(1976)의 사용역이나 의미론적 변이들을 고려하지 않은 채 결속성 기제들만 열거하는 데 그치고 있다고 말하고 있다. 이를 보았을 때 그녀가 제시하는 텍스트 기반 응집성은 결속성 자체를 말하는 것 같지는 않다.

스키마를 통해 필자의 의도와 텍스트의 잠재적 의미를 읽어내는 것을 의미한다. 독자가 텍스트를 처리할 때 텍스트 구조와 내용의 일관성을 수립하기 위해 자신의 배경지식을 이용해 수정하고 재해석하는 과정이 수반된 것이 바로 이런 응집성에 해당한다. Johns(1986)가 '독자 기반 응집성'에서 강조하는 것은 읽기 과정이 '상호적이고 해석적인 과정'이라는 점이다. 텍스트에는 필자의 의도가 담겨 있고, 이런 의도와 글을 읽는 독자의 기대가 만나게 과정이 바로 '독자 기반 응집성'이다.

Icy Lee(2002)도 용어는 다르지만 이와 유사한 방식으로 응집성을 분류했다. Icy Lee(2002)는 '텍스트 내부의 응집성'과 '독자 내부의 응집성'이란 용어를 사용했지만 내용은 Johns(1986)가 분류한 것과 흡사하다. '텍스트 내부의 응집성'은 텍스트 내 응집성 있는 문장을 만들기 위해 담화 주제와 정보구조의 관계에 초점을 둔다. Johns(1986)가 '텍스트 기반 응집성'을 설명하기 위해 정보 구조에 초점을 두었던 것과 동일하다. '독자 내부의 응집성'도 Johns(1986)가 '독자 기반 응집성'과 비슷하지만 필자와 독자의 협력 관계를 더 강조하는 점이 돋보인다. 그가 주장하는 기본 바탕은 텍스트 응집성이 작가의 의도, 글의 맥락, 독자의 이해가 상호 작용하는 가운데 형성되는 것이라는 점이다. 텍스트 응집성은 필자가 의도하는 바를 독자가 해석함으로써 결정되며, 독자는 스키마, 프레임, 스크립트와 같은 다양한 정신 구조를 통해 추론하고 해석하게 된다. 궁극적으로 응집성은 작가의 '의도'와 독자의 '수용'에 의해 형성된다고 본다.

이와는 좀 다른 분류 기준도 있다. Lautamatti(1990)는 응집성을 '명제적 응집성'과 '상호 작용적 응집성'으로 나누었다. 그녀가 말한 '명제적 응집성'은 정보 단위로서 개별 문장의 해석과 연속된 문장의 기능에 근거하는 것으로 결속성과 유사한 것으로 파악된다. 반면에 '상호 작용적 응집성'은 텍스트 결속성이 결여된 담화 유형에서 발견되는 것으로 대화 상대방의 상호 작용에 의해 구성되는 것을 의미한다. 명제적 응집성이 주로 문어체 텍스트에서 발견되는 것이며, 반면에 상호 작용적 응집성은 주로 대화나 구어에서 발견된다.

Lautamatti가 제시한 응집성 분류에서 한 가지 특이한 점은 결속성 자체를 응집성과 분리된 것으로 보지 않는다는 점이다. Lautamatti (1990)는 텍스트 결속성을 Halliday & Hasan(1976)이 말한 문법이나 어휘 결속의 선형적 연결에만 한정하지 않고 응집성의 영역까지 포함하고 있다. 그래서 그녀가 제시한 명제적 응집성 속에는 결속성에 의한 연결과 맥락이나 추론에 의한 연결이 포함되어 있다. 이런 점은 그녀의 분류 방법을 좀 특별하게 만드는데 그녀는 언어의 명제를 통한 의미 연결과 구어적인 상호 교환(인사, 문의 및 응답, 대응)을 통한 의미 연결의 경우를 구분하여 제시하여 문어적인 소통과 구어적 소통을 나누고 있다.

Lautamatti(1990)와 유사하게 분석한 것으로 Todd et. al.(2007)의 분류가 있다. 이들은 Lautamatti(1990)의 연구를 참고하여 응집성 분류를 결속성, 명제적 응집성, 상호적 응집성으로 나누었다. 이런 분류는 Halliday(1978)의 언어의 메타기능과 관련이 있는데, 순서대로 각각 텍스트적 메타기능, 표상적 메타기능, 상호적 메타기능과 관련을 지었다. 결속성은 한 텍스트 내에서 문장들을 명시적으로 연결하는 언어적 장치를 말한다. 예를 들면 문법적이거나 어휘적인 결속기제가 여기에 포함된다.

그 다음은 명제적 응집성인데, Todd et. al.(2007)이 규정한 명제적 응집성은 Lautamatti(1990)의 것보다 더 정확하고 명료하다. 이들이 말한 명제적 응집성은 텍스트 내에서 문장들을 암시적으로 연결하는 개념으로, 텍스트가 해석되는 과정에서 나타나는 것들이다. 독자는 텍스트를 읽을 때 개념과 명제 간의 암시적 연결 관계를 파악하기 위해 배경지식을 활용하게 되는데, 이와 같은 개념적 연결 관계가 명제적 응집성의 바탕이 된다. 문장이나 단락을 거쳐 텍스트의 전체적인 통일성을 부여하는 것은 바로 명제적 응집성으로, 텍스트 해석에서 주된 역할을 담당한다.

Todd et. al.(2007)이 제시한 상호적 응집성은 독자들이 텍스트를 읽을 때 의사소통 행위나 기능을 활용하는 것으로 Lautamatti(1990)가 분류한 상호 작용적 응집성과 유사하다. 문어체에서도 우리가 대화하는 것처럼 구어체적인 담화 방식을 이용해 응집성에 효과를 줄 수 있다. 설명문이나 에세이에서 질문을 하고 대답하는 방식은 전형적으로 화행의 방식에서 온 것이다.

Hobbs(1985)나 Sanders, Speeren & Noordman(1992)은 이와 다르게 지시적 응집성과 관계적 응집성을 제안하고 있다. 지시적 응집성은 두 문장의 지시 대상이 동일할 때 뒤의 대상이 앞 문장의 대상을 지시함으로써 이루어지는 것으로 결속 관계를 말하고, 관계적 응집성은 병렬 관계나 원인-결과의 관계처럼 두 문장이 서로 특정한 정보 관계를 형성하면서 의미가 결합하는 양상을 말한다. 지시적 응집성과 관계적 응집성에 관해 자세히 분석을 한 이보라미(2016)의 설명을 들어보면 지시적 응집성은 Halliday & Hasan(1976)의 결속성 개념과 유사하며, 반면에 관계적 응집성은 추론을 통한 독자 해석에 관한 정보에 가까운 것으로 보인다. 이보라미(2016)는 여러 학자들의 견해를 종합하여 지시적 응집성과 관계적 응집성의 사이에서 더 중요한 기능을 하는 것은 관계적 응집성이라고 보았다. 지시적 연결 관계의 부족한 측면들을 관계적 응집성이 보충해 줘서 보다 더 완전한 해석을 할 수 있을 것으로 판단했다. 지시적 응집성이 가진 여러 단점들은 앞 장에서 결속성에 비판적인 학자들을 통해 소개한 바가 있다. 여기서 도 이런 단점들이 몇 가지 제시되면서 관계적 응집성의 장점들을 더 부각시키고 있다. 관계적 응집성은 독자가 인지적인 담화 표상 차원 에서 문장의 연결성을 고려하기 때문에 지시적 응집성보다 더 나은 방식이라고 주장한다. 관계적 응집성은 텍스트 분석에 있어 의미와 맥락 차원에서 양자 간의 관계를 파악하는 것이기 때문에 훨씬 더 유용할 수 있다는 것이다.

이보라미(2016: 45~46)는 Sanders, Speeren & Noordman(1992: 11)의 논의를 소개하면서 관계적 응집성에서 나타나는 관계 유형을 17가 지[40]로 나누어 설명한다. 예를 들어 '원인-결과', '논거-주장', '도구 -목적'과 같은 방식이다. 사실 이런 유형은 이 논문에서도 밝히고 있는 바와 같이 Mann & Thompson(1986)의 수사구조분석 방법에서 여러 내용을 차용한 것으로 보인다[41]. 관계적 응집성은 텍스트를 벗 어난 독자의 추론 방식이 다양하게 있음에도 불구하고 텍스트 상에 나타난 문장의 논리적인 연결 관계에 관심을 표명한 것으로 보인다. 앞장에서 여러 차례 설명했듯이 독자의 추론은 텍스트의 단서를 넘어

---

40) Sanders, Speeren & Noordman(1992: 11)가 관계적 응집성의 유형으로 제시한 것은 다음과 같다. 원인-결과, 대조적 원인-결과, 결과-원인, 대조적 결과-양보, 논거-주장, 도구 -목적, 조건-결과, 대조적 논거-주장, 주장-논거, 주장-논거, 목적-도구, 결과-조 건, 대조적 주장-논거, 나열, 예외, 대조, 열거, 양보와 같이 17가지이다(이보라미, 2016: 46 참고).

41) 수사구조분석이 문장 간의 구조적 연결을 잘 보여주지만 단점이 없는 것은 아니다. 수사 구조분석은 텍스트의 진행 상황에서 두 문장 사이의 논리적 관계를 분석하는 데는 유용하 만 실제 이를 한국어 문장에 적용해보면 관계 유형의 판단에 주관적 요소가 많이 개입하 고, 분류 방식이 복잡해 한국어에 쉽게 적용되지 않는다는 문제가 있다.

설 수 있다. 은유나 상징, 추론처럼 텍스트의 언어적 표지에 의존하지 않는 해석도 있을 수 있다. 그러나 관계적 응집성은 텍스트 표지의 범위를 넘어서는 추론적 관계보다 텍스트 표면에서 문장이 어떤 논리적 관계로 연결되는가의 문제에 집중한다.

지금까지 여러 학자들이 분류한 응집성에 관한 논의를 살펴보았다. 응집성 분류가 어려운 것은 우선 응집성에 관한 개념 자체가 명확하지 않기 때문이다. 앞에서도 살펴보았지만 응집성은 무엇인지 명료하게 의미 규정을 하기 어려운 개념이다. 텍스트를 읽은 독자에게 만들어지는 의미 표상이 가장 적절한 답이겠지만 그마저도 명쾌하게 정의하기 어렵기는 매한가지이다. 무엇보다 그 원인은 텍스트 자체가 단일한 분석 구조가 아니라 여러 겹의 기준으로 이루어진 구성물이기 때문이다. 이는 텍스트 분석을 위해 어떠한 단일한 기준도 텍스트 전체를 해석해 낼 수가 없다는 뜻이다(Grabe & Kaplan, 1996). 텍스트를 분석하기 위해서는 텍스트 표면의 언어적 연결 문제도 규명해야 하지만 텍스트 이면에 있는 다양한 정신 구조에 관해서도 알아야 한다. 게다가 텍스트를 해석하는 정신 구조는 상황에 따라 바뀔 뿐만 아니라 배경지식에 의해 달라지기도 한다. 이런 측면에서 보자면 응집성에 관한 분류는 학자들이 텍스트 해석의 어떤 측면을 중시하느냐에 따라 달라질 수가 있다고 볼 수 있다.

위의 응집성 분류에서 보듯이 응집성 분류를 했던 학자들은 결속성과 응집성을 완전히 다른 요소로 보지 않고 결속성을 응집성의 하위 요소로 다루고 있는 것을 알 수 있다. '텍스트 기반 응집성'과 '독자 기반 응집성'(Johns, 1986), '텍스트 내부의 응집성'과 '독자 내부의 응집성'(Lee, 2002), '명제적 응집성'과 '상호 작용적 응집성'(Lautamatti, 1990; Todd et. al., 2007) 모두 결속성을 응집성의 세부 요소로 파악했다. '텍스트 응집성', '텍스트 내부의 응집성' 속에는 명제가 언어적으로 결합되는 양상과 정보 구조를 통해 결합되는 양상을 모두 다루고 있다. 이렇게 응집성은 텍스트 내부에서 형성되기도 하고, 독자 기반의 상호작용에 의해서 형성되기도 한다.

이와 같은 관점에서 눈여겨 보아야 할 것은 이원지(2024)의 분류체계이다. 이원지는 텍스트 내부에서 형성되는 응집성과 텍스트 외부에서 형성되는 응집성을 구분해서 분류했다. 텍스트 내부에서 문장이나 문맥을 통해 생성되는 응집성을 '텍스트 내부 응집성'으로 지칭하고, 텍스트 외부의 상황 맥락이나 추론을 통해 형성되는 응집성을 '텍스트와 외부 맥락 사이의 응집성'이라고 지칭했다. 이원지가 말한 '텍스트 내부의 응집성'은 텍스트 내의 언어적 요소, 그리고 텍스트 자체의 자원들에 의해서 발생하는 응집성을 의미한다. 텍스트 내부의 응집성에는 문장들 사이에서 의미 형성을 위해 작용하는 결속 장치, 그리고 화제 구조와 정보 구조, 단락의 연결 등과 같은 텍스트적 특징들이 사용된다. 이원지(2024)는 이를 세분화하여 다음과 같이 응집성 분류 내용을 제시했다.

〈표 4〉 응집성 분류

주요 관련 요소	응집성 유형	실현 양상	비고
텍스트 내부의 요소	지엽적 응집성 (local coherence)	선형적/순차적/횡적 연결성	결속성(cohesion) 개념 포함
	전반적 응집성 (global coherence)	통합성, 관련성, 종적인 의미망	
텍스트 외부의 요소 (독자 기반/상황 기반 요소)	상호 작용적 응집성 (interactional coherence)	상호 작용성, 일치성, 기능성	

(이원지, 2024: 78)

〈표 4〉에서 보듯이 이원지(2024)는 '텍스트 내부의 응집성'을 다시 두 가지 유형으로 나누었다. 하나는 '지엽적 응집성'이고 다른 하나는 '전반적 응집성'이다. 지엽적 응집성은 결속성처럼 미시적 단위에서 선형적으로 연결되는 응집성으로 횡적인 연결성을 말한다. 반면에 전반적 응집성은 미시적인 문장들의 연결이 단락을 이루고 전체 문맥을 이루어 하나의 주제로 통합되는 응집성으로 종적인 의미망을 이루게 된다. 지엽적 응집성에서 미시 단위로 이루어지는 문장 연결은 결속 장치와 같은 예를 통해 이미 익히 알려져 있기 때문에 이해하기 어렵지 않다. "철수는 학교에 갔다. 그는 도서관에서 책을 빌렸다."와 이와 같은 예는 '철수'와 '그', '학교'와 '도서관'이 결속 관계에 있다[42]. 그러나 '전반적 응집성'은 구체적 예를 드는 것이 쉽지가 않다. 이원지(2024: 63)가 예를 들어 보여준 문장은 다음과 같다.

'도약 힘찬 정부수립 50주년 기념 本報 8대 행사 펼칩니다'

전국 일주 태극기 날리기
뮤지컬 '명성황후' 미국순회공연
정부 수립 50주년 기념 국제학술포럼
산 강 바다 되살리기 국토청결운동
백점 김구선생 일대기 창극 공연
겨레의 노래와 응원가 제정 보급

---

42) 이원지(2024: 67)는 지엽적 응집성이 결속 기제가 발생한 상태보다 더 넓은 개념이라고 언급한다. 지엽적 응집성이 결속성을 포함하고 있지만 언어 장치가 없어도 독자의 해석에 의해 연속적인 문장의 선형성, 순차적 연결성이 성립되는 것도 포함한다. 예를 들어 Bamberg(1983)가 말하듯 문장 간의 논리적 관계도 이런 지엽적 응집성에 해당할 수가 있다.

국민화합 기원 봉화 올리기

안중근 의사 일대기 연극 공연

　　　　　　　　　　—『동아일보』, 1998년 7월 8일 제1면[43]

　위의 예를 보면 개별 문장 하나하나는 연결되지 않고 의미가 통하지 않는다. 그럼에도 불구하고 전체적으로 의미의 통일성을 가지는 것은 제목에 '도약 힘찬 정부수립 50주년 기념 本報 8대 행사 펼칩니다.'라는 제목이 개별 문장들을 하나의 통일체로 묶어 주기 때문이다. 전반적 응집성은 이렇게 개별 문장의 연결을 넘어 텍스트를 하나의 주제, 요점 하에 연결시켜 주는 기능을 한다. 전반적 응집성은 미시적인 문장 연결을 넘어 의미적으로 하나의 주제로 통합시키는 응집성인데, 이원지(2024)는 거시구조와 같은 전반적인 특성의 의미 구조가 텍스트에 있다고 말한다.

　다음으로 '상호 작용적 응집성'은 상황적 맥락이나 장르적 관습, 사회 문화적 배경과 같이 독자의 스키마 속에 있는 외부 맥락 요인에 의해 의미가 결정되는 응집성을 말한다. Sanford & Moxey(1995)는 응집성을 화자(필자)의 의도와 관련하여 청자(독자)가 해석을 하고, 그 해석한 텍스트 요소를 통합한 결과물이라고 말했다. 텍스트 응집성이 형성되더라도 외부 상황의 맥락과 맞지 않거나 독자의 스키마 속에 있는 세계 인식과 맞지 않으면 그 문장은 원만하게 해석될 수 없고, 응집성은 떨어질 수밖에 없다. 이원지(2024: 72)는 상호 작용적 응집성이 독자에게 속한 자원에 더 많이 의존하는지, 아니면 상황 맥락의 요소에 더 많이 의지하는지에 따라 '독자 기반의 응집성'과

---

43) 예시의 원출처는 고영근(1999: 164)이다.

'상황 기반의 응집성'으로 나누었다[44].

'독자 기반의 응집성'은 텍스트를 해석하는 독자의 인식 체계, 즉 스키마에 의한 해석을 강조하는 입장이다. 앞장에서도 설명했다시피 스키마는 프레임이나 스크립트, 시나리오 등에 의해 세계를 해석하는 데 지대한 영향을 준다. 텍스트에서 표면적인 언어적 기호를 넘어 의미를 추론하기 위해서 독자의 머릿속 '세계 지식(스키마)'을 이용해야 한다. 만약 텍스트의 어떤 부분을 해석할 때, 텍스트의 '명제 사슬 (chain of propositions)'에서 생기는 부족함을 메우기 위해 우리는 '지식의 저장소'(Enkvist, 1990: 13)에 있는 부분을 활성화시켜 재해석해야 한다. 응집성 있는 텍스트를 구축하기 위해 텍스트는 우리 모두가 용인할 수 있는 '일관된 세상의 모습'을 구축해야 하는데 이때 주요하게 사용되는 것이 독자의 머릿속 해석 능력이다. 따라서 '독자 기반 응집성'은 담화 사용자의 역할을 강조한 개념으로, 독자의 추론 능력에 의해 만들어지는 응집성을 말한다. 이에 반해 '상황기반 응집성'은 텍스트 해석에서 상황 맥락을 강조한 개념이다. 텍스트 해석에서 상황 맥락은 독자의 내부의 스키마를 넘어 독자의 판단에 영향을 미치는 외부 환경의 요소를 일컫는다. 이원지(2024)는 상황 기반의 응집성이 Lautamatti(1990)와 Todd et. al.(2007)이 말한 '상호 작용적 응집성'

---

44) 이원지(2024)는 '독자 기반의 응집성'과 '상황 기반의 응집성'은 텍스트 내부 요소의 응집성인 '지엽적 응집성'과 '전반적 응집성'과 다르게 명확히 구분할 수 없다고 말한다. 그 이유로는 첫째, 독자에게 속한 요소들이 궁극적으로 상황 맥락이나 사회적 문화적 환경에 영향을 받아 형성된 것이기 때문에 이를 정확히 구분하기가 어렵다고 보았다. 둘째, '독자 기반의 응집성'과 '상황 기반의 응집성'은 궁극적으로 동일한 성질로 실현된다고 보았다. 즉 이 두 응집성은 텍스트의 특정한 부분과 텍스트 외부의 요소가 상호 작용하여 환기될 때 나타난다. 텍스트의 특정 부분이 상황 맥락에 의해 해석되거나 이런 해석 상황에 영향을 미칠 때 '상호 작용적 응집성'이 드러난다. 이런 점이 '독자 기반의 응집성'과 '상황 기반의 응집성'이 '지엽적 응집성'과 '전반적 응집성'과 다른 점이다.

과 유사한 개념이라고 설명한다. '상호 작용적 응집성'은 담화 공동체의 의사소통과정에 영향을 미치는 사회 문화적 요소에 바탕에 두는데, 이런 요소는 주로 장르나 Swales(1990b)의 마디(moves) 개념과 같은 양식화된 패턴에 잘 나타난다. 이원지(2024)도 이런 개념을 받아들여 상황기반 응집성에 마디(moves) 개념을 도입하고 있다.

위에서 보듯이 응집성 분류체계를 어떻게 설정하느냐의 문제는 매우 어렵고 복잡하다. 무엇보다 결속성과 응집성에 관해 뚜렷한 개념을 정립하고 난 후에 응집성을 분류할 수 있기 때문에 이 문제를 쉽고 가볍게 볼 일은 아니다. 응집성 분류를 하기 전에 해결해야 할 문제는 결속성과 응집성의 관계를 분명히 규정하는 일이다. 만약 결속성과 응집성이 서로 완전히 다른 개념이라고 규정하면 결속성은 응집성 분류에 들어갈 수가 없다. 그럴 경우 텍스트 표면에서 응집성을 형성하는 것에 관한 다른 설명이 필요할 것이다.

위의 분류 과정에서 보았듯이 응집성 분류에 참여한 학자들은 거의 결속성을 응집성의 하위 분류로 설정한다. 다시 말해 결속성이 응집성을 형성하는 데 기여하는 개념으로 설정하고 응집성 분류의 한 요소로 취급한 것이다. 이런 점은 이원지(2023)가 결속성 개념과 결속 장치를 분리하고, 결속 장치를 통해 응집성이 형성된 상태만을 결속성이라고 설명하는 것을 보면 알 수가 있다. 아울러 '텍스트 기반의 응집성'(Johns, 1986)과 '명제적 응집성'(Lautamatti, 1990; Todd et. al., 2007 등) 역시 결속성을 응집성의 한 부분으로 설정해 다루고 있다. 이는 텍스트 표면에서 만들어지는 응집성 속에 결속성이 있다는 사실을 인정하는 것이다.

3. 응집성의 조건(Reinhart, 1980; Delu & Rushan, 2021)

응집성 문제를 다루기 위해서는 응집성을 구성하는 여러 요소들의 상호작용을 이해할 필요가 있다. 미세한 영역에서 언어 표면의 결합을 통해 응집성이 구성되기도 하지만, 표면적인 언어 연결이 없이 추론을 통해 훌륭하게 응집성이 만들어지기도 한다. 어떤 한 원리나 규칙에 의해 통제 받기보다는 다양한 요소가 그 구성에 참여하고 있는 것이다.

여기서는 응집성이 세부 요소가 무엇인지 말하기보다 응집성이 가진 조건을 검토하는 논문들을 간단히 검토해 보겠다. 다음 장에서 설명하겠지만 실험 연구를 통해 응집성의 텍스트적인 요건들을 검토한 논문들이 여럿 있지만, 각각 그 요건들이 다른 경우가 많아 구체적인 특성을 파악하기가 어렵다. 그래서 여기서 제시하는 것은 응집성이 구현될 수 있는 조건들이다. 아래에서 말하는 응집성의 조건들은 이런 조건들이 있다면 응집성이 있는 것으로 규정할 수 있다는 뜻을 함의하고 있다.

우선 Reinhart(1980)가 말한 응집성 조건부터 논의해 보도록 하자. Reinhart(1980)는 응집성 있는 텍스트를 구성할 때 필요한 세 가지의 조건을 제시했다. 그 세 가지 조건은 결속성(connectedness)과 일관성(consistency), 그리고 관련성(relevance)이다. 이를 설명하면 다음과 같다. 첫 번째 조건은 결속성으로, 텍스트에서 문장의 표면에 있는 언어를 통한 선형적 연결에 관한 것이다. 이것은 텍스트의 문장이 형식적으로, 또 규범적으로 연결될 것을 요구한다. 두 번째 조건은 각 문장이 이전 문장과 일관성이 있을 것을 요구하는 것인데, 이는 의미적 조건이다. 쉽게 설명하면 어떤 사건에 대해 같은 입장을 서술하여 의미적인 연결성을 도모하는 경우를 말한다. 문장들이 의미적으로 연결되어 전체적인 주체가 형성될 때 응집성이 있다고 볼 수 있다. 만약 문장들 사이에 일관된 의미가 연결되지 않는 글은 응집성이 없다고 보아야 한다. 다음의 예를 보자.

　나는 춘천에 있는 우리 집에 살고 있었다. 우리 집은 큰 벽돌집이다. 그 벽돌집에서 우리 가족은 행복하게 살았다. 우리 가족은 코끼리를 보기 위해 동물원을 갔다.

이 예문을 보면 앞의 예문과 달리 어느 정도 의미가 연결된다. 그런데 첫째 문장과 둘째 문장, 셋째 문장까지는 일관성을 가지지만 마지막 문장은 그렇지 않다. 춘천에 있는 벽돌집에서 행복하게 사는 것을 이야기하다가 갑자기 코끼리를 보기 위해 동물원에 갔다는 것은 의미의 일관성이 없는 경우라 할 수 있다. 일관성은 관련된 화제가 이어져서 전체적인 주제를 형성할 수 있도록 도와주는 일관된 의미 진행을 말한다(정희모, 2022).

세 번째 조건인 관련성은 응집성을 위한 내재적 조건을 의미한다. 관련성은 의미적 조건과 화용적 조건을 모두 포함하는 개념으로, 전체적인 주제 형성에 기여하는 요소이다. 그리고 앞의 두 조건과 달리 텍스트 문장 간의 연관 관계뿐만 아니라 문장들과 그 문장이 기반하고 있는 담화 주제(topic) 또는 전체 글의 주제(theme), 상황 맥락을 모두 포함한 것을 가리킨다. 관련성과 관련해서는 Grice(1975)가 제시한 예를 보여주는 것이 이해하기에 가장 편하다.

어느 철학 교수는 자신의 학생인 존 스미스(John Smith)에 관해 학문적인 능력을 평가해 달라는 요청을 받았다. 그 철학 교수의 대답은

"존 스미스는 깨끗한 필체를 지녔고 그는 수업에 절대 늦지 않았다."
였다. 이 대화는 결속성을 가지고 있다. '그'라는 대명사가 앞 문장의
'존 스미스'를 가리키고 있어 문장의 연결에는 문제가 없다. 질문과
답도 지시적으로 연결된다. 질문과 답 모두 학생인 '존 스미스'에 관한
것이었기 때문이다. 교수의 답은 질문에 관해 전혀 동떨어진 대답이
라고 보이지는 않는다. 그러나 교수의 대답이 질문과 정확하게 관련
되어 있지 않다는 사실은 명백하다. 그것은 질문자가 원하는 항목의
응답이 아니었기 때문이다. 질문의 의도는 학생이 지닌 학문적인 능
력이었다. 관련성의 의미는 질문의 의도와 이에 맞는 답변을 뜻한다
(Reinhart, 1980).

응집성의 조건에 관해서는 이와 유사하면서도 다른 것을 제시한
학자도 있다. Delu & Rushan(2021)이 그들인데, 이들은 응집성의 조건
으로 계층성(hierarchy)과 연결성(connectivity), 통합성(integrality), 그리
고 기능성(functionality)을 들고 있다. 먼저 이들이 제시한 계층성은 한
텍스트가 다양한 차원에서 응집성을 가질 수 있다는 것을 의미한다.
응집성은 여러 차원의 의미 연결을 통해 전체적인 의미를 형성한다.
미시적인 어휘 연결을 통해 텍스트적인 의미를 만들 수도 있고, 거시
적인 주제 형성을 통해 텍스트적인 의미를 만들 수도 있다. 또 이런
텍스트적인 의미 연결이 없어도 상황에 의해 전체적인 의미를 만들어
내기도 한다. 특정한 맥락이 있다면 간단한 감탄사 하나도 의미를
전달할 수가 있다. 이처럼 응집성을 만들어 내는 차원은 매우 다양하
고 여러 차원에서 동시 혹은 따로 이루어질 수 있다.

이런 의미 때문인지 Delu & Rushan(2021)은 어떤 텍스트가 의미적
인 전체를 형성할 수 있다면 모두 응집성이 있는 것이라고 말하고
있다. 반대로 만약 어떤 텍스트가 의미적인 전체를 형성할 수 없다면

그것은 응집성이 없다고 말할 수 있다. 그래서 이들은 응집성을 구별하는 절차에 어떤 기준을 세워 이를 집행하려고 했다. 첫 번째 기준은 한 텍스트가 상황 맥락 내에서 적절한 기능을 수행하고 있는지의 여부이다. 만약 어떤 텍스트가 상황 맥락 내에서 의사소통적 과제를 완수하고 예상된 의사소통적인 목적을 성취할 수 있다면 그것은 상당 부분 응집성이 있다고 말할 수 있다.

두 번째 기준은 텍스트의 전체 의미(total meaning)의 형성이다. Delu & Rushan(2021)은 한 텍스트의 부분들이 서로 관련이 없거나 모순적이어서 전체 의미를 형성할 수 없다면, 그 텍스트는 응집성이 없다고 보았다. 그런데 설사 텍스트가 의미론적 전체를 형성하더라도 텍스트의 구성 요소와 부분들이 서로 잘 연결되어 있지 않다면 상황맥락의 보완이 필요하다. 만일 부분적인 연결이 부족한 곳이 있는데도 불구하고 상황 맥락이 이를 적절하게 보완해 주지 못한다면 텍스트의 응집성은 떨어질 수밖에 없다. 이런 점 때문에 응집성에 관한 세부 규칙과 교육적 항목들이 필요하다고 할 수 있다.

Delu & Rushan(2021)의 이런 지적은 중요한 의미가 있다. 한 문장에서 응집성을 구성하는 요소는 다양할 뿐만 아니라 발현하는 방식도 다양하다. 응집성의 구현 요소는 텍스트 내부적인 것도 있고, 독자의 의식 속에 있는 것도 있으며, 상황 맥락에 의한 것도 있다. 그렇기 때문에 이를 하나의 차원이나, 하나의 원칙 아래 나란히 규명하기란 사실상 힘들다. Grave & Kaplan(1996)도 문장을 연결하여 텍스트적인 의미를 만드는데 들어가는 요소가 얼마나 다양한지를 설명한 바 있다. 미시적인 통사적 관계로부터 개인의 감정과 세계관에 이르기까지 수많은 요인들이 언어가 의미적 텍스트를 만드는데 기여한다. 그리고 이런 요인은 언어적 요소, 감정적 요소, 논리적 요소 등 계층이 다른 다양한 요인까지 포함한다. 그렇기 때문에 Delu & Rushan(2021)이 텍스트 응집성을 구성하는 조건에 계층성을 두되, 그 모든 것을 우선하는 원칙을 의사소통의 목적을 수행하는지에 두겠다고 말하고 있는 것이다.

다음으로 연결성(connectivity)이 있다. 연결성은 언어적인 요소들에 의해 의미가 연결되는 것을 말한다. Delu & Rushan(2021)은 연결성에 대해 응집성의 기본적 조건이지만 충분 조건은 아니라고 말한다. 응집성이 있는 문장들을 보면 연결성이 보이지만 연결성 자체가 응집성을 보장해주는 것은 아니라는 것이다. 앞서 Widdowson(1978)의 예[45]에서 보았듯이 짧은 화행적 대화의 경우 연결성이 없어도 응집성 있는 대화가 가능하다. Hasan(1985)은 이와 관련하여 응집성이 있는 텍스트를 분석해 보면 결속성이 연쇄 고리처럼 상호 관련을 맺고 펴져 있는 것을 볼 수 있다고 했다. 결과적으로 응집성이 있는 텍스트이고, 어느 정도 분량을 가지고 있다면 어떻게 하든 결속성과 같은 연결 고리를 가질 수밖에 없다. 연결성은 응집성이 되기 위한 조건으로, 응집성을 형성하는 데 중요한 의미가 있다.

다음으로 통합성(integrality)이 있다. 텍스트 응집성의 목표는 의미적 전체를 형성하는 것이다. 앞서 말한 연결성(결속성)도 이런 의미적 전체를 만들기 위한 하나의 구성 요소이다. 이를 두고 Delu & Rushan (2021: 33~34)은 "한 텍스트 내 세부적인 구성 요소들 간의 결속성은 전체의 불가결한 부분(an integral part of the whole)을 형성하기 위한 것"이라고 말하고 있다. 아울러 전체를 향한 응집성의 최소한의 조건

---

45) Widdowson(1978:29)이 제시한 예는 다음과 같다. a: 전화 왔어요. (That's the telephone.), b: 화장실에 있어요. (I'm in the bath), a: 알았어요. (O.K.). Widdowson(1978)은 이 짧은 예를 결속성 없이도 상황 맥락에 의해 응집성을 형성하는 예시로 보여주었다.

은 "텍스트의 상호 일관성과 연결성"이라고 말한다. 통합성의 강조는 결국 부분들의 연결이 전체적인 의미를 형성하기 위한 것이라는 점을 말하기 위한 것이다.

마지막으로 Delu & Rushan(2021)은 기능성(Functionality)을 언급한다. 기능성은 텍스트가 의사소통의 목적성을 수행할 수 있는지를 검토하는 것을 말한다. 생산의 관점에서 본다면 텍스트는 사회적 의사소통 안에서 기능을 수행하기 위해 존재하는 것이다. 연결성이나 통합성을 잘 갖춘 텍스트라 하더라도 의사소통적인 기능성을 수행하지 못한다면 그것을 응집성이 있는 텍스트라고 규정하기는 쉽지 않다.

Delu & Rushan(2021)은 기능성을 두 가지 관점에서 접근할 수 있다고 말했다. 하나는 상황 맥락의 관점인데 텍스트가 상황 맥락에 적합하다면 응집성 있는 것으로 판단할 수 있다. 다른 하나는 장르의 관점인데, 텍스트가 자신의 속한 장르적 구조의 잠재력에 적합하다면 응집성이 있는 것으로 판단할 수 있다. 이런 두 가지 관점 중에서 무엇보다 중요한 것이 상황 맥락의 관점일 것이다. 상황 맥락의 관점에서 기능성을 발휘한다면 결국 결속성이나 응집성의 세부 요건을 따지는 것은 의미가 없을 수 있다. 무엇보다 상황 맥락에 따라 의사소통의 목적을 수행했기 때문이다.

위에서 응집성의 조건으로 설정한 두 사람의 기준을 살펴보았다. 앞에서 언급한 Reinhart(1980)는 응집성의 조건이라는 말을 썼지만 Delu & Rushan(2021)은 그런 표현을 쓰지 않고 응집성 개념의 특징 (Characteristics of the concept of coherence)이라는 표현을 썼다. 이들이 제시한 응집성의 조건은 실제 텍스트에 적용될 수 있는 최적화된 규칙이나 조건의 일부분을 말한 것이다. 그렇기 때문에 이들이 말한 조건들이 어떤 절대성을 가지는 것은 아니다. 이들 사이에 상충되는 것도 있고, 겹치는 부분도 있다. 다만 응집성 있는 텍스트가 지닌 몇 가지 속성을 설명해준 부분이라고 생각하는 것이 더 나을 것이다.

아울러 응집성의 조건에 관한 이런 논의들이 교육적으로도 유용한 의미가 있다는 점도 지적하여야 한다. Reinhart(1980)는 '분명하게 응집적인 것(explicitly coherent)'과 '암시적으로 응집적인 것(implicitly coherent)'을 구분하고자 했다. 그녀는 암시적인 응집성은 응집성이 떨어지는 것, 혹은 응집성을 부여하기 위해 특별한 절차가 더 요구되는 것이라고 설명했다. '암시적으로 응집적인 것'은 '완전히 응집성이 없는 것(not explicitly coherent)'과는 차이가 있다. 그녀는 응집성이 부족한 텍스트를 위해 응집성이 있는 텍스트가 되기 위해서 충족되어야 할 조건들을 정의하려고 한 것이다. 이것은 다분히 교육적인 의도와 함의를 내포한 것으로 볼 수가 있다.

4. 응집성의 텍스트적 자질

이 장에서 논의할 내용은 응집성에 나타난 텍스트적인 특성에 관한 문제이다. 응집성이 관여하는 텍스트적인 특성을 알 수 있다면 좋은 텍스트를 쓰는 데도 도움이 될 것이다. 실제 응집성이 높은 텍스트가 텍스트 질 평가에서도 좋은 점수를 받았다는 실험 결과가 많이 있다 (McNamara, Crossley, McCarthy, 2010; Delu & Rushan, 2021). 학생들이 응집성의 세부 요소에 신경을 쓴다면 보다 좋은 평가를 받는 텍스트를 작성할 수 있다. 이 장에서 검토할 부분은 응집성의 다양한 요인과 텍스트 질 평가를 비교해서 어떤 응집성 요소가 더 좋은 텍스트를 만들게 했는지를 알아보는 것이다[46].

응집성의 텍스트 자질을 알아보기 위해 먼저 검토할 논문은 Icy Lee (2002)의 「ESL 학생에게 응집성 교육하기: 교실 연구(Teaching coherence to ESL students: a classroom inquiry)」이다. 이 논문은 응집성 교육을 위한 프로그램을 짜고 그 효과를 검증한 것이다. 아래는 이 논문에서 응집성의 교수법을 연구하기 위해 응집성을 구체적으로 정의한 항목들이다. 이 항목들은 논문의 필자가 말하고 있듯이 텍스트 내의 응집성 요소를 문헌 검토를 통해 정의한 것이다.

〈표 5〉 텍스트 내 응집성 요소의 정의

1	응집력 있는 장치(cohesive devices)의 존재로 입증된 표면 텍스트의 연결성(Connectiviry) (Halliday & Hasan, 1976)
2	독자가 텍스트를 이해하고, 주제 발전(topical development)에 기여하고 안내하는 정보 구조(information structure) (Connor & Farmer, 1990; Firbas, 1986; Lautamatti, 1987)
3	명제 사이의 관계와 이러한 관계가 전체 담론의 주제 및 조직에 어떻게 기여하는지에 관한 기초 내용의 연결.(Connectivity of the underlying content) (Kintsch & Van Dijk, 1978)
4	의사소통의 목적과 상황의 맥락에 적합한 특징적 패턴이나 모양을 가진 거시구조 (macrostructure) (Hoey, 1983, 1991)
5	적절한 메타 담화 기능(metadiscoursal features)으로 인식되는 독자 기반 쓰기 (Cheng & Steffensen, 1996; Crismore et. al., 1993)

Icy Lee(2002: 139)

---

46) 검토에 앞서서 한 가지 알아야 할 사실은 응집성의 텍스트적 특성이라 하더라도 그것이 확정적이거나 결정적인 사실을 의미하지는 않는다는 점이다. 앞에서도 여러 차례 말했지만 응집성에 관한 다양한 논의들에서 학자들 사이에 아직 합의되거나 규정된 것이 없을 뿐만 아니라 세부 요소도 명확하지 않다. 응집성의 정의에 관해서 여러 학자들의 견해가 다르고, 텍스트에서 응집성을 구성하는 요소도 같지가 않다. 실험 방식에 따라, 또 실험 내용에 따라 텍스트적인 특성은 얼마든지 달라질 수가 있다. 그래서 앞으로 살펴볼 여러 논의들이 어떤 보편성과 일반성을 가지고 있는 것은 아니라는 점을 기억할 필요가 있다. 다만 이런 지표들을 통해 응집성이 텍스트를 통해 나타나는 방식과 좋은 글을 쓰는 데 필요한 요소들을 교육적 관점에서 살펴볼 수 있다는 점에 의의를 둘 수 있다.

위에서 응집성의 텍스트적 요소를 정의한 것을 보면 전반적인 응집성(global coherence)에 속하는 것과 지엽적인 응집성(local coherence)에 속하는 것이 함께 섞여 있다. 아울러 정보 구조와 Kintsch & Van Dijk(1978)의 명제 연결에 관한 사항도 들어 있다. 그리고 거시구조에 관한 사항과 메타 담화 기능이 포함되어 있다. 다소 일관성 없이 다양한 논의들을 섞어 놓은 듯한 느낌이 들지만, 이를 바탕으로 이들은 응집성에 관한 여러 교수 항목을 설정하고 있다. 이들이 설정한 교수 항목은 다음과 같은 순서로 진행된다.

1. 목적, 독자 및 상황: 목적의 명시성과 독자 및 상황 인식이 응집성 형성에 어떻게 기여하는가?
2. 거시 구조: 텍스트의 전체 구조
3. 정보 분산 및 화제 전개: 전체적인 화제 전개를 위해 정보(주어진 것 given과 새로운 것 new)를 가장 잘 조직하는 방법은 무엇인가.
4. 명제 전개 및 수정: 어떻게 명제들이 정교화, 삽화, 사례 등을 통해 보다 명확하게 되는가.
5. 결속력: 참고 표현, 대용표현, 접속사 등
6. 메타 담화: 명료한 표지, 화제화, 발화, 태도 표지 등

학생들에 관한 응집성 교육은 위의 여섯 가지 주제를 중심으로 전개되었다. 학생이 교육하는 항목 속에는 지엽적(local) 응집성과 전반적(global) 응집성의 세부 요소들이 모두 포함되어 있다. 결속성은 명백하게 지엽적 응집성에 속한다면 정보 분산과 화제 전개, 명제 전개는 지엽적 응집성과 전반적 응집성에 모두 속하는 항목들이다. 목적, 독자 및 상황이나 거시구조는 명백히 전반적인 응집성의 문제에 속한다.

학생들에 대한 교육은 응집성 항목을 소개하고 학생들이 텍스트를 통해 실제 이 항목들이 응집성에 어떻게 기여하는지 토론하는 방식으로 전개된다. 예컨대 '목적, 독자 및 상황 맥락'이란 항목이 있으면 이 항목이 응집성에 어떻게 영향을 미칠 수 있는지 토의하도록 했다. 그리고 학생들이 쓴 글을 데이터로 해서 실제 응집성이 향상되었는지 살펴보고, 작성 과정에서 응집성 요소가 어떻게 작용하는지 프로토콜을 통해 검토하는 과정을 거치도록 했다.

학생들의 프로토콜을 살펴보면 실제 응집성의 세부요소들이 텍스트에서 어떻게 구현되는지는 몇 가지 측면을 알 수가 있다. 프로토콜의 내용을 살펴보면 위의 여섯 가지 문제 외에도 다양한 요인들이 텍스트 응집성에 참가하고 있다는 것을 확인할 수가 있다. 예를 들어 문맥적 상황이나 내용적 요소, 구성에 관한 요소, 텍스트 길이도 응집성 형성에 관여한 것을 알 수 있다. 중요한 것은 응집성 형성에 관한 이들 요소 사이의 관계와 의미, 교육의 절차 등을 설명하고 분석해 주어야 하는데 그런 점이 없다는 점이다. 차후 응집성 교육에 관한 연구에서는 이런 점이 개선되어야 할 것으로 보인다.

응집성의 텍스트적 요소를 총체적 평가 항목으로 규정하고 이를 통해 텍스트의 전반적 질을 평가한 논문이 있다. 응집성에 관한 비교적 초기 연구인 Bamberg(1984)의 논문이 그러한 것이다. Bamberg(1984)의 논문에서는 텍스트 전체의 응집성 형성을 중요시했다. 텍스트가 하나의 주제를 향해 전체적인 응집성을 형성하기 위해서는 거시적 주제 아래 텍스트의 일관된 연결 상태와 흐름이 필요하다. 텍스트 응집성을 높이기 위해 거시적인 연결뿐만 아니라 미시적인 연결 상태가 좋아야 하는 것이다. 그러나 이는 세부 요소의 측정만으로 확인해 볼 수 있는 것이 아니다. 그래서 Bamberg(1984)의 논문은 Icy Lee(2002)

의 선택 방식과 다르게 총체적 평가 방식을 사용해서 텍스트 응집성을 측정했다. 텍스트의 응집성은 텍스트의 전반적인 상태를 전체적인 입장에서 평가할 때 더 분명해 질 수 있다고 본 것이다. 다음은 4점 단계로 평가된 Bamberg(1984)가 제시한 총체적 점수 표이다.

〈표 6〉 총체적 응집성 척도(Holistic Coherence Scale)

4점: 완전히 응집적인(fully coherent)
• 필자가 화제를 명확하게 식별함.
• 필자가 화제를 전환하거나 빗나가지 않음.
• 필자는 맥락이나 상황을 만들어 독자를 지향함.
• 필자는 에세이 전체에 걸쳐 눈에 띄는 계획에 따라 세부 사항을 조직함.
• 필자는 어휘적 결속, 접속, 지시 등과 같은 결속 기제들을 문장들을 연결하기 위해 그리고/또는 단락들을 연결하기 위해 능숙하게 활용함.
• 필자는 종종 독자에게 확실한 종결감을 주는 진술로 마무리함.
• 담화의 흐름이 원활하고, 문법적, 기계적 오류가 없으며, 읽기에 방해되지 않음.

3점: 부분적으로 응집적인(partially coherent)
• 만일 필자가 화제를 명시적으로 식별하지 않는다면, 독자가 구체적인 주제를 식별할 수 있도록 충분한 세부 정보를 제공함.
• 필자는 한 가지 주요 화제를 지니지만, 약간의 빗나감이 있을 수 있음.
• 필자는 맥락을 제안하거나 화제를 직접 발표함으로써 독자의 방향성을 제공함.
• 필자는 계획에 따라 세부사항을 조직하지만, 그것을 전체적으로 유지하지 못하거나 일부에 세부사항이 나열적으로 전개될 수 있음.
• 필자는 문장들을 연결하기 위해 그리고/또는 단락들을 연결하기 위해 어휘적 결속, 접속, 지시 등과 같은 일부 결속 기제를 사용함.
• 필자는 통상 종결감을 만드는 진술로 결론을 내리지 않음.
• 때때로 문법적 또는 기계적 오류가 읽기 과정을 방해할 수 있지만, 담화는 일반적으로 부드럽게 흐름.

2점: 비응집적인(incoherent)
• 다음 중 일부는 독자가 텍스트를 응집성 있는 전체로 통합되는 것을 막음
• 필자는 화제를 식별하지 않고, 독자는 제공된 세부 정보에서 화제를 추론하거나 추측할 가능성이 낮음.
• 필자는 화제를 바꾸거나 화제로부터 빈번하게 빗나감.
• 필자는 독자가 맥락을 공유한다고 가정하고, 방향을 거의 또는 전혀 제공하지 않음.
• 필자는 대부분의 텍스트에서 조직 계획이 없으며 종종 정해진 목록에 의존함.
• 필자는 문장들을 연결하기 위해, 그리고 단락들을 연결하기 위해 어휘적 결속, 접속, 지시 등과 같은 결속 기제를 거의 사용하지 않음.
• 필자는 어떠한 종결감도 만들지 않음.
• 문법적 또는 기계적 오류가 읽기 과정을 빈번하게 방해하기 때문에 담화의 흐름이 불규칙하거나 거칠음.

1점: 이해할 수 없는(incomprehensible)
• 다음의 많은 것들은 독자가 텍스트의 의미를 생성하는 것을 막는다.

- 화제가 식별될 수 없음.
- 필자는 연상에 의해 화제에서 화제로 이동하거나, 빈번하게 빗나감.
- 필자는 독자가 맥락을 공유한다고 가정하고 글의 방향을 제공하지 않음.
- 필자는 조직 계획이 없으며, 연상 순서를 열거하거나 따름.
- 필자는 문장들을 연결하기 위해 그리고/또는 단락들을 연결하기 위해 어휘적 결속, 접속, 지시 등과 같은 결속 기제를 거의 사용하지 않음.
- 필자는 읽기 과정을 지속적으로 방해하는 수많은 문법적이고 기계적인 오류를 만들고, 구조 단어, 굴절적인 결말을 생략하기 때문에 담화의 흐름은 매우 거칠거나 불규칙함.

0점: 평가할 수 없는(unscorable/miscellaneous)
- 에세이가 오직 하나의 T-unit으로 구성되어 있음.
- 필자는 과제를 거부하기 위해 글을 쓰는 것 같음.

Bamberg(1984)가 제시한 평가표는 부분 요소를 평가하지 않고 전체적으로 응집성에 관한 텍스트 질을 평가하는 것이다. 그리고 총체적 평가를 위한 세부 평가항목에 지엽적 응집성과 전반적 응집성이 모두 포함되어 있다. Bamberg(1984)는 이런 평가 척도를 가지고 NAEP에서 실시한 학업 성취도 평가(1969년, 1874년, 1979년)를 재분석했다. 그 결과는 에세이의 응집성과 텍스트 질 사이에 강한 상관관계가 있는 것으로 나타났다.

Bamberg(1984)의 응집성 평가표를 보면 응집성의 세부 요소에 관한 다양한 요인들이 포함되어 있다[47]. 이런 요인들을 이원지(2024:95)는 7가지 요소로 정리해 분석적 평가표를 새롭게 만들었다. 이 내용을 보면 응집성에 관한 세부 분석 내용이 명료하게 보인다.

---

47) Fitzgerald & Spiegel(1986: 268)는 Bamberg(1984)의 총체적 평가 지표를 자신의 실험에 사용했다. 이들은 Bamberg(1984)의 총체적 평가 지표의 세부 사항을 텍스트의 7가지 차원으로 다시 정리하고 있다. 그 내용은 다음과 같다. (a) 글쓴이가 주제나 주제를 파악했는지, (b) 글쓴이가 주제나 주제에서 벗어나지 않았는지, (c) 글쓴이가 맥락이나 상황을 만들어 독자의 방향을 잘 잡았는지, (d) 글쓴이가 눈에 띄는 계획에 따라 세부 사항을 구성하고, 이를 글 전체에 걸쳐 유지했는지, (e) 글쓴이가 문장 및/또는 단락을 서로 연결하기 위해 응집력 있는 연결 고리를 사용했는지, (f) 글쓴이가 종결적인 느낌이 나는 진술로 글을 마무리했는지, (g) 문법적 및/또는 기계적 오류가 없는지.

〈표 7〉 Bamberg(1984: 317~318)의 총체적 응집성 척도

범주		점수별 평가 기준
화제의 명확성	4점	필자가 화제를 명확하게 식별한다.
	3점	만일 필자가 화제를 명시적으로 식별하지 않는다면, 독자가 구체적인 주제(the specific subject)를 식별할 수 있도록 충분한 세부 정보를 제공한다.
	2점	필자는 화제를 식별하지 않고, 독자는 제공된 세부 정보에서 화제를 추론하거나 추측할 가능성이 낮다.
	1점	화제가 식별될 수 없다.
화제의 연속성	4점	필자가 화제를 전환하거나 빗나가지 않는다.
	3점	필자는 한 가지 메인 화제를 지니지만, 약간의 빗나감이 있을 수 있다.
	2점	필자는 화제를 바꾸거나 화제로부터 빈번하게 빗나간다.
	1점	필자는 연상에 의해 화제에서 화제로 이동하거나, 빈번하게 빗나간다.
상황 맥락의 설정	4점	필자는 맥락이나 상황을 만들어 독자를 안내한다.
	3점	필자는 맥락을 간략하게 제안하거나 화제를 직접 발표함으로써 독자의 방향성을 제공한다.
	2점	필자는 독자가 그/그녀의 맥락을 공유한다고 가정하고, 방향을 거의 또는 전혀 제공하지 않는다.
	1점	필자는 독자가 그의/그녀의 맥락을 공유한다고 가정하고 방향을 제공하지 않는다.
전체적인 구조 (조직 계획)	4점	필자는 에세이 전체에 걸쳐 유지되는 식별 가능한 계획에 따라 세부 사항을 조직한다.
	3점	필자는 계획에 따라 세부 사항을 조직화하지만, 그것을 전체적으로 유지하지 못하거나 에세이의 일부에 세부 사항을 나열할 수 있다.
	2점	필자는 대부분의 텍스트에서 조직 계획이 없으며 종종 목록에 의존한다.
	1점	필자는 조직 계획이 없으며, 연상 순서를 열거하거나 따른다.
결속성	4점	필자는 어휘적 결속, 접속, 지시 등과 같은 결속 기제들을 문장들을 연결하기 위해 그리고 단락들을 연결하기 위해 능숙하게 활용한다.
	3점	필자는 문장들을 연결하기 위해 그리고 단락들을 연결하기 위해 어휘적 결속, 접속, 지시 등과 같은 결속 기제를 몇 개(some) 사용한다.
	2점	필자는 문장들을 연결하기 위해 그리고 단락들을 연결하기 위해 어휘적 결속, 접속, 지시 등과 같은 결속 기제를 적게(few) 사용한다.
	1점	필자는 문장들을 연결하기 위해 그리고/또는 단락들을 연결하기 위해 어휘적 결속, 접속, 지시 등과 같은 결속 기제를 매우 적게(very few) 사용한다.
종결	4점	필자는 종종(often) 독자에게 확실한 종결감을 주는 진술로 마무리한다.
	3점	필자는 보통(usually) 종결감을 만드는 진술로 결론을 내리지 않는다.
	2점	필자는 어떠한 종결감도 만들지 않는다.
	1점	–

범주		점수별 평가 기준
문법	4점	담화의 흐름이 원활하다. - 문법적 또는 기계적 오류가 없거나 읽기 과정을 방해하지 않는다.
	3점	때때로 문법적 또는 기계적 오류가 읽기 과정을 방해할 수 있지만, 담화는 일반적으로 부드럽게 흐른다.
	2점	문법적 또는 기계적 오류가 읽기 과정을 빈번하게 방해하기 때문에 담화의 흐름이 불규칙하거나 거칠다.
	1점	필자는 구조 단어, 굴절어미를 생략하거나(omits structure words, inflectional endings) 읽기 과정을 지속적으로 방해하는 수많은 문법적이고 기계적인 오류를 만들기 때문에 담화의 흐름은 매우 거칠거나 불규칙하다.

　이원지(2024)가 재정리한 이런 분류표는 Bamberg(1984)의 총체적 평가표가 지닌 단점을 어느 정도 상쇄하고 있는 것으로 보인다. 다만 평가를 총체적으로 할 것인지, 분석적으로 할 것인지는 다시 검토해 보아야 한다. 서로 장단점이 뚜렷하게 있기 때문이다. 장점은 세부 항목을 통해 학생들이 실제 응집성이 높은 글을 쓰기 위해 어떤 부분이 부족한지를 확인할 수 있다는 점이다. 그리고 이를 쓰기 교육을 통해 교정해 갈 수 있다. 단점은 지엽적, 전반적 응집성이 서로 섞여 있는 분석적 요인의 합이 실제 텍스트의 응집성의 질을 그대로 파악해 줄 수 있는지 확증할 수 없다는 점이다. 부분의 합이 항상 전체를 대변해 주는 것은 아니다. 게다가 '문법' 항목이나 '상황 맥락의 설정'처럼 차원이 다른 두 요소가 어떻게 섞여 전체 텍스트의 응집성을 만들어 내는지 실제 증명된 적은 없다.

　다음으로 살펴볼 논문은 Choi(1988)의 논문이다. Choi(1988)의 논문은 미국과 한국 학생들의 논증 텍스트에 나타난 응집성 양상을 연구한 것이다. 논문의 목표는 영어와 한국어 텍스트에 나타난 응집성 형성의 차이와 응집성에 관한 문화적 인식 차이를 분석하고자 한 것인데, 이 속에 응집성과 텍스트 요소의 관계에 관한 분석이 드러난다. 이 책에서는 응집성에 관한 부분, 즉 텍스트 질에 관한 총체적 점수와 응집성의 분석적 점수의 상관관계를 중점적으로 살펴본다. Choi(1988) 는 이 논문에서 미국과 한국의 논증적 텍스트 125편을 분석해 응집성 형성에 영향을 미치는 텍스트적 요소를 분석하고 평가했다. 응집성 평가를 위해 그녀가 사용한 평가 지표는 아래와 같다.

내용(Content)
- 지정된 주제와의 관련성
- 논지의 명확성
- 상황(맥락)에 대한 적절한 설명
- 주요 논점의 전개
- 제시된 아이디어 간의 관계
- 아이디어의 질과 깊이
- 구체적인 뒷받침 및 세부 사항의 적절성과 풍부함
- 논리적 정확성
- 반론에 대한 고려

조직(Organization)
- 전체적인 구조
- 아이디어의 논리적 순서
- 통일성: 논점 고수(주제 연속성)
- 결속력(문장/단락 연결)
- 독자에게 확실한 종결감을 주는 결론

어휘 및 스타일(Vocabulary and Style)
- 단어 선택의 효과 및 어휘의 범위
- 언어사용역에서 단어 선택의 적절성
- 문장의 다양성

문법(Grammar)

  • 문장 구성/어순/동의어/명제/표지/...

관습(Mechanics)

  • 문단 구성
  • 맞춤법/구두점/대문자 사용

전체는 다섯 가지 주요 영역(내용, 조직, 어휘, 스타일, 문법과 관습)아래 스무 가지의 하위 요소를 두었다. 내용 범주를 보면 논증 텍스트의 영향 때문인지 논증과 관련된 범주가 많이 들어가 있다. 논지의 명확성, 주요 논점의 전개, 논리적 명확성, 반론에 대한 고려가 그러한 것들이다. 언어적 분야에서는 문법적인 요소와 어휘와 스타일적인 부분을 분리해서 두 영역을 구분하고자 했다. 비슷한 항목 같지만 문법적인 요소가 양적 측정이 가능하다면 어휘와 스타일은 정성 평가의 대상이 된다.

위의 평가 지표에서 가장 흥미로운 것은 결속성 부분을 조직 영역에 넣었다는 점이다. 결속성 부분을 조직 영역에 넣었다는 점은 Haliday & Hasan(1976)이 생각한 것처럼 결속성이 언어 결합을 통해 의미를 구성적으로 생성한다고 보았기 때문일 것이다. 보통은 결속성 부분을 따로 분리해 자세히 표시하는 경우가 많지만 여기서는 그런 과정을 생략했다. 이런 평가표는 지엽적 응집성과 전반적 응집성을 구별 없이 사용해서 같은 영역 안에 넣었다는 점이 특징적이라고 할 수 있다. Choi(1988)의 논문이 흥미로운 것은 응집성에 관한 총체적 평가를 실시하고 분석적 평가와의 상관관계를 분석하고 있다는 점이다[48]. 응집성에 관한 총체적 평가와 분석적 평가의 상관성을 보면 응집성이 지닌 세부 요소의 특성과 논설 텍스트의 특성이 잘 드러난다.

〈표 8〉 18가지 범주에 대한 미국인 독자와 한국인 독자의 총체적 평가 점수 간 피어슨 상관계수

구성 요소	상관관계	
	미국인	한국인
할당된 화제와의 관련성	.641**	.667**
화제의 명확성	.822**	.773**
상황에 대한 적절한 설명	.924**	-.089
주요 논점(points)의 전개	.927**	.842**
아이디어들 간의 관계	.925**	.960**
아이디어들의 질과 깊이	.931**	.718**
구체적 뒷받침 및 세부사항의 적절성과 풍부성	.955**	.899**
논리적 정확성	.904**	.834**
반론에 대한 고려	.737**	.491
전체적인 구조	.898**	.898**
아이디어들의 논리적 흐름	.782**	.898**
통일성: 화제의 연속성	.789**	.861**
결속성	.771**	.695**
결론(종결)	.734**	.830**
단어 선택 및 어휘의 범위	.832**	.714**
언어사용역에 적절한 단어 선택	.946**	.523**
문장 다양성	.751**	.309
문법	.701**	.723**
단락 나누기	.893**	.820**
스펠링/구두점/대문자화	.807**	.521**

---

48) 응집성에 관한 총체적 평가는 5점 척도로 되어 있다. 질문 항목은 다음과 같다(Choi, 1988: 285).
"큰 계획의 여러 하위 목표에 대한 개별적인 관계와 문장들 사이의 관계를 추론함으로써 필자의 계획을 합리적인 확신성 아래 재구성할 수 있는가?(Green, 1986: 71); 필자의 논리적 추론을 쉽게 따라 갈 수 있는가?
• 5점(충분히 응집성이 있음)−4점(적절하게 응집성이 있음)−3점(작가의 논점을 불분명하게 만드는 몇 가지 일관된 문제가 있음)−2점(의사소통을 방해하는 심각한 응집성 문제 있음)−1점(전혀 응집적이지 않음)"

위에서 제시한 총체적 평가와 분석적 평가의 상관관계를 보면 미국 학생의 상관관계는 모두 높지만 한국 학생의 경우 몇몇 부분에서 그렇지 않았다. 한국어 텍스트의 상관관계를 보면 내용과 조직 부분에서 상관성이 높고, 어휘, 문법과 관습적인 부분은 상대적으로 약하다. 이런 점은 응집성에 관한 총체적 평가에서 문법과 어휘, 형식적인 요소가 큰 영향을 끼치지 못했다는 점을 보여준다. 다시 말해 통상적이고 일반적인 텍스트에 관한 응집성의 총체성 평가에서는 문법, 어휘, 형식적인 요소가 영향을 끼치지 못했다는 점이다. 아울러 몇몇 지표(상황의 적절한 묘사, 반론 고려, 문장의 다양성)를 빼고 세부 지표에서 대체로 높은 상관성을 보여주었다는 점은 응집성의 총체적 평가가 어떤 한 요소의 특징보다 넓은 범위의 다양한 요소의 영향을 받아서 형성된다는 점을 보여주고 있다.

한국어 텍스트에서 응집성의 총체적 평가와 분석적 평가에서 유의미한 상관관계를 보여주지 못한 것은 '상황의 적절한 묘사'. '반론에 대한 고려', '문장의 다양성'이었다. 한국어 논증 텍스트(논술)의 주요 특징 중 하나가 합리적인 주장을 세우고, 주장에 관한 탄탄한 논거를 제시하는 것이다. 그런 점에서 '상황에 관한 적절한 묘사'는 논증 텍스트에서 총체적 응집성에 크게 기여하지 못한 것 같다. 이런 지표는 에세이 평가에 더 적합한 것이다. 또 '반론에 대한 고려'는 영어 수사학에서는 강조되지만 한국어 수사학에서는 잘 강조되지 않는다. 이 논문의 필자가 지적하듯이 영어에서 상대방의 입장에 대한 논의는 논증적 텍스트가 효과적이기 위해 갖추어야 할 특징 중 하나로 간주되지만 한국에서는 그렇게 강조되는 항목이 아니다(Choi, 1988: 246).

국내에서 논증텍스트를 통해 응집성의 텍스트적 특징을 분석한 논문도 있다. 이원지(2024: 94~109)는 대학생들의 논증 텍스트를 대상으로 응집성의 텍스트적 요소가 나타나는 다양한 양상에 관해 분석했다. 이원지는 응집성의 텍스트적 요소를 분석한 여러 논문들(Bamberg, 1984; McCulley, 1985; Choi, 1988; Lee, 2002; Garing, 2014)을 검토하여 응집성의 텍스트적 특징을 9가지로 정리했다.

〈표 9〉 응집성 텍스트적 특징별 관련 응집성 성질

범주	응집성의 텍스트적 특징	관련 응집성 성질
A	상위 주제의 명확성 및 연속성	통합성−관련성, 통합성−일관성
B	식별 가능한 조직 계획	연결성, 통합성−관련성
C	종결감 있는 결론	통합성−일관성
D	상황 맥락의 설정	통합성−관련성, 기능성
E	결속성	연결성
F	어법에 맞는 문장 구사	연결성
G	내용 관련성에 따른 단락 구분	연결성, 통합성−관련성, 통합성−일관성
H	세부 아이디어의 충분성 및 관련성	통합성−관련성, 통합성−일관성
	세부 아이디어의 다양성	−
I	언어사용역 내 단어 선택의 적절성	기능성
	단어 선택의 효과와 어휘의 범위, 문장 다양성	−

여기서 A 범주(상위 주제의 명확성과 연속성)는 텍스트 전체를 총괄하는 중심 주제가 있고, 그런 주제가 명확하고 일관되게 나타나는 상태를 말한다. B 범주(식별 가능한 조직 계획)는 텍스트의 조직이나 구조가 논리적인 짜임새에 따라 조직된 상태를 보여주는 것을 말한다. 이원지(2024)는 참고한 모든 연구들에서 이 범주를 응집성의 텍스트적 특징으로 제시했다고 말했다. 상식적으로 보더라도 구조적인 일관성 없이는 텍스트가 응집성을 확보하기 힘들 것이다.

C 범주(종결감 있는 결론)는 결론이 종결감 있고, 마무리 느낌이 나도

록 작성되었음을 뜻하는 텍스트 특징이다. 상당수 많은 연구들이 이 범주를 응집성의 특성으로 꼽았다. D 범주(상황 맥락의 설정)는 텍스트의 상황 맥락에 관한 것인데, 텍스트를 둘러싼 배경으로 명시적으로 제시되어 있어야 한다는 상태이다. E 범주(결속성)는 명시적인 결속적 연결에 관한 것이다. 응집성이 있는 글은 문장 간 연결을 위해 다양한 결속 장치가 사용되어 있다는 사실을 확인해 주는 텍스트 특징을 말한다. F 범주(어법에 맞는 문장 구사)는 응집성 있는 글에 어법에 맞는 문장이 사용되어야 한다는 사실을 보여주는 텍스트 특징이다. 문장이 어법에 어긋나거나 잘못된 오류가 있다면 글의 매끄러운 연결을 방해할 수 있다.

 G 범주(내용 관련성에 따른 단락 구분)는 텍스트의 전체 단락이 전체 주제에 따라 구분되어 있는 상태를 말한다. H 범주(세부 아이디어의 충분성 및 관련성)는 단락에 관한 것인데, 단락 내에서 제시된 아이디어들이 충분하고, 서로 관련성이 있어야 한다는 특징이다. G와 H 범주는 이원지(2024)의 분류에 따르면 전반적 응집성에 해당하는 것이다. 마지막으로 I 범주(언어사용역 내 단어 선택의 적절성)는 문장이나 단어 표현이 언어 사용역의 맥락에 맞게 선택되었는지에 관한 것이다.

 위의 표에 있는 〈관련 응집성 성질〉은 Reinhart(1980)나 Delu & Rushan (2021)이 언급한 응집성 조건의 항목으로, 이원지(2024)가 각 항목에 속한다고 생각하는 것을 분류하여 제시한 것이다. H 범주에 기울임꼴로 되어 있는 '세부 아이디어의 다양성(질/깊이)'과 I 범주에 있는 '단어 선택의 효과와 어휘의 범위, 문장의 다양성'은 응집성의 특성과 상관이 없는 것으로 보아서 삭제했다고 했다. 사실 세부 아이디어가 다양하다는 것은 하나의 아이디어로 결집해야 하는 응집성의 특성상 맞지 않는 특성이기도 하다. '단어 선택의 효과와 어휘 범위'와 '문장 다양성'은 단어나 문장의 형태가 얼마나 다양한지를 보여주는 지표이므로, 응집성과 직접 관련이 없다. '문장 다양성'은 앞서 Choi(1988)의 응집성의 총체적 평가와 분석적 평가의 상관성에 관한 통계 조사에서도 유의미한 결과를 얻지 못한 지표이다.

이원지(2024)는 위와 같이 문헌 연구를 통해 응집성의 텍스트 특성을 살펴보고, 이에 관한 분석적 평가표를 설정한 바 있다. 또 대학생 논증적 텍스트 40편에 관해 텍스트적 세부 요소와 총체적 점수와의 상관관계를 분석하여 제시했다.

〈표 10〉 텍스트의 총체적 점수와 응집성의 텍스트적 특징과의 상관성

응집성 유형	응집성의 텍스트적 특징	텍스트 수준과의 상관성
지엽적 응집성	(1) 결속성	.046
	(2) 문장 연결	.005
전반적 응집성	(3) 상위 주제의 명확성 및 연속성	.510**
	(4) 식별 가능한 조직 계획	.725**
	(5) 종결감 있는 결론	.786**
	(6) 내용 관련성에 따른 단락 구분	.650**
상호 작용적 응집성	(7) 상황 맥락의 설정	.651**
	(8) 대인적 메타 담화 표지의 사용	-.113

위의 표를 보면 지엽적 응집성에 속하는 '결속성'과 '문장 연결'은 유의미한 상관계수를 얻지 못했다. 이는 앞서 choi(1988)의 연구에서 문장이나 문법, 기계적인 항목에서 상관성이 높지 않았던 것과 유사한 것으로 보인다. 반면에 '상위 주제의 명확성 및 연속성'과 함께, '내용 관련성에 따른 단락 구분'과 '종결감 있는 결론'이 높은 상관성을 보였다. 이를 통해 보면 응집성은 확실한 상위 주제가 있고 그 주제가 일관된 흐름을 가지고 전체 단락에 영향을 미치며, 마무리까

지 이어지는 것과 깊은 관련이 있다. 아무래도 미시적인 측면보다 거시적인 주제 흐름과 더 깊은 연관이 있다고 보는 것이 타당하다.

앞서 Choi(1988)의 분석(응집성의 총체적 평가와 분석적 평가 사이의 비교)에서 상관계수 점수가 높게 나온 항목과 이원지의 분석(총체적 평가 점수와 응집성 분석 요소 사이의 비교)에서 상관계수가 높게 나온 항목을 살펴보면 응집성의 텍스트적인 자질들이 무엇인지 개략적인 의미를 추측해 볼 수 있다.

Choi(1988)

주요 논점의 전개(.842)

나타난 아이디어들 간의 관계(.960)

구체적인 지지와 세부 사항의 적절성 및 풍부성(.899)

논리의 정확성(.834)

전체적 구조(.898)

아이디어의 논리적 순서(.898)

통일성: 논점으로의 집중(.861)

독자에게 명확한 종결감을 주는 결론(.830)

문단 나누기(.820)

이원지(2024)

상위 주제의 명확성 및 연속성(.520)

식별 가능한 조직 계획(.725)

종결감 있는 결론(.786)

내용 관련성에 따른 단락 구분(.650)

상황 맥락에 따른 설정(.651)

두 사람의 분석 결과를 비교해 보면 응집성은 주요 논점이나 상위 주제가 명료하게 존재하는 것(주요 논점의 전개, 상위 주제의 명확성 및 연속성), 이를 구성할 합당한 구조와 조직(전체적 구조, 문단 나누기, 식별 가능한 조직 계획, 내용 관련성에 따른 단락 구분), 내용의 논리적 흐름(아이디어의 논리적 순서, 나타난 아이디어들 간의 관계), 종결감 있는 마무리(독자에게 종결감을 주는 결론, 종결감 있는 결론) 등으로 나타난다고 볼 수 있다. 거기에 주장이나 논지를 뒷받침해 줄 수 있는 풍부한 서술(구체적인 뒷받침과 세부 사항의 적절성 및 풍부성)이 있으면 더 응집성이 좋은 글이 될 수 있다.

- 주요 논점이나 상위주제가 명료하게 존재할 것
- 주제에 합당한 구조와 조직
- 내용의 논리적 흐름
- 종결감 있는 마무리
- 주장이나 논지를 뒷받침해 줄 풍부한 서술

다음으로 응집성의 텍스트적 특성에 관해 살펴볼 논문들은 컴퓨터 분석 도구를 가지고 응집성에 관한 텍스트 자질들을 실험한 논문들이다. 이런 실험은 문장 분석 도구인 코메트릭스(Coh-Metrix)를 통해 분석한 것인데, 주로 Danielle McNamara 교수에 의해 시행되었다. 분석 도구인 코메트릭스는 어휘에서 장르 수준까지 텍스트의 특성을 분석할 수 있는 프로그램으로, 실제 분석 사례를 통해 그 효용성을 확인한 바 있다49).

---

49) coh-metrix는 코퍼스를 통해 어휘, 통사, 문장, 단락 간의 언어학적 연구정보를 데이터로

먼저 살펴볼 논문은 2010년에 발표한 Crossley & McNamara(2010)의 논문으로 코메트릭스를 통해 응집성의 텍스트적 자질과 전체 텍스트 질 점수를 비교한 것이다. 이 논문에서는 결속성을 포함하여 응집성의 여러 세부 요소를 지표로 설정하고 이와 텍스트에 관한 총체적 점수의 상관관계를 조사했다. 응집성과 결속성의 요소들이 에세이의 전체적인 질에 미치는 영향이 어떠한지 검증하고, 이런 요소들이 텍스트 질을 예측할 수 있는지를 확인해 보려 했다.

이 논문이 밝히고 있는 연구 목적은 두 가지이다. 첫째 텍스트의 응집성에 관한 지표가 텍스트의 전체 점수를 예측할 수 있다는 가정을 검토해 보는 것이다. 이 가정은 일반적으로 여러 논문에서 통용되고 있지만 실제 실험을 통해 확인된 것은 거의 없다. 응집성 있는 텍스트와 텍스트 질 점수 사이의 상관성을 살펴보는 작업이다. 둘째, 컴퓨터 문장 식별 도구인 코메트릭스가 측정한 응집성 수치가 실제 평가자가 내린 응집성 측정 수치와 관련이 있는지를 확인해 보고자 했다. 우선 이 연구에서 제시한 응집성의 분석적 평가 지표는 다음과 같다. 이 분석적 지표는 Breetvelt, Van den Bergh, Rijlaarsdam(1994)가 처음으로 제안하고, Sanders & Schilperoord(2006)가 사용하던 것을 이들이 수정해서 제시한 것이다[50].

분석해 주는 공신력 있는 언어분석 프로그램이다. 이에 관해서는 각주) 28에서 간략히 설명을 했다. 아울러 다음 논문에서 이에 관한 자세한 정보를 얻을 수 있다(McNamara et. al., 2010).

50) Breetvelt, Van den Bergh, Rijlaarsdam(1994: 108)가 처음 사용한 분류는 응집성 요소를 분류하기 위한 것은 아니었다. 이들은 쓰기의 여러 인지적 요소를 쓰기 과정별로 어떻게 작용하는지를 분석하기 위해 다음과 같은 세부 요소를 확정했다. 쓰기 과정(과제 읽기, 목표 설정, 생성하기, 수정하기 등등)에 다음과 같은 인지 요소들이 어떻게 작용하는지를 분석하고자 한 것이다. 이들이 제시한 분류는 다음과 같다.
   1. 목표 지향성(초점 및 전개, 텍스트의 설득력)
   2. 구조 및 구성(단락, 결속력, 레이아웃, 내용 요소의 배열)

- 구조: 서론, 논증, 결론으로 분명히 분리하는 것
- 연속성: 에세이 아이디어와 개념을 강하게 연결시키는 것(결속성)
- 서론: 뚜렷한 도입 문장이 존재하는 것
- 논제 제시: 강한 논제 제시와 이에 따른 논증
- 독자 성향: 전체적으로 응집성이 있음. 이해하기 용이함
- 주제문: 논증 단락에서 식별 가능한 주제 문장의 존재 여부
- 증거 문장: 주제 문장을 뒷받침하거나 문단 목적을 뒷받침하는 논증 문단에서 증거 문장의 사용 여부
- 관련성: 텍스트의 논증에서 관련된 정보만 포함되었는지의 여부
- 적절한 언어사용역: 텍스트의 어휘가 예상 레지스터를 따르는 정도
- 문법, 철자법, 구두점: 문법, 철자법과 구두점을 정확하게 쓰는 것
- 결론: 결론의 명확성
- 결론 유형: 식별 가능한 결론의 유형
- 결론의 요약: 결론에 글의 논지와 논증이 포함된 요약의 존재 여부
- 마무리: 명확한 마무리 문장의 존재 여부

McNamara et. al.(2010)은 텍스트의 응집성이 전문가의 평가(텍스트 질)를 예측할 수 있는지를 살펴보기 위해 회귀 분석을 시행했다. 회귀 분석의 결과 다섯 가지 요소가 유의미한 예측 변수로 드러났다. 그것은 독자 성향과 결론 유형, 증거 문장, 논제 제시, 적절한 언어 사용역이었다[51]. 이들 다섯 가지 변수의 조합이 실험 텍스트의 총체적 평가

---

3. 독자 인식(상호 작용성, 필자와 독자의 접촉성 여부)
4. 언어 사용 또는 스타일(문법, 어휘, 어조, 문장 구성의 변화)

51) 회귀 분석에서 유의미한 예측 변수로 나타난 다섯 가지 요소의 통계 값은 다음과 같다(Crossley & McNamara, 2010: 987). 독자 성향($t=6.668$, $p < .001$) 결론 유형($t=5.068$, $p < .001$), 근거 문장($t=3.495$, $p < .001$), 주제 문장($t=3.180$, $p < .010$), 적절한 레지스터($t=$

점수를 유의미하게 예측할 수 있다고 분석되었다(분석 결과 값 각주 참고). 또 이를 통해 텍스트 응집성이 텍스트 질에 관한 인간의 판단에 중요한 예측 인자임을 확인할 수 있었다.

다음으로 이들은 코메트릭스를 사용해서 인간 평가자가 사용하는 응집성 구성 요인에 관한 텍스트의 언어적 특징을 파악하고자 했다. 텍스트의 표면에 드러난 언어적 특징, 특히 언어적 결속성 요소들이 텍스트 질에 어떤 영향을 미치는지를 살펴보고자 한 것이다. 이들은 문장의 지시 관계, 인과적 동사, 접속사, 어휘 반복 등에 속하는 세부 지표들을 분석했지만, 모두 텍스트의 질과 음의 상관관계를 보였다. 그런데 접속사 중 종속접속사만 예외로 긍정적인 결과값이 나왔다. 종속접속사는 because나 since, as처럼 이유나 원인, 배경을 설명할 때 사용되기에 응집성과의 관련성이 높게 나온 것으로 보인다. 그렇지만 나머지의 결과값을 보면 결속성은 텍스트 질의 점수와 큰 관련이 없는 것으로 보이고, 이런 사실은 앞선 논문에 이어 다시 밝혀진 것이다.

이 논문에서 이들이 강조하는 것은 응집성에 관한 인간의 평가가 에세이 능력에 대한 총체적 평가의 중요한 지표라는 점을 입증했다는 점이다. 글의 전반적인 응집성이 에세이의 전체 품질을 예측하는 주요 요인으로 사람이 평가한 글의 65%를 설명할 수 있다고 이 논문은 언급한다. 반면에 결속성과 관련된 지표는 텍스트에 대한 인간의 판단과 상관관계가 없는 것으로 나타나 결속성이 응집성의 기초가 되지 않을 수 있다고 판단했다.

Crossley & McNamara(2011)는 2011년 텍스트 질과 결속성과 응집

−1.419, $p < .050$)이다. 유력한 예측 변수로 추정되었던 세 변수는 유의미한 예측 변수가 아니었다. 관련성($t = 1.841$, $p > .050$), 연속성($t = 1.760$, $p > .050$), 문법, 철자 및 문장 부호($t = 1.486$, $p > .050$)으로 이들은 텍스트의 질 점수를 예측할 수 없었다.

성의 요소를 비교하는 연구를 다시 실시했다. 이 연구의 목표는 앞선 연구와 동일하게 각각의 텍스트 요소 중 어느 것이 전반적인 텍스트 질을 잘 설명하는지를 분석하는 것이다. 다만 이 연구에서는 응집성을 판별하는 분석적 평가지표를 바꾸었다. 실험에 사용된 응집성 평가지표는 미시시피 주립 대학교(MSU)의 작문 프로그램에서 작문 평가에 사용되는 것을 이들이 응집성 평가에 맞게 수정했다. 그 내용은 아래와 같은데 앞선 연구(2010년)와는 차이가 있다.

서론
- 효과적인 서두: 서론은 독자의 관심을 끌고 논지를 가리키는 장치들로 시작된다.
- 명확한 목적: 서론은 필수적인 배경 정보를 제공하고 토론의 의의를 수립한다.
- 명확한 계획: 서론은 주장을 제공하고 본문에 제시될 근거 및 구성 원칙을 미리 보여주는 논지로 끝난다.

본문
- 주제 문장: 각 단락에는 논지와 연결되는 문장이 포함되어 있으며 서론에 요약된 요점 중 하나에 의견을 표명한다.
- 단락 전환: 각 주제 문장 앞에는 현재 단락과 이전 단락을 연결하는 구문, 절 또는 문장이 온다.
- 구성: 본문 단락은 서론의 계획을 따른다.
- 에세이의 통일성: 본문 전반에 걸쳐 제시된 세부 사항은 논지를 지지하고 주제 안에서 벗어나지 않는다.

결론
- 관점: 저자는 논지를 통틀어 지지하며 논지의 중요성을 강조하는 요

점을 요약한다.

- 신념: 저자는 논지와 관련된 토론의 의의를 재확립한다.
- 문법, 구문 및 기법: 저자는 올바른 표준 미국 영어를 사용한다.

이런 응집성 분석 지표를 가지고 텍스트 질과 상관관계를 분석하여 대체로 이들이 상관성을 가지고 있음을 확인했다. 이후 이들이 다중 공선성52), 다중 회귀 분석을 통해 위의 응집성 지표에서 상관성이 높은 여섯 가지 요소를 추려냈다. 여섯 가지 모두 회귀 분석에서 텍스트 질을 판별하는 주요한 예측 변수였다. 그것은 구성, 관점, 문법과 구문 및 기법, 명확한 계획, 단락 전환, 효과적인 서두였는데53), 이 여섯 가지가 전체 텍스트 질에 관한 인간 평가 분산의 80%를 차지한다고 평가했다(구체적 수치 각주 참고).

이와 함께 이 연구에서도 앞선 연구와 같이 코메트릭스에서 제공해 주는 전산 지표를 이용해 결속성과 관련된 텍스트의 지표, 즉, 어휘 정교함과 관련된 지표, 구문 복잡성과 관련된 지표, 텍스트 구조와 관련된 지표, 의미론적 동일 지시성(LSA)과 관련된 지표 등을 분석하였다54). 분석 결과 텍스트 질에 대한 인간의 판단에 관한 최대의 예측

---

52) 다중 공선성(>.70)에 의하면 위의 지표 중 '통일성'과 '주제 문장'은 '구성'과 밀접한 관련이 있고, '신념'은 '관점'과 상관성 높으며, '명확한 목적'은 '명확한 계획'과 높은 상관성이 있었다. 이런 특성들은 다중공선성의 분석 점수보다 전체 점수와의 상관성이 낮았기에 회귀 분석에서는 제외하여 최종적으로 다섯 가지(구성, 관점, 명확한 계획, 단락 전환, 효과적인 리드, 문법 구문 및 기법)만 포함되었다.

53) 회귀분석에서 중요한 예측 변수로 나온 값은 다음과 같다(Crossley & McNamara, 2011: 1238). 구성($t = 5.542$, $p <.001$), 관점($t = 8.419$, $p <.001$), 문법($t = 6.646$, $p <.001$), 명확한 계획($t = 3.306$, $p <.001$), 단락 전환($t = -2.701$, $p <.050$), 효과적 서두($t = 2.371$, $p <.050$).

54) 이들이 사용한 지표는 대략 다음과 같다. 결속성 지표로는 의미론적 동일지시성(LSA지수), 인과적 결속성, 연결자와 논리 연산자, 대용 처리 및 어휘 반복 등을 포함했다. 어휘의 정교함과 관련된 지표들(어휘 빈도, 어법, 다의성, 명확성, 다양성 등), 구문의 복잡성(품사

변수는 역시 응집성과 관련된 텍스트적 특징들이었고, 이는 전체적인 에세이 점수의 60%를 설명할 수 있다고 했다. 결속성과 관련한 지표들은 앞선 다른 논문과 마찬가지로 텍스트 질 점수를 예측해 줄 수 없었다. 결속성에 관한 이런 결과는 이전 논문(2010년)과 같은 것이었다.

이와 함께 이 논문은 코메트릭스를 통한 의미론적 동일 지시성(LSA)에 대한 몇 가지 결과도 얻을 수 있었다. 의미론적 동일 지시성(LSA)을 통한 응집성 예측 인자는 중간 단락과 마지막 단락의 중심부 사이의 의미적 유사성이 일관된 심적 표상을 발전시키는데 도움이 된다는 사실이 입증됐다. 아울러 본문 단락에 있는 근거와 결론 단락에 있는 요약된 증거를 이어주는 연결고리가 독자들에게 더 나은 텍스트 응집성을 제공한다고 주장했다. 특히 잘 정리된 마무리 단락은 서론에서 제시된 서술 계획을 요약하고, 마지막에 정리하기 때문에 중요하다는 사실을 밝혔다. 이 밖에 코메트릭스 분석의 몇몇 지표들, 즉 텍스트의 어휘 수, 전체 단락의 수, 복잡한 동사 형태 등이 응집성 형성에 유효하다고 분석하고 있는데, 한국어 문장의 분석과는 차이가 있는 부분이다.

컴퓨터 프로그램을 통해 텍스트를 분석한 여러 연구를 보면서 연구 결과가 항상 일치하지는 않지만 응집성의 텍스트적 요소에 관해 몇 가지 공통되는 속성은 확인할 수가 있다. 예를 들어 명료한 논제나 주제, 이를 뒷받침하는 진술, 적절한 단락 운영과 같은 구성 요소, 서론 계획에 따른 논리적인 본문 서술, 본문의 내용을 잘 정리한 결론 부분 등이 중요했다. 그러나 이런 결과들도 분석적 평가지표를 어떻

유형 수, 구문유형 수, 동사 앞 단어 수), 텍스트 구조(단어 유형 수, 문장의 수, 단락의 수)와 관련된 지표도 포함되었다.

게 설정하느냐에 따라 달라질 수 있는 측면이 많다. 같은 텍스트라도 분석적 평가지표와 분석 방법에 따라 응집성의 텍스트적 요소들이 달라질 수가 있는 것이다. 그래서 한 번의 실험 자체가 응집성의 텍스트적 요소의 모든 것을 말해줄 수 있다고 판단할 수는 없다. 단지 이런 실험을 통해 개별 장르나 개별 텍스트 종류에 따른 응집성의 텍스트적 요소를 추론적 관점에서 희미하게나마 살펴볼 수가 있을 뿐이다.

응집성에 관한 텍스트 실험과 관련해 Roscoe & McNamara(2014)가 한 말도 눈여겨 볼 필요가 있다. 이들은 텍스트에 관해 인간 평가자들이 수행하는 방식은 단일하지 않다고 언급한다. 전문적인 평가자들이 텍스트를 평가할 때 독립된 지표라도 다양한 조합으로 여러 언어적 특징을 검토하게 된다는 것이다. 전통적인 글쓰기 평가 모델은 좋은 글에 관한 단일한 정의 아래 우수한 필자와 미숙한 필자가 유사한 패턴과 전략을 보여줄 것이라고 암묵적으로 가정하고, 평가를 실시한다. 이런 방식은 특정 장르에 관한 분석적 평가표(루브릭)에서 잘 드러나는데 Roscoe & McNamara(2014: 185)는 다분히 "오해의 소지가 있는 접근 방식"이라고 말한다[55]. 작문과제나 필자들이 모두 비슷하고 유사한 규범적 과정을 따른다고 가정하기 때문이다.

이런 잘못된 방식을 피하기 위해 이들이 제시하는 방법은 클러스터 분석 접근법(cluster analysis approach)이다. 성공적인 작가들은 다양한 언어적 특징을 조합하여 좋은 텍스트를 만든다. 어떤 필자는 내용에

---

55) 이들은 텍스트 질에 관한 많은 연구가 특정한 분석적 도구를 텍스트의 질과 비교하는 선형적 접근 방식(a linear approach)을 사용하고 있다고 비판한다. 이런 단일한 측정 방식으로는 텍스트의 질이나 응집성의 질을 정확히 판단할 수 없다고 언급한다. 앞서 McNamara et. al.이 분석한 실험 방법도 이런 단점을 극복하기 위해 여러 분석 방법과 통계 방법을 사용해 중복 측정 방식을 기본으로 하였다.

중점을 두고, 어떤 필자는 어휘적 정교함에 중점을 둘 수 있다. 결속성, 구조, 어휘, 내용은 모두 서로 다른 방식으로 결합하여 텍스트를 이룰 수 있다. 그래서 성공적인 작가들이 사용하는 언어적 특성들의 발생률을 기준으로 텍스트 그룹을 분류하고 이들의 특성을 분석하고 평가하는 방법을 사용하고자 했다. 이들은 텍스트의 질을 개별적인 언어적 특성으로 보지 않고 그 특성들이 서로 어떻게 융합하여 사용되는지에 따라 달라지는 특성이라고 판단했다. 그래서 이들은 여러 실험을 거쳐 글쓰기 스타일로 네 가지 군집을 제시했다. 하나는 행동 및 묘사 스타일(action and depiction style)이며, 다른 하나는 학문적 스타일(academic style), 그리고 접근성 스타일(accessible style), 어휘 스타일(accessible style)로 나누었는데, 논문에서는 이들의 개별적 특성을 제시하고 이를 평가하고자 했다. 그러나 이런 방식은 아직 일반화되지 않았고, 실험적 시각에서 제시된 것이다. 이에 관해서는 추가적인 논의가 필요하다고 본다.

응집성에 관한 여러 논의들을 검토하면서 응집성에 관한 정의나 분류, 측정들이 이전보다 더 모호하고 어렵다는 생각을 많이 했다. 언어 사용에 관해 단일한 평가나 측정은 여전히 어렵고 힘들다. 텍스트는 언어적인 결속성과 응집성에 의해 의미가 전달되기도 하지만, 내용이나 맥락에 의해 전달되기도 한다. 어떤 때는 언어적 요소에 기반을 두지만, 어떤 때는 언어적 요소를 넘어 작용하기도 한다(상징, 은유). 그래서 응집성에 관한 규정이 어렵고, 응집성에 관한 텍스트적 요소를 설정하기도 어렵다. 다양한 논문들의 실험 결과가 달라지는 것도 언어 사용에 관한 인간의 실제 용례가 너무 다양하고 복잡하기 때문이다.

당장 응집성만 하더라도 의사소통의 목적만 달성하면 응집성이 성취된 것으로 볼 것인지, 아니면 텍스트의 매끄러운 의미 전달을 응집성으로 볼 것인지 학자들에 의해 합의된 바가 없다. 다만 우리가 쓰기 교육을 위해 살펴볼 수 있는 것은 의미 전달이 대체로 텍스트의 매끄러운 전개를 통해 이루어지는 경우가 많아, 이와 관련된 세부 요소들을 쓰기 교육에 투여할 수 있을 것이라는 점이다. 특히 응집성의 텍스트적 특성과 관련된 세부 지표들을 눈여겨 볼 필요가 있다. 학자마다 분석적 지표를 규정하는 항목은 다르지만 이에 관한 세부 규정을 살펴보면 좋은 텍스트의 일반적 속성을 알 수가 있다. 이것이 복잡하고 혼란스러운 응집성 논의에 대응하는 가장 효과적인 방법이다.

제4부 화제 구조 분석의 의미

제1장 문장 화제와 정보 구조

1. 정보구조와 CD(Communicative Dynamism)

　정보 전달과 관련한 문장 분석은 Halliday의 기능 문법이나 프라그
학파의 여러 이론에서부터 시작되었다[1]. 이들은 문장의 각 요소가
정보 전달에 있어 서로 다른 힘을 가지고 있다고 전제하고, 이에 관한

---

[1] 정보구조에 관해 최윤지(2016: 1)는 의사소통에서 화자가 발화를 통해 전달하려는 정보가
　청자에게 새로운 것인지, 아니면 주어져 있는 것인지에 대한 화자의 가정을 반영한 언어
　적 양상이라고 정의했다. 이 말은 화자가 청자가 지닌 정보(구정보, 신정보)를 유추하여
　문장의 구조를 결정짓게 되는 데 이와 관련된 언어정보적인 흐름을 의미한다는 것이다.
　아울러 Halliday(1967: 200)는 정보구조를 '주어진 것'과 '새로운 것'의 측면에서 정보단위
　로 구성된 텍스트의 조직으로 보았고, 이에 관한 결정이 성조를 통해 이루어진다고 말한
　바 있다. Halliday의 정의는 다분히 구어의 발화 사항에 중점을 두고 있는 것으로 보이지만
　문어적인 텍스트에도 통용될 수 있을 것으로 보인다. 문어적 텍스트에서 중요한 것은
　'새로운 정보'와 '주어진 정보'의 관계 속에서 문장 구조가 어떻게 형성되는지를 파악하는
　것이다. 특히 작문 과정에서는 문장 연결을 통해 의미 전달이 이루어지기 때문에 문장을
　끊어지지 않고 부드럽게 연결하기 위해 이런 정보 흐름에 관한 인식이 필요하다.

역학 관계를 탐구하고자 했다[2]. 특히 Firbas(1986)는 의사소통에 있어 주어진 정보와 새로운 정보 사이에서 드러나는 정보 전달의 관계를 '소통적 역동성(Communicative Dynamism, CD)'이란 개념으로 설명했다. '소통적 역동성'은 문장의 세부 요소가 정보 전달에 얼마나 기여하는 지를 드러내는 힘의 정도를 말한다. Firbas에 따르면 '소통적 역동성' 은 텍스트가 산출하는 새로운 정보의 양에 의해 결정된다. '소통적 역동성'은 청자 입장에서 새로운 정보에 가까이 갈수록 강해지고, 이미 알려진 정보일수록 약해진다. 통상 문장에서 새로운 정보는 CD의 힘이 세고, 이미 알려진 정보는 CD의 힘이 약하다. 문장의 주어는 대체로 이미 알려진 정보(구정보)가 많고, 주어 이외의 진술 부분은 새로운 정보(신정보)가 많다. Firbas(1986)는 알려진 정보를 테마(theme) 라고 불렀고, 새로운 정보를 레마(rheme)라고 불렀다. 화자는 이미 알고 있는 사실부터 제시하고, 새로운 정보로 나아가는 것이 진술의 일반적 방식이다. 문장의 주어가 대체로 구정보이며, 테마(theme)인 것도 이런 연유에서이다. "철수는 대학생이다."라는 문장에서 '철수' 는 이미 알고 있는 정보이고, '대학생'이란 정보가 새로운 정보가 된 다. 그리고 '철수'는 테마(theme)가 되고 나머지 부분은 레마(rheme)가 된다. 통상 대화의 문장은 CD가 낮은 데서부터 높은 데로 진행되는 데 이를 표시하면 다음과 같다.

---

2) 담화 연구에서 정보구조나 문장 화제(topic)에 관한 중요한 연구들은 대개 프라그 학파들 의 언어학자들에 의해 수행되었다. 대부분의 언어학자들은 문법이나 문장 수준의 문제에 집중해 있었던 반면, 프라그 학파 언어학자들은 문장들 사이의 관계와 정보 관계에 초점 을 맞추어 연구를 진행하였다. 이들 학자들로 Vilem Mathesius, Jan Firbas, Petr Sgall, František Daneš 등이 있다(Witte, 1983a: 315).

```
문두 ········· 문장 ········· 문미
약한 CD  ⇨  강한 CD
테마        레마
```

정보의 역동성을 강조한 것은 Halliday(1967: 200~204)도 마찬가지
이다. Halliday는 정보구조를 '주어진'과 '새로운'이라는 두 가지 기능
의 관점에서 각각의 정보단위에 구조를 할당하는 개념으로 인식했다.
말하자면 새로운 정보를 지칭하는 초점이 성조를 통해 나타나는데,
텍스트에서 그 실현이 매우 다양하다고 보았다. 그러나 대체로 문두
에 나오는 테마는 CD가 낮은 것으로 보았고, 나머지는 CD가 높은
정보로 보았다. 문장의 첫머리에 나오는 테마는 이미 알려진 정보,
즉 구정보가 많기 때문이다. 특히 문두를 제외한 다른 부분에 새로운
정보가 있는 것으로 보았는데, 이 부분이 초점이 된다[3]. Halliday의
정보 구조는 새로운 정보와 주어진 정보 사이의 긴장과 균형 관계를
말하는데 텍스트의 조직이 이를 통해 구성되는 것으로 보았다.

Halliday(1967)가 의도한 정보구조는 문법구조와 바로 일치하는 것
은 아니다. 그는 화자가 청자에게 발화할 때 새로운 정보와 주어진
정보가 모두 포함되는 데 이때 중요한 정보는 새로운 정보에 있으며,
구어에서는 이를 억양 단위로 표시한다고 말했다. 주어진 정보는 이
전의 말이나 경험적 정보를 통해 대화 상대방이 이미 알고 있는 말인
데 반해, 새로운 정보는 "화자에 의해 복원될 수 없는 정보"로 "청자가
예측할 수 없는 정보"(박철우, 2003: 22), 혹은 "화자가 이전 담화에서

---

3) Halliday(1967: 203)는 문장에서 초점이 꼭 한정된 위치에서 일어나는 것은 아니라고 본다.
   그는 성조에 따른 정보단위를 나누고 있는데 정보단위는 초점에 따라 다양하게 달라질
   수 있다고 보았다. 또 초점도 하나가 아니라 성조에 따라 여러 개가 올 수가 있다. 이런
   점을 보면 대화에서 화제와 초점은 새로운 정보의 출현과 문장 위치에 따라 달라진다고
   볼 수 있다.

끄집어 낼 수 없는 것"(Halliday, 1967: 204)을 말하는 것이다. 결국 문장의 정보구조는 '주어진'과 '새로운'이라는 두 가지 기능의 관점에서 문장 역할을 살펴보는 것으로, 정보 차원에서 보면 '새로운' 정보가 중요하지만, 문장 구조적인 차원에서 보면 '주어진' 정보도 중요하다고 말할 수 있다. 아래는 억양 단위에 따른 새 정보의 양상을 보여준다.

1) 영수는 <u>도서관에 갔어</u>. (영수는 무엇을 했니?)
2) 어제 영수는 도서관에 갔어. (언제 영수는 도서관에 갔니?)
3) <u>영수가</u> 어제 도서관에 갔어. (어제 도서관에 누가 갔니?)

테마와 레마에 관한 Daneš와 Halliday의 분석은 유사하다. 우선 위의 예문에서 첫 문장을 살펴보자. 첫 문장에서 '영수'는 문장의 화제로 CD가 약한 부분이 되어 테마가 된다. 뒷부분에 있는 보충의문문에 의하면 영수가 무엇을 했느냐고 물은 것이니 '영수'는 이미 알려진 정보로서 CD가 약한 것이 되는 것이다. 반면에 '도서관에 갔어'는 새로운 정보로 강한 CD에 속하고 이는 레마가 된다. Halliday(1967)에 의하면 대화에서 새로운 정보는 억양에서 드러나는 것이기 때문에 강하게 발음된다. 문장 2)도 마찬가지이다. 화자가 "언제 영수는 도서관에 갔니?"라고 질문을 하면 '어제'가 새로운 정보가 되고 강세는 여기에서 이루어진다. 문장 3)은 어제 도서관에 누가 간 것이냐고 질문을 했기 때문에 이에 대한 대답인 '영수가' 새로운 정보에 해당한다.

그런데 테마와 레마에 관한 Halliday(1967)와 Daneš의 입장은 조금 다르다. Daneš는 레마를 규정하기 위해 앞의 경우처럼 보충질문이 필요하다고 말했다. 위의 예를 보면 "영수가 무엇을 했니?"라는 질문에 관한 답으로 "영수는 도서관에 갔어."가 된다면 "도서관에 갔어."가 레마가 되고 나머지가 테마가 된다. 문장 2)의 경우에는 '어제'가 레마가 되고 "영수는 도서관에 갔어."가 테마가 된다. Daneš는 정보 전달의 입장에서 레마가 보다 중요한 위치에 있지만 문장의 전개를 위해서는 테마가 더 중요하다는 점을 강조한다. 반면에 Halliday의 시각은 이와 차이가 있다. Halliday는 테마를 문두에 나오는 것으로 보고 위치를 고정시켰다. 새로운 정보는 나머지 부분으로 문장에서 강세로 처리된다.

쓰기 연구와 관련하여 테마와 레마를 살펴보면 문장의 구조라는 측면에서 무엇보다 테마가 중요하다. 어떤 정보를 전달하고 어떻게 받아들이냐의 문제는 레마에 해당하는 것이지만 어떤 텍스트가 어떤 대상에 관한 논의를 이어가고 있는지를 알고자 한다면 무엇보다 테마의 전개를 눈여겨봐야 한다. 텍스트의 전개 양상을 보기 위해 테마의 전개를 확인해 보면, 해당 텍스트가 어떤 문제에 대해 어떻게 논의를 이어가고 있는지, 또 얼마나 효율적으로 논의를 이어가고 있는지를 알 수가 있다. 테마의 전개 방식은 텍스트의 전체적인 형식과 구조, 그 뼈대를 보여준다. 쓰기 교육에서 보고자 하는 것은 텍스트의 골격과 구성의 뼈대이다.

2. 화제와 초점

2.1. 화제의 문두성

기능주의 언어학에서는 테마(theme)라는 말 외에 화제(topic)라는 말을 함께 사용한다4). 프라그 학파가 사용한 '테마'를 달리 사용한 말인데 의미는 비슷하지만 텍스트학의 측면에서 보면 차이가 있다. '테마'라는 말이 주어진 정보나 새로운 정보에 더 중점을 둔 것이라면 '화제'는 주로 '말하고자 하는 대상'에 초점을 둔 것이다[5]. 문장에는 말하고자 하는 대상으로 화제(topic)가 있고, 설명 부분인 '논평(comment)'이 있다. 결국 문장은 '화제＋논평'으로 이루어져 전개된다고 할 수 있다.

초점(Focus)은 화자가 대상에게 전달하고자 하는 주된 내용으로 새로운 정보에 해당한다. 기존의 레마나 논평과 유사하지만 보다 논의의 초점에 한정된 것이 특성이다. 앞서 Daneš가 말한 보충 질문에 관한 직접적 답변이 바로 초점에 해당한다. 예를 들어 "어제 철수는 극장에 갔다."라는 문장이 있다면 화자가 듣고자 하는 새로운 정보는 '극장'이 된다. 그것은 "어제 철수는 어디로 갔니?"라는 보충 질문에

---

4) Firbas는 테마(theme)와 레마(rheme)라는 용어를 사용했다. 테마는 알려진 정보를 지칭하며, 주로 문두에 나온다. 문장의 레마는 텍스트에 새로운 정보를 전달하고 문장의 후반부에 나온다. 이에 반해 Mathesius는 문장이 말하고자 하는 대상을 테마(theme)라고 불렀고, 테마를 설명하는 문장을 언표(enunciation)라고 말했다. 이후 논의가 전개되고 있는 사이에 화제(topic)라는 새로운 용어가 테마에 대한 유의어로서 등장했다. 화제(topic)라는 용어는 프라그 학파 언어학자들이 테마(theme)라고 불렀었던 것을 대신하기 위해 사용되었으며, 차츰 일반적인 용어가 되었다. 이후 코멘트(comment)라는 용어가 언표와 레마라는 프라그 학파 용어를 대신해 자주 쓰이기도 했다. 프라그 학파 이론가의 최근 작업에는 화제와 코멘트라는 용어를 채택하여 자주 사용하고 있다. 이런 용어들을 정리하면 테마−언표, 테마−레마, 오래된−새로운 정보, 주어진 정보−새로운 정보, 화제−코멘트 등으로 말할 수 있고, 서로 짝을 이루어 유사한 의미로 사용된다(witte, 1983b: 179).

5) 'topic'과 'theme'의 한국어 번역은 다양하고 복잡하다. 서혁(1996: 11~12)은 'topic'은 화제로 'theme'는 주제로 번역했다. 이를 다시 문장과 담화 차원에서 문장 화제(sentential topic), 담화 화제(discourse topic), 그리고 문장 주제(sentential theme), 담화 주제(discourse theme)로 나누기도 한다. 텍스트 읽기 연구 관점에서 무엇보다 중요한 것은 '글의 주제'인데, 이는 바로 '담화 주제'를 말하는 것이기도 하다. 서혁은 기존 통사론 중심의 언어학 측면에서 주로 문장 중심의 topic이나 theme에 관한 논의가 이루어져 왔기 때문에 한 편의 글을 가리키는 텍스트 차원의 논의에도 이런 용어들이 그대로 들어와 혼란스럽게 되었다고 언급한다. 일반적으로 담화 화제나 담화 주제는 하나의 문장을 지칭하기보다 한 편의 글을 지칭할 때가 더 많다. 반면에 성기철(1985: 66)은 'topic'과 'theme'를 같은 것으로 보고 이를 '주제'로 번역했다.

관한 핵심적인 답에 해당하는데 그것이 바로 초점이 된다. 말하자면 초점은 화자가 대화를 통해 직접 청자에게 전달하려고 하는 새로운 내용을 의미한다.

화제나 초점과 관련하여 다른 용어를 사용하는 경우도 있다(Grabe & Kaplan, 허선익 옮김, 2008: 82). 그것은 초점(focus)과 전제(presupposition) 인데 초점은 앞에서 이야기한 바대로 새로운 정보를 의미한다. 전제는 배경으로 제시되는 것을 말한다. 앞에서 나온 내용이나 전제된 것, 혹은 가정되는 지식 등을 말하기도 한다. 예를 들어 "나는 미국에서 10년 이상 생활한 적이 있다. 햄버거를 유난히 좋아하는 것도 이와 연관이 있다."라는 예문이 있다면 뒤 문장의 "이와 연관이 있다."라는 표현은 앞 문장을 전제로 한 것이다. 화제라는 표현을 쓰지 않고 전제라고 규정한 것은 배경으로 잘 알려진 통념이나 지식 같은 것도 알려진 정보의 역할을 하기 때문인 것으로 보인다.

이제 화제와 관련하여 주요한 쟁점을 정리해 보자. '테마/레마'와 함께 '화제/초점', '전제/초점'이 사용되는데, 쓰기 연구에서 보다 중요한 것은 '화제'이다. 앞서 말한 대로 화제는 텍스트가 무엇을 대상으로 논지를 전개하는지 알 수 있게 해주는 요소인데, 이를 통해 텍스트의 구조를 알 수 있기 때문이다. 한국어에서 화제는 어떤 특성을 가지느냐에 따라 문두에 올 수도 있고 그렇지 않을 수도 있지만, 대부분의 연구는 문두에 오는 화제를 중심으로 이루어졌다. 한국어의 경우 문두에 오는 화제가 생각보다 복잡한 성격을 지니고 있을 뿐만 아니라 문장의 중간에 오는 화제는 내용 맥락에 따라 결정되기 때문에 논란의 소지가 있다. 여기서는 주로 문두에 오는 한국어의 화제에 관해 언급한다.

텍스트의 화제를 언급할 때 고려해야 할 많은 문제가 있다. 화제는 주로 문두에 오는 성분으로 쓰임새에 따라서 여러 용도가 있다. 먼저 문법적으로 보면 문두의 화제는 문장의 주어 역할을 할 수 있다. "철수가 학교에 갔다."라는 문장에서 '철수'는 화제이지만 문법적으로 보면 철수는 주어의 역할을 한다. 반면에 문장 측면에서 보면 '철수'는 문장에서 다루고자 하는 주된 대상이다. 그래서 문두의 화제는 여러 기능을 한다. 우선 한국어에서 문두에 놓인 화제가 어떤 기능을 하는지 박철우(1999, 2003)의 논의를 중심으로 살펴보도록 한다.

박철우(1999)는 한국어 화제가 지닌 요건들을 규정하면서 한국어 화제로 다음과 같이 여섯 가지를 제시한다. 첫째 대하여 성, 둘째 주어짐 성, 셋째 문두성, 넷째 '-은/는' 표지, 다섯째 무강세, 여섯째 주어이다. 이밖에 다른 학자들의 견해까지 종합해 보면 이 여섯 가지 요건 중 중점적으로 논의해 볼 것은 다음의 네 가지이다.

1) 대하여 성
2) 주어짐 성
3) 주어 및 문두성
4) '-은/는' 표지

먼저 첫 번째 '대하여 성'에 관해 알아보자. '대하여 성'은 앞에서 테마나 화제를 설명할 때 사용했던 문장의 대상, 즉 문장을 '무엇에 관해 말하고자 하는 것'이라고 정의할 때 바로 '무엇'이 문장의 화제로, 이것이 '대하여 성'에 해당한다. Mathesius(1928)가 말하듯 "to say something about something"에서 'something'에 해당하는 것이 바로 화제이다. 임홍빈(2007: 2~3)도 화제를 어떤 문장이 그것에 대하여 언급하는 대상을 지칭한다고 언급했다. 말하자면 화제는 설명의 대상이

되는 요소를 의미적으로나 영역적으로 한정하는 기능을 한다는 것이다(최유리, 2011: 31). 통상 우리가 말하는 "~에 관해서 말하자면", "~이란"이 이에 해당할 것이다. 그런데 이 '대하여 성'에 관해서는 여러 학자들이 이구동성으로 애매하고 모호하다고 비판한다. 최윤지(2016: 36)는 '대하여 성'을 "언급 대상성(aboutness)에 입각한 화제"라고 규정하지만 그 개념이 가지는 모호성으로 인해 다양한 견해 차이를 만들어 낸다고 말한다. 박철우(1999: 82) 역시 이런 '대하여 성'에 대해 개념이 모호하고 불확실하다고 말한다. 예를 들어 아래와 같은 문장을 보면 무엇이 문장 화제인지 규명하기가 어렵다.

1. 철수는 경찰관이다.
2. 축구를 철수가 잘한다.

앞의 문장에서 문장의 화제는 '철수'인가, '경찰관'인가 알기가 어렵다. 엄밀히 따져보면 '철수'가 문장의 화제인 것은 맞지만 실제 '경찰관'도 화제인 것 같이 보이기도 한다. 문장이 어떤 대상에 관해 이야기하고 있는지는 앞뒤 상황의 맥락에서 보아야 하는데 이 문장만으로는 쉽게 구별할 수 없다. 두 번째 문장도 그러하다. 두 번째 문장의 화제는 '축구'인가, 아니면 '철수'인가. 맥락을 알지 못하면 정확히 구분하기가 어렵다. 이 문장은 축구에 관해 이야기하는 것 같기도 하고, 철수에 관해 이야기하는 것 같기도 하다. 이렇게 보면 문장의 화제에서 '대하여 성'은 항상 정확하고 명료한 것은 아닌 것 같아 보인다. 박철우(1999: 77)는 화제란 '화자가 문장의 나머지 부분으로 그것(화제)에 대하여 말해 주는 요소'로, 그 기준은 형식적인 요건이 갖추어져 있을 때는 직관적으로 부합하지만 그 외에는 아무런 형식적 진단 기준을 제공해 주지 못한다고 말한다. 최윤지(2016: 39)도 화제로서 '대하여 성'이 직관적인 모호성을 불가피하게 가지고 있고. 이에 따라 이를 단일한 언어보편적인 개념으로 삼기 어렵다고 말했다. 그러나 정보구조의 기본 취지가 형식적 문법보다 의사소통 중심의 실제 담화 흐름에 중점을 두겠다는 것임을 고려할 때 '대하여 성'은 여전히 중요한 의미가 있다. 담화의 실제 내용을 한정하고 영역을 설정하는 데 '대하여 성'이 반드시 필요하기 때문이다. 문장 화제의 기본 설정이 화제—논평(topic-comment)이라는 점도 잊어서는 안 된다. 아울러 쓰기 교육에서 화제구조분석을 할 때 화제의 기초적 근간으로 삼는 것도 '대하여 성'이다.

다음으로 다루어 볼 것은 화제의 속성 중 '주어짐 성'이다. '주어짐 성'은 '대하여 성'과 마찬가지로 문장의 화제가 될 수 있지만 여러 가지 모호한 측면도 있어 완전한 화제의 요건은 되지 못한다. 화제의 '주어짐 성'과 관련하여 가장 분명한 것은 주어진 특정 대상을 지칭하는 것이다. 이럴 경우 대명사(그/그녀) 사용이 가장 분명하지만 대명사가 아닌 명사의 경우도 가능하다.

1. 어제 영희를 만났어. 그녀는 내일 시험이 있다고 했어.
2. 어제 영희를 만났어. 영희는 내일 시험이 있다고 했어.
3. 문학 감상문을 써야 해. 셰익스피어 작품이 좋지 않을까?

'주어짐 성'의 작용은 1의 예문과 2의 예문에서 보듯이 앞에서 언급한 대상을 지칭할 때 이미 그 정보가 '주어진 것'으로 간주되는 것이다. 이런 경우에 '주어짐 성'이 당연히 문장 화제의 요건이 된다. 3의 예문은 셰익스피어가 일반 지식을 통해 친숙해진 정보이므로 '주어진 것'으로 간주한다. 일반적으로 '주어짐 성'에 관한 논의는 대체로 Prince(1981, 1992)의 연구에 기반하여 전개되는 경우가 많다. Prince (1992)는 '주어진' 정보를 텍스트적 정보와 청자의 인식이란 측면에서 기존 정보가 청자에게 어떻게 주어져 있는지를 검토했다. 화자가 볼 때 주어진 정보로 청자의 기억 속에 저장되는 것은 두 가지 방법이 있다. 하나는 앞 문장을 통해 정보가 이미 주어진 경우이고, 다른 하나는 사회적 지식을 통해 이미 우리에게 잘 알려진 경우이다. 전자는 담화나 텍스트를 통해 얻는 정보를 말하는 것이고. 후자는 사회적 인식으로 청자의 기억에 친숙해진 정보를 의미한다.6)

  '담화'의 기준에서 보면 해당 정보(명사구일 경우가 많다)가 담화의 앞부분에 이미 발화되어 나온 것이어서, 텍스트상으로 이미 존재하는 것으로 간주된다. 마치 결속 기제로 나오는 전조응의 지시 관계와 유사하다고 말할 수 있다. '청자'의 기준에서 보면 청자의 장기 기억에 존재하는 어떤 정보가 담화의 인식에 영향을 미치는 것으로 볼 수 있다. 예를 들어 3번처럼 '셰익스피어 작품'은 이미 많이 알려진 정보이기 때문에 화자가 볼 때 청자의 기억저장고 속에 당연히 있을 것으로 판단할 수 있다. 그렇기 때문에 '주어진' 정보가 될 수 있다.

---

6) 최윤지(2016: 24)는 Prince(1992)의 정보지위에 관한 설명을 두 가지 측면에서 설명한다. 청자를 기준으로 화자가 가정하기에 해당 명사구가 가리키는 표상이 청자의 머릿속에 이미 주어져 있는지를 검토하는 것이다. 이 중 하나는 '담화'의 시각이며, 다른 하나는 '청자'의 시각이다. '담화'의 시각은 해당 명사구가 담화의 앞부분에 이미 주어져 있는 것을 말하는데, 대표적인 것은 대명사와 같은 경우이다. 일종의 결속 기제를 지칭하는 것과 유사하다. 다음으로 '청자'의 시각은 청자의 영구 기억, 혹은 장기 기억에 존재하는 정보를 의미한다. 이에 반해 박철우(1999, 2003)는 Prince(1981)가 말한 '가정된 친숙성' 개념을 들고 와 주어진 정보를 설명한다. 프린스의 '가정된 친숙성'이란 것은 텍스트상에서 이미 불러진, 앞 문장에서 이미 나와 친숙해졌거나, 아니면 우리에게 잘 알려져 친숙해진 것을 말한다. 담화의 기존 정보와 청자의 기존 인식이란 측면에서 이들 논의는 비슷한 측면을 가지고 있다.

그런데 여기서 '주어짐 성'이란 개념도 문장 속에서 완전한 객관성을 담지하기는 어렵다. 이전 발화에서 언급된 것이나, 화자와 청자가 일치된 관심을 가지고 있는 것이 아니라면 규정하기가 쉽지 않다. 친숙함의 대상으로 모두가 알고 있는 정보나 대상, 예컨대 유명 연예인이나 운동선수 같이 모두가 알 수 있는 대상이라면 '주어짐 성'이 작용한다고 볼 수 있다. "김연아는 한국에서 가장 유명한 피겨 스타이다."라는 문장에서 '김연아'에 대해서는 모두가 알고 있으므로 '주어짐 성'이 작용한다고 말할 수 있다. 그러나 다양한 대화 사례에서 '주어짐 성'이 작용하지 않는 경우도 많다. 가령 문장의 어느 것이 화제인지 모호한 경우도 많고, 아예 화제가 나타나지 않는 문장도 있다.

1. 도서관에 간 사람은 바로 그 학생이야.
2. 우리 모두 기뻐해야 해.

1번의 문장은 '주어짐 성' 자체가 모호하다. '도서관에 간 사람'인지, '그 학생'인지 알기가 어렵다. 2번 문장은 문장 화제가 있는지 의심스럽다. 기뻐해야 할 일이 나오지 않아서 무엇이 이 문장에서 문장 화제로 작용하는지 단정 지을 수 없다. 이렇게 보면 여러 학자들의 말대로 문장 화제의 요건으로 '주어짐 성'이 정확하다고 말하기 어렵다.

그렇지만 문장 화제를 다룰 때 과학적인 엄격성을 요구하는 것이 아니라면 '주어짐 성' 자체를 아예 없다거나 불가능하다고 말할 수는 없다. 대화를 지속하다가 화자가 청자의 지식저장소에서 바로 불러내어 대화를 이어가는 것은 '주어짐 성'이 작용한 것으로 볼 수가 있다. Chafe(김병원·성기철 역, 2006: 90)의 논의대로 말하면 화자와 청자 사이에 활성화나 준활성화되어 있는 대상은 어느 정도 '주어짐 성'이 있는 것으로 말할 수 있다. 특히 문장이 지속되면서 앞 문장의 명사를 지칭하는 대명사가 등장하는 경우는 명백하게 '주어짐 성'이 작용하고 있는 것으로 보아야 한다. 대화의 주제로서 활성화되어 있거나 화자(필자)나 청자(독자)가 서로 명백히 알 수 있는 내용도 '주어짐 성'이 작용하고 있는 것으로 보아야 할 것이다.

다음으로 화제가 문두에 오는 것에 대해 살펴보도록 하자. 다음과 같은 문장의 서두는 화제라고 보아야 할까? "누가 내일 발표를 할거니?" 이 같은 문장에서 '누가'를 화제로 보기는 쉽지 않다. '누가'라는 의문사 자체가 불특정 다수를 상정하고 있기 때문에 어떤 대상을 지칭하는 것(화제)이라고 말하기 어렵다. 게다가 "축구를 철수가 잘한다."처럼 화제가 문장 중간에 가는 경우도 있기 때문에, 문두에 있는 것이 모두 화제라는 말도 맞지 않다. 그러나 여러 학자들의 말처럼 문두에 오는 것이 항상 화제일 수는 없지만 대체로 문두에 오는 것이 화제인 경우가 많다는 점은 인정해야 한다. 문장을 분석하다 보면 화제가 문장의 앞부분, 특히 주어 자리에 오는 경우를 허다하게 만날 수 있다. 그래서 텍스트 분석을 할 때 처음에는 대체로 문두 화제에 집중해서 보게 된다. 문두 화제가 절대적으로 옳다고 말할 수는 없지만 대체로 그렇다는 사실은 인정할 필요가 있다.

문두의 화제가 주로 주어 기능을 한다는 것은 너무나 당연하다. 문두에서 '은/는, 이/가'가 붙으면 문법적으로 주어가 되기 때문이다. 그래서 대체로 주어가 화제가 되는 경우가 많다. 그러나 모든 주어가 항상 화제가 되는 것은 아니기 때문에 이것도 규칙적으로나 어법적으로 항상 그렇다고 단정 지을 수는 없다. 무강세의 문제도 마찬가지이다. Halliday나 다른 학자들의 이론을 보면 테마나 화제에 강세가 놓이지 않는다는 것이 일반적이다. 그러나 주의해야 할 점은 강세가 없다고 해서 모두 화제가 되는 것은 아니라는 것이다. 문장에서 화제나 초점 외에도 다른 요소들이 올 수 있기 때문에 강세가 없다고 해서 모두 화제라고 단정지을 수는 없다.

박철우(1999)가 확실한 문장 화제로 제안하는 것은 조사 '은/는'이다. 문법에서 '은/는'은 두 사물이나 사람을 대조할 때 주로 사용하는 것으로 알려져 있다. "영희가 학교에 갔다."라는 문장에서 주격 조사 '가'가 주어의 성격을 나타내는 격조사라면 "영희는 학교에 갔다."에서 '는'은 주어의 기능보다 대조의 기능을 가진다고 보는 것이 맞다. 영희가 다른 학생들과 달리 다른 곳에 가지 않고 특별히 학교에 갔다는 사실을 강조하기 위해 사용되었으므로 그렇게 본 것이다. 그렇지만 앞의 문장에서 "누가 학교에 갔나요?"라는 질문에 대한 답으로 "영희가 학교에 갔어요(학교에 영희가 갔어요)."라고 답을 한 것이라면 '영희가'는 초점이 되고 '학교에'가 화제가 된다. 반면에 "영희는 뭐해요?"란 질문에 "영희는 학교에 갔다"라는 문장이 답이라면 '학교에 갔다'가 초점이 되고, '영희는'은 문장 화제가 된다. 즉 '이/가'는 정보의 초점이 앞에 오는 명사에 있다면, '은/는'은 뒤에 오는 내용이 초점이 된다(국립국어원, 2005: 406)[7]. 이 경우 '은/는'은 주로 문장 화제로 사용된다고 보아야 한다.

그런데 담화 분석의 입장에서 보면 박철우(1999)의 주장도 문제가 없는 것은 아니다. 앞서 말한 대로 문장의 화제는 그 문장에서 말하고

---

7) 조사 '은, 는'이 지니는 화제성에 관해서는 여러 학자들이 다양한 견해를 표명한다. 정해권(2011: 292)은 '은/는'은 주제, '이/가'는 초점으로 보는 것이 가장 전형적이라면서 대조의 '은/는'과 중립의 '이/가'는 주변적인 의미에 불과하다고 말했다. 최윤지(2016: 41)는 화제 설정 중 '대하여 성'이 유용한 언어학적 분석 도구가 되지 못한다고 말하면서 대하여 성보다 더 한국어의 특성과 맞게 유용한 화제 개념을 설정할 수 있는 것이 문두의 '은/는', 제시어 '이란'이라고 말한다. 반면에 성기철(1985)은 '은/는'은 대조의 성격이 강한 것으로 보아 문장의 화제로 보기는 어렵다는 의견을 제시한다.

자 하는 대상을 의미한다. 문장에서 '무엇'에 대해 '어떤 것'을 말하고
있다면, '무엇'은 화제라 할 수 있고 '어떤 것'은 초점이라 할 수 있을
것이다. 그런데 문장에서 말하고자 하는 '무엇'을 통사론적으로 문장
에서 어떤 성분인지 온전히 다 파악할 수는 없다. 말하자면 문장에서
말하고자 하는 대상은 앞 문장과 뒤 문장 간의 관계에서 해석되어야
할 때도 있고, 상황이나 맥락의 입장에서 파악해야 할 때도 있다. 그래
서 텍스트를 다루어야 할 쓰기 연구의 입장에서는 박철우의 주장처럼
어떤 규정적인 법칙성을 요구하기는 어렵다. 예를 들어 "철수가 새로
운 제안에 대한 반대 의견을 말했다."란 표현이 있다면 '철수가'가
당연히 화제라고 말할 수 있겠지만 실제 내용을 살펴보면 그렇지 않
을 수도 있다. 앞의 문맥이나 맥락을 보아 화제가 '새로운 제안'이
될 수도 있고, '반대 의견'이 될 수도 있다. 이는 전체 문장 속에서
판단되어야 할 문제이지 단순히 화제의 문두성만을 가지고 판단할
수는 없는 문제이다.

3. 텍스트에서 화제의 식별

여기서는 화제의 문두성과 관련하여 Li & Thompson(1976)의 논의
를 잠깐 살펴보고자 한다. Li & Thompson은 언어의 유형을 '주제
부각형 언어'와 '주어 부각형 언어'로 나누고 이 둘 사이의 특성을
살펴본 바 있다. '주제 부각형 언어'는 주제가 주로 문두에 오고, 영어
의 가주어와 같은 형식적인 주어가 없으며, 수동태가 잘 나타나지
않고 동사가 문장의 끝에 온다. 주제 부각형 언어에서 나타나는 이런
현상은 한국어의 형태와 유사하다(최유리, 2011). 반면에 '주어 부각형

언어'는 가주어와 같은 형식적인 주어가 있고, 동사가 문장 중간에 나타나며, 수동태가 자주 실현된다. 주어 부각형 언어는 영어와 유사한 특성을 보여준다.

Li & Thompson(1976)은 한국어를 주제 및 주어 부각형 언어로 분류했다. 한국어는 문장의 문두가 화제로 흔히 나타나지만 주어의 성격도 잘 보여주기 때문이다[8]. 예를 들어 앞의 박철우(1999)의 논의에서처럼 '이/가'가 주어 표시, '은/는'이 화제 표시로 양쪽이 다 활발하게 사용되는 것에서 이런 성격을 알 수 있다. 그러나 글을 쓰다 보면 이런 구분이 선명하게 이루어지는 것은 아니다. 화제는 담화 상의 용어이고, 주어는 문법상의 용어이지만 서로 겹치거나 혼용되어 사용되기도 한다. 예를 들어 "기린은 목이 길다."라는 문장에서 앞의 '기린'은 화제가 되고 뒤의 '목'은 주어가 된다. 그러나 "기린은 슬픈 짐승이다."라는 문장을 보면 앞의 '기린'은 주어이면서 화제가 된다. 이처럼 주어와 화제는 서로 배타적인 개념이 아니라 상보적으로 사용될 수도 있다(정해권, 2011: 287).

문제는 문두에 주어나 화제 외에도 다른 표현이 나온다는 점과 문장 중간에 나오는 화제들을 어떻게 구분할 수 있는지에 관한 것이다. 예를 들어 문두에는 주어나 화제 외에도 여러 표현들이 나올 수 있는데 이를 처리하는 것이 어렵다. 문두에는 부사나 접속사가 올 수도 있고, 시간이나 배경에 관한 것도 나올 수 있다. 다음으로 문맥에 의해 문장 중간에 나오는 화제도 구분해야 한다. 앞에서 말했듯 "영희가

---

8) 한국어의 화제 설정에 관한 논의에서 흔하게 많이 인용되는 것이 Li & Thompson(1976)의 논문이다. 여러 논자들이 이 논문을 통해서 한국어 문장에서 주어를 설명할 때 통사론적인 주어보다도 담화적 관점에서 문장 화제로 설명하는 것이 더 유용하다는 주장을 많이 펴고 있다. 이런 논의를 다룬 논문으로 박승윤(1986: 13~14), 정해권(2011: 287), 최유리(2011: 19~22)가 있으니 참고할 것.

새로운 해결책에 대한 반대 의견을 제시했다."란 예를 보면 앞뒤 문장의 흐름에 따라 중간에 나온 '새로운 해결책'이 화제가 되거나, 아니면 '반대 의견'이 화제가 될 수 있다. 그래서 텍스트 분석을 위해 화제를 찾을 때는 정보구조와는 다른 관점이 필요하다. 이런 점에서 화제 설정에 관한 원칙이 필요할 수가 있다.

화제 설정의 원리에 관해서 처음 언급한 사람은 성기철(1985)이다. 그는 화제 설정의 최상위 원리로 '대하여 성'을 꼽는다. 화제 문장의 정보 구조는 기본적으로 '화제-논평'이라는 구조로 화제는 논평에 관해 '대하여 성'의 특성을 가지고 있다는 것이다. 앞서 말한 대로 '대하여 성'은 부정확한 측면이 있고 주관성을 피하기 어려운 점도 있지만, 논평 부분의 대상과 영역을 지정해 주는 역할을 하고 있어 이를 배제하고 정보 구조를 논할 수 없다. 다음으로 이와 같은 최상위 원리의 보조 원리로 문두성을 꼽고 있다. 여기서 보조 원리란 최상위 원리에 부수되어 있다는 것을 의미한다. 그는 화제란 문장의 시발점을 의미하는 것이기 때문에 자연스럽게 문두에 위치하는 것이 일반적이라고 말했다. 그래서 통상 '대하여 성'이 문두에 위치하는 것이 많다는 것이다.

화제 설정 원리를 문두의 '대하여 성'으로 보는 이런 관점은 화제구조분석을 위해서 필요한 제안이다. 텍스트에서 문장들이 연속으로 이어질 때 가장 많이 볼 수 있는 화제는 역시 문두에 있는 '대하여 성'이기 때문이다. 그런데 앞에서 말한 대로 문두에는 화제를 담는 주어, 즉 명사나 명사구만 오는 것이 아니다. 부사도 올 수 있고, 접속사도 올 수 있다. 게다가 이런 원리로는 문장 중간에 나오는 화제를 분별할 수가 없다. 성기철(1985)의 논의는 문장 화제 분별을 위해 필요한 제안이지만 너무 일반론적이고 원론적이다. 한국어 텍스트의 다양한 문장 전개를 생각하면 이런 원리로 문장 화제를 모두 파악하기란 어려울 것이다.

이런 점에서 텍스트 분석을 위한 화제 설정의 예를 보여준 이윤빈(2013)의 견해를 주목할 필요가 있다. 이윤빈(2013)은 Noh(1985)의 이론을 바탕으로 텍스트에서 화제를 선별할 수 있는 효과적인 방안을 제시한다. Noh(1985)는 논문에서 화제 식별 방법으로 네 가지를 제시했다. 그 네 가지는 논리 기반(logic-based) 방법, 위치 기반(position-based) 방법, 텍스트 맥락 기반(textual context-based) 방법, 주제성 기반(topicality-based) 방법이다. 이윤빈은 이 중에서 텍스트 분석을 위한 화제 설정 방법으로 위치 기반 방법과 텍스트 맥락 기반 방법을 제시하고, 이 두 가지 방법을 순차적으로 적용할 것을 제안한다.

이윤빈(2013)에 따르면 문장의 화제를 설정하기 위해 먼저 위치 기반(position-based) 방법을 적용한다. 이 방법은 기존에 많이 제시되었던 문두를 화제로 삼는 방법으로 문장에서 가장 왼편에 있는 명사 혹은 명사구가 여기에 해당한다. 문장을 분석 단위로 본다면 서술어의 지배를 받는 가장 왼편의 명사 혹은 명사구가 될 것이다. 그런데 만약 이와 같은 문두의 화제가 화제로서 적절하지 않다면 두 번째 적용 방법인 텍스트 맥락 기반의 방법을 사용한다. 이 방법은 선행 문장의 맥락을 검토해 문장에서 이미 주어진 정보로서 화제에 적절한 것을 적용하는 방법이다. 선행 문장에서 이미 언급하여 논지를 진행하고 있는 것이 있다면 후행 문장에서 이와 관련된 표현들이 화제 기능을 할 수 있다. 문두에 화제가 될 수 없는 것이 있다면 선행 문장의 맥락을 찾아 합당한 화제를 선별하는 것이다. 앞에 든 예를 통해 이 과정을 살펴보면 "① 사람들이 모여 그 문제에 관한 새로운 해결책을 논의했다. ② 영희가 새로운 해결책에 대한 반대 의견을 제시했다."

라는 문장이 있다면 ②번 문장에서 문두에 나오는 '영희'는 화제가 될 수 없다. 앞뒤 문장의 맥락으로 볼 때 영희에 관해 논의하는 것이 아니기 때문이다. 만약 문두에 있는 명사가 화제가 되지 않는다면 앞뒤 문장의 맥락을 보아 화제를 선별할 수 있다. 여기서는 ②번 문장에 있는 '새로운 해결책'이 화제가 된다9).

아울러 이윤빈(2013)은 문두에 오는 표현 중 화제가 될 수 없는 것을 Noh(1985)의 논의를 이어받아 다음과 같이 규정하고 있는데 참고로 검토해 볼 만하다. 예를 들어 화제가 될 수 없는 문두 표현으로는 다음과 같은 것들이 있다.

1. 장면 제시어: 문장의 상황이나 배경을 제시해 주는 표현
   • 오래전에 나는 부산에서 살았다.
   • 첫째, 학업에 충실해야 한다.
   • 5일 후 나는 병원을 다시 찾았다.

2. 정보 처리어 (정보 제공어/태도 표시어)

---

9) '대하여 성'이나 '주어짐 성'이 지닌 주관성의 문제 때문에 문장 화제에 관한 판단은 불확실하고 모호한 점이 있는 것이 사실이다. 이삼형(1999: 209~210)은 몇 가지 사례를 통해 화제 설정의 어려움을 보여주었다. "나는 서울에 살고 있다. 서울은 교통이 복잡한 도시이다. 서울은 역사가 오랜 도시이다." 이 예에서 일반적으로 화제는 첫 문장의 문두 '나'가 되는 것이 일반적이다. 그러나 다음 문장을 연결해서 보면 첫 문장의 화제가 '나'인지 '서울'인지 확인하기가 어렵다. 이런 경우 상위 주제를 거론하기 마련이지만, 이 문장들만을 가지고 분별하기는 쉽지 않다. 전체적으로 본다면 '서울'에 관한 설명이라고 보아 화제를 '서울'로 보는 것이 적당할 것이다. "페리 앤더슨은 근대화 일반의 경험이 아니라 세기말의 특수한 국면에서 생겨난 문학 예술 양상이 모더니즘이라고 설명한 바 있다."라는 문장에서 화제는 문두에 잇는 '페리 앤더슨'이 되기 쉽지만 문맥을 따져보면 '모더니즘'이 될 가능성이 높다. 이삼형(1999)은 화제는 그 위치보다 무엇에 대하여 말하고 있는가에 관한 '대하여 성'이 중심이 될 수밖에 없다고 말한다. 그러나 문제는 문장 상황에 따라 '대하여 성'이 무엇인지 정확하지 않은 경우가 많고, 생략되는 경우도 많다는 점이다.

1) 화제와 관련된 정보원을 제공하는 말
- 관련자는 ~ 말했다, 전문가가 ~ 주장한 사실이다, 학자가 말한 것처럼.
2) 정보에 대한 필자의 태도를 나타내는 말
- 나는 ~ 생각한다, 알아야 할 것은 ~ 이다, 다음 장에서 ~ 살펴보겠다.

위에서 '장면 제시어'는 문장을 서술할 때 문장의 배경적 상황을 설명해 주는 표현을 말하는데 대체로 시간이나 장소를 드러내는 부사어가 여기에 해당한다. 앞의 예에서 '오래전에'나 '언젠가', '어느 날' '그 곳에서'와 같이 문장의 시간과 공간의 배경을 설명해 주는 말로서 문두에 오더라도 화제가 될 수 없다. '정보 처리어'는 화제와 관련하여 정보를 제공해 주는 사람을 표현하거나 정보에 관한 필자의 태도를 드러내는 표현을 말한다. 위의 예에서 정보를 제공해 주는 자가 드러난 것으로 '관련자가 ~ 말했다.', '전문가가 ~ 주장한 사실이다.', '학자가 말한 것처럼'과 같은 표현이 그것이다. 다음으로 정보에 관한 필자의 태도를 드러내는 말이 있는데 '나는 ~ 생각한다.', '알아야 할 것은 ~ 이다.', '다음 장에서 ~ 살펴보겠다.'와 같은 것들이다. 문두에 나오는 이런 표현들은 화제가 될 수 없다.

화제를 설정할 때 문두에 이런 표현들이 들어 있으면 어떤 것이 진짜 화제인지 분별하기가 쉽지 않다. 특히 정보 처리어가 그렇다. 예를 들어 "그 평론가는 영화의 음악이 너무 커서 내용 전달에 방해가 된다고 말했다."라는 문장이 있다면 문장의 화제는 앞뒤 문장을 보아야 하겠지만 문두의 '그 평론가'보다 '영화의 음악'이 될 가능성이 높다. 반면에 '그 평론가'는 정보 처리어가 될 가능성이 높다. 다른 예를 보자. "나는 이 연구의 확장 가능성에 대해 높이 평가한다."라는 문장이 있다면 여기서 '나'가 화제가 될 가능성보다 '연구의 확장 가능성'

이 화제가 될 가능성이 더 높다. 아무래도 논의는 '나'보다 '연구의 확장 가능성'을 중심으로 이루어질 것이기 때문이다. 어쨌든 이런 점에서 문두에 오는 '장면 제시어'와 '정보 처리어'는 주의 깊게 볼 필요가 있다. 특히 '장면 제시어'보다는 '정보 처리어'를 조금 더 세밀하게 살펴볼 필요가 있다. '정보 처리어'가 직접 화제가 될 가능성은 적지만 앞뒤 문맥에 따라 어떤 경우에는 화제가 될 가능성도 있기 때문이다. 그런 점에서 화제를 정할 때는 앞뒤 문장의 흐름을 잘 살펴보아야 한다.

제2장 텍스트 구조와 화제 전개

1. 화제 구조 분석의 의미와 전략

많은 학자들이 이야기하고 있듯이 텍스트는 동일하거나 획일적이지 않다. 텍스트는 구조와 형식, 내용과 의미, 의도와 목적에 따라 모두 다르다. 같은 장르라 하더라도 내용과 목적에 따라 형식이나 의미가 달라질 수가 있다. 화제구조분석은 이렇게 다양한 텍스트의 내용을 파악하고 텍스트의 구조와 의미 흐름을 분석하고자 하는 것이 주된 목표이다. 텍스트에서 화제의 흐름을 분석함으로써 필자가 어떤 의도로, 어떤 방식을 통해 의미를 전달하고자 했는지를 추정할 수 있을 뿐만 아니라 좋은 글인지 아닌지, 텍스트의 질도 어느 정도 판단할 수가 있다.

Witte & Cherry(1986)는 단락 이상의 담화 연구를 설명하면서 이에 관한 연구가 대체로 다음과 같은 네 가지 방향에서 이루어졌다고 말한 바 있다. 첫 번째 방향은 일반적인 수준에서 문장들 혹은 의미론적 입장에서 논의된 것들인데 대체로 어휘, 통사론적 구분, 문장의 의미 연구 등이 이에 해당한다. 두 번째는 전통적인 수사적 이론으로부터 유래한 것인데 담화를 '유형(modes)'의 입장에서 분류하고 개념화하여 텍스트 구조를 설명하고자 한 것이다. Witte & Cherry(1986)는 이런 두 방향의 연구가 이론의 실제적인 바탕이 되는 실증적인 연구들을 내놓지 못한 점에서 성공적이라고 보지 않았다. 세 번째는 결속성(cohesion)에 관한 Halliday & Hasan의 연구를 꼽았다. 이들은 결속기제(cohesive device)를 통해 문장 간 의미가 연결되는 방식을 살펴보고자 했는데 문법과는 다른 비구조적인 방법이었다. 네 번째 방향은 주어진 정보와 새로운 정보의 관계를 분석하는 정보 이론의 관점이다. 이 관점은 정보의 흐름을 통해 텍스트 구조와 응집성을 설명하려는 방법이다. 이 장에서 앞으로 살펴볼 화제구조분석이 바로 그러한 방법이다.

Witte & Cherry(1986)는 담화와 관련된 연구 경향 네 가지 중에서 실증적인 결과가 있는 것은 다음의 두 가지라고 말했다. 하나는 결속성(cohesion)에 관한 Halliday & Hasan의 연구이고, 그 다음은 정보이론에 의해 확장된 담화의 응집성(coherence)을 설명하고자 하는 연구이다. 담화 분석 방법은 바로 이 후자에 속하는 방법이다. 기본적으로 담화 분석 연구는 문장 화제의 흐름을 통해 문장과 문장의 관계가 글의 진행에 어떻게 영향을 미치는지를 분석하는 것이다. 앞서 말한 대로 화제를 통한 문장의 흐름과 내용의 전개는 텍스트의 응집성과 밀접하게 맞닿아 있다.

단락 이상의 담화 연구에서 텍스트 구조와 질에 관한 연구를 언급한 것도 있다. Witte(1983b)는 다른 논문에서 텍스트들 사이의 질적

차이를 추적하는 데 도움을 줄 수 있는 두 가지 접근법을 설명한 적이
있다. 그 두 방법 중 하나는 Hunt(1965)의 t-unit 연구에서 비롯된 통사
론적 양적 방법이고, 다른 하나는 앞서 말한 문장 화제 방법이다. 통사
론적 양적 방법은 학생들의 텍스트를 t-unit이나 절, 비한정어 수식어
의 비율을 측정하여 텍스트 질을 판정하는 방법이고, 문장 화제의
구성 방법은 연속된 문장 화제의 방식을 추적해 텍스트의 흐름을 파
악하는 방법이다. 이 두 가지 접근법은 앞서 말한 Witte & Cherry
(1986)의 주장과 유사하지만 결속성 연구 방법을 통사론적 양적 방법
으로 바꾼 것에서 차이가 있다. 그러나 텍스트 내부의 규칙 관계를
살펴보겠다는 점에서 두 연구 방법은 같은 경향을 가지고 있다. 그
중에 중심이 되는 것은 역시 화제 구조 방법이라고 할 수 있다.

　사실 문장이 단락으로 확대되고 전체 텍스트로 확장되는 과정에
관해서는 작문 연구자나 수사학자들은 크게 관심을 기울이지 않았다.
1960년대부터 Christensen(1963, 1965)의 문장-기반 교수법이 있었지
만 1970~1980년대 과정 중심주의나 사회적 관점의 작문 이론들이
등장하자 곧 소멸되어 버리고 말았다10). 이에 반해 프라그 학파는

---

10) 1960~1970년대에 미국에서 전통적인 문장교수법을 비판하고 새로운 문장 기반 교수법들
이 등장했다. 1963년에 Christensen은 「문장의 생성 수사학(A Generative Rhetoric of the
Sentence)」이란 논문을 발표하여 문장을 보는 새로운 방법을 제안했다. 그는 전통적인
문장 교수법이 학생들의 글쓰기 학습에 별 도움이 되지 못했다고 비판하고, 학생들로
하여금 더 길고, 완성도 있고, 다양하며, 흥미로운 문장들을 쓰도록 교육할 수 있는 방법이
필요하다고 주장했다. 그 방법은 기본이 되는 짧은 문장들에서부터 차츰 수식하는 구와
절을 붙여나가 완성된 문장을 만드는 방식으로 이루어졌다. 또 수식어들을 효과적으로
사용하여 효과적인 "누적 문장들(cumulative sentences)"을 만들 수 있도록 했다. 그는 이런
방식이 문장들을 단지 관념적으로 구분하는 것이 아니라 "생각들을 생성하게 할 수 있는
수사학"이라고 설명했다. 이후 그는 1965년에 「단락의 생성 수사학」에 관한 논문을 발표
하여 문장으로부터 단락이 생성되어 텍스트로 확대하는 과정을 규명하고자 했지만 큰
성과를 얻지는 못했다. 이후 이런 문장 기반 교수법은 1980년대 반형식주의, 반행동주의,
반경험주의 경향의 등장으로 점차 소멸되기 시작했다(Connors, 2000). 문장 기반 교수법

문장에서 화제가 '확장된 텍스트(extended text)'에 영향을 미친다고 언급하고, 이에 관한 연구를 진행했다(Witte, 1983a). 수사학자나 작문이론가들이 대체로 문장 내의 규범이나 문장의 쓰임새에 초점을 두고 있었던 것과 달리, 프라그 학파의 학자들은 문장과 문장 사이의 관계와 이에 관한 확장에 관심을 쏟았다. 이들은 문장이 서로 연관되어 전체 텍스트로 확장되는 과정에 주목을 했고, 차츰 문장 기능을 통해 텍스트가 어떻게 자신의 기능과 역할을 감당하는지를 탐구하게 되었다. 그리고 그런 탐구의 중심에 정보 구조 이론이나 문장 화제를 이용한 방법이 놓여 있다. 앞 장에서 설명한 대로 문장 화제는 '주어진 정보'와 '새로운 정보'가 서로 자리를 바꾸어 가면서 정보의 흐름을 만들어 가는 과정이다. 프라그 학파가 중요하게 보았던 것은 '새로운 정보'가 아니라 '주어진 정보'였다. '주어진 정보', 즉 문장 화제(topic)가 텍스트의 구조를 만들고 텍스트의 논의를 이끌고 간다고 본 것이다.

그런데 화제(topic)라는 개념도 항상 일관되게 규정되어 온 것은 아니다. 앞 장에서 살펴보았듯이 학자에 따라, 이를 적용하는 방법에 따라 다양하게 변용되고 적용되어 왔다. 수사학자나 글쓰기 교육자들은 화제를 '문장에서 다루고자 하는 실제 내용' 혹은 '문장의 주제 내용'으로 보았다. 반면에 Witte(1983a: 314)는 화제를 아리스토텔레스의 토포이(topoi)와 유사한 함의를 지니는 개념으로 설명하고자 했다. 아리스토텔레스가 말한 토포이(topoi)는 어떤 논의를 하기 위한 장소, 지점을 말하는 것으로 일종의 논의 공간을 말한다. 말하자면 화제(topic)란 문장에서 다루고자 하는 주된 내용의 대상, 즉 말하고자 하는 내용이 머무는 장소를 말하는 것이다[11]. 화제구조분석은 말하고자

은 1978년 Faigley의 실험을 통해 유효함이 증명되기도 했다.

하는 대상이 어떻게 바뀌는지, 그 대상에 따라 어떤 텍스트 구조가
형성되고, 어떻게 텍스트의 전체 주제가 만들어지는지를 보고자 하는
방법이다. 여기에서 중요한 것은 문장 화제, 즉 말하고자 하는 대상을
찾아내어 텍스트의 구조적 흐름을 추적하는 일이다.

　담화 연구에서 화제구조분석처럼 텍스트 구조를 이용하는 연구들
은 대체로 텍스트 문장의 구조적 패턴이 텍스트를 만든 필자의 정신
적 사고 과정을 반영하고 있다는 것을 전제로 한다. 이를 역으로 말하
면 필자의 의도와 지식이 텍스트의 구조를 결정하고 내용에 영향을
준다는 것이다. 그래서 담화 연구에서 텍스트 구조 연구는 텍스트
구조의 흐름을 파악해 필자의 의도나 생각을 추정하고자 한다. 텍스
트의 구조는 특정한 방식으로 내용을 전개한 결과이고, 이것이 필자
의 의식 세계, 정신세계를 반영하고 있다고 보는 것이다. Goldman
& Wiley(2004)도 이런 연유에서 텍스트 구조 분석이 텍스트 안에 제시
된 생각들과 생각들의 전개 방식을 설명하는 방법이라고 말한 바 있
다. 텍스트 속에 전개된 생각(내용)들의 구성을 파악할 수 있다면, 왜
그런 텍스트가 나왔는지, 더 좋은 텍스트를 쓸 수 있는 방향은 무엇인
지 찾아볼 수 있다.

　앞에서 말했듯이 문장 화제의 방법은 화제의 연결 과정을 통해 텍

---

11) Witte(1983a)가 말한 화제에 관한 '토포이' 개념은 Vallduvi(1990)의 삼항 계층 분절(Trinomial
　　Hierarchical Ariticulation)에 나오는 화제 개념과 흡사하다. Vallduvi(1990)는 문장을 초점
　　부와 연결부, 꼬리부로 나누었다. 초점부는 새정보가 있는 부분이며, 연결부는 화제를
　　의미한다. 꼬리부는 초점과 연결부를 제외한 나머지 부분을 말한다. 초점부가 새정보를
　　가져오면 연결부(화제)는 새정보가 청자의 지식저장고에 안착할 수 있도록 하는 역할을
　　맡는다. 연결부(화제)는 청자에게 새정보가 지식저장고 내의 주어진 주소에 가도록 지시
　　한다는 점에서 '주소 지시자'의 역할을 한다고 한다. 그래서 연결부는 주로 문두에 위치하
　　게 된다. 연결부를 주소 지시자 역할을 하도록 하는 것은 '대하여 성'과 유사한 의미를
　　가진다. 화제는 청자가 문장을 들을 때 무슨 영역에 관한 이야기인지 인지하도록 하는
　　기능을 한다(박철우, 2003: 46~49).

스트의 구조와 내용의 연결 관계를 파악하는 것이다. 이런 구조적 연결 관계는 의미가 어떻게 진행되어 결론에 이르게 되었는지를 알 수 있게 해 준다. 담화의 구조 분석을 통해 좋은 평가를 받은 글과 그렇지 못한 글의 차이를 파악할 수가 있는 것이다12). 이것이 가능한 것은 화제의 연결구조가 응집성의 형성에 주도적인 역할을 하기 때문이다. 문장 화제라고 해서 단순히 한 문장에만 영향을 미치는 것은 아니다. 문장 화제와 문장 화제가 연결되면서 어떤 형태의 글로 진행되는지 알 수가 있다. 동일 화제나 유사한 화제가 이어지면서 글은 동일한 주제의 내용을 얻게 되고 텍스트도 응집성을 얻을 수 있게 된다. 이럴 때 화제는 대체로 '대하여 성'이나 '주어짐 성'에 관한 것이 된다. '대하여 성'은 텍스트가 다루고자 하는 내용을 설명하는 것이기 때문에 문장 화제의 연속은 한 주제에 관해 어느 정도 일관성 있게 집중하였는지를 파악할 수 있게 해준다.

이와 관련하여 박신형(2012: 308)은 텍스트 응집성에 기여하는 요소로 '화제의 일관성'을 언급한 바 있다. 긴 명제들의 연쇄로 이어진 텍스트에서 응집성을 확보하기 위해서는 '화제의 일관성'이 불가피하다고 말한다. 텍스트에서 응집성은 전체 상위구조의 장악 여부에 따라 달라지는데, 전체 상위구조 아래 지시적 연속성, 시간적 연속성,

---

12) 이와 관련하여 Goldman & Wiley(2004)는 텍스트 분석이 텍스트의 응집성(coherence)을 드러내는 내용들 사이의 관계이며 그 관계는 부분들의 합 이상이라고 말한 바 있다. 말하자면 텍스트 분석이 문장과 문장의 부분적인 연결 의미 이상의 전체 의미를 만들어 낼 수 있다는 것이다. 텍스트 구조 분석은 이런 전체적 의미와 구성 양상을 파악하는 데 목적이 있다. Sanders, Spooren, Noordman(1992)도 텍스트 응집성 관계를 고립된 부분들을 의미하는 용어로는 설명할 수 없고 두 부분 담화 이상을 의미하는 양상. 즉 담화의 두 부분의 의미가 부분의 합 이상이 되는 현상이라고 말했다. 화제 구조는 문장 연결이 어떻게 진행되어 텍스트의 전체 의미를 획득하는지 알 수 있게 해주는 좋은 방법이라 할 수 있다(Goldman & Wiley, 2004).

행위 연속성이 일관되게 이어져 텍스트의 주제 형성에 기여하게 된다. 물론 이런 경우에 하나의 화제로만 전체 텍스트가 형성되지는 않는다. 상위 화제들이 있고 그 밑에 다양한 하위 화제들이 연결되기 마련인데 이를 '화제어의 전이'(박신형, 2012: 310)라고 규정하고 있다. 화제어의 전이는 다양한 대용어. 하위 주제어, 연관 명제들, 다양한 결속 기제들이 모여 상위 화제의 내용을 이어받아 문장을 구성하게 된다.

이삼형(1999: 213)은 화제들의 전개 양상을 두고 연쇄성과 계층성으로 분리하여 이를 설명했다. 연쇄성은 화제들이 앞뒤로 이어지면서 제시되는 양상을 설명한 것으로 앞뒤의 화제들이 어떤 연관을 맺고 있는지가 주된 관심사가 된다. 계층성은 화제들 사이의 상하 관계에 따라 생기는 위계 양상, 즉 계층적 관계를 의미한다. 생물이라는 화제를 동물, 식물로 나누어 설명한다면 화제에 있어 위계 관계가 성립한다. 연쇄성의 대표적 양상은 Daneš의 화제 전개를 통해 알아볼 수 있다. 그가 문장이 테마(theme)와 레마(rheme)로 이루어진다고 말한 것은 앞에서 이야기 한 바와 같다. 테마가 문장의 화제를 말한다면 레마는 이에 관한 논평 부분이 된다. 텍스트는 동일한 화제를 그대로 이어가거나 논평부에서 새로운 화제를 만들며 진행하게 되는데, 그는 이에 따른 다섯 가지 화제 전개의 양상을 제시하고 있다. 이에 관해서는 다음 장에서 설명한다.

다음으로 계층성은 화제들이 갖는 순차적인 진행만을 보는 단점을 극복하고 화제들 사이의 위계적 관계에 초점을 맞추었다. 이삼형(1999)이 예를 들고 있는 것은 Grime(1975)과 Clement(1978)의 계층적 구조이다. 이들은 화제들의 위계에 따라 이를 계층적으로 분리하여 분석했다. 텍스트에서 기존 화제가 나오면 앞선 화제 수준과 동일한 것으로, 또 새로운 화제가 등장하면 앞의 화제보다 한 단계 낮은 것으로 파악하는 방식으로 진행해 텍스트 전체의 화제에 관한 위계 구조를 만들었다. 이를 크게 대등적 화제와 종속적 화제로 나누었다. 대등적 화제는 같은 화제로 이어지는 내용 전개의 경우이고, 종속적 화제는 상하 관계가 분명하게 구분되는 경우이다. 종속적 화제의 경우 화제를 결정짓는 요소로 상하 관계, 유(類)와 종(種)의 관계, 전체와 부분 간의 관계를 들고 있다.

이런 위계 구조의 관계는 화제의 문제가 아니더라도 일반 명제 간의 관계 유형이나 논증 구조를 통해 많이 알려져 있다. 예를 들어 김봉순(2004: 44~48)은 명제 사이의 관계를 크게 포함관계와 대립관계로 나누어 세부 관계를 정리했다. 포함관계는 한 명제가 다른 명제를 포함하거나 종속되는 관계로 핵심과 상술의 관계로 정리된다. 그리고 예시나 환언도 이에 해당한다. 대립 관계는 서로 다른 명제가 공통성으로 연결되거나, 원인－결과, 문제－해결과 같이 강력한 연결고리로 이어지는 경우를 말한다. 나열관계나 비교/대조도 여기에 해당한다. 김봉순이 말한 명제의 내용은 화제와 흡사하다. 화제는 '대하여 성'처럼 말하고자 하는 대상만을 지칭한 것으로 설명부는 포함되지 않는다. 반면에 명제는 화제와 설명부가 모두 포함되어 있지만 결국 명제의 주요 내용은 화제에 관한 것이므로 유사한 의미를 가진다고 말할 수 있다.

Halliday & Hasan(1976)의 결속 기제나 Brink(1985; 이성만 역, 2004: 37~41)의 공지시 관계도 앞 문장의 주요 요소와 뒤 문장의 주요 요소가 결합된 상태를 보여주기 때문에 문장 화제와 무관하다고 볼 수는 없다. 예를 들어 지시 관계에 의한 연결에서 주로 알려진 사람을 지칭하는 관사(the)나 대명사를 사용하는 것은 앞뒤 문장의 연결에 필요한 주요 요소를 지칭하는 것이어서 화제와 연결이 된다. 관사나 지시 대명사를 가지는 여러 명사나 명사구들은 화제와 직접 맞닿아 있기도 하다.

반면에 '결속 기제'나 Brink(1985)가 말한 '공지시'나 '대용형'에는 부사나 접속사도 들어 있기 때문에 화제 중심의 연결과는 차이가 있다. "철수는 식당에서 저녁을 먹었다. 거기서 그는 친구를 만났다."라는 문장을 보면 '그'라는 화제도 있지만 '거기서'라는 결속 기제 혹은 대용형도 있다. Brink(1985: 45)는 대용어로 재수용되는 어휘 중에 부사(그때, 그 당시, 거기서, 그것으로)를 포함시킨다. 당연한 말이지만 결속 기제에는 접속사도 포함된다. 이런 대용어들은 화제로 작용할 수 없는 것들이지만 문장 연결의 중요한 기능을 담당한다.

마지막으로 텍스트 분석에서 화제구조분석이 가지는 장점을 알아보자. 내용 전개에 관한 다양한 텍스트 구조들이 있지만 화제구조분석이 이들과 다른 차이점은 무엇일까? Goldman & Wiley(2004)는 담화분석의 첫째 목표가 텍스트의 구조와 내용을 설명하는 것이라고 말했다. 그리고 그 다음으로 중요한 것은 학생들의 텍스트를 체계적으로 설명할 수 있는 방법을 제공하는 것이라고 언급했다. 아울러 앞에서 Witte(1983b)가 말한 바대로 학생들의 텍스트 사이에서 질적 차이를 분별하고, 그 원인을 추적하는 데 도움을 줄 수 있어야 한다. 이와 관련된 내용은 다음 장에서 구체적인 분석 사례를 보면 나오겠지만 한 가지 분명한 것은 하나의 문장을 넘어 단락과 텍스트 차원에서 의미 전개와 주제 형성에 관한 구조적인 양상을 알고자 한다면 화제구조분석이 효과적인 방법이 될 수 있다는 점이다.

화제구조분석은 문장 수준과 단락 및 텍스트 수준에서 화제 및 화제 전개에 관한 이론적이고 실제적인 연구에 사용될 수 있다. 화제구조분석 방법을 사용하면 화제와 관련해 내용의 전개 흐름과 방법, 그것이 텍스트 응집성에 미치는 영향 등을 손쉽게 파악해 낼 수 있다. 아울러 우수한 필자의 텍스트 구성과 미숙한 필자의 텍스트 구성의 차이를 체계적으로 분석해 볼 수 있으며, 이를 통해 텍스트의 질을 판단하고 평가할 수 있는 방안을 찾을 수 있다.

화제구조분석과 관련하여 연구 과제에 관한 질문으로는 다음과 같은 것들이 있다.

1. 화제구조분석 방법이 텍스트의 주제와 전개 양상을 포착할 수 있는가?
2. 화제구조분석 방법은 대학생들이 쓴 설명적 텍스트나 논증적 텍스트들의 질을 판단할 수 있는가?
3. 화제구조분석 방법은 텍스트 질에 따른 수준별 화제 구조와 내용 요소를 파악하는 데 도움이 될 수 있는가?
4. 텍스트 질에 따른 수준별 화제 구조가 제시된다면 이를 교육적 방법으로 전환할 수 있는가?"

1번 질문은 화제구조분석을 하는 주요 목표에 해당한다. 화제구조분석은 텍스트 주제와 내용 전개를 포착하고자 하는 일반적인 방법이다. 만약 화제구조분석이 텍스트 구조와 내용 흐름을 객관적으로 포착할 수 있다면 텍스트 질의 차이를 분석할 수 있는 요소를 찾을 수 있다. 우수한 학생의 글과 미숙한 학생의 글에서 화제구조에 관해 어떤 차이가 있는지, 그 차이가 전체 글의 평가에 어떤 영향을 미쳤는지를 규명하고, 이를 교육적 방법으로 전환시킬 수 있을 것이다. 앞으로 여러 학자들의 실험적 방법을 살펴보면서 화제구조분석에 관한 실제적인 접근 방법을 살펴보도록 한다.

2. 화제 구조 분석의 의미와 세부 요소

2.1. 화제 구조 분석의 의미

화제구조분석 방법(TSA)은 한 텍스트에서 문장 화제를 통해 문장 구조와 의미 전개의 변화를 추적하는 방법이다. 문장 화제와 담화 화제를 분석 도구로 삼는 이유는 필자가 동일한 수사적 목적을 가지고 있어도 그것을 전달하는 방법이 제각각 다르기 때문이다. 예를 들어 컴퓨터에 관한 사용설명서를 작성한다고 하자. 어떤 필자는 컴퓨터의 세부 요소를 하나씩 거론하면서 작동 방식을 설명할 수도 있고, 다른 필자는 소비자가 컴퓨터를 사용하는 순서에 따라 설명할 수도 있다. 이렇게 필자들은 같은 주제(컴퓨터 사용 설명)라 하더라도 화제 선택과 진술 방식에 있어 차이를 드러낼 수 있다. 화제구조분석은 문장 화제를 중심으로 각 문장의 진술 방식이 어떤 텍스트 구조를 만들며, 그것이 전체 텍스트에 어떤 내용과 질적 차이를 가져오는지를 분석하는 것이다(이윤빈, 2014: 272).

화제구조분석은 텍스트가 완성되고 난 이후에 텍스트의 구조와 내용의 전개를 살펴보는 것이지만, 중요한 것은 이를 통해 실제 필자가 글을 작성할 때부터 달라지는 시각과 방향, 전개 구조의 문제를 분석해 볼 수 있다는 점이다. A글의 필자는 왜 문장을 그렇게 썼을까? 반면에 B글의 필자는 왜 A와 다르게 작성했을까? 이런 분석이 가능한 것은 텍스트 결과물의 화제구조가 필자의 의도 및 쓰기 과정과 밀접하게 관련되어 있기 때문이다. D'Angelo(1986)는 텍스트를 보면 텍스트의 패턴을 반영한 필자의 사고 과정을 알 수 있다고 말하면서 텍스트의 형식과 필자 사고의 연관성을 주장하기도 했다.

앞에서도 말했듯이 문장 화제는 대개 문법적 주어와 일치한다. 문장 화제는 이미 알려진 정보를 주로 표현하는데 텍스트에 명시적으로 나타날 수도 있고, 상황적 맥락을 통해 추론을 해야 알 수 있는 경우도 있다. 통상 문장의 화제(topic)는 화제를 뺀 나머지 부분(comment)이 언급할 대상, 혹은 문법적 장소로 생각할 수 있다. 그래서 문장의 화제는 필자가 무엇을 어떻게 말할지, 즉 사건을 바라보는 시각이나 방향과 연관된다. 문장 화제의 전개 방식에 따라 전체적인 문장 구조가 달라지게 되는 것이다.

다음 예문을 보자.

가) 철수는 학교에 가서 책을 구입했다.
나) 학교는 철수가 자주 책을 구입하는 곳이다.
다) 책은 철수가 학교에서 자주 구입하는 물품이다.

위의 세 문장은 기본적으로 전달하고 있는 정보는 동일하지만 상황적 맥락 안에서 조금 다른 상황적인 배경을 내포한다. 가)는 '철수'가 문장 화제로, 철수에 관해 서술하는 문장이다. 나)는 '학교'가 문장 화제로, 전체는 학교에 관해서 서술하는 문장이다. 마찬가지로 다)는 '책'이 문장 화제인데, 책의 구입에 관해 서술하는 문장이다. 이렇게 문장 화제에 따라 문장의 대상과 초점이 달라진다. 이 문장들은 문장 화제에 따라 다른 상황적 배경과 논지의 흐름을 가정하고 있다. 문장 화제와 달리 논평(comment) 부분은 새로운 정보를 전달하게 되는데 이 부분의 초점이 달라지는 것이다. 중요한 것은 이를 통해 이후의 문장들이 제약을 받는다는 점이다. 가), 나), 다)에서 다음 문장이 전개된다면 각각의 내용은 달리 전개될 것이다.

다음으로 생각해 보아야 할 것은 이런 화제 중심의 문장 흐름을 분석하는 것이 텍스트의 응집성(coherence) 및 질(quality)의 판단과 밀접한 관련이 있다는 점이다. 문장 화제의 전개가 텍스트 응집성과 관련 있다는 점은 앞에서도 이야기했지만, 더 중요한 점은 텍스트 질의 판단에도 중요한 역할을 한다는 점이다. 문장 화제의 배치는 독자가 문장을 이해하고 해석하는 방식에 영향을 준다. 그러면서 진술의 일관성과 내용의 응집성에 기여하거나 방해하는 기능을 하게 된다. 아래는 복거일 씨가 쓴 「언어는 진화해야 한다」13)라는 칼럼의 서두이다.

A ①만주어가 곧 사라질 운명을 맞았다는 신문 보도가 나왔다. 지금 중국 만주에 남은 얼마 되지 않는 원어민 세대가 사라지면 만주 땅에서도 ②만주어를 쓰는 사람들이 사라지리라는 얘기다. ③만주어는 퉁구스어의 한 갈래로 여진이라 불린 민족이 써온 언어다. ④만주어는 만주문자로 표기되는데, 만주문자는 청 초기 17세기에 몽골 문자를 약간 개량한 음소문자다. ⑤만주문자는 청의 공식 언어로 300년 동안 널리 쓰였다. ⑥그처럼 번창했던 언어가 이제 사라지는 것이다.

B ①만주어가 곧 사라질 운명을 맞았다는 신문 보도가 나왔다. 지금 중국 만주에 남은 얼마 되지 않는 원어민 세대가 사라지면 만주 땅에서도 ②만주어를 쓰는 사람들이 사라지리라는 얘기다. ③여진족은 퉁구스어의 한 갈래로 만주어를 써온 민족이다. ④청나라는 초기 17세기에 몽골 문자를 약간 개량한 음소문자를 사용했는데 이것이 바로 만주문자이다.

---

13) 『세계일보』, 2007년 3월 25일자.

⑤만주문자는 청의 공식 언어로 300년 동안 널리 쓰였다. ⑥그처럼 번창했던 언어가 이제 사라지는 것이다.

A글은 원문 그대로이고, B글은 중간 ③, ④의 문장 화제를 바꾸었다. 두 글을 비교해 보면 원문이 훨씬 부드럽게 잘 읽혀진다는 것을 알 수 있다. 문장의 응집성도 A글이 더 높다. 이렇게 문장 화제가 갑자기 달라져도 글의 일관성과 흐름에 좋지 않은 영향을 끼치게 된다. 독자들은 '만주어'라는 화제 중심으로 텍스트를 이해할 것이기 때문이다. 문장 화제가 갑자기 달라지면 글을 읽는 독자는 텍스트의 중심 화제(중심 주제)를 찾는 데도 혼란을 느끼고, 문장을 읽는 리듬에도 문제가 생기게 된다. 이런 점에서 문장 화제의 연결은 지엽적 일관성에 지대한 영향을 끼치고 나아가 전체 텍스트에 영향을 미치게 된다.

일관된 문장 화제의 연결은 쓰고자 하는 텍스트의 핵심 요지를 찾는 데도 중요한 역할을 한다. 문장 화제가 필자의 핵심 내용과 주제를 전개하는 나침판의 구실을 하고 있기 때문이다. 문장 화제는 글이 어떤 내용을 대상으로 전개되는지, 필자가 무엇을 중요하게 생각하는지를 알 수 있게 해준다. 반대로 필자가 주제를 설정하면 이를 담화로 구성해 내는 과정에 주된 역할을 하는 것도 화제이다. 문장 화제는 필자가 말할 주제와 내용을 특정한 방식으로 실어 나르는 역할을 맡고 있기 때문이다. 이에 관해서는 Witte & Cherry(1986)가 말한 프레이밍(framing) 개념을 살펴보는 것이 도움이 된다. 이들은 필자가 자신의 생각을 특유한 화제 전개 방식으로 구성해 내는 것을 프레이밍(framing)이라고 불렀다. 여기서 프레임(frame)이란 필자가 자신의 언어 수행을 특정한 방식을 통해 일관성 있게 제공하는 담화 기능이다. 담화의 각도나 시각, 전개 방향들이 이 프레임 속에 들어간다. Witte &

Cherry(1986)는 화제가 전개되는 방식에 일정한 패턴이 있으며, 필자는 이런 패턴을 이용해 글의 핵심 내용을 드러내는데, 이런 방식이 프레이밍(framing) 전략이라고 설명했다[14]. 이들이 제시한 화제 중심의 패턴에는 첫째, 서사적 틀 짓기(Narrative Framing), 둘째, 연속배열 틀 짓기(Sequence Framing), 셋째 공간적 틀 짓기(Locative Framing), 넷째 묘사적 틀 짓기(Descriptive Framing)가 있다. 필자들은 과제에 관한 자신의 판단에 따라 또 그것을 어떻게 풀어갈지 의도에 따라 화제를 달리 선택하고 다른 전달 방식으로 선택한다. 이처럼 문장 화제는 필자의 생각을 어떤 관점, 어떤 방향에서 서술하는지 보여주는 중요한 기준점이 된다.

---

14) Witte & Cherry(1986)의 프레이밍(framing) 전략이란 필자의 의도에 따라 화제가 전개되는 각각의 양상을 말한다. Witte & Cherry(1986)는 학생들에게 방학 중 여행한 곳이나 방문한 곳에 쓰라는 과제를 주었다. 학생들이 쓴 글을 조사하다가 이들은 필자의 의도에 따라 화제가 다르게 전개되는 것을 발견했다. 학생들은 수사적 문제가 무엇인지, 이를 어떻게 표현해야 할지에 따라 대상에 관한 개념적 접근 방식을 달리했다. 이런 차이는 어법이나 구문적 차이로 설명할 수는 없는 것이었다. 학생 글을 분석해 보면서 이들은 문장 화제가 다르게 표현되는 4가지 패턴을 발견했다. 이들은 이 패턴을 서사적 프레이밍, 연속 배열 프레이밍, 공간적 프레이밍, 묘사적 프레이밍이라고 지칭했다. 먼저 서사적 프레이밍은 주로 필자의 시점(주로 1인칭)에서 자신이 경험했던 것을 서술하는 것이다. 문장의 흐름은 사건전개에 따라 '내가', '우리는', '우리는' 등으로 계속 이어진다. 연속 배열 프레이밍은 학생이 과제를 여행안내서와 같이 생각하고, 방문한 주요 장소를 순서에 따라 연속해서 글을 작성하는 것이다. '당신이', '휴게소는', '분수는' 등으로 주요 장소를 진행하는 듯 배열한다. 다음은 공간적 프레이밍으로, 주로 공간적인 장소를 문장 화제로 삼아 글을 진행하는 것을 말한다. '빌딩은', '지붕은', '도어는' '빌딩 아래쪽은' 등으로 화제가 진행된다. 마지막으로 묘사적 프레이밍이 있다. 이는 필자가 자신의 텍스트를 묘사적 문장을 중심으로 서술하는 것을 말한다. 그래서 묘사하는 대상이나 장소의 특징들을 서술하는 데 초점을 맞춘다. '당신은', '그 벽은', '그 아파트는'과 같이 주로 묘사 중심으로 서술된다. 각각의 프레이밍은 비슷하면서 차이가 있다. Witte & Cherry(1986)의 논문을 보면 이에 관한 예시가 나와 있다. 프레이밍 전략에는 필자 의도에 따라 다른 전달 방식이 나오는데, 그 중심에 문장 화제가 있다. 필자가 자신을 중심으로 전개할지, 아니면 대상을 중심으로 전개할지, 혹은 대상의 특징이나 장점을 중심으로 전개할지에 따라 화제가 달라지고 텍스트 내용도 달라진다. 프레이밍 전략은 문장 화제가 텍스트의 전달방식과 특성을 어떻게 드러내는지 잘 보여준다(Witte & Cherry, 1986: 130~135).

2.2. 화제구조분석의 세부 요소

2.2.1. t-unit/문장

Connor(1988)는 화제구조분석에서 텍스트 분석의 단계를 다음과 같은 순서로 설정했다. 이 책에서도 화제구조분석을 설명할 때 이 순서를 따라가면서 진행하도록 한다.

1) 문장 화제 찾기
2) 화제의 진행 방식 결정
3) 화제 진행 도표화

여기서 〈문장 화제 찾기〉는 분석 대상으로 문장 화제를 찾는 것이다. 문장 화제를 찾기 전에 해야 할 일이 있는데, 그것은 분석 단위를 설정하는 일이다. 한 텍스트에는 형태소나 절, 문장, 단락 등 여러 단위 요소들이 있는데, 이 중에서 어떤 단위를 분석 대상으로 삼아야 할지 결정해야 한다. Lautamatti(1978)는 분석 단위로 문장이나 절이 아닌 t-unit을 설정했다. 이후에 여러 학자들이 t-unit을 대상으로 주로 화제 설정을 했다. t-unit에 관해서는 잠시 후 자세히 살펴보도록 한다. Lautamatti(1978)는 화제를 담화 화제(discourse topic)와 문장 화제(sentence topic)로 나누어 설명한다. 담화 화제는 전체 텍스트의 주제(main idea)와 같은 개념으로 사용된다. 문장 화제는 문장에서 다룰 대상, 즉 문장이 논의하고 있는 주요 대상을 의미한다. 화제구조분석에서 중요한 것은 문장 화제이다. 문장 화제가 텍스트의 구조를 결정하기 때문이다.

앞서 말한 대로 여기서는 t-unit의 문제에 관해 간략히 살펴보도록 한다. t-unit은 화제 분석의 단위에 관한 것이다. Lautamatti(1978)는 화제구조의 분석 단위로 화제(topic)—평언(comment)이 작동하는 하나의 문장(a sentence)을 상정했다. 화제구조분석의 모형을 제시한 Lautamatti (1978)의 논문에서는 t-unit에 관한 구체적인 언급은 없다. 반면에 Witte(1983a, b)의 논문에서 화제 분석 단위로 t-unit에 관해 언급한다. 그는 t-unit 개념을 화제당 t-unit, 병렬적, 순차적, 확장된 병렬적 진행 당 t-unit 수처럼 화제구조분석에서 나타난 양적 통계량을 측정하기 위해 도입하였다. 그는 한 의미 단위를 측정할 때는 문장보다는 t-unit 개념이 더 정확하다고 보았다. 이후 많은 논문에서 화제구조분석 방법을 사용할 때 문장보다는 t-unit을 대상으로 하여 논의를 전개한다.

t-unit은 1965년 미국의 언어학자 Kellog Hunt가 문장 성숙도(syntactic maturity)를 측정하기 위해 개발한 방법이다. 그 이전까지 양적 방법으로 문장 성숙도를 측정하기 위해 사용하던 방법은 문장의 평균 길이와 절의 평균 길이, 그리고 종속절의 빈도 세 가지였다. 그러나 이런 방법은 정확하지 않다. 학생들은 학년이 올라감에 따라 문장이나 절, 종속절이 길어지긴 했지만, 과학적으로 정확한 측정 방법이라고 할 수 없다. 한 문장이지만 and를 사용하면 얼마든지 긴 문장을 만들 수 있기 때문이다. Hunt는 저학년일수록 이런 학생이 많다고 했다. 그래서 그가 개발한 단위가 바로 t-unit이다. t-unit이란 'minimal terminal unit'의 약자로 종속절이나 삽입절이 내포되어 있을 때 주절 중심으로 측정하는 한 단위를 말한다. 이렇게 말하면 어렵게 느껴지지만 예문을 보면 쉽게 이해가 간다(유재임, 2005).

1) He said that I ought to be more careful.

2) He said I ought to be more careful and I thought he was right.

1)번은 두 개의 절이 있지만 하나의 t-unit, 하나의 문장으로 되어
있다. 2)번은 두 개의 t-unit과 4개의 절, 하나의 문장으로 되어 있다.
대부분 단문은 하나의 t-unit이다. 복문은 종속절이 있는 경우는
t-unit이 하나이지만 등위 접속이 있는 복문은 두 개의 t-unit이 된다.

그런데 한국어 문장에서 화제구조분석을 할 때 분석 단위로 t-unit
을 써야 하는지 생각해 볼 필요가 있다. 한국어 문장의 경우 t-unit보
다 '문장'을 분석 단위로 삼는 것이 분석에 더 용이하다. 다만 대등절
의 경우 두 단위로 계산하면 영어의 t-unit과 크게 다르지 않다. 예를
들어 종속절이나 내포절은 하나의 분석 단위로 보면 되지만 등위 접
속으로 연결되는 중문은 분석 단위가 두 개가 된다.

1) 많은 과학자들은 지구 환경이 점점 나빠지고 있다고 생각한다.
2) 많은 과학자들은 말한다. 지구 환경은 점점 나빠지고 있다.
3) 과학자들은 증거를 중시하고, 예술가들은 감각을 중시한다.

위의 예를 보면 1)번은 두 개의 절이지만 문장은 하나이다. t-unit도
하나이다. 2)번은 t-unit도 두 개이고, 문장도 두 개이다. 3)번은 대등
접속문으로 t-unit은 두 개이지만 문장은 하나이다. 문장을 하나의
분석 단위로 하되, 대등접속문만 두 개의 분석 단위로 하면 t-unit과
크게 달라지지 않는다.

국내외에서 화제구조분석의 분석 단위로 문장을 사용한 경우가 많
이 있다. 화제구조분석을 제안한 Lautamatti(1978)도 처음에는 문장을
사용했고, 국내 연구들도 문장을 분석 단위로 한 것이 많았다(이삼형,

1999; 박진용, 1997; 이윤빈, 2014). 문장을 분석 단위로 사용할 때는 앞서 말한 대로 대등하게 결합된 대등접속문을 두 개의 문장으로 처리하면 한국어 문장도 t-unit과 크게 차이가 나지 않게 된다.

2.2.2. 화제(topic) 설정

화제구조분석에서 중요한 것은 화제(topic)를 찾는 일이다. 화제 (topic)와 논평(comment)을 먼저 찾아야 화제 진행의 방식을 판별할 수 있기 때문이다. 화제구조를 분석하고, 텍스트 구조와 텍스트의 질에 관해 판단을 내릴 때 근거가 되는 것이 화제이다. 한 문장에서 어떤 것을 화제로 볼 것이냐 하는 문제는 여러 학자들이 이미 다양한 의견을 제기한 바 있다. 이 책의 앞에서도 프라그 학파와 국내 학자의 논의를 통해 화제가 가진 여러 요소, 즉 '대하여 성'이나 '주어짐 성', '문두 요소', '문법적 주어 은/는'에 관해 상세히 논의하고 설명한 바 있다[15]. 화제가 지닌 여러 요소 중 텍스트 분석을 위해 가장 많이 사용되는 것이 '대하여 성'이다. 여러 학자들이 화제의 속성을 논할 때 기본적으로 설명하는 것이 바로 '대하여 성'이다. '대하여 성'은 '문장이 다루고 있는 대상(what the sentence id about)'을 말한다(chafe, 1976; Lautamatti, 1978; 서혁, 1996; 이윤빈, 2014; 최윤지, 2016). 논평 (comment)은 화제의 나머지 부분, 즉 화제가 다루는 내용에 해당한다

---

15) 최윤지(2016: 36)는 학자들이 화제에 관해 합의를 보기 힘든 이유가 화제의 모호성 때문이기도 하지만 실제 연구에서 화제를 특정 언어 형식으로 표현하려는 경향 때문이라고 말한다. 화제는 담화적 개념임에도 특정 언어적 표현 형식으로 설명하려는 논의가 많기 때문에 문두 성분이나 '주어'나 '은/는'과 같은 요소가 관심을 받았다고 말한다. 그렇게 되다보니 화제에 관해 많은 논쟁이 있고, 지금도 합의된 의견을 보이고 있지 못하다는 것이다. 이 책에서는 화제구조분석 연구에서 화제를 담화 개념으로 이해하고, 문장의 맥락 속에서 찾아야 한다는 견해(서혁, 1996: 20)에 기본적으로 동의한다.

(what is said about the topic). "철수는 대학생이다."라는 문장이 있다면 '철수'는 화제(topic), '대학생'은 초점(focus), 논평(comment)은 '대학생이다.'가 된다.

그런데 화제가 복잡한 문장 속에 있을 때 찾기란 쉽지 않다. 흔히 화제가 문두에 와서 주어의 기능을 하는 경우가 많은데, 그것은 중심 대상이나 주어진 정보가 의사소통 상황에서 먼저 제시되는 것이 전략적으로 옳은 것(Li & Thomson, 1976)이기 때문에 그런 것이지, 항상 그렇다는 뜻은 아니다. 화제는 문법적 요인이 아니라 담화적 요인이다. 담화의 '대하여 성'은 담화의 맥락을 통해 찾을 수밖에 없기 때문에 간단하지가 않다. 그 문장이 무엇에 관해 설명하는지에 관한 견해는 필자마다 다를 수 있다. "빵을 누가 먹었어?, 제가 빵을 먹었습니다."라는 문장에서 둘째 문장의 '제'가 화제인지, '빵'이 화제인지 알 수가 없다. 그러나 맥락을 보면 '빵'을 화제로 보는 것이 더 타당하다.

화제를 문두 요소나 주어에서 찾고자 했던 것은 초기 Lautamatti (1978)의 논문부터 시작됐다. Lautamatti(1978)는 화제(topic)라는 용어보다 화제 주어(topic subject)라는 용어를 더 선호했다. 그리고 화제 진행 방식을 설명할 때도 화제는 주절에 있든지 종속절에 있든지 간에 항상 주어로 등장했다. 반면에 화제구조분석 방법에 관해 연구를 하고, 논문을 썼던 Connor(1988)는 화제를 주어 개념으로 보지 않고 '문장에서 다루고 있는 중심적인 대상'으로 규정했다. 그러면서 화제가 언제나 문장의 문법적인 주어(grammatical subject)와 일치하는 것은 아니라고 말했다. Connor가 본 화제는 텍스트에서 하나의 명사나 명사구로 나타나는 어구이다. 문장 화제로 나타나는 명사는 문장의 여러 위치에서 나타날 수가 있다고 말했다. 임홍빈(2007)도 화제를 왜 문두에서만 찾아야 하는가라고 의문을 제기하면서 문두를 포함한 문장의 모든 성분에서 화제가 나타날 수 있다는 사실을 암시했다. 예컨 대 "철수가 학교에서 꽃병을 깼다."라는 문장에서 단순히 '철수'만 화제가 되는 것이 아니라 상황과 맥락에 따라 '꽃병'도 될 수 있고, 심지어 문장에 나타나지 않은 '철수의 엄마'도 화제가 될 수 있다고 주장했다(최윤지, 2016: 40).

화제를 가장 잘 분별할 수 있는 것은 '주어짐 성'을 통해 독자가 금방 알 수 있는 경우이다. 특히 대명사나 지시사를 통해 화제를 알 수 있는 경우가 이에 해당한다. "철수는 대학생이다. 그는 공부를 잘해 장학금을 받고 있다."라는 문장이 있다면 두 번째 문장의 문장 화제는 '그'이다. 앞의 문장 화제 '철수'를 대명사 '그'로 이어받고 있기 때문이다. 이렇게 대명사를 통해 앞 문장의 화제를 이어받는 경우는 쉽게 화제를 구별할 수 있다. 또 이미 주어진 정보를 그대로 이어받는 것이기 때문에 화제 성격은 '주어짐 성'에 해당한다.

그러나 복잡한 문장이 전개될 때는 문장 화제를 쉽게 찾지 못하는 경우도 종종 발생한다. 화제구조방법을 사용하기 위해 가장 중요한 것이 문장 화제를 찾는 방법이기 때문에 여기서는 Noh(1985)와 박채화(1993)의 방법에 근거해 화제 식별 방법을 제안한 이윤빈(2014)의 논의를 살펴보도록 한다. 이윤빈은 화제 식별을 위한 제1원리로 문두(文頭) 위치 기반 방법을, 제2원리로 맥락 기반 방법을 제안한다. 문두 위치 방법은 문장이 시작될 때 가장 왼편에 위치한 명사나 명사구가 화제가 되는 것을 말한다. 흔히 문두에 화제가 오는 것은 영어 문장이나 한국어 문장에 흔히 있는 일이다16). 문두는 문장에서 발화가 시작

---

16) 화제가 문두에 오는 것은 영어와 한국어 문장에서 모두 일반적이다. Grimes(1975)는 모든 문장이나 절, 단락, 담화는 그것들이 출발점으로 택한 어떤 특별한 대상을 중심으로 조직 되는 것이 일반적이라고 말했다. 출발점이 되는 특별한 대상은 화자가 특별한 관점에서

되는 지점으로, 문장의 가장 왼쪽에 있는 명사나 명사구를 말한다. 한국어 문장도 역시 화제가 문두에 위치하는 경우가 많다.

그런데 문장의 문두에 위치한 명사나 명사구가 맥락상 화제의 기능을 하지 않는다고 보았을 때 문제가 된다. 이런 때는 문장의 내용상 흐름에 따라 문장의 화제라고 보기 힘든 문두 요소를 배제하면서 화제를 찾는다. 이윤빈(2014: 75)이 제시한 '비주제 문두 요소'는 다음과 같다.

〈표 1〉 비주제 문두 요소의 종류

비주제 문두 요소 명칭	기능	사례
1) 장면 제시어	문장 나머지 부분의 상황이나 배경을 제시해 주는 말	어느 날, 10년 전에, 내가 어렸을 때, 그 곳에서, 첫째, 첫 번째로는
2) 정보 처리어	*주제와 관련된 정보원을 제공하는 말 *정보에 대한 필자의 태도를 나타내는 말	*A는 ~말했다. A가 ~주장한 사실이다. A가 말한 것처럼 *나는 ~ 생각한다. 꼭 알아야 할 것은 ~이다. 다음 장에서 ~ 살펴보겠다.

장면 제시어는 문장 전개에서 상황이나 배경을 제시해 주는 역할을 한다. 주로 시간이나 상황, 배경을 제시해 주는 부사어가 여기에 해당한다. '며칠 전', '오래전', '저녁 무렵', '마침내', '그 장소에서', '결과적으로'와 같은 것들이다. 정보 처리어는 정보를 제공한 사람을 설명하거나 정보에 관한 필자의 태도를 의미한다. "철수는 ~ 말했다.", "과학자는 ~ 라고 생각한다.", "전문가는 ~ 판단한다."는 주요 내용을 전달

말하고자 하는 것을 드러내는 것이라고 말하고 있다. 박철우(2003: 155)도 일반적으로 화제는 초점보다 앞에 놓이며, 평가의 대상인 '주어진 요소'가 먼저 제시되어야 하고, 그것에 관하여 평가하는 것인 인지적으로 타당하며, 문법적으로도 뒷받침된다고 하여 화제의 문두성에 관해 인정한 바 있다. 문두에 문법적 주어가 화제가 되는 것이 자연스럽다는 것은 Lautamatti(1978)에서 병렬식 화제 진행을 통해 살펴볼 수 있다.

하는 주체를 설명하는 것을 말하고, "나는 ~ 생각한다.", "중요한 것은 ~이다" 등은 정보에 관한 필자의 태도를 드러내는 말이다.

1) 10년 전에 그 사건은 일어났다.
2) 그 공원에서 철수와 영희가 처음 만났다.
3) 과학자들은 지구 온난화 현상이 가속화될 것이라고 경고했다.
4) 중요한 것은 우리가 그 문제를 해결해야 한다는 점이다.

위의 예문에서 서두에 나온 문장들은 장면 제시어나 정보 처리어에 해당한다. 그리고 밑줄 친 부분은 문장 화제에 해당한다. 위의 예문을 보면 문두 요소라도 문장 화제가 될 수 없는 것들을 쉽게 판별할 수 있다. 이런 여러 사례들을 살펴보면 결국 화제는 텍스트의 맥락에 의해 결정되어야 한다는 사실을 알 수 있다. 화제가 무엇이 되든지 문장의 맥락 안에서 합당성과 타당성을 검증받아야 한다.

2.2.3. 화제 진행

화제 진행은 Lautamatti(1978)가 제시한 방법으로 텍스트에서 화제(topic)와 논평(comment)이 이어지는 담화의 방식을 의미한다. 화제는 한 문장에서 말하고자 하는 대상을 의미한다. 논평은 화제에 관해 진술하는 것을 말한다. 문장은 이와 같은 화제-논평 구조를 반복하면서 진행한다. Lautamatti(1978)는 이렇게 화제와 진술을 반복하면서 담화가 진행되는 양상을 '화제 진행(topical progression)'이라고 말하고 세 가지 방식을 제시했다. 그 방식은 아래와 같다.

병렬적 진행(parallel progression)

　연속된 문장의 화제가 동일하게 진행되는 것을 말한다. 예를 들어 같은 명사구가 반복되거나 동의어, 유의어, 대명사들에 의해 문장 화제가 반복되는 것이다. 아래 예시에서 '철수'라는 화제가 반복되는 것이 병렬적 진행이다. Daneš(1970)의 화제 순환식에 가깝다.

　예) 철수는 대학생이다. 철수는 공부를 잘한다. 그래서 그는 장학금을 받았다.

순차적 진행(sequential progression)

　화제 진행에서 앞선 문장의 논평이 다음 문장의 화제가 되는 경우를 순차적 진행이라고 말한다. Daneš(1970)의 단순 선형식에 가깝다.

　예) 철수는 대학생이다. 대학생은 성적을 잘 받아야 한다. 성적은 좋은 직장을 얻는 데 꼭 필요한 요소이다.

확장된 병렬적 진행(extended sequential progression)

　문장들의 연속체에서 병렬적 진행이 전개되고 다음으로 순차적 진행이 이어진다. 이런 순차적 진행 이후 다시 앞의 문장 화제로 되돌아가는 것을 확장된 병렬적 진행이라고 말한다.

　예) 철수는 대학생이다. 대학생은 성적을 잘 받아야 한다. 성적은 좋은 직장을 얻는 데 꼭 필요한 요소이다. 그래서 철수는 열심히 공부한다.

　Lautamatti(1978)는 화제 진행 방식을 통해 텍스트가 구조적으로 어떻게 짜여 있는지 알 수 있다고 말했다. 화제가 문장의 주체이기 때문에 그것의 흐름을 통해 전체적인 짜임새를 분별할 수 있다는 것이다.

화제 진행 방식을 잘 분석하면 텍스트에서 화제가 어떻게 집중하고 분산되는지를 알 수 있을 뿐만 아니라, 이를 통해 텍스트의 질을 판단할 수도 있다. 이에 관해서는 다음 장에서 Lautamatti(1978)와 Witte (1983a, b)의 논문 설명을 통해 자세히 다루도록 하겠다.

제3장 화제구조의 전개 방식

1. Daneš의 화제구조 전개 방식

화제 전개는 문장의 화제가 어떻게 전개되고 발전되어 필자의 의도와 생각을 드러내는지 보여주는 방식을 말한다. 화제 전개를 통해 연결되는 문장들이 무엇을 대상으로 하고 있으며, 또 이들의 연결을 통해 전체 텍스트가 어떤 의미 구조를 가지고 있는지 보여줄 수 있다. 그래서 여러 학자들이 화제의 진행 양상에 주목하고, 이를 형식화하려고 노력해 왔다. 대표적인 학자가 바로 Daneš이다. Daneš(1970)는 이미 주어진 정보나 알려진 정보인 테마(theme)와 새로운 정보인 레마(rheme)의 반복을 통해 문장이 이어진다고 보고, 이들 사이의 연쇄와 전개 관계에 관한 일반적인 유형을 찾으려 했다. 테마와 레마가 반복하면서 만들어지는 연쇄성, 그리고 이들의 상관관계가 텍스트 구조를 만든다고 보았고, 이상적인 텍스트는 이런 연쇄가 자연스럽게 초점을 이어주는 과정을 통해 만들어진다고 보았다[17].

Daneš(1970)는 정보 전달의 입장에서 레마가 테마보다 더 중요한 역할을 하겠지만 텍스트 구조와 형식의 입장에서 더 중요한 기능을 하는 것은 테마라고 보았다. 그는 테마를 중심으로 텍스트가 구성되는 일반적인 방식을 다섯 가지로 정리했다. 그것은 바로 단순 선형식 전개, 주제 순환식 전개, 상위주제 파생식 전개, 설명부 분리식 전개, 주제부 비약식 전개이다[18].

1.1. 단순 선형식 전개

이 형식은 테마−레마가 전개하되, 앞 문장의 레마가 다음 문장의 테마가 되는 방식이다. 이런 전개는 문장 화제가 계속 달라지기 때문에 대상을 달리해서 어떤 사물을 묘사할 때 사용하면 좋다.

〈예문〉
철수는 자동차를 샀다. 그 자동차는 주차장에 있다. 주차장은 집 앞에 있다.

---

17) Daneš는 이런 주제(화제)들의 전개 과정을 '주제들의 계기 구조'라고 불렀다. "텍스트의 실제적인 주제 구조는 주제들의 연쇄성, 접속성, 주제들의 교체 관계와 계층 구조, 텍스트 단락들과 텍스트 전체 및 상황과의 관계"라고 언급했다. 그리고 텍스트에서 나타나는 주제 관계의 이런 복합체를 '주제 전개'라고 불렀다. 그리고 이것이 텍스트의 뼈대를 이룬다고 보았다(Brink, 이성만 역, 2004: 68).

18) Daneš(1970)가 제시한 이 모형에 관한 용어로 이삼형(1999), 텍스트언어학회(2004), Brink (이성만 역, 2004)에서 조금씩 다르게 번역해 사용하고 있다. theme를 주제로 번역하는지, 아니면 화제로 번역하는지에 따라 달라지지만 이 책에서는 화제로 번역을 했다. 여기서는 Brink(이성만 역, 2004)의 순서에 따라 단순 선형식 전개, 화제 순환식 전개, 상위 화제 파생식 전개, 설명부 분열식 전개, 화제 비약식 전개로 번역해 설명한다. 오현아(2011)는 위의 다섯 가지 유형 외에 상위 화제 수렴식 전개를 추가하여 설명하고 있다.

$$T_1 \longrightarrow R_1$$

$$T_1 \longrightarrow R_1$$

$$T_1 \longrightarrow R_1$$

〈그림 1〉 단순 선형식 전개

단순 선형식 전개는 일반 텍스트에서 흔히 나타나는 방식이다. 그러나 텍스트를 작성하면서 항상 이런 형식으로 서술할 수는 없다. 이렇게 되면 중심되는 화제가 없기 때문에 텍스트는 매우 혼란스러워지고 산만해진다. 뒤에서 Witte(1983a, b)의 논문에서 살펴보겠지만 주로 미숙한 텍스트에서 이런 경향이 자주 드러난다. Van Dijk(1977)는 다음과 같은 예시를 들어 이런 전개가 가진 단점을 지적했다. "나는 이 타자기를 뉴욕에서 샀다. 뉴욕은 큰 도시이다. 큰 도시들은 재정 문제를 안고 있는 것이 보통이다." 이 문장에서 문장 화제는 계속 바뀐다. '나'와 '뉴욕', '큰 도시'는 모두 문장 화제이지만 서로를 묶어 줄 수 있는 뚜렷한 상위 화제가 보이지 않는다. 텍스트의 응집성을 확보하기가 쉽지 않은 것이다. 그래서 능숙한 필자라면 이런 방식을 잘 사용하지 않는다. 간혹 사용한다 하더라도 다른 구성 방식과 혼합해서 사용해야 한다.

1.2. 화제 순환식 전개

화제 순환식 전개는 문장 전개에서 같은 화제가 이어져 전개되는 방식인데, 각 문장의 화제(테마)는 같고 새로운 정보(레마)만 반복된다. 같은 화제를 다루기 때문에 문장의 결속 관계는 좋지만 새로운 주제로의 전개는 약해진다. 아울러 글의 다양성도 약화된다. 화제 순환식 전개는 일반적 텍스트나 학술적 텍스트에서 설명하고 논증해야 할 대상이 있다면 이를 자세히 설명할 수 있는 전개 방식이다. 하나의 화제를 중심으로 설명부가 반복되기 때문에 내용을 상세하게 설명해 갈 수 있다. 그렇지만 다른 화제로 변화하거나 다양한 화제로 전환할 때는 이 방식이 좋지 않다.

〈예문〉

새 자동차는 검정색이다. 그것은 크고 웅장하다. 그 자동차는 나의 보물이다.

〈그림 2〉 화제 순환식 전개

1.3. 상위 화제 파생식 전개

상위 화제 파생식 전개는 상위 테마가 주어지고 이에 따른 다른 하위 테마들이 만들어져 전개되는 것을 말한다. 주로 특정 주제에 관한 세부 설명을 할 때 사용된다. 이삼형(1999)은 화제 순환식 전개와 상위 화제 파생식 전개가 유형상 유사하지만 대체로 상위 화제 파생식 전개가 더 일반적으로 사용된다고 말한 바 있다. 그러나 이 두 유형은 쉽고 분명하게 구별된다. 화제 순환식 전개는 단일 화제에 관한 설명이 이어지는 것이지만 상위 화제 파생식 전개는 어떤 명제를 세부 요소로 나누어 설명할 때 이루어진다. 상위 화제 파생식 전개는 학술 논문에서 대상을 분류하여 설명할 때 자주 사용된다.

〈예문〉

이 동물의 코는 근육질로 되어 있고 길다. 위턱과 앞니는 길게 자라 상아라
는 한 쌍의 송곳니를 만든다. 발은 넓고 평평하며 바깥쪽으로 휘어져 있다.

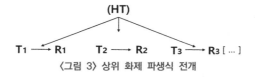

$$T_1 \longrightarrow R_1 \qquad T_2 \longrightarrow R_2 \qquad T_3 \longrightarrow R_3 \, [\cdots]$$

〈그림 3〉 상위 화제 파생식 전개

1.4. 설명부 분리식 전개

이 화제전개방식은 하나의 레마가 나뉘어져 다음 문장의 화제들을
전개시키는 방식이다. 상위 화제 파생식 전개와 비슷하지만 레마의
정보가 먼저 나오고, 레마의 정보에 의해 다른 화제가 분화된다는
점이 다르다. 이런 방식도 학술적 텍스트에 흔히 나오는 방식이다.

〈예문〉

다음 과정을 밟기 위해 두 단계를 거쳐야 한다. 한 단계는 기초 실력을 점검
받는 과정이고, 다른 한 단계는 그것을 다른 영역에 응용하는 과정이다.

$$T_1 \longrightarrow R_1 \; (\; = \; R_1' \; + \; R_1'' \;)$$
$$= \; T_2' \rightarrow R_2'$$
$$T_2'' \rightarrow R_2''$$

〈그림 4〉 설명부 분리식 전개

1.5. 화제 비약식 전개

화제 비약식 전개는 앞 문장의 테마나 레마로부터 화제가 이어지는 것이 아니라 상황적 맥락이나 필자의 배경지식을 통해 유추하여 화제를 이끌어 내는 방식을 말한다. Daneš(1970)는 이와 관련하여 특별한 예시를 제시하지 않았다. Brink(이성만 역, 2004: 71)가 제시한 예는 아래와 같다. 아래의 예시에서 '그것은'은 앞 문장에서 제시한 '어두운 방'을 지칭하는 것이다. 그 다음 문장의 '양탄자'는 앞의 화제부나 설명부 어느 쪽에도 나오지 않지만 당연히 방에 있어야 할 것으로 추정 가능하다.

〈예문〉
한스는 어두운 방으로 안내되었다. 그것은 값비싼 가구들로 장식되어 있었다. … 양탄자는 색상이 현란해 보였다. …

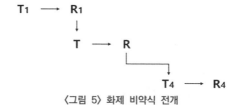

〈그림 5〉 화제 비약식 전개

2. Witte의 화제구조 전개 방식

Witte(1983a)는 위와 같은 Daneš의 화제구조진행을 변형하여 다시 설명한 바 있는데, Daneš의 화제구조진행을 다른 각도에서 실제 예문

을 통해 양상을 설명한다. Witte(1983a: 315)의 설명은 Daneš가 제시한
텍스트의 '기본 패턴'의 분류방식을 용례를 통해 보여주되, 실제 문장
화제가 문장의 전체 주제인 담화 화제와 어떤 상관관계를 가지는지를
보여주는 방식이다. 아래 예문에서는 문장의 화제를 밑줄로 표기했다.

〈화제 순환식 전개〉

A. 기능적 문장 인식(Functional Sentence Perspective) 이론은 1920년대 후
반에 쓰인 마테시우스의 저작에서 비롯된 것이다. 그 이론(the theory)
은 확장된 텍스트의 맥락 안에 존재하는 개별 문장들 사이의 관계를
설명하고자 했다. 그 이론(It)은 문장 화제가 영어 문장 처음에 나오고,
담론의 앞부분에 의미론적 관련을 제공하는 오래되고 명확한 정보를
표현한다고 가정하였다. 기능적 문장 인식 이론에서는 텍스트에 새로
소개되는 정보를 레마(rheme)로 규정하고 문장의 끝이나 그 근처에
나온다고 가정하였다.

〈단순 선형식 전개〉

B. (1)기능적 문장 인식(Functional Sentence Perspective) 이론은 1920년대
후반에 쓰인 마테시우스의 저작에서 비롯된 것이다. (2)마테시우스는
확장된 텍스트의 맥락context 안에 존재하는 개별 문장들 사이의 관계
를 설명하고자 했다. (3)이 관계는 테마(theme)와 레마(rheme)라는 두
개념들을 설명해준다. (4)문장의 테마는 보통 처음에 나타나며, 앞선
문장의 레마에서 얻은 익숙한 정보를 표현함으로써 앞선 문장에 대한
의미론적 관련성을 제공해준다. (5)반대로 레마는 보통 문장의 마지막
부분 근처에 있으며, 텍스트에 없던 내용을 제공한다.

위의 예문에서 문장 화제의 전개를 보면 앞서 보았던 Daneš의 화제 구조진행의 기본 패턴이 문장 속에 그대로 담겨 있다. 예문 A는 Daneš의 화제 순환식 전개 방식을 보여준 것이다. 문장 화제인 '기능적 문장 인식'이 계속해서 반복된다. 예문 B는 Daneš의 단순 선형식 전개를 보여준 것이다. 앞 문장의 레마가 다음 문장의 테마가 된다. 각 문장의 설명부가 그 다음 문장의 화제가 되어 문장이 전개되고 진술되는 것이다. 그런데 위의 예문에서는 단순 선형식 전개만 있지 않고 설명부 분리식 전개가 함께 나타난다. (1)에서 (3)까지의 전개는 단순 선형식 전개이지만 (3)과 (4), (5)의 전개는 설명부 분리식이다. 이처럼 일반적인 텍스트에서 Daneš의 기본 화제전개방식은 서로 섞여 나타나는 경우가 많다. 그런데 다음의 예시(Witte, 1983a: 315~316)는 앞의 예시와 조금 다르다.

C. (1)1920년대에 마테시우스는 확장된 텍스트(extended texts)의 맥락에서 문장에 관한 연구를 했다. (2)문장에 나타나는 테마와 레마, 그리고 주어진 정보와 새로운 정보라는 개념은 마테시우스의 저술에서 비롯되었다. (3)이런 논의들은 영어와 슬라브어에 대한 연구에서 문장의 화제가 문장의 앞부분에, 특히 종종 문법적 주어로 나타나고, 레마는 문장의 뒷부분에 나타난다는 것으로 이끌었다. (4)그래서 일부 텍스트언어학자들은 문장의 화제가 앞선 문장의 서술부로부터 얻은 정보를 반복함으로써 텍스트의 의미론적 관련성을 제공한다고 생각했다.

C 예문에는 전체 주제가 쉽게 드러나지 않는다. C 예문을 이해하기 위해서는 각 문장에 드러난 화제보다 상위 개념, 즉 초주제(hypertheme)와 관련시켜야 한다. 여기서 초주제란 텍스트에는 직접 언급되지 않았

지만 맥락을 통해 추론할 수 있는 담화 화제(주제)이다. C 예문은 프라그 학파에 관한 이야기를 다루고 있기 때문에 이에 관한 지식을 갖고 있는 독자라면 텍스트에서 얻은 정보를 토대로 초주제를 도출해 낼 수 있다. 마테시우스의 이론을 안다면, 그리고 주어진 정보와 새로운 정보의 관계, 테마와 레마에 관한 지식이 있다면 각 문장의 화제를 이해할 수가 있다.

Witte(1983a)가 말하는 것은 Daneš의 화제 비약식 전개처럼 직접 앞 문장의 화제나 논평을 통해 다음 문장의 화제를 끌어오는 것이 아니라 맥락과 지식을 통해 화제를 이끌어 오는 것을 말한다. Witte (1983a)는 독자들이 초주제나 담화 화제를 파악하기 위해서 텍스트만을 이용하지는 않는다는 점을 이런 논의를 통해 알 수 있다고 말했다. 독자들은 자신의 경험과 배경 지식을 폭넓게 활용하여 텍스트의 전체 주제를 이끌어 낸다. C 예문이 바로 그러한 독자, 즉 프라그 학파에 관해 알고 있는 독자를 가정하고 쓴 것이다. 프라그 학파에 관해 일정한 지식을 가지고 있다면 앞 문장과 연결되지 않는 문장 화제도 충분히 이해할 수가 있다. 그렇지만 지식이 부족한 독자라면 아마도 이런 문장을 해석하기는 쉽지 않을 것이다.

D. 1920년대 그의 저술에서 마테시우스는 확장된 텍스트(extended texts)의 맥락에서 개별 문장들이 형성하는 관계에 대해 설명하고자 했다. 그는 문장 화제가 문장 처음에 나오는데, 담론의 앞부분에 의미적으로 관련이 있는 오래되고 명확한 정보를 드러난다고 가정하였다. 마테시우스는 또한 텍스트에 새로 소개되는 정보는 보통 문장의 뒷부분에 나온다고 가정하였다.

Witte(1983a)는 앞의 두 예문 A, B와 뒤의 두 예문 C, D와는 문장 화제가 드러나는 방식에서 차이가 있다고 언급한다. 앞의 두 예문에서는 상위 주제로 인식될 수 있는 명확한 징후가 최소한 하나는 문장 화제 형태로 삽입돼 있다. 다시 말해 A, B에서는 문장 화제 중 적어도 하나가 상위 주제의 역할을 하고 있다. 반면 C, D에서는 겉으로 드러나는 상위 주제가 없다. 따라서 독자는 C, D에서 자신이 갖고 있는 기존 지식과 텍스트가 제공하는 정보를 결합해서 상위 주제를 추론해 내야 한다.

이런 Witte(1983a)의 논의에서 우리가 알 수 있는 것은 상위 주제를 텍스트 내부에서만 찾을 수 있는 것은 아니라는 사실이다. 텍스트에는 직접 상위 주제를 제시할 수도 있지만 많은 경우 독자는 텍스트의 단서(textual cues)를 찾아내 전체 의미를 유추해야 한다. 텍스트 구조를 분석해 보는 것은 이런 텍스트의 단서를 찾는 데 도움이 되기 때문이다. 그래서 Witte는 화제구조분석에서 중요한 것은 독자와 텍스트의 상호 작용이라고 말했다. 독자가 텍스트 구조를 볼 수 있는 눈이 있다면 텍스트의 전체 의미를 추론하는 데 도움이 될 수 있다.

이런 시각은 Daneš가 말한 의미에서도 드러난다. Daneš에 의하면 텍스트 진술의 전개 방식은 하나의 추상적 가설이라고 생각된다(텍스트언어학회, 2004: 72). 다시 말해 모든 텍스트에서 이렇게 딱 맞는 전개 방식이 나타나기는 힘들다. 텍스트의 진술 방식은 워낙 다양하기 때문에 기본 패턴이 그대로 나오는 것은 거의 불가능하다. Daneš도 이런 기본형은 여러 가지가 결합되어 다양하게 나타날 것이라고 생각했던 것이다. 그렇기 때문에 이런 기본 패턴은 일종의 가설이고 추상이며 상상이 되기도 한다. 그럼에도 불구하고 이와 같은 텍스트 구조의 뼈대가 중요한 것은 다양한 형태로 전개되는 문장 구조에 관한 어떤 기본 원리를 탐색해 볼 수 있다는 점 때문이다. 이 방식을 활용하면 현실에서 나타나는 다양한 텍스트 모두를 해명할 수는 없지만 텍스트가 어떻게 구성되고, 전개되는지 기본 원리를 깨달을 수 있다.

3. Lautamatti의 화제구조분석

화제구조분석은 문장 화제를 통해 텍스트의 의미 구조가 어떤 양상인지, 그것이 텍스트 질에 어떤 영향을 미치는지를 살펴보는 방법이다. 이런 방법에 관해 실제적인 실험 방법과 분석 과정을 처음으로 보여준 학자가 바로 Lautamatti(1978)이다. 앞에서 살펴본 Daneš의 텍스트 전개 방식은 문장의 테마(theme)를 이용해 의미가 전개되는 기본적 양상을 보여준 것에 불과하다면 Lautamatti(1978)는 이와 달리 문장 화제를 통해 텍스트의 전개 양상이 어떠한지를 세밀하게 분석하여 보여주었다. Lautamatti의 분석이 흥미로운 것은 단순히 기본적 분류 양상을 보여주는 데 그치지 않고 화제에 따라 세부 내용의 전개 과정이 어떻게 달라지는지 구체적으로 보여주었고, 그것이 텍스트에 미치는 영향을 설득력 있게 설명하여 새로운 텍스트 분석 방법으로 자리매김할 수 있도록 만들어 주었기 때문이다. Lautamatti(1978)의 화제구조분석 방법은 이후 Witte(1983a, b)나 Connors(1987, 1990), Schneider & Connor(1990) 등에 영향을 미쳐, 화제 분석에 관한 논문들이 지속적으로 나올 수 있게 만들어 주었다.

Lautamatti(1978)가 관심을 쏟은 것은 담화의 전체가 아니라 일부의 진행 방식이다. 이를 그녀는 시퀀스(sequence)라고 지칭하는데, 담화가 전체를 향해 나아가는 부분적인 담론을 의미한다. 그녀가 관심을 쏟은 것은 이런 시퀀스가 일정한 방향성을 가지고 전체 담화 화제(주제)나 메시지와 관련을 맺는 양상이다. 담화의 짧은 부분은 하위 화제의 연속으로 이루어진다. 연속된 하위 화제의 문장들은 일정한 방향의 시퀀스를 형성할 가능성이 높은데 이런 담화의 양상이 전체 담화 화제(주제)와 텍스트의 성격에도 영향을 미치게 된다. 그녀는 담화의 전체 주제와 관련하여 문장 화제들이 진행하는 방식을 담화의 '화제 전개(topical development)'라고 부르고 이에 관한 분석 방법을 제안했다.

그녀가 제안한 화제의 전개 방식은 세 가지이다(화제 전개 방식은 앞 장에서 설명한 바 있다). 첫째는 병렬적 진행(parallel progression)으로, 같은 화제를 계속 연결하는 것이다. 같은 화제가 연속되면 말하고자 하는 대상이 고정되어 이해하기 쉽지만 거시적인 주제를 형성하기 어려워진다. 둘째는 순차적 진행(sequential progression)으로, 앞선 문장의 논평 부분을 이어받아 문장 화제를 이어가는 방법이다. 이런 방식은 화제가 매번 달라지기 때문에 내용의 진행은 빠르지만 글이 산만해지고 집중력을 잃게 된다. 마지막 방법은 확장된 병렬적 진행(extended sequential progression)으로, 병렬적 진행과 순차적 진행이 이어지고, 다시 병렬적 진행으로 돌아가는 것을 말한다. 이전에 제기했던 화제로 되돌아가는 것이 바로 이 방식이다. 확장된 병렬적 진행은 글의 전개를 멈추고 내용을 정리하거나 마무리할 때 사용하는 방법이다.

화제구조분석은 Lautamatti(1978)가 제안한 이 세 방식의 분석을 통해 이루어진다. 텍스트의 주제 흐름과 응집성을 문장 화제가 이처럼 구조적으로 변화하는 과정을 통해 살펴볼 수가 있다. 하나의 텍스트에서 화제가 어떻게 집중되는지, 또 화제가 어떻게 확산되는지 알 수 있으며, 화제의 종류와 깊이도 알 수가 있다. 이는 Lautamatti(1978)가 제시하고 있는 다음과 같은 예시를 통해 살펴볼 수 있다.

(1)인간의 유아(human infant)는 태어나자마자 어떤 언어 공동체의 일부분에 귀속되는 때, 만일 사산이나 유산 같은 불의의 사고가 없다면 다른 모든 아기들과 마찬가지로 그에게는 두 가지 공통점이 나타난다. (2)첫째, 이것은 가장 명백한 특징이기도 한데, 새로 태어난 아이(new born children)는 무력(helpless)하다는 것이다. (3)울음을 통해 이러한 무력한 처지에 다른 이가 주목하게 만들 수 있는 능력은 별개로 하고, 새로 태어난 아이(new born child)는 자신의 생존을 지킬 아무런 능력도 가지고 있지 못하다. (4)다른 인간의 도움, 즉 엄마나 할머니, 누이나 간호사 등 다른 인간 집단의 도움을 받지 못한다면, 아이(child)는 생존하기 어려울 것이다. (5)유아의 이러한 무력함(This helplessness of human infants)은 태어난 지 몇 분 지나지 않아 걸음마를 시작해 수 시간 안에 무리들과 함께 달릴 수 있는 동물들과 뚜렷이 대비된다. (6)어린 동물들(young animals)이 확실히 위험한 처지에 있는 게 사실이긴 하지만, 인간의 갓난아기와 비교해 그들은 자신을 지탱할 능력을 몇 달이나 몇 주 안에 빨리 발전시킨다. (7)이렇게 긴 취약함의 기간(this long period of vulnerability)은 한 생명이 생존에 필요한 능력을 습득하는 데 긴 시간을 소비해야 하는 인간이라는 종이 지불해야 하는 대가이다.

(8)인간 유아(human infants)가 매우 긴 시간 동안 다른 사람에게 전적으로 의존하고 있는 가운데, 다른 유아들과 공유하는 두 번째 특징, 즉 언어를 배울 수 있는 능력이 드러난다. (9)이런 이유로 생물학자들이 말하기를 언어(language)가 인간이라는 특유한 종을 규정짓고 있으며, 인간 유아는 유전적으로 언어를 배울 수 있도록 프로그램화 되어있다고 한다. (10)생물학자들의 이러한 생각은 인간이 대상을 명암 등을 통해 삼차원으로 파악하고, 네 발로 움직이기보다 똑바로 서도록 설계되었듯이, 인간들(human beings)이 정상적인 존재로 발전하기 위해 언어를 배우고 사용하도록 디자

인되어 있다는 사실을 함축하고 있다.

앞의 글은 Lautamatti가 화제구조분석을 설명하면서 1978년에 사용한 예문이다. 이후 많은 학자들이 이 예문을 사용해 화제구조분석 방법에 관해 설명을 했다. 이 예문을 보면 화제 전개 방식에 관한 여러 사례를 자세히 살펴볼 수 있다. 위 예문의 전체 주제는 "인간의 유아는 출생 당시 무력함에도 불구하고, 언어를 배움으로써 인간종의 특성을 나타낸다."라는 것이다. 여기서 전체 주제는 개별 문장들의 화제들을 살펴보면 잘 드러난다. 하위 문장 화제로 가장 많이 사용된 것은 '인간 유아(human infants)'인데, 이 예문이 다루는 주된 대상이다. 다른 화제를 보면 '유아의 이러한 무력함', '이렇게 긴 취약함의 기간', '언어'가 나오는데 인간 유아의 무력함을 설명하고, 인간 종의 특성이 언어를 배우는 것이라는 것을 설명하려고 나온 것들이다.

Lautamatti(1978)는 문장 화제의 진행을 보면 전체적인 담화 화제가 어떻게 구성될지 알 수 있다고 말했다. 문장 화제는 의미가 가진 층위와 위계화를 통해 전체 담화 주제를 형성하는 방향으로 전개된다. 이런 전개의 과정에 "단계화(staging)"의 개념이 사용되는데 이는 앞서 말한 대로 세 가지 화제 진행의 방법을 통해 이루어진다. 그리고 화제 진행의 단계화는 화제 깊이(topical depth)라는 개념을 통해 문장의 복잡함과 간결함을 드러낸다. 화제 깊이가 깊으면 화제가 많이 사용되어 텍스트가 복잡하다는 뜻이 되고, 화제 깊이가 얕으면 화제가 많이 사용되지 않아 텍스트가 단순하다는 뜻이 된다. 아래 그림을 보면 화제 진행과 화제 깊이 사이의 관계를 볼 수 있다(Lautamatti, 1978: 96).

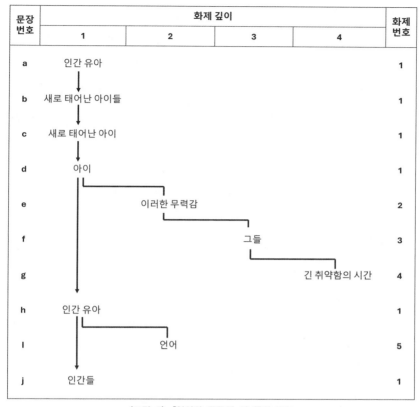

문장 번호	화제 깊이				화제 번호
	1	2	3	4	
a	인간 유아				1
b	새로 태어난 아이들				1
c	새로 태어난 아이				1
d	아이				1
e		이러한 무력감			2
f			그들		3
g				긴 취약함의 시간	4
h	인간 유아				1
I		언어			5
j	인간들				1

〈그림 6〉「언어와 공동체」의 화제 구조

위의 그림에서 보면 「언어와 공동체」라는 글은 5개의 문장 화제로 구성되어 있다. 전체 10개의 문장 중 6개는 동일한 문장 화제(인간 유아)이다. 문장 화제의 종류가 많으면 전체 문장은 그만큼 복잡해진다. Witte(1983a)는 문장 화제 종류의 숫자가 많을수록 텍스트의 의미론적 복잡성은 깊어진다고 말한 바 있다. 화제의 깊이를 보면 4단계에 걸쳐 있어 예문은 의미론적으로 그렇게 복잡하지는 않다. 화제 전개에 있어 처음 4개의 문장은 동일한 화제이다. (1)~(4)의 화제는 '인간 유아(human infant)'나 '아이(child)'로 동일한 계열이며, 병렬적 화제 진행(parallel topic progression)'이라고 말할 수 있다. (4)부터 (7)까지의 화제 진행은 모두 다른 화제이다. 앞 문장의 논평을 이어받아서 다음 문장의 화제로 삼았다. 이러한 진행을 '순차적 화제 진행(sequential topic progression)'이라고 부른다. 본문을 원문과 비교하여 좀 더 상세히 살펴보자.

(4) 다른 인간의 도움, 즉 엄마나 할머니, 누이나 간호사 등 다른 인간 집단의 도움을 받지 못한다면, 아이(child)는 생존하기 어려울 것이다. Without care from some other human being or beings, be it mother, grandmother, sister, nurse, or human group, a child is very unlikely to survive.

(5) 유아의 이러한 무력함(This helplessness of human infants)은 태어난 지 몇 분 지나지 않아 걸음마를 시작해 수 시간 안에 무리들과 함께 달릴 수 있는 동물들과 뚜렷이 대비된다.
This helplessness of human infants is in marked contrast with the capacity of many new born animals to get to their feet within minutes of birth and run with the herd within a few hours.

(6) 어린 동물들(young animals)이 확실히 위험한 처지에 있는 게 사실이긴 하지만, 인간의 갓난아기와 비교해 그들(they)은 자신을 지탱할 능력을 몇 달이나 몇 주 안에 빨리 발전시킨다.
Although young animals are certainly at risk, sometimes for weeks or even months after birth, compared with the human infant they very quickly develop the capacity to fend for themselves.

(7) 이렇게 긴 취약함의 기간(this long period of vulnerability)은 한 생명이

생존에 필요한 능력을 습득하는 데 긴 시간을 소비해야 하는 인간이라는 종이 지불해야 하는 대가이다.

it would seem that this long period of vulnerability is the price that the human species has to pay for the very long period which fits man for survival as species.

위의 예문을 보면 각 문장 화제는 앞 문장의 논평을 이어받아 다음 문장을 전개했다. 이렇게 진행하는 것이 바로 순차적 화제 진행이다. 다음에 이야기하겠지만 순차적 진행은 새로운 화제가 연이어 나오기 때문에 새로운 이야기를 전개하는 데 용이하지만 글을 집중화하고 응집성을 확보하는 데는 불리하다.

'확장된 병렬적 화제 구성(extended parallel topic progression)'은 문장 (8)과 (10)에서 보듯이, 병렬적 화제 진행에서 순차적 진행으로 갔다가 다시 처음의 병렬적 화제 중심으로 돌아가는 것을 말한다. '확장된 병렬적 화제 구성'은 텍스트를 핵심 화제 중심으로 꾸며 전체적인 응집성을 확보하기 위한 주요 전략이다.

(1)~(4): 병렬적 진행 → (4)~(7): 순차적 진행 → (8) 확장된 병렬적 진행 → (8)~(9): 순차적 진행 → (10) 확장된 병렬적 진행

글의 화제 깊이(topical depth)는 (4)~(7)에서처럼 '순차적 구성'에 의해 각기 다른 문장 화제가 사용됨에 따라 그 깊이가 결정된다. 위의 예문은 5종류의 문장 화제를 갖고 있고, 화제 깊이 정도는 4단계로 되어 있다. Lautamatti(1978)의 논문에서는 위의 예문과 수정본을 상호 비교하는 부분이 나온다. 논문을 보면 위의 예문 〈언어와 공동체〉를

원본으로 해서 교사들에게 보다 간결한 수정본 4편을 만들어 달라고 요청한 부분이 있다. 앞의 예문을 의사 전달이 잘 되도록 좀 더 나은 수정본을 써 달라고 요구한 것이다. 이렇게 만든 수정본과 원본을 비교해 보면 수정본에서 대체로 화제 깊이가 얕아진다. 텍스트를 간결하게 하기 위해서 교사들이 모두 문장 화제의 종류를 줄였기 때문이다. 문장 화제의 수가 줄어든다는 것은 하위 화제가 줄어든다는 말인데 이는 순차적 화제는 줄어들고, 병렬적 화제가 많아진다는 것을 말한다. 문장들의 화제들을 단일화한 것이다. 물론 문장들의 화제가 단일해진 다고 해서 텍스트 질이 좋아진다는 것을 의미하는 것은 아니다. 문장 화제와 텍스트 질과의 관계는 다음 장에서 자세히 다룬다.

3.1. 화제 유형의 분석

Lautamatti(1978)의 논문을 보면 화제구조분석에서 '화제 진행 방식' 과 함께 많이 사용하는 방법이 '화제 유형'에 관한 분석이다. 화제 유형에 관한 분석을 이용하면 화제의 유형만을 가지고 좋은 글과 미숙한 글의 양상을 분석할 수 있다. 화제의 유형은 화제와 주어와의 관계를 의미하는 것이다.

ex) 철수는 대한민국 국민이다.

위의 문장을 보면 당연히 주어이자 화제는 '철수'이다. 그런데 화제 주어(topical suject: TS)인 '철수'에는 여러 가지 속성이 있다. '철수'는 이 문장의 주어를 나타내기 때문에 '문법적 주어(grammatical subject: GS)[19]'가 된다. 그리고 문장의 첫 부분에 나오는 것이기 때문에 '문두 요소(initial sentence element: ISE)'가 되기도 한다. Lautamatti는 이밖에 심리적 주어, 어휘적 주어에 관해서도 설명하고 있지만 여기서는 중요한 의미를 가지지 않기 때문에 생략한다.

(9) 이런 이유로, 생물학자들이 말하기를 언어(language)가 인간이라는 특유한 종을 규정짓고 있으며, 인간 유아는 유전적으로 언어를 배울 수 있도록 프로그램화되어 있다고 한다.
For this reason, biologists now suggest that language is 'species specific' to the human race, that is to say, they consider the human infant to be genetically programmed in such a way that It can acquire Ianguage.

위의 예문을 보면 문두 요소(ISE)는 '이런 이유로'인데 담화연결어 (discourse connectives)에 해당한다. 문법적인 주어(GS)는 '생물학자들 (biologists)'이며, 화제 주어(TS)는 '언어(language)'로 종속절의 주어이다. 예문의 (9)번 문장은 문두 요소(ISE)와 문법적 주어(GS), 화제 주어 (TS)가 일치하지 않는 예에 해당한다. 이처럼 개별적인 문장들은 세 요소가 일치하기도 하고, 달라지기도 한다. Lautamatti(1978)는 각각의 문장에서 세 요소가 달리 나타나는 현상을 5개의 유형으로 분류했다. 이제 이 유형들을 하나씩 살펴보도록 한다. 한국어와 다른 부분이 있어 영어 원문을 첨가했다.

---

19) Witte(1983a)에서는 문법적 주어를 'mood subject'라고 쓰지 않고 'grammatical subject'라고 사용했다. 이 책에서는 Lautamatti(1978)가 쓴 'mood subject'보다 Witte(1983a)의 견해를 따라 이해하기 쉽게 'grammatical subject'를 사용한다.

유형 1 (ISE = GS = TS)

첫 번째 유형은 문두 요소(ISE)와 문법적 주어(GS), 화제 주어(TS)가 일치하는 경우이다. 앞의 예문에서 보면 (5)번 문장이 이에 해당한다.

(5) 유아의 이러한 무력함(This helplessness of human infants)은 태어난 지 몇 분 지나지 않아 걸음마를 시작해 수 시간 안에 무리들과 함께 달릴 수 있는 동물들과 뚜렷이 대비된다.

This helplessness of human infants is in marked contrast with the capacity of many new born animals to get to their feet within minutes of birth and run with the herd within a few hours.

유형 2 (ISE ≠ GS = TS)

두 번째 유형은 문두 요소(ISE)가 문법적 주어(GS)와 화제 주어(TS)로부터 분리되어 있는 경우를 말한다. 이런 경우는 문두에 접속사나 담화를 연결하는 형식적 표기가 있을 때 일어난다. (2)번 문장과 (4)번 문장의 문두 요소들이 그러하다. 여기서는 (2)번 문장만 예시로 든다.

(2) 첫째, 이것은 가장 명백한 특징이기도 한데, 새로 태어난 아이(new born children)는 무력(helpless)하다는 것이다.

Firstly, and most obviously, new born children are completely helpless.

유형 3 (ISE = GS ≠ TS)

세 번째 유형은 문두 요소(ISE)와 문법적 주어(GS)는 일치하지만 화제 주어(TS)는 분리되어 있는 유형이다. 이런 유형은 초기에 형식적 주어 구문이 오는 경우가 많다. 이 유형의 문장은 한국어 문장에서는 잘 나타나지 않는다.

(7) 이렇게 긴 취약함의 기간(this long period of vulnerability)은 한 생명이
    생존에 필요한 능력을 습득하는 데 긴 시간을 소비해야 하는 인간이라
    는 종이 지불해야 하는 대가이다.
    it would seem that this long period of vulnerability is the price that the
    human species has to pay for the very long period which fits man for
    survival as species.

유형 4 (ISE = TS≠GS)
유형 4는 문두 요소(ISE)와 화제 주어(TS)가 동일하지만 문법적 주어
(GS)는 다른 경우이다. 한국어와 달리 아래 영어 예문을 보면 종속절
의 문두 요소가 화제 주어인데, 반면에 문법적 주어는 주절의 주어인
'it'이다. 이 문장 전체는 '인간의 유아(human infant)'에 관한 설명으로,
이것이 문장 화제가 된다.

(1) 인간의 유아(human infant)는 태어나 세계의 어느 일부분인 어떤 언어
    공동체에 귀속되는 때, 만일 사산이나 유산 같은 불의의 사고가 없다면
    다른 모든 아기들과 마찬가지로 그에게는 두 가지 공통점이 있다.
    When a human infant is born into any community in any part of the
    world, it has two things in common with any other infant, provided
    neither of them has been damaged in any way either before or during
    birth.

유형 5 (ISE ≠ TS ≠ GS)

마지막 유형은 문두 요소(ISE)와 화제 주어(TS), 문법적 주어(GS)가
모두 일치하지 않는 경우이다. 이런 경우는 흔치 않지만 가끔 일어나
는 현상이다. 이런 경우 독자가 화제 주어를 파악해 읽기가 힘들어진
다. 아래 (3)의 문장을 보면 문두는 'Apart from'이지만 주어가 아니다.
이 문장의 문법적 주어(GS)는 'there'이다. 그리고 화제 주어(TS)는 인
간 유아를 지칭하는 '새로 태어난 아이(new born child)'이다.

(3) 울음을 통해 이러한 무력한 처지(their helplessness)에 다른 이가 주목하
   게 만들 수 있는 능력은 별개로 하고, 새로 태어난 아이(new born child)
   는 자신의 생존을 지킬 아무런 능력도 가지고 있지 못하다.
   Apart from a powerful capacity to draw attention to their helplessness
   by using sound, there is nothing the new born child can do to ensure
   his own survival.

이런 다섯 가지 유형을 보면 화제 주어(TS)는 문두의 주절이나 종속
절의 주어 자리 어디에나 올 수 있다는 사실을 알 수 있다. 만약 문두
요소(ISE) 자리에 화제 주어(TS)나 문법적 주어(GS)가 오지 않는다면,
주로 접속사나 담화 연결 어휘와 같은 형식적인 표기일 가능성이 많
다. Lautamatti(1978)가 말하듯이 화제구조분석에서 중요한 것은 문장
화제를 정확히 찾아내는 일이다. 문장 화제는 텍스트의 맥락을 보면
서 찾아야 하기 때문에 주관적 요소가 개입될 가능성이 있지만 그래
도 텍스트의 의미 구조를 파악하는 데 필요한 일이다.

다음으로 우리가 살펴볼 일은 '화제 구조(topical structure)의 다섯
가지 유형에 관한 분석을 한국어 텍스트에도 적용해 볼 수 있을까'라

는 문제이다. 영어와 한국어의 구조가 다르기 때문에 화제 구조를 그대로 적용할 수 있을지, 그리고 그 효과가 가능할지는 아직 규명되지 않았다. 다만 다섯 가지 화제 구조는 제한적이기는 하지만 한국어에도 적용할 수 있을 것으로 보인다. 한국어에 관한 예시는 다섯 가지 화제 구조에 관한 예문에 실려 있다. 그 중에서 몇 가지 사례만 살펴보도록 한다.

화제 1유형(문두 요소＝문법적 주어＝화제 주어)은 영어와 한국어에 큰 차이가 없다. Lautamatti(1978)가 통계자료를 통해 언급하고 있듯이 학생들이 가장 많이 사용하는 유형으로, 큰 설명이 필요 없는 유형이다. 화제 2유형(문두 요소≠문법적 주어＝화제 주어)도 쉽게 설명된다. 위의 예문에서 보듯이 "다른 인간의 도움, 즉 엄마나 할머니, 누이나 간호사 등 다른 인간 집단의 도움을 받지 못한다면, 아이(*child*)는 아마 생존하기 어려울 것이다."에서 '아이'는 문법적 주어이자 화제 주어이기도 하다. 그러나 문두 요소는 아니다.

그러나 화제 3유형(문두 요소＝문법적 주어≠화제 주어)은 영어와 한국어에서 뚜렷하게 차이가 난다. 이 유형의 영어 문장들은 주로 형식적 주어가 문두 요소로 나오는 경우에 해당하지만, 한국어는 형식적 주어가 없기 때문에 이런 유형은 잘 나타나지는 않는다. 이런 문장을 한국어로 번역하면 영어 문장의 가주어보다 종속절의 주어가 한국어 문장의 주어 자리에 들어간다.

it would seem that this long period of vulnerability is the price that the human species has to pay for the very long period which fits man for survival as species.

이렇게 긴 취약함의 기간(this long period of vulnerability)은 한 생명이

생존에 필요한 능력을 습득하는 데 긴 시간을 소비해야 하는 인간이라는 종이 지불해야 하는 대가이다.

한국어 문장에는 형식적 주어가 없지만 제 3유형의 형태는 가끔 나타나기도 한다. "한 평론가는 그 영화(서편제)가 이 영화제에서 가장 우수한 작품이라고 말했다."라는 문장에서 문두 요소와 문법적 주어는 '한 평론가'이지만 문장 화제는 '그 영화'이다.

화제 4유형(문두 요소=화제 주어≠문법적 주어)은 문두 요소와 화제 주어가 동일하지만 문법적 주어는 다른 경우이다. 화제 4유형은 한국어 문장에서 흔하지 않지만 가끔 찾아볼 수 있다. 예를 들면 "철수는 공무원으로 오래 근무했지만, 봉급은 아직 적은 편이다."라는 문장에서 '철수'는 문두 요소이고 화제 주어이지만 전체 문장의 주어는 '봉급'이다. 간결한 문장을 선호하는 한국어에서 그렇게 좋은 문장은 아니다. 한국어 문장에서 화제 유형은 역시 문법적 주어와 화제 구조가 동일하게 전개되는 것이 읽기에 더 편하다.

화제 5유형(문두 요소≠화제 주어≠문법적 주어)은 문두 요소와 화제 주어, 문법적 주어가 모두 다른 경우를 말한다. 한국어 문장에서 이런 경우는 흔하지 않다. 예를 들어 앞에서 사용한 문장에 5유형이 나온다. "이런 이유로, 생물학자들이 말하기를 언어(language)가 인간이라는 특유한 종을 규정짓고 있는 중요한 요소라고 한다." 이 문장을 보면 문두 요소와 화제 주어(언어), 문법적 주어(생물학자)가 일치하지 않는다. 앞 부분에 연결을 위한 형식적 언어를 사용하고 뒤에 두 개의 주어 중 하나를 화제로 삼았다. 어느 것이 화제가 되는가는 전체 텍스트의 맥락을 보아야 알 수가 있다. 화제 유형에 관한 한국어 문장 적용은 차후에 연구해 볼 만한 가치가 있다.

3.2. 수정 텍스트의 화제 유형 변화

화제 유형에 관한 분류 방식이 텍스트 상태를 설명하는 데 어떤 효과를 가지고 있을까? Lautamatti(1978)는 앞서 말했듯이 제시한 원본 예문을 가지고 교사들에게 이를 간결하게 고쳐달라고 요청했다. 원본 예문과 교사들이 고친 수정본 4편을 가지고 텍스트에 나타난 화제 유형을 비교했다. 먼저 수정본 4편에서는 공통적으로 3, 4, 5 유형을 기피하는 경향이 있었다. 문장을 간결하게 고칠 때 화제 주어와 문법적 주어를 달리하는 복잡한 문형보다 의미를 간결하게 전달할 수 있는 1, 2유형을 더 선호한 것이다. 특히 수정본에서는 유형 1이 더 많이 선택되었다. 문장 화제와 문법적 주어가 일치하는 것이 문장이 간결해지고 의미 전달에 효과적이라는 것을 인식한 것이다.

Lautamatti(1978)가 화제 유형에 관해 원본과 수정본을 비교한 내용을 주의 깊게 살펴볼 필요가 있다. 화제 유형과 관련해서는 화제 전개 3가지 유형의 비율, 화제의 숫자, 화제 전개의 깊이 등을 따져볼 수 있다. 예문 원문과 수정본 4편의 비교를 통해 알아본 화제 전개의 양상은 다음과 같다. 예문 원본에서 주요 화제로 사용되었던 '인간 유아(human infant)'는 수정본에서도 그대로 유지되었다. 다만 이 외의 화제들은 수정본에서 다양하게 변화했다. '동물(animal)'이나 '무력함(helplessness)'은 등장하기도 하고 다른 것으로 대체되기도 했다.

한 가지 알아야 할 것은 예문 원문보다 수정본에서 평균적으로 화제 종류의 수가 줄어들었다는 점이다. 수정본 중 하나는 문장을 짧게 만들어 전체 문장 수가 두 배로 늘었는데 이런 경우 화제의 수는 늘었지만 화제 종류는 감소했다. 복문의 문장을 단문으로 만들어 화제의 수가 늘었지만 화제 1유형처럼 동일 화제를 주로 다루었기 때문에 화제 종류의 수는 줄어든 것이다. 이밖에 다른 수정본 역시 화제 종류의 수가 줄어들었다. Lautamatti(1978)는 화제 종류의 수를 줄이는 것이 텍스트를 간결화하는 하나의 전략 중 하나라고 보았다. 화제 종류의 감소는 문장에서 1차 화제(인간 유아)의 비례적 증가와 함께 2차 화제(동물, 연약함 등)의 감소를 의미한다. 이는 순차적 전개가 줄어든다는 것을 암시한다. 만약 2차 화제가 늘어나면 순차적 전개가 늘어나게 되고 확장된 병렬적 전개도 동시에 늘어난다.

수정된 텍스트 4편에서 한 편을 제외하고는 2개 이상의 화제 수준을 가진 텍스트는 없었다. 수정본의 대부분 텍스트에서 순차적 진행보다 병렬적 진행이 많았으며, 순차적 진행을 가진 두 개 이상의 연속된 문장은 드물었다. 이런 실험 결과를 종합해 보면 문장을 간결하게 하는 수정본에는 화제 종류의 수가 줄었으며, 1, 2형의 화제 구조가 늘어났다. 아울러 화제 진행에 있어서도 순차적 진행이 줄어들고 병렬적 진행이 늘어났으며, 화제 깊이도 줄어들었다. 확장된 병렬의 진행은 큰 변화가 없었다. 이런 변화는 화제구조분석을 통해 어떤 텍스트가 더 좋은 텍스트인지, 학생들이 문장을 어떻게 수정해야 할지 알게 해주는 주요한 지표들이다. 화제구조분석은 이런 분석을 통해 학생 글의 텍스트 구조와 글의 수준, 그리고 수정의 진행 방향 등을 암시해 줄 수 있다.

Lautamatti(1978)의 연구는 화제구조분석의 이론적 방법을 제시했다는 점에서 의미가 크다. 이후 이런 분석 방법을 통해 여러 학자들이 학생들의 텍스트를 분석하고 텍스트 질을 검토했다. Witte(1983a)는 화제 구조와 텍스트 질에 관해 분석했는데 Lautamatti의 화제 구조와 화제 진행 방법을 사용했다. 또 Witte(1983b)는 Lautamatti의 분석 방법과 같이 한 예문을 수정해서 그 결과를 화제 구조를 분석해 텍스트의 특징을 연구했다. 특히 여기서는 화제구조분석과 t-unit을 이용한 언어분석을 통해 텍스트의 구문론적 복잡성과 의미론적 복잡성을 탐색하여 텍스트 분석의 더 나은 방법을 보여주기도 했다. Lautamatti의 화제구조분석 방법은 외국인 학생의 언어 교육 방법에 적용되기도 했고, 다른 국가의 언어를 비교 분석하는 대조언어학적 연구에도 적용되었다. 그리고 국내 논문에도 화제구조분석 방법이 사용되기도 했다. 이후 이런 연구 성과를 자세히 살펴보기로 한다.

제4장 화제 구조 분석과 텍스트 질

1. 수정 텍스트와 화제 분석(Witte, 1883a)

화제구조분석 방법은 Lautamatti(1978)에 의해 개발되었지만 Witte (1983a, b)나 Schneider & Connor(1990)에 의해 연구되고 정리되었다. 이들은 Lautamatti(1978)의 화제구조분석 방법을 더 세밀하게 다듬었고, 텍스트 분석의 효과를 검증할 수 있게 만들었다. 이들은 직접 학생들의 텍스트를 가지고 화제구조분석 방법을 사용해 이 방법에 어떠한 특성이 있는지, 어떠한 효과가 있는지를 따져보았다. 그리고 Lautamatti의 화제 구조와 화제 진행 방법 외에 언어적인 분석 방법을 보충하여 실험의 효과를 높이는 방법을 강구하기도 했다. 특히 Witte(1983a, b)는 학생들의 텍스트를 가지고 Lautamatti의 화제구조 방법이 실제 효과적으로 작동하는지를 검증하고자 했고, 아울러 문장에 관한 양적 특성 분석을 첨가해 교육적 효과가 있는지도 분석했다. 이런 세밀한 분석 덕분인지 국내외 연구들에서 Lautamatti(1978) 의 논문보다 Witte(1983a, b)의 논문을 근거로 연구하고 작성한 것이 더 많이 눈에 띈다. Witte(1983a, b)의 논문이 분석 방법을 상세하게 설명하고 그 적용 과정과 결과를 세밀하게 분석하여 교육적 연구방 법으로 적용하기 좋기 때문이다.

Witte(1983a, b)의 논문은 화제구조분석 방법을 사용하고 있지만, 단 순히 텍스트 분석에만 머물지 않고 이를 통해 텍스트의 질과 관련된 실험 방법을 새롭게 설계했다. 그는 Lautamatti(1978)의 방법만을 사용 해서는 어떤 텍스트의 요소가 좋은 텍스트를 만드는 자질인지 구분하 기가 어렵다고 보았다. 그래서 우수한 필자 집단과 열등한 필자 집단 을 구분하고 두 집단의 텍스트 질의 차이를 텍스트 분석 방법을 통해 찾고자 했다. Witte(1983a, b)는 화제구조분석 방법이 텍스트 질을 판단 하는 데 유용한 도구가 될 수 있다는 점을 증명하기 위해 여러 통사적 인 분석도구를 사용했다. 그 중 하나가 바로 t-unit이며, 이를 이용하 여 화제구조분석의 여러 요소를 양적 지표로 사용하고자 했다.

Witte(1983a, b)가 사용한 통사적 측정도구는 어휘의 수나 절(clauses) 의 수, 문장 화제의 수, t-unit의 수 등이 있다. 그는 이를 적절하게 활용하여 다양한 분석 척도를 만들었다. 예를 들면 문장 화제당 t-unit 수를 계산하면, 문장 화제가 들어 있는 문장 속에 의미 단위(t-unit)가 몇 개인지 측정할 수 있다. 만약 하나의 문장 화제 안에 의미 단위 (t-unit)가 많으면 그 문장은 길어지고, 내용이 풍부하다는 추정이 가능 하다. Witte(1983a, b)는 이런 통사적 측정 도구를 Lautamatti의 화제 분석 도구와 같이 결합하여 텍스트의 특성과 텍스트 질을 판단하고자 했다.

먼저 Witte(1983a) 논문을 보자. Witte의 논문은 Lautamatti(1978)의

연구 방법론을 그대로 사용해 실제 화제구조분석 방법이 쓰기 학습에 어떤 효용이 있는지를 검증하고자 했다. Witte(1983a)는 Lautamatti (1978)가 사용한 예문(앞서 제시한 '언어와 공동체')을 학생들에게 제시하고, 이를 수정하여 수정본을 제출하도록 했다. 그 다음 학생들이 제출한 수정 텍스트를 4명의 전문가가 평가하여 고득점 집단(N=24)과 저득점 집단(N=20)으로 나누었다. 이렇게 모인 44명분의 텍스트를 앞서 말한 측정 도구를 사용해 '수정(revision)' 양상에 대해 분석했다. 그가 양적 분석도구로 사용한 것은 (1) 어휘의 수, (2) t-units의 수, (3) 절(clauses)의 수, (4) 문장 화제의 수, (5) 평행적(parallel), 순차적 (sequential), 확장된 평행적(extended parallel) 진행의 수, 그리고 (6) 화제 진행의 3가지 유형에 포함하고 있는 각각의 t-units 수이다.

그는 이런 분석도구를 이용해 다음과 같은 5개의 계산된 변수를 만들었다. (1) 각 문장 화제당 어휘 수(어휘의 수/문장 화제의 수), (2) 각 문장 화제당 t-units의 수(t-units의 수/문장 화제의 수), (3) 화제 진행의 3가지 유형에서의 t-units의 비율(예를 들어, 병렬적 진행에서의 t-units 의 수/t-units의 수), (4) 각 절에서의 단어의 수(단어의 수/절의 수), (5) 각 t-unit에서의 단어의 수(단어의 수/t-unit의 수)가 그것이다.

1.1. 기본적인 측정값

Witte(1983a)는 실험 결과로 먼저 기본적인 측정값을 제시했다. 그것은 텍스트 길이와 절의 수 및 t-unit의 수, 그리고 문장 화제의 수이다. 그는 이 값을 '구문론적 복잡성(syntactic complexity)'이란 용어로 설명했다. 이 표현 속에 문장의 길이가 길어지면 구문이 복잡해지고 문장이 짧아지면 복잡함이 줄어들어, 전체 텍스트가 간결해진다는 의도가 담겨 있다. 수정 후 모두 전체 텍스트의 길이, 절의 길이, t-unit의 길이가 원문보다 짧아졌다. 그는 이런 결과를 두고 학생들이 "구문론적 복잡성을 줄이는 것"을 수정의 주요한 목표로 인식했다는 사실을 보여준다고 말했다. 학생들은 수정 작업을 읽기 편하고, 이해하기 쉽게 짧은 문장으로 고치는 것으로 이해했다.

기본적인 측정값에서 고득점 수정본과 저득점 수정본 사이에 차이가 있었다. 어휘 수에서 고득점 집단 수정본의 어휘 수는 원문보다 158.2개(sd=46.1)나 적었다. 반면에 저득점 집단 수정본의 어휘 수는 원문보다 평균 93.9개(sd=29.8)밖에 줄지 않았다. 고득점 집단의 학생들이 저득점 집단의 학생보다 조금 더 짧은 글로 수정을 한 것이다. t-unit이나 절의 길이도 이런 경향이 뚜렷했다. 고득점 수정본 텍스트는 원문보다 t-unit에서 평균 40%, 절에서 15%나 줄었지만 저득점 수정본은 원문보다 t-unit에서 평균 34%, 절은 9%밖에 줄지 않았다.

다음으로 살펴볼 것은 두 집단의 문장 화제 수가 많이 달랐다는 점이다. 평균적으로 저득점 집단의 수정본은 고득점 집단보다 49.2%나 많은 문장 화제가 발견되었다. 저득점 수정본은 원문보다 평균 1.45개가 많은 문장 화제가 발견된 반면, 고득점 수정본은 원문보다 평균 1.13개 적은 문장 화제가 발견되었다. 같은 분량의 텍스트에서 문장 화제가 많다는 것은 그만큼 텍스트가 복잡하다는 것을 의미한다. 이에 반해 문장 화제가 적어지면 텍스트의 일관성이 생길 가능성이 높아진다. 고득점 집단의 텍스트가 문장 화제 수가 적다는 것은 그만큼 일관성 있는 글을 만들 확률이 저득점 집단보다 상대적으로 높다는 것을 의미한다.

그런데 고득점 수정본은 문장 화제는 적었으나 화제에 관한 설명은 저득점을 받은 수정본보다 더 많았다. 이는 문장 화제당 t-unit 수를 살펴보면 잘 드러난다. Witte(1983a)의 논문을 보면 저득점 집단은 문장 화제 하나에 평균 1.89개의 t-unit이 있는 반면, 고득점 집단의 문장 화제 하나에는 평균 2.59개의 t-unit이 있다. 고득점 집단이 저득점 집단보다 27%나 많은 수치이다. 이는 고득점 집단에서 하나의 문장 화제를 좀 더 자세하고 상세하게 서술했다는 것을 의미한다. 수정 과정에서 고득점 집단은 문장 화제의 수는 줄였지만, 선택된 문장 화제를 좀 더 자세하게 설명하려고 했다. 반면에 저득점 집단은 그 반대였다.

1.2. 화제 진행의 의미와 해석

Witte(1983a)는 학생들이 수정본에서 구문론적 복잡성을 최소화하려면 당연히 텍스트의 분량도 줄일 것으로 보았다. 그런데 중요한 것은 원문이 지닌 주제를 어떻게 살리느냐의 문제이다. 수정을 하면서 원문의 주제를 살리지 못하면 수정본의 의미가 없어진다. 대체로 고득점 수정본들은 수정을 하면서 원문의 의미를 잘 살린 반면에 저득점 수정본들은 그렇지 않았다. 저득점 수정본에서는 원문의 의미가 왜곡되거나 더 복잡해지고 이상해졌다. Witte(1983a)는 이런 양상을 수정 텍스트의 화제 진행에 관한 그림을 통해 보여주고자 했다. 아래는 고득점 수정본의 화제 진행과 저득점 수정본의 화제 진행에 관한 그림이다.

〈그림 7〉과 〈그림 8〉을 보면 두 집단의 학생들이 수정하는 방식을 잘 알 수 있다. 이 두 집단의 학생들은 서로 다른 방식으로 수정을 하고 있다. 고득점 학생들은 문장 화제 3가지를 가지고 전체 텍스트의

주제를 만들어 냈다. 첫째는 '인간 유아(human infants)'와 관련된 화제들, 둘째는 '인간 유아의 특징(feature)', 셋째 '언어(language)'이다. 고득점 학생들은 이 세 가지 화제를 가지고 전체 텍스트의 주제를 적절하게 생성했다. 전체 텍스트의 주제는 '인간 유아의 무력함과 언어 학습에 관한 인간의 특성'에 관한 것이다. 이에 반해 저득점 학생들은 무려 7가지 문장 화제로 원문을 수정했다. 그러나 주제도 불분명할 뿐만 아니라 문장 화제가 많아 응집력 있는 텍스트를 만드는 데는 성공하지 못했다. 이런 점은 화제 진행의 방식에서도 차이가 난다.

우선 고득점 수정본의 경우 병렬적 진행이 많고 순차적 진행은 상

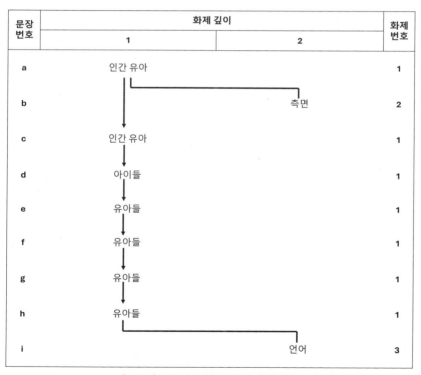

문장 번호	화제 깊이		화제 번호
	1	2	
a	인간 유아		1
b		측면	2
c	인간 유아		1
d	아이들		1
e	유아들		1
f	유아들		1
g	유아들		1
h	유아들		1
i		언어	3

〈그림 7〉 고득점 수정본 샘플의 화제 진행

대적으로 적다. 반면에 저득점 수정본의 경우는 병렬적 진행보다 순차적 진행이 더 많다. 순차적 진행이 많다는 점은 화제가 빈번하게 바뀐다는 뜻이고, 그만큼 텍스트의 집중력이 떨어진다는 것을 뜻이된다. 앞에서 Lautamatti(1978)의 논문을 보았을 때도 미숙한 필자의 수정본에서 순차적 진행이 더 많았다. 당연히 텍스트의 일관성이나 응집성은 떨어진다. 다음으로 저득점 수정본이 고득점 수정본보다 순차적 진행(sequential progression)의 t-units의 수가 15% 이상 많았다. 이는 저득점 수정본의 순차적 진행에서 더 많은 분량으로 진술되었다는 점을 의미한다. 저득점 수정본에서 병렬적 진행이나 확장된 병렬적 진행보다 순차적 진행에 더 많은 분량이 배분되었다는 점은 텍스트의 일관성이 떨어진다는 점을 추측해 볼 수 있다. 이런 점은 전체 t-unit 수에 대한 순차적 진행(sequential progression)의 t-unit 수에도 드러난다(순차적 진행에서의 t-units 수/전체 t-units의 수). 저득점 수정본에서는 이 비율이 55%에 달한다. 반면 고득점 수정본에서는 이보다 적은 40%이다. 앞서 말했듯이 순차적 진행이 많아지면 텍스트 응집성은 떨어질 가능성이 높다.

고득점 수정본과 저득점 수정본의 이런 차이는 순차적 진행의 문제나 담화 깊이의 문제를 검토하기에 좋은 근거가 된다. 앞의 〈그림 7〉을 보면, 고득점 샘플은 2개의 순차적 진행이 나타나 있다. 반면 〈그림 8〉의 저득점 샘플에는 4개의 순차적 진행이 나타나 있다. 확장된 병렬적 진행의 위치도 문제가 된다. 위의 그림을 다시 검토해 보기 바란다. 고득점 수정본에서 확장된 병렬적 진행은 화제 깊이(topical depth)의 1단계에서 일어난다. 반면에 저득점 수정본에서는 2단계나 4단계에서 일어난다. 이런 양상은 고득점 집단의 수정본이 화제의 초점을 잘 인지하고 응집성 있는 텍스트로 진행된 반면, 저득점 집단

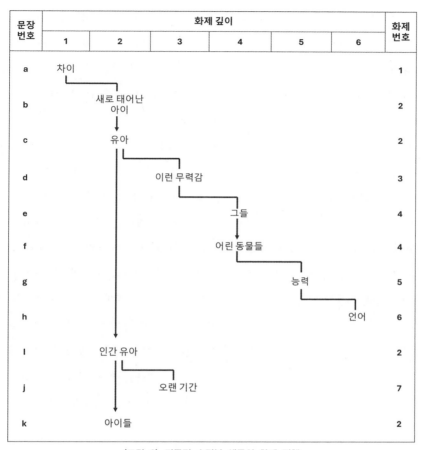

문장 번호	화제 깊이						화제 번호
	1	2	3	4	5	6	
a	차이						1
b		새로 태어난 아이					2
c		유아					2
d			이런 무력감				3
e				그들			4
f				어린 동물들			4
g					능력		5
h						언어	6
I		인간 유아					2
j			오랜 기간				7
k		아이들					2

〈그림 8〉 저득점 수정본 샘플의 화제 진행

의 수정본은 텍스트의 중심 요지가 명확하지 않고, 또 이를 담화 화제 (전체 주제)로 모으지 못했다는 사실을 말해준다.

저득점 수정본의 필자들이 응집성을 조성하는 데에 겪는 어려움은 그들의 텍스트에서 보이는 평균적인 "화제의 심도"에도 반영되어 있다. 〈그림 8〉이 나타내는 바와 같이, 저득점 점수 텍스트는 5.9의 평균 화제 심도를 가지고 있어 고득점 텍스트의 4.2와 비교된다. 이 평균들은 통계적으로 유의미하다. 이들 평균 사이의 차이는 저득점 수정본의 순차적 진행에 대한 의존 때문에 발생한다. 다른 말로 하면 그 차이는 저득점 수정본에서 고득점 수정본보다 더 많은 화제를 연속하여 소개하려는 경향 때문에 나타난 것이다. 이는 저득점 텍스트가 고득점 텍스트보다 순차적 진행이 더 많다는 사실을 의미한다. 저득점 수정본은 더 큰 화제 심도, 더 긴 순차적 진행, 더 많은 화제를 담고 있어 응집성 있는 텍스트가 되기는 어려울 수밖에 없다.

이처럼 화제구조분석은 t-unit을 이용한 통사적 분석을 통해 텍스트 질을 평가할 수 있는 잣대가 된다. 대체로 미숙한 필자들은 순차적 진행 방식을 많이 사용하고 있으며 순차적 진행방식에 관한 t-unit 수치도 높다. 이 말은 텍스트의 진술이 어떤 화제를 중심으로 일관성 있고 응집성 있게 진행되는 것이 아니라 다양한 화제가 등장함으로써 혼란스럽게 진행된다는 것을 말해준다. 통사적 분석을 통한 화제구조분석 방법은 t-unit의 정확한 수치를 통해 응집성 있는 텍스트와 그렇지 못한 텍스트를 해석할 수 있게 해준다. 이를 보면 Witte(1983a)가 제시한 화제구조분석 방법은 학생들의 텍스트를 분석하고 평가하는 데 좋은 연구 방법이 될 수 있다.

2. 화제 구조와 텍스트 질(Witte, 1983b)

학생들의 수정 과정을 통해 화제구조분석의 효용성을 검토한 Witte는 이후 본격적으로 화제구조분석 방법과 텍스트 질의 상관관계를 검토하는 논문을 쓴다. 그것이 바로 1983년에 쓴 「화제구조와 글쓰기 질(Topical Structure and Writing Quality)」이라는 논문이다(Witte, 1983b).

앞선 Witte의 논문(Witte, 1983a)이 학생들의 수정 양상을 비교해 보기 위해 화제구조분석을 응용했다면 이 논문에서는 본격적으로 화제구조의 양상과 텍스트 질이 어떤 관계에 있는지를 분석해 보고자 했다. 그리고 이를 위해 화제구조분석의 분석도구로 t-unit을 이용한 다양한 양적 통사 분석도 함께 사용했다.

이 논문에서 Witte(1983, b)는 화제구조분석이 텍스트 질을 판단하는 데 유용한지를 검토하기 위해 48명의 학생들을 대상으로 실험 연구를 했다. 앞서 학생들의 수정 텍스트 분석을 통해 Witte(1983a)는 화제구조분석이 텍스트 연구에 도움이 된다는 사실을 증명한 바 있다. 반면에 이 논문(Witte, 1983b)에서는 직접 학생들이 쓴 텍스트를 가지고 화제구조분석 방법이 텍스트의 질을 판단하는 데 도움이 될 수 있는지를 검증하고자 했다.

Witte는 이 작업을 위해 대학교 신입생의 논증적 에세이 180편 중에서 고득점을 받은 텍스트 20편, 저득점을 받은 텍스트 20편을 골라 이를 분석 텍스트로 삼았다. 그가 이 논문을 통해 증명하고자 한 것은 다음과 같은 가설이다(Witte, 1983b: 180).

담화 분석을 통한 화제구조분석 방법은 글쓰기의 질에 대한 독자의 판단을 과학적으로 설명해 줄 수 있는가?"
• 화제구조분석 방법은 대학 신입생들이 쓴 텍스트 중에서 고득점 텍스트와 저득점 텍스트를 설명할 이론적 근거를 제공해 줄 수 있는가?
• 화제구조분석 방법은 학생 텍스트의 구조적 패턴을 구별하고, 이런 원리를 이해하는 데 도움을 줄 수 있는가?"

우선 이 논문에서는 텍스트에 관한 기초적 자료를 얻기 위해 단어 수, 절 수, t-unit 수를 측정했다. 이 세 가지 요소는 주요 통사적 변수인 절의 평균 길이와 t-unit의 평균 길이를 계산할 수 있게 해 준다[20]. 이어서 두 집단의 화제 구조의 특성을 분석했다.

고득점 텍스트와 저득점 텍스트에 관한 분석에서 가장 먼저 검토한 것은 화제 유형에 관한 것이다. 화제 유형은 앞서 Lautamatti(1978)의 방법론에서 5가지를 제시한 바 있다. 화제 유형의 5가지는 아래와 같다.

1유형: 문두 요소(ISE)=문법적 주어(GS)=화제 주어(TS)

2유형: ISE≠TS=GS

3유형: ISE=GS≠TS

4유형: ISE=TS≠GS

5유형: ISE≠GS≠TS

Witte(1983b)는 위의 예문을 가지고 화제 유형을 분석한 내용을 아래와 같이 제시했다. 이 표를 보면 화제 유형 1과 유형 2, 유형 4는 고득점 텍스트와 저득점 텍스트에서 큰 차이가 없었다. 그러나 유형 3과 유형 5에서는 의미 있는 차이를 나타냈다.

---

20) Witte는 t-unit와 화제 주어를 코드화하기 위해 두 사람이 작업을 했다고 밝히고 있다. 두 사람이 코드화한 내용에 관한 합의는 86.5%에 이르렀다고 한다. 화제 주어는 에세이의 전체 요지와 맥락에 따라 결정했으며, 특정 문장과 이전 문장의 의미론적 관계를 통한 국지적 맥락도 참고를 했다. 화제를 결정하는 방법은 주절을 찾고 주절의 문법적 주어가 화제가 아니라면 문장의 서두 요소에서 화제를 찾고, 그것도 아니면 부속절의 여러 요소에서 적절한 명사구를 찾았다고 했다. Witte가 밝히고 있듯이 화제구조분석에서 무엇보다 어려운 점은 하위 점수를 받은 텍스트에서 애매모호한 측면이 많아 적절한 화제를 찾는 것이 쉽지 않다는 점이다.

〈표 2〉 높은 평가를 받은 에세이(N = 24)와 낮은 평가를 받은 에세이(N = 24)에 대한 화제 유형의 t-unit의 비율

문장유형	높은 평가 에세이 평균	텍스트 표준편차	낮은 평가 에세이 평균	텍스트 표준편차	T-값
1유형	52.9	15.8	45.2	17.0	1.64*
2유형	19.3	11.3	12.9	12.0	1.93*
3유형	8.7	12.7	17.4	13.0	2.33**
4유형	9.1	4.5	6.4	5.9	1.75*
5유형	10.0	7.6	18.2	11.5	2.93**

(**p<.05)

위의 표를 보고 알 수 있는 것은 고득점 텍스트 집단이 저득점 텍스트 집단보다 1유형을 더 많이 사용했다는 점이다. 그러나 그 편차가 크지는 않다. 사실 위의 표를 자세히 살펴보면 전체 사용 비율에서 1유형의 사용 비율은 다른 유형의 비율보다 압도적으로 높다. Witte(1982b)가 이 표를 보여주는 이유는 좋은 글을 쓰는 필자는 문장의 서두에 화제 주어와 문법적 주어를 배치하려는 일반적 경향이 있다는 사실을 보여주려는 것이다. Witte(1983b)는 이를 '전면화(fronting)'이라는 용어를 써서 설명했다. 이런 점은 한국어 문장에도 적용될 수 있다. 전문 필자가 아니라면 가급적 문법적 주어와 화제 주어를 동일하게 하여 문두에 사용하는 것이 좋다.

다음으로 Witte(1983b)가 지적하는 것은 고득점 텍스트에서 저득점 텍스트보다 2유형을 더 많이 사용한다는 점이다. 위의 표를 보면 수치는 높지 않지만 두 집단 사이에 확실한 차이가 있다. 2유형(문두 요소≠문법적 주어＝화제 주어)이 많이 사용되는 이유는 담화 연결어를 사용하여 앞 문장과 뒤 문장을 연결하려는 의도가 있기 때문이다. 높은 평가를 받은 에세이에서는 "그러나(However)"와 "그래서(Thus)"와 같

은 담화 연결어를 자주 사용했고, 때로는 화제 주어에 관한 맥락을 제공하기 위해 "고등학교 작문 과목에서"와 같은 화제적 부사어 (topical adjunct)를 사용했다. 한국어 문장에서 흔히 보이는 '예를 들어', '이를 다시 설명하면', '요약하면'과 같은 문두 요소도 모두 담화 연결어에 해당한다. 이런 연결어는 앞뒤 문장을 논리적으로 연결시키거나 맥락과 배경을 제공하는 기능을 한다. 또 이와 더불어 문두 자리에 시간을 나타내는 부사어가 와 '어젯밤 철수는'처럼 시간을 한정할 수도 있다. 이런 문두어는 독자가 내용을 더 잘 이해하도록 돕는 역할을 한다. Witte(1983b)에 의하면 서두 문장의 화제적 부사어는 높은 평가를 받은 에세이에서 더 많이 사용되었다고 한다.

제2유형의 사용에서 눈여겨봐야 할 것은 Witte(1983b)가 2유형이 1유형의 다음에 사용되어 1유형과 함께 문장 복합체를 이룬다고 지적한 점이다. 그가 제시한 이런 주장은 매우 흥미로운 것인데, 1유형의 문장 다음에 2유형의 담화 연결어나 화제 부사어가 등장해서 내용을 보충하거나 의미를 논리적으로 연결하는 기능을 한다고 말하고 있다 (첫 문장: 철수는 ~, 다음 문장: 학교에서 철수는 ~). 이런 기능은 독자로 하여금 내용을 쉽게 이해하고 문장의 내용에 반응할 수 있도록 만들어주는 역할을 한다[21].

고득점 텍스트와 저득점 텍스트 사이에서 가장 큰 차이는 3유형과 5유형에서 나온다. 3유형과 5유형은 통계적으로 유의미한 차이가 있

---

21) 이런 전략은 Peter Elbow가 말한 '관여 전략'과 유사하다. '관여전략'은 문어를 쓰면서도 필자는 구어처럼 독자가 정보를 얻거나 깨달을 수 있도록 부가적이거나 맥락적인 문장을 사용한다는 것이다. 예를 들어 '앞장에서'에서처럼 설명적인 글을 쓸 때 의미를 명확히 하거나, '여러분도 알다시피'처럼 독자와 공유된 맥락을 부가하는 문장을 쓰는 것이 그러한 것인데, 불필요한 말 같기도 하지만 내용을 보충하고 독자의 공감을 끌어내기 위해 자주 사용된다(Peter Elbow, 민병곤 외 옮김, 2021: 148~152).

다. 고득점 텍스트보다 저득점 텍스트에서 3유형과 5유형을 더 많이 사용한 것이다. 3유형(문두 요소=문법적 주어≒화제 주어)과 5유형(문두 요소≒문법적 주어≒화제 주어)의 특별한 점은 문두 요소와 화제 주어가 다르다는 점, 그리고 문법적 주어보다 화제 주어가 뒤에 온다는 점이다. 이 의미를 이해하려면 Witte(1983b)가 제시한 영어 예문을 보아야 한다.

3유형: 문두 요소(ISE)=문법적 주어(GS)≒화제 주어(TS)

There are *critics*, however, who see these courses as a waste of time and effort.

이 과목들을 시간과 노력의 소비로 보는 <u>비평가들이</u> 있다.

5유형: 문두 요소(ISE)≒문법적 주어(GS)≒화제 주어(TS)

Most importantly, it is essential that teachers show that they really care about the students' writing.

가장 중요하게는, <u>교사들이</u> 학생들의 글쓰기에 대해 실제로 관심을 가진다는 점을 보여준다는 것이 핵심적이다.

위의 예문을 보면 모두 화제 주어와 다른 문두 요소가 있다. 그리고 문법적 주어도 화제 주어보다 앞에 있다. 3유형의 특징적인 면은 영어 문장의 경우, 가주어(there, it)가 있다는 점이다. 이런 가주어나 형식적 주어를 가지면 문장은 길어지고 복잡해진다[22]. 영어의 경우 3유형의

---

22) 이 점에 관해 Witte(1983b: 193)가 제시하는 예는 다음과 같다. 예를 들어 "A good understanding of writing is basic."이라고 말하는 것보다 "It is basic to have a good understanding of writing."라고 말하는 것이 문장이 더 길고 복잡하다는 것이다.

문장과 5유형의 문장은 빈번하게 수동태를 사용하는 경향을 보인다. Witte(1983b: 193)는 학생들의 글에서 찾은 다음과 같은 예문을 제시했다. "After failing, it was recommended by my counselor that I take remedial English(내가 실패한 이후, 나의 조언자는 영어를 교정할 것을 추천했다)." 무엇보다 우리가 고려해야 할 사실은 3유형과 5유형이 1, 2유형과 달리 복잡하다는 점이다. 문두 요소가 화제 구조와 다르고 문법적 주어와 다른 경우도 있다. 높은 점수를 받은 필자들은 낮은 점수를 받은 필자들보다 이런 유형을 훨씬 적게 사용했다.

Lautamatti(1978)가 시도한 화제유형분석은 영어 문장을 두고 시작한 것이지만 한국어 문장에도 적용해 볼 만하다. 특히 유형 1과 유형 2의 사용을 권장하는 것은 한국어 문장에도 유용한 의미가 있다. 다만 유형 3, 4, 5에서 영어의 가주어나 수동태 문장을 한국어 문장으로 번역하면 문장의 어순이 달라지기 때문에 한국어 문장의 경우 화제 유형을 다시 규명해 볼 필요가 있다. 우리가 논리적으로 이해할 수 있는 것은 문두 요소와 문법적 주어와 화제 주어를 동일하게 전개하면 문장을 읽고 이해하는 데 훨씬 쉽고 편하다는 것이다. 이런 점은 영어 문장이나 한국어 문장에도 크게 차이 나지 않는 점이다. 또 화제 유형 분석을 화제진행분석과 같이 분석하면 우수한 집단과 미숙한 집단의 텍스트의 특성을 더 잘 분석할 수 있다.

Witte(1983b)가 제시한 위의 예시(〈그림 9〉, 〈그림 10〉)들은 고득점 텍스트와 저득점 텍스트의 화제 진행 양상을 보여준다. 그림을 자세히 살펴보면 고득점 텍스트에는 4개의 화제가 있고 저득점 텍스트에는 무려 11개의 다른 화제가 있다. 고득점 텍스트에는 병렬적 진행은 4군데가 있다(a-b, c-d-e, f-g, h-i-j). 저득점 텍스트와 비교해 보면 상대적으로 많다. 특이한 사례이긴 하지만 저득점 텍스트의 병렬적 진행은 아예 없다. 순차적 진행의 경우 고득점 텍스트에는 세 군데가 있다(b-c, g-h, j-k). 반면에 저득점 텍스트에는 대부분이 순차적 진행

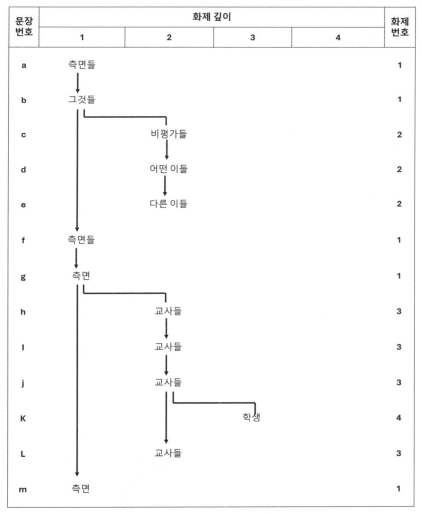

문장 번호	화제 깊이				화제 번호
	1	2	3	4	
a	측면들				1
b	그것들				1
c		비평가들			2
d		어떤 이들			2
e		다른 이들			2
f	측면들				1
g	측면				1
h		교사들			3
I		교사들			3
j		교사들			3
K			학생		4
L		교사들			3
m	측면				1

〈그림 9〉 고득점 텍스트 예문의 화제 구조

으로 되어 있다. 순차적 진행이 많다는 것은 화제의 종류가 많다는 뜻으로, 그림에서 보다시피 무려 11개의 화제가 있다. 순차적 진행이 새로운 화제를 소개하면서 진행되기 때문이다.

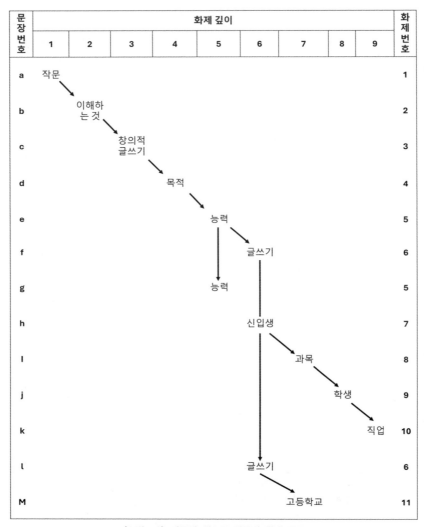

<그림 10> 저득점 텍스트 예문의 화제 구조

확장된 병렬적 진행은 고득점 텍스트에서 두 종류가 나타난다(b-f, g-m, j-l). 저득점 텍스트에서 확장된 병렬적 진행은 (e-g), (f-h-l)에서 형성된다. 확장된 병렬적 진행은 순차적 진행으로 논의를 확장하다가 다시 처음의 화제로 되돌아간 것을 말한다. 고득점 텍스트에서 병렬적 진행과 확장된 병렬적 진행이 많다는 것은 글이 상대적으로 응집성이 강한 글이라는 점을 말해준다. 화제의 심도는 순차적 진행이 많을 때 깊어진다. 위의 그림을 보면 고득점 텍스트의 경우 화제 심도가 3에 불과하지만, 저득점 텍스트는 화제 심도가 9에 해당한다. 정리하면 고득점 텍스트의 경우 화제 종류가 4이며 화제 심도는 3인 데 반해 저득점 텍스트의 경우 화제 종류가 11개이고 화제 심도는 9이다. 화제 종류가 많고, 화제 심도가 깊은 것은 텍스트의 응집성을 확보하는 데 좋은 요인이 아니다. 순차적 진행이 많아 새로운 화제가 많이 나오는 것은 응집성 있는 텍스트를 만드는 데 부정적 영향을 끼칠 가능성이 높기 때문이다. 이제 Witte(1983b)가 제시한 통사적 분석의 수치와 그 의미를 살펴보자.

〈표 3〉 상위텍스트(N = 24)와 하위 텍스트(N = 24)에서 분석된 화제구조 변수 비교

통사적 변수	높은 평가 집단		낮은 평가 집단		T-값
	평균	표준편차	평균	표준편차	
화제	10.9	4.1	13.3	5.9	1.65*
반복된 화제	5.0	2.0	4.6	2.3	0.60*
반복되지 않은 화제	5.9	3.7	8.7	5.8	2.47**
반복되지 않은 화제의 비율	50.6	20.0	61.4	19.5	1.90*
화제의 심도	4.2	1.3	5.9	2.3	2.99***
병렬적 진행 / 전체 t-unit[23]	50.4	11.7	37.5	23.5	2.41**
확장된 병렬적 진행 중/전체 t-unit	68.8	20.2	47.8	23.8	3.29***
순차적 진행 / 전체 t-unit	64.8	9.4	81.5	14.9	4.73****
t-unit수 / 병렬적 진행	2.8	0.5	2.3	0.9	2.59**

통사적 변수	높은 평가 집단		낮은 평가 집단		T-값
	평균	표준편차	평균	표준편차	
t-unit수/ 확장된 병렬적 진행	5.6	1.6	3.5	1.7	4.55****
t-unit수/ 순차적 진행	2.7	0.6	3.7	1.8	2.65**
t-unit수 / 화제	3.04	0.9	1.88	0.64	5.12****
단어 수 / 화제	53.2	22.5	33.7	12.4	3.74****

(**p<.05, ***p<.01, ****p<.001)

위의 표를 보면 고득점 텍스트와 저득점 텍스트의 차이가 뚜렷이
나타난다. 위의 표에서 통계적으로 유의미한 것(***p< .01)을 중심으
로 결과를 해석해 보도록 하자. 이들 변수가 고득점 텍스트와 저득점
텍스트의 차이를 설명해 줄 수 있다. 우선 표를 보면 전체 화제의
수와 반복되지 않은 화제의 수에 차이가 있다는 점을 발견할 수 있다.
전체 화제의 수가 많고 반복되지 않은 화제 수가 많다는 것은 순차적
화제 진행이 많다는 것이고, 이는 텍스트가 중심되는 화제로 집중되
지 못했다는 것을 설명한다.

다음으로 〈순차적 진행/전체 t-unit 비율〉을 살펴보자. 앞에서 지적
했듯이 순차적 진행은 고득점 텍스트에서보다 저득점 텍스트에서 더
많이 사용되었다. 그리고 이런 차이는 통계적으로 유의미했다. 순차
적 진행이 많으면 일관성을 해치는 문장이 많고, 더 복잡하다는 것을
의미하기 때문에 결코 좋은 징후라고 말할 수 없다. 〈확장된 병렬적
진행/전체 t-unit 비율〉도 이와 유사하다. 확장된 병렬적 진행은 고득

---

23) 화제 진행 3가지 유형들에 관한 t-unit의 합은 100보다 크다고 한다. 그 이유는 하나의
t-unit에 복수의 화제 진행이 가능하기 때문이다. 예를 들어 하나의 t-unit이 병렬적 화제
진행이면서 순차적 화제 진행이 될 수 있다. Witte는 이렇게 복수의 화제진행을 합해서
모두 계산하면 높은 평가를 받은 에세이의 t-unit합은 184%이고, 낮은 평가를 받은 에세이
의 t-unit합은 166.8%이라고 한다. 앞의 표에서 각각의 화제 진행에 해당하는 t-unit 비율
이 높은 것은 이와 연관이 있다(Witte, 1983b: 190).

점 텍스트 집단의 수치(68%)가 저득점 텍스트 집단의 수치(47.8%)보다 더 높다. 확장된 병렬적 진행은 순차적 진행 이후 다시 처음의 화제로 돌아가는 것이기에 일관성 있고, 응집성 높은 텍스트를 만들기 위해 필요한 과정이다.

화제당 t-unit이나 화제당 단어의 평균 개수의 차이도 두 집단 사이에서 유의미하다. 이 차이의 의미는 고득점 집단이 저득점 집단보다 더 많은 세부 내용을 가지고 더 자세히 설명을 했다는 뜻이다. Witte(1982b)는 이러한 결과가 두 집단의 에세이에 관해 다음과 같은 사실을 말해준다고 언급한다. 먼저 고득점 집단의 필자들이 그들이 소개하는 화제에 관해 내용을 창안하거나 발견할 능력이 더 많다는 것을 암시한다. 또 고득점 집단의 필자들이 더 적은 화제에 대해 더 많이 정교화하기를 선호한다는 뜻이다. 고득점 집단은 화제 수가 적으면서도 중심 화제에 관해 더 많은 설명을 했다. 이런 점은 화제구조분석을 통해 학생들이 어떤 텍스트를 써야 좋은 평가를 받을 수 있을지 알게 해주는 측면들이다.

이와 같은 결과는 동일한 실험 방식으로 한국어 문장에 관해 연구를 한 정희모·김성희(2008)의 연구에서도 비슷하게 나타났다. 화제 진행 방식과 통사적 분석 지표에서 유일하게 유의미한 통계 값을 얻은 지표는 '어휘 수/t-unit 수'와 't-unit 수/화제 수'였다. 이 지표는 하나의 의미 단위(t-unit)나 하나의 화제에 대해 더 자세하고, 더 많이 설명한 글이 더 좋은 평가를 받았다는 뜻이다. 이 지표는 Witte(1983a, b)의 연구 결과와 일치했다[24]. 두 연구 모두 대상 텍스트가 학술적

---

24) 정희모·김성희(2008)의 연구에서 화제 진행의 수(병렬적 진행, 순차적 진행, 확장된 병렬적 진행)에서는 상위 집단과 하위 집단 사이에서 유의미한 값을 얻지 못했다. 이는 Witte(1983b)의 연구에서 유의미한 값을 얻은 것과 비교된다. 이는 한국어 문장과 영어

에세이와 같은 논증 텍스트였음을 감안해 볼 때[25] 설득적인 글에서는 화제를 자세하고 깊이 있게 설명하는 것이 중요하다는 사실을 입증해 준다.

　Witte(1983a, b)의 연구는 화제구조분석을 통해 텍스트의 구조와 텍스트 질을 어떻게 규명할 수 있는지를 잘 보여주었다. Lautamatti(1978)가 창안한 방법이지만 Witte는 이를 더 섬세하게 다듬고, 세부 분석 지표를 더해 텍스트 구조를 확실하게 분석해 낼 수 있는 방법을 개발했다. 그가 실험을 통해 밝힌 여러 사실들은 학생들이 좋은 글을 쓰는 데도 하나의 학습 자료로 사용할 수가 있다. 학생들을 위해 글쓰기 교육에도 충분히 응용할 수 있는 가치가 있다고 판단된다.

3. 화제구조분석과 L2 연구(Schneider & Connor, 1990)

　화제구조분석 방법은 Lautamatti(1978), Witte(1983a, b)와 Connor & Farmer(1990)에 의해 시도된 바 있다. 특히 Witte(1983a, b)는 화제구조분석을 이용해 텍스트 질을 평가할 수 있는지 검증했다. Witte(1982a, b)의 연구 결과는 화제구조방법이 텍스트의 질을 판단하는 데 좋은 방법이 된다는 것을 보여주었고, 학생들의 텍스트 수정 학습에도 도

　문장의 어순 차이 때문에 일어난 현상으로 보이는 데 차후 이에 관한 연구가 더 필요할 것으로 판단된다. 한국어 문장에서 화제 선정과 화제 진행 방식에 관한 보완이 필요한데, 이에 관한 연구로는 이윤빈(2013)의 논문을 참고할 만하다.

25) Witte(1983b)의 연구에서 실험 대상 글쓰기 과제는 학생들에게 고등학교 작문 필수과목에 찬성하든가 반대하는가를 주장하는 글쓰기로 작성할 것을 요구한 것이었다. 정희모·김성희(2008)의 실험 대상 글쓰기 과제는 과거 역사에 대한 왜곡 혹은 망각의 사례에 관한 필자의 시각을 묻는 논증적 과제였다.

움이 된다는 사실을 검증했다. 그뿐만 아니라 고득점 텍스트와 저득점 텍스트의 텍스트 특성을 파악하는 데도 화제구조방법이 유용하다는 것을 증명했다.

이들의 연구 이후 화제구조방법은 여러 분야에 적용되어 응용되었다. L2 연구에도 화제구조분석 방법이 관심을 끌었다. 이 방법을 이용하면 학생들은 자신의 텍스트에서 문장 구조를 확인할 수 있고 이를 이용해 수정 작업에서 좋은 텍스트를 쓸 수 있다. 이런 유용한 점 때문에 ESL 학생들의 교육에서도 이 방법이 관심을 끌어왔다(Connor & Farmer, 1990; Tipton, 1987). Connor & Schneider(1988)도 L2 연구에 이 방법을 적용해 학생 교육에 도움이 되는지 살펴본 적이 있다. ESL 에서도 화제구조분석이 글의 질에 대한 독자의 판단을 식별해 낼 수 있을까? 이런 문제가 이들의 관심사였다. 이들은 1987년 가을에 시행된 Test of Written English(TWE)의 답안지에서 고득점 에세이와 저득점 에세이를 골라 두 집단의 텍스트를 검토하고자 했다. 이 시험의 문제는 예술가와 과학자들의 사회에 대한 공헌도를 비교하는 것이었다. 실험 대상으로 TWE 척도 중 최하 점수인 3점을 받은 에세이와 최고 척도인 6점을 받은 에세이를 무작위로 15개씩 선택했다.

Connor & Schneider(1988)는 ESL학생을 대상으로 한 연구 결과를 가지고 Witte(1983a, b)의 연구 결과와 어떻게 다른지 검토했다. Connor & Schneider(1988)의 연구에서 전체 t-unit의 평균은 Witte(1983a, b)의 연구와 유사하게 고득점 집단이 저득점 집단보다 약 두 배 정도 많았다 (20.7〉9.5). 병렬적 진행과 확장된 병렬적 진행은 두 집단 사이에서 유의미한 차이가 없었다. 그러나 순차적 진행의 비율은 두 집단 간에 유의미한 차이가 있었는데, 고득점 에세이에서 순차적 진행의 비율이 더 많이 발견되었다. 이런 결과는 모국어 필자들에 관한 이전의 연구

(Witte, 1983a, b)와 차이가 있는 부분이다. 앞 장에서 설명했듯이 Witte (1983a, b)의 연구에서 순차적 진행은 주로 저득점 에세이에서 나타났기 때문이다.

Connor & Schneider(1988)는 이렇게 차이가 난 점에 관해 병렬적, 순차적, 확장된 병렬적 화제에 관해 코딩 기준에서 차이가 있을 가능성이 있고, 평가자 내적 신뢰도를 검증하지 못했던 점, 그리고 순차적 진행 화제에 관해 판단의 차이가 있었을 가능성이 있다고 언급했다. 예를 들어 평행적 진행에서 순차적 진행으로 바뀔 때 문장 화제가 달라진다면, 달라지는 화제에 관한 정의를 어떻게 내릴 것인가가 문제가 된다. 예를 들어 '대학생'이란 문장 화제에서 '대학생의 공부', '대학생의 학비' 등으로 화제가 달라질 경우 이를 평행적 진행으로 보아야 할지, 아니면 순차적 진행으로 보아야 할지 문제가 된다. 앞서 Lautamatti(1978)나 Witte(1983a, b)는 같은 의미의 용어만 병렬적 화제로 보았다. 그러면 '대학생'이 반복될 때만 병렬적 화제로 보고, '대학생의 공부'나 '대학생의 학비' 등은 의미가 같은 것으로 보아야 할지, 의미로 다른 것으로 보아야 할지 고민이 된다.

Connor & Schneider는 달라진 연구 결과를 검증하기 위해 1990년에 다시 같은 실험을 전개했다. 이전의 연구에서 Test of Written English (TWE) 3점과 6점을 받은 에세이만 대상으로 했지만 4점을 받은 에세이 15편을 더 추가하여 실험을 진행했다. 세 집단의 에세이들은 각각 TWE 척도에서 3, 4, 6점을 받은 것들이다. 이 연구에서도 화제구조분석을 연구한 Witte(1983a, b)의 방법에 따라 문장 대신 t-unit(Hunt, 1965)을 분석 단위로 사용했다. 실험 결과는 다음과 같다.

t-unit에 관한 기술 통계 수치는 이전의 연구와 큰 차이가 없었다. 이전의 연구(Connor & Schneider, 1988)에서도 전체 t-unit 수는 고득점

집단에서 더 높았다. 이 연구(Schneider & Connor, 1990)에서도 고득점 에세이들은 저득점 에세이보다 평균 두 배 이상의 t-unit을 포함하고 있었다. 고득점 에세이들이 더 긴 글을 쓰고 있고, 이것이 통계적으로 유의미한 차이를 가져왔다. 주목해야 할 것은 화제 진행의 차이이다. 병렬적 진행과 순차적 진행에서의 비중은 3점과 6점, 그리고 4점과 6점 집단에서 유의미한 차이가 있는 것으로 나타났으며 3점과 4점 간의 차이는 유의미하지 않았다. 6점 집단은 3점과 4점보다 순차적 화제의 비중이 훨씬 컸고, 3점과 4점 집단은 6점보다 병렬적 화제 비중이 훨씬 더 높았다. 고득점 집단일수록 순차적 진행의 비율이 높게 나타난 것이다. 순차적 진행과 관련한 이러한 결과는 이들의 앞선 연구(Connor & Schneider, 1988)와는 유사하고, Witte(1983a, b)의 연구 결과와는 상반된 것이다. 영어 모어 화자를 대상으로 한 Witte (1983b)의 연구에서는 순차적 진행이 주로 저득점 집단에서 많이 나오는 화제 진행이었다.

이런 결과를 어떻게 받아들여야 할까? Schneider & Connor(1990)가 설명하는 대답은 앞의 연구와 마찬가지로 T-unit에서 병렬적, 순차적, 확장된 병렬적 화제 진행을 규정할 때 화제 기준에 착오가 있을 가능성이 있었다는 점이다. 사실 Lautamatti(1978)나 Witte(1983a, b)의 연구에서 문장 화제를 분별할 정확한 기준은 제시하지 않았다. Schneider & Connor(1990)는 이런 모호한 기준이 병렬적 화제와 순차적인 화제를 판별하는 데 차이를 가져왔을 수도 있다고 보았다. 반복되는 화제나 완전히 새로운 화제가 나오면 쉽게 구분할 수 있지만, 부분과 전체의 관계, 어휘적 파생 관계, 선행 문장과 후행 문장에서의 화제의 부분적인 반복의 경우에는 이를 평행적 진행으로 보아야 하는지, 아니면 순차적 진행으로 보아야 하는지 문제가 될 수 있다고 본 것이다.

Schneider & Connor(1990)는 선행 연구(Lautamatti, 1978; Witte, 1983a, b)를 따라 병렬적 화제 진행은 앞선 화제와 의미적으로 동일한 것이거나 앞선 화제를 이어받는 대명사이거나 동의어로 한정했다. 그러나 선행 연구의 기준과 조금 다른 점도 있다. 어휘적 파생을 포함하거나 (창조, 창조성), 부분과 전체의 관계가 있거나(자연과학, 생물학, 화학), 앞선 화제의 전부가 아니라 부분적인 것이라도(재즈와 블루스, 재즈, 블루스) 병렬적 화제로 보지 않고 순차적 화제로 보았다. 이런 기준이라면 '부부'와 '남편과 아내', 혹은 '남편', '아내'도 모두 다른 화제로 볼 수도 있다. 또 앞서 말한 대로 논의의 진행에 해당하는 문장 화제들, 예컨대 '대학생', '대학생의 학업', '대학생의 학비' 등을 모두 다른 문장 화제로 보게 되고, 이들이 포함된 화제 진행은 순차적 진행으로 규정하게 된다.

Connor & Schneider(1988)나 Schneider & Connor(1990)에서는 화제에 관한 이런 정의 방식 때문에 순차적 화제의 비중이 더 커졌을 것이라고 추정한다. 그런데 사실 병렬적 화제 진행과 순차적 화제 진행에 관한 Schneider & Connor(1990)의 지적은 정확한 것으로 보이지는 않는다. 병렬적 진행 방식에 관한 Lautamatti(1978)의 문장 화제들을 보면 '인간 유아(human infant)' → '새로 태어난 아이들(children)' → '새로 태어난 아이(child)'로, 같은 의미 계열에 있으면 어느 정도 변화를 인정하였다. 병렬적 화제인지, 순차적 화제인지의 판단은 화제 전환이 어떤 의미 변화를 가져오는지에 대해 면밀히 검토를 하고 판단해야 한다[26].

---

26) Schneider & Connor(1990:427)는 논문의 부록에서 자신들이 생각한 화제 진행의 분류 방식을 제시했다. 이들이 제시한 화제 구분 방식은 Lautamatti(1978)와 Witte(1983a, b)가 제시한 것과 다른 점도 있고, 유사한 점도 있다. 또 이런 분류에 동의할 부분도 있고,

어쨌든 Schneider & Connor(1990)의 연구 결과는 고득점 집단(6점)에세이가 중간 점수와 저득점 집단 에세이(3점, 4점)보다 순차적 화제의 비율이 더 많았으며, 병렬적 화제의 비율은 더 적은 것으로 나타났다. 이에 대하여 연구자들은 순차적 화제의 의미를 달리 해석하는 것으로 방향을 바꿔 설명했다. 원래 순차적 화제 진행이란 병렬적 화제 진행에서 이어오던 화제를 바꾸어 새로운 화제로 전환하는 것을 말한다. Lautamatti(1978)와 Witte(1983a, b)는 순차적 진행의 화제 비율이 높은 것을 응집성이 낮은 것과 연결시켰다. 자주 화제를 바꾸는 것은 글의 일관성과 집중력을 약화시키고 텍스트 전체의 응집성을 해치는 것으로 인식했다.

그러나 Schneider & Connor(1990)의 연구에서는 이를 다르게 해석

아닌 부분도 있을 수 있다. 병렬 진행의 3, 4부분에서 긍정, 부정의 화제, 선행 문장의 화제와 문장 첫 머리 명사가 같은 화제는 병렬적 진행의 화제로 보아야 할지, 순차적 진행의 화제로 보아야 할지 판단하기가 쉽지 않다. 예를 들어 사형제의 찬성, 사형제의 반대와 같은 화제는 문맥의 진행을 보고 판단해야 할 것이다. 이런 요소는 텍스트의 맥락 흐름 속에 들어가면 여러 상황으로 바뀔 수가 있다. Schneider & Connor(1990)가 제시한 내용은 다음과 같다.

• 병렬 진행(P)
  1. 정확하게 반복되는 문장 화제로, 대명사 형식이거나 바로 앞 문장 화제의 동의어.
  2. 바로 앞 문장 화제의 단수 또는 복수 형태인 모든 문장 화제.
  3. 긍정적 또는 부정적으로 선행하는 문장 화제. (예: 아티스트, 아티스트 없음)
  4. 직전 문장 화제와 머리명사가 동일한 문장 화제(예: 과학자의 아이디어, 예술가의 아이디어; 과학자의 기여, 예술가의 기여)

• 순차 진행(S)
  1. 바로 앞의 문장 화제와 다른 문장 화제, 즉 병렬진행(P)의 (1)~(4)에 해당하지 않는 것.
  2. 무엇을 제한하거나 무언가를 추가로 지정하는 명사구의 수식어구가 있는 문장 화제 (국가; 매우 작은 다인종 국가, 두 개의 다른 국가)
  3. 바로 앞 문장 화제(과학, 과학자)의 파생어인 모든 문장 화제.
  4. 부분 전체 관계에 의해 직전 문장 화제와 관련된 모든 문장 화제.
  5. 직전 문장 화제의 전부가 아닌 일부를 반복하는 모든 문장 화제(과학 및 예술, 과학, 예술).

• 확장 병렬 진행(EX)
  이전 문장 주제로 돌아가기 전에 적어도 하나의 순차적 화제에 의해 중단된 문장 화제.

했다. 이들 연구에서 높은 점수를 받은 에세이들이 순차적 진행 비율이 높으며, 글의 통일성과 응집성을 가지고 있는 것으로 판단되었다. 이들 에세이는 순차적 진행을 사용하면서도 적절한 세부 사항(details)을 사용하여 주제(thesis)를 뒷받침하거나 아이디어를 확장시켜주고 있었다. 이는 이윤빈(2013)이 말한 '의미 점증-순차적 진행'이나 '의미 인접-순차적 진행'과 유사한 경우로, 순차적 진행이라 하더라도 화제가 '대학생' → '대학생의 학업'처럼 의미가 심화되거나 확대되는 경우에 해당되는 것으로 보인다. Schneider & Connor가 순차적 진행의 문장 화제를 다른 학자들보다 다양하게 사용한 것으로, 높은 점수를 받은 에세이에서 순차적 진행이 많은 것은 이렇게 내용이 심화된 것을 의미한다.

Schneider & Connor(1990)의 연구를 보면 병렬적 진행과 순차적 진행에 관한 더 많은 연구가 필요하다는 사실을 알 수 있다. 이윤빈(2013)의 연구는 그런 가능성을 보여준 사례이다. 이윤빈(2013)은 Lautamatti (1978)와 달리 순차적 진행방법을 세 가지로 나누어 설명했다. 첫째로 '의미접증-순차적 진행'으로 후행 화제가 선행 화제의 의미를 구체화하거나 심화시키는 경우를 말한다. 예를 들어 '사형제' → '사형제의 찬성자' → '사형제 찬성자들의 주장' 등은 순차적 화제라 하더라도 의미가 심화되는 과정을 보여준다. 둘째, '의미 인접-순차적 진행'으로 후행 화제가 선행 화제의 의미를 구체화한 것은 아니지만, 의미적 관련성이 있는 경우이다. 예를 들어 '사형제의 찬성자들' → '사형제의 반대자들'처럼 의미의 심화는 아니지만 의미의 관련성을 갖는 경우이다. 이는 선행 주제와 관련이 있는 또 다른 주제로 이동하여 논의를 수평적으로 확장하는 기능을 한다. 셋째, '의미 무관-순차적 진행'으로 후행 화제가 선행 화제와 무관한 경우를 말한다. 의미 무관-순차적 진행이 많으면 일관성 있게 텍스트를 전개하는 데 어려움을 겪게 된다. Lautamatti(1978)가 말한 순차적 진행은 여기에 해당한다.

Schneider & Connor(1990)는 Lautamatti(1978)의 화제구조분석 방법이 텍스트의 응집성 양상을 모두 다 설명해 줄 수는 없겠지만, 이 방법을 ESL 작문으로 확대한다면 도움은 받을 수 있다고 말했다. 화제구조분석은 ESL 연구자와 교사들이 학생의 글을 문장 단위를 넘어 담화 차원으로 볼 수 있게 해 주는 좋은 방법이 된다. 문장 간의 의미 관계를 살펴볼 기회를 제공함으로써 부적절하거나 잘못된 화제 진행이 없는지 살펴보고 텍스트를 수정하게 만들어 줄 수 있다.

가은아(2013), 「인지주의 작문 이론의 이해와 작문 교육의 실천」, 『작문연구』 19, 한국작문학회.

강승혜(2020), 「한국어 쓰기 수업 원리와 실제」, 정희모, 『글쓰기 교육과 교수 방법』, 경진출판.

고신호(2008), 「필자의 쓰기 막힘(writing block) 현상과 그 원인에 대한 연구」, 고려대학교 석사논문.

고영근(1999), 『텍스트 과학』, 집문당.

권순희 외(2018), 『작문교육론』, 사회평론아카데미.

김도남(2004), 「독자의 의미 표상 방법 고찰」, 『한국초등국어교육』 25, 한국초등국어교육학회.

김도남(2006), 「해석 공동체의 개념 탐구: 읽기 교육을 중심으로」, 『국어교육학연구』 26, 국어교육학회.

김동계(2000), 「'동감'과 문학 행위 이론의 재구성: 문학 텍스트와 독자의 관계를 중심으로」, 연세대학교 석사논문.

김명순(2012), 「텍스트성을 활용한 텍스트 충실히 읽기 지도의 가능성과 의의」, 『학습자중심교과교육연구』 15(1), 학습자중심교과교육연구학회.

김봉순(2004), 『국어교육과 텍스트구조』, 서울대학교 출판부.

김성경(2008), 「숙달도에 따른 한국어 학습자의 문어텍스트 응결장치 사용 양상 연구」, 이화여자대학교 석사논문.

김성숙(2018), 「한국어 능력에 대한 진단평가 준거로서 어휘·문법 지식의 활용 방안」, 『리터러시연구』 9(3), 한국리터러시학회.

김수진(2009), 「문학작품을 활용한 한국언어문화교육 연구: 맥락 활성화에 기반한 수업사례를 중심으로」, 『한국어교육』 20(3), 국제한국어교육학회.

김은성(2008), 「국어 문법교육에서 '텍스트' 처리의 문제」, 『국어교육학연구』 33, 국어교육학회.

김은희(2007), 「한국어 학습자의 문어텍스트에 나타난 결속 기제 분석」, 이화여자대학교 석사논문.

김재봉(1997), 「텍스트요약전략에 대한 국어교육학적 연구」, 고려대학교 박사논문.

김정은(2013), 「문화이해와 소통을 위한 한국어교육 내용」, 『이중언어학』 53, 이중언어학회.

김주환(2017), 「대학생 필자의 글쓰기 과정 분석: 글쓰기 워크숍을 중심으로」, 『리터러시연구』 22, 한국리터러시학회.

김지영(2013), 「한국어교육 연구에서의 응집성(coherence) 개념에 대한 고찰」, 국제한국어교육학회 학술대회논문집.

김지홍(2010), 『언어의 심층과 언어교육』, 경진출판.

김지홍(2012), 『언어 산출 과정에 관한 학제적 접근』, 경진출판.

김진웅·주민재(2013), 「대학생 글쓰기에 나타나는 결속기제의 양상: 연세대학교 1학년 즉시 쓰기 과제를 중심으로」, 『새국어교육』 97, 한국국어교육학회.

김혜연(2014), 「쓰기 과정 연구의 이론적 재검토」, 『국어교육학연구』 49(1), 국어교육학회.

김혜연(2014), 「쓰기의 이원적 과정에 대한 연구」, 서울대학교 박사논문.

김혜연(2015), 「쓰기 과정 연구의 이론적 경향과 다원적 관점의 가능성」, 『작문연구』 24, 한국작문학회.

김혜영(2012), 「한국어 교육에서 문학 교재 개발의 방향」, 『새국어교육』 94, 한국국어교육학회.

노명완(2012), 『독서교육의 이해』, 한우리북스.

노명완·신헌재 외(2012), 『국어교육학개론』, 삼지원.

노미연(2011), 「한국어 중급 학습자의 응결 장치 사용 연구」, 『문법교육』 14, 한국문법교육학회.

막시밀리안 쉬레너, 이재원 번역(2005), 「텍스트에서 계속하기, 텍스트성에서 메타텍스트성으로」, 『텍스트언어학』 19, 한국텍스트언어학회.

민병곤·김호정·구본관(2020), 『한국어 교육학 개론』, 태학사.

민정호(2020), 「대학 글쓰기에서 논증적 글쓰기 교육 방안 모색: 직감 형성을 위한 교육 원리를 중심으로」, 『리터러시연구』 11(2), 한국리터러시학회.

민주희(2010), 「한국어 학습자 쓰기 텍스트에 나타난 결속기제 사용 연구」, 연세대학교 석사논문.

박민정(2017), 「한국어 중급 학습자의 쓰기 텍스트에 나타난 응집성 저해 양상 분석」, 경북대학교 석사논문.

박승윤(1986), 「담화의 기능상으로 본 국어의 주제」, 『언어』 11(1), 한국언어학회.

박신형(2012), 「화제 중심의 텍스트 응집성 고찰」, 『청람어문교육』 45, 청람어문교육학회.

박영목·한철우·윤희원(2003), 『국어교육학 원론』, 박이정.

박영목(2003), 「작문교육 연구 방법 동향」, 『청람어문교육』 26, 청람어문학회.

박영목(2005), 「작문 연구의 동향과 과제」, 『작문연구』 창간호, 한국작문학회.

박영목(2012), 「작문의 인지적 과정에 영향을 미치는 요인」, 『작문연구』 16, 한국작문학회.

박영민(2003), 「과학영역의 작문에서 예상독자 유형과 은유의 전략」, 『국어교육학연구』 16, 국어교육학회.

박영민(2004), 「작문 교육에서 예상독자의 인식과 처리」, 『청람어문교육』 29, 청람어문교육학회.

박영민(2005), 「다중적 예상독자의 개념과 작문교육의 방법」, 『국어교육학연구』 20, 국어교육학회.

박영민(2005), 「학생 작문의 다니엘 효과와 예상독자 인식의 방법」, 『새국어교육』 70, 한국국어교육학회.

박영순(2008), 『한국어 담화텍스트론』, 한국문화사.

박정하(2006), 「학술적 글쓰기, 어떻게 가르칠 것인가」, 『교양논총』 1, 중앙대학교 교양교육연구소.

박진용(1997), 「텍스트 의미 구조의 과정 중심 분석 방법」, 『청람어문교육』 17(1), 청람어문학회.

박채화(1993), 「국어 담화의 주제 구조 연구」, 서울대학교 석사논문.

박철우(1999), 「한국어의 화제」, 『언어연구』 19, 서울대학교 언어연구소.

박철우(2003), 『한국어 정보구조에서의 화제와 초점』, 역락.

박태호(1996), 「사회구성주의 패러다임에 따른 작문 교육 이론」, 한국교원대학교 석사논문.

박태호(2000), 『장르 중심 작문 교수·학습론』, 박이정.

박혜진·이미혜(2017), 「한국어 학습자의 쓰기 텍스트에 나타난 응결성과 응집성의 상관분석」, 『우리말글』 73, 우리말글학회.

서영진·전은주(2012), 「작문 활동에서 동료 피드백 의견의 유형별 타당도 연구」, 『국어교육학연구』 44, 국어교육학회.

서혁(1996), 「담화의 구조와 주제 구성에 관한 연구」, 서울대학교 박사논문.

서혁(1998), 「국어교육적 관점에서의 텍스트 분석」, 『텍스트언어학』 5, 한국텍스트언어학회.

성기철(1985), 「국어의 주제 문제」, 『한글』 188, 한글학회.

신명선(2008), 『의미, 텍스트, 교육』, 한국문화사.

신헌재·이재승(1997), 「쓰기 교육에서 과정 중심 접근의 의미」, 『한국초등 교육』 13, 한국초등국어교육학회.

안효상(2007), 「1960년대 미국의 새로운 세대 형성과 학생운동」, 『인문논총』 59, 서울대학교 인문학연구원.

오현아(2011), 「화제-초점 중심의 텍스트 구조의 유형화에 대한 고찰」, 『새국어교육』 87, 한국국어교육학회.

옥현진(2017a), 「문식 활동과 정체성 형성에 관한 국내 연구 동향분석」, 『청람어문교육』 63, 청람어문교육학회.

옥현진(2017b), 「성인문식성 교육과정 개발에 관한 전문가 의견조사」, 『작문연구』 35, 한국작문학회.

원미진(2021), 「한국어 능력 평가와 문법의 역할」, 『문법교육』 43. 한국문법 교육학회.

원진숙(1995), 『논술교육론』, 박이정.

유재임(2001), 「T-unit analysis를 이용한 영작문 평가」, 『영어교육연구』 22, 한국영어교육연구학회.

유재임(2005), 「문장합성연습이 영작문의 문장성숙도에 미치는 영향: T-unit 분석방법을 이용하여」, 단국대학교 박사논문.

윤여탁(2013), 「다문화 사회의 문식성 신장을 위한 한국어교육의 전략」, 『새국어교육』 94, 한국국어교육학회.

윤혜경·한정한(2021), 「한국어 텍스트 유형과 주제 구조의 상관 관계」, 『한국어학』 92, 한국어학회.

이미향(2011), 「한국어 교수 설계를 위한 상호 작용적 관점에서의 언어문화 考: 외국인 저술 초기 한국어 교재를 중심으로」, 『한국언어문화학』 8(2), 국제한국언어문화학회.

이보라미(2016), 「중국어권 한국어 학습자 설명 담화의 관계적 응집성 연구」, 이화여자대학교 박사논문.

이보라미·수파펀분룽(2012), 「태국인 한국어 학습자의 텍스트 응집성 인식 양상 연구」, 『이중언어학』 48, 이중언어학회.

이삼형(1999), 「텍스트 구조 분석 연구」, 『텍스트언어학』 6, 텍스트언어학회.

이상근·홍정하(2016), 「A Study on the Optimal Structure of Coherence in Argumentative Texts: With a Special Focus on Linking Adverbials」, 『담화와인지』 23(1), 담화·인지언어학회.

이선아(1998), 「자기검색척도(Self-Monitoring Scale)의 타당성 검정에 관한 연구」, 『대한간호학회지』 28(3), 한국간호과학회.

이선영(2013), 「한국어교육 연구에서 응집성(cohesion) 개념에 대한 고찰」, 『제23차 국제한국어교육학회 국제학술대회 발표논문집』, 국제한국어학회.

이선영(2015), 「학문 목적 한국어 학습자의 토론 수행에서 주제 친숙도가 담화 응집성에 미치는 영향」, 『한국어교육』 26(4), 국제한국어학회.

이수진(2001), 「후기 과정중심 작문교육이론 연구」, 한국교원대학교 석사논문.

이순영(2019), 「독자와 비독자 이해하기: 용어, 현황, 특성, 생성, 전환을 중심으로」, 『리터러시연구』 10(6), 한국리터러시학회.

이순영·김주환(2024), 「AI 독자와 인간 독자의 읽기 비교 연구」, 『독서연구』 73, 한국독서학회.

이신형(2012), 「화제 중심의 텍스트 응집성 고찰」, 『청람어문교육』 45, 청람어문교육학회.

이아라(2008), 「글쓰기 과정의 '숨은 독자(Hidden Reader)'」, 『국어교육학연구』 31, 국어교육학회.

이영호(2014), 「고전산문 글쓰기를 활용한 작문교육의 방향 연구」, 『작문연구』 22, 한국작문학회.

이원지(2021), 「쓰기 수업 맥락에서의 응집성(coherence) 교수 항목 제안」, 『리터러시연구』 12(1), 한국리터러시학회.

이원지(2023), 「결속성(cohesion)과 응집성(coherence)의 개념 및 관계」, 『텍스트언어학』 55, 한국텍스트언어학회.

이원지(2024), 「응집성(coherence)의 텍스트적 특징 연구」, 연세대학교 박사논문.

이윤빈(2013), 「담화종합을 통한 텍스트 구성 양상 연구」, 연세대학교 박사논문.

이윤빈(2014), 「미국 대학 신입생 글쓰기(FYC) 교육의 새로운 방안 모색」, 『국어교육학연구』 49(2), 국어교육학회.

이윤빈(2015), 「대학 글쓰기 교육에 대한 비판적 논의 및 대안적 교육 방안 검토」, 『작문연구』 24, 한국작문학회.

이재기(2005), 「문식성 교육 담론과 주체 형성에 관한 연구」, 한국교원대학교 박사논문.

이재기(2006), 「사회구성주의 관점에서의 독자」, 『독서연구』 16, 한국독서학회.

이재승(2000), 「과정 중심의 작문 교육 프로그램 개발 및 적용」, 『새국어교육』 62, 한국국어교육학회.

이재승(2002), 『글쓰기 교육의 원리와 방법』, 교육과학사.

이재승(2003), 「읽기와 쓰기 행위에서 결속 구조의 의미와 지도」, 『국어교육』 110, 한국어교육학회.

이재승(2007), 「과정 중심 글쓰기 교육의 허점과 보완」, 『한국초등국어교육』 33, 한국초등국어교육학회.

이재승(2010), 「작문이론의 변화와 작문교육에서의 수용」, 『국어교육』 131, 한국어교육학회.

이재원(2001), 「드 보그랑데/드레슬러(1981)의 텍스트성에 대한 비판적 고찰」, 『텍스트언어학』 11, 한국텍스트언어학회.

이재원(2004), 「언어학과 타 분야에서의 '텍스트' 개념들」, 『독어독문학』 45(3), 한국독어독문학회.

이재원(2008), 「또다시 텍스트성」, 『텍스트언어학』 24, 한국텍스트언어학회.

이재원(2012), 「텍스트언어학의 '텍스트성'의 개념 규정을 위한 기고」, 『독어학』 26, 한국독어학회.

이정란(2013), 「외국인 유학생의 보고서에 나타난 응집성 실현 양상 연구」, 『제23차 국제한국어교육학회 국제학술대회 발표논문집』, 국제한국어학회.

이정모(2010), 「체화된 인지(Embodied Cognition) 접근과 학문간 융합: 인지과학 새 패러다임과 철학의 연결이 주는 시사」, 『철학사상』 38, 철학사상연구소.

임홍빈(2007), 『한국어의 주제와 통사 분석: 주제 개념의 새로운 전개』, 서울대학교 출판부.

장성민(2023), 「챗gpt가 바꾸어 놓은 작문교육의 미래」, 『한국연구』 56, 한국작문학회.

전은아(1998), 「대화주의 작문이론 연구」, 한국교원대학교 대학원.

전제웅(2010), 「과정 중심 쓰기 교육의 한계 양상과 극복 방안」, 『교육과학연구』 12(2), 제주대학교 교육과학연구소.

정기철(2006), 「해석학적 관점에서의 독자」, 『독서연구』 16, 한국독서학회.

정해권(2011), 「한국어 문장의 주제와 초점 구조 습득」, 『한국어교육』, 22(3), 국제한국어교육학회.

정희모(2008), 「글쓰기에서 독자의 의미와 기능」, 『새국어교육』 79,. 한국국어교육학회.

정희모(2011), 「대학생 쓰기 교육을 위한 텍스트 특성 비교: 대학생 필자와 전문 필자의 텍스트를 중심으로」, 『국어교육』 135, 한국어교육학회.

정희모(2012), 「페렐만의 보편청중 개념과 작문의 독자 이론」, 『작문연구』 15, 한국작문학회.

정희모(2013a), 「작문 연구의 방향과 전망: 대학 작문에서 인지적 연구의 필요성과 방향」, 『작문연구』 18, 한국작문학회.

정희모(2013b), 「작문에서 문법의 기능과 역할」, 『청람어문교육』 47, 청람
   어문교육.

정희모(2014), 「대학 작문 교육과 학술적 글쓰기의 특성」, 『작문연구』 21.
   한국작문학회.

정희모(2015a), 「창의 융합 과정으로서 작문과 작문교육」, 『독서연구』 35,
   한국독서학회.

정희모(2015b), 「미국 대학에서 '글쓰기에 관한 글쓰기' 교육의 특성과
   몇 가지 교훈」, 『리터러시연구』 10, 한국리터러시학회.

정희모(2018), 「Flower & Hayes(2018)의 과정중심이론에 관한 비판적 재검
   토」, 『리터러시연구』 9(3), 한국리터러시학회.

정희모(2019), 「한국어 교육과 결속성(Cohesion) 및 응집성(Coherence)의 문
   제」, 『리터러시학회』 10(4), 한국리터러시학회.

정희모(2022), 「글쓰기 교육과 문장 단절의 문제」, 『리터러시연구』 13(6),
   한국리터러시학회.

정희모·김성희(2008), 「대학생 글쓰기의 텍스트 비교 분석 연구: 능숙한
   필자와 미숙한 필자의 텍스트에 나타난 특징을 중심으로」, 『국어교
   육학연구』 32, 국어교육학회.

조형일(2017), 「한국어교육에서 텍스트의 정체성 일고」, 『한성어문학』 37,
   한성어문학회.

주세형(2006), 『문법교육론과 국어학적 지식의 지평 확장』, 역락.

주재우(2010), 「사회구성주의 작문이론의 비판적 재검토: 작문교육의 관점
   에서」, 『작문연구』 11, 한국작문학회.

지현숙·오승영(2018), 「한국어교육에서 '맥락' 논의에 대한 일고찰」, 『새국
   어교육』 115, 한국국어교육학회.

진정근(2011), 「브링커(K. Brinker)의 주제와 주제 전개 개념의 이해」, 『독어
   학』 23, 한국독어학회.

최유리(2011), 「한국어 담화 화제의 구조 유형과 의미 정보」, 상명대학교

박사논문.

최윤지(2016), 「한국어 정보구조 연구」, 서울대학교 박사논문.

최인자(2000), 「대화주의 이론과 작문교육의 '문화생산' 모델」, 『국어교육
연구』 7, 서울대학교 국어교육연구소.

최현섭 외(2000), 『구성주의 작문 교수 학습론』, 박이정.

페터 쉬미터, 이재원 번역(2003), 「텍스트성과 응집성: 텍스트 내재적인
두 가지 현상인가?」, 『텍스트언어학』 14, 한국텍스트언어학회.

한국교원대학교 초등교육연구소(2002), 『구성주의와 교과교육』, 문음사.

한국텍스트언어학회(2004), 『텍스트언어학의 이해』, 박이정.

황미향(2007), 「과정 중심 쓰기 교육에 대한 비판적 고찰」, 『국어교육』 123,
한국어교육학회.

Anderson(1980), *Cognitive Psychology and Its Implications*; 이영애 옮김
(2012), 『인지심리학과 그 응용』, 이화여자대학교 출판부.

Arthur E. Walzer(1985), "Articles from the 'California Divorce Project': A
Case Study of the Concept of Audience", *College Composition and
Communication*, 36(2).

Arthur N. Applebee(1982), "Writing and Learning in School Settings, Martin
Nystrand", *What Writers Know: The language, process, and structure
of written discourse*, Academic Press, Inc.

Baaijen, Galbraith, de Glopper(2014), "Effects of writing beliefs and planning
on writing performance", *Learning and Instruction*, 33.

Baaijen, Galbraith, de Glopper(2018), "Discovery Through Writing: Relationships
with Writing Processes and Text Quality", *Cognition and Instruction*,
36(3).

Baddeley & Hitch(1974), "Working memory", in Bower, G. H.(eds.), *The
psychology of learning and motivation*, Orlando, FL; Academic Press.

Baddeley(1986), *Working memory*, Oxford University Press.

Bamberg(1983), "What makes a text coherent?", *College composition and communication*, 34(4), pp. 417~429.

Bamberg(1984), "Assessing coherence: A reanalysis of essays written for the National Assessment of Educational Progress", *Research in the Teaching of English, 1969~1979*, pp. 305~319.

Bartholomae, D.(1995), "Writing with Teachers: A Conversation with Peter Elbow", *National Council of Teachers of English*, 46(1).

Bawarshi, A. S. & Reiff, M. J.(2010), *Genre: An introduction to history, theory, research and pedagogy*; 정희모 외 역(2015), 『장르: 역사·이론·연구·교육』, 경진출판.

Bazerman, C.(1980), "A relationship between reading and writing: The conversational mode", *College English*, 41.

Bazerman, C.(2009), *Handbook of Research on Writing*, Lawrence Erlbaum Asociates Taylor & Francis Group, New York.

Beaugrande & Dressler(1982), *Introduction to text linguistics*; 김태옥 외 역(1991), 『담화·텍스트언어학 입문』, 양영각.

Bennett A. Rafoth(1988), "Discourse Community: Where Writer, Readers, and Texts come together", In Rafoth & Rubin(ed.), *The Social Construction Written Communication*, Ablex Publishing Corporation.

Bereiter, C., & Scardamalia, M.(1984), "Learning about writing from reading", *Written Communication*, 1, pp. 163~188.

Bereiter, C., & Scardamalia, M.(1987), "Two Models of Composing Processes", In Bereiter & Scardamalia(eds.), *The psychology of written composition*, Routledge.

Berkenkotter, C.(1981), "Understanding a Writer's Awareness of Audience", *College Composition and Communication*, 32(4).

Berkenkotter, C.(1991), "Paradigm Debates, Turf Wars, and the Conduct of Sociocognitive Inquiry in Composition", *College Composition and Communication*, 42(2).

Berlin, J.(1988), "Rhetoric and Ideology in the Writing Class", *College English*, 50(5).

Biber & Conrad(2005), "Register Variation: A Corpus Approach", in Schiffrin et. al.(2005), *The Handbook of Discourse Analysis*, Blackwell Publishers Ltd.

Bizzell, P.(1982a), "Cognition, Convention, and Certainty: What We Need to Know About Writing", *PRE/TEXT*, 3(3).

Bizzell, P.(1982b), "College Composition: Initiation into the Academic Discourse Community College Composition", *Curriculum Inquiry*, 12(2).

Bizzell, P.(1986), "What Happens When Basic Writers Come to College", *College Composition and Communication*, 37(3).

Bizzell, P.(1987), "Some uses oif the concept of 'discourse community", *Paper presented at the Penn State Conference on Composition*, July 1987.

Bizzell, P.(1990), "Beyond Anti-Foundationalism to Rhetorical Authority: Problems Defining 'Cultural Literacy'", *College English*, 52(6).

Bizzell, P.(1991), *Journal of Basic Writing*, 10(2).

Bizzell, P.(1992), *Academic Discourse and Critical Consciousness*, University of Pittsburgh Press.

Bollig, C.(2015), "'Is College Worth It?' Arguing for Composition's Value with the Citizen-Worker", *National Council of Teachers of English*, 67(2).

Bracewell et. al.(1982), "Cognitive processes in composing and comprehending discourse", *Educational Psychologist*, 17, pp. 146~164.

Brandt, D.(1992), "The Cognitive as the Social", *Written Communication*, 9(3).

Breetvelt, van den Bergh & Rijlaarsdam(1994), "Relations between writing processes and their relation to text quality: When and Why?", *Cognition and Instruction*, 12(2).

Brink, K.(1985), 이성만 역, 『텍스트 언어학의 이해』, 역락, 2004.

Brown & Yule(1983), *Discourse Analysis*, Cambridge University Press.

Brown et. al.(1989), "Situated cognition and the culture of learning", *Educational Researcher*, 18, pp. 32~42.

Bruffee, K. A.(1984), "Collaborative learning and the 'conversation of mankind'", *College English*, 46(7), Nov., 1984.

Bruffee, K. A.(1986), "Social Construction, Language, and the Authority of Knowledge", *College English*, 48(8).

Carino, P.(1995), "Early Writing Centers: Toward a History", *The Writing Center Journal*, 15(2).

Carol Berienkotter(1981), "Understanding a writer's Awareness of Audience", *College Composition and Communication*, 32(4).

Carrell(1982), "Cohesion is not coherence", *TESOL quarterly*, 16(4).

Chafe, W. L.(1976), "Givenness, Contrastiveness, Definiteness, Subjects and Topics, and Point of View", in Charles N. Li(ed.), *Subject and Topics*, Academic Press, New York.

Chafe, W. L.(1994), *Discourse, consciousness, and time*; 김병원·성기철(2006) 역, 『담화와 의식과 시간: 언어의식론』, 한국문화사.

Chartier, R. & Cavallo, G.(1999), 이종삼 옮김(2006), 『읽는다는 것의 역사(*A History of Reading*)』, 한국출판마케팅연구소.

Cheng & Steffensen(1996), "Metadiscourse: A technique for improving student writing", *Research in the Teaching of English*, 30(2).

Chenoweth & Hayes(2001). "Fluency in writing. Generating text in L1 and L2", *Written Communication*, 18, pp. 80~98.

Chin, E.(1994), "Redefining 'Context' in Research on Writing", *Written*

Communication, 11(4).

Choi, Y. H.(1988), *Textual coherence in English and Korean: An analysis of argumentative writing by American and Korean students, doctoral dissertation*, University of Illinois at Urbanar Champaign.

Christensen, F.(1963), "A Generative Rhetoric of the Sentence", *College Com position and Communication*, 14.

Christensen, F.(1965), "A Generative Rhetoric of the Paragraph", *College Com position and Communication*, 16.

Clark, H.(1996), *Using Language*; 김지홍 옮김(2009), 『언어사용 밑바닥에 깔린 원리』, 경진출판.

Connor, U.(1981), "Rise and Fall of the Modes of Discourse", *College Composition and Communication*, 32.

Connor, U.(1986), "Textbooks and the Evolution of the Discipline", *College Composition and Communication*, 37.

Connor, U.(1988), "Research frontiers in writing analysis", *TESOL Quarterly*, 21(4).

Connor, U.(1990), "Discourse analysis and writing/reading instruction", *Annual Review of Applied Linguistics*, 11.

Connor, U., & Farmer, M.(1990), "The teaching of topical structure analysis as a revision strategy for ESL writers", in Kroll(eds.), *Second language writing: Research insights for the classroom*, Cambridge University Press.

Connor, U., & Johns, A. M.(eds.)(1990), "Coherence in Writing: Research and Pedagogical Perspectives", *Teachers of English to Speakers of Other Languages* (TESOL).

Connor, U., & Schneider, M.(1988), *Topical structure and writing quality: Results of ESL study*, Paper presented at the 22nd Annual TESOL Convention.

Connors, R. J.(1987), "Research frontiers in writing analysis", *Tesol Quarterly*, 21(4).

Connors, R. J.(2000), "The erasure of the sentence", *College Composition and Communication*, 52(1).

Cooper & Matsuhashi(1983), "A theory of the writing process", In Martlew (ed.), *The psychology of written language*, London: John Wiley and Sons.

Corbett, E.(1965), "Rhetoric and teachers of English", *Quarterly Journal of Speech*, 51.

Cowley, M.(1961), Writers at work: The paris Review Interviews(No Title, 1958).

Cox et. al.(1990), "Good and poor elementary readers' use of cohesion in writing", *Reading Research Quarterly*, 25(1).

Crismore et. al.(1993), "Metadiscourse in persuasive writing: A study of texts written by American and Finnish university students", *Written communication*, 10.

Crossley & McNamara(2010), "Cohesion, Coherence, and Expert Evaluations of Writing Proficiency", *Proceedings of the Annual Meeting of the Cognitive Science Society*, 32.

Crossley & McNamara(2011), "Text Coherence and Judgments of Essay Quality: Models of Quality and Coherence", *Proceedings of the Annual Meeting of the Cognitive Science Society*, 33(33).

Crosswhite, J.(1996), *The Rhetoric of Reason: Writing and the Attractions of Argument*; 오형엽 역(2001), 『이성의 수사학: 글쓰기와 논증의 매력』, 고려대학교 출판부.

Daneš, F.(1970), "Zur Linguistischen Analyse der Textstruktur", *Folia Linguistica*, 4.

D'Angelo(1986), "The Topic Sentence Revisited", *College Composition and Communication*, 37(4).

de Beaugrande, R.(1984), *Text production: Toward a science of composition, Vol. 2 of Advances in discourse processes*, Norwood, NJ: Able.

Delu & Rushan(2021), *New research on cohesion and coherence in linguistics*, Routledge.

Donald Stewart(1985), "Some History Lessons for Composition Teachers", *Rhetoric Review*, 3.

Elbow, P.(1973), *Writing without Teachers*, Oxford University Press.

Elbow, P.(1987), "Closing my eyes as I speak: An argument for ignoring audience", *College English*, 49(1).

Elbow, P.(1998), *Writing with Power*, 김우열 옮김(2014), 『힘있는 글쓰기』, 토토.

Emig, J.(1969), *Components of the composing process among twelfth-grade writers*, doctoral dissertation, Harvard University.

Emig, J.(1971), "The Composing Process: Review of the Literature", in Sondra Perl, *Landmark Essays on Writing Process*, Hermagoras Press.

Emig, J.(1977), "Writing as a Model of Learning", *College Composition and Communication*, 28(2).

Emig, J.(1982), "Inquiry paradigms and writing", *College Composition and Communication*, 33(1).

Enkvist(1978), "Coherence, Pseudo-Coherence, and Non-Coherence", ERIC, ED275188.

Enkvist(1990), "Seven Problems in the Study of Coherence and interpretability", In Connor, U., & Johns, A. M.(eds.), *Coherence in Writing: Research and Pedagogical Perspectives*, Teachers of English to Speakers of Other Languages (TESOL).

Ewald, H. R.(1993), "Waiting for Answerability: Bakhtin and Composition Studies", *College Composition and Communication*, 44(3).

Faigley, L. & Witte, S.(1981), "Analyzing Revision", *College Composition and Communication*, 32(4).

Faigley, L.(1986), "Competing theories of process: A critique and a proposal", *College English*, 48(6).

Fang, Z. & Cox, B. E.(1998), "Cohesive Harmony and Textual Quality: An Empirical Investigation", *National Reading Conference Yearbook*, 47.

Feathers, K.(1981), "Text unity: A semantic perspective on mapping cohesion and coherence", *Unpublished paper*, Indiana.

Firbas, J.(1986), "On the dynamic Written communication in light of the theory pf Functional Sentence Perspective", in Cooper & Greenbaum(eds.), *Studying Writing Linguistic approaches*, Bevery Hills, CA; Sage.

Fish, S.(1976), Interpretive Communities, in Rivkin & Ryan(2004), *Literary Theory: An Anthology*, Blackwell Publishing

Fish, S.(1980), *Is There A Text In This Class? The Authority of Interpretive Communities*, Harvard University Press.

Fitzgerald, J., & Spiegel, D. L.(1986), "Textual cohesion and coherence in children's writing", *Research in the Teaching of English*, pp. 263~280.

Flower, L. & Hayes, J. R.(1977), "Problem-Solving Strategies and the Writing Process", *College English*, 39(4).

Flower, L. & Hayes, J. R.(1980), "The Cognition of Discovery: Defined a Rhetorical Problem", *College composition and communication*, 31(1).

Flower, L. & Hayes, J. R.(1981), "A cognitive process theory of writing", *College composition and communication*, 32(4).

Flower, L. & Hayes, J. R.(1984), "Images, plans, and prose: The representation of meaning in writing", *Written communication*, 1(1).

Flower, L.(1979), "Writer-based prose: A cognitive basis for problems in writing", *College English*, 41(1).

Flower, L.(1989a), "Cognition, context, and theory building", *College composition and communication*, 40(3).

Flower, L.(1989b), "A Response to James Berlin's 'Rhetoric and Ideology' and a Comment on Michael Carter's Problem-Solving", *College English*, 51, pp. 765~769.

Flower, L.(1993), *Problem-solving strategies for writing*; 원진숙·황정현 역 (1998), 『글쓰기의 문제 해결 전략』, 동문선.

Freebody & Anderson(1981), "Effects of Vocabulary Difficulty, Text Cohesion, and Schema Availability on Reading Comprehension", *Technical Report*, 225, ERIC.

Freedman et. al.(1987), "Research in Writing: Past, Present, Future", *Technical Report*, 1, National Center for The Study of Writing.

Freire, P.(1970), *Pedagogy of the oppressed*(M. B. Ramos, trans.), New York: Continuum.

Friedman, L. & Sulzby, E.(1987), "Cohesive harmony analysis: Issues of text pragmatics and macrostructure", In J. E. Readence & R. S. Baldwin (eds.), *Research in literacy: Merging perspectives*, pp. 297~305, Thirty-sixth yearbook of the National Reading Conference, Rochester, NY.

Fulkerson, R.(2005), "Composition at the Turn of Twenty First Century", *College composition and communication*, 56(4).

Galbraith, D.(1992), "Conditions for Discovery through Writing", *Instructional Science*, 21(1/3).

Galbraith, D.(1996), "Self-monitoring, discovery through writing and individual differences in drafting strategy", in G. Rijlarsdam., H. Van den Bergh

& M. Couzijn(eds.), *Theories, Models and Methodology in Writing Research*, Amsterdam University Press.

Galbraith, D.(1999), *Writing as a Knowledge: Constituting Process, Knowing What to Write*, Amsterdam University Press.

Galbraith, D.(2009), "Writing as Discovery", *Teaching and Learning*, 2(6).

Galbraith, D., & Torrance, M.(2004), "Revision in the context of different drafting strategies", In L. Allal, L. Chanquoy, & P. Largy(eds.), *Revision: Cognitive and instructional processes*, Dordrecht, NL: Kluwer Academic Publishers.

Garing, A. G.(2014), "Coherence in argumentative essays of first year college of liberal arts students at de la salle university", *In DLSU Research Congress*.

Gee, G. P.(1999), "The New Literacy Studies and the 'Social Turn'", Miller (eds.)(2009), *The Norton book of composition studies*, WW Norton & Company.

Gernsbacher & Givón(eds.)(1995), *Coherence in spontaneous text*, John Benjamins Publishing.

Giroux, H. A.(1983), *Theory and Resistance in Education*, South Hadley, MA: Bergin.

Givón, T.(1995), "Coherence in Text vs. Coherence in Mind", In Gernsbacher & Givón(eds.), *Coherence in spontaneous text*, John Benjamins Publishing company.

Goldman & Wiley(2004), "Discourse analysis: Written text", In Duke & Mallette(eds.), Literacy research methodologies. GP.

Grabe & Kaplan(1996), *Theory and practice of writing: an applied linguistic perspective*; 허선익 역(2008), 『쓰기 이론과 실천사례: 응용 언어학적 관점』, 박이정.

Grabe, W. P.(1985), "Written discourse analysis", In R. B. Kaplan(ed.), *Annual review of applied linguistics*, 5, Rowley, MA: Newbury House.

Greene, S.(1990), "Toward a Dialectical Theory of Composing", *Rhetoric Review*, 9(1).

Greene, S.(1993), "The Role of Task in the Development of Academic Thinking through Reading and Writing is a College History Course", *Research in the Teaching of English*, 27(1).

Grice, H. P.(1975), "Logic and Conversation", in Cole & Morgan(eds.), *Syntax Semantics*, 3.

Grimes, J. E.(1975), *The thread of discourse*, The Hague: Mouton.

Haas, C., & Flower, L.(1988), "Rhetorical reading strategies and the construction of meaning", *College Composition and Communication*, 39(2).

Hairston, M.(1974), *A Contemporary Rhetoric*, Houghton Mifflin.

Hairston, M.(1982), "The winds of change: Thomas Kuhn and the revolution in the teaching of writing", *College composition and communication*, 33(1).

Halliday & Hasan(1976), *Cohesion in english*, Longman Pub Group.

Halliday, M. A. K.(1967), "Notes on Transitivity and Theme in English", *Journal of Linguistics*, 3.

Halliday, M. A. K.(1978), *Language as Social Semiotic: the Social Interpretation of Language and Meaning*, Edward Arnold.

Harris, J.(1988), "Community: A Keyword in the Teaching of Writing", Paper presented at the Annual Meeting of the Conference on College Composition and Communication(39th, St. Louis, MO, March 17~19, 1988).

Harris, J.(1988), "Rethinking the pedagogy of problem solving", *Journal of Teaching Writing*, 7(2).

Harris, J.(1989), "The Idea of Community in the Study of Writing", *College composition and Communication*, 40(1).

Harris, M.(1983), "Modeling: A Process Method of Teaching", *College English*, 45.

Harweg, R.(1968), *Pronomina und Textkonstitution*, Muenchen; Wilhelm Fink Verlag.

Hasan, R.(1984), "Coherence and cohesive harmony", In J. Flood(eds.), *Understanding reading comprehension: Cognition, Language, and the Structure of prose*, Newark: International Reading Association.

Hasan, R.(1985), "The texture of a text", In Halliday & Hasan, *Language, context, and text: Aspects of Language in a social-semiotic perspective.* Oxford University Press.

Hayes, J. R. & Flower, L.(1980), "Identifying the Organization of Writing Processes", in Lee W. Gregg & Erwin R. Steinberg(eds.), *Cognitive Processes in Writing*, Lawrence Erlbaum Associates, Publishers.

Hayes, J. R.(1990), "Cognitive Processes in Creativity", *Occasional Paper*, 18.

Hayes, J. R.(1996), "A New Framework for Understanding Cognition and Affect in Writing", In C.M. Levy & S. Ransdell(eds.), *The science of writing: theories, methods*, individual differences, and applications, Mahwah, NJ: Erlbaum.

Hayes, J. R.(2000), "A New Framework for Understanding Cognition and Affect in Writing", In Roselmina Indrisano & James R. Squire(eds.), *Perspectives on Writing: Research*(pp. 6~44), *Theory, and Practice*, Information Reading Association.

Hayes, J. R.(2012), "Modeling and Remodeling Writing", *Written Communication*, 29(3).

Hayes, J. R.(2015), "Can Cognitive Writing Models Inform the Design of the Common Core State Standards?", *the elementary school journal*, 115(4).

Hayes, J. R.(2017), "Are Cognitive Studies in Writing Really Passé? in Portanova et. al.,(2017)", *Contemporary Perspectives on Cognition and Writing*, The WAC Clearinghouse; University Press of Colorado.

Hayes, J. R., & Nash, J. G.(1996), "On the Nature of Planning in Writing", In C. M. Levy & S. Ransdell(eds.), *The science of writing: theories, methods, individual differences, and applications*(pp. 29~55), Mahwah, NJ: Erlbaum.

Hayes, J. R., Flower, L., Schriver, K. A., Stratman, J., & Carey, L.(1987), "Cognitive processes in revision", In S. Rosenberg(ed.), *Advances in applied psycholinguistics*, 2, Reading writing and language processing, Cambridge University Press.

Herrington, A. J.(1985), "Writing in Academic Settings: A Study of the Contexts for Writing in Two College Chemical Engineering Courses", *Research in the Teaching of English*, 19(4).

Herzburg, Bruce(1986), *The politics of discourse communities*, Paper presented at the College Composition and Communication Convention, New Orleans, March 1986.

Hobbs, J.(1979), "Coherence and coreference", *Cognitive Science*, 3.

Hoey, M.(1983), *On the Surface of Discourse*, London: Allen and Unwin.

Hoey, M.(1991), "Another perspective on coherence and cohesive harmony", Ventola(ed.), *Functional and Systemic Linguistics*, De Gruyter Mouton.

Hopkins, E.(1912), "Can Good Composition Teaching Be Done under Present Conditions?", *National Council of Teachers of English*, 1(1).

Horner, B. & Min-Zhan, L.(2010), "Working Rhetoric and Composition", *College English*, 72(5).

Horner, B.(1979), "Speech-Act and Text-Act Theory: 'heme-ing'in Freshman, Composition", *College Composition and Communication*, 30(2).

Houghton, G. & Tipper, S.(1996), "Inhibitory Mechanisms of Neural and Cognitive Control: Applications to Selective Attention and Sequential Action", *BRAIN AND COGNITION*, 30(3).

Hoy, D. C.(1982), *The Critical circle: literature and history in contemporary hermeneutics*; 이경순 역(1988), 『해석학과 문학비평』, 문학과지성사.

Hrushovski, B., & Ben-Porath, Z.(1974), "Principles of a unified theory of the literary text", Ziva Ben-Porat & Benjamin Hrushovski, Structuralist Poetics in Israel, Department of Poetics and Comparative Literature, Tel Aviv-University.

Hunt, K. W.(1964), "Differences in grammatical structures written at three grade levels, the structures to be analyzed by transformational methods", *Cooperative Research Project No. 1998*. Tallahassee: Florida State University.

Hunt, K. W.(1965), *Grammatical Structures Written at Three Grade Levels*, Champaign, IL: National Council of Teachers of English.

Hymes, D.(1972), "Models of the interaction of language and social life", In J. J. Gumperz & Hyme(eds.), *Directions in sociolinguistics*, Reinhart & Winston.

Jacobs, S.(1982), *Composition and coherence: The writing of eleven medical students*, Washington, DC: Center for Applied Linguistics.

Johns A. M.(1986), "Coherence and Academic Writing: Some Definitions and Suggestions for Teaching", *TESOL Quarterly*, 20(2).

Joseph, B.(1988), "The collective concept of audience in nonacademic setting", ERIC, ED 293 150.

Kaufer, Hayes & Flower(1986), "Composing Written Sentences", *Research in the Teaching of English*, 20(2).

Kent, T.(1991), "On the Very Idea of a Discourse Community", *College*

Composition and Communication, 42(4).

Kintsch & Mross(1985), "Context effects in word identification", *Journal of Memory and Language*, 24.

Kintsch & Van Dijk(1978), "Toward a model of text comprehension and production", *Psychological review*, 85(5).

Kintsch(1998), *Comprehension: A paradigm for cognition*; 김지홍 외 역(2010), 『이해: 인지 패러다임 1, 2』, 나남.

Kitzhaber, Albert R.(1953), *Rhetoric in American Colleges, 1850~1900*, Diss. University of Washington, Ann Arbor: UMI.

Knoblauch, C. H.(1988), "Rhetorical Considerations: Dialogue and Commitment", *College English*, 50.

Kucer, S.(1987), "The cognitive base of reading and writing", In J. R. Squire (ed.), *The dynamics of language learning*, Urbana: National Conference on Research in English and ERIC Clearinghouse on Reading and Communication Skills Kucer.

Lautamatti, L.(1978), "Observations on the development of the topic in simplified discourse", In Connor & Kaplan(1987), *Writing across languages: Analysis of L2 text*, Assison-Wesley publishing company.

Lautamatti, L.(1982), "Coherence in spoken and written discourse", U. Connor, A. M. Johns(eds.), *Coherence in writing: Research and pedagogical perspectives*, TESOL, Alexandria, VA(1990).

Lee, I.(2002), "Teaching coherence to ESL students: a classroom inquiry", *Journal of Second Language Writing*, 11(2).

Leki, L.(1998), *Academic Writing*, The Press Syndicate of The University of Cambridge.

Li & Thompson(1976), Subject and topic: A new typology of language in Charles N. Li.(eds.), *Subject and topic*, New York: Academic Press.

Linell, P.(1982), "The Written Language Bias in Linguistics", *Studies in Communication*, 2, Linkoping: University of Linkoping.

Linell, P.(1998), *Approaching dialogue: Talk, interaction and contexts in dialogical perspectives*, Amsterdam & Philadelphia: John Benjamins.

Lisa Ede, L. & Lunsford, A.(1984), "Audience Addressed/Audience Invoked: The Role of Audience in Composition Theory and Pedagogy", *College Composition and Communication*, 35(2).

Liu & Braine(2005), "Cohesive features in argumentative writing produced by Chinese undergraduates", *System*, 33.

Long, R. C.(1980), "Writer-Audience Relationships: Analysis or Invention?", *College Composition and Communication*, 31(2).

Lund, N.(2003), *Language and thought*; 이재호·김소영 역(2007), 『언어와 사고: 인지심리학』, 학지사.

Lunsford, A. A.(1990), "Politics, Commitment, and the Teaching of Writing", *College Composition and Communication*, 41(1).

MacArthur et. al.(2006), *Handbook of Writing Research*; 박영민 외 옮김(2015), 『작문교육연구의 주제와 방법』, 박이정.

Macdonald, S.(2007), "The Erasure of Language", *College Composition and Communication*, 58(4).

Mann & Thompson(1986), "Relational propositions in discourse", *Discourse processes*, 9(1), pp. 57~90.

Martin, J. R.(2010), "Cohesion and Texture, in Schiffrin & Tannen", Hamilton (eds.), *The Handbook of Discourse Analysis*, Blackwell Publishing.

Matlin, J. R.(2005), *Cognition*(6th ed.); 민윤기 역(2007), 『인지심리학』, 박학사.

McCagg, P.(1990), "Toward understanding coherence: A response Proposition Taxonomy", in Connor & John(eds.)(1990), *Coherence in Writing,*

Teachers of English to Speakers of Other Languages, Inc.

McCulley(1985), "Writing quality, coherence, and cohesion", *Research in the Teaching of English*, 19(3).

McCutchen, D.(2000), "Knowledge, Processing, and Working Memory: Implications for a Theory of Writing", *Educational Psychologist*, 35(1).

McNamara et. al.(1996), "Are Good Texts Always Better? Interactions of Text Coherence, Background Knowledge, and Levels of Understanding in Learning From Text", *Cognition and Instruction*, 14(1).

McNamara, Crossley & McCarthy(2010), "Linguistic features of writing quality", *Written Communication*, 27(1).

Meanary, R.(2007), "Writing as Thinking", *Language Science*, 29.

Mina Shaughnessy(1977), *Error and Expectations*, New York and London: Oxford University Press.

Morgan, J. L., & M. B. Sellner(1980), "Discourse and linguistic theory", In R. J. Spiro, B. C. Bertram, & W. F. Brewer(eds.), *Theoretical issues in reading comprehension*, Hillsdale, NJ: Lawrence Erlbau.

Moshman, D.(1982), "Exogenous, Endogenous, and Dialectical Constructivism", *DEVELOPMENTAL REVIEW*, 2.

Murray, D. M.(2011), "Teach Writing as a Process Not Product", *Cross-Talk in Comp Theory: A Reader*, National Council of Teachers of English.

Murray, D. M.(1978), "Internal revision: A process of discovery", In C. R. Cooper and L. Odell(eds.), *Research on Composing: Points of Departure* (pp. 85~104), Urbana, IL: NCTE, *Developmental Review*, 2.

Nelms, G.(1994), "Reassessing Janet Emig's The Composing Processes of Twelfth Graders: An Historical Perspective", *Rhetoric Review*, 13(1).

New & Simon(1972), *Human problem solving*, Englewood Cliffs, NJ: Prentice-Hall.

Newkirk et. al.(1976), "What Johnny Can't Crite: A University View of Freshman Writing Ability", ERIC ED 140 339.

Noh, M. Y.(1985), *Effects of topical structure on discourse comprehension and production*, Unpublished doctoral dissertation, University of Illinois.

Nold, E.(1981), "Revising", In C. H. Fredericksen & J. F. Dominic(eds.), *Writing: Process, development and communication, Vol. 2 of Writing: The nature, development, und teaching of written communication*, Hillsdale, NJ: Erlbaum.

North, Stephen M.(1984), "The Idea of a Writing Center", *College English*, 46(5).

North, Stephen M.(1987), *The Making of Knowledge in Composition: Portrait of an Emerging Field*, Portsmouth, NH: Boynton.

Nystrand, M.(1983), "The role of context in written communication", *Nottingham Linguistic Circular*, 12(1).

Nystrand, M.(1986), *The structure of written communication: Studies in reciprocity between writers and readers*, Orlando and London: Academic Press.

Nystrand, M.(1989), "Instructional Discourse, Student Engagement, and Literature Achievement", *Research in the Teaching of English*, 25(3).

Nystrand, M.(1993), "Where Did Composition Studies Come From?", *Written Communication*, 10(3).

Nystrand, M.(2006), "The social and historical context for writing research", In C. A. MacArthur, S. Graham, & J. Fitzgerald(eds.), *Handbook of writing research*, New York: Guilford Press.

Ong, W.(1975), *The Writer's Audience is Always a Fiction*, 90(1), PMLA.

Park, D. B.(1982), "The Meanings of 'audience'", *College English*, 44(3).

Paul Whitney, *The psychology of language*; 이승복·한기선 역(1999), 『언어심

리학』, 시그마프레스.

Pemberton(1993), "Modelling theory and Composing process", *College composition and communication*, 44(1), Feb., 1993.

Peter Carino(1995), "Early Writing Centers: Toward a History", *The Writing Center Journal*, 15(2).

Peter Elbow(2012), *Vernacular eloquence: what speech can bring to writing*; 민병곤 외 옮김(2021), 『일상어 문식성』, 사회평론 아카데미.

Pfister & Petrick(1980), "A Heuristic Model for Creating a Writer's Audience", *College composition and communication*, 31(2).

Phelps(1985), "Dialectics of coherence: Toward an integrative theory", *College English*, 47(1).

Pittard, V.(1999), "Knowledge, Ideas and Social Situation of Writing", In Torrance M. & Galbraith, D.(eds.), *Knowledge What to Write*, Amsterdam University Press.

Portanova et. al.(2017), *Contemporary Perspectives on Cognition and Writing*, The WAC Clearinghouse; University Press of Colorado. https://doi.org/10.37514/PER-B.2017.0032

Porter, E.(1986), "Intertextuality and the Discourse Community", *Rhetoric Review*, 5(1).

Porter, E.(1992), *Audience and Rhetoric*, Prentice Hall, New Jersey.

Prince, E. F.(1981), "Toward a Taxonomy of Given-new Information", in Cole, Peter(ed.), *Radical Pragmatics*, Academic Press, pp. 223~255.

Prince, E. F.(1992), "The ZPG Letter: Subjects, Definiteness, and Information-status", in Mann, W. and S. Thompson(eds.), *Discourse Description: Diverse Linguistic Analyses of a Fund-raising Text*, John Benjamins.

Prior, P.(2006), "A sociocultural theory of writing", In C. A. MacArthur, S. Graham, & J. Fitzgerald(eds.), *Handbook of writing research*, New

York: Guilford Press.

Rafoth, B. A.(1988), "Discourse Community: Where Writers, Readers, and Texts come together in Rafoth & Rubin(1988)", *The Social Construction of Written Communication*, Ablex Publishing Norwood, NJ.

Reed, S. K.(2006), *Cognition: theories and applications*; 박권생 옮김(2007), 『인지 심리학』, 시그마프레스.

Reinhart(1980), "Conditions for text coherence", *Poetics Today*, 1(4).

Rijlaarsdam & van den Bergh(1996), "The dynamics of composing: an agenda for research into an interactive compensatory model of writing", In C. M. Levy & S. Ransdell(eds.), *The science of writing: theories, methods, individual differences, and applications*, Mahwah, NJ: Erlbaum.

Rijlaarsdam & van den Bergh(2006), "Wrjting Process Theory: A Functional Dynamic Approach", in MacArthur et. al., *Handbook of Writing Research*, The Guiford Press.

Ritchie, J. S.(1989), "Beginning Writers: Diverse Voices and Individual Identity", *College Composition and Communication*, 40(2).

Rivkin & Ryan(2004), *Literary Theory: An Anthology*, Blackwell Publishing.

Rohman & Wiecke(1964), "Pre-Writing: The Construction and Application of Models for Concept Formation in Writing", ERIC: ED 001273.

Rorty, R.(1979), *Philosophy and the Mirror of Nature, Princeton*, N.J.: Princeton University Press.

Roscoe & McNamara(2014), "What Is Successful Writing? An Investigation Into the Multiple Ways Writers Can Write Successful Essays", *Written Communication*, 31(2).

Roth, R. G.(1987), "The Evolving Audience: Alternative to Audience Accommodation", *College Composition and Communication*, 38(1).

Russell, D. R.(1995), "Activity theory and its implications for writing instruction",

In Petraglia(ed.), *Reconceiving writing, rethinking writing instruction*, Routledge.

Sanders & Spooren & Noordman(1992), "Toward a Taxonomy of Coherence Relations", *Discourse Processes*, 15.

Sanford & Moxey(1995), "Aspects of coherence in written language: a psychological perspective", In Gernsbacher & Givón(eds.), *Coherence in spontaneous text*, John Benjamins Publishing company.

Schiffrin et. al.(2005), *The Handbook of Discourse Analysis*, Blackwell Publishers Ltd.

Schindler, K.(2001), *Invent an Audience: Create a Context. How Writers are Referring to readers*, International Conference of the European Association for the Teaching of Academic Writing across Europe(1st, Groningen, Netherlands)

Schneider & Connor(1990), "Analyzing Topical Structure in ESL Essays: Not All Topics Are Equal", *Studies in Second Language Acquisition*, 12(4).

Shor(1980), "Ira", *Critical Teaching and Everyday Life*, Boston: South End.

Simons, H. W.(1976), *Persuasion: Understanding, Practice, and Analysis* (Reading, MA: Addison-Wesley).

Snyder, M.(1974), "SELF-MONITORING OF EXPRESSIVE BEHAVIOR", *Journal of Personality and Social Psychology*, 30(4).

Spiegel & Fitzgerald(1990), "Textual Cohesion and Coherence in Children's Writing Revisited", *Research in the Teaching of English*, 24(1).

Steffensen, M.(1981), "Register, cohesion, and cross-cultural reading comprehension", *Technical Report*, 220, Center for the Study of Reading. University of Illinois.

Stuart Greene(1990), "Toward a Dialectical Theory of Composing", *Rhetoric Review*, 9(1).

Swales, J.(1988), "Discourse communities, genres and English as an international language", *World Englishes*, 7(2).

Swales, J.(1990a), "The Concept of Discourse Community", *Genre Analysis: English in Academic and Research Settings*, Boston: Cambridge university press.

Swales, J.(1990b), *Genre analysis*, Cambridge university press.

Tanskanen(2006), *Collaborating towards coherence: Lexical cohesion in English discourse*, John Benjamins Publishing.

Thorndyke(1976), "The role of inferences in discourse comprehension", *Journal of Verbal Learning and Verbal Behavior*, 15.

Tierney & Mosenthal(1980), "Discourse comprehension and production: Analyzing text structure and cohesion", *Technical Report*, 152, University of Illinois at Urbana-Champaign.

Tierney & Mosenthal(1981), "The cohesion concept's relationship to the coherence of text", *Technical Report*, 221, ED 212 991.

Tipton, S.(1987). "The effectiveness of topical structure analysis as a revision strategy for ESL writers", Unpublished master's thesis, Ohio University.

Todd et. al.(2007), "Coherence, cohesion and comments on students academic essay", *Assessing Writing* 12.

Todorov, Tzvetan(1984), "Mikhail Bakhtin: The Dialogical Principle", Wlad Godzich(Trans.), Minneapolis: U of Minnesota P.

Torrance & Galbraith(2006), "The Processing Demands of Writing", In Charles A. MacArthur, Steve Graham, & Jill Fitzgerald(eds.), *Handbook of Writing Research*, New York: The Guilford Press.

Tovatt & Miller(1967), "The Sound of Writing", *Research in the Teaching of English*, 1(2).

Traxler & Gernsbacher(1995), "Improving coherence in written communication", in Gernsbacher & Givon, *Coherence in Spontaneous Text*, John Benjamins Publishing company.

Vallduví, Enric(1990), "The Informational Component, doctoral dissertation", University of Pennsylvania.

Van Dijk(1977), *Text and Context: Explorations in the Semantics and Pragmatics of Discourse*, Longman Group Ltd.

Van Dijk(1980), *Macrostructures: An interdisciplinary study of global structures in discourse, interaction, and cognition*; 서종훈 역(2017), 『거시구조』, 경진출판.

Varnum, R.(1992), "The History of Composition: Reclaiming Our Lost Generations", *Journal of Advanced Composition*, 12(1).

Vater, 이성만 역(2006), 『텍스트의 구조와 이해』, 배제대학교 출판부.

Voss(1983), "Janet Emig's The Composing Processes of Twelfth Graders: A Reassessment", *College Composition and Communication*, 34(3).

Vygotsky, L. S. V.(1962), *Thought and Language*; 신현정 역(1985), 『사고와 언어』, 성원사.

Wallace, D. L., & Hayes, J. R.(1991), "Redefining revision for freshmen", *Research in the Teaching of English*, 25, pp. 54~66.

Wallas, G.(1926), *The art of thought*, London, UK: Jonathan Cape.

Wallerstein & Kelly(1976), "he Effects of Parental Divorce: Experiences of the Child in Later Latency", *American Journal of Orthopsychiatry*, 46.

Walzer, A. E.(1985), "Articles from the 'California Divorce Project': A Case Study of the Concept of Audience", *College Composition and Communication*, 36(2), Writing in the Academic and Professional Disciplines: Bibliography Theory Practice Preparation of Faculty, (May, 1985).

Wardle, E.(2009), "'Mutt Genres' and Goal of FYC: Can We Help Students Write the Genres of the University?", *College Composition and*

Communication, 60(4).

Wason, P. C.(1980). "Specific thoughts on the writing process", In L. W. Gregg and E. R. Steinberg(eds.), *Cognitive Processes in Writing, Hillsdale*, NJ: Lawrence Erlbaum Associates, Torrance2 H9.

White, M. & Brunning, R.(2005), "Implicit writing beliefs and their relation", *Contemporary Educational Psychology*, 30.

White, M.(1984), "Post-Structural Literacy Criticism and the Response to Student Writing", *CCC*.

Widdoson, H.(1978), *Teaching Language as Communication*, oxford university press.

Widdowson, H.(2004), *Text, Context, Pretext: Critical Issues in Discourse Analysis*; 김지홍 역(2018), 『텍스트, 상황 맥락, 숨겨진 의도』, 경진출판.

Wikborg, E.(1985), "Types of coherence breaks in university student writing", In N. E. Enkvist(ed.), *Coherence and composition: A symposium*, Abo, Finland: Publications of the Research Institute of the Abo Akademi Foundation.

Wikborg, E.(1990), "Types of coherence breaks in Swedish student writing: Misleading paragraph division", In Connor & Johns(ed.), *Coherence in writing: Research and pedagogical perspectives*, TESO.

Witte & Cherry(1986), "Writing Processes and Written Products in Composition Research, Studying Writing: Linguistic Approaches", *Written Communication Annual: An International Survey of Research and Theory Series*, 1, Cooper, Charles R.(ed.); Greenbaum, Sidney(ed.), ED270823.

Witte, S. P.(1983a), "Topical Structure and Revision: An Exploratory Study", *College Composition and Communication*, 34(3).

Witte, S. P.(1983b), "Topical structure and writing quality: Some possible text-based explanations of readers' judgments of student writing", *Visible language*, 17(2).

Witte, S. P.(1987), "Pre-Text and Composition", *College Composition and Communication*, 38(4).

Witte, S. P., & Faigley, L.(1981), "Coherence, cohesion, and writing quality", *College Composition and Communication*, 32(2).

Witte, S.(1935). "Revising, composing theory and research design", In S. W. Freedman(ed.), *The acquisition of written language: Response and revision*. Norwood, NJ: Ablex.

Young, R. E.(1978), "Paradigms and Problems: Needed Research in Rhetorical Invention", in Charles R. Cooper and Lee Odell(eds.), *Research on Composing: Points of Departure*, Urbana: NCTE.

Young, R. E.(1980) "Arts, Crafts, Gifts, and Knacks: Some Disharmonies in the New Rhetoric", *Visible Language*, 14(4), pp. 341~350.